BIBLIO 17

Collection fondée en 1981
Directeur Wolfgang Leiner

142 **BIBLIO 17**

D.J. Culpin (éd.)

Charles Perrault:
Les Hommes illustres qui ont paru en France
pendant ce siècle
Avec leurs portraits au naturel

Charles Perrault

Les Hommes illustres qui ont paru en France pendant ce siècle

Avec leurs portraits au naturel

Texte établi, avec introduction, notes,
relevé de variantes, bibliographie et index
par D.J. Culpin

Biblio 17 – 142

gn℣ Gunter Narr Verlag Tübingen
2003

Bibliografische Information Der Deutschen Bibliothek

Die Deutsche Bibliothek verzeichnet diese Publikation in der Deutschen National-
bibliografie; detaillierte bibliografische Daten sind im Internet über <http://dnb.ddb.de>
abrufbar.

Biblio 17

Suppléments aux *Papers on French Seventeenth Century Literature*
Directeur de la publication: Wolfgang Leiner
Secrétaire de rédaction: Béatrice Monier
Romanisches Seminar – Wilhelmstraße 50 – D-72074 Tübingen

© 2003 · Gunter Narr Verlag Tübingen
P.O. Box 2567 · D-72070 Tübingen

Internet: http://www.narr.de
E-Mail: info@narr.de

ISSN 1434-6397
ISBN 3-8233-5554-6

Nous tenons à remercier le Carnegie Trust, la British Academy, la Modern Humanities Research Association, le Russell Trust, l'Arts and Humanities Research Board et la School of Modern Languages de l'Université de St Andrews, qui ont généreusement financé la préparation et la publication de cette édition. Que tous les bibliothécaires et collègues qui nous ont aidé dans nos recherches trouvent ici également l'expression de notre reconnaissance.

Table des matières

Table des matières

Table des matières

Table des planches

Dans cette table ne figurent pas les gravures des cent deux hommes illustres. Celles-ci se trouvent en face des éloges correspondants.

Introduction

I. La Genèse de l'ouvrage

Les Hommes illustres qui ont paru en France pendant ce siècle vit le jour en deux volumes, en 1696 et 1700. Chaque tome contenait les éloges de cinquante «hommes illustres» morts depuis 1600, chaque éloge étant accompagné du portrait du personnage qu'il célébrait. Une deuxième édition sortit des presses en 1700; mais, depuis cette date, il n'y a eu aucune ré-édition de l'ouvrage intégral, c'est-à-dire éloges et gravures, et le texte même n'a pas été publié depuis la fin du dix-huitième siècle. Cette indifférence de la part de la postérité marque un contraste avec l'éclat qui entoura la publication du premier tome; elle a aussi de quoi surprendre, car *Les Hommes illustres* est un ouvrage qui, de par son ampleur, occupe une place importante dans l'œuvre de Perrault. Il date de la période la plus féconde de la carrière littéraire de son auteur et éclaire non seulement les textes et les idées de Perrault, mais aussi l'art d'écrire l'histoire en cette fin du dix-septième siècle.

L'élaboration du projet

Dans la préface du premier tome Perrault indique très brièvement les origines du projet, informant le lecteur que «cet ouvrage est dû principalement à l'amour qu'une personne d'un mérite singulier a pour la mémoire de tous les grands hommes». Cette personne, Perrault nous le dit dans une note liminaire, est Michel Bégon (1637-1710), qui fut successivement intendant aux îles d'Amérique (1682), intendant des galères à Marseille (1685), intendant de Rochefort (1689) et enfin de La Rochelle (1694). Il fut aussi grand collectionneur de livres et laissait, à sa mort, 7 000 volumes, plus des médailles, des estampes et des tableaux.

La préface de Perrault n'entre pas davantage dans le détail de la création de ce livre, mais il est possible de suivre de plus près la genèse et l'élaboration de l'ouvrage à travers les lettres écrites par Bégon à Esprit Gabart de Villermont (1628-1707), gouverneur des îles d'Hyères.[1] Dans une lettre du 11 avril 1692 Bégon évoque un projet primitif, projet, dit-il

---

[1] Lettres de Michel Bégon à Villermont. Voir la bibliographie pour tous les ouvrages mentionnés dans les notes.

«que vous m'avez inspiré», et qui deviendra au fil du temps les *Hommes illustres*. Une lettre du 8 février 1689 montre qu'à cette date Bégon travaillait déjà à un recueil d'éloges des grands hommes de son siècle. Le 7 décembre 1692 il avoue que l'achat des livres et des gravures nécessaires à ce travail lui coûtait plus de 100 pistoles par an depuis quatre années. A la même époque il semble être informé que Perrault travaillait à un projet semblable mais qui traitait non seulement des hommes illustres du dix-septième siècle mais aussi de ceux des siècles précédents. Bégon préfère s'en tenir à son projet plus limité, disant qu'«il faut être aussi habile que M. Perrault pour retoucher ce qui a été déjà si délicatement écrit par MM. de Sainte-Marthe et de Thou, et par plusieurs autres auteurs d'un mérite distingué». L'ouvrage de Perrault auquel Bégon fait allusion serait peut-être le *Parallèle des Anciens et des Modernes*, publié entre 1688 et 1697; celui-ci ne contient pas pourtant des éloges des Anciens dans le sens où l'entendait Bégon.

Les commencements de la collaboration entre Bégon et Perrault se situent assez précisément. Dans la lettre du 11 avril 1692 Bégon écrit à Villermont, à propos de Perrault:

> Il faudrait nous unir ensemble, qu'il prît la peine de travailler aux éloges ou plutôt à l'abrégé des vies des hommes illustres savants ou protecteurs des sciences et des arts de ce siècle. Je lui donnerais volontiers les mémoires que j'ai commencé à ramasser et ceux que je pourrai recouvrer, et je continuerai à faire graver ceux qui ne le sont pas encore.

> Nous conviendrions ensemble de tout ce qui serait nécessaire pour l'exécution de ce projet dont je lui céderai très volontiers tout l'honneur et consentirai qu'il paraisse sous son nom, me réservant seulement la satisfaction d'y avoir contribué de mes soins et par la dépense que j'ai faite pour y parvenir.

Bégon cherchait apparemment un collaborateur qui aurait le temps de mener à bien le projet qui lui tenait à cœur. En 1692 Perrault était à la retraite depuis une dizaine d'années, tandis que Bégon continuait le plein exercice de ses fonctions. Selon une lettre qui date du 11 février 1689 Bégon dit qu'il avait à l'origine choisi un projet «proportionné à [s]es forces», mais le 11 août 1695 il écrira: «je suis détourné par tant de voyages qu'il ne m'est pas possible de faire toute la diligence que j'y apporterais si le courant des affaires ne m'entraînait pas ailleurs».

A peine trois mois après la mention d'une collaboration possible, une lettre du 22 juillet 1692 témoigne que Perrault s'était déjà associé au projet. Dans la préface des *Hommes illustres*, Perrault explique qu'il avait ambitionné d'avoir part à ce projet parce qu'«il va à établir la thèse que j'ai toujours soutenue, que nous avions le bonheur d'être nés dans le plus beau de tous les siècles». Autrement dit, cet ouvrage appuie la thèse de la supériorité des Modernes soutenue par Perrault dans la Querelle des Anciens et des Modernes en 1687. Perrault allègue pourtant un autre motif: l'ouvrage fera l'éloge non seulement «des grands hommes dans les armes ou dans les lettres», mais aussi «de ceux qui ont excellé dans tous les beaux arts». Pour cette raison, dit-il, «j'ai cru que...je serais excusable de m'être engagé dans une telle entreprise». Il mettra donc à profit ses connaissances des peintres, graveurs et sculpteurs acquises pendant la période 1668-1683 où il exerçait successivement, sous Colbert, les fonctions de premier commis des Bâtiments et de contrôleur des Bâtiments de Sa Majesté.

Désormais les deux hommes vont travailler ensemble: Bégon propose les noms des personnes à faire figurer dans le recueil, mais il semble que le travail de la rédaction revienne principalement à Perrault. C'est dans ce sens que, le 5 août 1692, Bégon écrit: «J'attends avec impatience la détermination de M. Perrault sur les cent sujets que je lui ai proposés; sa voix en cela étant décisive». Pourtant, il est difficile de voir en Perrault l'unique auteur de l'ouvrage tel qu'il nous est parvenu, car le 11 août 1695 Bégon écrivait à Villermont: «J'ai été bien aise d'apprendre que M. Perrault est content des observations que j'ai faites sur ses éloges. Je travaille à ceux qui me restent». Le recueil prend forme, et le 12 septembre 1693 on voit Bégon s'inquiéter sur les suites de la Querelle des Anciens et des Modernes, suscitée par la lecture du poème de Perrault intitulé *Le Siècle de Louis le Grand*, car il craint que cette dispute «ne retarde considérablement les éloges des illustres de ce siècle». L'année suivante, et le 7 février 1694 Bégon apprend que le frontispice, exécuté par Edelinck, a été achevé, et le 7 mars 1697, six mois après la publication du premier tome, il félicite Perrault sur le succès du livre. Conformément à ce qu'il avait écrit cinq ans plus tôt, il en laisse toute la gloire à son collaborateur. A cette occasion Bégon écrit à Villermont: «J'ai parcouru le livre de M. Perrault dont je suis très content aussi bien que tous ceux qui l'ont vu».

Forme et contenu

L'ouvrage mis au monde par Perrault n'a ni la forme ni le contenu du projet primitif de Bégon. Selon une lettre du 11 avril 1692, celui-ci pensait «donner au public un premier volume de ceux qui sont morts dans les soixante premières années de ce siècle, et réserver les autres pour un second volume». Mais en 1696 les auteurs ont été amené à abandonner cet ordre chronologique, et ceci en raison de l'originalité essentielle de l'ouvrage. Dans la préface Perrault évoque trois auteurs qui, avant lui, avaient écrit des vies d'hommes illustres: Paul Jove qui traita des hommes de guerre, Sainte-Marthe qui s'intéressa aux hommes de lettres, et le Vasari qui s'occupa des peintres et des sculpteurs. Perrault comprend qu'en comparaison avec ces prédécesseurs l'originalité de son projet tient au fait d'avoir mélangé dans un seul ouvrage différentes espèces de grands hommes et d'avoir osé placer des peintres et des artisans à côté d'autres grands hommes d'un rang plus élevé.

Quatre ans plus tard Perrault reconnaît, dans l'*Avertissement* au tome deux, que ce mélange avait choqué certains lecteurs. Il fait remarquer pourtant que ses hommes illustres sont rangés séparément dans cinq catégories selon leur «condition» et que ces conditions sont d'ailleurs présentées dans un ordre strictement hiérarchique. D'abord les hommes d'église, suivis par les grands capitaines; ce sont les représentants des deux puissances qui assurent la stabilité de l'état. En troisième lieu les hommes d'état et les magistrats, qui précèdent les savants et les hommes de lettres regroupés en une seule catégorie; enfin, à leur tour, les artisans. A l'intérieur même des trois premières conditions cette hiérarchie est maintenue: les archevêques précèdent les évêques, qui sont suivis des simples prêtres; les nobles guerriers ont préséance sur les maréchaux, qui devancent les autres grades; les chanceliers sont suivis des ministres, des présidents et enfin des avocats. Perrault observe la distribution des grands hommes selon leur condition même dans les cas où cette condition n'est pas la cause de la renommée de la personne en question: Honoré d'Urfé, auteur de l'*Astrée*, figure parmi les hommes d'épée; Mersenne, célèbre mathématicien, se trouve rangé parmi les hommes d'église.

Le livre des *Hommes illustres* n'a pas non plus le même contenu que l'ancien projet de Bégon. Dans sa lettre du 8 février 1689 celui-ci avait nommé certaines personnes qu'il pensait admettre dans son recueil, entre autres les voyageurs François Bernier et Jean-Baptiste Tavernier, les géographes Nicolas Samson et Pierre Duval, et André Duval docteur de Sorbonne: aucune de ces personnes ne figure dans l'état définitif du texte. Dans la préface Perrault explique les critères qui avaient présidé au choix des hommes illustres, parmi lesquels on compte vingt-deux hommes d'église, quinze militaires, vingt hommes d'état ou magistrats, vingt-neuf savants et hommes de lettres, et quatorze peintres et «artisans». Tout d'abord, «on a cru à propos de n'y recevoir que ceux qui sont morts depuis le commencement de ce siècle». En vertu de ce principe, la personne la plus reculée dans le temps est le cardinal d'Ossat, né en 1536 et mort en 1604; et le mort le plus récent est Racine, né en 1639 et décédé en 1699. Autre règle: «On n'a point voulu...y mettre d'étrangers», mais Perrault trouve le moyen d'assouplir cette restriction en faveur de Lully, parce qu'«il est venu en France dans un si bas âge, et il s'est naturalisé de telle sorte qu'on n'a pu le regarder comme un étranger».

Toutefois ces critères n'expliquent pas le choix qui a dû être opéré par les auteurs du livre pour sélectionner les cent hommes qu'ils présentaient au public. Comme le dit Perrault dans la préface, son siècle avait produit une surabondance d'hommes qui méritaient d'y trouver leur place. En choisissant ceux qui ont finalement été retenu Perrault n'a écouté, dit-il dans la préface, «que la voix publique qui les a nommés, sans que l'intérêt ou la flatterie, l'espérance ou la crainte y aient eu la moindre part». Ce jugement est certainement vrai, car les deux auteurs avaient décidé dans un premier temps de donner une place dans leur volume à Antoine Arnauld et à Blaise Pascal. La présence des deux célèbres jansénistes était la consé-quence d'une sympathie personnelle de la part des auteurs. Déjà le 8 février 1689 Bégon écrivait à Villermont: «Vous ne devez pas douter que je ne mette M. Pascal parmi les illustres de ce siècle. Il était fils d'une mère qui portait mon nom, j'ai une singulière vénération pour sa mémoire».[2] Par contre c'est vraisemblablement Perrault qui veut rendre hommage à Ar-nauld. On sait que Nicolas Perrault, frère de Charles et auteur d'un livre intitulé *La Morale des jésuites*, fut exclu de la Sorbonne en 1656 en raison de sa sympathie pour Arnauld. Prévoyant peut-être l'orage qui serait provoqué par la présence de ce célèbre docteur de Sorbonne, Bégon écri-vait le 5 décembre 1694: «Je n'ai aucune inclination singulière pour mon-sieur Arnauld sur lequel monsieur Perrault fera tout ce que lui et ses amis jugeront être pour le mieux; pour moi j'approuverai tout ce qu'il fera».

La prudence a sans doute joué aussi son rôle, car dans le sélection-nement de ses grands hommes, Perrault a vraisemblablement cherché à concilier toutes les voix. Les vingt-trois hommes d'église comprennent quatre cardinaux, un archevêque, quatre évêques, quatre oratoriens, deux jésuites, deux docteurs en théologie (dont Arnauld), un dominicain, un minime, un janséniste (Le Nain de Tillemont, qui fait figure d'historien), plus st Vincent de Paul (appartenant à la Congrégation de la Mission), le Prieur de Ste Geneviève et un chanoine régulier de St Victor; c'est-à-dire, Perrault encense plus ou moins toutes les factions, évitant autant que pos-sible la controverse. Dans son choix d'hommes d'état et de militaires il fait preuve d'un pareil désir d'éviter la discorde. Les trente-cinq personnes figurant dans ces catégories comprennent deux chanceliers (Séguier et Le Tellier), un garde des sceaux, quatre secrétaires d'Etat (Richelieu, Phely-peaux, Colbert, Seigneley), sept maréchaux de camp, cinq présidents de parlement, deux avocats, et un choix d'individus divers. En particulier Per-rault ménage, par ce choix, les trois clans qui se rivalisaient sur la scène politique, le clan Colbert, le clan Le Tellier, le clan Pontchartrain.

---

[2] La mère de Pascal s'appelait Antoinette Bégon.

Le même mélange de prudence et de goût personnel est à l'œuvre dans le choix de ceux qui sont exclus. Parmi les hommes d'état, Fouquet, surintendant des finances de 1653 à 1661, est peut-être le personnage le plus distingué à ne pas y trouver sa place: il a dû être écarté non seulement en fonction de sa disgrâce politique, mais parce qu'il était l'ennemi politique de Colbert, de qui Perrault reste le fidèle serviteur. Parmi les écrivains, certaines absences s'expliquent: La Rochefoucauld, ancien frondeur, était au moment de sa mort en 1680 à peine rentré dans les bonnes grâces du roi; La Bruyère, mort en 1696, avait figuré parmi les chefs du parti des Anciens et c'est à lui que l'on doit le portrait satirique de Cydias qui passait à l'époque pour être celui de Perrault lui-même.[3] Dans un cas précis, les lettres de Bégon fournissent des informations précieuses sur les opinions des auteurs. Le 8 février 1689 l'intendant écrivait: «J'ai les ouvrages de Scarron, je n'ai pas son portrait; mais je ne suis pas encore bien résolu de lui donner la place, ne faisant pas grand cas de son badinage». Perrault n'a pas récupéré Scarron non plus. Enfin, parmi les peintres, les préférences esthétiques de Perrault ont sans doute dicté l'exclusion du Lorrain, mort en 1682. Celui-ci s'était établi à Rome depuis 1627 et de ce fait semblait souscrire à la notion de la prééminence du style italien dans la peinture à laquelle Perrault refusait de se soumettre.[4] Globalement, et malgré les louanges que Perrault décerne à Madeleine de Scudéry et à Elisabeth Ière d'Angleterre, on ne devrait pas s'étonner de l'absence de femmes, même dans un ouvrage sorti de la plume d'un Moderne, défenseur des femmes.

L'étape de la documentation

Si dans la préface des *Hommes illustres* Perrault évoque à peine la genèse de son ouvrage, il ne nous renseigne pas davantage sur le travail de documentation qu'il a dû entreprendre pour mener à bien son projet. Sa carrière publique lui avait sans doute donné l'occasion d'observer, de près ou de loin certains des hommes d'état les plus en vue, Colbert, Seigneley et Le Tellier entre autres. Sa situation personnelle lui avait fait connaître aussi un certain nombre des savants, gens de lettre et peintres qu'il fait entrer dans son volume. A part son frère Claude, on peut citer Quinault, de qui il prit la défense dans sa *Critique de l'Opéra* en 1674; Benserade, avec qui il

---

[3] La Bruyère, Les Caractères 'De la Société' 75. De nos jours il est communément accepté que le portrait de Cydias représente plutôt Fontenelle que Perrault.

[4] Voir à ce sujet les éloges de Le Brun, Le Sueur et Ballin.

avait collaboré au *Labyrinthe de Versailles* en 1679; Le Brun, pour qui il fit
le poème de la peinture en 1681; La Quintinie, à qui il avait dédié une
Idylle en 1690; Pellisson, membre, comme Perrault, de l'Académie Française; Ménage, qui fréquentait les mêmes milieux mondains. La liste n'est
pas définitive.

L'utilité de ces contacts personnels ne fut sans doute pas négligeable,
mais la partie la plus importante du travail de documentation effectué par
Perrault a dû être livresque. On peut supposer qu'il se renseigna d'une
manière générale en consultant des ouvrages de référence ou d'histoire,
dont peut-être *Les Présidents au mortier du parlement de Paris* (1647) de
François Blanchard, *L'Histoire des chanceliers et gardes des sceaux de
France* (1699) de François Duchesne, ou *Histoire générale de France*
(1621-28) de Scipion Dupleix. Pourtant il est possible d'identifier très précisément un certain nombre de textes que Perrault pille sans vergogne pour
les mettre directement à contribution dans son ouvrage. Ces sources sont
principalement de trois types. Premièrement il y a les notices nécrologiques
publiées dans le *Journal des Savants*, et c'est là que Perrault s'appro-
visionna pour les éloges de son frère Claude, et également de Thomassin,
Du Cange, Adrien de Valois, Barthélemy d'Herbelot et Ismaël Boulliau.
Ces notices sont souvent rédigées par le rédacteur du *Journal*, Louis Cousin, et c'est lui qui fut certainement l'auteur des trois derniers textes cités.
Les notices du *Journal des Savants* présentaient l'avantage d'être déjà
d'une longueur qui convenait en général aux besoins de Perrault et il les
transporte dans son livre presque textuellement.

Pour d'autres éloges Perrault se tourna vers des recueils de *Vies* déjà
publiés: il trouva, par exemple, l'essentiel de son éloge de Sirmond dans
les *Vitae selectorum* de William Bates et la presque totalité de l'éloge de
Vouet dans les *Entretiens* de Félibien. Plus fréquemment, pourtant, il re-
transcrit avec quelques modifications la *Vie* qui se trouve en tête d'une édition récente des œuvres de l'homme illustre en question: c'est ce qu'il fait
pour les vies de Benserade, Patru, le cardinal d'Ossat, Pompone de Bellièvre, Malherbe, Pascal, Pierre de Marca, Sponde, Bochard, et Nicolas
Lefèvre. Les textes qu'il emprunte sont de différentes mains et celles des
quatre derniers personnages cités sont écrites en latin. En général ces vies
sont plus longues que les notices publiées dans le *Journal des Savants* et
Perrault se voit obligé de les raccourcir.

Perrault est parfois réduit à la nécessité d'entreprendre lui-même le
résumé d'un ouvrage d'une longueur considérable, et c'est ce qu'il fait
pour l'éloge de Descartes (où il met discrètement à profit l'ouvrage très
célèbre en deux tomes d'Adrien Baillet) ainsi que pour celui du maréchal
de Fabert. Dans ce dernier cas Perrault travaille d'après la *Vie du maréchal
de Fabert* par Courtilz de Sandras, ouvrage de 186 pages publié en 1696.

La confrontation des textes de Courtilz et de Perrault permet de constater
que l'éloge publié par Perrault dans les *Hommes illustres* est une confection de passages tirés directement du livre de son prédécesseur; en sélec-
tionnant les phrases à transporter dans son propre ouvrage Perrault saute,
par exemple, de la page 19 à la page 50, et de la page 94 à la page 155.
Nous étudierons plus loin les critères esthétiques et moraux qui ont présidé
au choix et à la modification des passages retenus.

Nous avons identifié des sources correspondant à une trentaine des
éloges figurant dans les *Hommes illustres* et il en reste certainement
d'autres à découvrir.[5] Il convient pourtant de signaler que la simple ressemblance entre deux textes ne signifie pas nécessairement que l'un soit la
source de l'autre. Par exemple, les éloges consacrés à Colbert, Arnauld
d'Andilly, Du Perron et La Meilleraye, ressemblent de très près à ceux qui
se trouvent dans le *Grand Dictionnaire Historique* de Moréri de 1694;
mais l'état actuel de nos connaissances ne nous permet pas de savoir si le
texte de Moréri a inspiré celui de Perrault ou si les deux auteurs mettaient à
profit une source commune. La même remarque s'impose dans le cas d'un
nombre d'auteurs qui, après la publication des *Hommes illustres*, comme
on le verra plus loin, semblent s'inspirer du texte de Perrault. Toutefois, les
emprunts effectués par Perrault sont indéniables, et leur présence dans ce
texte doit influer sur le jugement que nous faisons de son ouvrage. Au dix-
septième siècle on n'avait pas les mêmes notions du plagiat et des droits
d'auteur que de nos jours et rien n'empêchait Perrault de faire siens les
textes qu'il trouvait ailleurs. Mais il est difficile de voir en Perrault le seul
auteur d'un livre dont il partage la paternité non seulement avec Bégon
mais avec tous ceux qui ont rédigé les textes qu'il met à contribution.

Gravures et graveurs

A côté du choix des grands hommes et de la rédaction des notices, les
deux collaborateurs durent penser aux gravures. On se rappellera que
Bégon fut grand collectionneur d'estampes, et ses lettres nous font suivre la
mise en exécution du projet. Déjà le 8 février 1689 il écrivait à Villermont:
«J'accepte très volontiers le portrait de M. Petau que vous m'offrez...je le
ferai graver à mes dépens». Malheureusement il est impossible de savoir si
c'est d'après ce portrait que Lubin travailla pour exécuter la gravure qui fut
publiée dans *Les Hommes illustres*. Il est intéressant de noter aussi que
dans la même lettre Bégon avoue posséder à cette date «les portraits de
Voiture et de M. de la Mothe le Vayer gravés par Nanteuil», mais les

---

[5] Nous donnons ces sources dans les notes des éloges correspondants.

gravures qui figurent dans l'ouvrage publié furent exécutées toutes les deux par Lubin. La lettre de Bégon du 7 décembre 1692 nous apprend que Perrault s'était plaint de la mauvaise qualité des gravures exécutées par Friquet. Bégon répond que Friquet n'en fera plus et que les gravures restant à faire seront confiées à Lubin, bien que ses ouvrages coûtent plus cher: aucune gravure de Friquet ne subsistait dans *Les Hommes illustres* au moment de la publication. Pour Bégon, la qualité des gravures lui tient évidemment à cœur. Dans sa lettre du 7 mars 1697, écrite après la publication du premier tome, il exprime une opinion favorable sur le livre, mais il ajoute: «Il n'y a que cinq ou six estampes qui le gâtent, il serait à désirer qu'on pût les en ôter pour en substituer en leur place de mieux gravées, mais puisque c'est une chose faite il faut s'en consoler et songer tout de bon à n'employer que d'excellents ouvriers pour les deux volumes».

Les deux auteurs ont tout fait pour suivre ce conseil, ne se reposant que sur les meilleurs artistes pour la plus grande partie des gravures contenues dans *Les Hommes illustres*. Le premier volume est dominé par Jacques Lubin (1637-1695) qui exécuta trente et une des cinquante gravures, dont celles de Séguier et de Calot dans le premier tome qui figurent parmi ses meilleurs ouvrages. Mort, pourtant, avant la parution du livre en 1696, il ne put fournir que six gravures pour le tome deux et ce fut à Gérard Edelinck (1640-1707) que Bégon et Perrault firent ensuite principalement appel. Flamand par sa naissance, Edelinck avait été appelé à Paris par Colbert en 1665 et devint ensuite graveur de Louis XIV. Edelinck exécuta trente-quatre des cinquante gravures contenues dans le tome deux. Les autres portraits contenus dans les deux volumes de l'ouvrage sont dus à Pieter Louis van Schuppen (7 portraits), Claude Duflos (4), Simmoneau (1), Robert Nanteuil (1) plus 5 qui sont anonymes. Le premier volume est complété par un frontispice, peint par Bonet et gravé par Edelinck; un blason sur la page de titre (et reproduite sur celle du deuxième volume) par Sébastien le Clerc (1637-1714), qui devint graveur du roi en 1688; et un portrait de Charles Perrault, peint par Tortebat et gravé par Edelinck. Cette gravure est remarquable par le fait qu'elle occupe une feuille entière: elle est de loin la plus grande et la plus imposante de l'ouvrage!

II. Publication, accueil et fortune littéraire

Les évenements de 1696

Depuis longtemps, Bégon s'était fixé sur le choix d'un éditeur. Le 11 avril 1692, envisageant déjà la publication de son livre, il avait écrit à Villermont: «J'engagerai Dezallier d'entrer dans cette affaire, étant bien aise à l'avenir de me décharger d'une partie de la dépense que j'ai faite jusqu'à présent, qui est trop considérable pour un particulier comme moi». La collaboration de Dezallier est attestée par le privilège accordé au livre, où on lit que le «sieur Perrault a cédé son droit du présent privilège à Antoine Dezallier libraire à Paris pour en jouir suivant l'accord fait entr'eux». Ce texte témoigne discrètement d'ailleurs de la participation économique au projet des partis contractants, car à l'époque les individus sont en général nommés dans le texte du privilège seulement dans les cas où il s'agit de protéger leur intérêt économique dans l'ouvrage en question.

Le privilège est signé le 16 février 1696, mais à peine quelques semaines plus tard les auteurs voient éclater un orage inattendu. D'Alembert en donne le résumé dans son *Histoire des membres de l'Académie Française, morts depuis 1700 jusqu'en 1771*:

> Parmi les hommes illustres dont Perrault faisait l'éloge dans cette histoire, il avait mis Arnauld et Pascal, qui méritaient bien d'y avoir une place distinguée; mais les Jésuites leurs ennemis... firent donner ordre à Perrault d'ôter ces deux noms de son livre.[6]

Cette intervention de la part des jésuites fit enliser Perrault, Bégon, Villermont et Dezallier dans une affaire qui allait traîner pendant plus de six mois. Les lettres des principaux acteurs nous font participer aux événements du drame.[7] Le 29 avril 1696 Perrault écrivait à Bégon:

> Quand vous m'avez fait la grâce, Monsieur, de m'avertir que l'on faisait du bruit à la cour, sur ce que nous mettions monsieur Arnauld et monsieur Pascal parmi nos hommes illustres; je savais déjà qu'on en avait fait des plaintes à monsieur le chancelier;[8] lequel eut la bonté de nous faire avertir par M. l'abbé de Choisy,[9] sur quoi je priai monsieur l'abbé de Choisy de dire à monsieur le chancelier que,

---

[6] D'Alembert cite ce passage de Tacite: «Praefulgebant Cassius atque Brutus, eo ipso, quod effigies eorum non visebantur» [sic]. Cette citation se trouve également dans la Biographie universelle à l'article Arnauld.

[7] Pour plus de détail, voir Yvonne Bézard, «Autour d'un éloge de Pascal».

[8] Monsieur le chancelier: Louis Boucherat, né en 1616, chancelier en 1685, mort en charge en 1699. Selon le DGS il fut «très orthodoxe et très soumis aux volontés du roi».

[9] François-Timoléon, abbé de Choisy (1644-1724), connu pour le plaisir qu'il prenait à s'habiller en femme. Il fit partie de l'ambassade auprès du roi de Siam en 1685-86, et au retour il publia le Journal du Voyage de Siam (1687). La même année il fut élu à l'Académie Française. Ses Mémoires pour servir à l'histoire de Louis XIV furent publiées en 1727.

puisque la chose prenait le chemin de faire du bruit, on ne mettrait
point ces deux hommes-là dans notre livre, ce qui fit un grand plaisir à
monsieur le chancelier, parce que les plaintes qu'on lui avait faites
étaient fort rigoureuses.

Perrault se montre prêt à s'incliner devant cette défense, mais il
continue à redouter des suites funestes car, dit-il, «tout est de conséquence,
et je dois m'attendre à mille reproches». Villermont, dans une lettre à
Bégon du 2 mai 1696, évoque, lui aussi, les «éloges qui soulèvent les J...
contre votre livre», mais il espère que, si Arnauld et Pascal se trouvaient
exclus de ce premier volume, «ils pourraient avoir leur place dans le
second».

Perrault et Villermont se plient aux circonstances, et pendant les mois
de mai et de juin ils discutent avec Bégon des individus à mettre à la place
des deux jansénistes. Ils ne semblent pas hésiter sur le choix de Du Cange
pour remplacer Pascal, mais le remplaçant d'Arnauld s'avère moins facile
à trouver. Selon une lettre de Villermont à Bégon du 16 juin 1696, on avait
mit sur le tapis «M. Le Tourneux,[10] M. de Lingendes,[11] M. de Sarlat,[12] M.
de Launoy, le père Lalemant, le père Vignier». Bégon favorisait surtout
Launoy, mais Perrault, dans une lettre du 14 mai lui déconseillait ce choix.
Selon ce dernier, «le nombre de gens que M. de Launoy a blessés est infiniment plus grand que celui des adversaires de M. Arnauld... On ne peut
pas faire l'éloge de M. de Launoy, qu'on ne témoigne approuver ses
sentiments, et vous voyez, Monsieur, où cela va». Enfin le nom du père
Thomassin est retenu; pourtant, en 1700 Launoy trouvera sa place dans le
second volume, ainsi que Lalemant et Vignier.

Dezallier, pourtant, se montre moins traitable devant la défense officielle et il entend conserver les éloges d'Arnauld et de Pascal à leur place.
Il y voyait sans doute un avantage professionnel, devinant que la présence
de ces deux personnes controversées attirerait les acheteurs et assurerait le
succès du livre. Devant les instances de Dezallier, Villermont surmonte ses
réticences et se décide d'écrire à une vieille amie puissante, madame de
Maintenon, afin de solliciter son intervention personnelle auprès du roi. Il
obtint que le libraire rende visite à la compagne du roi, ce que Dezallier fit

---

[10] Nicolas Le Tourneux (1640-1686), prédicateur et théologien. Il fut attaché aux
sentiments des solitaires de Port-Royal, et eut à subir quelques désagréments. Sa
traduction du Bréviaire fut censurée par l'official de Paris en 1688, et Arnauld prit sa
défense.

[11] Claude de Lingendes (1591-1660), jésuite et prédicateur de renom, émule de
Senault dans l'éloquence de la chaire.

[12] François de Salignac de La Mothe-Fénelon (1607-1688), évêque de Sarlat en
1659 et oncle de Fénelon.

xii   D.J. Culpin

le 21 juin et lui exposa les éloges et les portraits, y compris ceux des deux
jansénistes. Malgré cette démarche l'affaire traîne, et vers le 13 août Perrault écrit à son ami l'abbé de Choisy, espérant que celui-ci fasse déterminer le chancelier en leur faveur. Choisy reçoit Dezallier à Versailles et
les collaborateurs commencent à croire au bon succès de leurs efforts,
moyennant peut-être quelques modifications qu'ils apporteraient aux deux
éloges défendus. Mais rien ne vaille, et ils apprennent le 24 novembre le
refus personnel du roi. A cette date le premier volume des*Hommes illustres*
sortait déjà des presses, l'achevé d'imprimer portant la date du 28 septembre 1696. Officiellement Thomassin et Du Cange avait pris les places
d'Arnauld et de Pascal, mais Dezallier ne renonçait pas pour autant aux
deux jansénistes et il se prête à des subterfuges. Le 26 février de l'année
suivante Villermont informe Bégon qu'il a vu «le livre des *Eloges* avec
ceux de messieurs Arnauld et Pascal imprimés avec leurs portraits dans
leur rang» et que Dezallier «les débitait à mesure que ses relieurs les lui
apportaient».

Le format in-folio du livre devait en principe faciliter la modification de
l'édition: il suffisait d'insérer le nouvel éloge et la nouvelle feuille du
portrait à la place des pages que l'on retirait, et de modifier la table des
matières.[13] Pourtant ce changement de dernière minute donna lieu à toutes
sortes de confusions. Pour bien comprendre la situation, on peut classer les
exemplaires qui nous sont parvenus selon les deux états du texte. Le
premier état, le plus rare, est l'état primitif. Dans celui-ci les noms d'Arnauld et de Pascal se trouvent dans la table des matières et dans le texte
«selon leur rang», c'est-à-dire, parmi les hommes d'église et les savants
respectivement; l'éloge d'Arnauld est le huitième du volume, et celui de
Pascal le trente-troisième. Un exemplaire de ce premier état du texte se
trouve à la Bodleian Library (Oxford).[14] Dans le deuxième état, les éloges
d'Arnauld et de Pascal sont remplacés par ceux de Thomassin et Du
Cange; mais Dezallier ne semble pas avoir pensé à imprimer de nouveau la
table des matières, il fit simplement gommer sur les noms d'Arnauld et de
Pascal des bandes de papier portant ceux de leurs remplaçants. Un exemplaire correspondant à cet état du texte se trouve à la Bibliothèque Nationale; pourtant, avec le temps, la première bande a été déplacée et laisse
voir le nom d'Arnauld.[15] En outre, toutes sortes de variations existent de ce
deuxième état, dues ou à des erreurs de la part des relieurs, ou au désir des

---

[13] Sur la substitution des portraits de Thomassin et de Du Cange, voir D.J. Culpin,
'Perrault as moralist: Les Hommes illustres'.

[14] Cote Vet.E3 b.23.

[15] Cote Fol Ln2.11.

acheteurs d'acquérir les éloges et les portraits qui manquaient et de les faire relier avec les pages du volume officiel: par exemple, la Bibliothèque Municipale de Grenoble possède un exemplaire où se trouvent le portrait et l'éloge de Thomassin suivis de ceux d'Arnauld; Du Cange se trouve à la place de Pascal tandis que le portrait et l'éloge de celui-ci sont rejetés à la fin du volume.[16]

La parution du premier volume chez Dezallier est saluée par un compte rendu dans le *Journal des Savants* du 7 janvier 1697; la notice consacrée au livre est assez longue, mais elle se contente de résumer la préface de Perrault. Aussitôt commencèrent à paraître des contrefaçons venues de l'étranger qui profitaient de l'interdit qui pesait sur les éloges d'Arnauld et de Pascal à Paris; ces éditions reproduisaient le texte des *Hommes illustres*, y compris les éloges des deux jansénistes, mais sans les gravures. Dans une lettre du 27 avril 1697, Villermont dit avoir remarqué «une grande quantité de ces éloges, venus ici de Hollande en feuilles, en même papier et caractères, pour les suppléer aux curieux, qui ont acheté ici sans cela le livre, qu'ils ont contrefait in-8° ou in-12°». De nos jours les principales bibliothèques recensent deux éditions contrefaites datant de cette période: la première, imprimée en 1698, peut-être à Amsterdam, «suivant la copie imprimée à Paris», et la même année le premier volume d'une édition imprimée à La Haye par Matthieu Rogguet dont le volume 2 paraîtra en 1701.

A partir de 1700

Entre-temps, Perrault et Bégon travaillaient au deuxième volume de leur ouvrage. Celui-ci parut enfin en 1700, l'achevé d'imprimer datant du 30 mai. Un compte rendu du livre figure dans le *Journal des Savants* du 19 juillet; il est plus bref que la notice consacrée au premier volume et, comme le précédent, se limite à un simple résumé de l'*Avertissement* de l'auteur. L'aspect physique de ce deuxième volume ne se distingue en rien de celui qui avait été publié quatre ans plus tôt. Quant au contenu, Perrault rectifie un certain déséquilibre qui existait entre le nombre d'éloges consacré à chaque «condition»: au premier volume ne figuraient que trois «grands capitaines», auxquels viennent s'ajouter douze dans le deuxième volume; par contre le volume de 1696 donnait déjà la place à quinze éloges d'hommes d'état, auxquels en 1700 ne s'ajoutent que cinq de plus. Il est à noter que les éloges d'Arnauld et Pascal ne se trouvent toujours pas dans ce deuxième volume, contrairement à la suggestion faite par Villermont au moment de l'interdit prononcé par le roi.

---

[16] Cote A71.

Perrault et Bégon trouvèrent en 1700 un autre expédient pour rendre justice aux deux jansénistes, celui d'une deuxième édition de l'ouvrage intégral. Les deux auteurs pouvaient juger alors, comme le disait déjà Villermont dans sa lettre à Bégon du 27 avril 1697, que le péril de ce procédé avait diminué en raison de la grande quantité d'éditions contrefaites contenant ces éloges qui circulaient librement à Paris. Cette deuxième édition n'est pas annoncée comme telle sur les pages de titre des deux volumes, qui sont tout simplement celles de la première édition. D'ailleurs, jusqu'à présent on a cru que le livre restait inchangé; par exemple, le catalogue de la bibliothèque de l'Université de Durham (Grande-Bretagne), où se trouve un exemplaire de cette deuxième édition, affirme qu'il s'agit d'une réimpression fidèle de la première édition.[17] En réalité, ce n'est pas le cas, et il s'agit bel et bien de ce qui s'appellerait de nos jours une «nouvelle édition, revue et corrigée». Les modifications apportées à cette édition sont de trois sortes: changements typographiques, remaniement d'une gravure, et plus d'une vingtaine de corrections apportées au texte des éloges. Ce sont surtout les corrections textuelles qui font de l'édition de 1700 celle qu'il convient de mettre devant le lecteur moderne.[18]

Perrault devait être persuadé de la valeur de son ouvrage car, à en croire la notice nécrologique parue dans le *Mercure galant* au moment de son décès en 1703, il «continuait lorsqu'il est mort, les vies des hommes illustres sous le règne du roi, dont il a déjà donné deux volumes au public». Pourtant, la foi de Perrault dans l'intérêt de son livre se démentit et l'histoire des éditions postérieures des *Hommes illustres* se résume rapidement. Dezallier publia en 1701 une nouvelle édition qui se donne comme troisième édition et qui se veut «revue et corrigée»; pourtant cette édition ne contient plus les portraits, comme toutes les éditions en dehors des deux premières. Le reste du dix-huitième siècle ne vit que deux éditions d'une traduction anglaise (1704-5 et 1784), et deux éditions hollandaises (1707 et 1736).[19] Là s'éteint l'histoire des éditions des *Hommes illustres*, à une exception près: en 1970 les éditions Slatkine publièrent à Genève en facsimile une «réimpression de l'édition de Paris, 1697». En fait il n'y eut jamais d'édition de 1697 et cette fausse attribution relève d'une simple erreur. A la Bibliothèque Nationale se trouvent deux exemplaires des *Hommes illustres* datant apparemment de 1697;[20] mais dans les deux cas, comme l'indique le catalogue de la Bibliothèque, la date figurant à la page

---

[17] Cote Bamburgh Z.1.4-5.

[18] Toutes ces modifications sont détaillées dans la liste des variantes.

[19] Voir la table des états, éditions et traductions des Hommes illustres, p. xxxvi.

[20] Cotes Fol Ln2.11 et Fol Ln2.11c.

de titre a été modifiée à la main, ce qui se voit clairement sur consultation du volume. D'un seul trait la date originale, MDCXCVI, devient MDCXVII.[21]

Toutefois, malgré l'absence d'éditions des *Hommes illustres* depuis plus de deux cents ans, le texte de Perrault n'a pas cessé de vivre: il a été repris, copié ou pillé dans des ouvrages de référence depuis le lendemain de la première édition jusqu'à nos jours. Le premier ouvrage important à mettre à profit le texte de Perrault est le *Grand Dictionnaire historique* de Louis Moréri, réédité vingt fois entre 1674 et 1759. Il est intéressant de comparer l'édition de 1694, la dernière en date avant la publication des *Hommes illustres*, c'est-à-dire celle que Perrault pouvait consulter, et les éditions parues au dix-huitième siècle. Si l'on prend les cas des éloges du chancelier Séguier et du maréchal de Gramont, on voit que le texte du *Dictionnaire* de 1724 n'est plus celui de 1694 et que la nouvelle version s'inspire de très près des éloges de Perrault. Jean-Pierre Niceron dans ses *Mémoires pour servir à l'histoire des hommes illustres dans la république des lettres* (1729-1745) s'inspire également de notre auteur. Parfois il fait figurer les *Homme illustres* parmi les sources auxquelles il renvoie le lecteur à la fin de ses notices; mais il ne dit pas à quel point il le cite textuellement. Voici un exemple tiré des notices consacrées par Perrault et Niceron à Papire Masson, les différences étant signalées par nous en italique:

> PERRAULT: Il était d'un esprit gai et facile, sincère et généreux audelà de sa condition et de sa fortune, donnant son temps et sa peine pour le service des grands seigneurs, sans en attendre d'autre récompense que la joie de leur faire plaisir.

> NICERON: Il était d'une *humeur* gaie et *aisée*, sincère et généreux audelà de sa fortune, donnant son temps et sa peine pour le service des grands seigneurs, sans en attendre d'autre récompense que *le plaisir* de leur rendre service.

La ressemblance entre ces deux textes est frappante.

Plus on s'éloigne de Perrault dans le temps plus les auteurs semblent se libérer d'une reproduction servile de son texte. Cette évolution est perceptible dans la notice consacrée au président Jeannin dans la *Biographie universelle, ancienne et moderne* (1811-55). Celle-ci, tout comme le texte de Perrault, se compose de cinq paragraphes. Ces paragraphes se suivent dans le même ordre, ainsi que les événements racontés à l'intérieur de chaque paragraphe. Les mêmes citations s'y retrouvent également, parfois

---

[21] Il convient pourtant de signaler que l'ordre des éloges dans l'édition Slatkine ne correspond à aucun des deux exemplaires de la BN.

légèrement différentes ou modifiées. Dans les deux textes, au moment culminant où le roi se porte garant de la fidélité de Jeannin, il proclame devant ses conseillers: «Je réponds pour le bon homme. C'est à vous autres à vous examiner». Plus près de nous, une trace infime des *Hommes illustres* subsiste dans le *Dictionnaire de Biographie Française*, paru en 1989. Perrault et son émule moderne, en évoquant la vie d'Achille Harlay, nous apprennent que, sous Henri IV, Harlay travailla «à rétablir les lois, et à faire refleurir la justice», mais cette phrase est la seule qui laisse supposer une source commune ou une parenté entre ces deux textes.

III. Les Intentions de Perrault

Entre l'histoire et l'éloge

Il convient toutefois de s'interroger sur les intentions de Perrault lorsqu'il entreprit d'écrire *Les Hommes illustres*, car il serait facile de se tromper sur la nature du livre auquel nous avons affaire. Depuis trois siècles c'est l'objectivité du texte qui a surtout été soulignée par les lecteurs de ce recueil. Au dix-huitième siècle d'Alembert écrivait que l'«on peut y désirer plus d'intérêt et de coloris, mais non plus de sincérité et de justice»;[22] au dix-neuvième la *Biographie universelle* affirme dans la notice consacrée à Perrault que «cet ouvrage est recommandable par une grande impartialité, et par les recherches les plus exactes». Pourtant, au dix-septième siècle la vie, en tant que genre littéraire, ne donnait pas la même priorité à l'historicité et à l'objectivité. Elle s'inspirait de Plutarque, auteur des célèbres *Vies parallèles des hommes illustres*, ouvrage connu en France d'après la traduction d'Amyot (1559) dont parle Perrault dans l'éloge de Jacques-Auguste de Thou. Pourtant, Plutarque écrivait en moraliste aussi bien qu'en historien et ses vies sont exemplaires, se proposant moins de donner au lecteur le récit de la vie de l'homme en question que d'en tirer une leçon morale. Au dix-septième siècle les différentes formes de la vie littéraire participent à cette tension entre l'histoire et l'exemple moral, qu'il s'agisse de l'éloge tel que le pratiquaient Scévole de Sainte-Marthe (1598) et Papire Masson (1619), ou de l'oraison funèbre prononcée par Bossuet, Mascaron et Fléchier. C'est une vérité que reconnaissait l'auteur des *Hommes illustres* car, selon la préface, les adeptes de ce dernier genre nous donnent

---

[22] D'Alembert, *op. cit.*, p. 193.

des pièces d'éloquence qui «sont plus l'affaire du prédicateur que du défunt».

Le problème de la spécificité se posait déjà aux auteurs des *Hommes illustres*. Au moment de la conception de l'ouvrage Bégon n'était pas bien décidé s'il fallait parler d'«éloges» ou de «vies». Dans une lettre du 11 avril 1692, il écrivait à Villermont: «Il faudrait ... [que monsieur Perrault] prît la peine de travailler aux éloges ou plutôt à l'abrégé des vies des hommes illustres». Perrault se montre préoccupé du même problème dans la préface du premier volume: ayant d'abord employé indifféremment les termes «caractère», «éloge» et «vie», il finit par présenter son texte comme une série d'«éloges historiques». Il souligne son souci d'exactitude historique en affirmant qu'il veut donner au lecteur «une simple narration de faits historiques», et il ajoute que dans le genre littéraire auquel appartient ce texte, «la moindre erreur dans un fait, l'omission d'une circonstance un peu considérable, et même un nom propre mal écrit est capable d'attirer des reproches très bien fondés». Affichant son désir d'éviter toute confusion entre le réel et le merveilleux, il loue Antoine le Maître qui, dans sa *Vie de saint Bernard*, avait su distinguer entre l'histoire et la fable dans la vie des grands hommes, écartant tout ce que «l'ignorance et le faux zèle des écrivains y ont mêlé».

L'impression d'exactitude historique est rehaussée par la distance critique que Perrault semble vouloir garder par rapport à ses sujets. A maintes reprises il ne souscrit pas sans réserve aux louanges communément accordées à ses hommes illustres. Par exemple, Perrault n'est pas ébloui par les talents de Vouet, et écrit non sans malice que «quelque habile qu'il ait été dans son art, on peut dire cependant que son plus grand mérite consiste dans le grand nombre d'excellents élèves qu'il a faits». Le comportement des hommes qu'il dépeint n'est pas non plus à l'abri du sel de son commentaire, car à propos de Colot, «opérateur pour les maladies de la pierre», Perrault affirme: «On pourrait le blâmer d'une chose qui lui a été commune avec ses ancêtres, et avec ses descendants; c'est d'avoir tenu caché le secret qu'ils avaient et de ne l'avoir communiqué à aucun homme de leur profession». Ces réserves sont parfois le reflet des positions esthétiques auxquelles Perrault souscrit. Ses préjugés de Moderne à l'égard des obscurités de la scolastique se trahissent dans la toute première phrase de l'éloge de Morin où il reproche à ce grand homme «d'avoir poussé trop loin la curiosité de ses études en voulant épuiser toute la vaine science des rabbins».

Préférant le réel à la fable, Perrault privilégie le récit des événements au commentaire moral dans les vies des héros qu'il encense. Par ce choix il confère aux *Hommes illustres* une impression initiale de précision historique. Le paragraphe d'ouverture du premier éloge, celui de Richelieu, donne le ton à l'ensemble du recueil:

> Armand Jean du Plessis fils de François du Plessis seigneur de
> Richelieu, chevalier des ordres du roi et grand prévôt de l'hôtel, et de
> Suzanne de la Porte, naquit au château de Richelieu le 5 septembre
> 1585. Il fit paraître tant de vivacité d'esprit et de solidité de jugement
> dans ses études qu'on commença à présager sa future grandeur. Il
> semblait qu'il en eût lui-même un pressentiment, car on lui entendit
> dire plusieurs fois à ceux de son âge qui voulaient l'emmener jouer
> avec eux, qu'il était destiné à des emplois qui ne lui permettaient pas
> de perdre son temps. Il fut si soigneux de l'employer utilement, qu'à
> vingt-deux ans il fut sacré évêque de Luçon, son mérite, son savoir et
> sa réputation suppléant au défaut de l'âge. La cérémonie de son sacre
> se fit à Rome par le cardinal de Givry au milieu des applaudissements
> de tout le sacré collège et de toute la ville.

Malgré la louange de la sagesse précoce du jeune enfant, le texte nous
frappe par l'apparent soin d'exactitude historique: certaines précisions sont
fournies concernant les ancêtres de Richelieu, son éducation et sa carrière;
en plus, la relation se développe chronologiquement, ce qui nous permet de
placer dans le bon ordre les événements de la vie du futur cardinal, même
si parfois Perrault n'en donne pas la date précise. Dans le contexte des
Hommes illustres, cette forme de présentation n'a rien d'extraordinaire, et
bon nombre des notices offrent le même caractère.

Pourtant ce n'est pas le simple soin de précision historique qui marque
les *Homme illustres*: Perrault cherche aussi, et très consciemment, à éviter
une manière d'écrire qui sent le panégyrique. Dans la préface, il attire
l'attention du lecteur sur «la simplicité du style de ces éloges». Prenons à
titre d'exemple l'éloge de Pompone de Bellièvre inspiré, nous le savons,
par un texte qui se trouve dans les *Plaidoyers et Œuvres diverses* d'Olivier
Patru. Voici l'évocation de la mort de Pompone de Bellièvre selon Patru:

> C'est pour lui que toute la France est en deuil, c'est pour lui qu'elle
> gémit, qu'elle soupire; elle n'a plus aujourd'hui d'autre langage... Il
> est mort de la mort des justes: maintenant il marche sur les étoiles; il
> est maintenant aux noces saintes de l'agneau sans tache.

Or, bien que Perrault suive Patru textuellement à certains endroits, il
n'y a rien chez notre auteur de comparable à cette envolée stylistique; en
fait, Perrault supprime toute mention de la mort de Pompone, voulant
apparemment s'en tenir à l'objectivité et à la vraisemblance.

La tentation du merveilleux

Pourtant, il ne faudrait pas s'y tromper, il y a des limites à cette apparente historicité chez Perrault. Les vies de certains de ses hommes illustres sont ou incomplètes ou imprécises: par exemple, Perrault fait commencer l'éloge de Colbert à l'âge où celui-ci avait déjà trente ou quarante ans, et la vie de Pierre Lalemant ne donne aucune date hormis celles de sa naissance et de son décès. On saisit quelque chose des intentions de Perrault en constatant que, d'une manière générale il déleste systématiquement son texte de toutes les informations qui risqueraient de l'alourdir. Dans son éloge d'Adrien de Valois, il supprime les explications, fournies par le texte qui lui sert de source, sur lesquelles Valois basait sa réfutation d'un texte supposé de Pétrone. De la même manière, dans son éloge du maréchal de Fabert, il suit fidèlement Courtilz de Sandras pour la jeunesse et la mort du maréchal, s'écartant de son devancier seulement pour le détail rebutant des campagnes militaires, qu'il supprime. En raccourcissant le texte dont il se sert, Perrault choisit de supprimer des dates que Courtilz avait fournies, favorisant les citations et les bons mots du maréchal qui font vivre son héros, qui rendent lisible ce texte, et qui l'ouvrent à un public non savant. Perrault n'a l'intention d'écrire ni une œuvre d'érudition ni une œuvre d'histoire.

En particulier, on s'aperçoit que Perrault ne se libéra pas entièrement de la tradition des vies exemplaires. Dans l'*Avertissement* qui précède le deuxième volume Perrault écrit: «Il n'est guère de livres plus utiles que ceux qui proposent des modèles dignes d'être imités, et qui conduisent à la vertu par la voie des exemples». L'aspect moral des vies qu'il décrit est souligné par l'entrée en matière de chaque éloge, qui a souvent l'accent d'une formulation oraculaire ou d'une maxime. Voici la phrase d'ouverture de l'éloge de Vouet: «Ceux qui naissent pour réussir dans quelque art ou dans quelque science, n'attendent pas longtemps pour l'ordinaire à donner des marques de l'habileté où ils doivent arriver». Celui de Barthélemy d'Herbelot est même plus frappant: «Beaucoup de science jointe avec encore plus de bon sens et de probité, font le caractère de celui dont j'entreprends l'éloge». Dans les deux cas c'est le caractère remarquable de l'individu que Perrault entend mettre en valeur. D'ailleurs ces deux exemples sont particulièrement révélateurs des intentions de Perrault puisque, pour tout le reste de ces deux éloges, Perrault suit textuellement une source écrite dont il ne s'écarte guère. Pourtant les deux phrases citées sont entièrement de sa propre invention.

Plus significatif, Perrault supprime ou transforme certains détails qui pouvaient nuire à la réputation de ses hommes illustres. Par exemple, l'éloge du poète Sarasin s'achève sur la phrase suivante: «On prétend que sa mort fut causée par le chagrin qu'il eut d'être tombé dans la disgrâce de son maître [Conti], pour s'être mêlé d'une affaire qui lui avait déplu». Mais Perrault cache le fait que Sarasin avait une réputation d'aventurier sans scrupule. Selon Ménage, Sarasin trouva une «mort précipitée» dans des circonstances mystérieuses: certains prétendaient que Conti frappa le poète, qui l'avait offensé; d'autres qu'il fut empoisonné par un mari jaloux trompé par sa femme dans une liaison avec le poète. Le récit que fait Perrault de la mort de Pellisson n'est pas moins suspect. Après avoir raconté la conversion de Pellisson à la foi catholique notre auteur poursuit: «Il travaillait à un *Traité sur l'Eucharistie* quand il fut prévenu de la mort le 7 février 1693 de sorte qu'on peut dire qu'il est mort en combattant pour la religion». Or, cette conclusion peut être considérée comme une réfutation de certains bruits qui couraient à l'époque. La mort de Pellisson avait été subite, de sorte qu'il n'avait pas eu le temps de se confesser. Certaines personnes au dix-septième siècle voulaient profiter de cette circonstance pour mettre en question la sincérité de sa conversion, voyant dans sa mort un moyen de réintégrer Pellisson à la foi de ses ancêtres. Maints exemples témoignent des modifications opérées par Perrault pour embellir la vie de ses héros: il ignore ou passe sous silence la première partie de la vie de saint Vincent de Paul, jusqu'à sa conversion en 1611, période contenant des actions qui sont loin d'être méritoires; il cache les mœurs libertines de Lully que tout le monde lui reconnaissait; et il évoque l'obstination de Mansart, sans dire, ce que tout le monde savait, qu'il avait un caractère arrogant et susceptible. En gros, donc, Perrault n'a pas pour objet de faire parvenir à ses lecteurs une vérité brute: il la façonne, l'interprète ou la supprime, subordonnant le côté proprement historique de son texte à des fins morales, pour en faire presqu'un ouvrage d'hagiographie.

Mais Perrault va plus loin. L'auteur des *Contes en prose* (1697) insère dans *Les Hommes illustres*, ou laisse subsister quand il s'agit d'un emprunt, un certain merveilleux qui caractérise le conte de fées ou les vies fabuleuses de saints qu'il fustigeait lui-même dans l'éloge d'Antoine le Maître. Perrault assigne à bon nombre de ses hommes illustres des ancêtres illustres, une naissance extraordinaire et une jeunesse irréprochable. Par exemple, nous lisons dans la notice consacrée à Peiresc qu'il:

> fut fils de...Marguerite Bompar que l'on dit avoir été si belle que la reine Catherine de Médicis la baisa à cause de sa beauté, honneur qu'elle ne fit à aucune des autres dames. On a de la peine à trouver un temps où celui dont je parle ait été enfant; car dès les premières années de sa vie le désir d'apprendre qui a toujours été en lui très ardent, lui fit mépriser tous les jeux et les amusements de l'enfance, et il ne prit plaisir qu'à écouter ce qu'on lui disait ou d'utile ou de curieux.

En lisant ce passage, on croit voir une fée marraine accordant des dons à l'enfant qui va naître. Mais l'enfance de Pierre de Marca, futur archevêque de Paris, n'est pas moins remarquable, et Perrault en raconte l'épisode suivant, tiré de la *Vie* écrite par Paul de Faget:

> Son père pour avoir la consolation de voir baptiser son fils dans le sein de l'Eglise catholique, le fit porter au monastère de Saint-Pé-de-Générest du diocèse de Tarbes, où il reçut le baptême des mains d'un religieux de cette maison, qui par un esprit prophétique dit ces paroles après l'avoir baptisé: *Tu es Petrus, et super hanc Petram œdificabo Ecclesiam meam.*

Ce passage rappelle non seulement les paroles adressées par le Christ à l'apôtre Pierre, mais aussi celles du vieux Siméon qui bénit le bébé Jésus dans le temple.[23]

Parfois Perrault attribue aussi à ses hommes illustres une mort exemplaire. Par exemple, le cardinal de Bérulle quitta ce monde de la manière suivante:

> Il mourut le 2 d'octobre 1629 dans sa cinquante-cinquième année, mais d'une manière la plus belle et la plus souhaitable pour un saint prêtre, ce fut en célébrant la messe, et sur le point de la consécration en prononçant ces paroles: *Hanc igitur oblationem.* De sorte que n'ayant pu achever le sacrifice comme prêtre, il l'acheva comme victime.

Cette mort est digne de l'homme, mais elle n'est pas plus sainte que celle du maréchal Abraham de Fabert. Celui-ci, selon Perrault, «se sentant fort affaibli, [...] demanda ses heures, et fit tirer les rideaux de son lit, et peu de temps après on le trouva mort à genoux, et son livre ouvert sur le psaume *Miserere mei Deus*». Bref, les éloges des grands hommes de ce recueil sont investis d'une valeur exemplaire: leur vie et leur mort sont dotées d'éléments surnaturels qui sont caractéristiques de la mythologie ou de la fable.

D'ailleurs ces vies sont non seulement exemplaires, mais aussi emblématiques: les hommes d'église dépeints par Perrault sont pieux, les capitaines vaillants, les hommes d'état sages, les érudits et les hommes de lettres doués de grands talents et les artisans sont habiles. Cet aspect du texte est souligné par les gravures, qui présentent chacun des hommes illustres d'une manière qui marque les caractéristiques propres à sa condition. Parmi les hommes d'église, les cardinaux du premier volume (gravés par Lubin) portent leur calotte, et ceux du deuxième volume (gravés par

---

[23] Luc 2: 25-32.

Edelinck) la barrette; les évêques ont tous une croix sur la poitrine; l'habit des prêtres est simple et sans ornement. Parmi les grands capitaines, Condé porte l'hermine; la plupart des autres guerriers sont représentés en cuirasse; Pagan et Du Metz sont défigurés par les blessures qui sont les signes de leur valeur. La majorité des hommes d'état et des magistrats sont peints avec un sérieux qui exprime la gravitas de leur situation élevée, bien que parfois un petit sourire se laisse discerner au bout des lèvres. Parmi les savants, hommes de lettres et artisans, Rossignol est représenté devant sa bibliothèque, Poussin devant son chevalet, tandis que Molière, en train de lire ou d'écrire, est vêtu d'un costume qui n'a rien de formel et qui traduit peut-être la situation ambiguë de l'homme de théâtre.

Les autres gravures contenues dans les deux volumes ont un sens aussi emblématique que les portraits des grands hommes. Le blason qui se trouve sur la page de titre des deux volumes représente en image les différents états et conditions des hommes illustres: une mitre et une crosse rappellent les hommes d'église, des drapeaux et un canon figurent les grands capitaines, un globe peut-être le pouvoir terrestre, accompagné d'instruments scientifiques, de pinceaux, et d'instrument de musique. Mais la gravure la plus emblématique de toutes est certainement le frontispice que le lecteur rencontre en ouvrant le livre, en face de la page de titre. Elle occupe la feuille entière et représente une statue équestre de Louis XIV très semblable au *Louis XIV* du Bernin, transformé par Girardon. En bas de la page on lit la légende suivante, qui est un vers alexandrin: «Le Ciel en sa faveur forma tant de grands hommes». Autour de la statue du roi il y a un défilé d'hommes; en tête on reconnaît Richelieu et Du Perron suivis par les grands capitaines, au troisième rang Colbert ou Lamoignon, et au pied du piédestal peut-être Claude Perrault. D'ailleurs, l'ordre des conditions présentées dans ce livre est hiérarchique. Au sommet de cette hiérarchie est le roi lui-même, à qui les grands hommes dédient leurs talents mais qui les surpassent par sa vaillance, sa sagesse et son goût en matière de littérature.[24]

IV. Les Idées

Perrault se lança dans le projet de collaboration avec Bégon, voulant illustrer la thèse de la supériorité des Modernes qu'il avait soutenue dans la Querelle des Anciens et des Modernes. Le texte qu'il mit enfin au monde

---

[24] Sur les talents du roi dans ces domaines, voir respectivement les éloges de Condé, Vincent de Paul et Pellisson.

offre, à travers les cent éloges des illustres morts de la période 1600-1700, un panorama de l'actualité historique et intellectuelle du siècle de Louis le Grand. Cependant, le roi et les grands hommes ne constituent pas pour le lecteur moderne le seul centre d'intérêt de cet ouvrage. Le frontispice qui célèbre la gloire du roi est immédiatement suivi par une gravure grand format qui est de loin la plus imposante du recueil: c'est celle de l'auteur lui-même. Perrault n'avait peut-être pas l'intention de nous livrer dans ces pages une image de lui-même, mais il est en quelque sorte le véritable sujet du livre, et ce recueil nous donne le reflet de ses idées esthétiques, religieuses et politiques.

L'esthétique de Perrault

Vu les opinions de Perrault sur la clarté et la simplicité, exprimées dans la préface du livre, on ne s'étonnera pas que la question du style occupe une place importante dans ses appréciations des hommes illustres. Les idées esthétiques de Perrault sont aussi celles de son époque, et il se montre en général peu favorable aux conceptions qui régnaient dans la première moitié du siècle et que, de nos jours, on appellerait volontiers 'baroques'. Pour lui, les caractéristiques de ce style sont l'absence de clarté et le mauvais goût. Par exemple, Perrault blâme chez Camus, «la hardiesse de ses métaphores...entassées les unes sur les autres», tandis que Senault souffre de trois défauts, «nulle méthode dans le discours, un grand étalage de la science profane...et enfin de la plaisanterie qu'on y croyait nécessaire pour attirer la bienveillance et l'attention des auditeurs». Ces défauts stylistiques sont moins en évidence chez les grands hommes de la deuxième moitié du siècle, mais Perrault se plaint, chez Sarazin, de «ce mélange du sacré avec le profane», qui est pour lui «un reste de la licence mal entendue que nos ancêtres se sont donnée dans leurs poésies, qui de là a passé dans les ouvrages de peinture et de sculpture».

Le mauvais style avait été corrigé au courant du siècle par un nombre d'esprits supérieurs. Perrault cite d'abord Malherbe, qui «réforma en quelque façon toute la langue»; après lui, Balzac épura la prose, Voiture les vers et Sarasin tous les deux genres. Ce dernier écrivain semble incarner les valeurs esthétiques de Perrault, et on ne peut pas s'empêcher de remarquer qu'aux yeux de la postérité il se méprend plus sur les qualités de Sarasin que sur tout autre de ses hommes illustres. Mais Perrault salue surtout la contribution de Vaugelas, qui s'opposa dans ses *Remarques sur la langue française* (1647) «à la corruption du langage, et aux vicieuses façons de parler, ou qui n'étaient plus dans le plus bel usage ou que le mauvais usage introduisait». Perrault reconnaît, dans l'éloge de La Mothe le Vayer que celui-ci, parmi d'autres, avait refusé de souscrire aux préceptes de Vaugelas, mais Perrault tranche le débat d'une manière décisive en ajoutant que malgré toutes les plaintes faites contre les *Remarques* de Vaugelas, «elles ont été reçues avec un applaudissement universel». Les auteurs qui sont plus proches de Perrault dans le temps sont considérés comme exemplaires de cette clarté qui devint inséparable de l'esthétique classique. Perrault loue Coëffeteau parce que «l'élégance et la pureté de son style sont incomparables» et pour lui l'*Histoire de l'Académie Française* de Pellisson est écrite «d'un style dont on ne peut trop louer la justesse et la brièveté». De la même manière il juge, à propos des *Lettres provinciales*, que «tout y est pureté dans le langage», et que les vers latins de Santeul «sont tournés d'une manière si naturelle, qu'il n'y a personne qui ne les entende».

Selon Perrault, le culte des Anciens est largement responsable de l'obscurité et du manque d'élégance qu'il condamne. Dans l'éloge de Malherbe, il s'insurge contre «les mots écorchés du latin» et «les phrases tournées à la manière des Latins ou des Grecs» qui défigurent la poésie de Ronsard. Perrault condamne non seulement les barbarisme d'un style calqué sur celui des Anciens, il réprouve également les mœurs corrompues des auteurs grecs et latins qui sont incompatibles avec la politesse et le bon goût de son époque. Il affirme avec audace dans l'éloge d'Honoré d'Urfé, qu'à le considérer «du côté de l'invention, des mœurs et des caractères», l'*Astrée* n'est guère inférieur au poésies d'Homère. Perrault note également, à propos des poésies de Benserade, que «la galanterie dont elles sont animées est toute neuve, et n'a point de modèle dans l'antiquité la plus polie, soit grecque, soit romaine». Enfin il attire l'attention du lecteur sur cette même qualité chez Ménage, en nous disant que «ses poésies ne sont presque, à le bien prendre, qu'un tissu de ce qu'il y a de meilleur dans tous les autres poètes, mis en œuvre avec tout l'art et toute la politesse imaginable».

La clarté et le bon goût sont les qualités prisées par Perrault dans les écrits des auteurs qu'il loue, et son texte suffit pour prouver qu'il cherchait à en donner l'exemple dans son propre ouvrage. Surtout, la manière d'écrire de Perrault est marquée par le langage des milieux mondains et partiellement précieux qu'il fréquentait. Comme tous les grands auteurs de l'époque classique, sa recherche de l'élégance lui fait fuire tout ce qui sent le vulgaire, le bas et le trop concret. Il se sert souvent de l'adjectif «parfait», vocable abstrait qui nous laisse une impression idéalisée de la personne ou de la qualité en question. C'est le cas de Bérulle car, selon Perrault, «il n'est pas étonnant que de deux familles aussi vertueuses, il soit né un fils aussi parfait et aussi saint que celui dont nous parlons». D'autres personnes méritent ce même louange: Senault avait «un parfait désintéressement», Antoine le Maître possédait «la manière parfaite de s'exprimer», et Harlay est loué pour «sa parfaite intégrité». De la même manière, Richelieu avait des «talents extraordinaires», Bérulle une «piété extraordinaire», Condé des «qualités extraordinaire», et Varin fit une statue en marbre du roi «qui est d'une beauté extraordinaire». Ces adjectifs offrent l'exemple d'un langage qui est marqué à la fois par la litote et l'hyperbole, d'un langage qui implique tout sans rien dire de précis. Son emploi nous rappelle les portraits idéalisés d'autres 'beautés' de l'époque, telles Cendrillon et la princesse de Clèves, qu'on nous dit parfaites mais dont nous ne possédons aucune description physique et détaillée.

D'autres aspects de la manière d'écrire de Perrault témoignent du goût mondain de son époque. Par exemple, il conjugue à certains moments un désir de ne pas outre-passer les bornes du bon usage avec un emploi métaphorique et presque précieux de la langue. Dans l'éloge de Le Brun il estime qu'on rendra justice aux peintures de ce grand homme «lorsque le temps y aura ajouté la beauté, et si cela se peut dire, le vernis qu'il donne toujours aux excellents tableaux». Ici, le «si cela se peut dire» traduit sa crainte de tout néologisme ou métaphore exagérée qui rappellerait le mauvais goût de ses ancêtres. En d'autres occasions Perrault construit une phrase frappante autour d'une antithèse ou d'une comparaison, donnant à ses mots une résonance qui rappelle les jeux littéraires des salons et même les *Maximes* de La Rochefoucauld. Ainsi, il conclut une comparaison de Descartes et de Gassendi en disant que «l'un avait des connaissances plus grandes que son âme, et que l'autre avait l'âme plus grande que toutes ses connaissances». Parfois ces parallélismes révèlent un trait d'esprit ou d'humour, comme lorsqu'il écrit, à propos des *Contes* de La Fontaine que «personne n'ait jamais parlé plus honnêtement des choses deshonnêtes». Un tel badinage apparaît souvent, mais discrètement, sous la plume de Perrault: par exemple, il estime que Solleysel voyagea en Allemagne «pour y conférer avec les médecins des maladies des chevaux, qui sont là aussi fréquents que le sont en France les médecins des maladies des hommes». C'est le badinage des salons, reflet de l'esthétique des honnêtes gens.

Malgré les différences de perspective qui les séparaient, Perrault aurait souscrit à l'opinion de La Bruyère concernant la nature de cette esthétique. Celui-ci écrivait dans ses *Caractères*: «Il y a donc un bon et un mauvais goût, et l'on dispute des goûts avec fondement».[25] Implicite dans cette remarque est un platonisme qui apparaît clairement dans les *Hommes illustres*. En quelque art que ce soit, l'artiste atteint la perfection, selon Perrault, en conformant sa création à la forme idéale du beau qui lui correspond. C'est en ceci que consiste la supériorité de Quinault, que

---

[25] La Bruyère, *Les Caractères*, 'Des ouvrages de l'esprit', 10.

Perrault range parmi «ces génies heureux qui réussissent dans tout ce qu'ils entreprennent, et qui ayant reçu de la nature une idée du beau très vive et très distincte, y conforment avec facilité tout ce qu'ils font». Le Sueur possédait ce même don de la nature, car il représentait sur la toile «l'idée du beau» et peignait ce qu'il voyait «dans son idée». Ces idées sont innées et sont le reflet de ce qu'il y a d'immortel dans l'esprit de l'homme, ainsi que le suggère Perrault lorsqu'il dit de Mansard que «ce jeune élève avait apporté en naissant toutes les dispositions nécessaires pour réussir dans ce bel art».

Les idées religieuses

Dans le domaine de la foi, comme dans celui de l'esthétique, Perrault se fait en large mesure l'écho des orthodoxies de son temps. Il se pose en adversaire de tous ceux, libertins et hérétiques, qui mettent en doute les dogmes traditionnels de l'église catholique. Dans l'éloge de Jean de Launoy Perrault déplore un élément de «merveilleux» qui se trouve dans certaines vies de saints; c'est un abus qui est particulièrement regrettable, dit-il, «par l'occasion qu'il donne aux libertins de douter des choses les plus certaines et les plus vraies, et aux hérétiques de nous insulter sur la foi de nos traditions». Perrault n'a aucune sympathie pour la libre-pensée et il loue Antoine Rossignol précisément parce que celui-ci évitait de sonder «les secrets que Dieu s'est réservé à lui seul et qu'il est bon que nous ignorions»; mais c'est plus particulièrement contre les hérétiques, c'est-à-dire les protestants, que Perrault s'échauffe dans les *Hommes illustres*.

Perrault approuve l'action militaire menée contre les Huguenots depuis le début du siècle. La campagne des années 1620, racontée dans l'éloge de Richelieu, aboutit au siège de La Rochelle «ce qui était attaquer l'hérésie dans son fort, et par l'endroit où elle se croyait insurmontable». La ville s'étant rendue en 1629, «cette malheureuse hérésie...aurait été dès lors extirpée entièrement, si le Ciel n'eût pas réservé ce miracle à la sagesse de Louis le Grand». Le «miracle» auquel Perrault fait allusion, est la révocation de l'édit de Nantes (1685), qu'il évoque dans l'éloge de Michel le Tellier. Il insiste sur la joie ressentie par le chancelier, qui aurait dit, après avoir scellé le document, *«qu'il consentait de mourir, après avoir vu l'exercice public de la religion prétendue réformée bani du royaume»*.

Perrault parle dédaigneusement de la foi des Huguenots. Selon lui Jean de Gassion «avait le malheur d'être de la religion prétendue réformée», et Béthune «se trouva malheureusement engagé dans les erreurs du calvinisme». Perrault exprime sa surprise, à propos de Blondel, «qu'un homme qui a autant aimé la vérité que celui dont j'entreprends l'éloge, ne l'ait pas connue dans la matière de toutes la plus grave et la plus importante: car il a vécu et est mort dans la profession de la religion prétendue réformée, dont il était un des ministres». Une manifestation subtile des préjugés de Perrault en matière de religion se trouve dans son éloge de Bochart, ministre de l'église réformée à Caen. Le texte de Perrault suit de très près la *Vie* en latin par Morin, publiée en tête des *Opera omnia* de Bochart en 1675. Morin, comme Perrault, raconte les disputes théologiques auxquelles participa Bochart contre François Véron, qui défendait les positions catholiques. Morin, sympathisant de la cause protestante, vante non seulement la victoire de Bochart mais il vilifie son adversaire, voulant faire croire que celui-ci cherchait seulement à prendre Bochart dans un piège en donnant un sens criminel à ses paroles innocentes.[26] Mais ici Perrault s'écarte de sa source et, tout en accordant à Bochart la palme dans cette dispute, il conclut tout simplement que Bochart «remporta tout l'avantage qu'il pouvait espérer en défendant une mauvaise cause».

Par contre, certains des hommes illustres sont loués parce qu'ils confondaient ou convertissaient les hérétiques. C'est le cas de Sponde, qui «ramena à la foi plus de treize cents hérétiques», et aussi de Denys Petau qui, selon certains, aurait converti le célèbre Grotius. L'un des mérites du grand Arnauld lui-même est d'être entré en lice contre «le ministre Claude». Perrault se réjouit de la conversion des hérétiques. Du Perron naquit de parents calvinistes, mais, «ayant lu avec application la *Somme* de saint Thomas, les pères de l'Eglise, et particulièrement saint Augustin, il reconnut les erreurs de la religion qu'il professait, il en fit aussitôt abjuration, et quelque temps après il embrassa l'état ecclésiastique». De la même manière, le père de Jérôme Vignier, futur oratorien, «s'était laissé entraîner à l'hérésie de Calvin, répandue alors par toute la France», mais «Dieu lui fit la grâce de l'en tirer». Particulièrement intéressant est le cas de Pellisson, qui se vit emprisonner après la chute de Fouquet. Selon Perrault ce fut la Providence qui «le mit dans cette solitude pour lui faire faire les réflexions, les lectures et les études nécessaires» pour le faire sortir de son aveuglement». La stratégie divine réussit, car lorsque Pellisson eut recouvré sa liberté, «il abjura son hérésie dans l'église de Chartres, et se donna tout entier à composer des ouvrages pour la conversion de ses frères errants».

Il est impossible de douter que Perrault ne partage l'orthodoxie religieuse de son temps. Néanmoins, à côté de cette orthodoxie, il est évident

---

[26] Selon Morin, les disputes de l'époque entre catholiques et protestants furent provoquées «non ut veritate, elicerent, sed ut in disputationis ardore incauta aut ambigua quaedam verba captarent, et sinistrorum detorta in crimen caluminose veterent, innumeraque damna Pastoribus, et eorum Ecclesiis inferrent».

qu'il se réserve une certaine indépendance dans le domaine de la pensée religieuse. Surtout, le désir de placer Arnauld et Pascal parmi les hommes illustres du premier tome démontre qu'il couvait une sympathie marquée pour le jansénisme. Nous avons déjà vu que cette sympathie s'explique par l'attachement de Nicolas Perrault, frère de notre auteur, aux positions théologiques d'Arnauld, et par le lien de famille que Bégon croyait exister entre lui-même et Pascal. Mais Perrault insiste aussi sur l'orthodoxie de la doctrine de ces deux grands hommes. Arnauld, dit-il, eut non seulement un «zèle extrême» pour Louis XIV, mais selon Perrault «il a été fort estimé à Rome, et l'on assure qu'on a eu dessein plus d'une fois de l'honorer de la pourpre». De même, les positions intellectuelles et théologiques de Pascal sont tout aussi innocentes. Il s'intéressait, dit Perrault, aux sciences naturelles, et dans le domaine de la foi il «était soumis sans aucune réserve à tous les mystères de la religion». C'est-à-dire, Perrault proclame sa propre orthodoxie en matière de foi religieuse, et revendique l'orthodoxie de ceux qu'il cherche à défendre.

La pensée politique

Perrault n'est pas moins le défenseur de l'orthodoxie dans le domaine de la politique qu'il ne l'est à l'égard de la religion et de l'esthétique. Ses opinions politiques se discernent surtout à travers les trente-cinq vies des grands capitaines et des hommes politiques, où nous le voyons prôner la nécessité d'un état fort et unifié. Perrault partage la philosophie politique de Richelieu qui, se voyant à la tête des affaires, «se proposa deux choses principalement, d'abattre les hérétiques, et d'abaisser la grandeur de la maison d'Autriche». Le premier objectif suppose la suppression de toute révolte intérieure; le second, de briser l'encerclement de la France par la maison de Habsbourg, devint un leitmotiv de la politique étrangère de la France au XVIIe siècle.

Perrault condamne toute insurrection civile, quelle que soit sa motivation. Il estime en particulier que les croyances religieuses ne peuvent en aucun cas justifier la révolte contre le pouvoir légitime. Perrault loue Achille de Harlay parce qu'il s'opposa à la Ligue et «détesta toujours les emportements de ceux qui, sous le voile de la religion, violaient le respect et l'obéissance qu'ils devaient à l'autorité royale, contre le commandement formel de cette même religion». Cette condamnation de l'hérésie et de tout esprit de révolte permet à Perrault de porter un jugement favorable sur la campagne menée contre les Huguenots de 1620 à 1628. Il approuve aussi la suppression d'autres «troubles» qui se produisirent dans les provinces au courant du siècle. Perrault raconte, par exemple, que Malherbe vint pour la première fois à la cour de Henri IV en 1605, «un peu avant que le roi partît pour remettre dans le devoir la province de Limousin». Les mêmes sentiments s'expriment dans l'éloge de Séguier, où nous lisons qu'à l'occasion de la révolte des Va-nu-pieds en 1639, «le roi l'envoya en Normandie pour apaiser des émotions populaires arrivées dans plusieurs villes de cette province».

La révolte la plus importante du siècle était, sans doute, la Fronde (1649-52), que Perrault se hâte de condamner. Il félicite Gramont parce que «pendant tout le temps que durèrent nos troubles domestiques, il témoigna une exacte fidélité, et rendit de très grands services à l'Etat». Le comte d'Harcourt mérite aussi de semblables louanges parce qu'il avait rendu «de très grands services dans la Guyenne pendant les troubles des années 1651 et 1652». Mais Perrault parle avec discrétion des difficultés de cette période, passant rapidement sur une période d'erreur pendant laquelle certains de ses hommes illustres s'étaient battus contre leur roi. Il ne dit rien de la période 1651-1660 dans la vie du maréchal de Luxembourg où celui-ci passa du côté des révoltés. Le comte d'Harcourt lui-même, s'étant brouillé avec Mazarin, se mit pendant un moment à la tête des troupes étrangères en Alsace. Dans le cas de Condé, Perrault est contraint d'avouer que celui-ci «eut le malheur de se voir engagé à porter les armes contre son prince», mais il trouve le moyen de mitiger les fautes du plus célèbre des révoltés, en ajoutant que «peut-être ce malheur était-il nécessaire pour faire éclater des vertus, que sans cela on n'aurait pas connues». Perrault glisse ainsi sur des événements qui pouvaient nuire à la glorieuse réputation qu'il s'efforçait de construire pour chacun de ses héros. Sa discrétion est sans doute due à un sentiment de prudence politique qui lui conseillait de ne pas rouvrir des blessures à peine guéries. Mais ce silence traduit aussi sa condamnation de toute insurrection contre le pouvoir légitime du prince.

Lorsqu'il s'agit de la politique extérieure, les guerres entreprises pour affermir les frontières de la France sont également justifiées aux yeux de Perrault. Son texte répertorie les principales campagnes du règne: les combats dans le Val Telline et la prise de Pignerol en 1630, la guerre de Trente Ans (1635-59) et la prise de Perpignan en 1642, la guerre de Dévolution (1667-68) et la conquête de Flandre, la Guerre de Hollande (1672-78) et le siège de Maastricht. Mais au moment où Perrault prend la plume, le pays est plongé dans la guerre de la Ligue d'Augsbourg, ou la guerre de neuf ans (1688-97) que Perrault nomme, dans l'éloge de Seignelay, «la guerre qui s'alluma dans toute l'Europe à la fin de 1688». Déjà cette campagne avait donné lieu à des conflits sanglants: en 1690 la bataille victorieuse de Fleurus en Flandre; en 1692, le passage du Rhin et la bataille de Steinkerque; et, en 1693, la bataille de Nheerwinden. A l'occasion de cette guerre Perrault se montre peut-être moins favorable à une campagne qui entraînait la dévastation économique et humaine du pays et qui ruinait la politique économique et culturelle de Colbert, à laquelle il reste fidèle.

Dans l'éloge de Colbert, Perrault insiste sur la réforme des finances auxquelles l'ancien secrétaire d'Etat s'était appliqué, «avec tant de soin et de succès, que ces mêmes finances sont devenues dans la suite ce qu'il y a de plus clair et de mieux réglé dans le royaume». Parallèlement, Perrault prône «l'amour que ce grand ministre avait pour les beaux arts, l'architecture, la peinture et la sculpture». Cependant la guerre commencée en 1688 détruisait cet héritage. Selon les *Mémoires* de Perrault, avant l'engagement de la France dans cette campagne coûteuse, l'épanouissement de la culture avait été favorisé par des pensions d'état; mais, dit-il, «quand on déclara la guerre à l'Espagne une grande partie de ces gratifications s'amortirent». Cette même guerre mettait plus généralement un frein à la production de tous les objets de luxe nécessaires à la création de l'image du roi soleil; et dans ses mémoires Perrault se lamente que les troubles de l'heure actuelle avaient «fait quitter ces sortes de dépenses».[27] Très discrètement *Les Hommes illustres* renouvellent cette critique lorsque Perrault entame la description des ouvrages de l'orfèvre Claude Ballin, mort en 1678: bon nombre d'entre eux, dit-il, n'existent plus, parce qu'«ils ont été fondus pour fournir aux dépenses de la guerre».

Le texte des *Hommes illustres* n'est pas moins révélateur à l'égard de la perte de vies humaines occasionnées par cette guerre. Le taux de mortalité dans la guerre de la Ligue d'Augsbourg était particulièrement élevé: à la bataille de Fleurus il y eut plus de 10 000 blessés dans l'armée ennemie; la bataille de Nheerwinden causa plus de 15 000 morts dans l'armée française et même plus chez leur adversaire. L'écho de cette destruction humaine se laisse entendre dans les éloges de ce recueil: le troisième fils de Colbert, Antoine-Martin, «était colonel du régiment de Champagne, bailli et grand-croix de l'ordre de Malte, et fut tué devant Valcourt», en 1689; le fils cadet de Colbert, «qu'on nommait le comte de Sceaux, est mort au service du roi à la bataille de Fleurus, où il servait à la tête du même régiment de Champagne», et le maréchal de camp Du Metz trouva aussi la mort dans le même conflit; le comte de Guiche, fils du Maréchal de Gramont, mourut à la suite du passage du Rhin en 1692; et le fils du maréchal de La Meilleraye, «Christophe Louis de Gigault marquis de Bellefonds, [...] fut tué à la bataille de Steinkerque en l'année 1692». Ce fut presque toute une génération de la jeune noblesse, fauchée par le glaive de cette campagne sanglante. Toutefois la marque la plus révélatrice de l'attitude de Perrault à l'égard de ce conflit est peut-être l'absence des *Hommes illustres* de Louvois, ministre de la guerre, mort en 1691, qui avait été surtout responsable

---

27 Perrault, Mémoires de ma vie, pp. 143 et 146.

pour la promotion de cette campagne.

*

*   *

Il ressort de ces analyses que la pensée de Perrault est marquée par les mêmes caractéristiques, qu'il s'agisse de ses idées esthétiques, ses idées religieuses ou ses idées politiques. Profondément conformiste, Perrault adhère consciemment aux valeurs de l'époque dont il entend chanter les louanges. Ce conformisme suppose une soumission à la tyrannie stylistique du classicisme régnant, à l'autorité religieuse d'une Eglise hostile à l'indépendance intellectuelle, et au pouvoir d'un Etat prêt à sacrifier culture et vies humaines à la construction de sa propre gloire. Pourtant, malgré sa fidélité aux orthodoxies régnantes, Perrault refuse de brider son esprit: son classicisme est teinté de préciosité, son catholicisme empreint de jansénisme, et son étatisme politique par ses sensibilités artistiques et humanitaires. Au cœur de l'homme et de l'œuvre persiste une tension, inconsciente peut-être mais indéniablement présente, entre conformisme et indépendance, orthodoxie et subversion.

V. Conclusion

Les Hommes illustres est un ouvrage qui mérite notre attention et qui a sombré injustement dans l'oubli depuis presque trois cents ans. La découverte des sources inavouées dont Perrault se servit et la suppression des notices d'Arnauld et de Pascal, entourent la création de ce texte d'une atmosphère de roman. Les éloges eux-mêmes, bien que dépassés par les recherches modernes comme source d'informations biographiques, constituent un exemple précieux de l'art d'écrire l'histoire à cette période charnière dans le développement du genre; le texte de Perrault se situe à mi-chemin entre l'histoire exemplaire que Bossuet entreprend dans son *Discours sur l'histoire universelle* (1681), et l'histoire empirique tentée par Voltaire dans son *Siècle de Louis le Grand* (1751). Prises dans l'ensemble, ces vies nous livrent un panorama de l'histoire de la France, qui s'étend depuis les guerres de religion jusqu'au déclin du grand siècle: la Ligue et la peste, la conférence de Fontainebleau, la journée des barricades, la Saint-Barthélémy, la Fronde, les batailles et les sièges, les rois, la révocation de l'édit de Nantes, les troubles en Angleterre. Mais ce qui retient surtout l'attention du lecteur moderne c'est la lumière que ce texte jette sur les goûts et la personnalité de Perrault lui-même. L'auteur de ces éloges nous offre non pas une image objective du dix-septième siècle, mais une image du dix-septième siècle d'après Charles Perrault, marquée par ses préjugés et par une vision idéalisée de sa propre époque. Perrault n'accorde pas le même respect à tous ses grands hommes, et l'on voit où vont ses préférences personnelles: parmi les hommes d'église, Arnauld, qui incarne la piété; parmi les grands capitaines, Turenne, qui sut défendre la France «contre les étrangers et contre ses propres enfants»; parmi les grands politiques, Richelieu et Colbert, qui militaient pour la mise en place d'un gouvernement fort et centralisé; parmi les savants, son frère Claude, qui représente l'omnicompétence sans pédanterie du véritable honnête homme; et parmi les gens de lettres, Voiture, Pellisson et Santeul dont le style est le reflet de son goût mondain et précieux. En fin de compte, *Les Hommes illustres* est un texte riche de significations, mais c'est un texte dont la vocation première était de contribuer à la fabrication de l'image de Louis XIV, roi soleil; Perrault voulait créer et passer à la postérité la même image que Calot, qui grava le roi «dans toute sa grandeur, c'est-à-dire aussi grand que nature».

Les Editions des *Hommes illustres*

I. Les Principes de cette édition

Nous reproduisons le texte de la deuxième édition, 1700, qui fut corrigé par les auteurs ou par l'éditeur. Une liste des variantes se trouve en appendice, ainsi que le détail des coquilles restées dans le texte que nous avons corrigées. Ces variantes sont signalées dans le texte par une lettre arabe en exposant.

Pour rendre notre édition plus accessible, nous avons choisi de moderniser l'orthographe et la ponctuation du texte. En tout cas, faute d'un manuscrit, il est impossible de savoir si l'orthographe et la ponctuation sont celles de Perrault ou de l'éditeur. Les changements de ponctuation concernent principalement l'usage de la virgule et des deux points, qui n'est pas constant d'un bout de l'ouvrage à l'autre et qui est suffisamment différent de l'usage moderne pour ralentir la lecture du texte et en obscurcir le sens. Ensuite, Perrault ne fait pas toujours accorder le participe passé, et à cet égard nous avons rendu son texte conforme à l'usage moderne. Nous avons aussi régularisé la présentation des discours, directs ou indirects, que Perrault attribue à ses personnages, faisant imprimer ces paroles en caractères italiques, ainsi que le fait Perrault lui-même dans la plupart des cas.

Pour faciliter la consultation de notre édition nous avons ajouté entre crochets, en tête de chaque éloge, à gauche, son numéro dans le volume où elle se trouve et, à droite, sa place dans l'ouvrage intégral. Nous avons donné aussi, pour chacun des hommes illustres, les dates de naissance et de décès telles qu'on les trouve dans la plupart des ouvrages de référence modernes. Ces indications sont parfois absentes du texte de Perrault (Patru et Ménage), parfois Perrault se trompe (Adrien de Valois), et parfois les dates qu'il donne sont douteuses (Rossignol); il en résulte que les dates que nous donnons peuvent être différentes de celles que l'on trouve dans le texte de Perrault. Enfin, un astérisque suit dans le texte le nom de toute personne à qui Perrault consacre un éloge à part.

Notre principal travail en éditant cet ouvrage a été de faciliter la compréhension du texte. Dans ses éloges Perrault évoque parfois des personnes, des endroits, des objets d'art qui étaient familiers à lui-même et à ses premiers lecteurs. Trois cents ans plus tard ces allusions nous sont moins transparentes; les notes qui accompagnent le texte ont donc pour objet d'éclaircir ces difficultés autant que possible. Une note explicative concernant une personne mentionnée dans le texte n'est fournie que lors de la première occurrence; à l'occasion des occurrences ultérieures le lecteur consultera l'index en fin de volume. Cet index comprend tous les noms propres cités dans le texte de Perrault, mais pour ne pas l'alourdir nous n'y avons pas ajouté les noms qui n'apparaissent que dans nos notes.

II. Comparaison des deux premières éditions chez Dezallier

Modifications matérielles

1. L'éditeur de la première édition fait imprimer le privilège dans les deux volumes: au tome premier, celui-ci se trouve au verso de la dernière page de la préface, et l'achevé d'imprimer qui le complète est daté du 28 septembre 1696; au tome deux le privilège est placé en fin de volume, et accompagné de son achevé d'imprimer en date du 30 mai 1700. Dans la deuxième édition ces textes disparaissent du tome deux et ne figurent que dans le premier volume, où l'achevé d'imprimer est celui du 30 mai 1700. Ces changements en impliquent un autre, car en réimprimant pour la deuxième édition la feuille où figure le nouvel achevé d'imprimer, l'éditeur omet la gravure qui, dans la première édition, se trouvait au recto, immédiatement après le texte de la préface. Cette gravure figure quatre anges, tournés vers les quatre coins du globe, assis sur des nuées, une trompette à la bouche.[28]

2. Dans les deux éditions, chaque notice commence par le nom et la qualité du grand homme en question, le nom étant répété dans l'en-tête de la deuxième page de l'éloge. Une confrontation des deux éditions fait ressortir un certain nombre de différences qui relèvent de la présentation typographique des accents: par exemple, dans la première édition on lit, au début de l'éloge, «HONORE D'URFE», et dans la deuxième «HONORE DURFE»; dans la première édition «ABRAHAM DU QUESNE GENERAL DES ARMEES NAVALES», dans la deuxième «ABRAHAM DU QUESNE GENERAL DES ARMEES NAVALES». En plus on notera une coquille particulièrement évidente à la page deux de l'éloge de Jérôme Vignier: dans l'en-tête de la première édition on lit «VIGUIER», cette erreur étant corrigée dans la deuxième édition.

3. Le texte de chaque notice commence par une lettre initiale ornée. Ces lettres, sculptées en bois, s'usaient rapidement pendant l'impression d'un

---

[28] Sur les modifications matérielles du livre, voir les planches, pp. xxxvi-xxxix.

ouvrage et parfois elles furent changées d'une édition à l'autre. C'est le cas, par exemple, des éloges qui ouvrent les deux volumes: le 'A' initial de l'éloge de Richelieu et le 'C' initial de celui de Du Perron sont visiblement très différents de la première à la deuxième édition.

4. On constate quelques différences de forme et d'orthographe des noms de certains hommes illustres, dans les titres et les en-têtes ainsi que dans le texte lui-même. Par exemple on trouve dans la première édition «Jacques Davi du Perron», qui devient «Davy» dans la deuxième; de même, «Adrien Valois» dans la première édition devient «Adrien de Valois» dans la deuxième.

5. La décoration en tête de la première page de la table du volume deux n'est pas le même dans les deux éditions. Parmi d'autres différences, on notera que sa partie centrale se compose de trois ornements dans la première édition, et de huit dans la deuxième.

Les gravures

En dehors de la suppression du fleuron qui suivait le texte de la préface, et le changement de l'ornement en tête de la première page de la table du volume deux, la seule différence que nous avons trouvée concerne la légende en-dessous de la gravure de Pontchartrain: dans la première édition on lit «Paul Phelipaux Seigneur de Pontchartrain Secretaire d'estat» et dans la deuxième «Paul Phelypeaux de Pontchartrain Secretaire d'estat». Au bas de la gravure de Pontchartrain dans l'exemplaire de la deuxième édition conservé à la bibliothèque de l'Université de St Andrews (et dont nous nous sommes servi pour l'établissement de cette édition), quelqu'un a écrit au crayon d'une main française, «2e état (sur 3)»; nous n'avons pas encore trouvé le troisième état de cette gravure.

Corrections apportées au texte

C'est l'attention portée au texte qui fait de la deuxième édition une véritable édition corrigée. Une confrontation des deux éditions fait découvrir plus d'une vingtaine de rectifications, répandues dans les deux volumes du texte, dont on trouvera la liste complète en appendice. Ce sont des erreurs d'imprimerie portant surtout sur l'orthographe et la ponctuation; mais l'éditeur rectifie aussi une fausse date (insérant 1678 au lieu de 1673) qui s'était glissée dans l'éloge de Claude Berbier du Metz.

P R E F A C E.

ler de ceux qui ont excellé dans tous les beaux Arts, peu connus de la plufpart de ceux qu'on appelle communément Sçavans, j'ay cru que par là je ferois excufable de m'eftre engagé dans une telle entreprife, connoiffant un peu mieux ces matieres que beaucoup d'excellens Orateurs qui font fouvent de grandes incongruitez quand ils en parlent, & prefque toujours à proportion de leur éloquence, & de leur grande habileté en autre chofe.

Si la premiere penfée de cet Ouvrage m'a donné du plaifir, j'avoüe que pendant fon execution j'ay prefque toujours tremblé. J'ay veu que ce qui ne pafferoit que pour une fimple negligence dans un autre Livre, feroit une faute capitale dans celui-cy, où la moindre erreur dans un fait, l'obmiffion d'une circonftance un peu confiderable, & mefme un nom propre mal écrit eft capable d'attirer des reproches tres-bien fondez. Je n'ay donc garde de me promettre cette approbation univerfelle que perfonne n'a jamais encore obtenuë, je m'attens au contraire à eftre blâmé de tous coftez. Ceux qui prennent intereft aux Hommes illuftres dont j'ay fait l'éloge, trouveront qu'ils ne font point loüez fuffifamment, ni felon l'idée qu'ils en ont conçuë; & ceux qui ne trouveront pas dans ce Volume les grands Perfonnages qu'ils aiment & qu'ils reverent, ne verront qu'avec indignation une partie de ceux qui y font, quelque promeffe qu'on faffe de leur donner fatisfaction dans le Volume qui doit fuivre. A l'égard du Public, comme les loüanges ne font pas ce qu'il aime le plus, & qu'il s'en faut beaucoup que celles que je donne, foient de ce tour fin & delicat qui pourroit les luy faire agréer, je fuis difpofé à recevoir comme une grace, le moindre bon accueil qu'il voudra bien faire à ce qui eft de moy dans cet Ouvrage.

Dernière page de la Préface, Volume I, 1ère édition

ARMAND JEAN DU PLESSIS
CARDINAL DUC DE RICHELIEU.

RMAND JEAN DU PLESSIS fils de FRANÇOIS DU PLESSIS Seigneur de Richelieu, Chevalier des Ordres du Roy & Grand Prevoſt de l'Hoſtel, & de Suſanne de la Porte, nâquit au Chaſteau de Richelieu le 5e Septembre 1585. Il fit paroiſtre tant de vivacité d'eſprit & de ſolidité de jugement dans ſes eſtudes, qu'on commença à préſager ſa future grandeur. Il ſembloit qu'il en euſt luy-meſme un preſſentiment, car on luy entendit dire pluſieurs fois à ceux de ſon âge qui vouloient l'emmener joüer avec eux, qu'il eſtoit deſtiné à des emplois qui ne luy permettoient pas de perdre ſon temps. Il fut ſi ſoigneux de l'employer utilement, qu'à vingt-deux ans il fut ſacré Eveſque de Luçon, ſon merite, ſon ſçavoir & ſa reputation ſuppléant au défaut de l'âge. La ceremonie de ſon Sacre ſe fit à Rome par le Cardinal de Givri au milieu des applaudiſſe-mens de tout le ſacré College & de toute la Ville.

De retour en France il s'appliqua à la Predication, où il excella de telle ſorte que la Reine voulut l'avoir pour ſon Grand Aumônier. Son habileté au manie-ment des affaires qu'il fit paroître en pluſieurs rencontres importantes luy fit donner par SA MAJESTE' une Charge de Secretaire d'Eſtat, & comme ſes talens extraordinaires ne permettoient pas qu'il demeuraſt dans quelque poſte ſans une particuliere diſtinction, le Roy luy donna la préſeance ſur les trois autres. La mort du Marquis d'Ancre ayant apporté un grand changement dans les affaires, il ſe retira à Avignon pour joüir du repos qu'il ne pouvoit trouver à la Cour dans cette conjoncture. Là il s'occupa à compoſer divers Livres de Controverſe ſi con-vainquans, qu'ils n'ont pas eſté moins funeſtes à l'Hereſie, que ſes conſeils, tous ſoûtenus qu'ils ont eſté par les Armes victorieuſes de ſon Maiſtre. Il fit en meſme temps d'excellens Livres de pieté pour l'édification de l'Egliſe, & qui ne laiſſent rien à deſirer pour parvenir au plus haut point de la perfection Chrétienne. Il fut fait Cardinal le cinquiéme Septembre 1622., quelque temps aprés le Roy le de-clara ſon premier Miniſtre, & enſuite grand Maiſtre de la Navigation, en ſup-primant la Charge d'Amiral.

Se voyant à la teſte des affaires, il ſe propoſa deux choſes principalement, d'abattre les Heretiques, & d'abaiſſer la grandeur de la Maiſon d'Auſtriche. Pour y parvenir, il porta le Roy à entreprendre le Siege de la Rochelle, ce qui eſtoit attaquer l'Hereſie dans ſon fort, & par l'endroit où elle ſe croyoit inſur-montable. Cette place eſtoit deffenduë par la Mer, par une forte Garniſon, & par ſes Habitans à qui le zele de leur religion donnoit des forces & du courage qui ſembloient invincibles. L'Angleterre luy fourniſſoit de continuels ſecours d'hommes & de vivres ; & il paroiſſoit y avoir beaucoup de temerité dans le ſiege de cette Place ; cependant le Cardinal de Richelieu, que la grandeur & la difficulté des entrepriſes encourageoient, trouva le moyen de la remettre ſous le pouvoir de ſon Prince legitime. On peut dire en quelque ſorte qu'il dompta la Mer, en luy oppoſant une digue qui la mit hors d'eſtat de fournir aucun ſecours

A

JACQUES DAVI DU PERRON

CARDINAL

 O M M E le Public a vû avec plaifir le Cardinal de Richelieu à la tefte des Hommes Illuftres de ce fiecle dans le premier volume que nous en avons donné, on croit qu'il ne fera pas fâché de voir le Cardinal du Perron occuper la même place dans ce fecond volume. Ce font deux perfonnages d'un merite trés-éminent, & qui feront toûjours diftinguez pour les fervices qu'ils ont rendus à leur Prince, à leur Patrie, & à la Religion.

Jacques Davi du Perron, étoit iffu des nobles maifons du Perron Crete-ville & de Lanquerville, dans la baffe Normandie. Il naquit le 25. Novembre 1556. de Parens Calviniftes, qui pour n'eftre pas troublez dans l'exercice de leur Religion fe retirerent à Geneve, & s'établirent enfuite dans les Eftats de Berne. Son Pere Gentilhomme de beaucoup d'efprit & fort fçavant, luy apprit luy mê-me la langue Latine & les Mathematiques jufqu'à l'âge de dix ans. Le jeune du Perron apprit enfuite tout feul & de luy-même la Langue Grecque, & la Philo-fophie, ayant commencé cette double étude en même temps par la Logique d'Ariftote. De là il paffa aux Orateurs & aux Poëtes qu'il fe rendit trés fami-liers, & dont la lecture augmenta merveilleufement les talens extraordinaires qu'il avoit pour l'Eloquence & pour la Poëfie. Enfuite il s'appliqua à la langue Hebraïque, qu'il apprit feul jufqu'à la lire fans points avec facilité. La Paix ayant été faite en France il y revint avec fes Parens. Son merite luy gagna d'a-bord l'amitié de Philippes Defportes Abbé de Tyron, excellent Poëte, qui le fit connoître à la Cour & au Roy même. Dans ce temps du Perron ayant lû avec application la Somme de Saint Thomas, les Peres de l'Eglife, & particu-lierement Saint Auguftin, il reconnut les erreurs de la Religion qu'il profeffoit, il en fit auffi-tôt abjuration, & quelque temps aprés il embraffa l'état Eccle-fiaftique. Ces deux démarches luy attirerent de grands reproches de la part des Calviniftes; mais dans toutes les conferences qu'il eut avec eux il les confondit toûjours, & écrivit contre eux plufieurs ouvrages qui luy acquirent une grande reputation. Il avoit une fuperiorité de genie, qui joint à la bonté de la caufe qu'il deffendoit, le rendoit toûjours victorieux. Le Roy le choifit pour faire l'Oraifon funebre de l'Illuftre Reyne d'Ecoffe Marie Stuart. Il tira des larmes de toute l'affemblée. Son éloquence avoit déja paru dans l'Oraifon funebre de Ronfard, qu'il prononça au College de Boncour. La Chapelle où l'action fe devoit faire fe trouva fi pleine d'auditeurs quand il y arriva, qu'il ne put y en-trer. Il prit le parti de parler dans la Cour de deffus le Perron qui monte à la Chapelle. Il parla l'épée au côté, car il n'étoit pas encore engagé dans les Or-dres facrez. Sa voix étoit fi nette & fi fonore, que de deffus les toits mêmes où il y avoit des Auditeurs, on n'en perdoit prefque pas une feule parole. Cette Orai-fon funebre eft imprimée avec les œuvres de Ronfard, où elle reçoit un nouvel éclat par la comparaifon qu'on ne peut s'empêcher d'en faire avec les ouvrages de ce Poete. On ne peut comprendre comment un homme du temps de Ron-

A

101

TABLE
DES HOMMES
ILLUSTRES
CONTENUS DANS LE SECOND TOME.

Cc

III. Etats, éditions et traductions des *Hommes illustres*

Ce sont les éditions recensées dans les catalogues des principales bibliothèques du monde. Déjà en 1697 Villermont parle dans ses lettres d'éditions contrefaites venues de Hollande que nous n'avons pas retrouvées.

1696 Premier état du vol. 1 (1ère édition), à Paris, chez Dezallier.

1696 Deuxième état du vol. 1 (1ère édition), à Paris, chez Dezallier.

1698 Vol. 1 d'une édition imprimée peut-être à Amsterdam.

1698 Vol. 1, à La Haye, chez Matthieu Rogguet.

1700 Vol. 2 de la première édition, à Paris, chez Dezallier.

1700 Deuxième édition de l'ouvrage intégral à Paris chez Dezallier. C'est l'édition qui constitue notre texte de base.

1701 Troisième édition, «revue et corrigée» chez Dezallier, sans gravures comme toutes les éditions en dehors de celles parues à Paris en 1696 et 1700.

1701 Vol. 2, à La Haye, chez Matthieu Rogguet.

1704-05 *Characters Historical and Panegyrical of the greatest men that have appear'd in France, during the last century. By Monsieur Perrault of the French Academy. Now render'd into English, by J. Ozell.* Publiée à Londres, chez Bernard Lintott, en deux volumes.

1707 «Nouvelle édition», à La Haye, chez Matthieu Rogguet.

1736 Edition en un volume in-12°, à La Haye, chez Pierre de Hondt.

1740 Le National Union Catalog de la Library of Congress recense une édition à cette date que nous n'avons pas pu consulter.

1784 Deuxième édition à Londres de la traduction par J. Ozell.

1970 Edition en facsimile à Genève chez Slatkine de l'édition dite de 1697.

LES HOMMES ILLUSTRES

qui ont paru en France pendant ce siècle

Volume I

LES
HOMMES
ILLUSTRES
QUI ONT PARU EN FRANCE
pendant ce Siecle :

Avec leurs Portraits au naturel.

Par MR PERRAULT, de l'Academie Françoise.

A PARIS,

Chez ANTOINE DEZALLIER, ruë Saint Jacques, à la
Couronne d'or.

M. DC. XCVI.

AVEC PRIVILEGE DU ROY.

Le Ciel en sa faueur forma tant de grands hommes

Charles Perrault.
de l'Académie Françoise.

PREFACE

Tous les siècles ont donné de grands hommes, mais tous les siècles n'en ont pas été également prodigues. Il semble que la nature prenne plaisir de temps en temps à montrer sa puissance dans la richesse des talents qu'elle répand sur ceux qu'elle aime, et qu'ensuite elle s'arrête comme épuisée par la grandeur et par le nombre de ses profusions.

Quoique ces moments de largesse ne soient pas réglés, on a remarqué néanmoins que cette humeur bienfaisante lui prend ordinairement lorsque le Ciel a résolu de donner à la terre quelque grand prince qui en doit faire l'ornement; car comme si elle se croyait obligée de parer l'entrée de ce héros dans le monde, elle fait naître avant lui, ou avec lui, une foule d'hommes d'un mérite extraordinaire pour le recevoir, et pour être ou les instruments de ses grandes actions, ou les ouvriers de sa magnificence, ou les trompettes de sa gloire. Cette conduite a paru manifestement dans les siècles d'Alexandre et d'Auguste, qui n'ont pas été moins admirables par le mérite que par le nombre des grands personnages qu'ils ont produits, que par les vertus extraordaires de ces deux grands monarques.

Comme le siècle où nous vivons, riche des biens de tous les siècles précédents qu'il a recueillis par droit de succession, et riche encore de son propre fonds, a vu toutes les sciences et tous les arts s'élever en quelque sorte à leur dernière perfection, il n'est pas étonnant qu'il ait été si fécond en grands hommes, s'agissant d'ailleurs de le rendre digne du règne de Louis le Grand pour qui le Ciel les a formés, et de mettre quelque proportion entre les sujets et le prince; aussi quoiqu'on ait entrepris d'étendre ce recueil d'hommes illustres jusqu'à cent, on a eu plus de peine à ne pas excéder ce nombre, qu'on n'en a eu à le remplir.

Jusqu'ici les recueils d'éloges d'hommes illustres n'ont guère été que d'une seule espèce d'hommes, pris dans une longue suite de siècles. Paul Jove n'a presque fait l'éloge que des hommes de guerre, Sainte-Marthe* que des hommes de lettres, et le Vasari n'a écrit que les vies des peintres et des sculpteurs les plus célèbres de quelque pays qu'ils fussent.[1] On a pris plaisir à rassembler ici des hommes extraordinaires dans toutes sortes de professions, et à se renfermer dans le seul siècle où nous sommes. On a cru que cette diversité de caractères aurait son agrément; d'ailleurs comme l'intention principale de ce recueil est de faire honneur à notre siècle, on a cru ne devoir pas oublier ceux qui ont excellé dans les beaux arts, et dont

---

[1] *Paul Jove*: Paolo Giovio (1483-1552), auteur des *Elogia virorum bellica virtute illustrium* (1551). Scévole de Sainte-Marthe publia des *Eloges* en latin (1598, traduction française 1644). Giorgio Vasari (1511-1574), architecte et écrivain italien, auteur des *Vies des plus excellents peintres, sculpteurs et architectes* (1550).

les ouvrages n'ont pas moins élevé la France au-dessus des autres états, que les prodiges de valeur de nos grands capitaines, que la sagesse consommée de nos grands politiques, et que les admirables découvertes que nos gens de lettres ont faites dans toutes les sciences.

On ne peut pas dire que ce mélange d'hommes si différents de profession fasse un assortiment désagréable, et puisqu'ils ont été choisis comme les premiers de leur espèce, et que tout ce qui est premier de cette sorte fait toujours plaisir à connaître. On pourrait même avancer que ceux qui seront ainsi distingués par la seule force de leur génie, sont plus visiblement l'ouvrage du Ciel que la plupart des autres hommes, comme Charles Quint le témoigna aux grands d'Espagne qui murmuraient de lui avoir vu ramasser le pinceau du Titien.[2] *Je puis*, leur dit-il, *faire en un moment une vingtaine d'hommes tous plus grands que vous, mais il n'y a que Dieu seul qui puisse faire un homme tel que le Titien.*

On n'a suivi dans le choix de ces grands hommes que la voix publique qui les a nommés, sans que l'intérêt ou la flatterie, l'espérance ou la crainte y aient eu la moindre part.

On n'y a point mis d'hommes vivants, et il n'est pas mal aisé d'en deviner la raison. On n'a point voulu aussi y mettre d'étrangers, n'ayant eu en vue que l'honneur de la France, et on a cru à propos de n'y recevoir que ceux qui sont morts depuis le commencement de ce siècle.

Si on ne donne présentement que la moitié de ce recueil, c'est qu'il reste encore à graver plusieurs portraits de ces hommes illustres, et qu'on a cru qu'il valait mieux en user de la sorte pour satisfaire à l'impatience du public, que de tarder plus longtemps à lui en faire part. Ceux qui auront quelque chagrin de ne pas trouver dans ce premier volume les grands personnages qu'ils révèrent particulièrement doivent s'attendre à les trouver dans le second. On les prie cependant d'être persuadés qu'il n'y a pas plus d'avantage à être mis dans l'un que dans l'autre, et que la facilité qu'on à eue à recouvrer les portraits de ceux qui sont dans celui-ci est la principale cause de ce qu'ils marchent les premiers.

La simplicité du style de ces éloges pourra n'agréer pas à ceux qui ne veulent voir dans ces sortes d'ouvrages que des louanges ingénieusement tournées et énoncées d'une manière majestueuse. Cependant quand j'aurais été capable de les faire sur ce modèle, peut-être ne l'aurais-je pas fait, persuadé que par cette voie on ne va pas si bien à la fin qu'on doit se proposer dans ce genre d'écrire, qu'en suivant celle que j'ai choisie. Car s'il est vrai qu'on doit avoir pour but de faire bien connaître le véritable caractère de celui dont on parle, il n'est pas moins vrai que rien n'est plus

---

2 Tiziano Vecellio *ou* Vecelli, *dit* le Titien (1477-1576), peintre italien de l'école vénitienne. Portrait de *François Ier*.

propre pour y parvenir que le simple récit de ses actions, où l'homme se peint mieux lui-même que ne saurait faire le meilleur orateur avec les plus belles couleurs de l'éloquence. J'ai cru même qu'un style fort soutenu pourrait à la longue fatiguer le lecteur, et qu'une simple narration de faits historiques, étant plus instructive, serait aussi plus agréable. Je n'ai pas ignoré que si j'avais pu mettre du sublime dans ces éloges, je n'en eusse reçu plus d'honneur, mais je n'ai pensé qu'à en faire à ceux dont j'ai parlé. On sait que la plupart des oraisons funèbres où brille la plus haute éloquence, sont plus l'affaire du prédicateur que du défunt, et que si la réputation de celui qui parle en reçoit souvent un accroissement considérable, celle du mort demeure presque toujours au même état qu'elle était avant la cérémonie. Je n'ai donc point regardé mon intérêt, si ce n'est peut-être qu'ayant arboré si hautement en plusieurs rencontres que notre siècle l'emportait sur tous les autres, ce que je rapporterai des actions et des talents des hommes illustres qu'il a produits pourra servir à convaincre ceux qui veulent douter encore de cette vérité.

En exprimant le caractère de ceux dont on parle, on n'a rien dit des traits ni de l'air de leur visage, parce qu'on aurait cru faire tort aux portraits qu'on a mis à la tête de leurs éloges, portraits qui partent de la main de trop bons peintres et de trop excellents graveurs, pour croire que le discours y pût rien ajouter, ni donner une plus parfaite idée de ceux qu'ils représentent.

On aurait souhaité avoir pu placer ces éloges et ces portraits suivant l'ordre des temps pour autoriser le rang que l'on leur donne, mais il s'y est trouvé des difficultés insurmontables. Comme il est presque impossible de n'oublier pas dans ce premier volume quelques hommes illustres qui aurait dû y paraître suivant l'ordre chronologique, on n'a pas voulu s'ôter le pouvoir de les mettre dans le second volume, ce que l'on n'aurait pu faire sans violer la règle que l'on se serait imposée. D'ailleurs cet ordre aurait causé un mélange bizarre en confondant les états et les qualités, et en plaçant quelquefois un simple artisan entre un cardinal et un grand prince. On n'a donc pensé qu'à démêler un peu les conditions. On a mis au premier rang ceux qui ont paru avec éclat dans l'état ecclésiastique; au second ceux qui se sont acquis le plus de gloire dans la profession des armes; au troisième les ministres d'Etat, et les grands magistrats; au quatrième les hommes de lettres distingués, philosophes, historiens, orateurs et poètes; et au cinquième enfin ceux qui ont le plus excellé dans les beaux arts. Pour ce qui est du rang que chacun d'eux tient dans la classe où il est, on ne doit y faire aucune attention, on les a mis à peu près comme ils se sont présentés, et l'on n'a point prétendu donner la primauté au premier plus qu'à celui qui se trouve à la dernière place. C'est un droit qu'on n'a eu garde de s'attribuer, et qu'on abandonne entièrement au lecteur, qui tout éclairé qu'il pourra être, aura souvent de la peine à se déterminer, parce que ces hommes illustres se surpassent presque tous les uns les autres par le différent mérite de leurs talents.

On pourra trouver étrange que les éloges des hommes de la plus haute élévation n'aient pas plus d'étendue que ceux des artisans, et que les uns et les autres soient renfermés dans l'espace de deux pages, mais on doit considérer qu'il a fallu se donner des bornes pour ne pas s'engager dans un travail qui aurait été immense, si on avait voulu faire toute l'histoire de leur vie, et d'ailleurs qu'en fait d'illustres la qualité n'y fait plus rien dès qu'ils sont morts.

Cet ouvrage est dû principalement à l'amour qu'une personne d'un mérite singulier a pour la mémoire de tous les grands hommes.[3] Cet illustre curieux[4] ne s'est pas contenté d'avoir orné sa bibliothèque de leurs portraits, il a voulu pour leur faire plus d'honneur et pour la satisfaction du public les mettre dans les mains de tout le monde, en les faisant graver par les plus excellents graveurs que nous ayons. Sa passion ne s'en est pas tenue là, il a souhaité que ces portraits fussent accompagnés d'éloges historiques qui, en joignant l'image de leur esprit à celle de leur visage, les fissent connaître tout entiers. Ce dessein m'a paru si louable que j'ai ambitionné d'y avoir part, et comme il va à établir la thèse que j'ai toujours soutenue, que nous avions le bonheur d'être nés dans le plus beau de tous les siècles, je me suis offert avec plaisir de composer les éloges qu'on souhaitait. S'il n'avait été question que de célébrer la mémoire des grands hommes dans les armes ou dans les lettres, j'aurais cru ne devoir pas me charger d'un travail, dont beaucoup de gens se seraient mieux acquittés que moi; mais comme il s'agit aussi de parler de ceux qui ont excellé dans tous les beaux arts, peu connus de la plupart de ceux qu'on appelle communément savants, j'ai cru que par-là je serais excusable de m'être engagé dans une telle entreprise, connaissant un peu mieux ces matières que beaucoup d'excellents orateurs qui font souvent de grandes incongruités quand ils en parlent, et presque toujours à proportion de leur éloquence et de leur grande habileté en autre chose.

Si la première pensée de cet ouvrage m'a donné du plaisir, j'avoue que pendant son exécution j'ai presque toujours tremblé. J'ai vu que ce qui ne passerait que pour une simple négligence dans un autre livre, serait une

---

3 «M. Bégon» (note de Perrault). Sur Michel Bégon, voir l'Introduction.

4 *Curieux*: «Curieux, s'emploie aussi quelquefois dans le substantif et alors il signifie, celui qui prend plaisir à faire amas de choses curieuses et rares; ou celui qui a une grande connaissance de ces sortes de choses» (*Dictionnaire de l'Académie Française*, 1694).

faute capitale dans celui-ci, où la moindre erreur dans un fait, l'omission d'une circonstance un peu considérable, et même un nom propre mal écrit est capable d'attirer des reproches très bien fondés. Je n'ai donc garde de me promettre cette approbation universelle que personne n'a jamais encore obtenue, je m'attends au contraire à être blamé de tous côtés. Ceux qui prennent intérêt aux hommes illustres dont j'ai fait l'éloge, trouveront qu'ils ne sont point loués suffisamment, ni selon l'idée qu'ils en ont conçue; et ceux qui ne trouveront pas dans ce volume les grands personnages qu'ils aiment et qu'ils révèrent, ne verront qu'avec indignation une partie de ceux qui y sont, quelque promesse qu'on fasse de leur donner satisfaction dans le volume qui doit suivre. A l'égard du public, comme les louanges ne sont pas ce qu'il aime le plus, et qu'il s'en faut beaucoup que celles que je donne soient de ce tour fin et délicat qui pourrait les lui faire agréer, je suis disposé à recevoir comme une grâce le moindre bon accueil qu'il voudra bien faire à ce qui est de moi dans cet ouvrage.

EXTRAIT DU PRIVILEGE DU ROI.

Par grâce et privilège du roi, donné à Paris le douzième jour de février 1696. Signé, par le roi en son conseil, DUGONO. Il est permis à notre amé[5] CHARLES PERRAULT de l'Académie Française de faire imprimer un livre intitulé *les Hommes illustres qui ont paru en France pendant ce siècle, avec leurs portraits au naturel*, et ce pendant le temps et espace de quinze années, à commencer du jour qu'il sera achevé d'imprimer pour la première fois; et défenses sont faites à toutes sortes de personnes de quelque qualité et condition qu'elles soient d'imprimer, vendre et débiter ledit livre sans le consentement dudit exposant, à peine de trois mille livres d'amende, de confiscation des exemplaires contrefaits, et de tous dépens, dommages et intérêts, comme il est plus au long porté par ledit privilège.

Et le dit sieur PERRAULT a cedé son droit du présent privilège à Antoine Dezallier, libraire à Paris, pour en jouir suivant l'accord fait entre eux.

Régistré sur le livre de la communauté des libraires et imprimeurs de Paris, le 16 février 1696.

Signé, P. AUBOUIN, syndic.

Achevé d'imprimer pour la première fois, le 30 mai 1700.[a]

---

[5] *Amé*: «Terme de lettres de chancellerie, qui marque l'affection du roi envers son sujet» (Furetière, *Dictionnaire universel*).

Armand Jean du Plessis
Cardinal Duc de Richelieu

ARMAND JEAN DU PLESSIS
CARDINAL DUC DE RICHELIEU
[1585-1642]

Armand Jean du Plessis fils de François du Plessis seigneur de Richelieu, chevalier des ordres du roi et grand prévôt de l'hôtel, et de Suzanne de la Porte, naquit au château de Richelieu le 5 septembre 1585.[6] Il fit paraître tant de vivacité d'esprit et de solidité de jugement dans ses études qu'on commença à présager sa future grandeur.[7] Il semblait qu'il en eût lui-même un pressentiment, car on lui entendit dire plusieurs fois à ceux de son âge qui voulaient l'emmener jouer avec eux, qu'il était destiné à des emplois qui ne lui permettaient pas de perdre son temps. Il fut si soigneux de l'employer utilement, qu'à vingt-deux ans il fut sacré évêque de Luçon, son mérite, son savoir et sa réputation suppléant au défaut de l'âge.[8] La cérémonie de son sacre se fit à Rome par le cardinal de Givry au milieu des applaudissements de tout le sacré collège et de toute la ville.[9]

De retour en France il s'appliqua à la prédication, où il excella de telle sorte que la reine voulut l'avoir pour son grand aumônier. Son habileté au maniement des affaires, qu'il fit paraître en plusieurs rencontres importantes, lui fit donner par Sa Majesté une charge de secrétaire d'Etat, et comme ses talents extraordinaires ne permettaient pas qu'il demeurât dans quelque poste sans une particulière distinction, le roi lui donna la préséance sur les trois autres.[10] La mort du marquis d'Ancre ayant apporté un grand changement dans les affaires, il se retira à Avignon pour jouir du repos qu'il ne pouvait trouver à la cour dans cette conjoncture.[11] Là il

---

[6] Les Du Plessis s'établirent dans le Poitou au 14e siècle et la terre de Richelieu leur appartenait depuis 1488. François du Plessis, le père du futur cardinal, reçut la charge de grand prévôt de l'hôtel en récompense pour son dévouement à Henri III. Par sa mère, Richelieu se relie à la bourgeoisie de robe, Suzanne de la Porte étant fille de François de la Porte, avocat réputé. Sur les La Porte, voir l'éloge de Benserade.

[7] Richelieu fit ses études au collège de Navarre.

[8] Richelieu fut sacré en 1607, mais ce ne furent pas ses seules qualités qui lui firent donner cette dignité. L'évêché de Luçon appartenait à la famille des Du Plessis. Son frère aîné s'étant retiré à la Grande Chartreuse, et afin de garder à la famille les modestes revenus de l'évêché, Richelieu fut destiné à en avoir la charge.

[9] Anne de Péruse d'Escars de Givry (1546-1612), envoyé en mission à Rome en 1604, évêque de Metz en 1608.

[10] Richelieu fut appelé au Conseil en 1616. En 1547, Henri II avait fixé à quatre le nombre des secrétaires d'Etat: le secrétaire d'Etat de la guerre, le secrétaire d'Etat à la marine et à la maison du roi, le secrétaire d'Etat des étrangers, et le secrétaire d'Etat chargé des affaires de la «Religion Prétendue Réformée».

[11] Concino Concini (?-1617), marquis d'Ancre, conseiller d'Etat en 1610, s'attira des ressentiments en raison du culte qu'il vouait à l'Etat et à l'abaissement du pouvoir

s'occupa à composer divers livres de controverse si convainquants, qu'ils n'ont pas été moins funestes à l'hérésie, que ses conseils, tous soutenus qu'ils ont été par les armes victorieuses de son maître. Il fit en même temps d'excellents livres de piété pour l'édification de l'Eglise, et qui ne laissent rien à désirer pour parvenir au plus haut point de la perfection chrétienne.[12] Il fut fait cardinal le cinquième septembre 1622; quelque temps après, le roi le déclara son premier ministre, et ensuite grand maître de la navigation, en supprimant la charge d'amiral.[13]

Se voyant à la tête des affaires, il se proposa deux choses principalement, d'abattre les hérétiques, et d'abaisser la grandeur de la maison d'Autriche.[14] Pour y parvenir, il porta le roi à entreprendre le siège de La Rochelle, ce qui était attaquer l'hérésie dans son fort, et par l'endroit où elle se croyait insurmontable. Cette place était défendue par la mer, par une forte garnison, et par ses habitants à qui le zèle de leur religion donnait des forces et du courage qui semblaient invincibles. L'Angleterre lui fournissait de continuels secours d'hommes et de vivres, et il paraissait y avoir beaucoup de témérité dans le siège de cette place; cependant le cardinal de Richelieu, que la grandeur et la difficulté des entreprises encourageaient, trouva le moyen de la remettre sous le pouvoir de son prince légitime. On peut dire en quelque sorte qu'il dompta la mer, en lui opposant une digue qui la mit hors d'état de fournir aucun secours aux assiégés: entreprise qui par sa hardiesse pourrait paraître fabuleuse, si les événements du règne où nous vivons ne rendaient tout croyable.[15] Cette ville s'étant rendue, les huguenots furent contraints d'accepter les conditions qu'il plut au roi de leur prescrire; et cette malheureuse hérésie, qui depuis soixante-dix ans causait des maux infinis à la France, en aurait été dès lors extirpée entièrement, si le Ciel n'eût pas réservé ce miracle à la

---

des princes. Il fut tué d'un coup de pistolet, sa mort entraînant une période difficile pendant laquelle la reine mère fut séquestrée dans ses appartements. A partir du début de cette phrase et jusqu'à la fin du paragraphe, le texte de Perrault ressemble à celui du *Grand Dictionnaire historique* de Moréri (1694).

[12] Deux œuvres de controverse et d'édification de la plume de Richelieu datent de cette période, *Les Principaux points de la foi de l'Eglise catholique* (1617), et son *Instruction chrétienne* (1621).

[13] Louis XIII nomma Richelieu au conseil d'Etat en 1624 et le cardinal devint surintendant de la navigation en 1626.

[14] Perrault résume le *Testament politique* de Richelieu où l'on lit ce passage célèbre sur son ambition politique: «Ruiner le parti huguenot, rabaisser l'orgueil des grands, réduire tous les sujets en leur devoir et relever son nom dans les nations étrangères au point qu'il devrait être». Le *Testament politique*, qui contient l'essentiel de la pensée de Richelieu, publié à Amsterdam en 1688, avait connu cinq éditions jusqu'en 1696.

[15] Le siège de La Rochelle dura de 1627 à 1628. Richelieu isola la ville des secours anglais par une digue dont il surveilla lui-même la construction.

sagesse de Louis le Grand.[16]

Malgré ces grands services, l'envie et l'imposture s'élevèrent si cruellement contre lui, que le roi prit la résolution de lui ôter la conduite de ses affaires. Mais le même jour il alla trouver Sa Majesté, et forçant en quelque sorte les avenues qui lui avaient été toutes fermées par ses ennemis, il sut si bien se justifier par son éloquence, et surtout par cette force de génie qui ne trouva jamais rien qui lui résistât, qu'il rentra plus avant que jamais dans les bonnes grâces et dans la confiance de son maître.[17] On a remarqué que tous ceux qui avaient conspiré sa perte, souffrirent dans la suite les mêmes peines auxquelles ils l'avaient condamné.[18] Pour modérer la puissance de la maison d'Autriche, il sut engager le grand Gustave, roi de Suède, dans les intérêts de la France, et par là il mit l'Empire à deux doigts de sa perte.[19] Il fit ensuite soulever la Catalogne et le Portugal, ce qui occupa toutes les forces de l'Espagne, et la forçant à ne songer qu'à sa propre conservation, lui ôta de l'esprit les vastes pensées de la monarchie universelle.[20] Il est vrai que la fortune ne favorisa pas tous ses grands desseins: la mort du roi de Suède, et la perte de la bataille de Nördlingen ayant relevé le courage et les forces des ennemis jusqu'à venir assiéger Corbie, il eut beaucoup à souffrir de ses envieux qui rejetaient sur lui tous ces mauvais succès;[21] mais sa vertu ne parut jamais davantage que dans ces temps difficiles, qui firent voir la fermeté de son courage. Il traversa Paris plusieurs fois seul et sans gardes au milieu de la populace que ses ennemis animaient contre lui, et il parut alors plus grand aux yeux de ceux qui savent juger sainement des choses, que quand il revint après la prise de Suse et de Pignerol.[22]

Son application continuelle aux affaires de l'état ne l'empêcha pas de songer sans relâche à celles de l'Eglise. Il eut une extrême attention à lui

---

[16] Allusion d'une part à la paix d'Alais qui retira aux huguenots la puissance militaire accordée par l'édit de Nantes, et d'autre part à la révocation de l'édit de Nantes (1685).

[17] Perrault pense sans doute à la journée des dupes qui mit fin à la crise du «grand orage» (1630); Louis XIII choisit alors Richelieu définitivement contre la reine mère.

[18] Richelieu dut lutter continuellement contre les complots, pour la plupart ourdis par Gaston d'Orléans, le frère du roi. Comme Perrault le laisse entendre, Richelieu poursuivit impitoyablement ses ennemis.

[19] Gustave II *ou* Gustave-Adolphe (1594-1632), roi de Suède à partir de 1611, victorieux contre les Impériaux dans la guerre de Trente Ans à Breitenfeld et au Lech avant d'être tué à Lützen.

[20] Les révoltes en Catalogne et au Portugal, secondées par Richelieu, eurent lieu en 1641.

[21] La défaite de Nördlingen eut lieu en 1634 et fut suivie de la chute et puis de la reprise de Corbie en 1636.

[22] Prise de Pignerol, 1630.

donner d'excellents ministres. On n'avait point la réputation d'une piété solide, et l'on ne prêchait point avec une éloquence vraiment chrétienne, qu'on ne fût aussitôt appelé à l'épiscopat. Il fit rebâtir toute la maison de Sorbonne dont il était docteur et proviseur, et y ajouta une église qui est un chef-d'œuvre d'architecture.[23] Il y est enterré sous un tombeau de marbre blanc très magnifque fait de la main de l'illustre Girardon.[24] Il a été l'instituteur de l'Académie Française, et le premier de ses protecteurs.[25] Rien n'a jamais été mieux pensé par un homme qui a fait de si grandes choses, que l'établissement d'une compagnie dont l'occupation principale est de consacrer à l'immortalité les vertus et les belles actions des grands hommes. Il mourut à Paris le 4 décembre 1642 âgé de cinquante-sept ans et trois mois. Il avait un air affable et majestueux tout ensemble, des manières honnêtes et engageantes, l'esprit vif, le jugement solide, les idées grandes, un courage capable de tout entreprendre et à l'epreuve de toutes sortes de disgrâces. S'il est vrai que tout homme qui a un mérite extraordinaire honore son pays quand même il n'en aurait jamais la pensée, quel honneur ce grand homme n'a-t-il point fait à la France, lui qui n'a point eu d'autre vue que la gloire de son prince, et celle de sa patrie?

---

[23] *Proviseur*: «La première charge dans certains collèges à laquelle les autres sont subordonnées. *Proviseur de Sorbonne. Proviseur du collège d'Harcourt*» (*Dictionnaire de l'Académier Française*, 1694). Richelieu fut reçu docteur en 1607 et devint proviseur de la Sorbonne en 1622. La construction de l'église de la Sorbonne commença en 1635.

[24] François Girardon (1628-1715), sculpteur.

[25] Fondation de l'Académie Française, 1635.

Le Cardinal de Berulle

PIERRE DE BERULLE
CARDINAL
[1575-1629]

Pierre de Bérulle naquit le 4 février 1575. Son père, Claude de Bérulle, d'une illustre famille en Champagne et conseiller au parlement, fut un juge d'une probité singulière, et sa mère, Louise Séguier, issue d'une maison qui a donné un nombre consdérable de grands magistrats au royaume et de grands prélats à l'Eglise, fut d'une piété et d'une vertu sans exemple.[26] Elle se fit carmélite dès les premières années de son veuvage, et ayant vécu jusqu'à l'âge de soixante-dix-huit ans dans les austérités de la religion, elle mourut entre les bras de son fils qui lui administra tous ses sacrements.[27] Il n'est pas étonnant que de deux familles aussi vertueuses, il soit né un fils aussi parfait et aussi saint que celui dont nous parlons. A dix-huit ans il composa un traité de l'abnégation intérieure, d'une très grande élévation, et qui ne se ressentait point de la faiblesse de son âge.[28] Ses premières pensées furent d'être religieux, mais Dieu avait sur lui d'autres desseins.[29] Une de ses plus grandes occupations était de convertir les hérétiques, à quoi il avait un talent singulier. Un jour qu'il disputait contre un président du parlement de Pau, M. Duval, célèbre docteur et professeur en théologie l'entendant parler, dit qu'il était son maître en cette matière, et quelques jours après il convertit le jeune comte de Laval en présence du savant Tilenus son précepteur et son ministre.[30] Personne n'a eu plus d'éloignement pour les dignités et pour les honneurs. Quelque habile qu'il fût en théologie, jamais ne voulut faire d'actions publiques ni prendre de

---

[26] Claude de Bérulle (1541-1582): «Bien que les généalogistes aient revendiqué pour [la famille de Bérulle] une autre origine, elle semble bien être de souche parisienne et avoir comme auteur *Claude*, conseiller au Parlement de Paris au milieu du XVIe siècle» (*Dictionnaire de Biographie Française*).

[27] Après la mort de son mari, Louise Séguier se lia avec Mme Acarie avant d'entrer au carmel du faubourg Saint-Jacques à Paris, où elle fut religieuse pendant vingt-deux ans. Elle mourut le 12 janvier 1628.

[28] *Bref Discours de l'abnégation intérieure*. Les *Œuvres* de Bérulle furent publiées en 1644.

[29] Le jeune Bérulle pensa rejoindre la compagnie de Jésus, exilée de France jusqu'en 1603. Il fut ordonné prêtre en 1599.

[30] André Duval (1564-1638), docteur en théologie en 1594 et professeur en Sorbonne en 1594. Prédicateur de renom et adversaire de Du Moulin. Guy XX, comte de Laval, fils de Guy XIX et d'Anne d'Alègre. Il abjura dans les mains de Bérulle en avril 1605. Daniel Tilenus (1563-1633), théologien allemand, professeur à l'académie de Sedan. Voir aussi, au sujet de Tilenus, l'éloge de Turenne.

degrés.[31] Il refusa d'être évêque par trois fois différéntes; la première fois ce fut le roi lui-même qui l'en pressa fortement, et qui sur le refus qu'il en fit, dit qu'il le lui ferait commander par un plus grand que lui, entendant parler du pape, sur quoi il eut la sainte hardiesse de répondre, que si Sa Majesté l'en pressait davantage, il sortirait du royaume. Il refusa ensuite l'évêché de Laon que M. Séguier son oncle lui voulait donner, et depuis celui de Nantes que lui offrit M. de Cussé premier président du parlement de Bretagne.[32] Il ne voulut pas même de l'abbaye de Saint-Etienne-de-Caen que M. d'O son parent le priait d'accepter.[33] Il n'allait jamais à la Cour qu'il n'y fût mandé, jusque-là que le roi se plaignit plusieurs fois de ne le point voir.

La place de précepteur de monseigneur le dauphin lui ayant été offerte, il ne voulut jamais l'accepter, quoique le père Coton alors confesseur du roi l'en pressât par toute sorte de raisons et même du côté de la conscience, en lui représentant qu'il y allait de l'intérêt de l'Eglise et de l'Etat, et que le bien qu'il pouvait faire à un ordre dont il avait la conduite (il entendait parler des carmélites qu'il dirigeait) n'était pas considérable en comparaison de celui qu'il ferait à tout un royaume, en formant à la piété celui qui devait un jour le gouverner.[34] Dieu le réservait pour réparer la piété dans le même royaume par d'autres voies, et particulièrement par l'établissement de la congrégation des pères de l'oratoire qu'il entreprit dans ce temps-là. Il était en peine quel chef il donnerait à une si sainte assemblée, et ne se jugeant pas digne d'un tel emploi, il s'adressa à saint François de Sales son intime ami qui s'en excusa sur ce qu'il était désigné évêque de Genève, et parce qu'il jugeait que personne n'en était plus digne ni plus capable que M. de Bérulle.[35] Il fallut que monsieur de Retz son évêque et depuis cardinal, lui commandât absolument d'établir cette

---

[31] Qu'il l'ait voulu ou non, les talents de négociateur que possédait Bérulle lui valurent de nombreuses missions politiques. Par exemple, en 1619, il fut envoyé auprès de la reine mère en fuite à Angoulême et parvint à lui faire accepter la paix.

[32] Perrault pense, semble-t-il, à Antoine Séguier (mort en 1624), oncle du futur chancelier Pierre Séguier, président au parlement et ambassadeur à Venise. En fait, Richelieu chercha à faire nommer Bérulle à l'évêché de Tours et à le faire ambassadeur à Rome, afin de l'éloigner de Paris et du pouvoir. Perrault passe discrètement sur la rivalité politique qui sema la discorde entre ces deux princes de l'Eglise et sur l'échec qui menaçait Bérulle au moment de sa mort.

[33] *Monsieur d'O*: Famille noble française dont le représentant le plus célèbre fut François, marquis d'O (*c.*1535-1594), surintendant des finances. Moréri répertorie aussi Pierre Séguier III, sieur de Sorel, marquis d'O.

[34] Cette place fut offerte à Bérulle en 1607 par le père Pierre Coton (1564-1626), jésuite et confesseur successivement d'Henri IV et de Louis XIII.

[35] Saint François de Sales (1567-1623) devint évêque de Genève en 1602.

congrégation et d'en être le chef.[36] Elle ne fut d'abord composée que de cinq prêtres et de M. de Bérulle qui faisait le sixième.[37] Ils se logèrent au faubourg Saint-Jacques dans une maison de louage nommée le Petit-Bourbon située à l'endroit où est présentement le Val-de-Grâce, comme si le lieu qui avait été habité par des hommes d'une piété si extraordinaire ne pouvait plus être la demeure que d'une sainte communauté.

Du faubourg Saint-Jacques ils passèrent à l'hôtel du Bouchage, et là il fit bâtir, ou pour mieux dire, il bâtit lui-même une chapelle, car il y travailla de ses propres mains, et même porta la hotte comme un manœuvre, tant il avait de zèle pour la maison du Seigneur, et d'humilité tout ensemble. Mais cette chapelle devenant tous les jours plus petite par le nombre de prêtres qui se joignaient à lui, et par le concours du peuple que la dévotion y attirait, il résolut de bâtir une église d'une juste étendue. Il y trouva tant de difficultés, qu'il fallut que le roi l'ordonnât de son autorité absolue, déclarant que cette église devait être regardée comme la chapelle du palais du Louvre. Il était déjà directeur et comme fondateur des carmélites qu'il avait été chercher en Espagne, et qu'il avait amenées à Paris pour y établir ce saint ordre de religieuses, et le véritable esprit de leur institution, ce qu'il ne fit pas sans y trouver aussi de grandes difficultés qu'il sut vaincre par sa piété et par sa persévérance.[38] Le mariage d'Henriette-Marie de France avec le roi d'Angleterre ayant été résolu, le roi obligea monsieur de Bérulle d'aller à Rome en demander la dispense au pape à cause de la différence de religion.[39] Il se conduisit de telle sorte dans cette ambassade, et gagna tellement l'estime de Sa Sainteté, qu'Elle dit un jour ces paroles: *Le père de Bérulle n'est pas un homme, c'est un ange.*[40] Elle le chargea de toutes les affaires qu'elle avait en France, avec ordre à ses nonces de suivre ses avis en toutes choses; et, pour lui donner encore de plus grandes marques de son estime, Elle ordonna qu'en arrivant en France il y trouvât un chapeau de cardinal.[41] Mais parce que monsieur de Bérulle avait fait vœu de ne recevoir aucune dignité, le pape lui envoya une dispense de son vœu, et un ordre d'accepter le chapeau qu'il lui envoyait. Il conduisit la princesse Henriette-Marie fille de

---

[36] Henri de Gondi, cardinal de Retz (1572-1622), évêque de Paris en 1598 et cardinal en 1618.

[37] La communauté se réunit pour la première fois le 10 novembre 1611. Selon le *Dictionnaire de Biographie Française* elle comportait sept membres, y compris Bérulle.

[38] Bérulle fonda les carmélites en France en 1604.

[39] Il s'agit du futur Charles Ier, qui sera roi d'Angleterre de 1625 à 1649. Cette mission se situe en 1624, ainsi que la visite en Angleterre entreprise par Bérulle pour accompagner Henriette-Marie, dont parlera Perrault plus loin.

[40] *Sa Sainteté*: Urbain VIII, pape de 1623 à 1644.

[41] Bérulle devint cardinal en 1627.

France, en Angleterre, où il se concilia l'amour et la vénération de tout le monde. Il ne fut pas moins honoré dans sa patrie, et l'on assure qu'une des choses qui détermina le plus le roi et son conseil au siège de La Rochelle, fut la révélation que le cardinal de Bérulle eut que cette entreprise serait heureuse, et que l'heure approchait où la véritable religion devait y régner. Il mourut le 2 d'octobre 1629 dans sa cinquante-cinquième année, mais d'une manière la plus belle et la plus souhaitable pour un saint prêtre, ce fut en célébrant la messe, et sur le point de la consécration en prononçant ces paroles: *Hanc igitur oblationem.* De sorte que n'ayant pu achever le sacrifice comme prêtre, il l'acheva comme victime; ce qu'on a exprimé par ce distique:

> *Cœpta sub extremis nequeo dum sacra Sacerdos*
> *Perficere, at saltem victima perficiam.*[42]

Ce fut dans l'église des pères de l'oratoire de la rue Saint-Honoré qu'il expira, et qu'il fut inhumé.

---

[42] Ce distique est cité par Moréri, qui renvoie pour des informations supplémentaires, à l'édition des *Œuvres* de Bérulle, éditée par Bourgoing en 1644. Pourtant la vie de Bérulle par Bourgoing, qui sert de préface à cet ouvrage, fournit peu de renseignements sur l'existence du cardinal.

Henry de Sponde

HENRI DE SPONDE
EVEQUE DE PAMIERS
[1568-1643]

Henri de Sponde naquit à Mauléon en Béarn le 6 janvier 1568 et eut l'honneur d'avoir pour parrain Henri de Bourbon qui fut depuis Henri le Grand.

Son père était secrétaire de Jeanne d'Albret reine de Navarre, et faisait profession de la religion prétendue réformée, ainsi que la plupart des Béarnois de ce temps-là. Dès que le jeune Sponde eut achevé ses études et sa philosophie, qu'il fit en grec, il quitta la France pour voyager.[43] Il alla en Angleterre à la suite de Guillaume Salluste du Bartas, si célèbre par son poème de la création du monde et alors ambassadeur du roi de Navarre, où en peu de temps il apprit la langue du pays, et eut de familières conférences avec le roi Jacques.[44] Il salua aussi à Londres la reine Elisabeth, reine d'un mérite extraordinaire et fort au-dessus de son sexe, laquelle témoigna faire beaucoup d'estime de son esprit.[45]

Au retour de ses voyages il s'appliqua à l'étude du droit civil et du droit canon, dont il lut presque tous les livres. Il alla à Tours, où le parlement de Paris avait été transféré, et où son savoir et son éloquence dans le barreau portèrent le roi Henri IV à le faire maître des requêtes. Au milieu des affaires qui l'occupaient il trouva du temps pour lire les livres de controverses que faisaient alors le cardinal Bellarmin, et le cardinal du Perron.*[46] Ces livres l'éclaircirent tellement sur les erreurs où le malheur des temps l'avait engagé avec toute sa famille, que peu de temps après il abjura son hérésie.[47] Il alla ensuite à Rome avec le cardinal de Sourdis, où après quelques années de séjour il prit l'ordre de prêtrise.[48] Il lia une étroite

---

[43] Sponde fit ses études au collège d'Orthez.

[44] Guillaume Salluste du Bartas (1544-1590), auteur de *La Semaine* ou *La Création du monde* (1578), poème épique en vers alexandrins qui cherche à réunir dans un seul ouvrage tout le savoir scientifique de l'époque. Perrault put se renseigner sur Sponde en lisant la *Vie*, par Frizon, qui précède l'édition des *Annales* de Baronius, due à Sponde, et qui fut publiée en 1647. Frizon précise que, pendant son voyage outre Manche, Sponde alla jusqu'à Edimbourg.

[45] La chronologie imprécise de Perrault risque d'induire le lecteur en erreur: il s'agit dans la phrase précédente de Jacques VI, roi d'Ecosse en 1567, qui deviendra Jacques Ier d'Angleterre après la mort d'Elisabeth Ière en 1603.

[46] Saint Robert Bellarmin (1542-1621), jésuite et théologien italien, cardinal en 1599. Il publia trois volumes de *Controverses* en 1586, 1588 et 1592.

[47] Sponde abjura le protestantisme en 1595.

[48] François d'Escoubleau, cardinal de Sourdis (1574-1628), archevêque de Bordeaux, élevé au cardinalat en 1599. Selon Frizon, Sponde l'accompagna à Rome en

amitié avec le cardinal Baronius, et fit de son consentement l'épitomé des douze premiers tomes de ses *Annales*.[49] Etant revenu en France,[50] le cardinal Baronius lui écrivit qu'il était très content de son travail, quoique les auteurs n'aiment pas ordinairement qu'on fasse des abrégés de leurs ouvrages, parce qu'il est arrivé très souvent que ces abrégés ont fait périr les livres dont ils renferment la substance. Cet épitomé fut achevé d'imprimer en 1612 et dédié à l'Eglise gallicane, qui l'approuva et marqua l'estime qu'elle en faisait par plusieurs gratifications considérables dont elle honora son auteur. Il s'en est fait plusieurs éditions, et il a été traduit en plusieurs langues.[51] Il avait une particulière connaissance des affaires de la cour de Rome, et le pape Paul V, qui l'aimait beaucoup, le préposa à la révision des expéditions du tribunal de la pénitencerie.[52] Il était fort considéré du roi de France, de tous les ambassadeurs et de tous ceux du consistoire; de sorte que dans le temps qu'il avait renoncé entièrement à revenir à Paris, et qu'il s'était établi à Rome, il fut nommé, sans qu'il y pensât, par le roi Louis XIII à l'évêché de Pamiers au commencement de l'année 1626. Comme il faisait difficulté de se charger d'un si grand fardeau, le pape l'y obligea d'autorité.[53] Il avait alors 59 ans, et il fut sacré à Rome par le cardinal de Marquemont archevêque de Lyon, assisté d'Attilius Amaltheus évêque d'Athènes, et d'Antoine Provana archevêque de Dyrrachium en présence de vingt-quatre cardinaux, dans l'église de Saint-Louis, le dimanche 17 de septembre.

Il vint à Paris, où le roi le reçut avec des marques d'estime très singulières. Et[a] de là il se rendit à Pamiers, où il fit son entrée le 23 mai 1627. Il pacifia les différends qui étaient parmi les religieux de l'ordre de Saint-François appelés de l'Observance de la Province d'Aquitaine, ayant été délégué par le pape pour cette affaire. Le duc de Rohan chef des hérétiques entra dans Pamiers par trahison.[54] L'évêque se sauva par un trou

---

1600.

[49] César Baronius (1538-1607), cardinal et historien, auteur des *Annales ecclesiastici* (1588-1607) qui racontent l'histoire de l'Eglise jusqu'en 1198. L'épitomé qu'en fit Sponde parut en 1612. Le syntagme «et fit de son consentement» se trouve dans Frizon.

[50] Sponde revint à Paris en 1606 mais retourna à Rome la même année.

[51] Il y eut des éditions de l'ouvrage de Sponde en latin en 1622, 1630, 1639, 1640, 1641, 1647 et 1678; des éditions en français en 1636 et 1655; et une édition en hollandais en 1623.

[52] *Pénitencerie*: Tribunal installé près du pape pour connaître des péchés secrets dont le Souverain Pontife s'est réservé le droit d'absolution, et des demandes de dispenses. Le pontificat de Paul V s'étend de 1605 à 1621.

[53] Il s'agit d'Urbain VIII dont le pontificat s'étend de 1623 à 1644.

[54] Henri, prince de Léon, duc de Rohan (1579-1638), gendre de Sully et chef du parti protestant après 1610.

fait au mur. L'année suivante le prince de Condé ayant repris la ville, et les hérétiques en ayant été chassés, excepté ceux qui se convertirent, le pape Urbain VIII lui en écrivit des lettres de conjouissance,[55] qui marquaient une estime extraordinaire de son mérite.[56] Il faisait fréquemment des visites dans son diocèse, où il rétablit la discipline, et ramena à la foi plus de treize cents hérétiques. Il établit des conférences dans son palais épiscopal, qu'il fit construire avec bien de la dépense. Ensuite étant fort âgé, et ayant fait son neveu son coadjuteur, il revint à Paris pour se donner tout entier à l'édition de ses *Annales*. Ce que le pape approuva avec de grands éloges.[57] Le premier tome de ses *Annales* comprend ce qui s'est passé depuis la création du monde jusqu'à la venue de Jésus-Christ, et peut être considéré comme un abrégé de celles de Torniel.[58] Le second et le troisième tome qui contiennent depuis la naissance de Jésus-Christ jusqu'au pontificat d'Innocent III sont un abregé de Baronius. Et les trois volumes qui suivent sont tous de lui et vont jusqu'en l'année 1640. Ouvrage qui n'a point de pareil pour son étendue, laquelle n'est pas moindre que celle de tous les siècles. Il mourut à Toulouse le 18 mai 1643 et fut enterré dans l'église de Saint-Etienne.[59] Il laissa sa bibliothèque aux minimes de Toulouse.

---

[55] *Conjouissance*: «Marque que l'on donne à quelqu'un de la joie qu'on a d'un bonheur qui lui est arrivé. Il n'a guère d'usage qu'en ces phrases. *Faire des compliments de conjouissance. Une lettre de conjouissance*» (*Dictionnaire de l'Académie française*, 1694).

[56] Ces événements se situent dans le contexte des troubles qui s'élevèrent en Languedoc au moment du siège de La Rochelle (1627-1628). Rohan était le frère de Soubise, chef des Rochellois, et pendant la campagne pour réduire cette ville le duc s'empara de plusieurs villes languedociennes au nom des huguenots. Les révoltés baissèrent leurs armes après la prise de La Rochelle, et la paix d'Alais mit un terme aux actions militaires entre catholiques et protestants en 1629. *Condé*: Henri II de Bourbon, prince de Condé (1588-1646), père du Grand Condé.

[57] Sponde se démit en 1639 de son évêché, qui fut donné à son neveu. En fait, bien qu'évêque, Sponde doit sa place parmi les hommes illustres surtout à ses œuvres d'historien.

[58] Augustin Torniel, ou plutôt Tornielli (1543-1622), auteur des *Annales sacri et profani ab orbe condito ad eumdem Christipassione redemptum* (1610), qui peuvent être considérées comme un commentaire des livres historiques de l'Ancien Testament. L'ouvrage de Sponde, en un volume, s'intitule *Annales sacri a mundi creatione ad eiusdem redemptionem* et parut en 1637.

[59] Malade, Sponde s'était rendu à Toulouse dans l'espoir que la douceur du climat pourrait le rétablir.

Pierre de Marca
Archevêque de Paris

PIERRE DE MARCA
ARCHEVEQUE DE PARIS
[1594-1662]

Pierre de Marca archevêque de Paris naquit dans la ville de Gan proche de celle de Pau, capitale de Béarn, de parents nobles et qui font remonter leur généalogie jusqu'au onzième siècle où un Garcias de Marca, capitaine de cavalerie, rendit de grands services à Gaston, prince de Béarn. Il commença à y avoir des gens de robe dans cette famille en l'année 1444. Et celui dont nous parlons naquit en l'année 1594. Comme les huguenots étaient alors les maîtres dans le Béarn, et que les curés n'y faisaient presque aucune fonction, son père pour avoir la consolation de voir baptiser son fils dans le sein de l'Eglise catholique, le fit porter au monastère de Saint-Pé-de-Générest du diocèse de Tarbes, où il reçut le baptême des mains d'un religieux de cette maison, qui par un esprit prophétique dit ces paroles après l'avoir baptisé: *Tu es Petrus, et super hanc Petram œdificabo Ecclesiam meam.*[60] La suite a justifié l'heureuse application de ces paroles. Car dès qu'il eut fait ses études, tant d'humanité et de philosophie que de droit civil et canon, sa principale occupation fut de disputer contre les huguenots et de les convertir, ce qu'il continua lors même qu'il fut marié, et que ses affaires domestiques semblaient devoir le détourner de cet emploi.[61] Il épousa fort jeune encore Marguerite de Fargues, issue de la maison des anciens vicomtes de Lavedan en Bigorre, qu'il perdit après quelques années de mariage.[62] En ce temps-là le roi ayant entrepris de rétablir les ecclésiastiques dans la possession de tous leurs biens, dont les huguenots s'étaient emparés, et cette affaire ayant trouvé de grandes difficultés, le jeune Marca, aidé de son père, y seconda si heureusement les intentions de Sa Majesté qu'elle se termina par la restitution entière de tous les biens des catholiques. Le roi érigea alors le conseil souverain de Béarn en parlement, et lui en donna gratuitement une charge de président au mortier, qu'il exerça avec toute la capacité et toute l'intégrité qu'on pouvait attendre d'un homme de son mérite.[63] Le roi

---

[60] Matthieu XVI: 18, «Tu es Pierre, et sur cette pierre je bâtirai mon Eglise». Paroles appliquées par Jésus-Christ à l'apôtre Pierre. Cette même citation se trouve dans la *Vie* par Paul de Faget publiée en tête des *Dissertationes posthumae* (1659) où on lit: «...imponendi infanti Petri nomine, divino quodam afflatus spiritu voces in has repente erupit: *Tu es Petrus...*» (p. 4).

[61] De Marca fit ses études chez les jésuites d'Auch et de Toulouse, et son droit à l'université de cette ville.

[62] Marié en 1618, de Marca fut veuf en 1631.

[63] De Marca devint membre du parlement de Navarre en 1615 et président en 1622.

ayant perdu en l'année 1639 un procès dans son conseil d'Etat, et croyant l'avoir perdu injustement, il s'en plaignit au chancelier Séguier en présence du cardinal de Richelieu, et lui ordonna de choisir deux hommes de savoir et de piété pour les mettre dans son conseil. En ce temps-là monsieur de Marca était à Paris pour les affaires du parlement de Pau, et s'était fait connaître à monsieur le chancelier, qui le crut en quelque sorte envoyé du Ciel pour remplir une des places de conseiller d'Etat qu'il avait à donner.[64] Ce fut en ce temps-là qu'il publia l'*Histoire de Béarn et du pays adjacent*, livre très curieux et plein d'excellentes recherches, qu'il dédia à monsieur le chancelier, en reconnaissance des obligations qu'il lui avait.[65] Il parut peu de temps après un livre intitulé *Optatus gallus de cavendo schismate*, qui avertissait les évêques d'un schisme prêt à éclore, en insinuant que le cardinal de Richelieu voulait porter le roi à établir un patriarche en France, et l'on ajoutait que le cardinal devait être ce patriarche.[66] Ce fut contre ce livre que monsieur de Marca composa celui *De concordia saccerdotii et imperii*.[67] Il s'agissait de concilier les deux puissances qui partagent le monde, jalouses naturellement l'une de l'autre, et d'en marquer précisément les justes bornes. Le parti que prit monsieur de Marca fut, non pas d'interposer son jugement sur une affaire de cette conséquence, mais de rapporter historiquement tout ce qui s'était passé dans les démêlés que ces deux puissances avaient eus, tout ce qui avait été résolu dans la suite des temps sur leurs prérogatives, mais avec tant d'ordre et tant de netteté, qui'il en résulte sur chaque chef de contestation, des résolutions aussi claires que s'il s'était déclaré lui-même dans les termes du monde les plus décisifs. On trouva qu'il avait rendu au pape tous les honneurs et toutes les prérogatives qui lui sont dues, en sorte qu'on n'aurait pu en exiger davantage du plus passionné, mais raisonnable, de tous les Italiens; et qu'en même temps il avait conservé les libertés de l'église gallicane, et tout ce qui est dû à l'autorité et à la majesté de nos rois, autant que le pouvait faire le cœur le plus français et le plus affectionné à sa patrie.[68] Les grâces dont il fut comblé dans la suite, et de la part de Rome et de la part du roi,

---

[64] Ces événements se situent en 1639.

[65] *Histoire de Béarn*, 1640.

[66] Libelle publié en 1640.

[67] *De concordia saccerdotii et imperii seu de libertatibus ecclesiæ gallicanæ*, 1641.

[68] Perrault embellit la vérité. En fait, la deuxième partie de l'ouvrage de Pierre de Marca déplut au saint siège qui trouvait qu'il faisait la part trop belle aux libertés de l'église gallicane. Le livre fut mis à l'Index en 1642. Cette affaire ne manqua pas d'entraîner des suites négatives car, nommé par le roi à l'évêché de Couserans en 1642, de Marca ne reçut ses bulles de Rome que lorsqu'il eut atténué ses thèses gallicanes dans une *Dissertatio* (1644) et un *Libellus* joint à l'édition du *De concordia* de 1647. Il fut enfin sacré à Narbonne en 1648.

seront des témoignages éternels de la satisfaction unanime de ces deux puissances. La première marque fut l'évêché de Couserans, auquel le roi le nomma, et dont Sa Sainteté le pourvut avec des marques d'estime très singulières, malgré la résistance qu'y apportait l'ambassadeur de Philippe IV, roi d'Espagne, qui appréhendait que le caractère d'évêque n'augmentât dans l'esprit des Catalans l'autorité qu'il s'était acquise sur eux par sa douceur et par son équité. Cette province s'étant soustraite à l'obéissance du roi d'Espagne, il y fut envoyé en qualité de visiteur général, avec ordre de prendre connaissance des affaires de la justice, de la police et des finances.[69] Il sut si bien les manier durant sept années, par son affabilité envers les parties, et sa sévérité plus apparente que véritable envers le public, qu'il acheva de rendre cette province entièrement affectionnée à la France. Il fut fait archevêque de Toulouse, et reçut le *pallium*.[70] Tout le diocèse en témoigna une joie extraordinaire, et qui ne peut être comparée qu'à la douleur qu'il ressentit quand il fut appelé à l'archevêché de Paris.[71] Tant de vertus et tant de grandes qualités n'empêchèrent pas qu'on ne fît contre lui des libelles diffamatoires, qui furent condamnés à Rome, et brûlés publiquement à Paris; sur quoi il dit agréablement qu'on voyait en cela une suite de la concorde du sacerdoce et de l'empire. Le roi le fit ministre d'Etat pour le retenir à Paris et dans son conseil. Ensuite il fut admis au conseil de conscience avec monsieur Hardouin de Péréfixe, alors évêque de Rodez, et le père Annat.[72] Il fut enfin nommé archevêque de Paris, et, étant malade peu de temps après de la maladie dont il mourut, il eut la consolation de recevoir avant sa mort une lettre du pape Alexandre septième, par laquelle il approuve, avec de grands éloges, la nomination du roi.[73] Il mourut à Paris le 29 juin 1662 âgé de soixante-neuf ans, et fut en

---

[69] La révolte en Catalogne eut lieu, comme nous l'avons déjà vu dans l'éloge de Richelieu, en 1641. De Marca y fut envoyé en qualité d'intendant de la Catalogne.

[70] *Pallium*: ornement sacerdotal accordé aux archevêques. De Marca devint archevêque de Toulouse en 1652.

[71] Perrault brode une nouvelle fois sur la réalité: de Marca ne résida jamais dans ses deux premiers diocèses, et ne fit aucun secret de son peu de goût pour les provinces éloignées de la capitale. Il fut appelé à l'archevêché de Paris en 1662 après la démission de Retz, mais il mourut avant d'être sacré.

[72] Le conseil de conscience fut établi en 1661, ayant pour vocation de combattre le jansénisme. Hardouin de Beaumont de Péréfixe (1605-1671) devint évêque de Rodez en 1649 et archevêque de Paris en 1664. Le père François Annat (1590-1670) fut jésuite et confesseur de Louis XIV à partir de 1654. Dans ces quelques lignes, Perrault passe légèrement sur les difficultés occasionées par la signature du formulaire qui condamnait les cinq propositions; il a déjà évoqué avec beaucoup de discrétion la crise du gallicanisme.

[73] Pontificat d'Alexandre VII, 1655-67.

cette qualité enterré dans le chœur de Notre-Dame.[74]

---

[74] De Marca avait rédigé des traités théologiques (*Du sacrement*, *Du pénitence* et *Du sacrement de mariage*) qui, sous le titre de *Dissertationes posthumæ*, furent mis au jour en 1668 par Faget, son parent, l'ouvrage étant précédé d'une *Vie* de l'auteur que Perrault put mettre à profit.

Jac. Lubin Sculp.

Jean Pierre Camus
Evesque de Belley

JEAN-PIERRE CAMUS
EVEQUE DE BELLEY
[1582-1652[75]]

Jean Pierre Camus, fut nommé à l'évêché de Belley par Henri IV en l'année 1609 et fut sacré le 30 décembre de la même année par saint François de Sales.[76] Ce fut un véritable évêque de quelque côté qu'on le regarde, soit pour sa science, particulièrement dans les matières ecclésiastiques, soit pour son zèle à instruire et à convertir les âmes, donnant tout le temps que la conduite de son diocèse lui pouvait laisser, ou à composer des livres pour l'édification des fidèles, ou à prêcher avec une ardeur et une charité qui attirait et touchait tout le monde. Son zèle s'alluma parliculièrement contre la fainéantise et la morale relâchée de quelques moines de son temps; et il ne cessa de déclamer contre eux, et de vive voix, et par des livres presque sans nombre.[77] Le cardinal de Richelieu pressé et persécuté par ces moines d'obliger ce bon évêque à ne plus prêcher ni écrire contre eux, tira parole de lui qu'à l'avenir il les laisserait en repos, et lui dit ces paroles: «Je ne trouve aucun autre défaut en vous, que cet horrible acharnement contre les moines, et sans cela je vous canoniserais'. Monsieur de Belley que sa grande piété n'empêchait pas d'être fort agréable dans ses réparties, lui répondit: «Plût à Dieu, monseigneur, que cela pût arriver, nous aurions l'un et l'autre ce que nous souhaitons, vous seriez pape, et je serais saint».

Il écrivait avec une facilité incroyable, et le nombre des livres qu'il a composés est étonnant. Son style quoique peu châtié, plaisait dans ce temps-là, et on aimait la hardiesse de ses métaphores quoiqu'un peu entassées les unes sur les autres, à cause de l'abondance agréable des images qu'elles forment, et du grand nombre de choses qu'on y apprend tout à la fois.

Dans ce temps les romans vinrent fort à la mode, ce qui commença par celui de *L'Astrée* dont la beauté fit les délices et la folie de toute la France et même des pays étrangers les plus éloignés.[78] L'évêque de Belley ayant considéré que cette lecture était fort contraire à l'esprit du

---

[75] Les ouvrages de référence situent la naissance de Camus entre 1582 et 1584.

[76] Camus resta le disciple fidèle de saint François, publiant après la mort de celui-ci *L'Esprit de saint François de Sales* (6 vols., 1639-41).

[77] On lira à ce sujet la *Lettre de Monseigneur l'éminentissime cardinal duc de Richelieu à Monsieur l'évêque de Belley, sur le sujet des religieux. Avec la réponse dudit sieur évêque. Ensemble la lettre des religieux à Monseigneur le cardinal*, Paris, 1633.

[78] Sur *L'Astrée*, voir la notice consacrée à Honoré d'Urfé ci-dessous II/20.

christianisme, et que, remplissant l'esprit des sentiments de l'amour
profane, elle était un obstacle au progrès de l'amour de Dieu dans les âmes;
mais ayant considéré en même temps qu'il était comme impossible de
détourner les jeunes gens d'un amusement si agréable et si conforme aux
inclinations de leur âge, il chercha les moyens de faire diversion, en
composant des histoires où il y eût de l'amour, et qui par là se fissent lire;
mais qui élevassent insensiblement le cœur à Dieu par les sentiments de
piété qu'il y insérait adroitement, et par les catastrophes chrétiennes de
toutes leurs avantures; car toujours l'un ou l'autre des amants, ou tous les
deux ensemble, ayant considéré le néant des choses du monde, la malice
des hommes, le péril que l'on court sans cesse de son salut, en marchant
dans les voies du siècle, prenaient la résolution de se donner entièrement à
Dieu, en renonçant à toutes choses, et en embrassant la vie religieuse.[79] Ce
fut un heureux artifice que son ardente charité, qui le rendait tout à tous, lui
fit inventer et mettre heureusement en œuvre; car ses livres passèrent dans
les mains de tout le monde, et comme ils étaient pleins non seulement
d'incidents fort agréables, mais de bonnes maximes très utiles pour la
conduite de la vie, ils firent un fruit très considérable, et furent comme une
espèce de contrepoison à la lecture des romans.

Il nous reste plusieurs lettres qu'il écrivit à saint François de Sales, et
plusieurs que ce même saint lui écrivit, où l'on voit de part et d'autre des
marques d'une piété digne des premiers siècles de l'Eglise. En l'année
1620 il établit dans la ville de Belley un couvent de capucins, et en l'année
1622 il y en établit un de filles de la visitation, instituées par saint François
de Sales. Il se démit de son évêché en l'année 1629 en faveur de Jean de
Passelaigue, qui lui succéda, et se contenta de l'abbaye d'Aunay en
Normandie, de l'ordre de Cîteaux, où il se retira pour travailler plus
fortement à sa propre sanctification.[80] Mais l'archevêque de Rouen,
François de Harlay, ne put le voir inutile à l'Eglise, et connaissant ses
talents l'associa à ses soins épiscopaux, en le faisant son grand vicaire.[81] Il
s'acquitta de tous ses devoirs, avec une vigilance vraiment pastorale, et qui
ne se démentait point de celle avec laquelle il avait conduit ses propres
ouailles; mais comme l'élévation et les plus grandes dignités n'avaient

---

[79] Perrault, qui critique le «style [...] peu châtié» de Camus laisse subsister dans
son texte une phrase des plus baroques. En fait, Camus fut parmi les auteurs les plus
féconds du siècle, et le catalogue de ses ouvrages recense plus de 200 titres. Voir J.
Descrains, *Bibliographie des œuvres de J.P. Camus* (Paris, Société d'Etudes du XVIIe
siècle, 1971). Parmi les romans de Camus, on citera *Alexis* (1622) et *Hermiante* (1623).

[80] Jean de Passelaigue, évêque de Belley, mourut en 1663.

[81] François de Harlay (1586-1653), évêque de Rouen en 1615. Il se démit en 1651
en faveur de son neveu, nommé également François de Harley (1625-1695). Sur celui-
ci voir l'éloge d'Achille de Harlay.

jamais eu de charmes pour lui, et qu'il avait toujours aimé la pauvreté dans laquelle J.-C. a vécu et qu'il a honorée de tant d'éloges, il vint établir sa demeure dans l'hôpital des pauvres incurables du faubourg Saint-Germain à Paris, pour y mourir avec eux.[82] Ce bonheur, car c'est ainsi qu'on doit parler de la mort d'un aussi saint évêque, lui arriva le 26 avril 1652 en la soixante et dixième année de son âge, et il souhaita d'être enterré dans le même lieu. Ce fut un des plus dignes évêques que la France ait jamais eus, et dont le zèle à inspirer le véritable amour de Dieu, n'a guère eu de semblable. Un peu avant sa mort il fut nommé par le roi à l'évêché d'Arras.

---

[82] Camus s'établit à Paris en 1651. Son oraison funèbre fut prononcée par Antoine Godeau (voir l'éloge suivant).

ANTOINE GODEAU
EVEQUE DE VENCE
[1605-1672]

Antoine Godeau, issu d'une des meilleures familles de Dreux, donna des marques de la beauté de son esprit, dès les premières années de sa vie. Son génie le porta d'abord à cultiver la poésie française, où il se fit admirer par les beautés originales et naturelles dont ses ouvrages étaient remplis.[83] On lui doit en quelque façon la naissance de l'Académie Française, dont il a été un des plus dignes membres, non seulement parce qu'il était un de ceux qui s'assemblèrent les premiers chez monsieur Conrart, pour y conférer de leurs études et pour y lire les pièces de leur composition, mais parce que la beauté de ses poésies, qui plurent extrêmement au cardinal de Richelieu, contribua beaucoup à faire prendre à ce grand ministre la résolution de faire l'établissement de cette compagnie.[84]

Il composa entre autres choses une paraphrase du cantique *Benedicite omnia opera Domini Domino*, où toutes les créatures sont invitées à louer le Seigneur. Cet ouvrage est si singulier par la beauté majestueuse des descriptions ou plutôt des définitions de tous les êtres de la nature, qu'on ne le peut lire sans être saisi d'admiration sur tant de nobles et d'heureuses expressions.[85] L'attention que ce poème attira sur le mérite de l'auteur, fit remarquer en lui un grand nombre d'autres bonnes qualités, dont chacune ne le cédait en rien à sa poésie pour le degré d'excellence où il les possédait. Son éloquence qui acheva de se montrer dans la chaire, et sa piété solide qui éclatait dans toutes ses actions, portèrent le même cardinal de Richelieu à le proposer au roi pour l'évêché de Grasse, en quoi ce grand ministre suivit la pente naturelle qu'il avait à récompenser le mérite, et surtout à donner à l'Eglise des ministres dignes de leur ministère. En l'année 1636 il fut nommé à cet évêché, et fut sacré à Saint-Magloire au mois de décembre de la même année par les évêques de Chartres, de Dardanie et de Saint-Papoul. Dès qu'il fut dans son évêché, il y prêcha avec une éloquence toute chrétienne, qui le fit admirer et aimer de tout son peuple, et il y tint plusieurs synodes où il rétablit la discipline qui s'était relâchée en plusieurs endroits de son diocèse. Il réunit à l'évêché de Grasse, en vertu du droit de patronage, la ville d'Antibes, qui depuis que le

---

[83] Godeau fréquenta les cercles mondains. Hôte assidu de l'hôtel de Rambouillet, il contribua en 1641 un madrigal galant à la *Guirlande de Julie*.

[84] Valentin Conrart (1603-1675), hommes de lettres qui joua un rôle important dans l'établissement de l'Académie Française (1634), dont il devint secrétaire perpetuel.

[85] Godeau publia ces *Cantiques en vers français* en 1637.

siège épiscopal de Vence avait été transféré à Grasse, n'avait été d'aucun diocèse, et par ce moyen il y fit revivre la discipline ecclésiastique dont il n'y restait plus aucun vestige.[86] Le pape Innocent X lui avait accordé des bulles pour réunir en sa faveur les évêchés de Vence et de Grasse, ainsi que Clément VIII l'avait fait à la prière de son prédécesseur. Cependant ayant vu que le clergé et le peuple de Vence n'y consentaient pas de bon cœur, il aima mieux, quoique les deux évêchés ne valussent pas dix mille livres de revenu, qu'ils n'eussent pas ensemble trente paroisses, et que la ville de Vence et celle de Grasse ne fussent éloignées l'une de l'autre que de trois lieues au plus, raisons très fortes pour autoriser la réunion, il aima mieux dis-je, céder l'intérêt qu'il y avait, et se contenter de l'évêché de Vence, que de n'être pas agréable à quelques-uns de ses diocésains, et surtout d'avoir à poursuivre un procès, chose non moins opposée à son naturel et à sa piété, qu'aux fonctions paisibles du saint épiscopat.

Toute sa vie se passa, ou à visiter son diocèse, ou à prêcher, ou à lire, ou à écrire; et quand on voudra examiner tant de diverses occupations, on aura de la peine à comprendre où il a pris du temps pour satisfaire à toutes.[87]

Ses principaux ouvrages sont une *Histoire ecclésiastique* en trois volumes, dont le style, soit pour l'élégance soit pour la netteté, a peu d'égaux, et en rend la lecture aussi agréable qu'elle est utile;[88] des *Paraphrases des Epîtres de saint Paul*, où avec peu de paroles qu'il y ajoute, pour servir de liaisons et de transitions, il en fait voir nettement toute l'économie qui dans le texte échappe souvent aux plus habiles et aux plus attentifs;[89] et enfin ses *Eglogues chrétiennes*, qui presque toutes sur le modèle et dans l'esprit du Cantique des Cantiques, remplissent le cœur d'une sainte joie, et y allument les flammes du divin amour.[90] Cependant malgré la grande réputation qu'ont eu ces églogues, ses paraphrases de tous les psaumes de David, et plusieurs poèmes chrétiens qu'il a composés, il s'est trouvé un homme assez téméraire pour soutenir que monsieur Godeau n'avait aucun naturel pour la poésie, et pour faire imprimer un libelle avec ce titre *Godellus utrum poeta?*[91] Il n'est pas croyable combien le public, et

---

[86] Godeau devint évêque de Vence en 1639.

[87] Il est vrai que Godeau, mondain par excellence, se consacra avec dévouement à son diocèse, qui fut parmi les plus pauvres du pays et les plus éloignés de la capitale.

[88] *Histoire de l'Eglise* (1653).

[89] Godeau publia en 1650 un recueil de *Paraphrases sur les Epîtres de saint Paul et sur les Epîtres canoniques*. Ces paraphrases paraissaient séparément depuis 1635.

[90] *Poésies chrétiennes*, nouvelle édition 1654. C'est surtout en tant que bel esprit que Godeau retient l'attention de Perrault.

[91] François Vavasseur, *An elogii Aureliani scriptor idoneus, idemque utrum poeta* (1650). Sur Vavasseur, voir l'éloge de Nicolas Rigault.

particulièrement ceux qui avaient du goût pour la poésie furent scandalisés de ce libelle, qui n'eut point d'autre effet que de causer beaucoup d'indignation, et de faire voir qu'il n'y a rien de si évident ni de si bien établi dans l'opinion des hommes dont quelqu'un ne puisse soutenir le contraire. Il fut attaqué d'apoplexie le jour de Pâques 17 avril 1672 et mourut à Vence le 21 du même mois, âgé de soixante-sept ans.

JEAN-FRANÇOIS SENAULT
GENERAL DE L'ORATOIRE
[1599-1672]

Quand le père Senault commença à prêcher, on remarquait trois défauts bien considérables dans la plupart des prédications de ce temps-là: nulle méthode dans le discours, un grand étalage de la science profane, en sorte que Sénèque y était cité plus souvent que saint Paul, Cicéron que saint Augustin, et les poètes latins plus que tous les prophètes, et enfin de la plaisanterie qu'on y croyait nécessaire pour attirer la bienveillance et l'attention des auditeurs.

Le père Senault purgea la chaire de ces trois désordres, et substitua en leur place la méthode, la pure doctrine de l'Evangile expliquée par les Pères, et la gravité que demande l'auguste ministère de la prédication. C'est le témoignage que tout le monde lui en a rendu, et particulièrement le père de Lingendes, quoique son concurrent alors dans la gloire de l'éloquence de la chaire.[92]

Son père, Pierre Senault, secrétaire du roi et commis au greffe civil du parlement de Paris, eut le malheur d'être du parti de la Ligue, et d'avoir été le plus fameux des seize chefs qu'elle avait à Paris; mais son fils n'hérita point de ses sentiments, et fut, comme la reine Anne d'Autriche lui a dit plusieurs fois, autant attaché à la bonne cause et au bon parti, que son père s'en était éloigné. Il commença ses études dans l'université de Douai, et vint les achever dans celle de Paris. Il s'y rendit si habile, que le cardinal de Bérulle qui travaillait alors à établir la congrégation de l'oratoire, charmé de sa modestie et surtout de sa piété, le choisit pour être un des premiers sujets de sa congrégation.[93] Il fut employé d'abord à enseigner les humanités, et ensuite la rhétorique dans les collèges les plus célèbres de cette compagnie. Le talent qu'il avait pour l'éloquence ayant paru dans ces exercices, ses supérieurs l'engagèrent à se donner tout entier à la prédication, où il s'est rendu un des premiers hommes de son siècle. Il travailla douze ou quinze ans, de son propre aveu, à se former le style et à polir son langage, sans néanmoins discontinuer l'étude de la théologie, de l'Ecriture et des saints Pères, où il se fit un fonds inépuisable de doctrine qui a fourni à quarante carêmes qu'il a prêchés, la plupart à Paris dans les

---

[92] Jean de Lingendes (1595-1665), aumônier de Louis XIII, évêque de Sarlat (1662) puis de Mâcon (1650). Célèbre prédicateur, il prononça l'oraison funèbre de Louis XIII en 1643.

[93] Senault entra à l'oratoire en 1618, en sortit au bout de cinq ans avant d'y rentrer définitivement en 1628.

plus grandes chaires, à la Cour et dans l'église de l'oratoire de Saint-Honoré où les reines venaient ordinairement l'entendre, et où il y avait un très grand concours d'auditeurs.[94]

Il avait en chaire l'air modeste, humble et majestueux tout ensemble, la voix nette et sonore, le geste noble et réglé, et une clarté dans le discours, qui malgré la force de ses expressions et la sublimité de ses pensées le rendait aussi intelligible aux esprits les moins éclairés qu'aux génies les plus vifs, les plus vastes et les plus transcendants, et c'est dans cette partie qu'il a excellé davantage, quoiqu'admirable en toutes les autres. Sa vertu ne l'a pas rendu moins recommandable que son éloquence. Il n'y a point eu de désordre ni de vice, quelque part qu'il ait été placé, qu'il n'ait attaqué avec toute la force et toute la véhémence d'un véritable prédicateur de l'évangile. Cette liberté chrétienne venait de son parfait désintéressement. Le cardinal Mazarin lui ayant dit qu'il était fâché qu'on eût tardé si longtemps à rendre justice à son mérite, et qu'il n'avait qu'à lui déclarer ce qu'il souhaitait, et qu'il le demanderait au roi avec plaisir, il le remercia de sa bonté et le pria de ne point importuner le roi pour un homme qui était content, et qui dans son état s'estimait plus heureux que Son Eminence.[95] La reine mère lui ayant envoyé le brevet d'un évêché, avec assurance de lui donner le meilleur de la province, s'il venait à vaquer, il le lui renvoya, ayant mieux aimé demeurer simple prêtre, que de se voir élevé aux dignités les plus éclatantes, en quoi il avait raison non seulement pour la sûreté de sa conscience, mais pour continuer à rendre plus de service à l'Eglise, en prêchant de tous côtés, qu'il n'aurait fait en se renfermant dans l'étendue d'un seul diocèse.[96]

Dans ce dessein d'être utile à tout le monde, il s'appliqua, lorsqu'il fut élu supérieur de Saint-Magloire, à former de jeunes ecclésiastiques à la prédication; il leur donnait des règles et leur fournissait des matières dans des conférences publiques où il les exerçait après leur en avoir donné l'exemple. C'est de son école que sont sortis les pères Leboux, Mascaron

---

[94] A Paris, de 1627 à 1663, Senault donna vingt-sept avents et carêmes, dont deux au Louvre en 1655 et 1660.

[95] Le cardinal Jules Mazarin (1602-1661), italien de naissance, ne figure pas parmi les hommes illustres retenus par Perrault. Du fait de son influence il est, pourtant, loin d'être absent de l'ouvrage. Il reçut la première tonsure en 1632 et, bien qu'il ne fût jamais prêtre, devint cardinal en 1641 sur la demande de Richelieu. Il fut parrain de Louis XIV et conserva la confiance d'Anne d'Autriche pendant la minorité du roi. Il succéda à Richelieu comme premier ministre en 1642 et occupa ce poste jusqu'à sa mort, mise à part la période de son exil de Paris, de février 1651 à février 1653. Ce fut lui qui ordonna l'emprisonnement de Condé en 1650.

[96] *La reine mère*: Anne d'Autriche (1601-1666), fille du roi d'Espagne Philippe III, femme de Louis XIII (1615), mère de Louis XIV et régente pendant la minorité de son fils (1643-1651). Senault devint prêtre en 1627.

et Soanen, depuis évêques de Périgueux, d'Agen et de Senez,[97] et tant d'autres prédicateurs célèbres qui remplissent encore aujourd'hui les plus grandes chaires, les pères Hubert, de La Roche, de La Tour, et plusieurs autres.[98] Il a voulu aussi se rendre utile aux siècles à venir par plusieurs excellents ouvrages qu'il a laissés: la *Paraphrase de Job*, qui en conservant toute la majesté et la grandeur de son original en a éclairci toutes les obscurités; le traité *De l'usage des passions* qui a été traduit en toutes sortes de langues; un livre de l'*Homme criminel*, un autre de l'*Homme chrétien*, un autre du *Monarque*; et un grand nombre de *Panégyriques de saints*, tous ouvrages également pleins de piété et d'éloquence.[99] Il n'était pas né seulement pour instruire, mais pour conduire aussi, ce qui parut lorsqu'il fut élu général de son ordre, dont il fut toujours honoré comme le supérieur, et chéri comme le père.[100] Il soutenait lui seul tout le poids des affaires, et répondait de sa propre main à toutes les lettres qu'il recevait, qui montaient à plus de trois cents par semaine, persuadé que c'est donner une grande confiance aux inférieurs, que de leur faire entendre qu'il n'y a que leur supérieur qui ait connaissance des choses qu'ils lui mandent. Il avait tant d'honnêteté pour tous les pères de la congrégation que jamais il n'en a chargé aucun de quelque emploi que ce fût qu'il ne l'eût fait pressentir auparavant s'il l'aurait agréable. Il mourut le troisième jour d'août 1670 âgé de soixante et onze ans d'une apoplexie, qui l'attaqua

---

[97] Guillaume Leboux (1621-1693), évêque de Dax (1658) et de Périgueux (1667); ses sermons furent imprimés à Rouen en 1766. Jules Mascaron (1634-1703), évêque de Tulle (1671) et d'Agen (1679); prédicateur, de 1666 à 1684 il prononça neuf stations à la Cour et revint en 1694 pour prêcher l'avent à Versailles. Jean Soanen (1647-1740), évêque de Senez (1696), petit-neveu du père Sirmond; il entra à l'oratoire en 1661, prêcha le carême à la cour en 1686 et 1688 et l'avent en 1695; il se signala en 1714 par son refus de recevoir la bulle *Unigenitus*.

[98] Mathieu Hubert (1640-1717) étudia la rhétorique sous Mascaron au Mans avant d'entrer dans la congrégation de l'oratoire en 1661; il prêcha pendant plus de quarante ans, soit à la cour, soit à Paris et dans les provinces. Le seul père de La Roche connu de la *Biographie universelle* est Jean-Baptiste-Louis de La Roche qui naquit vers la fin du XVIIe siècle et mourut en 1780; ce n'est probablement pas à lui que Perrault fait référence. Pierre-François de La Tour (1653-1733), entra à l'oratoire en 1672, devint supérieur du séminaire de Saint-Magloire, et supérieur-général de l'oratoire en 1696; il eut une grande part à l'accommodement de 1720 entre opposants et défenseurs de la bulle *Unigenitus*.

[99] Voici les ouvrages de Senaulat auxquels Perrault fait allusion: *Paraphrase sur Job*, le premier ouvrage de Senault, 1ère édition 1637, 9e édition 1667; *De l'usage des passions* (1641); *L'Homme criminel, ou la corruption de la nature par le péché*, 1644; *L'Homme chrétien, ou la réparation de la nature par la grâce*, 1648; *Le Monarque, ou les devoirs du souverain*, 1661; *Panégyriques des saints*, 3 vols., 1656, 1657 et 1658.

[100] Senault devint supérieur général de l'oratoire en 1663.

subitement, et l'enleva en quatre jours.[101] Il rendit particulièrement grâces à Dieu de ce qu'il mourait sans avoir jamais possédé aucune charge ni aucun bien de l'Eglise, ayant, disait-il, toujours redouté les dignités et les commodités des grands bénéfices, comme ce qu'il y a de plus dangereux dans le monde. Il est enterré au milieu de l'église de l'oratoire de Saint-Honoré, où son oraison funèbre fut prononcée par l'évêque d'Aire, qui avait été son disciple en éloquence, connu sous le nom de l'abbé de Fromentières avant qu'il fût évêque, en présence de plusieurs autres prélats, et d'une affluence incroyable d'auditeurs.[102]

---

[101] Les ouvrages de référence situent la date de naissance de Senault entre 1599 et 1601. Perrault lui-même se trompe sur la date de décès de son homme illustre, cet événement ayant eu lieu en 1672, et non pas en 1670.

[102] Jean-Louis Fromentières (1632-1684), évêque d'Aire (1673). Prédicateur de renom, il prononça l'oraison funèbre de la reine Anne d'Autriche et prêcha devant la Cour l'avent de 1672.

Champagne pinx.   Ind. Simonneau Sculp.

Antoine   Arnauld
Docteur de   Sorbonne

ANTOINE ARNAULD
DOCTEUR DE SORBONNE
[1612-1694]

Le public a été partagé sur quelques sentiments que monsieur Arnauld a soutenus, mais il ne l'a jamais été sur son mérite. Il n'y a eu qu'une voix là-dessus, et il a toujours passé pour un des plus grands hommes qu'ait eu l'Eglise depuis plusieurs siècles.

Son père, Antoine Arnauld, qui était procureur général de la reine Catherine de Médicis, ne voulut point embrasser d'autre profession que celle du barreau.[103] Il est vrai qu'il s'en acquitta avec tant d'honneur, et d'une manière si élevée, que depuis lui il ne s'est trouvé personne, à la réserve de monsieur Le Maître son petit-fils, qui l'ait exercée avec plus d'éclat et plus de dignité.[104] Sa maison était continuellement pleine de princes et de grands seigneurs qui venaient le consulter sur leurs plus importantes affaires, et il fut partout en telle vénération, qu'après sa mort il fut exposé sur son lit pendant quelque temps pour satisfaire au public qui le demanda avec instance.

Antoine Arnauld dont nous parlons, le vingtième et le dernier de ses enfants, naquit à Paris le 6 février 1612. Il commença dès son enfance à donner des marques de cette étendue de génie pour les lettres et pour les sciences qui l'ont si fort signalé dans la suite. Il embrassa l'état ecclésiastique et il se mit sur les bancs en Sorbonne, où il parut avec une distinction extraordinaire dans tous les actes de sa licence, tous accompagnés d'applaudissements incroyables.[105] Lorsqu'il fut docteur, il résolut, à l'exemple de son père, de demeurer toute sa vie dans l'état où la Providence l'avait appelé, et il se regarda dans ce poste en quelque façon comme une sentinelle posée pour empêcher qu'il ne passât rien contre la vérité, et il crut faire assez de s'acquitter fidèlement d'une fonction si importante.[106] Quelques questions s'étant émues sur les matières de la

---

[103] Antoine Arnauld (*c*.1560-1619), avocat célèbre, qui plaida contre les jésuites en 1594.

[104] Antoine Le Maître (1608-1658), fils de Catherine Arnauld (1590-1651), fille d'Antoine Arnauld, et d'Isaac Le Maître.

[105] Arnauld soutint sa «tentative», c'est-à-dire sa thèse de licence en 1635. Celle-ci exposait déjà ses idées sur la grâce, et le tumulte qu'elle déclencha fut cause qu'il ne fut licencié qu'en 1640.

[106] Arnauld devint docteur en 1641. L'idée que le prêtre ou l'évêque est établi «comme une sentinelle» est tirée de l'Ecriture (Ezéchiel III, 17). Elle est reprise par Perrault dans ses *Mémoires* où il évoque son frère Nicolas qui, dit-il, se regarde en qualité de docteur «comme une sentinelle posée pour empêcher qu'il ne passe rien contre la vérité». Dans ce même texte Perrault note aussi, à propos de l'expression

grâce à l'occasion du livre de Jansénius qui fut alors imprimé en France, il composa divers écrits sur cette matière, qui lui attirèrent beaucoup de contradiction.[107] Il écrivit deux lettres à un duc et pair, sur ce qu'on avait averti un seigneur de la Cour qu'on ne le recevrait pas au sacrement de pénitence tant qu'il aurait chez lui un abbé qu'on voulait qu'il congédiât et qu'il ne retirerait pas sa petite-fille de Port-Royal.[108] Il se trouva dans la seconde de ces lettres deux propositions qui furent condamnées par la Sorbonne, l'une comme hérétique, et l'autre comme téméraire, et qui le firent exclure de cette maison avec soixante-dix docteurs qui n'avaient pas été de l'avis du plus grand nombre.[109] Après quelques années le pape Clément IX et le roi firent faire cesser la division que ces disputes apportaient dans l'Eglise.[110] Il fut frappé à ce sujet une médaille ayant d'un côté la tête du roi et de l'autre un autel sur lequel les clefs de l'Eglise et le sceptre de France sont mises en sautoir[111] avec ces mots autour: *Gratia et pax a Deo*, et ceux-ci au-dessous: *Ob restitutam ecclesiæ concordiam 1669*. Ensuite de cette paix M. Arnauld alla à Versailles où il fut reçu du roi et de toute la Cour avec des marques d'estime très singulières.[112] De retour à Paris il fut tellement accablé de visites, quoiqu'il logeât à l'extrémité du faubourg Saint-Jacques, que pour se procurer du repos, et plus encore pour ôter à ceux qui ne l'aimaient pas, tout sujet de lui reprocher qu'il faisait des cabales, il changea de logis plusieurs fois, mais n'ayant pu en trouver un où il ne donnât point de soupçon de faire des assemblées, il sortit enfin de France en l'année 1679.[113] Il n'y est pas revenu depuis, se tenant tellement caché que ses amis et ses plus proches parents n'ont presque jamais su le lieu où il était, et que l'on ignore même celui où il est mort.[114] Le jour qu'il tomba malade, qui fut le premier jour

---

'qu'il ne passe rien contre la vérité': «Je me suis servi de cette pensée dans l'éloge de M. Arnauld, où elle est très juste et très bien en sa place» (p. 119).

[107] *Jansénius*: Cornélius Jansen, évêque d'Ypres et auteur de l'*Augustinus* (1640).

[108] Ces deux lettres, intitulées *Lettre à une personne de distinction* et *Seconde lettre à un duc et pair*, furent adressées au duc de Liancourt et datent de 1655. C'était l'abbé de Bourzéis qui se réfugiait chez le duc.

[109] Il s'agit des propositions dites de *Fait* et de *Droit* condamnées en 1656. Nicolas Perrault, frère de l'auteur, figurait parmi les docteurs exclus de la Sorbonne cette même année. Selon la *Biographie universelle*, ceux-ci étaient au nombre de soixante-douze.

[110] Il s'agit de la Paix de l'Eglise, qui eut lieu en 1668.

[111] *Sautoir*: Figure en forme de croix de saint André.

[112] Louis XIV se fit présenter Arnauld par Pompone, son neveu.

[113] Arnauld quitta la France après la mort de la duchesse de Longueville, protectrice de Port-Royal.

[114] Arnauld séjourna dans un grand nombre de villes, y comprises Tournai, Courtrai, Gand, Leyde, Harlem, Delft et Liège, avant de mourir à Bruxelles entre les bras du père Quesnel. Il fut inhumé secrètement à Sainte-Catherine de Bruxelles, où il

du mois d'août 1694, et les deux jours suivants il dit la messe dans le lieu de sa demeure suivant la permission qu'il en avait obtenue depuis plusieurs années d'Alexandre VIII et d'Innocent XII et quatre jours après, ayant reçu tous ses sacrements, il mourut dans une tranquillité admirable, âgé de quatre-vingt-deux ans et quelques mois. Il souhaita que son cœur fût porté à Port-Royal, qu'il aima toujours, parce que sa mère, six de ses sœurs, et cinq de ses nièces y ont été religieuses, toutes d'une piété exemplaire et pleines de l'esprit et de la vertu de leur famille.

Monsieur Arnauld avait une grande étendue d'esprit et une mémoire prodigieuse que l'âge n'a jamais affaiblie; il savait les belles lettres parfaitement, et les auteurs anciens lui étaient aussi présents que s'il n'eût jamais fait d'autre étude. Il avait un génie particulier pour les mathématiques, et c'est lui qui a donné sans nom d'auteur les *Eléments de géométrie* si estimés de tout le monde.[115] Il fit dans sa jeunesse plusieurs objections à M. Descartes* sur ses *Méditations Métaphysiques*, qui ont été regardées par ce grand philosophe comme les plus solides et les plus difficiles à résoudre de toutes celles qui lui ont été faites.[116] La *Grammaire raisonnée* est toute de lui, et il a eu beaucoup de part à l'*Art de penser*; ces livres sont deux chefs-d'œuvres dans leur espèce.[117]

Son zèle pour le roi était extrême, et plusieurs fois il s'exposa dans l'exil où il s'était condamné lui-même, à de mauvais traitements pour n'avoir pu souffrir que des personnes qui ne connaissaient pas comme lui toutes les qualités héroïques de ce monarque, en parlassent selon leurs passions et leurs intérêts. Il a été fort estimé à Rome, et l'on assure qu'on a eu dessein plus d'une fois de l'honorer de la pourpre.

Ses principaux ouvrages, outre ceux dont nous avons parlé, sont le livre de la *Fréquente Communion* qu'il fit à l'age de vingt-huit ans; celui de la *Tradition de l'Eglise sur la pénitence*; la *Morale de Jésus-Christ renversée par les calvinistes*; la *Morale des calvinistes convaincue de nouveau*; et un *Traité de la lecture de l'Ecriture Sainte*.[118] Quoique l'on ait fait imprimer la *Défense de la perpétuité de la foi* sous son nom, pour lui donner plus d'autorité, l'ouvrage néanmoins n'est pas tout de lui, et M.

---

repose encore. Quesnel publia une *Vie* d'Arnauld en 1695.

[115] *Nouveaux Eléments de géométrie*, 1667.

[116] *Objectiones quartæ in Meditationes R. Descartes*, 1641.

[117] *Grammaire générale et raisonnée*, 1662; *La Logique ou l'art de penser*, texte élaboré entre 1664 et 1683 en collaboration avec Pierre Nicole (1625-95), théologien et solitaire de Port-Royal.

[118] *La Fréquente Communion*, 1643; *La Tradition de l'Eglise sur le sujet de la pénitence*, 1644; *Le Renversement de la morale de J.-C. par les erreurs des calvinistes touchant la justification*, 1672; *Le Calvinisme convaincu de nouveau de dogmes impies*, 1691; *De la lecture de l'Ecriture sainte*, 1680.

Nicole y a beaucoup de part.[119] A l'occasion de ce livre on ne doit pas oublier ses soins incroyables pour faire venir du Levant le témoignage authentique que les Eglises orientales ont donné de la conformité de leur créance avec la nôtre sur le mystère de l'eucharistie. Les actes en ont été déposés dans la bibliothèque du roi et dans celle des bénédictins de Saint-Germain-des-Prés, après avoir achevé de confondre les hérétiques, et mis le sceau aux preuves non seulement du livre de la *Perpétuité de la foi*, mais à celles de tous les volumes que M. Arnauld a écrits contre le ministre Claude sur la même matière, volumes qui feront voir éternellement la supériorité d'un écrivain sur un autre, quand la force du génie est soutenue par la force de la vérité.[120]

---

[119] *La Perpétuité de la foi de l'Eglise catholique touchant l'Eucharistie* (1669-76), écrit en collaboration avec Pierre Nicole.

[120] Jean Claude (1619-87), théologien protestant qui entra en controverse avec Bossuet. Il quitta la France en 1685 au moment de la révocation de l'édit de Nantes.

Jacques Sirmond

JACQUES SIRMOND
JESUITE
[1558-1651]

Jacques Sirmond naquit à Riom en Auvergne en l'année 1558 de parents considérables qui, ayant remarqué en lui dès son bas âge une vivacité d'esprit surprenante, prirent soin de le faire instruire par d'excellents maîtres. Il profita si bien de leurs enseignements, que n'ayant que quinze ans il était lui-même capable d'instruire les autres; car, s'étant fait jésuite à cet âge-là, il fut obligé par ses supérieurs dès qu'ils l'eurent reçu, d'enseigner les langues grecque et latine, ce qu'il fit pendant quelques années avec un succès extraordinaire. Il eut l'honneur d'avoir pour disciples Charles de Valois duc d'Angoulême, fils naturel de Charles IX et saint François de Sales, évêque et prince de Genève.[121] Il eut pour amis Pierre Pithou et Nicolas Lefèvre,* précepteur de Louis XIII, qui ont rendu l'un et l'autre des témoignages authentiques de l'estime singulière qu'ils faisaient de son mérite.[122] Etant allé à Rome à l'âge de trente-deux ans, le général de son ordre, Claude Aquaviva, le fit son secrétaire, et l'aima tendrement à cause de son extrême diligence, et surtout pour le don qu'il avait de prendre parfaitement dans ses lettres le sens et l'intention de son général.[123]

Comme il avait toujours estimé qu'il n y avait que deux choses qu'un homme sage pût souhaiter, et qui fussent capables de le rendre heureux, la doctrine et la vertu, il ne s'attacha qu'à acquérir ou à augmenter ces deux trésors incomparables; et parce que la connaissance de toutes les sciences est d'une étendue qui surpasse celle de l'esprit humain, il crut devoir le retrancher à l'étude de l'histoire ecclésiastique comme la plus convenable à son état, et la plus utile à l'Eglise. Quelque progrès qu'il y fît, il ne fut point tenté dans tout le cours de sa jeunesse de faire imprimer aucun ouvrage par respect pour le public, à qui il croyait qu'il ne fallait rien donner qui ne se sentît de la maturité de l'âge de son auteur. Il commença par mettre au jour plusieurs auteurs qui, fort obscurs et renfermés dans la poudre de quelques bibliothèques, n'étaient d'aucune utilité. Il les éclaircit

---

[121] Charles de Valois, duc d'Angoulême (1573-1650), fils naturel de Charles IX et de Marie Touchet.

[122] Pierre Pithou (1539-1596), jurisconsulte et érudit, l'un des auteurs de la *Satire Ménipée*; frère de François Pithou. Nicolas le Fèvre (1543-1612) fut nommé précepteur de Louis XIII après la mort de Henri IV et remplit ces fonctions pendant environ dix-huit mois.

[123] Le père Sirmond se rendit à Rome en 1590. Il remplit les fonctions de secrétaire auprès de Claude Aquaviva, général des jésuites, jusqu'à son retour en France, en 1608.

d'une infinité de notes très savantes, et par-là il les rendit plus utiles qu'ils ne l'avaient jamais été. Son plus grand ouvrage fut la collection de tous les conciles de l'Eglise gallicane, qu'il dédia au roi.[124] Le cardinal de Richelieu,* touché de la même admiration que toute la nation des savants, n'oublia rien de ce qui pouvait marquer l'estime qu'il faisait d'un ouvrage de cette conséquence.

Il était d'une force singulière dans les disputes ou de controverse ou de littérature, et il n'est presque jamais sorti que vainqueur de ces sortes de combats. Entre plusieurs qu'il soutint glorieusement, il y en eut deux très célèbre, et qui lui acquirent une très grande réputation. Le premier fut contre Jacques Godefroy un des plus savants hommes du siècle qui, armé de l'autorité de Rufin, combattait fortement la jurisdiction du pape sur les provinces qu'on appelle suburbicaires.[125] Les arguments de cet adversaire paraissaient invincibles, non seulement au commun des savants, mais au cardinal du Perron* même, reconnu pour le plus habile et le plus éclairé qu'il y eut alors dans les matières ecclésiastiques. Cependant le père Sirmond démêla le nœud de la question si nettement par trois traités qu'il donna l'un après l'autre, qu'il ramena tout le monde à son avis, qui est aujourd'hui celui de tous les savants sur cette difficulté.[126] La seconde dispute qu'il eut, fut encore plus célèbre, et d'une discussion plus difficile. Dans la première il avait de son parti tous les catholiques, dans la seconde il avait affaire contre Petrus Aurelius catholique, et de plus défenseur déclaré du droit des évêques, ce qui lui attirait les suffrages de la plus grande partie du clergé et des écoles de théologie. Ce Petrus Aurelius était l'abbé de Saint-Cyran qui s'était caché sous ce nom, après être convenu avec Jansénius évêque d'Ypres, de partager entre eux le nom de Saint Augustin; l'un prenant Aurelius, et l'autre Augustinus, ainsi l'abbé de Saint-Cyran mit le nom d'Aurelius à son livre et Jansénius mit au sien celui d'Augustinus.[127] Le père Sirmond était accusé de n'avoir pas été fidèle

---

[124] *Concilia antiquæ Galli æ*, 1629; *Concilia novissima Galliæ*, 1646.

[125] *Rufin*: prêtre d'Aquilée et moine, mort vers 410. Il donna une traduction libre du *De principiis* d'Origène, cause d'une polémique amère avec saint Jérôme qui en critiqua le caractère tendancieux. Un recueil des ouvrages de Rufin parut à Paris en 1580. *Provinces suburbicaires*: celles qui relevaient directement du vicaire de Rome.

[126] *Censura conjecturæ anonymi scriptoris de suburbicariis regionibus et ecclesiis* (1618); *Adventoria Causidico Divionensi adversus Amici ad amicum epistolam de suburbicariis regionibus et ecclesiis, cum censura vindiciarum conjecturæ alterius anonymi* (1620); *Propemticum Cl. Salmasio adversus ejus Eucharisticon de suburbicariis regionibus et ecclesiis* (1622).

[127] Jean du Vergier de Hauranne (1581-1643), abbé de Saint-Cyran, ami de Jansénius et directeur de Port-Royal à partir de 1635. La dispute entre Saint-Cyran et Sirmond porta sur le canon du premier concile d'Orange, relatif à l'administration du sacrement de confirmation. Sur Jansénius, voir l'éloge d'Antoine Arnauld.

dans l'édition des conciles de l'Eglise gallicane, non seulement en quelques endroits, mais dans toute la masse de l'ouvrage; c'étaient les propres mots de son adversaire. Il satisfit de telle sorte à toutes les objections qui lui étaient faites, qu'il en reçut de très grands applaudissements.[128]

Quelque docte qu'il fût, la force et la solidité de son jugement surpassaient encore toutes les lumières de sa science; personne n'a jamais eu plus de sagacité ni plus de justesse pour bien démêler une difficulté, et bien prendre son parti sur les endroits difficiles de la littérature. De là vient qu'il ne s'est presque jamais trompé dans ses ouvrages, ou s'il a fait quelques fautes elles ont été très légères et presque imperceptibles, privilège particulier des esprits de ce caractère. Il n'avait en vue dans ses études que la recherche de la vérité, et nulle attention sur la gloire qui pouvait lui en revenir. On connut parfaitement son désintéressement universel pour toutes les choses du monde, par la manière dont il se conduisait à la cour où il était obligé de faire de fréquents séjours en qualité de confesseur du roi.[129] On le connut encore quand, le pape ayant souhaité qu'il vînt à Rome, et le roi n'ayant pas voulu le lui permettre, pour conserver en France un homme de son mérite, il apprit que le dessein que le pape avait sur lui était de le faire cardinal; car il protesta sincèrement à ses amis, que si en arrivant à Rome on lui en eût appris la nouvelle, il serait revenu sur ses pas en France dans le moment même.[130] Il fut aimé de tous les hommes illustres de son temps et particulièrement du fameux Jérôme Bignon* avec lequel il était lié d'une amitié très étroite. Il posséda tout ce qu'il avait souhaité, un esprit sage, de la science et de la vertu, et de plus une longue vie avec un loisir accompagné de dignité. Il mourut en l'annee 1651 âgé de quatre-vingt-treize ans.

---

[128] Sirmond répondit à Saint-Cyran dans un ouvrage intitulé *De canone Arausicano, adversus Petri Aurelii, theologi, Anacreticum, quo priorem ejus Antirrheticum oppugnare conatus est* (1632). Les ouvrages du père Sirmond, précédés d'une *Vie*, furent publiés en 5 vols. en 1696.

[129] Sirmond devint confesseur de Louis XIII en 1637.

[130] Le désir de Louis XIII de retenir Sirmond en France, contrairement aux intentions du pape Urbain VII, est attesté dans l'oraison funèbre de celui-ci prononcée par Henri de Valois.

Jac. Lubin Sculp.

Denis Petau

DENYS PETAU
JESUITE
[1583-1652]

Denys Petau naquit à Orléans en l'année 1583 et se fit jésuite au collège de Clermont à Paris en l'année 1605 à l'âge de vingt-deux ans. Depuis ce temps jusqu'au jour de sa mort qui arriva quarante-huit ans après, il n'a cessé de faire honneur à sa compagnie par sa piété, par sa doctrine et par ses ouvrages. C'était non seulement un esprit universel qui s'était rendu familières presque toutes les langues tant mortes que vivantes de même que toutes les sciences imaginables et qui avait su y joindre la connaissance des beaux arts; mais ce qui était plus étonnant et beaucoup plus recommandable, c'est qu'il possédait presque toutes ces choses à un haut degré de perfection. Il se trouve assez d'esprits qui ont de l'ouverture et de la facilité pour tout ce qu'ils entreprennent, mais ces sortes d'esprits universels n'atteignent presque jamais à la connaissance parfaite d'aucune des sciences où ils s'appliquent, et n'y font tout au plus que les seconds.

Ce ne fut pas par la seule force de son génie que le père Petau se rendit si habile, ce fut encore par le bon ordre qu'il établit dans les études, où il procéda en la manière des sages architectes qui commencent par jeter de solides fondements, sur lesquels tout ce qu'ils construisent ensuite ne se dément jamais. Il se donna d'abord à l'étude de la grammaire, et en traduisant sans cesse des auteurs grecs en latin, et des auteurs latins en grec, il s'acquit une parfaite et entière connaissance de ces deux langues.[131] De là il passa à l'étude de l'éloquence et de la poésie, dont on ne peut pas douter qu'il n'ait connu toutes les finesses, toutes les grâces et toutes les beautés, pour peu qu'on ait lu ses ouvrages. Il composa des vers jusqu'aux derniers jours de sa vie, et à l'exemple de saint Grégoire de Nazianze, il se servit de la poésie comme d'une recréation dans les travaux pénibles de ses études. Il s'en servit aussi comme d'un interprète pour expliquer les sentiments que sa piété lui suggérait en toutes rencontres. Il n'y a point de genre de poésie où il ne se soit exercé, et où il n'ait réussi.[132] Il a même composé des tragédies, et non content de faire des vers grecs et latins il en a fait d'hébreux qui ont eu l'applaudissement de tous ceux qui pouvaient

---

[131] Petau traduisit du grec en latin les œuvres de Synesius, qu'il publia avec des notes en 1612 et 1632. Il fit imprimer en 1613 en grec et en latin seize oraisons de Themistius avec des notes. En 1622 il fit une édition annotée, en grec et en latin, des œuvres de saint Epiphane.

[132] L'*Opera poetica* de Petau fut publiée en 1620 et réimprimée en 1642 avec de nombreuses additions.

en juger.[133] Monsieur Grotius très habile et très difficile à contenter sur ces matières, lui donne là-dessus toutes les louanges que peut arracher la force du mérite.[134]

Après s'être enrichi de tous les ornements du langage et du bien dire, il s'adonna à la philosophie pour s'affermir dans la solidité des sentiments et des pensées, après quoi il passa à l'histoire, et en même temps à la géographie et à la chronologie qui en sont comme les deux yeux, et qui ne doivent jamais en être séparées. Ce fut là qu'il fit des découvertes qui ont étonné son siècle, et qui étonneront toute la postérité; car il ne se contenta pas d'en puiser la connaissance dans les écrits de Strabon et de Ptolomée, et même dans toutes les cartes des modernes, infiniment plus correctes et plus instruisantes que tout ce qu'ont écrit les anciens; mais il fit une étude profonde de l'astronomie, sans laquelle il jugea qu'il ne pouvait rien établir de bien certain dans la chronologie.[135] Peu de temps avant qu'il écrivît sur ces matières, Joseph Scaliger,* qui était considéré non seulement comme le plus habile chronologiste, mais comme le seul qu'il y eût au monde, avait donné au public son livre de la *Correction des temps*, ouvrage où il redresse la plupart des erreurs qui s'étaient glissées dans cette science, et qui était regardé comme une règle à laquelle tout le monde devait se conformer. Cela n'empêcha pas le père Petau d'entreprendre le même travail, et de corriger par son livre de la *Doctrine des temps* beaucoup des fautes qui se trouvent dans celui de la *Correction des temps* de Scaliger,* ce qu'il fit en gardant toutes les lois de l'honnêteté que les gens de lettres se doivent les uns aux autres; en sorte que sans obscurcir la gloire de son prédécesseur, il s'en est acquis une très grande dans la même science.[136] Après avoir ainsi amassé tous les trésors des connaissances humaines il ne s'en servit pas pour la seule satisfaction de son esprit, ou pour une vaine

---

[133] *Tragœdia Carthaginienses*, 1614.

[134] Jean Hugo de Groot *dit* Grotius(1583-1645), homme d'Etat hollandais, auteur du *Droit de la guerre et de la paix* (en latin, 1625).

[135] Strabon (*c*.60 av. J.-C.–*c*.19 ap. J.-C.), géographe grec. Claude Ptolomé (IIe s), savant grec dont le système suppose la fixité de la terre, centre de l'univers; auteur d'ouvrages d'astronomie et de géographie.

[136] Petau publia *De doctrina temporum* en 1627 et une suite sous le titre d'*Uranologie* en 1630; le troisième livre de celui-ci contient la réfutation de Scaliger sur l'anticipation des équinoxes. La *Biographie universelle* ne souscrit pas à l'opinion de Perrault concernant le ton modéré adopté par Petau: «La critique littéraire avait alors le ton et l'emportement d'une dispute particulière; et des hommes faits pour s'estimer, se prodiguaient mutuellement les injures les plus grossières, quand il leur arrivait de n'être pas d'accord sur le sens d'un passage obscur, ou sur la date d'un fait ignoré. Le père Petau, quoique d'un caractère doux et modeste, prit le ton que ses adversaires employaient avec lui; et l'on est forcé de convenir qu'il égala Saumaise et Scaliger par la vivacité et la dureté de ses répliques». Moréri ne dit pas autrement.

ostentation, mais il les consacra entièrement à la gloire de Dieu et à l'utilité de son Eglise par une résolution conforme à l'intention de la Société, et aux exemples de saint Clément d'Alexandrie, de saint Basile et de saint Grégoire, qui après s'être enrichis des dépouilles des gentils, se servaient contre eux de leurs propres armes.

La théologie fut comme le port où il termina tous ses voyages de littérature, et pour laquelle il employa tout ce qu'il avait acquis par ses études. Il posséda également les deux parties de la théologie, celle qui explique l'Ecriture sainte, et celle qui s'occupe à défendre la vérité de la doctrine.[137] Il n'a fait imprimer aucun commentaire sur les livres saints, content de l'explication des saints Pères, et ne voulant point ou redire ce qu'ils ont écrit ou disputer avec eux sur ces matières. Mais pour ce qui regarde la controverse, il n'est pas croyable combien il y a réussi. Le grand nombre d'ouvrages qu'il a faits et qui sont entre les mains de tous les théologiens, en sont un témoignage très authentique. On ne sait ce qu'on doit admirer davantage dans ce grand nombre de livres qu'il a composés, ou l'abondance des citations, ou l'éloquence du discours, ou l'art et la méthode avec laquelle toutes choses y sont rangées ou enfin son zèle pour la vérité. On ne comprend pas comment un seul homme a pu composer tant de volumes, particulièrement si l'on considère qu'il n'a jamais eu personne sous lui pour écrire ou transcrire ses compositions. Il avait une ardeur incroyable pour la conversion des hérétiques, et il n'est rien qu'il n'ait tenté pour faire rentrer le célèbre monsieur Grotius dans le sein de l'Eglise lorsqu'il vint ici en ambassade. On prétend même qu'il le convertit, et qu'il ne manqua à cette bonne œuvre que la cérémonie d'une publique abjuration. Il se signala extrêmement dans la dispute qui s'éleva sur la matière de la grâce; et pendant que ceux qu'il attaquait ne daignaient pas répondre à beaucoup de gens d'un mérite assez considérable, ils l'ont toujours regardé comme le plus redoutable de leurs adversaires, et ont répondu à tous les ouvrages qu'il a composés pour les combattre.[138] Il mourut au Collège de Clermont le 11 décembre de l'année 1652 âgé de soixante-neuf ans, laissant de lui une mémoire qui ne mourra jamais. Le catalogue de ses livres compose presque un volume, de sorte qu'il n'est pas possible de les rapporter ici dans le peu d'espace qui reste.[139]

---

[137] Petau occupa la chaire de théologie positive à Paris de 1621 à 1644 et publia un ouvrage intitulé *Theologica dogmata* (1644-1650).

[138] Petau publia *De la pénitence publique et de la préparation à la communion* (1644) qui est une réfutation de la *Fréquente communion* par Arnauld et Nicole.

[139] Henri de Valois prononça l'oraison funèbre de son ami Denys Petau, et cette oraison parut sous le titre d'*Oratio in obitum Dionysii Petavii* (1653). Le même auteur publia aussi une *Vie* du père Petau à la tête de son édition des *Œuvres* de saint Epiphane (1682).

JEAN MORIN
PRETRE DE L'ORATOIRE
[1591-1659]

Celui dont je vais parler mérite tellement d'être mis au nombre des plus savants hommes de son siècle, que s'il y a quelque chose à lui reprocher, c'est peut-être d'avoir poussé trop loin la curiosité de ses études en voulant épuiser toute la vaine science des rabbins, ainsi qu'il l'a lui-même reconnu. Il naquit à Blois en l'année 1591 de Luc Morin marchand et de Jacquette Gaussand tous deux de la religion prétendue réformée. Il y commença ses études et les continua à La Rochelle où il acquit une parfaite connaissance des langues grecque et latine. Il passa de là à Leyde où il apprit la philosophie, le droit et les mathématiques, après quoi il s'appliqua à l'étude de la théologie et des langues orientales.

Lorsqu'il se fut rendu habile dans les sciences et dans les langues il se donna tout entier à la lecture de l'Ecriture sainte, des Pères et des conciles. Le fruit principal qu'il retira de cette occupation, fut de commencer à reconnaître la fausseté de sa religion, et de toutes les maximes que ses maîtres de théologie lui avaient enseignées, à quoi ne servirent pas peu les disputes qui survinrent alors entre les partisans d'Arminius et ceux de Gomarus sur les matières de la grâce et de la prédestination.[140] Car ne trouvant rien qui le contentât dans les sentiments et des uns et des autres, il se mit à étudier à fond ceux des docteurs catholiques; de sorte que ce qui avait été l'écueil de plusieurs autres, le conduisit au port et à la connaissance de la vérité. Etant arrivé à Paris, il entra dans l'estime et dans la familiarité de tous les savants, et particulièrement du cardinal du Perron,* qui fut surpris de trouver tant d'érudition et tant de connaissance des choses les plus rares dans un homme aussi peu avancé en âge qu'il l'était alors. Ce ne fut pas une médiocre joie à ce grand personnage, lorsqu'il l'eut éclairci sur les points les plus difficiles de la controverse, de le voir se rendre, avec le secours de la grâce, à la force de ses raisons.[141] Après avoir demeuré quelque temps dans la famille de ce cardinal, il passa dans la congrégation de l'oratoire que le cardinal de Bérulle* venait

---

[140] *Arminius*: Jacques Harmensen (1560-1609), théologien protestant hollandais qui rejetait la prédestination. Ses disciples, les *arminiens*, furent soutenus par les Républicains, partisans des libertés provinciales, contre les disciples de Gomar, *les gomaristes*, partisans de la création d'une Eglise d'Etat, qu'appuyaient les Orangistes. François Gomar (1563-1641), né à Bruges, théologien calviniste, dont les théories sur la prédestination et la grâce s'opposèrent à celles d'Arminius.

[141] Morin se convertit au catholicisme en 1617.

d'instituer en France, où il reçut tous les ordres sacrés.[142] On a remarqué que depuis qu'il eut reçu celui de prêtrise, il ne passa aucun jour de sa vie sans célébrer la messe, en reconnaissance de la grâce que Dieu lui avait faite de sortir[a] des ténèbres de l'hérésie.

Il fit sa principale occupation de réfuter ou de vive voix ou par écrit, les mêmes erreurs dont il avait été infecté dans sa jeunesse. Il s'appliqua encore beaucoup à convaincre les juifs et à les tirer de leur aveuglement, se servant à cette fin particulièrement de la vulgate et des septante qu'il fit réimprimer à Paris en l'année 1628 et qu'il soutint contre ceux qui les voulurent attaquer, par un ouvrage admirable qu'il donna au public l'année suivante, sous le titre d'*Exercitationes Biblicæ*, ouvrage qu'il retoucha pendant vingt années, et qui a été réimprimé après sa mort par les soins du père Fronton le Duc.[143] Il composa étant encore fort jeune, l'*Histoire de la délivrance de l'Eglise* par Constantin, et celle du *Progrès de la souveraineté des papes, par la piété et par la libéralité de nos rois*.[144] Il avait un commerce d'étude et d'amitié avec tous les hommes savants de son temps. Il s'était acquis tant d'estime parmi le clergé de France, que les prélats assemblés prenaient ordinairement ses avis sur les matières les plus importantes, les plus obscures et les plus difficiles. L'on admirait en lui deux choses qui se trouvent rarement en un même homme, une profonde science et une profonde humilité. Sa réputation le fit souhaiter à Rome où il alla par l'ordre du cardinal Barberin.[145] Ce cardinal le présenta au pape Urbain VIII qui le reçut avec beaucoup de marques d'estime, et l'admit souvent dans son cabinet. Comme on tenait alors une congrégation chez ce même cardinal où l'on s'entretenait souvent de l'ancien état de l'Eglise grecque, de ses rites, et de la doctrine de ses pères, le père Morin qui y assistait presque toujours, forma alors le dessein de composer les livres qu'il a faits des *Ordres sacrés*, ceux de la *Pénitence*, et quelques autres traités encore.[146] Il ménagea si bien les Grecs, par ses écrits, par ses

---

[142] Il entra à l'oratoire en 1618.

[143] *Vetus Testamentum secundum LXX* (1628). *Exercitationes ecclesiasticæ et biblicæ*, 1631 et 1669.

[144] Il s'agit d'un seul ouvrage intitulé *Histoire de la délivrance de l'Eglise chrétienne par l'empereur Constantin et de la grandeur et souveraineté temporelle donnée à l'Eglise romaine par les rois de France* (1630).

[145] Morin séjourna à Rome pendant neuf mois de 1639 à 1640. Il y alla sur l'ordre du cardianl Antoine Barberin (1607-1671), archevêque (1657) et duc de Reims, pair et grand aumônier de France (1653), mort en 1671. Le frère aîné de celui-ci, François Barberin (1697-1679), devint aussi cardinal en 1623 et fut légat en France et en Espagne.

[146] *Commentarius de sacris ecclesiæ ordinationibus* (1655). *Commentarius historicus de disciplina in administratione sacramenti pœnitentiæ* (1651). Les censeurs obligèrent Morin à supprimer une partie de cet ouvrage où il se montrait peu favorable à

conférences, et par la protection qu'il leur procura, qu'il avança fort les affaires de la réunion de l'Eglise grecque avec la latine. Dans ce même temps le cardinal de Richelieu,* qui connaissait son mérite et qui le jugea nécessaire auprès de lui pour les grands desseins qu'il méditait, obligea ses supérieurs à le rappeler en France. On fut étonné de le voir quitter Rome où il était sur le point de se voir élevé aux premières dignités de l'Eglise. Il possédait en perfection les grammairiens, les poètes, les orateurs et les historiens. Il savait de même les apophtègmes et les opinions de tous les philosophes. Il était consommé dans la géographie et dans la chronologie, dans la connaissance des mœurs, des coutumes, et de la police de toutes les nations, et, ce qui est très singulier, il savait l'Ecriture sainte dans toutes les langues savantes où elle a été traduite. Il fit revivre parmi les chrétiens la langue samaritaine, tirant pour ainsi dire, des ténèbres le pentateuque hébreu-samaritain dont on n'avait point entendu parler depuis saint Jérôme. Il le fit imprimer dans la polyglotte de Paris avec une préface très excellente.[147] Son mérite était trop grand pour n'avoir pas d'antagonistes: il en eut, et entre autres le sieur de Muis et le père Simon, qui ont été obligés, par la force de la vérité, de faire son éloge dans les endroits mêmes où ils l'attaquaient.[148] Son caractère principal était une extrême douceur, qu'il conservait tellement au milieu des disputes les plus âpres dans les

---

la confession auriculaire. Morin laissa d'autres traités manuscrits, aujourd'hui perdus, dont *De Sacramento matrimonii.*

[147] La fameuse polyglotte de Le Jay, 1645.

[148] Siméon de Muis (1587-1644), évêque d'Orléans et savant hébraïsant, nommé à la chaire d'hébreu au collège royal en 1604. Nous avons de lui, entre autres ouvrages, *Assertio veritatis hebraïcæ adversus Joannis Morini exercitationes in utrumque Samaritanorum pentateuchum* (1631), son *Assertio veritatis hebraïcæ altera* (1634) et son *Castigatio animadversionum Morini in censuram Exercitationum ad Pentateuchum samaritanum, seu veritatis hebaïcæ Assertio tertia* (1639). Selon la *Biographie universelle,* «le père Morin de l'oratoire avait fait paraître, en 1631, ses *Exercitationes,* dans lesquelles il n'oubliait rien pour diminuer l'autorité du texte hébreu d'aujourd'hui, et pour relever celle du Pentateuque samaritain de la version grecque des septente. De Muis, dans le premier de ces trois traités, entreprit de défendre le texte hébreu, et de répondre aux propositions du père Morin; et comme le docte oratorien persista dans ces opinions, Muis fit paraître successivement les deux autres. Ils peuvent être d'une grande utilité contre les erreurs du père Morin, suivant Richard Simon et le père Fabricy, quoique l'auteur soit tombé dans l'extrémité opposée, en attribuant à la Massore des privilèges qui ne lui conviennent point, et qu'il n'ait pas toujours compris le sens de son adversaire». Richard Simon (1638-1712), ordonné prêtre en 1670, passa quelques années à l'oratoire avant de le quitter en 1678. Il prit les fontions de curé de 1678 à 1681 avant de se retirer à Dieppe, où il vécut jusqu'à sa mort. Il est l'auteur de l'*Histoire critique du vieux Testament* (1678). «M. Simon a fait aussi la vie du père Morin de l'oratoire, qui a été imprimée à la tête du livre intitulé *Antiquités Ecclesiæ Orientalis* (1682). Cette vie est une cruelle satire non seulement de ce grand homme, mais encore de toute la congrégation de l'oratoire» (Niceron).

matières de religion et de controverse, qu'il ne lui arriva jamais de s'emporter. Cette modération fit que quelque résistance qu'il eût trouvée toute sa vie dans ses parents à embrasser la religion catholique, il leur laissa tous ses biens de patrimoine contre le conseil de la plupart de ses amis. Il mourut à Paris âgé de soixante-huit ans le 28 de février 1659. Il fut fort regretté de tous les savants, et particulièrement du docte bibliothécaire du Vatican, Leo Allatius, qui le nomme «l'homme très docte, et auquel l'antiquité est très obligeé».[149]

---

[149] Léon Allacci, en latin Leo Allatius (1586-1669), garde de la bibliothèque vaticane. Cet emploi lui fut donné par Alexandre VII (1661). Comme Morin, il se fit distinguer «en travaillant à la réunion des Grecs» (Moréri). Le plus considérable de ses ouvrages est *Occidentalis et Orientalis perpetua consensione* (1648): «il s'y propose de prouver que l'Eglise latine et l'Eglise grecque ont toujours été unies dans la même foi» (*Biographie universelle*).

Louis de Bourbon   Prince de Condé

LOUIS DE BOURBON
PRINCE DE CONDE
[1621-1686]

Le prince dont j'entreprends l'éloge, était un de ces grands hommes dont l'antiquité faisait ses demi-dieux, et dont les qualités extraordinaires lui auraient semblé au-dessus des forces de la nature humaine. Il naquit à Paris le troisième septembre 1621 de Henri de Bourbon prince de Condé et de Charlotte de Montmorency. Il commença ses études à l'âge de huit ans chez les jésuites à Bourges, et il y fit un tel progrès, qu'à sa treizième année il soutint des thèses de philosophie, où il excella sur tous ses concurrents, à peu près de la même sorte qu'il surpassa dans la suite tous les grands capitaines de son siècle.[150]

Son tempérament sanguin, bilieux et robuste, lui fit aimer le jeu, la chasse, les divertissements, et lui fournit des forces pour les plus grandes actions. Sa taille, au-dessus de la médiocre, aisée, fine et délicate, lui donna beaucoup de grâce à danser, à monter à cheval, à faire des armes et à tous les autres exercices militaires. Il avait l'air grand, fier et affable tout ensemble, beaucoup de feu dans les yeux, et une physionomie qui tenait de l'aigle.[151] Son génie était du premier ordre en toutes choses, et particulièrement dans la guerre, pour laquelle il était tellement né, qu'il n'avait point de plus grande joie que de se voir à la tête d'une armée prêt à combattre. C'était dans ces moments terribles que la guerre avait pour lui des charmes. Dans le temps où le bruit et le tumulte du combat troublent les plus fermes et les plus intrépides, c'était alors qu'il était le plus tranquille, qu'il voyait mieux toutes choses, et qu'il donnait les ordres avec plus de sang-froid et avec plus de facilité; en un mot, ce qui faisait l'agitation des autres, le mettait en quelque sorte dans son repos et dans son état naturel. Il a formé par son exemple douze maréchaux de France, et une infinité de toute sorte d'officiers.[152] Personne n'a été plus vigilant, soit

---

[150] Condé entra au collège Sainte-Marie en 1629 et y resta pendant six ans.

[151] Perrault semble rappeler les théories de Charles le Brun sur la conformité entre le visage humain et certains animaux.

[152] En tenant compte d'une première période qui va de l'entrée de Condé dans la carrière militaire jusqu'à son engagement du côté des frondeurs (1640-1650), et d'une deuxième période qui va de sa réhabilitation auprès du roi jusqu'à sa retraite (1668-1674), on arrive à un total de douze maréchaux créés par Louis XIII et Louis XIV, à savoir: Gramont (1641), Guébriant (1642), La Mothe-Houdancourt (1642), L'Hospital (1643), Turenne (1643), Gassion (1643), Du Plessis Praslin (1645), Ranzau (1645), Villeroy (1646), Créqui (1668), Bellefonds (1668) et Humières (1668). Par ailleurs, Perrault clôt son éloge du maréchal de Luxembourg en disant que celui-ci avait pris Condé pour modèle. Luxembourg devint maréchal en 1675, après la retraite de son

à choisir des postes, soit à faire observer la discipline. Il se faisait éveiller à quelque heure que ce fût dès qu'on avait à lui parler, surprenant toujours les ennemis, et ne leur donnant jamais lieu de le surprendre. Ces qualités jointes à son courage l'ont fait regarder comme un des plus grands capitaines qui fut jamais. On n'a pas eu de peine à porter ce jugement après les actions héroïques qu'il a faites; mais ce qui est étonnant et qui fait voir que le caractère de grandeur et de supériorité était bien marqué en lui, c'est que le cardinal de Richelieu* en jugea de même dès l'année 1641, lorsqu'il n'avait encore que vingt ans. *Ce sera*, dit-il à monsieur de Chavigny, après une longue commerce qu'il avait eue avec ce jeune prince sur le fait de la guerre, *ce sera, le plus grand capitaine de l'Europe et le premier homme de son siècle.*[153]

Il commença à se signaler en qualité de volontaire aux sièges d'Arras, d'Aire ou de Perpignan, et dans ce dernier siège il commanda l'arrière-ban de Languedoc.[154] Il donna dans ces trois campagnes tant de preuves d'une capacité extraordinaire pour commander en chef, que Louis XIII crut ne pouvoir remettre en de meilleures mains la conduite de ses armées. La bataille de Rocroi qu'il gagna, les victoires qu'il remporta à Fribourg et à Nördlingen, et la prise de plus de vingt villes considérables en moins de quatre années justifièrent pleinement un si sage et si heureux choix.[155] Le siège de Lérida n'eut pas un succès favorable, mais la prudence avec laquelle il s'y conduisit, lui fit honneur, et les campagnes suivantes le comblèrent de gloire par la prise d'Ypres et par la fameuse bataille de Lens, suivie d'une des plus complètes et des plus grandes victoires que l'on ait jamais remportées.[156] On peut joindre à ces fameux exploits ce qu'il fit dans la Franche-Comté, et en Hollande sous les ordres du roi commandant en personne, quoiqu'il fut contraint d'avouer qu'il vit faire à ce monarque des choses qui jusque-là ne lui avaient pas semblé possibles, comme de prendre en un mois quarante villes et quatre provinces.[157] Sa valeur

---

héros.

[153] Léon Bouthillier, comte de Chavigny (1608-52), secrétaire d'Etat (1632) et plus tard premier ministre.

[154] Sièges d'Arras, d'Aire et de Perpignan successivement en 1640, 1641 et 1642. *Arrière-ban*: «Assemblée de ceux qui tiennent des arrière-fiefs du prince, convoquée par lui pour le servir à la guerre» (*Dictionnaire de l'Académie*, 1694).

[155] Batailles de Rocroi, Fribourg et Nördlingen successivement en 1643, 1644 et 1645. Parmi les villes prises par Condé, on compte Thionville et Sierck en 1643, Philippsbourg en 1644, et Courtrai, Mardyck et Dunkerque en 1646.

[156] Siège de Lérida en Catalogne 1647, prise d'Ypres et bataille de Lens en Flandres 1648. Ces événements seront racontés de nouveau dans l'éloge du maréchal de Luxembourg.

[157] En février 1668, Condé conquit la Franche-Comté en quinze jours. Il fut ensuite associé étroitement à la préparation de la guerre de Hollande, blessé au passage du

n'éclata pas moins dans la bataille de Sennef, où inférieur en forces aux ennemis, il les battit, les mit en fuite, prit leur bagage et leur canon.[158]

Il est vrai qu'il eut le malheur de se voir engagé à porter les armes contre son prince; mais peut-être ce malheur était-il nécessaire pour faire éclater des vertus que sans cela on n'aurait pas connues. Les ennemis se voulant prévaloir de l'état où il était, mirent tout en œuvre pour lui faire relâcher quelque chose de ses avantages de prince du sang de France en faveur de l'archiduc Léopold, gouverneur des Pays-Bas; mais rien ne fut capable de l'ébranler, et il aima mieux s'exposer à toute sorte d'extrémités, que de donner la moindre atteinte à son état et à la dignité de sa naissance.[159] Sa retraite en son château de Chantilly contribua encore infiniment à faire voir toute la grandeur de son âme. Ses vertus militaires ayant été obligées de se reposer, une infinité d'autres grandes qualités que le bruit des armes empêchaient de paraître, se montrèrent dans toute leur beauté. On vit le même génie qui avait si bien réussi à ranger des armées en bataille, ne réussir pas moins dans des occupations plus douces, et s'y rendre aussi aimable qu'il avait paru terrible les armes à la main.[160]

L'incroyable pénétration de son esprit le fit entrer dans tout ce que les sciences ont de plus beau, et insensiblement il s'y rendit habile, presqu'au même degré que ceux qui en font une profession particulière, en donnant à la lecture pour se désennuyer une partie des nuits que l'activité de son esprit dérobait au sommeil. Mais si sa vie fut admirable, sa mort toute chrétienne et à laquelle il s'était préparé par deux ou trois années d'exercice de piété solide, fut encore plus précieuse devant Dieu et devant les hommes; elle arriva à Fontainebleau où il était allé pour assister la duchesse de Bourbon sa belle-fille malade de la petite vérole, et où il expira l'onzième décembre 1687 entre les bras du duc d'Enghien son fils qu'il aimait avec toute la tendresse d'un bon père, et qu'il laissa seul

---

Rhin, avant de diriger l'armée de la Moselle (octobre 1672).

[158] Bataille de Sennef, la dernière de Condé, 1674.

[159] Perrault résume ainsi les activités de Condé frondeur. Celui-ci fut emprisonné de 1650 à 1651 et se réfugia au Pays-Bas jusqu'à la signature du traité des Pyrénées en 1659. Les exploits militaires qu'il effectua à cette période comprennent la prise de Paris (1652) et les sièges de Rocroi (1653) et d'Arras (1654) avant d'être battu par Turenne à la bataille des Dunes (1658).

[160] Pendant vingt ans, depuis 1660, Condé embellit le domaine de Chantilly, en y associant Le Nôtre, La Quintinie et Mansart. Dailleurs, «ami de Boileau et de Racine, donnant La Bruyère pour précepteur à son petit-fils, protecteur d'une troupe de théâtre, grand lecteur, Condé demeure un esprit curieux, arbitre du goût littéraire autant qu'amateur de sciences» (*Dictionnaire du Grand Siècle*). Perrault évoque de nouveaux les aménagements de Condé et les plaisirs de la vie à Chantilly dans les éloges de Santeul et de La Quintinie.

héritier de ses biens et de ses vertus.[161]

---

[161] Condé communia pour la première fois depuis dix-sept ans, à Pâques 1685. Le temps accordé, selon Perrault, aux exercices de piété, est donc exact. Notre auteur se trompe, pourtant, sur la date du décès de Condé, qui arriva (en réalité) en 1686. Le fils de Condé, Henri-Jules de Bourbon (1643-1709), avait épousé en 1663 Anne de Bavière, seconde fille d'Edouard de Bavière, prince palatin du Rhin, et d'Anne de Gozague-Clèves.

Le Vicomte de Turenne

LE VICOMTE DE TURENNE
[1611-1675]

Lorsque Homère a voulu faire l'image d'un grand capitaine, il l'a dépeint fier, emporté, colère, inexorable, écoutant peu la justice et se croyant tout permis par le droit des armes. Si l'on veut se former une juste idée de celui dont je parle, on n'a qu'à lui donner des qualités tout opposées; ce n'est pas qu'il n'ait fait les mêmes grandes actions que les plus véhéments de tous les capitaines, mais c'est qu'il venait encore mieux à bout de ce qu'il entreprenait en se laissant conduire à la raison, que n'ont fait tous les autres en suivant les mouvements impétueux de leurs passions.

Henri de la Tour d'Auvergne, vicomte de Turenne, naquit à Sedan le onzième septembre 1611 et fut baptisé dans le temple de cette ville, suivant l'usage du calvinisme, dont son père Henri de la Tour d'Auvergne duc de Bouillon, prince souverain de Sedan et maréchal de France faisait profession, de même que sa mère Elisabeth de Nassau.[162] Toute sa vie n'a été qu'un tissu d'actions nobles, généreuses et magnanimes, qui ont commencé dès les premières démarches de son enfance. Son précepteur ayant voulu lui donner le fouet, il prit une épée et voulut le tuer.[163] Monsieur de Bouillon son père en étant informé, le fit châtier très rigoureusement; cependant, ayant trouvé à quelques jours de là ce même précepteur endormi et prêt d'être piqué par un serpent, il mit l'epée à la main, tua le serpent, et réveilla le précepteur qui craignit d'abord qu'il n'en voulût à sa vie; mais qui, ayant appris sa générosité, ne put l'admirer assez. Il aimait à soulager ceux qu'il voyait dans la misère, et il était ingénieux à en trouver des moyens qui ne leur fissent point de confusion. Il était encore fort jeune, lorsqu'ayant vu un gentilhomme devenu pauvre pour avoir dépensé tout son bien au service[164] et dans les armées, il s'avisa de troquer des chevaux avec lui, et de lui en donner d'excellents pour de très médiocres, faisant semblant de ne s'y pas connaître. Il est rare qu'un jeune

---

[162] Turenne appartenait ainsi à la plus haute noblesse. Les La Tour d'Auvergne possédaient depuis 1594 le duché de Bouillon et la principauté de Sedan, terres souveraines qui conféraient à Turenne le titre de prince étranger. Par sa mère, il fut le petit-fils de Guillaume de Nassau (1533-1584), *dit* le Taciturne, et apparenté à toutes les maisons souveraines de l'Europe du Nord.

[163] Turenne eut comme précepteur Daniel Tilenus et reçut de lui une bonne formation humaniste. Sur Tilenus voir l'éloge de Bérulle.

[164] *Service*: «Se dit [...] de l'emploi, de la fonction de ceux qui servent le roi dans les armées, dans la magistrature, dans les finances, etc., il s'entend plus particulièrement du service des gens de guerre» (*Dictionnaire de l'Académie Française*, 1694).

homme qui entre dans le monde veuille bien passer pour dupe, dans le seul dessein d'épargner à un homme la honte de recevoir du secours dans son indigence.

Il commença à aller à l'armée en l'année 1627 sous la conduite de ses oncles, les princes Maurice et Henri de Nassau.[165] Il passa au service de la France, et fut bientôt fait maréchal de camp.[166] Il n'était pas riche, et n'avait que quarante mille livres de rente de sa maison pour soutenir toutes les dépenses auxquelles sa qualité et son poste l'obligeaient indispensablement; cependant quoique fort à l'étroit avec si peu de revenu, il ne voulut jamais accepter des sommes considérables que ses amis lui offraient, de peur, leur disait-il, que s'il venait à être tué, ils n'en perdissent une bonne partie.[167] Il avait la même delicatesse à l'égard des marchands, dont il ne voulait rien prendre à crédit par la même raison. Une si grande droiture d'âme, jointe à tant d'autres bonnes qualités, faisait souhaiter son amitié à tout le monde, et le cardinal de Richelieu* qui se connaissait en mérite, la lui fit demander par le maréchal de La Meilleraye,* lui offrant de lui faire épouser une de ses parentes. La reine mère lui ayant envoyé le bâton de maréchal de France avec le commandement de l'armée d'Allemagne, il trouva les troupes en si mauvais état, qu'il vendit sa vaisselle d'argent pour habiller les soldats et pour remonter la cavalerie, ce qu'il a fait plus d'une fois dans le cours de sa vie.[168] Il commanda la principale armée du roi depuis l'année 1652 jusqu'à la Paix des Pyrénées.[169] Rien n'est plus admirable que la suite des belles actions qu'il fit dans ces temps difficiles, où la France divisée avait à se défendre contre les étrangers et contre ses propres enfants. On peut dire qu'il soutint alors presque seul tout le corps de l'Etat. La postérité aura peine à comprendre

---

165 Turenne fit ses premières armes dans l'armée des Provinces-Unies. Pourtant, Maurice de Nassau (1567-1625) étant décédé, ce fut sous son oncle Fédérique-Henri de Nassau (1584-1647) qu'il s'engagea.

166 Richelieu l'appela en France en 1630, mais Turenne hésita un certain temps entre le service des deux pays. «En 1633, il fait un choix définitif: il participe à la campagne de Lorraine, se distingue au siège de Marsal et cède sa compagnie hollandaise» (*Dictionnaire du Grand Siècle*). Il devint maréchal de camp en 1635.

167 N'ayant hérité que des biens fort modestes, Turenne accumula, par le moyen de gratifications royales, une fortune estimée en 1675 à deux millions de livres.

168 Turenne reçut le bâton de maréchal en 1643 et fit la campagne d'Allemagne, jusqu'à la Paix de Münster en Westphalie (1648) qui mit fin à la guerre de Trente Ans avec l'Allemagne. Ainsi, Turenne participa aux côtés de Condé aux victoires de Fribourg (1644), Philippsbourg (1644), Nördlingen (1645), et Zusmarshausen (1648). Ensuite, et Perrault cache cet épisode, il s'engagea de 1649 à 1651 dans la Fronde. Enfin, s'étant séparé de la cause des révoltés, Turenne mena le combat du faubourg Saint-Antoine, en 1652, contre Condé.

169 Le Traité des Pyrénées, signée en 1659, mit fin à la guerre de Trente Ans avec l'Espagne.

comment, avec le peu de troupes qu'il avait, il pouvait faire face de tous côtés, et quoique le plus faible en la plupart des occasions, en sortir néanmoins toujours avec avantage. Il est vrai que personne n'a jamais su mieux conduire une armée, la mieux poster, la faire mieux combattre, et surtout la mieux conserver; aussi les soldats avaient une telle confiance en sa sagesse, qu'en quelque lieu qu'il les fît camper, ils dormaient sans inquiétude de l'ennemi, persuadés qu'il avait pourvu à tout, et qu'il n'était pas possible de le surprendre. Ils l'appelaient leur père, non seulement à cause du grand soin qu'il avait de leur conservation, mais à cause des manières douces et tendres dont il les traitait, et des secours extraordinaires qu'il leur procurait, soit dans leurs blessures, soit dans leurs maladies. Il fit lever le siège d'Arras, et eut quelque temps après la charge de colonel général de la cavalerie légère, vacante par la mort du duc de Joyeuse, prince de la maison de Lorraine.[170] Il battit les Espagnols à la bataille des Dunes, quoiqu'ils eussent de leur côté le prince de Condé, action capable seule de faire l'éloge du plus grand de tous les capitaines.[171]

En 1667 il accompagna le roi à la conquête d'une partie de la Flandre, et donna les premières leçons de la guerre à ce grand monarque, qui depuis les a si bien mises en pratique.[172] Sa modération a été au-delà de tout ce qu'on raconte des philosophes les plus modérés, et qui n'avaient que cette qualité pour se faire estimer. Tant de vertus morales dans un homme d'une si grande valeur, faisaient souhaiter à tout le monde sa conversion, qui arriva enfin en l'année 1668.[173] Il avait eu plusieurs conversations sur ce sujet si important avec son neveu le duc d'Albret depuis cardinal de Bouillon, et avec l'abbé Bossuet depuis évêque de Condom.[174] Personne n'en ressentit plus de joie que le roi, qui en créant pour lui la charge de maréchal général de ses camps et armées lui avait dit a Toulouse qu'il ne tiendrait qu'à lui d'avoir une charge encore plus considérable en levant l'obstacle de sa religion.[175] Mais ce prince refusa alors sans peine cette

---

[170] Siège d'Arras, 1654. Turenne reçut la charge de colonel général en succession à Louis de Lorraine-Guise, duc de Joyeuse (1622-1654). On voit peut-être ici le reflet du génie militaire de Turenne qui se portait davantage vers la guerre de mouvement, que permettait la cavalerie, que vers la guerre des sièges.

[171] La bataille des Dunes (1658) prépara la paix des Pyrénées.

[172] Guerre de Dévolution en Flandres, 1667-1668.

[173] Tourmenté par les problèmes du salut depuis 1655, Turenne se convertit non par opportunisme mais par conviction.

[174] Emmanuel-Théodore de La Tour d'Auvergne, *dit* le cardinal de Bouillon (1643-1715), élevé au cardinalat en 1669 à vingt-six ans, grâce aux soins de Turenne. Jacques-Bénigne Bossuet (1627-1704), prêtre depuis 1652 et, dans les années soixante, à l'apogée de sa carrière de prédicateur; il fut nommé évêque de Condom en 1669 (sacré en 1670).

[175] Turenne devint maréchal général en 1660 et commanda de nouveau les armées

marque d'honneur et tous les autres avantages qu'on lui proposa, dans la crainte qu'on ne les regardât comme des motifs de sa conversion. Sa mort, qui arriva le 7 juillet 1675, fut digne de sa vie; il s'avançait pour combattre les ennemis, et il les avait engagés dans un si mauvais poste qu'il était presque sûr de la victoire. Il fut emporté d'un coup de canon, qui en terminant sa vie, acheva de la combler de gloire.[176] Le roi lui fit faire un service solennel dans l'église de Notre-Dame de Paris, où toutes les compagnies supérieures se trouvèrent,[177] et son corps fut porté à Saint-Denis, sépulture ordinaire de nos rois, où ensuite on lui a élevé un mausolée très magnifique.[178]

---

d'Allemagne à partir de 1672.

[176] Turenne trouva la mort à Salsbach, lors d'une ultime reconnaissance qui devait précéder la bataille d'Offenbourg. Madame de Sévigné en parle longuement dans les lettres qu'elle adresse en août 1675 à sa fille. A l'encontre de Perrault, la marquise fait voir non pas l'héroïsme du maréchal (dont elle ne doute pas), mais plutôt ce que cette mort semblait avoir d'arbitraire et d'imprévue, soulignant la nécessité de se soumettre, dans cette rencontre, à la volonté incompréhensible de Dieu.

[177] *Compagnies supérieures*: «Compagnie: se dit [...] de certains corps illustres établis par autorité du roi pour rendre la justice. Les parlements, chambres des comptes, etc., sont des campagnies souveraines, ou compagnies supérieures. Les autres justices où il y a plusieurs officiers sont des compagnies subalternes» (Furetière, *Dictionnaire universel*).

[178] Par un trait de modestie qui suggère quand même une petite vanité d'auteur, Perrault omet de nous dire la part qu'il eut à la création de ce maulsolée. Nous lisons dans la 'Vie de Turenne' de Jean du Castre d'Auvigny le passage suivant: «Dans le temps que l'on était occupé à la confection de ce riche mausolée, Charles Perrault de l'Académie royale des Inscriptions, et l'un des quarante de l'Académie Française, fit cette espèce d'épitaphe qui fait autant d'honneur à la personne de Turenne, que le riche monument dont on vient de parler.

> Turenne a son tombeau parmi ceux de nos rois;
> Il ne dut cet honneur qu'à ses fameux exploits:
> Louis voulant ainsi couronner sa vaillance,
> Afin d'apprendre aux siècles à venir
> Qu'il ne met point de différence
> Entre porter le sceptre et le bien soutenir.»
> *Les Vies des Hommes illustres*, XXIII, p. 479.

Jac. Lubin Sculp.

Blaise François Comte de Pagan

BLAISE-FRANÇOIS
COMTE DE PAGAN
[1604-1665]

On doit savoir gré à ceux qui, possédant parfaitement un art, veulent bien communiquer au public la connaissance qu'ils en ont et lui faire part de leurs lumières, surtout s'ils ont joint la pratique à la spéculation, et s'ils peuvent appuyer leurs préceptes par leurs exemples; c'est ce qu'a fait celui dont nous parlons. Il avait un génie propre à réussir en toutes choses; de sorte que, l'ayant tourné tout entier du côté de la guerre, et particulièrement vers la partie qui regarde les fortifications, il n'est pas croyable quel progrès il a fait dans cette science, s'y étant appliqué dès sa plus tendre jeunesse. Il savait les mathématiques, non seulement au-delà de ce qu'un gentilhomme qui veut s'avancer par les armes en apprend ordinairement, mais au-delà de ce que les maîtres qui les enseignent ont accoutumé d'en savoir. Il avait une si grande ouverture d'esprit pour ces sortes de sciences, qu'il les apprenait plus promptement par la seule méditation que par la lecture des auteurs qui en traitent, aussi employait-il moins son loisir à cette lecture qu'à celle des livres d'histoire et de géographie, dont la méditation ne peut donner aucune connaissance, quelque génie qu'on puisse avoir. Il avait fait encore une étude particulière de la morale et de la politique, de sorte qu'on peut dire qu'il s'est en quelque façon dépeint dans son homme héroïque, et qu'il s'était rendu l'un des plus parfaits gentilshommes de son temps.[179] Le feu roi en était si persuadé, qu'on lui a plusieurs fois entendu dire que le comte de Pagan était un des plus honnêtes, des mieux faits, des plus adroits et des plus vaillants hommes de son royaume.

Il naquit en Provence le 3 mars 1604 et dès l'âge de douze ans il embrassa la profession des armes à laquelle il fut élevé avec un soin extraordinaire. Il se trouva en l'année 1620 au siège de Caen, au combat du Pont-de-Cé,[180] et à la réduction de Navarrenx et du reste du Béarn, où il se signala et s'aquit une réputation au-dessus de celle d'un homme de son âge. L'année d'après il se trouva aux sièges de Saint-Jean-d'Angély, de Clairac et de Montauban, où il perdit l'œil gauche d'un coup de mousquet. Il fit à ce siège une autre perte qui ne lui fut pas moins sensible, qui fut

---

[179] Allusion à un ouvrage de Pagan intitulé *L'Homme héroïque, ou le prince parfait sous le nom du roi Louis-Auguste* (1663).

[180] A la bataille de Ponts-de-Cé, l'opposition à l'armée de Louis fut d'une telle faiblesse que cette action se fit connaître sous le nom de la «drôlerie de Ponts-de-Cé».

celle du connétable de Luynes qui y mourut du pourpre.[181] Ce connétable était son parent fort proche et son protecteur à la Cour, où il l'avait attiré et fait connaître son mérite.

Au lieu d'être découragé par ce malheur, il reprit des forces et une plus grande confiance qu'il irait loin dans sa profession, se persuadant que la Providence ne l'avait conservé que pour le favoriser de nouvelles grâces. Il n'y eut depuis ce temps-là aucun siège, aucun combat, ni aucune occasion où il ne se signalât par quelque action ou d'adresse ou de courage. Au passage des Alpes et aux barricades de Suse, il se mit à la tête des enfants perdus, des gardes et de la plus brave jeunesse, et entreprit d'arriver le premier à l'attaque par un chemin particulier, mais extrêmement dangereux, ayant gagné le haut d'une montagne fort escarpée.[182] Là, ayant crié à ceux qui le suivaient: *Voici le chemin de la gloire*, il se laissa glisser le long de cette montagne, et ses compagnons l'ayant suivi, ils arrivèrent les premiers à l'attaque comme il se l'était proposé. A leur abord il y eut un furieux choc, et les troupes étant venues les soutenir, ils forcèrent les barricades. Ce fut après cette action héroïque qu'il eut le plaisir d'entendre le roi, dont il avait l'honneur de soutenir la main gauche, la raconter au duc de Savoie avec des louanges extraordinaires en présence d'une cour très nombreuse.[183] Le roi ayant assiégé Nancy en 1633 il eut aussi l'honneur de tracer avec Sa Majesté les lignes et les forts de la circonvallation.[184] En l'année 1642 le roi le choisit pour aller servir en Portugal en qualité de maréchal de camp, et ce fut dans cette même année qu'il acheva de perdre entièrement la vue par une maladie.

Dès qu'il se vit hors d'état de servir par son bras et par son courage, il reprit plus vivement que jamais l'étude des mathématiques et des fortifications pour devenir utile par son esprit et par son industrie, et pour pouvoir encore par là combattre pour son prince et pour sa patrie. Il donna d'abord son *Traité des fortifications*, qui fut mis au jour en l'année 1645.[185] Tous ceux qui se connaissent en cette science, conviennent que

---

[181] Charles d'Albert de Luynes (1578-1621), favori de Louis XIII et connétable de France, à la tête du gouvernement après l'assassinat de Concini (1617). *Pourpre*: en médecine, synonyme de purpura.

[182] L'attaque du Pas-de-Suse eut lieu en 1629. *Enfants perdus*: «Soldats qui marchent, pour quelque entreprise extraordinaire, à la tête d'un corps de troupes commandé pour les soutenir, ainsi nommés parce que leur service est particuclièrement périlleux» (*Littré, Dictionnaire de la langue française*).

[183] Charles-Emmanuel Ier (1562-1630), duc de Savoie.

[184] *Circonvallation*: «Terme de fortification. Tranchée avec palissade et parapet que font les assiégeants pour se garantir des attaques et pour couper les communications de la place avec le dehors» (Littré, *Dictionnaire de la langue française*).

[185] Hébert, professeur royal de mathématiques, en donna une nouvelle édition,

jusque là il ne s'était rien vu de plus beau ni de meilleur sur cette matière, et que si l'on y a fait depuis de nouvelles découvertes, elles en sont sorties en quelque façon comme les conclusions sortent de leurs principes.[186] Il donna en 1651 ses *Théorèmes géométriques*, qui marquent une parfaite connaissance de la géométrie et de toutes les parties des mathématiques. En 1655 il fit imprimer une paraphrase en français de la relation espagnole de la rivière des Amazones du père Christophe de Rennes, jésuite.[187] On assure que tout aveugle qu'il était, il disposa lui-même la carte de cette rivière et des pays adjacents, laquelle se voit à la tête de cet ouvrage.

En 1657 il donna la *Théorie des planètes*, débarassée de la multiplicité des cercles excentriques et des épicycles que les astronomes ont inventés pour expliquer leur mouvement, en les faisant mouvoir par des élipses qui font trouver avec une facilité incroyable le vrai lieu et le vrai mouvement des planètes. Cet ouvrage ne l'a pas moins distingué parmi les astronomes que celui des fortifications parmi les ingénieurs. Il fit imprimer en 1658 ses *Tables astronomiques* très succinctes et très claires. Mais comme il est difficile que les grands hommes n'aient pas quelque faiblesse, la sienne fut d'avoir été prévenu en faveur de l'astrologie judiciaire; et quoiqu'il ait été le plus retenu de ceux qui ont écrit sur cette matière, ce qu'il en a écrit ne saurait être mis au nombre des choses qui lui doivent faire de l'honneur.[188]

---

précédée de la *Vie* de l'auteur avec des notes, en 1689. Sur la vie de Pagan, Perrault pouvait consulter aussi les *Œuvres posthumes*, publiées en 1669 avec un éloge de l'auteur.

[186] Parmi les ouvrages contenant ces «nouvelles découvertes» on peut citer la *Nouvelle Manière de fortifier les places* (1683) par Nicholas-François Blondel (1618-86), et le *Traité de l'attaque et de la défense des places* par Vauban (1633-1707), ouvrage posthume publié en 1739.

[187] *Relation historique et géographique de la grande rivière des Amazones* (1655). Les précisions manquent sur ce texte et les ouvrages de référence ne parlent pas du père Christophe de Rennes. Selon la *Biographie universelle*, citant La Condamine, «on a eu tort de regarder cette relation comme une paraphrase de celle du père Acuña: car Pagan le contredit et le relève en divers endroits; ce qui fait présumer qu'il a eu d'autres mémoires pendant son séjour en [*sic*] Portugal». Le père Christophe d'Acuña, missionaire espagnol au Chili et au Pérou, fut choisi en 1638 pour accompagner le général portugais Texeira dans son voyage, entrepris pour reconnaître le fleuve de l'Amazone jusqu'à sa source. Le voyage se fit en 1639 et il en publia une relation historique à Madrid en 1641, avec permission du roi. Pourtant, «au moment où la maison de Bragance avait été élevé sur le trône, il y avait lieu de craindre que la relation du père d'Acuña n'apprît aux Portugais à remonter l'Amazone jusqu'à sa source. Cette considération détermina Philippe IV à faire enlever tous les exemplaires. Ils devinrent si rares que, vingt ans après, on n'en connaissait que deux: celui qui était dans la bibliothèque du Vatican, et un autre appartenant à Marin Leroi de Gomberville, qui le traduisit de l'espagnol en français (1682)» (*Biographie universelle*).

[188] «Astrologie judiciaire ou simplement astrologie, art chimérique prétendant prévoir l'avenir d'après l'inspection des astres» (Littré, *Dictionnaire de la langue*

Il était aimé et visité de toutes les personnes illustres en dignité et en science, et sa maison était le réduit de ce qu'il y avait de plus honnêtes gens, et à la cour et à la ville.[189] Il mourut à Paris le 18 novembre 1665, âgé de soixante et un ans et huit mois. Le roi le fit visiter pendant sa maladie par son premier médecin, et donna beaucoup d'autres marques de l'estime extraordinaire qu'il faisait de son mérite. Il est enterré dans l'église des religieuses de la Croix au faubourg Saint-Antoine. Il est mort sans enfants et sans avoir été marié; ainsi la branche de sa famille, qui passa de Naples en France en 1552, finit en sa personne.

---

française). Selon la *Biographie universelle*, Pagan «ajoutait cependant quelque foi à l'astrologie judiciaire; mais cette faiblesse était alors partagée par la plupart des mathématiciens». Sur l'astrologie judiciaire, voir aussi la référence à Baptiste de La Porte dans l'éloge de Peiresc.

[189] *Réduit*: «Un lieu où plusieurs personnes ont accoutumé de se rendre pour converser, pour jouer, pour se divertir» (*Dictionnaire de l'Académie Française*, 1694). Les *réduits*, comme les salons, jouèrent un rôle important dans la vie intellectuelle de l'époque.

PIERRE SEGUIER
CHANCELIER DE FRANCE
[1588-1672]

La maison des Séguier, originaire du pays de Quercy, est très noble et très ancienne. Il y a eu des chanceliers d'Armagnac et des sénéchaux d'épée qui se sont distingués dans les guerres des Anglais, en servant sous les comtes d'Armagnac, particulièrement Artaut Séguier seigneur de Saint-Geniers.[190] De lui sont sorties les branches qui se sont dispersées à Toulouse et à Paris, où Gérard Séguier s'est établi le premier, et a commencé de prendre la robe, quoique tous ses ancêtres eussent eu des emplois dans l'épée.[191] Cette branche a été extrêmement féconde en grands personnages, et l'on peut dire qu'elle a un avantage qui ne se rencontre guère ailleurs, qui est d'avoir donné à la France un chancelier, cinq présidents au mortier, onze conseillers, et deux avocats généraux au parlement de Paris, et sept maîtres des requêtes.[192] Si ce n'est pas un petit éloge pour celui dont je parle, d'avoir tant de grands hommes dans sa famille, c'en est un encore bien plus considérable d'avoir ramassé en sa personne toutes les sortes de mérite que la nature leur avait partagées. Car il est vrai de dire que monsieur Séguier n'a manqué d'aucune des qualités que l'on peut souhaiter dans un grand magistrat. Personne n'a jamais mieux mérité de se voir à la tête de la justice, puisqu'on a dit de lui que non seulement il savait parfaitement tout ce qui pouvait regarder les fonctions de sa magistrature, mais qu'il n'y avait aucun officier en France qui sût mieux que lui tous les devoirs de sa propre charge. Il naquit à Paris le 29 mai 1588 et après avoir fait des études qui marquaient la force et l'abondance de son génie, soit dans les lettres, soit dans la jurisprudence civile et canonique, dont il possédait la véritable science mieux que personne du monde, il fut conseiller, maître des requêtes, intendant en Guyenne, et président au mortier, charge qu'il exerça pendant le cours de neuf années.[193]

Le roi ayant connu son mérite et sa grande capacité, lui donna la

---

[190] Il s'agit de la Guerre de Cent Ans.

[191] Moréri donne la même généalogie illustre. Selon lui, Gérard Séguier fut conseiller au parlement en 1469 et mourut en 1489. La *Biographie universelle*, par contre, fait remonter la famille du chancelier à Blaise Séguier, mort en 1510, qui, selon le *Dictionnaire du Grand Siècle*, fut épicier à Paris au début du XVIe siècle.

[192] Le grand-père du chancelier, Pierre Ier, mort en 1580, fut lui-même avocat. Il eut six fils et fut ainsi à l'origine d'une famille qui s'illustra au barreau.

[193] Séguier devint maître des requêtes en 1618 et hérita de l'office de président de son oncle Antoine en 1624.

charge de garde des sceaux le dernier février 1633, celle de commandeur et garde des sceaux des Ordres du Roi, vacante par la mort de monsieur de Bullion en 1640, et le onzième décembre 1635 celle de chancelier vacante par la mort de monsieur d'Aligre.[194] Sur la fin de l'année 1639 le roi l'envoya en Normandie pour appaiser des émotions populaires arrivées dans plusieurs villes de cette province, et Sa Majesté lui donna un conseil composé de conseillers d'Etat, de maîtres des requêtes, de greffiers et d'huissiers, et de monsieur de la Vrillière secrétaire d'Etat, pour signer en commandement toutes les expéditions qu'il jugerait nécessaire.[195] Sa Majésté joignit à cette commission le commandement des troupes qu'elle envoya sous la conduite de monsieur de Gassion,* pour réduire les mutins à la raison. Ce général prenait l'ordre de lui, et depuis l'établissement de la monarchie, il est le seul chancelier auquel une pareille autorité ait été confiée. Il s'acquitta de cet emploi avec tout le succès qu'on pouvait en attendre, et le roi lui en témoigna beaucoup de satisfaction. Il est vrai que les sceaux lui furent ôtés deux fois, mais la promptitude avec laquelle ils lui furent rendus lui fut très glorieuse par le besoin qu'il parut qu'on avait de son ministère dans des temps aussi difficiles qu'ils l'étaient alors à cause des mouvements arrivés à Paris.[196] Un jour qu'il allait au parlement pour y declarer les intentions de Sa Majesté pendant les troubles de cette ville, il fut arrêté par la populace qui avait fait des barricades dans toutes les rues, de sorte que ne pouvant avancer avec son carrosse il mit pied à terre pour continuer son chemin, et aima mieux exposer sa vie que de ne pas exécuter les ordres de son maître.[197] Peu s'en fallut qu'il ne pérît dans cette occasion, car lorsqu'il voulut fendre la presse il se fit plusieurs décharges, et le lieutenant du grand prévôt en fut tué auprès de lui. Sa Majesté ayant été informée du péril où il était, envoya le maréchal de La

---

[194] Claude de Bullion (*c*.1580-1640). Il remplaça le marquis d'Effiat comme surintendant des finances sous Richelieu en 1632. Homme fort riche, «il passait, en 1622, pour avoir 60 000 écus de revenu et le cardinal lui envoyait tous les ans un présent de 100 000 livres» (*Dictionnaire de Biographie Française*). Etienne d'Aligre *père* (1559-1635), garde des sceaux et chancelier en 1624. Séguier, qui lui succéda, montra sa fidélité à Anne d'Autriche, la reine mère, et contribua à faire casser le testament de Louis XIII et à la faire reconnaître pour régente. Il garda l'office de chancelier jusqu'à sa mort mais, sous Louis XIV, avec des responsabilités amoindries. Ce fut lui qui présida la commission qui jugea Fouquet en 1664.

[195] Séguier eut pour tâche de réprimer la révolte des Va-nu-pieds. Il quitta Paris le 19 décembre 1639 et ne revint à la capitale que le 27 mars 1640. *Expédition*: «se dit [...] des lettres et actes qu'on délivre en justice, soit en original, ou en copie» (Furetière, *Dictionnaire universel*).

[196] Au moment de la Fronde, Mazarin fit remplacer Séguier par Châteauneuf (1650-1651). Séguier reprit les sceaux du 3 au 13 avril 1651 avant d'être destitué au profit de Molé. Il retrouva enfin ses prérogatives en 1656.

[197] Allusion aux événements du 27 août, 1648. Voir les *Mémoires* de Retz.

Meilleraye* avec les gardes françaises et suisses pour l'en tirer. Lorsqu'il arriva au Palais Royal, il n'est pas croyable avec quelle joie il fut reçu du roi, de la reine sa mère, et de toute la cour. A peine fut il entré qu'il fut obligé de répondre à la harangue du parlement que le roi avait fait venir et de lui faire entendre les intentions de Sa Majesté. Il le fit avec autant de gravité, de vigueur et de sang-froid qu'il l'eût pu faire au sortir de son cabinet, et avec tant de force et tant d'éloquence, qu'il donna de l'admiration à tous ceux qui l'ouïrent.

Le cardinal de Richelieu* qui connaissait sa suffisance dans toutes sortes de littératures, et la délicatesse de son esprit, désira qu'il fût de l'Académie Française pour l'affermir dans les commencements par la réputation d'un si grand magistrat. Et lorsque le cardinal fut mort, l'Académie qui s'assemblait chez monsieur Séguier, qui s'y est assemblée jusqu'à sa mort, et qui connaissait ses talents admirables, le fit son protecteur, qualité que Louis le Grand n'a pas dédaigné de joindre à celle de roi de France et de Navarre, comme on le voit dans les jetons qui se donnent à l'Académie tous les jours qu'elle s'assemble.[198] Il était aussi protecteur de l'Académie Royale de peinture et sculpture, et de tous les savants auxquels il procurait des grâces du roi et leur en faisait de très considérables de son propre fonds. Il n'y avait point, de son temps, aucun particulier qui eût une plus belle bibliothèque que la sienne, toujours ouverte à toutes les personnes de mérite qui désiraient la voir et même en profiter.[199] Il n'eut de Magdelaine Fabri son épouse que deux filles.[200] L'aînée, nommée Marie, épousa en premières noces César du Cambout, marquis de Coaslin, colonel des suisses et grisons,[201] lieutenant général des armées du roi, et gouverneur de Breste, qui fut tué d'un coup de mousquet au siège d'Aire en 1641 à la veille de recevoir le bâton de maréchal de France que le roi lui avait promis; et en secondes noces le marquis de Laval aussi lieutenant général des armées du roi.[202] La seconde, nommée Charlotte, fut mariée en premières noces à Maximilien François de Béthune duc de Sully, et en secondes noces à Henri de Bourbon duc de

---

[198] Après la mort de Richelieu en 1642, l'Académie Française se rassembla dans l'hôtel Séguier pendant trente ans. Louis XIV prit le titre de protecteur de l'Académie après la mort de Séguier. L'emploi de ces jetons fut inventé par Perrault.

[199] Les manuscrits laissés par Séguier constituent une documentation importante sur la période 1633-1649.

[200] Sur Magdelaine Fabri voir l'éloge de Peiresc.

[201] *Grisons*: régiment composé de soldats recrutés dans la région de la Valteline, aujourd'hui le canton des Grisons. Une ordonnance de 1654 donne la prééminence aux gardes suisses dans la hiérarchie des régiments français.

[202] Gilles, marquis de Laval, mort en 1646 d'une blessure reçue devant Dunkerque.

Verneuil.[203]

Il mourut à Saint-Germain-en-Laye âgé de quatre-vingt-quatre ans le 28 janvier 1672 après avoir possédé les charges de garde des sceaux et de chancelier trente-neuf ans moins un mois. Son corps fut porté aux carmélites de Pontoise, où Jeanne Séguier, sa sœur, était supérieure.

---

[203] Béthune et Henri de Bourbon furent, tous les deux, bâtards de Henri IV.

Guillaume du Vair
Garde des Sceaux de France

GUILLAUME DU VAIR
GARDE DES SCEAUX DE FRANCE
[1556-1621]

Guillaume du Vair naquit à Paris en l'année 1556. Il apporta au monde, avec l'avantage d'être d'une famille illustre, tous les talents nécessaires pour s'acquérir de la gloire et se faire des établissements considérables. Il avait beaucoup de finesse et de vivacité dans l'esprit, beaucoup de solidité dans le jugement, et surtout une modération admirable, par laquelle s'étant toujours rendu maître de lui-même, il parvint à se rendre aussi le maître de l'esprit des autres. Il fut d'abord conseiller au parlement de Paris, ensuite maître des requêtes, et intendant à Marseille, et peu de temps après conseiller d'Etat.[204] Henri IV ayant de plus en plus reconnu son mérite et son habileté à manier les plus grandes affaires, l'envoya ambassadeur en Angleterre.[205]

Au retour de son ambassade qui lui fut glorieuse, et utile à l'état, Sa Majesté lui donna la charge de premier président au parlement de Provence, qu'il exerça pendant vingt années avec l'applaudissement de toute la province.[206] Louis XIII instruit de son mérite, crut ne pouvoir donner les sceaux à une personne qui pût lui rendre de meilleurs services dans une place qui le mettait à la tête de la justice et de toutes les grandes affaires du royaume et les lui donna avec une clause dans ses provisions bien honorable, qui était de pouvoir présider à toutes les compagnies souveraines du royaume, de jouir de tous les honneurs attribués à la charge de chancelier, et d'en être pourvu, si elle venait à vaquer, sans avoir besoin de nouvelles lettres.[207]

Il soutint son rang et sa dignité dans le conseil contre les ducs et pairs avec une fermeté et une présence d'esprit sans égales, et il aima mieux quitter les sceaux, que de complaire au maréchal d'Ancre qui abusait de sa faveur. A peine les eut-il rendus que Sa Majesté connaissant la perte

---

[204] Perrault saute la jeunesse de Du Vair, pendant laquelle il tenta sa fortune auprès du duc d'Alençon, frère d'Henri III, se vit disgracié et rentra à Paris en 1582. Du Vair devint conseiller au parlement de Paris en 1584 et maître des requêtes en 1594.

[205] Dans un premier temps un écrit de Du Vair, son *Exhortation à la paix* (1592), lui attira l'attention d'Henri IV. L'année suivante, député aux Etats, il prononça un discours, *Suasion pour la manutention de la loi salique*, qui entraîna les Etats et permit de rédiger l'arrêt assurant à Henri IV le trône de France.

[206] Du Vair devint premier président au parlement de Provence en 1596.

[207] Louis XIII donna les sceaux à Du Vair pour la première fois en 1616. Celui-ci reprit les mêmes fonctions une seconde fois en 1617, comme on le dira Perrault ci-après. Sur les compagnies souveraines ou supérieures, voir l'éloge de Turenne.

qu'elle faisait, lui commanda de les reprendre. A l'occasion de cet événement il s'émut une question entre les beaux esprits de ce temps-là, non moins honorable pour lui que difficile à résoudre. C'était de savoir laquelle de trois journées de sa vie on devait trouver la plus belle, celle où son mérite avait porté le roi à le faire venir du fonds de la Provence pour lui donner les sceaux, celle où sa probité inflexible les lui avait fait rendre, ou celle enfin en laquelle ce même mérite et cette même probité avaient obligé le roi à les lui redonner.

Son génie d'une étendue prodigieuse se trouva capable de gouverner encore le diocèse de Lisieux, dont l'évêché lui fut donné trois ans avant sa mort. Comme sa piété égalait et surpassait même toutes ses autres vertus, il ne conduisait pas moins bien les affaires de son église que celles^a de l'état.

Si la manière dont il se gouverna dans les différents emplois de la vie est une preuve incontestable de la bonté et de la force de son esprit, ses écrits n'en rendent pas un moindre témoignage, et en relèvent encore infiniment le mérite. Il aima les belles lettres dans toute leur étendue, mais sa passion principale fut pour l'éloquence. Il y a excellé au-delà de tous ses concurrents, comme on le peut voir dans le recueil de ses ouvrages qui composent un très gros volume.[208] On y trouve des traités de philosophie chrétienne, où il est malaisé de déterminer ce qu'on doit y admirer le plus, ou du bon sens, ou de la piété, ou de l'éloquence; on y lit une infinité de harangues sur toutes sortes de sujets dont la variété marque une abondance et une facilité de génie très singulières. On y trouve aussi des traductions de plusieurs oraisons de Démosthène et de Cicéron, dont la beauté n'est guère inférieure à celle de leurs originaux. Il a eu une politesse qu'il ne doit qu'à lui seul, et qui a été comme l'aurore de celle qui brille aujourd'hui dans la chaire, dans le barreau et dans tous les ouvrages de nos meilleurs auteurs. Les livres de ce temps-là sont tellement pleins et couverts de citations, qu'on ne voit presque point le fond de l'ouvrage.[209] Ceux qui en usaient ainsi, pensaient imiter les anciens, ne considérant pas que les anciens eux-mêmes ne citaient presque jamais. Monsieur du Vair, qui

---

[208] Un recueil des œuvres de Du Vair fut publié du vivant de l'auteur, en 1621 et 1622; des éditions posthumes parurent en 1625, 1636 et 1641. Ces éditions sont composées de cinq éléments, dont on discerne le reflet dans le texte de Perrault: 'Actions oratoires', 'Eloquence française' (y compris ses traductions), 'Arrêts sur quelques questions notables', 'Traités philosophiques', et 'Traités de piété'. Parmi les ouvrages les plus connus de Du Vair, on citera *De la sainte philosophie, De la philosophie morale des Stoïques, De la constance et consolation ès calamités publiques* et *De l'éloquence française*.

[209] Sur l'opinion de Perrault concernant l'abus des citations dans les ouvrages du premier XVIIe siècle, voir aussi les éloges de Camus, Senault, Pellisson, Balzac, Du Perron et Coëffeteau.

savait que d'imiter un auteur n'est pas de rapporter ce qu'il a dit, mais de dire les choses en la manière qu'il les eût dites, a imité parfaitement les anciens en parlant de son chef de même qu'ils ont parlé du leur, et en mettant en œuvre la plupart de leurs pensées, mais après se les être rendues propres par la méditation sans se servir de leurs mêmes paroles. Il mourut en l'année 1621 à Tonneins en Agenais où il était à la suite du roi durant le siège de Clairac.[210] Son corps fut porté aux bernardins de Paris, où l'on voit cette épitaphe composée par lui-même: *Guillelmus du Vair Episcopus Lexoviensis, Franciæ Procancellarius, hic expectat resurrectionem et misericordiam.* Le président de Gramond, qui a fait son éloge, a dépeint ce grand homme en des termes si naturels et si magnifiques, que je ne puis m'empêcher de les rapporter: *Erat majestate venerabilis, qualis Roma olim vidit et mirata est Fabricios, Cincinnatos, aut Fabios, Sagax, Severus, Sapiens, Oratorum sui temporis princeps, qui locutionem Gallicam aut restituit decori suo, aut decorem primus in eam invexit.*[211]

---

[210] Du Vair est mort d'une épidémie qui l'atteignit à Clairac.

[211] Gabriel de Barthélemy, seigneur de Gramond ou Grammont, président de la chambre des enquêtes du parlement de Toulouse. Il publia en 1643 une histoire de France comprenant ce que se passa sous Louis XIII. Cet ouvrage se veut une suite de l'histoire de Du Thou mais lui est fort inférieur.

Jac. Lubin Sculp

Le Prudent Jeannin

LE PRESIDENT JEANNIN
[c.1542-1622]

Voici un homme qui se doit à lui seul toute son élévation, car de simple avocat qu'il était au parlement de Bourgogne, il parvint aux plus hautes charges de la robe, et fut fait ministre d'un des plus grands rois de la terre par la seule force de son mérite. Lorsqu'il n'était encore qu'avocat, un particulier fort riche, qui l'avait ouï discourir touchant la préséance que Beaune prétendait sur Autun dans les Etats, fut tellement charmé de la solidité de ses raisons, et de la force de son discours, qu'il résolut de l'avoir pour gendre s'il se trouvait quelque proportion dans leurs fortunes.[212] Etant allé le voir à ce dessein, et lui ayant demandé en quoi consistait principalement le bien qu'il possédait. Il porta la main à sa tête et ensuite lui montra quelques livres sur des tablettes: *Voilà tout mon bien*, lui dit-il, *et toute ma fortune*. La suite de sa vie fit voir qu'il lui avait montré plus de biens que s'il lui eût fait voir un grand nombre de contrats d'acquisition et plusieurs coffres pleins de richesses.[213] Les états de Bourgogne le choisirent pour avoir soin des affaires de la province, et connurent par la manière dont il les conduisit, qu'ils avaient fait un très bon choix.[214]

Quand les ordres arrivèrent à Dijon d'y faire au jour de la Saint-Barthélemy le même massacre qui se fit à Paris et dans la plupart des villes du royaume, il y résista de toute sa force, protestant qu'il n'était pas possible que le roi persistât dans une résolution si cruelle et si contraire aux fins que la fausse politique de son ministre lui avait suggérées.[215] Un courier arriva quelques jours après pour défendre les meurtres qui avaient été commandés.[216] Il fut nommé quelque temps après gouverneur de la chancellerie de Bourgogne. Cette charge fut suivie de celle de conseiller au parlement, que le roi fit revivre en sa faveur, et qui ne lui couta rien non plus que celle de président au mortier, et toutes les autres qu'il a possédées.[217]

---

212 Jeannin devint avocat au parlement de Dijon en 1569.

213 *Acquisition*: «Action d'acquérir. *Faire un contrat d'acquisition*» (*Dictionnaire de l'Académie Française*,1694).

214 Jeannin devint avocat des Etats de Bourgogne en 1571.

215 La Saint-Barthélemy, qui eut lieu le 24 août 1572, fut ordonnée par Charles IX. Le ministre auquel Perrault fait allusion serait peut-être Henri, duc de Guise (1550-1588), qui entra au conseil du roi en 1569.

216 *Défendre*: Interdire.

217 Jeannin devint conseiller aux Etats de Bourgogne en 1579, et président du parlement en 1580.

Il est vrai que ne s'étant pas aperçu dans le temps que la Ligue commença, que cette conspiration n'allait qu'à ôter la couronne au prince légitime, et que s'étant laissé éblouir aux protestations qu'elle faisait de n'avoir en vue que de maintenir la religion catholique, pour laquelle il avait un zèle très ardent, il embrassa ce malheureux parti de toute sa force; mais on peut dire que cette démarche si fâcheuse pour lui en apparence fut la source de son bonheur et de celui de tout le royaume. Ce fut un coup de la Providence qui voulut qu'un homme de bien et d'esprit s'engageât dans cette injuste faction pour en découvrir la malice et pour devenir ensuite l'instrument principal de sa ruine. Il fut envoyé en Espagne par le duc de Mayenne, auquel il s'était attaché, pour y traiter avec Philippe II et là il reconnut deux choses: les desseins de celui qui l'envoyait, et les prétentions du prince auquel il était envoyé.[218] Il remarqua que le roi d'Espagne en tenant la carte de la France à la main, ne parlait que des belles provinces et des bonnes villes dont il allait entrer en possession sans dire un seul mot de la religion, ni de ceux qui s'en disaient les protecteurs. A son retour il désabusa le duc de Mayenne, et le convainquit que l'intérêt de l'Eglise n'était qu'un prétexte dont l'Espagne se servait pour ôter la France à son roi légitime.

Dès que le combat de Fontaine-Française eut donné le dernier coup à la Ligue mourante et remis son chef dans le devoir, le roi résolut de gagner le président Jeannin, sachant bien qu'il aurait tout un conseil dans cette seule tête.[219] Lorsqu'après plusieurs caresses et plusieurs marques d'estime, Sa Majesté lui fit entendre qu'il souhaitait le mettre dans son conseil, il dit au roi qu'il n'était pas juste que Sa Majesté préférât un vieux ligueur à tant d'illustres personnages dont la fidélité ne lui avait jamais été suspecte.[220] Mais Sa Majesté lui répondit qu'il était bien assuré que celui qui avait été fidèle à un duc ne manquerait pas de fidélité à un roi, et dans le même temps lui donna la charge de premier président au parlement de Bourgogne, à condition qu'il en traiterait[221] aussitôt avec un autre, parce

---

[218] Charles de Lorraine, duc de Mayenne (1554-1611), frère de Henri, duc de Guise. Il devint chef de la Ligue après la mort de son frère et fut battu par Henri IV à la bataille d'Ivry (1590). Le 31 décembre 1584, le cardinal de Bourbon et les Guises signèrent avec Philippe II (roi d'Espagne de 1556 à 1598) un traité qui visa l'élimination de l'hérésie en France et dans les Pays Bas. La paix ne fut signée qu'en 1598.

[219] Perrault, avocat du pouvoir légitime, renchérit sur l'histoire de l'époque. La bataille de Fontaine-Française (1595) fut moins une victoire glorieuse qu'une gasconnade périlleuse de la part de Henri IV et qui faillit s'achever dans un désastre.

[220] Jeannin devint conseiller d'Etat et membre du conseil des Finances en 1598.

[221] *Traiter*: «Faire un commerce, négocier, convenir de certaines conditions. Cet officier traite d'une telle charge, d'une telle terre, c'est-à-dire, il la marchande» (Furetière, *Dictionnaire universel*).

qu'il voulait l'avoir toujours auprès de sa personne. Il eut par ce moyen la satisfaction de donner un chef au parlement de la province où il était né, et de faire augmenter les gages des conseillers du même parlement de 500 livres, marque véritable de l'affection qu'il avait pour sa compagnie, et de celle que son maître avait pour lui. Depuis ce moment il demeura toujours auprès de Henri le Grand,[222] et eut la principale part dans sa confidence. Il n'y avait point de réconciliation à faire ou de différends à régler dans la Cour dont il ne fût l'arbitre, point d'importantes affaires à manier au-dehors du royaume dont il ne fournît les expédients et qu'il ne conduisît à une heureuse fin.

Le roi le chargea de la négociation entre les Hollandais et le roi d'Espagne, la plus difficile peut-être qu'il y eut jamais.[223] Il en vint à bout et remporta une estime générale des deux côtés. Scaliger* qui fut témoin de sa prudence qu'il ne pouvait trop exalter, et Barneveldt un des meilleurs esprits de ce temps-là, protestaient qu'ils sortaient toujours d'avec lui meilleurs et plus instruits;[224] et le cardinal Bentivoglio dit que l'ayant ouï parler un jour dans le conseil, il le fit avec tant de vigueur et tant d'autorité qu'il lui sembla que toute la majesté du roi respirait dans son visage.[225] Le roi se plaignant un jour à ses ministres que l'un d'eux avait révélé le secret, il ajouta ces paroles en prenant le président Jeannin par la main: *Je réponds pour le bon homme. C'est à vous autres à vous examiner.* Le roi lui dit peu de temps avant sa mort qu'il songeait à se pourvoir d'une bonne haquenée pour le suivre dans toutes les entreprises qu'il s'était proposées, et que personne n'a jamais sues que par de pures conjectures. La reine mère se reposa sur lui des plus grandes affaires du royaume, et lui confia toute l'administration des finances qu'il mania avec une pureté dont le peu de bien qu'il laissa à sa famille est une preuve très convainquante.[226] Le roi qui se reprochait de ne lui avoir pas fait assez de bien, dit en plusieurs rencontres qu'il dorait quelques-uns de ses sujets pour cacher leur malice,

---

[222] La *Biographie universelle*, reprenant ce passage, ajoute: «et partagea sa confiance, son amitié même, avec Sully, au point d'inspirer à l'illustre surintendant une jalousie qui perce dans ses mémoires».

[223] En 1607, Jeannin fut nommé ambassadeur extraordinaire de Henri IV auprès des Pays-Bas révoltés; en 1609, il signa la «trêve de douze ans» qui assurait l'indépendance des Provinces-Unies. La *Biographie universelle* précise: «ce fut un moyen, saisi par Sully, de l'éloigner d'auprès du roi».

[224] Jean de Olden Barneveldt (1547-1619), homme d'Etat hollandais.

[225] Guido Bentivoglio (1579-16440, cardinal en 1621 et choisit par Louis XIII comme protecteur de la France à Rome, évêque de Riez 1622-25. Nonce apostolique en Flandre en 1607.

[226] En 1610, Jeannin devint le conseiller de Marie de Médicis et son surintendant général des finances. Il le restera sous Louis XIII, mais avec des responsabilités amoindries, jusqu'à sa démission en 1619.

mais que pour le président Jeannin il en avait toujours dit du bien sans lui en faire. Il mourut le trente et unième octobre 1622 âgé de quatre-vingt-deux ans. Le cardinal de Richelieu disait qu'il ne trouvait point de meilleures instructions que dans les mémoires et les négociations de ce grand homme, et c'était sa lecture la plus ordinaire dans sa retraite d'Avignon.[227]

---

[227] *Les Négociations et œuvres mêlées du président Jeannin (1598-1609)* furent publiées en 1656 par son petit-fils l'abbé Jeannin de Castille. Un éloge de la main de Pierre Saumaise avait paru en 1623.

Paul Phelypeaux de Pontchartrain
Secretaire d'Estat

PAUL PHELYPEAUX
SECRETAIRE D'ETAT
1569-1621

Paul Phélypeaux seigneur de Pontchartrain naquit à Blois en l'année 1569. Ses ancêtres parurent dans des postes considérables dès l'année 1360. Louis, second fils de Jean, roi de France, qui eut pour appanage le duché d'Anjou, fit Jean Phélypeaux son intendant pour le comté de Beaufort, et lui donna la charge d'intendant des turcies et levées d'Anjou, charge alors très considérable.[228] Ses enfants furent honorés des mêmes emplois sous Louis II et sous René son fils, tous deux ducs d'Anjou et rois de Sicile.

Celui dont je parle vint au monde avec un esprit dont la force et la vivacité lui acquirent en peu de temps tout ce qu'on a d'ordinaire beaucoup de peine à faire apprendre aux jeunes gens pendant plusieurs années, et le rendirent capable presque au sortir de l'enfance de toute sorte d'emplois. Il n'avait que quatorze ans lorsqu'il fut pourvu de la charge de secrétaire ordinaire de la chambre du roi, par lettres patentes enregistrées en la chambre des comptes; et à l'âge de dix-neuf ans il travailla sous monsieur Revol aux affaires les plus importantes du royaume.[229] Il y fit voir tant de capacité, que trois ans après le roi lui fit expédier des lettres portant permission de signer en finance, marque d'une confiance et d'une distinction si singulières, qu'il serait difficile d'en trouver un pareil exemple.[230] Cette grâce fut accompagnée du don d'une charge de secrétaire du roi de l'ancien collège, Sa Majesté prenant plaisir à témoigner par de fréquents bienfaits la satisfaction qu'elle recevait de ses services. Monsieur de Villeroi ne fut pas plutôt rétabli dans sa charge de secrétaire d'Etat par la mort de monsieur Revol, qu'il voulut l'avoir auprès de lui pour l'associer à son travail.[231] La manière aisée dont il expédiait les affaires les plus importantes et les plus difficiles, porta le roi à le choisir en l'année 1600 pour être secrétaire des commandements de la reine Marie de Médicis.

Les services qu'il rendit à cette princesse lui furent si agréables,

---

[228] Jean II, *le Bon*, 1350-1364. *Turcie*: Levée ou digue au bord d'une rivière pour en contenir les eaux.

[229] Louis Revol, secrétaire d'Etat sous Henri III en 1588, après l'éloignement de Brulart, Pinart et Villeroi.

[230] Phélypeaux devint conseiller-secrétaire du roi en 1592. L'année suivante, il fut nommé secrétaire ordinaire de la chambre du roi, avec permission de signer en finances.

[231] Nicolas Neufville, sieur de Villeroi, secrétaire d'Etat en 1567 sous Charles IX à l'âge de 24 ans. Eloigné du pouvoir en 1588 sur les conseils du duc d'Epernon, il fut rétabli dans ses fonctions en 1594.

qu'elle demanda au roi avec empressement qu'il fût pourvu de la charge de secrétaire d'Etat dont monsieur Forget avait permission de se défaire, et qu'il fût préféré à monsieur de Préaux son concurrent.[232] Le roi n'eut pas de peine à se rendre aux prières de la reine, quoique monsieur de Preaux eût un mérite très distingué; et lorsque Sa Majesté pourvut monsieur de Pontchartrain de cette charge, elle dit avec des marques de joie sur le visage, *qu'il ne croyait pas la pouvoir remplir d'un personnage plus digne, plus fidèle ni plus capable.*

Le roi étant mort peu de temps après, la reine qui devint maîtresse de toutes les affaires, en remit une grande partie aux soins et à la conduite de monsieur de Pontchartrain, et particulièrement les affaires de ceux de la religion prétendue réformée, qui étaient alors les plus importantes du royaume. Elles n'étaient pas de son département, mais sa piété et son zèle pour la religion les lui firent souhaiter, et quitter sans peine, pour les avoir, celles de la guerre, quoique plus éclatantes. Dans ce même temps le prince de Condé chagrin du double mariage qui se faisait entre les couronnes de France et d'Espagne, se retira de la cour;[233] et comme il était d'une grande conséquence d'empêcher qu'il ne se mît à la tête des mécontents, le roi Louis XIII choisit monsieur de Pontchartrain pour aller à Coucy négocier le retour de ce prince. Tout ce que l'esprit, l'adresse et l'éloquence peuvent faire, il l'employa dans cette rencontre, et mit le prince dans la disposition de rentrer entièrement dans son devoir, ce qu'il fit peu de temps après.

Il fut envoyé ensuite par le roi à la conférence de Loudun où pendant trois mois qu'elle dura, il débrouilla les différents intérêts de tous les prétendants qui s'y trouvèrent.[234] Il combattit vigoureusement toutes les demandes des religionnaires, et les réduisit enfin aux termes des édits. Il sut porter si heureusement les esprits à la douceur et à l'obéissance qu'on peut dire qu'il fut un des principaux instruments de la paix qu'il eut la gloire de conclure et de signer. Ayant suivi le roi au siège de Montauban, il y tomba malade, et s'étant fait porter à Castel-Sarrasin, il y mourut le 21

---

[232] Pierre Forget, sieur de Fresne (1544-1610), participa activement à l'élaboration de l'édit de Nantes. Forget démissionna et Phélypeaux devint secrétaire d'Etat en 1610. Charles de l'Aubespine, marquis de Châteauneuf (1580-1653), d'abord abbé de Préaux, fut successivement conseiller au parlement de Paris en 1603, ambassadeur extraordinaire en Hollande et à Bruxelles en 1609, chancelier des ordres du roi en 1620 et garde des sceaux en 1630; il fut disgracié en 1633 et interné au château d'Angoulême jusqu'en 1643; il fut rétabli dans ses charges en 1650 mais il s'en démit un an plus tard. Le texte de cette phrase est très proche du *Dictionnaire* de Moréri (1694).

[233] Il s'agit d'Henri II de Bourbon, prince de Condé. Louis XIII épousa Anne d'Autriche en 1614.

[234] La conférence de Loudun dura de 1616 à 1619. Selon les termes du traité de Loudun (1616), qui voulait mettre fin aux troubles qui partageaient le royaume, Condé recevrait 1,5 millions de livres et serait nommé au conseil d'Etat.

jour d'octobre 1621 âgé de cinquante-deux ans. Anne Beauharnais sa femme, fille de François Beauharnais sieur de Miramion, fit apporter son corps à Paris dans l'église de Saint-Germain-l'Auxerrois sa paroisse, et lui fit élever un tombeau dans la chapelle où il est enterré.

La reine, en reconnaissance de ses services, conserva à son fils sa charge de secrétaire d'Etat, et voulut que monsieur Phélypeaux de La Vrillière, frère du défunt, en fit les fonctions, jusqu'à ce que le pupille fût en âge de l'exercer. Monsieur de la Vrillière en remplit si bien tous les devoirs, qu'elle lui demeura et passa ensuite à ses descendants.

Il laissa un fils et trois filles, et l'on remarque que sa famille a donné à la France sept secrétaires d'Etat en l'espace de quatre-vingts ans ou environ.[235]

---

[235] Le plus illustre des descendants de Paul Phélypeaux fut son petit-fils, Louis Phélypeaux, comte de Pontchartrain (1643-1727) qui devint contrôleur général des finances, puis en 1699 (trois ans après la parution du premier tome des *Hommes illustres*) chancelier de France.

Jean Baptiste Colbert
Secretaire et Ministre d'Estat.

JEAN-BAPTISTE COLBERT
MINISTRE ET SECRETAIRE D'ETAT
[1619-1683]

Le cardinal Mazarin dit au roi en mourant qu'il était infiniment redevable à Sa Majesté, mais qu'en lui donnant monsieur Colbert pour le servir en sa place, il croyait reconnaître par là toutes les grâces qu'il en avait reçues. Ce cardinal savait parfaitement ce qu'il disait, ayant vu de quelle sorte monsieur Colbert avait rétabli ses affaires depuis le temps qu'il lui en avait confié la conduite.[236] En l'année 1661 le roi l'appela dans son conseil et lui donna toute l'administration de ses finances, avec la charge de contrôleur général, celle de surintendant ayant été supprimée.[237] Cette administration avait été jusqu'alors enveloppée d'une obscurité impénétrable, et les plus habiles de ceux qui s'en étaient mêlés n'avaient pu venir à bout d'en débrouiller le chaos. Il s'y appliqua avec tant de soin et de succès, que ces mêmes finances sont devenues dans la suite ce qu'il y a de plus clair et de mieux réglé dans le royaume. Le roi qui reconnut dans ce ministre un génie supérieur à toutes les affaires dont il était chargé, quoique très difficiles, y joignit de nouvelles occupations en le faisant surintendant de ses bâtiments.[238]

Il commença à exercer cette charge en l'année 1664 et la première chose qu'il se proposa fut d'achever le Louvre, et surtout d'en construire la face principale. Il en fit faire des dessins par tous les habiles architectes de France et d'Italie, et comme il avait conçu beaucoup d'estime pour le cavalier Bernin, il le fit venir en France.[239] Cependant le dessin de ce fameux architecte, sur lequel on commença à jeter quelques fondements, ne fut pas suivi, et il en fut présenté un autre plus beau et plus magnifique

---

[236] Colbert faisait officieusement les fonctions d'intendant de la maison de Mazarin depuis 1651, et officiellement depuis 1655. Perrault ne dit rien de la jeunesse de Colbert et fait commencer l'éloge de celui-ci à l'âge de trente ou quarante ans: les origines bourgeoises du futur secrétaire d'Etat, dont Perrault ne dit rien, sont en contraste avec le haut rang social qu'il assurera à sa descendance. Le texte de cet éloge rencontre souvent et textuellement celui du *Dictionnaire* de Moréri (1694) avec cette différence que Perrault supprime certains précisions fournies par son devancier.

[237] La charge de surintendant des finances fut supprimée en 1661, après la disgrâce de Fouquet.

[238] Avant de devenir surintendant des bâtiments en 1664, Colbert était déjà membre du conseil du grand maître de la navigation, membre du conseil d'en haut pour la marine, les galères, les manufactures, le commerce, les consulats et la maison du roi.

[239] Giovanni Lorenzo Bernini *dit* le cavalier Bernin (1598-1680), auteur de la statue de Louis XIV à Versailles.

qui a été exécuté.[240]

L'amour que ce grand ministre avait pour les beaux arts, l'architecture, la peinture et la sculpture, et son bon goût qui lui en faisait connaître toutes les beautés, les fit arriver en quelque sorte à leur dernière perfection pendant le temps de sa surintendance. Mais comme il était persuadé que les beaux ouvrages de l'esprit font encore plus d'honneur aux états et aux princes que les bâtiments les plus magnifiques, il porta Sa Majesté à faire des gratifications aux gens de lettres, non seulement du royaume, mais de toute l'Europe. Ces gratifications montaient tous les ans à de très grandes sommes, et il n'y avait point de savant d'un mérite distingué, soit dans l'éloquence, soit dans la poésie, soit dans les mathématiques, quelque éloigné qu'il fût de la France, qu'elles n'allassent trouver chez lui par des lettres de change.[241] Ayant aussi considéré qu'il se présente sans cesse mille choses à faire pour la gloire du roi qui demandent d'être faites avec esprit, comme des médailles, des devises, des inscriptions et des dessins de divers monuments publics, il forma dès l'année 1663 une petite académie pour travailler à ces sortes d'ouvrages.[242]

En 1666, le roi lui ayant ordonné de former l'Academie Royale des Sciences, il la composa des plus habiles gens qu'il put trouver dans le royaume et dans les pays étrangers, et il leur obtint du roi des pensions considérables.[243] Il voulut qu'ils s'appliquassent particulièrement à l'astronomie, à la géométrie, à la physique et à la chimie. Pour les opérations de cette dernière science il fit construire un grand laboratoire dans la bibliothèque du roi, lieu où cette académie tenait et tient encore ses assemblées; et pour les observations astronomiques, il proposa à Sa Majesté de faire bâtir ce bel observatoire qui n'a point de semblable, tant pour sa beauté, sa commodité et sa grandeur, que pour la quantité et l'excellence des instruments de mathématique dont il est fourni.[244] La

---

[240] Selon Moréri, le plan accepté fut «du sieur Perrault de l'Académie Française». Il s'agit de Claude Perrault, frère de notre auteur.

[241] «Les gratifiés français sont au nombre de 46 à 59 jusqu'à la mort de Chapelain [1674]; les gratifiés étrangers (qui sont parfois protestants), une dizaine en moyenne jusqu'à 1674; alors ils disparaissent» (*Dictionnaire du Grand Siècle*). Perrault lui-même figure parmi les gratifiés français; parmi les étrangers on compte Vossius et Huygens.

[242] En 1663, Perrault sera nommé secrétaire des séances de la «petite Académie», la future Académie des Inscriptions et Belles Lettres. C'est ainsi que commence la carrière officielle de l'auteur des *Hommes illustres*.

[243] Autre trait de fierté familiale. Perrault écrira dans l'éloge de son frère Claude: «Quand l'Académie Royale des Sciences fut établie, il fut nommé des premiers pour en être».

[244] L'observatoire de Paris fut réalisé entre 1667 et 1672, d'après le dessein de Claude Perrault.

marine qui sert si utilement à l'accroissement de la puissance et de la réputation des grands états, fut encore confiée à ses soins par Sa Majésté, en le faisant sécretaire d'Etat.[245] Ce ministre le plus appliqué et le plus laborieux qui fut jamais, et surtout le plus attentif à bien prendre les intentions de son maître, premier et seul auteur de toutes les grandes choses que ses ministres ont exécutées, fit construire aussitôt un nombre incroyable de vaisseaux et de galères, et en même temps des arsenaux à Rochefort, à Toulon, à Brest, à Marseille, au Havre et à Dunkerque; en sorte que la France qui n'avait aucunes forces maritimes, s'est rendue formidable sur la mer à toutes les nations du monde. Il commença et vit achever le canal de communication des mers, ouvrage le seul au monde de cette nature qui ait été conduit à une heureuse fin.[246] Il rétablit le commerce par toute la France, et forma des compagnies pour les voyages de long cours dans les deux Indes.[247] Il donna une très puissante protection aux colonies françaises de l'Amérique, et établit un grand nombre de manufactures pour occuper les sujets du roi, et leur faire gagner l'argent qui passait aux pays étrangers.[248]

Parmi tant de différentes et grandes occupations, il trouva du temps pour les devoirs de sa famille et l'éducation de ses enfants, à laquelle il donnait plus de soins qu'aucun particulier qui n'aurait eu que cette affaire. Enfin il parvint à faire des choses qui avaient paru impossibles à tous ceux qui l'ont précédé en faisant trouver à la France trois fois plus de gens de guerre qu'elle n'en avait jamais eu, et sur la mer et sur la terre, en fournissant des fonds pour soutenir les dépenses des fortifications sur toutes les frontières, celles des bâtiments et des meubles magnifiques dans toutes les maisons royales, la splendeur de la maison du roi et toutes les autres charges de l'état. Il mourut à Paris le 6 jour de septembre 1683 âgé de soixante-quatre ans, et fut enterré à Saint-Eustache où sa famille lui a fait élever un très beau mausolée.[249] Il était de l'Académie Française, et il avait pris plaisir à faire la plus belle bibliothèque de livres imprimés et manuscrits qu'aucun particulier ait jamais eue en Europe. Il a laissé neuf

---

[245] Colbert devint secrétaire d'Etat en 1669.

[246] Le canal du Midi fut commencé en 1666.

[247] Colbert créa en 1664 la compagnie des Indes occidentales et celle des Indes orientales.

[248] Colbert fit rechercher des bases coloniales à St-Domingue, à Ste-Lucie, à la Grenade, à la Louisiane et à la baie d'Hudson. Il créa aussi diverses manufactures: draps d'Abbeville, serges d'Aumale, tapisseries de Beauvais, verreries de St-Gobain, tissages de lin de Bourgogne, tissages de laine de Poitou, poudreries et fabriques de tabac de Toulouse.

[249] Perrault vante les qualités administratives de Colbert mais ne dit rien de son caractère austère et renfoncé. Il cache aussi le fait que, depuis 1679, Louis XIV cessait de soutenir l'effort de modernisation de son ministre.

enfants, six fils et trois filles qu'il a eues de Marie Charron, fille de Jacques Charron gouverneur et bailli de Blois, et de Marie Bégon. L'aîné de ses fils a été ministre et secrétaire d'Etat comme lui.[250] Le second est archevêque de Rouen.[251] Le troisième était colonel du régiment de Champagne, bailli et grand-croix de l'ordre de Malte, et fut tué devant Valcourt.[252] Le quatrième est grand maître des cérémonies de France, et colonel du même régiment de Champagne. Le cinquième est guidon des gendarmes écossais;[253] et le dernier de tous qu'on nommait le comte de Sceaux, est mort au service du roi à la bataille de Fleurus, où il servait à la tête du même régiment de Champagne.[254] Les trois filles ont épousé les ducs de Chevreuse, de Beauvillier, et de Mortemart.[255]

---

[250] Jean-Baptiste Colbert, marquis de Seigneley.

[251] Jacques-Nicolas Colbert (1655-1707), nommé coadjuteur de Rouen en 1680, il ne prit possession de son siège qu'en 1691.

[252] Addition de Perrault. Moréri ne note pas la mort de ce fils à la bataille de Valcourt, 1689.

[253] *Gendarme*: «Au pluriel, signifie quelquefois toutes sortes de gens de guerre, soit infanterie, soit cavalerie» (*Dictionnaire de l'Académie Française*, 1694).

[254] Addition de Perrault. Moréri ne note pas la mort de ce fils à la bataille de Fleurus, 1690.

[255] Colbert maria très avantageusement ses filles: Jeanne-Marie-Thérèse Colbert épousa en 1667 Charles-Honoré d'Albert de Luynes, duc de Chevreuse (1646-1712); Henriette-Louise Colbert épousa en 1671 Paul duc de Beauvillier (1648-1714); Marie-Anne Colbert épousa en 1679 Louis de Rochechouard, duc de Mortemart. Celui-ci était le neveu de Madame de Montespan; il mourut à l'âge de 25 ans, le 3 avril 1688.

Guillaume de Lamoignon
Premier President du Parlement de Paris

GUILLAUME DE LAMOIGNON
PREMIER PRESIDENT
[1617-1677]

Guillaume de Lamoignon, qui a rempli si dignement la place de premier président au parlement de Paris, vint au monde le vingtième d'octobre 1617 avec toutes les bonnes et heureuses qualités qu'on peut souhaiter à un enfant. Il fut beau, bien fait et propre à tous les exercices du corps où il excella admirablement, mais surtout d'un esprit qui ne trouvait rien dans l'étude des belles lettres, de la philosophie et de la jurisprudence qu'il n'enlevât avec une facilité et une rapidité inconcevable. Il y fit un si grand progrès qu'il fut reçu conseiller au parlement de Paris à l'âge de dix-huit ans avec un applaudissement universel.[256] On ne fit point de grâce à son âge, et il est certain que les plus anciens de cet illustre corps n'avaient presque sur lui d'autre avantage que celui des années et de l'expérience. Ce prodige n'aurait pas[a] paru naturel, si on n'avait été accoutumé d'en voir de pareils dans sa famille, qui depuis plus de quatre cents ans a donné une telle suite de grands personnages qu'on aurait été plus étonné de voir en lui un homme ordinaire, que d'y trouver un si grand amas et de talents et de vertus.

Guillaume de Lamoignon seigneur de Pomey vivait dans le Nivernais avant le règne de saint Louis. Charles de Lamoignon sieur de Basville fut le premier qui prit la robe; il vint s'établir à Paris, et après s'être fait admirer dans le barreau fut conseiller du parlement, ensuite maître des requêtes et depuis conseiller d'Etat. Il mourut en l'année 1573[b] et le roi qui en avait reçu de grands services, lui fit l'honneur de le visiter plusieurs fois pendant sa maladie. Son fils, Chrétien de Lamoignon, très recommandable par sa suffisance et par sa piété, fut président au mortier du parlement de Paris et père de Guillaume de Lamoignon dont nous faisons l'éloge.[257]

Après avoir été neuf ans dans le parlement il fut maître des requêtes, et le roi le nomma commissaire aux états de Bretagne, où il concilia les intérêts de la province avec ceux de la Cour; ce qui lui acquit une très grande réputation.[258] En l'année 1658 Sa Majesté lui donna la charge de premier président[259] qu'il exerça le reste de sa vie avec un applaudissement

---

[256] Lamoignon devint conseiller au parlement de Paris en 1635.

[257] Chrétien de Lamoignon (1567-1636) fut le dixième fils parmi les vingt enfants de son père. Il devint président au mortier du parlement de Paris en 1633.

[258] Guillaume de Lamoignon devint maître des requêtes en 1644 et conseiller d'Etat en 1645.

[259] Entendons, premier président du parlement de Paris.

universel; et lorsqu'il remercia le cardinal Mazarin de lui avoir été favorable auprès de Sa Majesté dans cette rencontre, il en reçut cette réponse: *Monsieur, si le roi avait pu trouver dans son royaume un plus homme de bien que vous, il ne vous aurait pas donné cette charge.*

Personne n'a jamais possédé dans une plus grande étendue les qualités nécessaires aux places qu'il a occupées. Il eut une connaissance profonde de toute la jurisprudence, une justice et une équité toujours égale, et sur le tout une affabilité qui allait jusqu'à consoler la plupart de ceux qui avaient perdu leurs procès, charmés qu'ils étaient d'avoir été reçus et écoutés si favorablement par un tel magistrat. Il joignit à ces grandes qualités, essentielles à sa profession, un amour extrême pour les belles lettres, qu'il possédait toutes à fond et également. Il se tenait chez lui toutes les semaines une assemblée des plus habiles qu'il y eût en toutes sortes de sciences. Quoique son érudition fût universelle, son fort était particulièrement dans la connaissance des affaires de l'Eglise, de sa discipline, de son histoire, et des droits de l'une et de l'autre puissance ecclésiastique et séculière. Le roi lui envoya tous les livres que l'Académie des Sciences a composés et qui comprennent ce qu'il y a de plus curieux dans les mathématiques, dans la physique, dans la chimie, et dans toutes les sciences les plus abstraites et les plus curieuses. Il prit plaisir à parcourir tous ces livres avec celui qui les lui présenta, et il parut par la manière dont il parla sur toutes les matières traitées dans ces livres, qu'il en avait une connaissance aussi parfaite que ceux qui les ont composés. Il semblait qu'il eût assisté à toutes leurs assemblées, et qu'il eût donné tout son temps à chacune des sciences dont il y est parlé. Ayant regardé ensuite le livre du carrousel[260] de l'annee 1667 et celui des tableaux et des figures du cabinet du roi qui accompagnaient ceux de l'Académie des Sciences, il fit voir qu'il ne se connaissait pas moins dans l'art de manier des chevaux que s'il n'eût fait autre chose que de monter à cheval, et qu'il avait un discernement aussi juste sur la beauté et la manière des tableaux, dont il nommait les maîtres dès le premier coup d'œil, que s'il eût frequenté toute sa vie les cabinets des curieux. Il y avait en lui un fond de piété et de vertu qui ne gagnait pas moins le cœur que les lumières de son esprit donnaient d'admiration.

Il mourut le dixième de décembre 1677 âgé de soixante ans et deux mois. Il est enterré aux cordeliers. Son cœur fut porté à Saint-Leu-Saint-Gilles auprès de madame sa mère. Il a laissé deux enfants d'un très grand mérite, l'un avocat général, l'autre maître des requêtes, intendant en

---

260 *Carrousel*: Divertissement équestre, très somptueux, qui eut lieu chaque année. Celui de 1662, qui dura deux jours, est le plus célèbre du règne de Louis XIV.

Languedoc et conseiller d'Etat ordinaire.[261] Il n'y a point eu dans ce siècle de magistrat plus universellement savant, ni qui ait eu plus d'attache et de cordialité pour les savants de tout genre.

---

[261] Chrétien-François de Lamoignon (né en 1644), à qui fut adressée la sixième *Epître* de Boileau; il écrivit une *Vie* de son père. Nicolas de Lamoignon de Basville (1648-1724), qui réprima avec sévérité les huguenots en Languedoc après la révocation de l'édit de Nantes.

Le President de Thou

MR LE PRESIDENT DE THOU
[1553-1617]

La famille de monsieur de Thou est une des illustres familles de la robe. Celui dont nous faisons l'éloge avait recueilli comme par droit de succession toutes les bonnes qualités de ses ancêtres, la droiture de l'âme, l'amour de la justice, et tout ce qui forme une probité consommée, le courage, la sagesse et la science; il semblait même qu'il les eût reçues à condition de les porter à un plus haut degré de perfection, tant il prit de peine à se rendre un des premiers hommes de son siècle. Il naquit à Paris en l'année 1553 et fit ses études aux universités de Paris et d'Orléans.[262] Après s'y être enrichi de la connaissance des lettres humaines et de la jurisprudence, il voyagea en Italie, en Flandre et en Allemgne, où il s'instruisit à fond des mœurs, des coutumes, des intérêts des princes, et de la géographie de tous ces pays différents, études qui lui servirent merveilleusement, non seulement pour toutes les grandes négociations où il fut employé, mais pour mettre à fin aussi glorieusement et aussi utilement qu'il le fit ensuite, l'admirable *Histoire* qu'il nous a laissée.[263]

Au retour de ses voyages il fut fait conseiller et maître des requêtes, et peu de temps après président au mortier.[264] Ses différentes charges lui donnèrent lieu de faire voir les talents qu'il avait reçus de la nature, et qu'il avait cultivés par une étude continuelle. Aussitôt que la journée des barricades eut obligé le roi Henri III à quitter Paris, il se rendit incessamment auprès de Sa Majesté, qui s'étant servi quelque temps de ses conseils, l'envoya en plusieurs pays étrangers pour diverses négociations.[265] Lorsqu'il était à Venise, et que là il eut appris la mort malheureuse du roi, il alla aussitôt trouver Henri IV qui le reçut avec toutes les marques d'estime et de bienveillance imaginables, et qui l'admit dans tous ses conseils les plus secrets. Et comme un des principaux talents de ce grand homme était de manier les esprits par la force de son éloquence

---

[262] Les deux premiers paragraphes, le quatrième et les deux premières phrases du cinquième sont presque identiques à la notice consacrée au président de Thou dans le *Dictionnaire* de Moréri (1694). Moréri à son tour put s'inspirer d'un ouvrage par François Blanchard intitulé *Les Présidents au mortier du Parlement de Paris* (1647).

[263] La *Historia sui temporis* traite la période 1543-1607 et fut publiée en 138 volumes entre 1604 et 1620; la traduction française de l'ouvrage intégral, *Histoire de mon temps*, parut à Londres en 1734.

[264] Jacques-Auguste de Thou devint parlementaire en 1576, maître des requêtes en 1586, président au mortier en 1587 et conseiller d'Etat en 1588.

[265] *Journée des barricades*: le 12 mai 1588. Sur cet événement, voir aussi l'éloge d'Achille de Harlay.

naturelle et acquise, et de les tourner comme il lui plaisait, Sa Majesté s'en servit en plusieurs affaires très importantes. Il fut employé dans la conférence de Suresnes et pour traiter avec les députés du duc de Mercœur.[266]

Le roi lui donna la charge de garde de sa bibliothèque, vacante par la mort du grand Amyot traducteur de Plutarque.[267] Cette illustre bibliothèque, la plus belle du monde après celle du Vatican, ne tomba pas en de moins dignes mains et n'en reçut pas moins d'honneur qu'elle lui en fit. Elle devint plus que jamais le réduit[268] de ce qu'il y avait de plus savants hommes et de plus vertueux parmi les gens de lettres, et ç'a été particulièrement sous sa conduite qu'elle s'est rendue recommandable, tant par les hommes vivants qui y conféraient de toutes sortes de sciences, que par les auteurs morts qu'on y allait consulter.

Il fut nommé entre les commissaires de la célèbre conférence de Fontainebleau, où le cardinal du Perron* confondit lui seul Duplessis-Mornay soutenu de douze ministres les plus habiles de ce temps-là.[269]

Pendant la régence de la reine Marie de Médicis, il fut un des directeurs généraux des finances, où sa suffisance et son intégrité ne parurent pas moins que dans l'exercice de ses charges de judicature. Ces différents emplois, capables d'occuper toute l'attention des plus habiles, ne l'empêchèrent pas de trouver du temps pour composer le plus grand corps d'histoire que nous ayons, contenant dans cent trente-huit livres tout ce qui s'est passé, non seulement dans toute la France, mais dans toute l'Europe, depuis l'année 1543 jusqu'en l'année 1608 avec une exactitude et une fidélité qui n'a guère d'exemples. Il n'a jamais ni déguisé ni supprimé la vérité, noble et généreuse hardiesse dont il a été loué de tous les grands hommes de son temps, et particulièrement de Papire Masson,* qui disait qu'il n'était pas possible qu'un historien qui n'est pas sincère allât loin dans la postérité. Cet ouvrage est digne des anciens, et peut-être surpasserait-il une grande partie de ce que les anciens romains nous ont laissé en fait d'histoire, s'il n'avait pas trop affecté de leur ressembler. Car

---

[266] Il y eut en 1593 deux conférences à Suresnes entre catholiques et protestants, auxquelles assista Henri IV. Ces conférences préparèrent la soumission du roi à l'Eglise catholique; Henri abjura le 25 juillet 1593. Philippe-Emmanuel de Lorraine, duc de Mercœur (1558-1602), devint chef des ligueurs après l'assassinat de Henri III. Il fut le dernier à se rendre à Henri IV et fit sa soumission en 1598.

[267] Jacques Amyot (1513-93) fit paraître en 1599 une traduction célèbre des *Vies* de Plutarque.

[268] *Réduit*: voir l'éloge de Pagan.

[269] La conférence de Fontainebleau eut lieu en 1600. Perrault en parle de nouveau dans les éloges du cardinal du Perron, de François Pithou et de Nicolas Lefèvre. Philippe de Mornay *dit* Duplessis-Mornay (1549-1623) fut un des chefs protestants, «le pape des huguenots».

cette affectation de bien parler leur langue a été si loin qu'elle lui a fait défigurer tous les noms propres des hommes, des villes, des pays et des choses dont il parle, en les traduisant en Latin d'une manière si étrange, qu'il a fallu ajouter un dictionnaire à la fin de son *Histoire*, où tous les noms propres d'hommes, de villes, de pays, et autres choses semblables qui y sont contenues, sont retraduits en français, secours non seulement utile, mais nécessaire à ceux qui veulent avoir une parfaite intelligence de son *Histoire*. C'était l'entêtement de son temps qui allait à un tel excès, qu'au lieu de donner à la plupart des enfants qu'on baptisait les noms des apôtres, des martyrs ou des confesseurs de l'Eglise, on leur donnait les noms de l'histoire profane, et même de la fable de Nestor, d'Achille, d'Hercule, etc. Il mourut le 17 mai 1617 âgé de soixante-quatre ans. C'est lui qui a fait élever dans l'église de Saint-André-des-Arcs, le magnifique monument et les inscriptions qu'on y voit à la mémoire de son père.[270]

---

[270] Le président Christophe de Thou (1508-1582).

JERÔME BIGNON
AVOCAT GENERAL
[1589-1656]

Jérôme Bignon naquit en l'année 1590 avec toutes les dispositions que peut donner une heureuse nature, et son père, qui se chargea lui-même de son institution, lui apprit les langues, les humanités, l'éloquence, la philosophie, les mathématiques, la jurisprudence et la théologie, sans l'avoir jamais envoyé au collège. Il fut élevé enfant d'honneur auprès du feu roi Louis XIII, qui l'estimait tant que lorsqu'il s'absentait de la cour il l'envoyait aussitôt chercher, n'y ayant point de conversation qui lui plût tant que la sienne.[271]

A l'âge de dix ans il donna au public la *Description de la Terre-Sainte*, à treize ans les *Antiquités romaines* avec un *Traité du droit* et un autre de la manière d'élire les papes.[272] A dix-huit ans il fit imprimer un *Traité de la préséance des rois de France sur les autres rois*, pour réfuter le livre d'un Espagnol imprimé cinq ou six ans auparavant, *De la dignité des rois d'Espagne*.[273] Aussi fut-il regardé dès les premières années de sa jeunesse, comme un des plus savants et des plus honnêtes hommes de son siècle. Il donna à l'âge de vingt-trois ans des *Notes sur les formules de Marculphe* si pleines d'érudition, d'esprit et de bon sens qu'elles firent et font encore l'admiration de tous les savants.[274] Ensuite il dédia au roi Henri le Grand un traité *De l'excellence des rois et du royaume de France*, qui n'était que comme le crayon d'un plus grand dessin, auquel le roi lui commanda de travailler, mais qui fut interrompu par la mort de ce grand monarque. Il n'ignorait aucune des langues savantes, ni presque rien de tout ce qui a été écrit sur quelque science que ce soit.

Il fit sa principale étude de la jurisprudence civile et canonique, dont on peut dire qu'il épuisa tous les secrets et qu'il en devint lui-même

---

[271] Bignon quitta la cour après la mort de Henri IV, mais fut rappelé par Lefèvre, précepteur de Louis XIII.

[272] A dix ans, Bignon écrit une *Chorographie ou description de la terre sainte*; ensuite il publia un *Discours de la ville de Rome, principales antiquités et singularités d'icelle* (1604) et son *Traité sommaire touchant l'élection du pape* (1605).

[273] Le texte de Perrault fait preuve, ici et dans les lignes qui suivent, d'une certaine confusion à l'égard des œuvres de Bignon. Son traité *De l'excellence des rois et du royaume de France* parut en 1610 et fut dédié à Henri IV. Cet ouvrage fut conçut comme une réponse au livre de Diego de Valdés intitulé *De Dignitate Regum Regnorumque Hispaniae* (Granada, 1602). En 1615, Bignon fit paraître un deuxième traité sur le même sujet, *De la Grandeur de nos rois et de leur souveraine puissance*, sous le pseudonyme de Théophile du Jay.

[274] *Marculfi monachi formulæ*, 1613.

comme une source intarissable, car sur quelque matière qui se présentât à examiner dans ses plaidoyers admirables, qui ont été pendant qu'il a vécu la plus solide instruction non seulement de la jeunesse du barreau, mais des plus anciens avocats et de tous les juges mêmes, il n'y avait rien de beau, de curieux qu'il ne rapportât; en sorte que, s'il y a eu quelque chose qu'on pût reprocher à ce grand personnage, c'est qu'il fournissait tant de raisons de part et d'autre qu'il laissait souvent les juges en suspens sur le parti qu'ils avaient à prendre, et qu'il les éblouissait quelquefois à force de les éclairer.

Il commença à paraître et à donner des marques de sa capacité dans la profession de simple avocat, et il continua à se faire connaître dans celle d'avocat général du grand conseil, où sa réputation s'accrut encore de telle sorte que le roi lui donna la charge d'avocat général au parlement, vacante par la mort de l'illustre monsieur Servin en 1641. Il remit cette charge à monsieur Briquet son gendre, homme d'un mérite singulier, et en même temps le roi le fit conseiller d'Etat; mais monsieur Briquet étant mort quatre ans après, il reprit la charge d'avocat général, en la fonction de laquelle il mourut au mois d'avril 1656 après s'être acquis une réputation qui ne mourra jamais.[275]

Il a laissé deux enfants,[276] l'un qui, après avoir rempli dignement la même place d'avocat général pendant plusieurs annnées, est présentement conseiller d'Etat,[277] et l'autre premier président du grand conseil. Ils ont fait réimprimer ses *Remarques sur Marculphe* avec des augmentations très considérables.[278] Cet ouvrage est dans la bibliothèque des Pères de l'édition de Cologne, et le sieur Baluze 1'a fait réimprimer en 1677 avec les capitulaires de nos rois.[279] Il avait dessein de donner des notes sur

---

[275] Au cœur de ce paragraphe, Perrault a laissé subsister dans les deux premières éditions une erreur textuelle qui sème une certaine confusion dans la chronologie. Louis Servin, magistrat et avocat au parlement de Paris, naquit en 1555 et mourut en 1626. Bignon devint avocat général du grand conseil en 1620 et avocat général au parlement en 1626 (et non pas en 1641). En 1635, le secrétaire d'Etat voulu engager Bignon à vendre cette charge parce qu'il avait critiqué la création d'offices qui affaiblissaient la justice (président à mortier, conseillers au parlement). Il la donna pourtant à son gendre Etienne Briquet, la reprenant en 1645 à la mort de celui-ci.

[276] Perrault veut dire, vraisemblablement, deux fils et non pas deux enfants, puisque Etienne Briquet avait épousé sa fille. De cette union naquit une fille qui deviendra religieuse à Port-Royal.

[277] Jérôme II (1627-1697), avocat général de 1656 à 1673, épousa la sœur de Pontchartrain, contrôleur général.

[278] Cette réimpression parut en 1666.

[279] *Capitulaires*: Règlements. Selon Mabillon (*Traité des études monastiques*), l'édition de Cologne de la *Bibliotheca sanctorum patrum* (15 vols., 1618-1622) est la meilleure. Etienne Baluze (1630-1718), bibliothécaire de Colbert.

l'histoire de Grégoire de Tours,[280] et une histoire de l'origine du droit français; mais ces ouvrages dont on n'a trouvé que quelques commencements après sa mort, n'ont pu être achevés à cause de l'application continuelle qu'il donnait à l'exercice de sa charge d'avocat général, où il n'a pas seulement fait paraître une profondeur de science incroyable, mais un fonds encore plus étonnant de bonté, de probité et de délicatesse de conscience, d'humilité et de simplicité, vertus d'autant plus admirables qu'elles étaient jointes à tout ce qui peut inspirer de l'orgueil et de la vanité. Le roi Louis XIII lui donna en 1642 une marque particulière de son estime en l'honorant de la charge de grand-maître de sa bibliothèque, charge qui a toujours été possédée par des personnes très illustres dans les lettres, mais qui ne l'a jamais été par un homme qui en fut plus digne.

---

[280] Saint Grégoire de Tours (*c.*540-94), évêque de Tours, écrivit une *Historia Francorum* qui couvre la période de la création du monde jusqu'à 591, de manière très détaillée à partir de 575.

Jac. Lubin Sculp.

Nicolas Claude de Fabri de Peiresc

NICOLAS CLAUDE FABRI DE PEIRESC
[1580-1637]

La race des Fabri ou Fabriciens est originaire de Pise en Italie, et passa en Provence du temps de saint Louis, par le moyen d'un Hugues Fabri chevalier, qui l'ayant suivi dans la guerre sainte, vint au retour descendre à Hyères, où il s'établit et eut des enfants célèbres, et dans l'épée et dans la robe. Le chancelier Séguier* et monsieur de Pompadour, gouverneur du Limousin, prirent tous deux alliance dans cette famille.[281] Celui dont nous parlons fut fils de Renaud Fabri et de Marguerite Bompar que l'on dit avoir été si belle que la reine Catherine de Médicis, lorsqu'elle passa à Aix et qu'elle y fut visitée par les dames de qualité de la ville, la baisa à cause de sa beauté, honneur qu'elle ne fit à aucune des autres dames.

On a de la peine à trouver un temps où celui dont je parle ait été enfant; car, dès les premières années de sa vie, le désir d'apprendre qui a toujours été en lui très ardent, lui fit mépriser tous les jeux et les amusements de l'enfance, et il ne prit plaisir qu'à écouter ce qu'on lui disait ou d'utile ou de curieux. La sagesse lui vint de si bonne heure, qu'à l'âge de neuf ou dix ans il conduisait son jeune frère qui étudiait au même collège, qui le regardait et l'écoutait comme son père et comme son précepteur. Au sortir du collège on lui donna des maîtres pour apprendre à monter à cheval, à faire des armes et à danser, mais comme toute son inclination était tournée du côté des lettres, il ne faisait ses exercices qu'en présence de ses maîtres, employant le reste du temps ou à lire, ou à extraire des livres, ou à composer. Il se mit alors dans l'étude des médailles, des inscriptions, des tombeaux et autres monuments, et enfin de tout ce qui peut donner une connaissance exacte et particulière de l'antiquité. En peu de temps il surpassa les plus habiles dans cette science, et fit un amas considérable de ce qui exerce et nourrit agréablement cette louable curiosité.

Il étudia ensuite le droit sous les meilleurs maîtres de ce temps-là.[282] Et parce qu'il serait trop long de rapporter tous les genres d'étude où il s'est appliqué, je me contenterai de dire qu'il n'y a aucune espèce de littérature où il ne se soit adonné, et qu'il n'ait en quelque sorte épuisée, qu'il n'y a presque point de bibliothèque dans l'Europe qu'il n'ait vue et

---

281 Pierre Séguier épousa Magdelaine Fabri. Philibert, vicomte de Pompadour, épousa Marie Fabri.

282 Peiresc fit ses études secondaires au collège des jésuites d'Avignon; il fit ensuite une année de philosophie à Tournon, avant de retourner à Avignon pour faire son droit.

examinée, point de savants qu'il n'ait connus et à qui il n'ait fait du bien, en leur faisant part ou de ses connaissances, ou de ses livres, ou de ses médailles, ou de sa bourse même; et s'il en a reçu quelques bons offices, il n'a pas manqué de les leur rendre avec usure.[283] Sa maison était une espèce d'académie, non seulement à cause du grand nombre de gens de lettres qui le venaient voir, mais même à ne la regarder que du côté de ses domestiques, qui savaient tous quelque chose avec distinction, jusqu'aux laquais, dont le moindre pouvait servir de lecteur en un besoin, et avait l'industrie de relier des livres et de les relier avec une propreté singulière.

Il eut au nombre de ses amis Baptiste de la Porte très profond dans la connaissance des secrets les plus cachés de la nature, de qui il apprit tout ce qu'il savait de plus curieux dans ces sortes de sciences.[284] Il pratiqua particulièrement l'excellent peintre Rubens sur la connaissance des médailles et sur son art de la peinture, dont il connaissait toutes les finesses, ainsi que de la plupart des autres arts.[285] Il vécut longtemps avec l'excellent monsieur Du Vair,* premier président du parlement d'Aix où il était conseiller,[286] et se joignit à lui d'une amitié si étroite, que lorsque le roi eut donné les sceaux à monsieur Du Vair* il le suivit à Paris,[287] où il n'employa jamais le crédit qu'il avait auprès de lui que pour le service de ses amis, ou pour se donner une plus facile entrée dans les bibliothèques et dans les cabinets où il espérait pouvoir contenter sa curiosité.[288] Monsieur Du Vair qui lui faisait part de ce qu'il avait de plus secret, qui prenait ses avis dans les affaires les plus importantes de l'état dont il était chargé, ne put jamais lui faire accepter aucun bienfait ni aucune grâce de toutes celles qu'il lui offrit, qu'un fort petit bénéfice.

Après la mort de monsieur Du Vair qui le laissa héritier de toutes ses

---

[283] Peiresc voyagea en Italie de 1599 à 1602, et pendant ses voyages, il rencontra les savants de son temps, Galilée et Pinelli entre autres.

[284] Baptiste de la Porte (mort en 1615), connu sous le nom de Giovan Baptiste de la Porte de Naples: «Il savait de la philosophie, les mathématiques et la médecine, et donna dans l'astrologie judiciaire et dans la magie naturelle, dont il écrivit quelques ouvrages» (Moréri). Sur l'astrologie judiciaire, voir l'éloge de Pagan.

[285] En 1606, Peiresc voyagea en Angleterre et aux Pays-Bas, où il noua, respectivement, des relations avec Barclay et Rubens.

[286] Peiresc acheva son droit à Montpellier en 1604 et devint ensuite conseiller au parlement d'Aix.

[287] Peiresc fit un premier séjour avec Du Vair à Paris en 1605. Celui-ci devint garde des sceaux et s'installa à Paris en 1616. Après ses voyages en Angleterre et aux Pays-Bas, suivis d'un séjour en Provence, Peiresc le rejoignit dans la qualité de secrétaire, et resta dans la capitale jusqu'à la mort de Du Vair en 1621.

[288] Peiresc fréquenta surtout le cercle des frères Dupuy. Pendant les cinq années de son séjour à Paris, il mena une vaste correspondance visant à recueillir les informations nécessaires à l'*Histoire* de Du Vair.

médailles, il retourna à Aix revoir son ancienne bibliothèque. Là, avec son frère Palamède Fabri sieur de Valane,[289] il continua son commerce de lettres et de curiosités, non seulement avec tout le monde ancien qui ne suffisait pas à le satisfaire, mais avec tout le nouveau monde dont on lui apportait sans cesse des productions merveilleuses ou de l'art, ou de la nature. Il mourut au mois de juin 1637 âgé de cinquante-sept ans. Il était de la célèbre Académie des humoristes de Rome, qui lui rendit les mêmes honneurs qu'on rend aux principaux officiers de cette académie, quoiqu'il ne fût que simple académicien, son mérite l'ayant emporté sur la coutume.[290] La salle fut toute tendue de noir et son buste fut posé en un lieu éminent. Jacques Bouchard parisien, académicien de cette académie, fit l'oraison funèbre en latin, pièce très éloquente, au milieu d'une affluence infinie de gens de lettres et en présence de dix cardinaux, entre lesquels étaient les deux cardinaux Barberin.[291] On ne saurait nombrer les éloges funèbres qui se firent en son honneur. On en a composé un gros volume où il s'en trouve en quarante langues différentes ou environ.[292] Il est enterré dans l'église des jacobins à Aix, et on lit ces paroles sur son tombeau où ses parents sont aussi enterrés: *Tumulus Fabriciorum.*

---

[289] Palamède Fabri de Peiresc avait deux ans de moins que son frère.

[290] Vincent Voiture se vit aussi élire à cette Académie.

[291] Jean-Jacques Bouchard (1606-1641) célébra la mémoire de Peiresc dans sa *Peireskii laudatio* (1637) et dans son *Monumentum romanum* (1638). Gassendi composa aussi une *Vie* de Peiresc, *Viri illustris Nicolai Claudii Fabricii de Peiresc...vita* (1641). Ces trois ouvrages furent publiés ensemble en 1651.

[292] Selon Moréri, ces éloges furent publiés dans un volume intitulé *Pandeglossia, sive generis humani lessa in funere delicii sui.*

Papire   Masson

Iac. Lubin Sculp.

PAPIRE MASSON
[1544-1611]

Papire Masson naquit au pays de Forez dans le bourg de Saint-Germain-Laval le sixième jour de mai 1544. Son père, homme de bien et riche marchand, mourut peu de temps après, et sa mère, qui passa bientôt à de secondes noces, ne laissa pas de conserver pour lui beaucoup d'amour et de tendresse.[293] Elle l'envoya à l'âge de huit ans commencer ses études à Villefranche, où les sciences fleurissaient alors autant que la petitesse du lieu le pouvait permettre. Etant un peu plus âgé, elle le mit au collège des jésuites de Billom en Auvergne, où pendant quatre ans il acheva ses études et se distingua entre ses camarades par son application et par la vivacité de son esprit. Il alla ensuite à Toulouse pour y étudier la jurisprudence sous les excellents professeurs qu'elle avait alors, comme elle en a eu presque dans tous les temps. Mais les guerres de la religion qui s'échauffaient extrêmement dans cet endroit de la France, l'obligeaient à revenir à Billom, où par un mouvement de dévotion, il forma le dessein de se faire jésuite.[294]

Il en prit l'habit à Rome où il était allé avec Antoine Challon son ami intime qui était aussi de Forez. Il y fit l'oraison funèbre d'un cardinal en présence des autres cardinaux et d'un nombre infini d'auditeurs avec un applaudissement incroyable de toute l'assemblée. Il alla ensuite à Naples où il enseigna pendant deux ans. Etant revenu en France il en fit autant au collège de Tournon en Vivarais, et ensuite à celui de Clermont à Paris, toujours avec un grand succès et un grand concours d'auditeurs.[295] Antoine Challon son ami, qui a été grand vicaire de trois archevêques, ayant quitté la société des jésuites, Papire Masson suivit son exemple et alla enseigner au collège du Plessis voisin de celui de Clermont.[296] Et là, dans la harangue qu'il fit à l'ouverture de ses leçons, il rendit raison de sa sortie hors la société avec tant d'honnêteté et de modération que non seulement tous ses auditeurs, mais les pères mêmes qu'il avait quittés en furent très satisfaits, n'ayant blessé par aucune parole la réputation de la compagnie

---

[293] Papire Masson fut l'enfant de Noël Masson et d'Antoinette Girinet.

[294] Masson étudia à Villefranche de 1552 à 1558 et à Billom de 1558 à 1562. Selon Niceron, les troubles qui s'élevèrent à Toulouse empêchèrent Masson de s'y rendre, et il ajoute: «M. Perrault se trompe, lorsqu'il dit dans ses éloges qu'il y alla» (*Mémoires*, t. V). Masson décida de se faire jésuite à l'âge de dix-huit ans.

[295] Masson séjourna en Italie de 1563 à 1565, dont deux ans (1563-65) à Naples. Il devint professeur à Tournon en 1567 et au collège de Clermont en 1568.

[296] Masson quitta la société de Jésus à cause de ses opinions gallicanes. Il put continuer à enseigner au collège du Plessis, cet établissement étant un collège universitaire.

dont il était sorti, quoiqu'en ce temps-là plusieurs autres en faisant la même démarche se fussent emportés en des invectives très scandaleuses.[297] Il fit une description fort éloquente des noces de Charles IX et d'Elisabeth fille de l'empereur Maximilien, ouvrage qui lui attira l'estime et l'amitié de tous les gens de lettres et des personnes de la plus haute qualité.[298]

Il alla à Angers étudier le droit sous François Baudouin dont il était ami,[299] et après deux ans d'étude en cette science, il revint à Paris où le chancelier de Cheverny le prit auprès de lui et le mit dans sa bibliothèque.[300] Là au milieu des plus excellents livres que ce chancelier faisait venir de tous côtés, il augmenta beaucoup le grand fonds de connaissance qu'il avait déjà. Il se fit avocat au parlement de Paris où il ne plaida qu'une cause, qu'il gagna avec un applaudissment universel, et laquelle fut trouvée si considérable que l'arrêt en fut prononcé en robes rouges. Outre la qualité d'avocat, il eut encore celle de référendaire en la chancellerie, et celle de substitut de monsieur le procureur général au parlement de Paris, charges qu'il n'acheta point, mais qui furent données à son mérite.[301]

Ses principaux ouvrages sont une histoire des papes, des annales de France, des éloges latins des hommes illustres, la description de la France par les fleuves, et des commentaires sur plusieurs historiens.[302] Il composa tous ces livres qui lui ont acquis tant de réputation au milieu du bruit

---

[297] Selon Niceron, le trait de caractère signalé dans cette phrase est rapporté dans l'éloge de Masson inséré dans l'*Histoire* de Jacques-Auguste de Thou.

[298] Ces noces furent célébrées le 26 novembre 1570.

[299] François Baudouin (1520-73), auteur de plusieurs livres sur le droit civil et le droit romain; il insista sur une connexion nécessaire entre l'histoire et la jurisprudence. Masson alla à Angers en mai 1571.

[300] Philippe Hurault, comte de Cheverny *ou* Chiverny (1528-1599), chancelier de 1578 à 1588 et de nouveau sous Henri IV jusqu'à sa mort. Masson s'occupa de sa bibliothèque de 1573 à 1579.

[301] Masson devint avocat en 1576. *Référendaire*: «Officier créé dans les petites chancelleries, pour faire le rapport des lettres à sceller devant le maître des requêtes qui tient le sceau, qui les fait sceller, ou qui les rebute». *Substitut*: «Officier en titre qui soulage les procureurs généraux des cours souveraines en l'administration de leurs charges pour conserver l'intérêt du roi et du public, des mineurs et des communautés. Il y a plusieurs *substituts* au parquet qui rapportent à monsieur le procureur général les procès où il doit donner des conclusions» (Furetière, *Dictionnaire universel*).

[302] Les ouvrages cités par Perrault sont les suivants: *Libri VI de episcopis urbis seu Romanis Pontificibus*, 1586; *Annalium libri IV, quibus res gestæ Francorum explicantur*, 1577 (2e édition augmentée, 1598); *Elogia*, 1619, 1638 (les pièces contenues dans ces volumes avaient déjà parues séparément); *Descriptio fluminum Galliæ*, 1618; *Historia calamitatum Galliæ, quas sub aliquot principibus christianus invita pertulit a Constantino Caes. usque ad Majorianum*. Niceron précise: «Cet ouvrage se trouve dans le Ier tome des *Historiens de France* de Du Chesne, p. 32».

continuel de divers ouvriers en cuivre et en fer, dont sa maison était environnée, et où il logea pendant trente-trois ans sans en être incommodé, tant l'accoutumance a de force à faire supporter toutes choses. Il était d'un esprit gai et facile, sincère et généreux au-delà de sa condition et de sa fortune, donnant son temps et sa peine pour le service des grands seigneurs, sans en attendre d'autre récompense que la joie de leur faire plaisir.[303] Il était ami de tous les savants hommes de son temps, et particulièrement du cardinal Baronius qui estimait fort tous ses ouvrages, ne trouvant rien à y corriger que quelques endroits dans celui de la vie des évêques de Paris qu'il lui marqua, mais que Masson ne voulut point retrancher, s'en rapportant à la postérité qu'il en laissait juge. Il s'appelait Jean Masson, mais parce qu'il avait un frère du même nom, il se fit appeler Papire Masson.[304] Ce changement lui fut reproché par François Hotman jurisconsulte.[305] Il mourut à Paris le 9 de janvier 1611 âgé de soixante-sept.

---

[303] Cette phrase est reprise presque textuellement dans les *Mémoires* de Nicéron. Sur l'emploi que les ouvrages de référence ultérieurs ont fait du texte de Perrault, voir notre Introduction.

[304] Il se fit appeler Papire à partir de 1570. Jean Masson, son frère, devint chanoine et archidiacre de Bayeux.

[305] François Hotman, sieur de Villiers Saint-Paul (1524-1590), jurisconsulte français. Il est surtout connu pour son ouvrage *Franco-Gallia seu Tractatus isagogicus de regimine regum Galliæ* (1573) où, s'opposant à l'absolutisme royal, il fut un des premiers à affirmer l'idée de souveraineté de la nation. Les principes exposés dans cet ouvrage parurent dangereux à Masson, qui riposta dans un pamphlet intitulé *Ad Franc. Hotomani Franco-Galliam responsio* (1575).

Scevole de Sainte Marthe
President et Tresorier de france a Poitiers.

SCEVOLE DE SAINTE-MARTHE
[1536-1623]

On n'avait garde d'oublier dans ce recueil l'illustre Scévole de Sainte-Marthe,[306] non seulement parce qu'il a été un des plus excellents hommes de ce siècle, mais parce qu'ayant fait les éloges de tant d'hommes illustres, il y aurait une extrême injustice à ne lui pas rendre une partie de l'honneur qu'il a fait aux autres.[307] Cet honneur ne lui sera pas rendu avec la même éloquence que toute l'Europe a admirée dans ses discours et dans ses écrits, mais ce sera avec une vérité et une sincérité qui ne lui seront pas moins avantageuses que toutes les beautés et toutes les grâces du bien dire. Il était président et trésorier général de France à Poitiers.

Il naquit à Loudun le deuxième février de l'année 1536 d'une famille où l'esprit et la vertu sont des qualités essentielles et héréditaires. Il était fils de Louis de Sainte-Marthe, écuyer sieur de Neuilly, et de Nicole le Fèvre de Bisay, et petit-fils de Gaucher de Sainte-Marthe, écuyer sieur de Villedan et de la Rivière, l'un et l'autre hommes de lettres et d'un savoir distingué, tous descendants d'un Nicolas de Sainte-Marthe que le comte de Dunois fit chevalier au siège de Bayonne en l'année 1451 et qui était issu de messire Guillaume Raymond de Sainte-Marthe, chevalier seigneur de Roquevert, qui servait Philippe de Valois dès l'année 1350.

La force et la vivacité de l'esprit de Scévole le rendirent habile en peu de temps et lui firent acquérir des connaissances presque sans bornes.[308] Il était orateur, jurisconsulte, poète et historien. Les langues des savants lui étaient toutes très familières, particulièrement la grecque, la latine, et l'hébraïque. Il joignit à cela les qualités d'un parfaitement honnête homme. Il était bon ami, zélé pour sa patrie, et d'une fidélité inviolable pour le service de son prince. Il mérita l'estime et les louanges de quatre grands rois. Henri III s'était proposé, peu de jours avant sa mort, de le faire secrétaire d'Etat, et l'ayant entendu haranguer en faveur des trésoriers de France, ses confrères, qui avaient été supprimés, les rétablit à sa considération, et dit qu'il n'y avait point d'édits assez forts contre une si forte éloquence. Henri IV le regarda comme le plus éloquent homme de

---

[306] Sainte-Marthe, baptisé Gaucher, deuxième du nom, n'apprécia pas ce prénom et l'abandonna en faveur de Scévole.

[307] *Gallorum doctrina illustrium qui nostra patrum que memoria floruerunt elogia* (1598). Cet ouvrage, contenant 137 éloges, connut de nombreuses éditions (1602, 1605, etc.) et fut traduit en français par G. Colletet (1644) qui augmenta le nombre des notices.

[308] A partir d'ici, le texte de Perrault rappelle, parfois textuellement, celui du *Dictionnaire* de Moréri (1694).

son royaume. Jacques, roi d'Ecosse et d'Angleterre, admira ses écrits, et dit que Cicéron et Virgile étaient renfermés dans un seul Scévole, et le prince de Galles fils et successeur de ce monarque, passant inconnu en France pour aller en Espagne visita ce savant homme à Loudun, et lui dit qu'il croyait voir tous les savants, lorsqu'il voyait Scévole de Sainte-Marthe.[309]

Henri III et Henri IV le chargèrent d'emplois dignes de sa suffisance et de sa probité, et comment n'auraient-ils pas honoré un homme qui faisait tant d'honneur à leur royaume?[310] Sa constance et sa fidélité parurent avec éclat aux états de Blois en 1588 où il se trouva par ordre du roi Henri III pour rendre service à Sa Majésté dans les occasions qui se présenteraient. Il y en eut une entre autres bien importante. Un des principaux chefs de la Ligue ayant remarqué qu'entre les députés, il n'y en avait point de plus contraires à ses desseins, ni qui témoignassent plus de fidélité pour le roi que les officiers, il fit proposer d'en supprimer une partie afin de les intimider et de les réduire à appuyer son parti. Les officiers qui s'aperçurent de ce piège firent un acte de protestation qu'ils signèrent au nombre de plus de trois cents, et chargèrent le sieur de Sainte-Marthe de le présenter et de porter la parole pour eux. Il entreprit une action si généreuse, même au péril de sa vie, et renversa les desseins qu'on avait formés contre le service du roi.[311] Il donna encore depuis des marques de sa fidélité par sa conduite et par ses sages avis en l'assemblée des notables convoquée à Rouen par l'ordre du roi Henri IV pour remédier aux désordres qui s'étaient glissés dans son état pendant les guerres civiles. Son intégrité parut lorsqu'il fut fait intendant des finances dans l'armée de Bretagne sous le duc de Montpensier, et son zèle pour la religion dans la commission qu'il exerça par ordre du roi en Poitou et ailleurs avec le chancelier de L'Hôpital, pour faire jouir les catholiques de leurs biens, dont ils avaient été dépossédés et pour rétablir l'exercice de la religion catholique dans les villes occupées par ceux de la religion prétendue réformée.[312] La réduction de Poitiers sous l'obéissance de Henri IV fut son ouvrage et un de ses plus signalés services. Loudun, dont il empêcha la

---

[309] Jacques Ier (Jacques VI d'Ecosse), roi d'Angleterre, 1603-1625. Son fils, Charles Ier, fut décapité en 1649.

[310] Sainte-Marthe entra dans la vie publique en 1571. Il acheta d'abord un office de contrôleur général des finances à Poitiers, puis, en 1580, une charge de trésorier général du Poitou. Le roi le nomma président des trésoriers, et il fut deux fois maire de Poitiers, en 1579 et 1602.

[311] Les trois phrases qui composent cette anecdote sont largement reprises par Niceron, qui, d'ailleurs, n'ajoute pas de précisions supplémentaires.

[312] Perrault renverse la chronologie: l'assemblée de Rouen eut lieu en 1597; en 1593 Sainte-Marthe devint intendant sous Henri de Bourbon, duc de Montpensier (mort en 1608); et la commission en Poitou se situa en 1589. Michel de L'Hôpital (1505-73), chancelier de France 1560-68, fut l'auteur d'un traité *De la réformation de la justice*.

ruine, le regarda comme le père de la patrie, et lui en donna même le surnom.[313] Il y mourut le vingt-neuf mars 1623, âgé de quatre-vingt-sept ans, regreté de tout le royaume. Un grand nombre de grands personnages firent alors son éloge, entre lesquels se signalèrent principalement Baïf, Joseph Scaliger,* Juste Lipse, Casaubon, Jean Daurat, le président de Thou,* Janus Douza, Rapin et Pasquier.[314]

Ses principaux ouvrages furent les éloges des hommes illustres et un poème de la manière de nourrir les enfants à la mamelle avec ce titre: *Pædotrophia, seu de puerorum educatione libri III.*[315] Ce poème fut imprimé dix fois pendant sa vie, et environ autant de fois depuis sa mort. Il fut lu et interprété dans les universités les plus célèbres de l'Europe, avec la même vénération qu'on a pour les auteurs anciens. Il composa divers autres poèmes latins et français.

Il eut de Renée de la Haye sa femme plusieurs enfants très dignes de lui, mais particulièrement ceux-ci: Abel de Sainte-Marthe, conseiller d'Etat et garde de la bibliothèque de Fontainebleau, homme savant et éloquent, qui composa d'excellents ouvrages imprimés en partie avec ceux de son père; et Scévole et Louis de Sainte-Marthe, frères jumeaux nés à Loudun le 20 décembre 1571.[316] Ils furent tous deux historiographes de France, mais si semblables de corps, d'esprit et d'inclination, qu'on les prenait souvent l'un pour l'autre et qu'ils passèrent toute leur vie ensemble dans une parfaite union. Ils étaient comme les oracles de la France pour l'histoire et pour les belles lettres. Notre monarchie leur sera éternellement redevable de l'histoire généalogique de la maison de France en deux gros volumes, ouvrage incomparable et auquel ils travaillèrent conjointement pendant cinquante années. L'Eglise de France ne leur doit pas moins pour l'histoire de tous ses prélats qu'ils ont faite sous le titre de *Gallia Christiana.*[317]

---

[313] Sainte-Marthe empêcha le pillage de Loudun en 1587.

[314] Jean-Antoine Baïf (1532-89), un des sept poètes de la *Pléiade*. Juste Lipse (1547-1606), auteur d'un *Traité sur la constance* (1591). Isaac Casaubon (1559-1614), humaniste et théologien calviniste. Jean Daurat *ou* Dorat (1508-88), humaniste, maître de Ronsard et de Du Bellay. Johan van der Does (1545-1604), poète et historien hollandais. Nicolas Rapin (*c*.1540-1608), l'un des principaux auteurs de la *Satyre Ménipée* (1594). Etienne Pasquier (1529-1615), humaniste et historien, auteur des *Recherches de la France* (1560-1621).

[315] Les deux premières parties de cet ouvrage parurent en 1580, l'ouvrage entier en 1584.

[316] Sainte-Marthe eut sept garçons et une fille. Les fils nommés par Perrault sont Abel de Sainte-Marthe (1566-1652) qui devint garde de la bibliothèque de Fontainebleau sous Louis XIII; Gaucher III, *dit* Scévole II de Sainte-Marthe (1571-1650), et Louis de Sainte-Marthe (1571-1656) devinrent historiographes du roi en 1620.

[317] *Histoire généalogique de la maison de France* (1619): l'ouvrage fut continué et augmenté, jusqu'au dix-huitième siècle, d'abord par Anselme et Du Fournay, ensuite

Comme tous les hommes de cette famille ont été très illustres, il aurait fallu faire ici douze ou quinze éloges au lieu d'un; mais aussi comme ils ont possédé les mêmes grandes qualités, on peut dire que l'éloge du grand Scévole peut en quelque façon servir à tous les autres.

---

par le père Ange et le père Simplicien. *Gallia christiana* (1656): la nouvelle édition de cet ouvrage, commencée en 1715 par le père Denis de Sainte-Marthe, reste inachevée.

Paul Péisson

Maistre des Requestes et de l'Academie françoise.

PAUL PELLISSON-FONTANIER
DE L'ACADEMIE FRANÇAISE.
[1624-1693]

Paul Pellisson Fontanier naquit à Béziers en l'année 1624. Son père était conseiller à la chambre de l'édit de Languedoc,[a] son grand-père conseiller au parlement de Toulouse, et son bisaïeul premier président au parlement de Chambéry, après avoir été maître des requêtes, ambassadeur en Portugal, et commandant pour le roi en Savoie quand François Ier s'en rendit le maître.[318]

Monsieur Pellisson avait un si beau naturel pour l'éloquence et pour la poésie, qu'il surpassa aisément tous les compagnons de ses études; et comme il n'était pas possible qu'un aussi beau génie et d'aussi grande étendue demeurât enfermé dans une ville de province, il vint à Paris dès qu'il en put obtenir la permission de ses parents, et fit connaissance avec tout ce qu'il y avait alors de personnes distinguées par la beauté de leur esprit ou par la profondeur de leur science. Des affaires domestiques l'obligèrent de retourner à Castres, d'où il revint peu de temps après, mais si défiguré par la petite vérole et par une fluxion maligne qui lui tomba sur le visage, que ses amis eurent de la peine à le reconnaître.[319] Cependant comme son esprit n'était point changé, et que même le temps y avait encore ajouté de la vivacité et de la force, il n'en fut pas moins considéré ni recherché de tout le monde. Le mérite de Mademoiselle de Scudéry, déjà connu par ses ouvrages quoiqu'elle ne les avouât pas, et qui attirait l'admiration de tout le monde malgré tous les voiles dont sa modestie tâchait de le cacher, le toucha particulièrement et lui fit souhaiter avec ardeur d'avoir son estime et sa bienveillance.[320] Ce souhait fut réciproque, et ils ont conservé jusqu'à la mort une amitié l'un pour l'autre, qui n'a guère d'exemple pour sa durée et pour sa solidité. Dans les premières années de sa jeunesse il composa un nombre presque infini de poésies agréables et de petites pièces en prose les plus ingénieuses qu'on[b] ait jamais vues, qui ont fait les délices de Paris et de toute la France pendant un fort long temps.

Il composa entre autres choses l'*Histoire de l'Académie Française*

---

[318] Le père de Pellisson s'appelait Jean-Jacques et son grand-père Pierre. Son arrière-grand-père, Raimond Pellisson, fut ambassadeur au Portugal en 1536.

[319] Madame de Sévigné commente avec esprit la laideur de Pellisson, en écrivant à sa fille: «Guilleragues disait hier que Pellisson abusait de la permission qu'ont les hommes d'être laids» (Lettre à Mme de Grignan, 5 janvier 1674).

[320] Madeleine de Scudéry (1607-1701) avait fait paraître ses deux grands romans (*Le Grand Cyrus*, 1649-1653, et *Clélie*, 1654-1660) sous le nom de son frère Georges.

d'un style dont on ne peut trop louer la justesse et la brièveté dans un temps où l'on était ordinairement diffus.[321] Cette *Histoire* est un modèle en ce genre d'écrire. L'Académie touchée de l'honneur qu'il lui faisait, lui donna une place dans son corps, quoiqu'il n'y en eût point de vacante, faveur qui n'avait point d'exemple, et qui apparemment n'en aura plus, étant difficile qu'un autre homme fasse à l'avenir quelque chose pour elle qui mérite une semblable reconnaissance. Monsieur Fouquet, procureur général et surintendant des finances, fort sensible aux talents de l'esprit et qui lui connaissait un grand fonds de bon sens, voulut l'avoir auprès de lui et l'employa dans les affaires.[322] La disgrâce de monsieur Fouquet, étant arrivée peu de temps après, causa sa ruine entière et le fit mettre à la Bastille. Ses amis regardèrent comme un très grand malheur ce terrible changement de fortune, quoiqu'ils ne doutassent point de son innocence et ils ne pouvaient trop déplorer sa captivité qui dura plus de cinq années. Cependant ce long séjour dans une prison a été toute la source de son bonheur, et l'on ne saurait trop admirer la conduite de Dieu sur lui. La Providence qui voulait le convertir et ensuite en former un des plus forts et des plus solides défenseurs de la foi catholique, après lui avoir donné le temps de se former un excellent style dans l'étude des lettres humaines et dans l'exercice de l'éloquence, le mit dans cette solitude pour lui faire faire les réflexions, les lectures et les études nécessaires à un emploi si important. Il y lut non seulement toute l'Ecriture Sainte, avec ses commentaires, mais tous les Pères de l'Eglise. Il lut aussi presque tous les livres de controverse. Pour se délasser il composa un poème de plus de treize cents vers sous le titre d'*Alcimédon*, et comme il n'avait ni papier ni encre, il l'écrivit tout entier sur des marges de livres avec de petits morceaux de plomb qu'il prenait aux vitres de sa chambre.[323]

Lorsqu'il eut recouvré sa liberté, il abjura son hérésie dans l'église de Chartres, et se donna tout entier à composer des ouvrages pour la conversion de ses frères errants.[324] Le roi qui avait eu toujours beaucoup d'estime pour lui, voulut qu'il s'attachât auprès de sa personne, et connaissant la beauté et la délicatesse de sa plume, le chargea d'écrire l'histoire de son règne.[325] Ceux qui ont lu ce qu'il en a composé, assurent

---

[321] Ouvrage publié en 1653 et, très élargi, en 1672. Il fut continué au XVIIIe siècle par d'Olivet.

[322] Nicolas Fouquet (1615-80) fut surintendant des finances de 1653 jusqu'à sa disgrâce en 1661. Les capacités de Pellisson commencèrent à se faire voir dès 1652, année où il acheta une charge de secrétaire du roi.

[323] Ce poème héroïque, intitulé *Eurymédon*, fut composé en 1666.

[324] Pellisson abjura en 1670.

[325] Pellisson reçut cette charge en 1668. Son *Histoire de Louis XIV* ne parut qu'en 1749.

que rien n'est plus beau dans ce genre d'écrire. Il fut reçu maître des comptes à Montpellier en 1655 après avoir négocié le rétablissement de cette compagnie qui avait été interdite en 1670. Il se fit maître des requêtes en 1674. Il fut nommé économe de Cluny et de Saint-Germain-des-Prés en 1675. En 1676 il fut préposé à l'administration du tiers des économats; et en 1679 il fut fait économe de Saint-Denis.[326] Sa fortune changea plusieurs fois, mais son cœur demeura toujours le même.[327] Ce qui peut abattre, ce qui peut corrompre lui laissa toute sa fermeté et toute sa droiture. Ce fut lui qui pour satisfaire à la passion qu'il avait pour la gloire du roi, proposa à l'Académie Française de donner un prix de poésie comme elle en donne un de prose, et de le donner à celui dont l'ouvrage en vers aurait le mieux célébré les louanges du roi. Ce prix est une médaille d'or de 300 livres, dont il faisait la dépense et que l'Académie a continué de faire après sa mort.

Il fit des présents considérables à diverses églises pour marquer sa foi sur le mystère de l'eucharistie, qui avait été longtemps le plus grand obstacle de sa conversion, entre autres d'une lampe d'argent de 2 000 livres qu'il donna aux filles de la visitation de la rue Saint-Antoine pour éclairer nuit et jour devant le saint sacrement. Ce don n'a été su qu'après sa mort. Tous les ans il célébrait le jour de sa réunion à l'Eglise en s'approchant des sacrements; et depuis sa sortie de la Bastille, il ne laissa point passer d'année sans délivrer quelque prisonnier. Ses principaux ovrages de prose, sont l'*Histoire de l'Académie Française*, un panégyrique du roi prononcé dans la même Académie, lequel a été traduit en latin, en espagnol, en italien, en anglais et même en arabe par le patriarche du Mont-Liban,[328] la préface des œuvres de Sarasin,* les *Réflexions sur les différends de la religion* en quatre volumes, et une espèce de manuel de courtes prières pour dire pendant la messe.[329] Il travaillait à un *Traité sur l'Eucharistie* quand il fut prévenu de la mort le 7 février 1693 de sorte qu'on peut dire qu'il est mort en combattant pour la religion.[330]

---

[326] *Econome*: «Celui qui est chargé de la dépense d'une maison, de l'administration du matériel dans une grande maison» (Littré, *Dictionnaire de la langue française*). «Le roi ayant consacré le tiers des économats à la conversion des hérétiques, il lui confia [à Pellisson] l'administration de cette caisse» (*Biographie Universelle*).

[327] Il est vrai que la fortune de Pellisson connut plusieurs revers. La *Biographie Universelle* note: «Desservi par Madame de Montespan, à laquelle il avait fait perdre au conseil d'Etat un procès dont il était rapporteur comme maître des requêtes, il vit passer entre les mains de Boileau et de Racine son privilège d'historiographe du roi».

[328] Ce panégyrique, prononcé en 1671, est réuni à plusieurs éditions de l'*Histoire de l'Académie*.

[329] *Réflexions sur les différends en matière de la religion*, 1686; *Courtes prières pendant la sainte messe*, 1686.

[330] Le *Traité de l'Eucharistie* parut après la mort de Pellisson, en 1694. La mention

de cet ouvrage n'est peut-être pas gratuite: Pellisson mourut subitement, sans se confesser; certains interprétaient cet événement de manière à remettre en cause la sincérité de la conversion de Pellisson. On verra Perrault dans l'éloge de Patru également soucieux de protéger son «grand homme» contre tout soupçon de manque d'orthodoxie ou de scepticisme.

Pierre du Puy
Garde de la Bibliotheque du Roi

Jac. Lubin. Sculp.

PIERRE DUPUY
GARDE DE LA BIBLIOTHEQUE DU ROI
[1582-1651]

Il serait malaisé de dire si c'est du côté du savoir ou du côté de la vertu que celui dont je parle a mérité davantage d'être considéré. L'emploi de garde de la bibliothèque du roi, dont il était infiniment digne est un préjugé de sa suffisance, et ses ouvrages, qui font l'admiration des savants, en sont une preuve qui ne peut être contestée.

A l'égard des mœurs, il n'y en eût jamais de plus douces, de plus réglées ni de plus aimables: beaucoup de piété et de modestie, une humeur obligeante, une parfaite intégrité et un amour très ardent pour sa patrie formèrent son caractère.[331] Il avait encore un discernement admirable pour les affaires; quelques embarrassées qu'elles fussent, il trouvait d'abord le point qui les décidait. Monsieur le président de Thou* son allié, qui se connaissait si bien en hommes de mérite, n'avait point de plus grand plaisir que de s'entretenir avec lui, et monsieur Rigault* fut admis pour tiers dans leurs savantes conversations.[332]

On peut dire que la passion dominante de monsieur Dupuy était l'amour de sa patrie. Presque tous ses ouvrages ne tendent qu'à lui faire honneur, qu'à en faire valoir, et à en relever les avantages. Aussi dès qu'il fut de retour d'un voyage qu'il fit en Hollande avec monsieur Thumery de Boissise envoyé par le roi,[333] où il renouvela l'amitié que son père avait entretenue avec tous les savants hommes des Pays Bas,[334] il travailla à la recherche des droits du roi et à l'inventaire du trésor des chartes,[a] dont l'examen, qu'il fit soigneusement, lui donna une parfaite connaissance de tout ce qui regarde notre histoire.[335] Il embrassa avec une joie incroyable la commission qui lui fut donnée de justifier avec messieurs Le Bret et Delorme, les droits du roi sur les trois évêchés de Metz, Toul, et Verdun, et

---

[331] Ce paragraphe et le suivant rappellent presque textuellement le *Dictionnaire* de Moréri (1694).

[332] Nicolas Rigault était bibliothécaire du roi; il démissonna en 1635 et fut remplacé par les frères Dupuy.

[333] Jean-Robert de Thumery, sieur de Boissise (1549-1622), haut fonctionnaire sous Henri IV et Louis XIII.

[334] Claude Dupuy (1545-1594) avait été jurisconsulte. Pendant ce voyage, qui se fit entre 1616 et 1619, Pierre Dupuy se lia avec Grotius et Heinsius.

[335] A partir de 1615, et pendant une douzaine d'années, Dupuy travailla à dresser l'inventaire du trésor des chartes, alors conservé dans une annexe de la Ste-Chapelle, à Paris.

les usurpations du duc de Lorraine sur ces mêmes évêchés.[336] Tout le poids de cette commission tomba sur lui, il en dressa tous les inventaires raisonnés, et fournit quantité de traités et de mémoires pour la vérification des justes prétentions de la France.

Pour être convaincu de son amour pour sa patrie, et de son zèle pour l'avantage de la couronne, il ne faut que lire les titres de ses ouvrages, dont voici une succincte[a] énumération: *Traité touchant les droits du roi sur plusieurs états et seigneuries*; *Recherches pour montrer que plusieurs provinces et villes du royaume sont du domaine du roi*; *Preuves des libertés de l'Eglise gallicane*; *De la loi salique*; *Que le domaine de la couronne est inaliénable*; *Traité des apanages des Enfants de France*; *Mémoire du droit d'aubaine*, et plusieurs autres de la même nature.[337] Il n'avait pas de plus grande joie que lorsqu'il découvrait un titre qui ajoutait quelque chose à la gloire du royaume, ou qui lui était de quelque utilité. C'était une espèce de conquête à son égard qui lui donnait plus de plaisir, que s'il avait augmenté son propre patrimoine,

Il mourut à Paris le vingt-sixième décembre 1651 âgé de soixante-neuf ans. Monsieur Rigault* écrivit sa vie, où l'on peut voir plus au long les qualités admirables de cet excellent homme.[338] Monsieur Valois fit son oraison funèbre, et presque tous les savants hommes de son temps firent son éloge.[339] Il donna sa bibliothèque au roi, après avoir accru celle de Sa Majesté d'un très grand nombre de livres tant imprimés que manuscrits.[340] Lui et son frère prirent soin de la bibliothèque de monsieur de Thou après sa mort, et la rangèrent de la manière qu'on la voit dans le catalogue imprimé en 1679, qui est le plus beau modèle dont on puisse se servir pour dresser une bibliothèque.[341]

Son frère Jacques Dupuy, prieur de Saint-Sauveur, prit le soin de l'édition de ses ouvrages posthumes et fut garde de la bibliothèque du roi après sa mort. Il continua à entretenir les doctes conférences qui s'y faisaient tous les jours, et où ce qu'il y avait de plus habiles gens et de

---

[336] Cardin le Bret (*c*.1558-1655), magistrat, théoricien de la souveraineté. Cette commission siégea entre 1624 et 1625.

[337] Les *Preuves des libertés de l'Eglise gallicane* virent le jour en 1639. La plupart des autres ouvrages de Dupuy ne furent édités qu'après sa mort.

[338] N. Rigault, *Vir...P. Puteani...vita*, 1652.

[339] Moréri précise qu'il s'agit de «M. Henri Valois». On notera que Moréri omet la particule du nom de Valois, ainsi que le fit Perrault dans la première édition des *Homme illustres*, avant de se corriger dans la deuxième.

[340] Jacques Dupuy (1591-1656), érudit et bibliothécaire comme son frère, légua au roi leur bibliothèque de plus de 9 000 volumes en 1657.

[341] Les frères Dupuy géraient la bibliothèque de monsieur De Thou depuis 1616; leur *Catalogus bibliothecæ thuanæ* parut en 1679.

grands personnages, pendant la vie de tous les deux, prenaient un extrême plaisir de se trouver. Il nous reste une infinité d'excellentes choses qui ont été dites dans ces conférences et qui sont venues à nous sous les titres de *Puteana*, de *Thuana* et de *Perroniana*.[342] Ces conférences étaient si estimées et le public témoigna un si grand regret de les voir finir, que monsieur de Thou* les continua dans son cabinet jusqu'à la vente de sa bibliothèque, après quoi monsieur Salmon Garderoolle des offices de France, qui avait entrée dans ces conférences, les a tenues chez lui jusqu'à sa mort, et monsieur de Villevault son gendre, maître des requêtes, reçoit présentement dans la même maison cette assemblée qu'on appelle encore le cabinet, parce qu'elle s'appelait ainsi du temps qu'elle se tenait dans le cabinet de monsieur de Thou.*

---

[342] Les *Perroniana* parurent en 1667 et les *Thuana* en 1669.

Arnauld D'Andilli

ROBERT ARNAULD
SEIGNEUR D'ANDILLY
[1589-1674]

La famille de monsieur Arnauld d'Andilly ne s'est pas rendue seulement célèbre par la science et par les lettres, mais encore par la valeur et par les armes. Son aïeul Arnauld de la Motte, originaire d'Auvergne, se signala en plusieurs rencontres pour le service de nos rois.[343] Son fils aîné, dont le château de La Motte fut brûlé par les troupes des Ligueurs, après avoir donné d'illustres marques de son courage à la bataille d'Issoire en l'année 1590, y fit prisonnier le général de l'armée des ennemis.[344] Pierre Arnauld qui était aussi son oncle fut mestre de camp du régiment de Champagne, général des carabins, et gouverneur du Fort-Louis, et se distingua fort à la prise de La Rochelle.[345] Ce capitaine eut tant de génie pour la guerre, que le roi Louis XIII voulut que la nouvelle manière dont il fit armer le régiment qu'il commandait, de même que l'exercice et la discipline qu'il y faisait observer, fussent suivies dans le reste de son infanterie.

Celui dont nous parlons n'eut pas moins de courage ni de grandeur d'âme, quoique dans une profession différente. Il naquit à Paris en l'année 1589 d'Antoine Arnauld, procureur général de la reine Catherine de Médicis, qui montra tant de force d'esprit, tant d'érudition et tant d'éloquence dès les premières actions qu'il fit au barreau, que sa mémoire y sera éternellement en vénération.[346] Monsieur Marion, avocat général, lui fit épouser sa fille qui était très riche, et ce mariage fut béni par la naissance de plusieurs enfants d'un mérite extraordinaire, entre autres de celui dont nous parlons, de Henri Arnauld évêque d'Angers, dont la piété et le zèle épiscopal serviront éternellement de modèle aux plus parfaits évêques, d'Antoine Arnauld* docteur de Sorbonne connu de tout le monde,

---

[343] Antoine de la Mothe-Arnauld (mort en 1585) se maria avec Marguerite Meusnier, puis avec Anne Forget. Le texte de cet éloge et celui du *Dictionnaire* de Moréri (1694) se rencontrent textuellement, à part quelques phrases supplémentaires chez Perrault qui tendent à souligner les qualités personnelles et spirituelles, donc l'orthodoxie, d'Arnauld d'Andilly.

[344] Jean de la Mothe-Arnauld (1549-1592), fils de Marguerite Meusnier.

[345] Pierre Arnauld, *dit* Arnauld du Fort (1580-1624), fils d'Anne Forget. Il tenta de s'emparer de La Rochelle en janvier et février 1624, deux mois avant sa mort, mais ses projets échouèrent. Quant aux grades militaires, on notera que le mestre de camp est au-dessous du maréchal de camp, qui dépend du lieutenant géneral, qui sert le maréchal de France.

[346] Antoine Arnauld (1560-1619), fils d'Anne Forget. Il fut avocat au parlement de Paris et un des plus célèbres orateurs du barreau parisien.

et de six filles toutes religieuses à Port-Royal des Champs.[347]

Monsieur d'Andilly leur aîné parut à la Cour étant encore fort jeune et y parut digne des plus grands emplois.[348] Il en soutint depuis de très importants avec beaucoup de suffisance et une très exacte probité. Sa manière d'agir avec les princes et les rois mêmes a été toute singulière. Car ayant le cœur grand, l'esprit noble et toute l'autorité que peut s'attirer une mine avantageuse et propre à se faire respecter, joints à une réputation très établie, et à une sagesse consommée, il leur parlait avec une grande liberté, qui pleine de circonspection leur a toujours été très agréable parce qu'ils étaient persuadés de sa sincérité, de son zèle pour leur service et de la droiture de ses intentions. Le bien public faisait sur son âme la même impression que l'intérêt particulier fait ordinairement sur celle des autres. Il prit plaisir à se servir du crédit que son mérite lui donnait pour favoriser l'honneur et la justice, et pour faire autant qu'il le pouvait, que la vertu fût aussi heureuse qu'elle méritait de l'être. Comme ces grandes qualités qui viennent plus du ciel que de la terre l'avaient toujours porté à mépriser ce que le monde promet de plus grand, il le quitta à l'âge de cinquante-cinq ans et se retira à l'abbaye de Port-Royal des Champs, où sa mère, six de ses sœurs et six de ses filles étaient religieuses.[349] Cette circonstance, qui marque sur une famille une des plus grandes et des plus visibles bénédictions de Dieu, est tellement singulière que je ne crois pas qu'elle ait d'exemple. C'est pendant cette retraite, laquelle a duré trente ans, qu'il a enrichi l'Eglise des beaux ouvrages qu'on voit dans les mains de tout le monde, et qui sont en telle quantité qu'on en a imprimé huit volumes in-

---

[347] Arnauld épousa Catherine, la fille de Simon Marion (1540-1604), avocat général au parlement de Paris. Dix de leurs enfants survécurent, dont huit sont énumérés par Perrault. Voici la liste complète de ces enfants, par ordre chronologique: Robert Arnauld d'Andilly, le sujet de cet éloge; Catherine (1590-1651), qui devint la femme d'Antoine Le Maître; Jacqueline (1591-1661), en religion la mère Angélique; Jeanne (1593-1671), en religion la mère Agnès; Anne (1594-1653), en religion Anne de Sainte-Eugénie de l'Incarnation; Henri (1597-1692), qui sera nommé évêque d'Angers en 1649; Marie (1600-1642), en religion Marie de Sainte-Claire; Simon (1603-1639), le lieutenant; Madeleine (1608-1645); et Antoine, *dit* le grand Arnauld.

[348] Arnauld d'Andilly devint premier commis de son oncle Isaac Arnauld, intendant des finances, en 1604; ensuite il fut secrétaire de M. Schombert, surintendant des finances, en 1620, puis intendant général de la maison de Gaston d'Orléans et, enfin, intendant de l'armée du Rhin en 1634.

[349] Il se retira à Port-Royal en 1645. Il avait eu 15 enfants de sa femme, Catherine, avant la mort de celle-ci en 1637. Ses six filles l'avaient déjà précédé à Port-Royal: Catherine (1615-1643), en religion sœur Catherine de Sainte-Agnès; Angélique (1624-1684), en religion mère Angélique de Saint-Jean; Marie-Charlotte (1627-1678), en religion sœur Marie-Charlotte de Sainte-Clair; Marie-Angélique (1630-1700), en religion sœur Marie-Angélique de Sainte-Thérèse; Anne-Marie (1631-1660), morte novice; et Elisabeth, morte pensionnaire à l'âge de treize ans.

folio. Ce sont la plupart des histoires saintes tirées des plus excellents et des plus fidèles originaux, ou des traductions admirables des plus beaux ouvrages des Pères de l'Eglise, le tout écrit avec une extrême élégance et une très grande pureté de langage, et surtout avec une force et une onction qui marquent en même temps et la générosité naturelle de son âme et la grâce de l'Esprit Saint dont il était animé.

A l'exemple de ces illustres Romains qui cultivaient leurs champs lorsque les affaires de la république leur permettaient de s'y appliquer, il se plut extrêmement au jardinage aux heures de son loisir.[350] Il philosopha si profondément sur la nature des arbres, sur ce qui leur est propre ou contraire, et par les diverses observations qu'une longue expérience lui fit faire, il en prit une si parfaite connaissance que personne jusqu'à lui n'a porté plus loin cet art aimable et innocent.

Il semble que Dieu ait voulu récompenser sur la fin de sa vie son parfait désintéressement. Car le roi instruit du mérite et de la capacité de monsieur Arnauld de Pomponne son fils, le fit ministre et secrétaire d'Etat lorsqu'il était ambassadeur en Suède, et ce choix fit plaisir à toute la France.[351] Monsieur d'Andilly a vécu près de quatre-vingt-six ans dans une vigueur parfaite et de corps et d'esprit, aimant ses amis avec tendresse et ayant été aimé d'eux avec respect, heureux selon le monde, et mille fois plus heureux selon Dieu, qu'il a toujours préféré à toutes choses, n'ayant rien désiré ardemment sur la terre que l'Eternité, dans laquelle il est entré le vingt-troisième septembre 1674 par une mort très sainte et conforme à toute sa vie.

---

[350] A Port-Royal Arnauld d'Andilly devint surintendant des jardins.
[351] Simon Arnauld, marquis de Pomponne (1618-1699), secrétaire d'Etat des Affaires Etrangères de 1672 à 1679.

Antoine Rossignol
M.ᵉ des Comptes.

ANTOINE ROSSIGNOL
MAITRE DES COMPTES
[1600-1682]

On a toujours regardé comme une chose admirable que les hommes aient trouvé le moyen de se communiquer leurs pensées, toutes spirituelles qu'elles sont, par des caractères corporels, et qui d'eux-mêmes n'ont aucune ressemblance avec les choses qu'ils signifient; mais si l'on a lieu de s'étonner qu'un homme devine la pensée d'un autre par ces caractères, lors même qu'ils sont formés pour la donner à entendre, combien est-il plus surprenant qu'il ait l'industrie de la deviner, lorsque ces mêmes caractères ont été faits pour la cacher et la dérober à sa connaissance. Cependant c'est ce que font tous les jours ceux qui ont l'art de déchiffrer, secret si admirable qu'il n'y a que l'accoutumance de le voir pratiquer qui empêche qu'on n'y croie du miracle. Entre ceux qui ont eu ce talent, personne ne l'a possédé au point de perfection qu'on a remarqué dans celui dont je parle.

Il naquit dans la ville d'Albi le premier jour de l'année 1600 et ses parents, les plus considérables de cette ville, eurent un très grand soin de son éducation.[352] Il s'appliqua fortement à l'étude des sciences les plus difficiles, et particulièrement des mathématiques, où son esprit, vif et pénétrant au-delà de ce qu'on peut s'imaginer, lui fit découvrir en peu de temps ce qu'elles ont de plus caché et de plus curieux; il parvint par la connaissance exacte de ces sciences, et principalement par la force de son génie à deviner toutes sortes de chiffres, sans en avoir presque trouvé un seul pendant toute sa vie qui lui ait été impénétrable. Ce fut en l'année 1626 et au siège de Réalmont, ville de Languedoc alors en la puissance des Huguenots, qu'il fit son premier coup d'essai. Elle était assiégée par l'armée du roi que commandait monsieur le prince de Condé, et elle faisait une telle résistance que ce prince était sur le point de lever le siège, lorsqu'on surprit une lettre des assiégés écrite en chiffre, où les plus habiles en l'art de déchiffrer ne purent rien comprendre. Elle fut donnée à monsieur Rossignol qui la déchiffra sur le champ, et dit que les assiégés mandaient aux Huguenots de Montauban qu'ils manquaient de poudre, et que s'il n'y était pourvu incessamment ils se rendraient aux ennemis. Le prince de Condé envoya aux assiégés leur lettre déchiffrée, ce qui les obligea de se rendre dès le jour même La chose ayant été rapportée au cardinal de Richelieu,* il fit venir à la Cour monsieur Rossignol qui donna des preuves si étonnantes de son habileté, que ce grand cardinal malgré son

---

[352] Selon certains, Rossignol naquit en 1599, date qui justifierait l'âge de 83 ans qu'il avait au moment de son décès, comme Perrault le dira plus loin.

génie extraordinaire qui l'empêchait d'admirer bien des choses, ne pouvait néanmoins se lasser d'en marquer de l'étonnement. Il servit très utilement pendant le siège de La Rochelle, en découvrant les secrets des ennemis par leurs lettres interceptées qu'il déchiffrait toutes sans presque aucune peine.[353] Ce grand ministre récompensa son mérite de plusieurs bienfaits, et le roi Louis XIII le recommanda en mourant à la reine, comme un homme des plus nécessaires au bien de l'Etat. Le roi, qui connaît si parfaitement les talents des hommes, l'a toujours honoré d'une estime très particulière qu'il a marquée par des grâces continuelles et par une pension considérable qui lui a été continuée pendant toute sa vie. Il est vrai qu'on ne sait point en détail ni le nombre, ni l'importance des services qu'il a rendus, les conspirations qu'il a découvertes, les villes dont ses lumières ont facilité la conquête, celles qu'il a empêché d'être prises, les batailles gagnées, et les défaites évitées en apprenant par son moyen les desseins, les entreprises, et toutes les pensées des ennemis, parce qu'il a gardé là-dessus un silence inviolable; mais l'ignorance où nous sommes de ces services a une si belle cause, qu'elle ne lui est pas moins honorable que la connaissance de ce qu'il a fait pour le bien du royaume.

Il a servi l'Etat pendant cinquante-six années,[354] et il a servi Dieu pendant toute sa vie qu'il a passée dans une méditation presque continuelle de l'Ecriture Sainte, autant réservé à vouloir sonder les secrets que Dieu s'est réservé à lui seul et qu'il est bon que nous ignorions, qu'il était vif à pénétrer les secrets des hommes qu'il est utile de savoir; autant humble et soumis dans les choses de la foi qu'il était supérieur dans toutes celles qui sont du ressort des sens et de la raison. Le roi lui fit l'honneur d'aller voir, en revenant de Fontainebleau, sa maison de campagne à Juvisy qui était fort belle. Monsieur Rossignol reçut Sa Majesté avec un tel excès de joie (car jamais personne n'a eu plus que lui de zèle pour son prince) que le roi qui s'en aperçut, et qui craignit qu'il ne s'en trouvât mal dans l'âge avancé où il était, eut la bonté d'ordonner à son fils qui le suivait de le quitter, et de s'aller rendre auprès de son père pour avoir soin de sa santé. Il mourut peu de temps après, âgé de quatre-vingt-trois ans, mais d'une mort si douce et si tranquille qu'on ne pouvait pas douter qu'elle ne fût un passage à la vie bienheureuse. Il avait l'âme grande et désintéressée, il fut plus à ses amis qu'à lui-même, et sa principale attention était de leur faire plaisir. Il épousa Catherine Quentin de Richebourg dont il a laissé deux enfants Charles Bonaventure Rossignol seigneur de Juvisy et président à la

---

[353] Siège de La Rochelle, 1627-28.

[354] Rossignol fut secrétaire de Richelieu chargé du chiffre à partir de 1628; il resta au service de Mazarin et devint conseiller d'Etat en 1645, puis maître ordinaire de la chambre des comptes.

chambre des comptes de Paris, et dame Marie Rossignol femme de monsieur Croiset président en la quatrième chambre des enquêtes.

RENE DESCARTES
PHILOSOPHE
[1596-1650]

Ceux qui ont eu la force de faire changer de face aux choses qu'ils ont trouvé établies dans le monde, ont toujours été considérés comme des hommes extraordinaires, surtout lorsque ce changement était difficile à faire ou d'une utilité considérable. Suivant ce principe on doit estimer beaucoup celui dont je parle. La philosophie d'Aristote était établie partout et de telle force qu'il n'était pas permis d'aller contre le sentiment et les décisions de ce philosophe. La raison même ne tenait pas devant lui, et il fallait qu'elle se tût dès qu'il parlait. Cependant, Descartes a avancé des maximes toutes différentes des siennes: il a pris dans la physique des routes toutes opposées, et il a eu la force de les faire préférer par les trois quarts du monde à celles d'Aristote, qui jusqu'à lui avaient paru les seules véritables.

Il fut fils de Joachim Descartes, conseiller au parlement de Bretagne, et naquit à La Haye en Touraine le 31 mars de l'année 1596.[355] L'inclination naturelle qu'il avait à vouloir connaître les causes de toutes choses, et les questions continuelles qu'il faisait à son père pour s'en instruire faisaient qu'il l'appelait ordinairement son philosophe. Lorsqu'il se trouva assez fort pour commencer ses études, car il était né fort delicat, son père le mit au collège de La Flèche sous la conduite du père Charlet[a] son parent, et ensuite sous celle du père Dinet depuis confesseur des rois Henri IV et Louis XIII.[356] Il surpassa tous ses compagnons dans tout ce qu'on leur enseignait, et particulièrement dans la poésie qu'il a toujours beaucoup aimée. Il aimait aussi avec passion la lecture de tous les bons livres sur quelque matière que ce fût, contre la coutume de plusieurs philosophes qui méprisent tout ce qui n'est pas philosophie ou pure mathématique. Outre l'étude des belles lettres qu'il fit au collège, il y fit aussi des amis qu'il conserva toute sa vie, entre autres Marin Mersenne* qui fut depuis minime, grand amateur de la philosophie et des mathématiques et qui était comme son résident à Paris pour ses affaires de

---

[355] Notre philosophe fut le fils d'Olympe-Joachim Descartes (1553-1640). Pour ce paragraphe (jusqu'à «...ce qu'il y avait appris») Perrault s'inspire de la *Vie de Monsieur Descartes réduite en abrégé* (1692), pp. 1-14.

[356] Sur le père Charlet, voir la *Vie de Monsieur Descartes* (1691) de Baillet, ouvrage que Perrault lui-même évoquera à la fin de son éloge. Le père Jacques Dinet (1584 ou 1580-1653) fut confesseur de Louis XIII de mars à mai 1643, et de Louis XIV de 1653 jusqu'à sa propre mort.

philosophie.[357] Il acheva ses études à l'âge de seize ans peu satisfait de ce qu'il y avait appris.[358] Il ne voulut retenir de la logique qu'on lui avait enseignée que les quatre principes qui suivent: on ne doit tenir pour vrai que ce qui est très évident; qu'il faut diviser les choses pour les connaître; qu'il faut conduire ses pensées par ordre; et qu'il ne faut rien omettre dans ce qu'on divise. Il en fit de même de la morale, dont il ne voulut retenir que ces quatre maximes: qu'il faut obéir aux lois et aux coutumes de son pays; qu'il faut être ferme dans ses résolutions, et suivre aussi constamment les opinions douteuses, quand on s'est une fois déterminé, que les plus assurées; qu'on doit travailler plutôt à se vaincre soi-même qu'à vaincre la fortune; et qu'il faut rechercher la vérité sur toutes choses, et en faire son principal emploi sans blâmer les occupations des autres.

En entrant dans le monde il se jeta dans le jeu et dans les autres divertissements de la jeunesse, dont il se lassa bientôt, et qu'il quitta pour faire de l'étude de la vérité et son emploi et son plaisir.[359] Pour cet effet il chercha la solitude pendant toute sa vie, et si ses talents extraordinaires ne lui avaient attiré des amis qui allaient le déterrer quelque part où il se cachât (soit à Paris dans l'extrémité des faubourgs, soit en Hollande dans les lieux les plus retirés, entre lesquels le village d'Egure fut celui où il demeura le plus longtemps à diverses reprises), il aurait passé toute sa vie éloigné du monde, content des découvertes qu'il faisait dans toutes les sciences.[360] Quoiqu'il eût beaucoup lu, il prétendait devoir uniquement ce qu'il savait à ses méditations, et qu'il aurait écrit les mêmes choses que nous avons de lui quand il n'aurait jamais étudié. Il a examiné à fond toutes les parties de la philosophie, particulièrement la physique et la métaphysique. Il établit comme premier principe de connaissance: *je pense, donc je suis*, principe d'une évidence incontestable dont il en déduit d'autres, et de ceux-là une infinité de propositions, qui par l'enchaînement nécessaire qu'elles ont, ou qu'elles paraissent avoir les unes avec les autres, se font recevoir de l'esprit d'une manière presque invincible.[361]

---

[357] *Résident*:«Celui qui est envoyé de la part d'un souverain vers un autre, pour résider auprès de lui, et qui est moins qu'un ambassadeur et qu'un envoyé, et plus qu'un agent» (*Dictionnaire de l'Académie*, 1694).

[358] Selon Baillet, on mit Descartes en pension à La Flèche «après l'hiver de l'an 1604»; les ouvrages de référence modernes donnent 1606. Descartes termina ses études en 1612 mais, selon Baillet, au sortir du collège, «il était satisfait de ses maîtres».

[359] Selon Baillet, il faut situer cette période de libertinage entre 1613 et 1616 (*Abrégé*, pp. 20-23). Ensuite, Descartes fut militaire de 1616 à 1619. Il s'installa à Paris en 1622, mais, pour échapper aux distractions de la vie mondaine, partit pour la Hollande en 1629.

[360] *Egure*: Egmond, où Descartes résida de 1643 à 1649.

[361] Le résumé de la philosophie et de la physique de Descartes que Perrault fournit dans les deux paragraphes précédents aurait pu être extrait du seul *Discours de la*

A l'égard de la physique, n'étant point content de celle d'Aristote, laquelle explique toutes choses par le moyen des qualités qu'elle donne aux agents, sans se mettre en peine des moyens dont ces agents se servent pour opérer, et qui est plutôt une métaphysique qu'une physique, il trouve des causes mécaniques de tout ce que fait la nature, et il l'a fait travailler dans ses ouvrages à peu près de la même sorte que l'art, qui est son imitateur, travaille dans les siens; par ce moyen il satisfait l'esprit qui voit des choses, au lieu que dans la philosophie d'Aristote on n'entend souvent que des paroles. Que s'il n'a pas connu toutes les merveilles de la nature, il a mis ceux qui viendront après lui sur les voies de les connaître autant que l'homme en peut être capable.[362] Il eut pour amis tous les savants hommes d'un mérite distingué, à la réserve de ceux que sa manière nouvelle de philosopher souleva contre lui; car la hardiesse qu'il eut d'établir des maximes contraires à celles des anciens, lui suscita des ennemis qui lui ont fait une guerre continuelle, mais dont il a toujours triomphé par la solidité de son raisonnement, de même que par la modération de son esprit.[363] Il traita toujours les questions de philosophie en honnête homme, avec sincérité et prêt d'embrasser la vérité partout où l'on lui ferait voir qu'elle serait. Il fut estimé et aimé de tous ceux qui le connurent. La reine de Suède le voulut avoir auprès de sa personne, et elle devint si passionnée de sa philosophie qu'elle lui donnait tous les jours une partie considérable de son temps, se levant pour y vaquer à cinq heures du matin.[364] Elle le consultait même dans les affaires de conséquence. Il tomba malade à Stockholm et y mourut le onzième février 1650 à quatre heures du matin, âgé de cinquante-trois ans. Monsieur Dalibert, secrétaire du roi, eut tant d'estime pour lui, que pour faire honneur à sa mémoire (quoiqu'il ne le connût que de réputation et par ses ouvrages), fit apporter de Stockholm à Paris son corps embaumé et le fit enterrer dans l'église de Sainte-Geneviève après un service solennel, où tous les savants furent invités, et y fit mettre une épitaphe.[365] Sa vie a été écrite et est dans les mains de tout le monde, c'est pourquoi je n'entreprendrai pas de rapporter ici tout ce qui lui est arrivé de considérable, ni tous les ouvrages qu'il a composés.

---

méthode (1637).

[362] Perrault formule déjà, sur la physique de Descartes, l'opinion qui sera bientôt celle de Voltaire, entre autres. (Voir les *Lettres philosophiques*, quatorzième lettre, 'Sur Descartes et Newton'.)

[363] Descartes se vit critiqué par Hobbes, le grand Arnauld et Gassendi, qui publièrent des objections à ses *Méditations métaphysiques* (1641). En 1648, lors d'un séjour à Paris, Descartes se réconcilia avec Hobbes et Gassendi.

[364] A la demande de la reine Christine, Descartes partit pour la Suède en 1649.

[365] Les restes de Descartes furent rapportés en France en 1666 et inhumés à Sainte-Geneviève-du-Mont en 1667.

Antoine le Maître
Advocat au Parlement

ANTOINE LE MAITRE
AVOCAT
[1608-1658]

Rien ne serait plus avantageux pour former l'éloge de monsieur Le Maître, que de marquer la gloire qu'il s'est acquise par son éloquence, s'il ne lui était encore plus glorieux d'avoir renoncé a cette même gloire par un mouvement d'humilité chrétienne. Il naquit le 2 mai de l'année 1608. Son père, Isaac Le Maître, était maître des comptes, et sa mère, Catherine Arnauld, était sœur de monsieur d'Andilly,* de monsieur l'évêque d'Angers, et de monsieur Arnauld,* docteur de Sorbonne.366

Il commença à plaider à vingt et un ans, et il s'y prit d'une manière qui n'avait point encore eu d'exemple dans le barreau.367 Il y apporta l'éloquence de l'ancienne Grèce et de l'ancienne Rome, dégagée de tous les vices que la barbarie de nos pères y avait introduite. Ce fut un nouveau ciel et une nouvelle terre dans le bel art de la parole.368 Monsieur le chancelier Séguier* le choisit, quoiqu'il n'eût encore que vingt-huit ans, pour présenter ses lettres au parlement et aux autres cours supérieures.369 Il y a près de soixante ans que les harangues qu'il prononça alors ont été faites, et elles sont néanmoins dans une aussi grande pureté de langage que si elles venaient d'être composées. C'est une chose surprenante que cet excellent homme ait su non seulement se défendre des vices et des défauts de son temps, des jeux de mots, et des antithèses, qui faisaient alors les délices de l'orateur et de ses auditeurs, mais que, par la force de sa raison, il ait prévu et comme saisi par avance la manière parfaite de s'exprimer, qui n'a été en usage qu'après une longue suite d'années. Quand on songe que cette éloquence toute admirable qu'elle est, n'a été qu'une des moindres qualités de monsieur Le Maître, et que son humilité lui a fait renoncer à ce précieux don de la parole par la seule raison que ce merveilleux avantage l'allait combler d'honneurs et de richesses, il est malaisé de se faire une assez noble idée de ce grand homme, et quelque justice que la France ait rendue à son mérite, on n'y a pas fait encore assez

---

366 Comme il fallait s'y attendre dans le cas d'un Arnauld, famille hautement respectée par Perrault, le texte de cet éloge est beaucoup plus riche et complet que la notice rédigée par Moréri dans son *Dictionnaire* (1694). D'ailleurs, Moréri dit à tort que la mère d'Antoine Le Maître s'appelait Marguerite. Isaac Le Maître, maître des comptes et père d'Antoine, épousa Catherine Arnauld en 1603 et mourut en 1640.

367 Antoine Le Maître commença à plaider en 1629.

368 Cf. «Je vis ensuite un ciel nouveau et une terre nouvelle; car le premier ciel et la première terre étaient passés, et la mer n'était plus», Apocalypse XXI, 1.

369 En 1636.

d'attention. Quoiqu'il en soit, plusieurs osent opposer ce seul orateur aux plus excellents orateurs de Rome et d'Athènes. Monsieur le chancelier en reconnaissance de l'honneur qu'il lui avait fait au parlement, au grand conseil et à la cour des aides (car il prononça des harangues devant ces trois tribunaux toutes différentes l'une de l'autre, et toutes également éloquentes), lui envoya un brevet de conseiller d'Etat avec les appointements attachés à cette dignité.[370]

Au milieu des honneurs qui vinrent en foule, et qui en amenaient encore beaucoup d'autres plus grands et plus solides, il prit la résolution de se retirer entièrement du monde lorsqu'il semblait le devoir aimer davantage.[371] Plusieurs crurent qu'il allait éclater dans la chaire, comme il avait fait dans le barreau pour s'ouvrir par là un chemin aux premières dignités de l'Eglise. Mais il écrivit à monsieur le chancelier en lui renvoyant ses lettres de conseiller d'Etat, que Dieu lui avait fait la grâce de renoncer sincèrement au monde, et que son désir n'était pas, comme quelques-uns témoignaient le croire, de changer d'ambition, mais de n'en plus avoir. Sa retraite pendant plus de vingt ans a toujours été accompagnée des exercices d'une très austère pénitence, et de l'étude des livres saints qu'il a lus avec un respect et une application inconcevables.

Il mourut le 4 novembre de l'année 1658, âgé de cinquante ans, dans des sentiments de piété dignes de sa vie, et surtout dans une vive reconnaissance de la grâce que Dieu lui avait faite de l'avoir arraché de bonne heure aux caresses du monde; on le vit plusieurs fois verser des larmes au commencement de sa maladie, dans le souvenir d'une si grande miséricorde. Outre ses plaidoyers et les harangues dont nous avons parlé, il a composé plusieurs ouvrages dans sa retraite, entre lesquels est la *Vie de saint Bernard* qu'on peut regarder comme un chef d'œuvre d'éloquence chrétienne, et comme l'échantillon d'un plus grand ouvrage qu'il méditait.[372] Il avait remarqué avec douleur que plusieurs vies des grands hommes qui ont éclaté dans l'Eglise par leur sainteté, et particulièrement celles qui nous ont été données dans ces derniers siècles, sont mêlées de fables et de mensonges que l'ignorance et le faux zèle des écrivains y ont mêlées; pour remédier à un si grand mal il s'était appliqué à rechercher dans les bons auteurs contemporains, comme dans de pures sources, les véritables actions et le véritable caractère de ces grands hommes, pour en faire ensuite le tissu de leur vie sur le modèle de celle dont je viens de parler. C'est sur les mémoires qu'il en a faits, qu'une personne de grande piété, et d'une profonde érudition, et qui a eu le bonheur de passer avec lui

---

[370] Il devint conseiller d'Etat en 1636.
[371] Le Maître se retira à Port-Royal en 1638.
[372] *Vie de saint Bernard*, 1648.

plusieurs années, a composé l'excellente *Histoire Ecclésiastique*, dont il a déjà donné quelques volumes qui apparemment seront suivis de plusieurs autres.[373]

Il a eu un frère d'un très grand mérite connu partout sous le nom de monsieur de Sacy; c'est à lui qu'on doit la traduction de tout le Vieux Testament, laquelle a paru depuis quelques années avec des notes très pleines de savoir et de piété.[374] On fait espérer la traduction du Nouveau Testament du même auteur avec de semblables remarques.[375] On lui doit aussi la traduction du poème de saint Prosper contre les ingrats, et en vers et en prose, et la traduction des hymnes de tout l'office de l'Eglise; ce dernier ouvrage est un véritable chef-d'œuvre en son espèce.[376]

---

[373] Il s'agit très probablement de l'*Histoire ecclésiastique* dont Claude Fleury (1640-1723) publia les vingt premiers volumes entre 1691 et 1720.

[374] Il s'agit de Louis-Isaac le Maître de Sacy (1613-84). La traduction intégrale de l'Ancien Testament parut entre 1672 et 1695. Le Maître de Sacy en publia divers livres, et ses amis achevèrent son œuvre après sa mort.

[375] Cet ouvrage, également commencé par Le Maître de Sacy, parut en 1667.

[376] Saint Prosper d'Aquitaine (*c.* 390-*c.*463); la traduction de son poème *De ingratis* parut en 1646. Les hymnes traduits par Le Maître de Sacy parurent dans les *Heures de Port-Royal* (1651-1652).

Jac. Lubin Sculp.

Pierre Gassendi

PIERRE GASSENDI
[1592-1655]

Pierre Gassendi méritait plutôt le nom de sage que celui de philosophe, parce que son âme était encore plus ornée de vertus que son esprit ne l'était de connaissances. Il naquit au mois de janvier de l'année 1592 dans un village proche de Digne, où dès l'âge de quatre ans on le voyait la nuit contempler avec une attention incroyable la lune et les étoiles. Lorsqu'il fut un peu plus âgé on l'envoya à Digne y faire ses études, où en peu de temps il donna des marques de son esprit et de ce qu'il serait un jour. Il fit sa philosophie à Aix, et au retour il enseigna la rhétorique à Digne, n'ayant encore que seize ans.[377] Après avoir passé un temps considérable dans les disputes de l'Ecole, il se consacra à l'état ecclésiastique, état plus tranquille et plus propre à vaquer à la philosophie. Il fut pourvu d'un canonicat dans la cathédrale de Digne, et le degré de docteur lui ayant obtenu une dignité qui lui fut disputée par plusieurs concurrents, il fut contraint d'aller plaider et à Grenoble et à Paris, où son mérite le fit connaître et lui fit beaucoup d'amis.[378] En l'année 1628 il[a] fit un voyage en Hollande avec monsieur L'huillier, maître des requêtes, où il s'acquit une très grande réputation par les conférences qu'il eut avec les excellents hommes de ce pays-là.

Quelque éclairé qu'il fût, il ne laissa pas de combattre longtemps la circulation du sang, et la communication du chyle avec le sang par les veines lactées; mais il en fut désabusé par les dissections que monsieur Pecquet,[379] qui le premier a découvert le canal thorachique, fit devant lui plusieurs fois; et lorsqu'il fut convaincu de la vérité de ces deux découvertes, il se réjouissait de les avoir connues avant sa mort, ajoutant qu'il regardait ces deux vérités qui se prouvent l'une par l'autre, comme les deux pôles de la médecine, sur lesquels elle devait rouler désormais; car il n'estimait pas la médecine ordinaire qui n'admet que le combat des qualités, et les différentes températures des humeurs, pour les causes de toutes les maladies. Il s'est rendu célèbre par bien des endroits, mais rien ne lui a acquis plus de réputation que la dispute qu'il a eue fort longtemps avec monsieur Descartes.*[380] C'étaient deux très excellents hommes, mais d'un caractère bien différent: Descartes n'était jamais plus aise que quand il avançait des propositions contraires aux opinions reçues, et Gassendi se

---

[377] Gassendi se rendit à Aix pour faire sa philosophie en 1609.

[378] Il obtint son doctorat en 1614 et fut nommé chanoine de Digne en 1615.

[379] Jean Pecquet (1622-1674) célèbre anatomiste qui devint le médecin de Fouquet.

[380] Voir sa *Disquisitio metaphysica...adversus Renati Cartesii metaphysicam* (1644).

faisait un plaisir de conformer les siennes autant qu'il le pouvait à celles qu'il trouvait établies. L'un se distinguait par la profondeur de ses méditations, l'autre par l'étendue de sa littérature; l'un voulait que tous ceux qui l'avaient devancé n'eussent presque rien connu dans les choses de la nature, l'autre tâchait à faire voir par de favorables interprétations, que les anciens avaient pensé les mêmes choses qu'on regardait comme nouvelles; l'un semblait entraîné par ses propres lumières, l'autre paraissait toujours en être le maître. En un mot on eût dit que l'un avait des connaissances plus grandes que son âme, et que l'autre avait l'âme plus grande que toutes ses connaissances.[381] Ses maximes de philosophie étaient composées de ce qu'Epicure et Démocrite ont eu de meilleur et de plus raisonnable, et il s'éloigna de tous les paradoxes outrés, soit qu'ils se trouvassent dans les anciens, soit qu'ils fussent soutenus par les modernes les plus excellents.[382] L'exacte piété dont il fit profession pendant toute sa vie ne servait pas peu à le rendre modéré et circonspect dans ses recherches philosophiques. Jamais il ne lui est rien échappé, en traitant des nouveaux systèmes de Tycho Brahé et de Copernic, qui pût blesser les dogmes de l'Eglise.[383] Il disait la messe tous les dimanches et toutes les fêtes, et c'était ordinairement dans l'église des minimes de la Place Royale où l'attirait le père Mersenne,* grand amateur de la philosophie et particulièrement des philosophes avec tous lesquels il avait fait amitié, leur servant merveilleusement à se communiquer leurs pensées les uns aux autres par le commerce de lettres qu'il avait soin d'entretenir.[384] Là, après la célébration des divins mystères, ils s'entretenaient ensemble, et avec plusieurs de leurs amis de diverses matières de philosophie ou de mathématique. On lui a reproché de n'en avoir pas su assez à fond quelques parties, comme l'algèbre et plusieurs secrets de la géométrie; mais soit qu'il ait ignoré effectivement ce qu'il y a de plus caché dans ces sciences, soit qu'il l'ait négligé, il ne peut qu'en être plus louable. Il y a quelque chose de petit à s'attacher trop à de petites choses, et même de l'imprudence à y consumer un temps qu'on peut employer plus utilement à

---

[381] Ces antithèses, où Perrault affirme sa vocation de moraliste, rappellent certains textes de La Rochefoucauld et de La Bruyère, par exemple le célèbre parallèle établi par ce dernier entre Corneille et Racine (*Les Caractères*, 'Des ouvrages de l'esprit', 54).

[382] Gassendi publia son ouvrage intitulé *De vita et moribus Epicurii* en 1647, et la *Syntagma philosophiæ Epicuri* en 1648.

[383] Tycho Brahé (1546-1601), astronome danois, nia le mouvement de la terre (*Introduction à la nouvelle astronomie*, 1588-1602); Nicolas Copernic (1473-1543), astronome polonais, démontra que la terre tourne autour du soleil (*Traité sur les révolutions du monde céleste*, 1543).

[384] Gassendi séjourna à Paris de 1629 à 1634, année où il entra en possession de la prévôté de Digne. Il fit un nouveau séjour dans la capitale de 1645 à 1647, période pendant laquelle il occupa la chaire de mathématiques au Collège royal.

d'autres connaissances. Il mourut le neuvième de novembre 1655, âgé de soixante-trois ans. Persuadé qu'il mourait pour avoir été trop saigné, il dit, après qu'on l'eut saigné pour la dernière fois, *il vaut mieux s'endormir doucement au Seigneur, après avoir ainsi perdu toutes ses forces que de perdre la vie avec de plus vifs sentiments de douleur.* Jamais personne n'a vécu d'une vie plus égale et plus uniforme, personne n'a eu plus d'amis illustres, et dont il ait été plus aimé, particulièrement depuis que monsieur de Montmort, maître des requêtes, dont la maison était le rendez-vous de tout ce qu'il y avait de gens de mérite et de science, l'avait pris chez lui.[385] Il fonda en mourant une messe annuelle et perpétuelle dans une chapelle à Digne, et des aumônes aussi annuelles et perpétuelles aux pauvres du même lieu.

---

[385] Henri-Louis Habert, seigneur de Montmort (mort en 1679), accueillit Gassendi chez lui à Paris en 1653; le philosophe y resta deux ans, jusqu'à sa mort.

Blaise Pascal

BLAISE PASCAL
[1623-1662]

Blaise Pascal, fils d'Etienne Pascal président en la cour des aides à Clermont en Auvergne, et d'Antoinette Bégon, naquit à Clermont le dix-neuvième juin 1623. Son père, qui n'avait que ce fils, ne put se résoudre à confier son éducation qu'à lui même; de sorte que celui dont je parle, n'est jamais entré dans aucun collège, et n'a jamais eu d'autre maître que son père, qui vint à Paris pour ne vaquer qu'à cette seule affaire, chose qui lui aurait été impossible dans la province, où l'exercice de sa charge et les visites de ses amis l'auraient trop occupé.[386] Sa principale maxime dans cette éducation fut de tenir toujours son fils au-dessus de son travail, c'est-à-dire de ne le faire étudier à quelque chose que ce fût, qu'il ne pût la comprendre avec facilité. Pour cet effet il ne voulut point commencer à lui apprendre le latin qu'il n'eût douze ans, et qu'après lui avoir rempli l'esprit d'un grand nombre d'autres connaissances moins difficiles.

Dans ce temps l'amour de la vérité, qui a toujours été la passion dominante de monsieur Pascal, lui donna un si grand désir d'apprendre les mathématiques, qu'il s'y appliqua de lui-même et malgré la défense de son père, qui désirant qu'il s'adonnât tout entier à l'étude des langues grecque et latine, craignait que les charmes qu'il trouverait dans les mathématiques, ne l'en détournassent. Cependant il poussa tout seul et tout jeune qu'il était ses recherches si avant, qu'il en vint jusqu'à la trente-deuxième proposition d'Euclide, sur la démonstration de laquelle son père le surprit un jour, non sans une extrême joie de voir le progrès étonnant que son fils avait fait dans cette science sans le secours d'aucun autre livre ni d'aucun maître.[387]

A l'âge de seize ans il fit un *Traité des sections coniques*, qui passa pour un si grand effort d'esprit, qu'on disait que depuis Archimède on n'avait rien vu de cette force.[388] Comme il ne s'est jamais soucié de la réputation, il ne voulut pas qu'on l'imprimât malgré les instances des amis de son père qui le souhaitaient avec ardeur, et pour la beauté de l'ouvrage et pour la circonstance de l'âge de l'auteur qui en relevait encore le mérite.[389] A dix-neuf ans il inventa et fit faire sous ses yeux cette machine

---

[386] Etienne Pascal se chargea de l'éducation de son fils en 1626, après la mort de sa femme. Il s'installa à Paris en 1631.

[387] C'est à l'âge de douze ans que Pascal aurait découvert la trente-deuxième proposition d'Euclide, selon laquelle la somme des angles internes d'un triangle est égale à la somme de deux angles droits. Dans ce récit de la jeunesse de Pascal, Perrault suit la *Vie de M. Pascal*, par sa sœur Gilberte Périer (1684).

[388] *Essai sur les coniques*, publié en 1640.

[389] A Paris, Roberval, Le Pailleur et Desargues, entre autres, fréquentaient la

admirable d'arithmétique avec laquelle on fait toute sorte de supputations, non seulement sans plume et sans jetons, mais sans savoir aucune règle d'arithmétique et sans aucune crainte de se tromper.[390] Il fut deux ans à la mettre dans la perfection où il l'a laissée, et cette longueur de temps ne vint point de la peine qu'il eut à inventer les mouvements, mais de la difficulté qu'il trouva à les faire bien comprendre aux ouvriers. Il s'appliqua ensuite à diverses expériences physiques, et particulièrement à celles par lesquelles on connaît la différente pesanteur de l'air, selon qu'il est plus ou moins éloigné de la terre, et avec lesquelles on prouve que cette pesanteur de l'air est cause de tous les effets qu'on avait attribués jusque-là à l'horreur qu'on voulait que la nature eût pour le vide.[391] Ces expériences ont purgé la philosophie de cette erreur grossière, et ont beaucoup servi à la connaissance des choses naturelles et dans les mécaniques, surtout au sujet des pompes qui agissent par attraction.

La Providence ayant fait naître une occasion qui l'obligea de lire des livres et des écrits de piété, Dieu l'éclaira de telle sorte par cette lecture, et lui fit voir si nettement qu'il devait être lui seul l'objet de toutes ses recherches, que dès ce moment il abandonna toutes les autres, et se donna tout entier à l'unique chose que Jésus-Christ appelle nécessaire.[392] Il n'est pas étonnant qu'un homme qui avait une si grande ouverture à toutes les belles connaissances, et qui a inventé tant de choses si curieuses, ait eu tant de justesse dans ses pensées, mais il est extraordinaire qu'il ait écrit avec une politesse et une pureté qui n'a pu être égalée que rarement par ceux mêmes, dont le talent et l'application principale se bornent au choix et à l'arrangement des paroles; c'est ce qu'on peut voir dans le recueil de ses pensées, qui ont été regardées par tout le monde comme un prodige de connaissance, de pénétration et de bon sens,[393] mais particulièrement dans un certain ouvrage qu'il fit à l'occasion d'une dispute arrivée en Sorbonne.[394] Il passe pour constant parmi toutes les personnes qui ont

---

maison d'Etienne Pascal.

[390] Le père de Pascal s'étant établi à Rouen en 1640, ce fut pour l'aider dans ses calculs que Blaise inventa en 1642 sa machine d'arithmétique.

[391] Ces expériences eurent lieu en 1647. La même année Pascal publia les *Expériences nouvelles touchant le vide* et la *Préface d'un traité du vide*.

[392] La «Première conversion» de Pascal se situe en 1646. L'année suivante, il alla chercher des soins médicaux à Paris et entra en relation avec Port-Royal. Perrault parle de nouveau de la seule chose qui est nécessaire, c'est-à-dire du salut, dans l'éloge de Pierre Lalemant.

[393] Il s'agit des *Pensées*, dont une première édition imparfaite parut en 1670. Pascal commença à élaborer son ouvrage sur la *Vérité de la religion chrétienne* en 1658 et travailla dessus pendant «les quatre dernières années de sa vie», dont Perrault parlera plus loin.

[394] Il s'agit des *Lettres provinciales* (1656-57), publiées par Pascal sous le nom de

quelque goût, que peu de choses en approchent parmi les écrits des anciens en fait de dialogue. Il est vrai aussi que tout y est pureté dans le langage, noblesse dans les pensées, solidité dans les raisonnements, finesse dans les railleries, et partout un agrément que l'on ne trouve presque point ailleurs. Quelques-uns ont prétendu que ceux qui lui fournissaient des mémoires pour cet ouvrage, ne l'ont pas toujours servi avec la dernière exactitude. Cet ouvrage a été traduit dans toutes les langues, et réimprimé tant de fois, qu'il est difficile d'en nombrer les éditions; cependant, on a ignoré toute sa vie qu'il en fût l'auteur.

Sa piété et sa charité n'ont pas été moins surprenantes que les lumières de son esprit. Dieu par une protection particulière le préserva de tous les vices de la jeunesse, et ce qui n'est pas moins étonnant pour un esprit de cette trempe et de ce caractère, de toute pensée de libertinage sur les matières de la religion, sa curiosité s'étant toujours bornée aux choses naturelles. Il reconnaissait en avoir l'obligation à l'exemple et aux instructions de son père, qui lui avait donné pour maxime que ce qui est l'objet de la foi, ne le saurait être de la raison; de sorte que le même esprit qui pénétrait si avant dans tous les secrets de la nature, était soumis sans aucune réserve à tous les mystères de la religion. Cette simplicité a régné en lui toute sa vie, et a fait qu'il s'est particulièrement appliqué à connaître et à pratiquer la morale chrétienne. Il eut encore deux autres qualités non moins singulières dans un esprit comme le sien, la patience et le renoncement général à toutes sortes de plaisirs.[395] Les indispositions fréquentes ou plutôt la maladie continuelle où il a passé les quatre dernières années de sa vie, ont été une longue épreuve de sa patience. Il ne pouvait avaler ce qui était liquide que chaud et goutte à goutte; il était en même temps obligé par l'ordonnance des médecins de prendre médecine de deux jours l'un; il les a toujours prises de cette sorte sans jamais s'en être plaint, et sans avoir donné la moindre marque d'impatience. Quand on voudra examiner toutes les circonstances de sa vie, on conviendra qu'il a été admirable en bien des choses. L'application qu'il eut aux belles connaissances, la délicatesse de son tempérament et surtout les austérités qu'il pratiqua pendant les dernières années de sa vie, abrégèrent beaucoup ses jours. Il mourut âgé de trente-neuf ans. Il est enterré à Paris dans l'église de Saint-Etienne-du-Mont.

Louis de Montalte. Le 23 janvier 1656 parut la *Première lettre écrite à un Provincial par un de ses amis, sur le sujet des disputes présentes de la Sorbonne*. Sur cette dispute voir l'éloge d'Antoine Arnauld.

[395] *Choses naturelles*: sciences naturelles. Perrault semble vouloir ruiner l'hypothèse d'une période mondaine dans la vie de Pascal qui se placerait, approximativement, entre 1648 et sa «deuxième conversion», la nuit de feu du 23 novembre 1654.

Claude Perrault
de L'Accademie Royalle des Sieuces

CLAUDE PERRAULT
DE L'ACADEMIE ROYALE DES SCIENCES
[1613-1688]

Celui dont je vais parler était tellement né pour les sciences, et particulièrement pour les beaux arts, qu'il n'y en avait presque point qu'il ne possédât à un degré qui étonnait ceux qui en faisaient une profession particulière, sans néanmoins avoir jamais eu de maîtres qui les lui eussent appris.[396] Celui où il parut exceller davantage, parce qu'il se présenta des occasions plus favorables de le faire éclater, ce fut l'architecture. Monsieur Colbert* ayant demandé des dessins pour la façade du devant du Louvre à tous les plus célèbres architectes de France et d'Italie, et ayant fait venir à Paris le cavalier Bernin, afin que ce grand homme exécutât lui-même son dessin, celui de monsieur Perrault fut préféré à tous les autres, et ensuite exécuté en la manière que nous le voyons.[397] Aussi peut-on dire que dans la seule façade du devant du Louvre, il y a autant de beauté d'architecture que dans aucun des édifices des anciens.

Quand on présenta le dessin de cette façade, il plut extrêmement; ce péristile, ces portiques majestueux dont les colonnes portent des architraves de douze pieds de long et des plafonds carrés d'une pareille largeur, surprirent les yeux les plus accoutumés aux belles choses, mais on crut que l'exécution en était impossible, et que ce dessin était plus propre pour être peint dans un tableau, parce que c'était encore seulement en peinture qu'on en avait vu de semblables, que pour servir de modèle au frontispice d'un palais véritable. Il a néanmoins été exécuté entièrement, sans qu'une seule pierre de ce large plafond tout plat et suspendu en l'air se soit démentie. C'est sur ses dessins que l'observatoire a été bâti, ouvrage non seulement singulier par sa construction dont la simple et majestueuse solidité n'a point d'égale, mais qui peut lui seul sans le secours d'aucun instrument de mathématique servir par la forme qui lui a été donnée à la

---

[396] Formule qui caractérise l'honnête homme, repris d'une manière comique par Mascarille dans *Les Précieuses ridicules* de Molière lorsqu'il affirme que «les gens de qualité savent tout sans avoir jamais rien appris» (Scène IX). A partir de cette phrase d'ouverture l'éloge du frère de Perrault est presqu'entièrement constitué de deux textes qui lui servent de sources: l'«Eloge de M. Perrault de l'Académie Royale des Sciences» publié dans le *Journal des Savants* du 28 février 1689; et l'«Eloge de Perrault» qui se trouve dans *L'Esprit du Mercure de France, depuis son origine jusqu'à 1792* (pp. 143-146).

[397] Les premiers dessins pour la façade du Louvre furent soumis en 1667 et modifiés en 1668. En 1670, le gros œuvre fut achevé et en 1672, le fronton mis en place. Malgré les protestations de Perrault, la paternité de la colonnade du Louvre soulève toujours des controverses.

plupart des observations astronomiques.[398] C'est aussi sur ses dessins que le grand modèle de l'arc de triomphe a été construit et qu'une partie considérable de ce même arc a été bâti d'après ce modèle.[399] De sorte qu'il a eu l'avantage d'avoir donné la forme aux trois plus beaux morceaux d'architecture qu'il y ait au monde. Monsieur Colbert* qui aimait beaucoup l'architecture voulant donner aux architectes de France les moyens de s'y perfectionner, lui ordonna de faire une nouvelle traduction de Vitruve, où l'on peut dire qu'il a réussi au-delà de ceux qui l'ont précédé dans ce travail; parce que, jusqu'à lui, ceux qui s'en sont mêlés étaient ou des savants qui n'étaient pas architectes, ou des architectes qui n'étaient pas savants.[400] Il avait ces deux qualités, et outre cela une connaissance singulière de toutes les choses dont parle Vitruve qui peuvent regarder en quelque sorte l'architecture, comme la sculpture, la peinture, la musique, les machines, et tous les autres arts qui en dépendent. Il dessinait en perfection l'architecture, en sorte que les dessins qu'il a faits de sa main, et sur lesquels toutes les planches de son Vitruve ont été gravées, sont encore beaucoup plus beaux, plus exacts et plus finis que ces planches, quoiqu'elles soient d'une beauté extraordinaire. Il fit ensuite l'abrégé du même Vitruve pour la commodité de ceux qui commencent à étudier l'architecture.[401] Il a fait encore un livre sur ce bel art, intitulé *Ordonnance des cinq espèces de colonnes selon la méthode des anciens*, où il donne les véritables proportions que doivent avoir les cinq ordres d'architecture, en s'éloignant également des extrémités où quelques-uns des architectes les ont portées, et les rendant commensurables les unes aux autres sans aucune fraction des parties du module, ce qui abrège infiniment l'étude de l'architecture.[402]

Quand l'Académie Royale des Sciences fut établie, il fut nommé des premiers pour en être et pour y travailler particulièremnt dans ce qui regardait la physique.[403] Ç'a été sur les dissections qui ont été faites dans cette célèbre Académie qu'il a dressé les *Mémoires pour servir à l'histoire naturelle des animaux*, lesquels ont été imprimés au Louvre en l'année 1676 et dont il en reste à imprimer un second volume qui a été laissé à

---

[398] L'observatoire fut projeté en 1667, et achevé pour l'essentiel en 1672.

[399] La première pierre de cet arc de triomphe, construit pour célébrer la conquête de la Flandre et de la Franche-Comté, fut posée en 1670; il resta inachevé et fut démoli sur l'ordre du régent peu après la mort de Louis XIV.

[400] Vitruve (1er siècle avant J.C.), architecte romain. La traduction par Claude Perrault de son traité *De architectura* parut pour la première fois en 1673, avant d'être republiée en 1684.

[401] *Abrégé des dix livres d'architecture de Vitruve*, 1674.

[402] L'*Ordonnance des cinq espèces de colonnes* vit le jour en 1683.

[403] L'Académie Royale des Sciences fut établie en 1666.

l'Académie après sa mort pour le revoir avant que de le mettre sous la presse.[404] Il a aussi composé quatre volumes d'essais de physique, dont le public a témoigné être fort satisfait, et particulièrement de l'abondance de nouvelles pensées qui s'y trouvent.[405] Il travaillait dans le temps qu'il est tombé malade à mettre en état un recueil de diverses machines de son invention toutes singulières. Il y en a pour élever de grands fardeaux où il évite le frottement, qui est un des grands obstacles qui se rencontrent au mouvement, et ce qu'on n'avait jamais espéré ni cru possible. Cet ouvrage sera donné au public incessamment.[406] Si je n'ai point parlé de son habileté dans la médecine qui était sa véritable profession, ce n'est pas, que studieux, sage et de profonde méditation comme il était, il n'y ait peut-être excellé autant et plus que dans aucune[a] autre connaissance, mais c'est que, dès qu'il fut appelé à l'Académie des Sciences, il ne l'exerça plus que pour sa famille, pour ses amis et pour les pauvres. Il mourut pour avoir assisté à la dissection d'un chameau, mort apparemment d'une maladie contagieuse, car tous ceux qui y furent présents (ce fut au Jardin Royal des Plantes que se fit cette dissection) en tombèrent malades. Dès qu'il fut mort la Faculté de Médecine de Paris qui connaissait son mérite, ordonna à son doyen de demander son portrait à ses héritiers, et elle l'a fait placer parmi ceux des Fernel, des Akakia, des Riolan et des Guenault dont elle orne la salle de ses assemblées.[407] Le registre qui fait foi de cette délibération parle de lui en cette sorte: *Die 6 novemb. ann. 1692 depicta, tabella M. Claudii Perrault ad me decanum H. M. missa ab illustrissimo fratre ipsius et dono data scholæ nostræ, appensa fuit in scholis nostris superioribus. Hic vir doctor medicus Parisiensis fuit, scholæ nostræ lumen ac sydus merito potest appelari. Varia in lucem ab eo sunt emissa opera physica, quibus nihil esse*

---

[404] *Mémoires pour servir à l'histoire naturelle des animaux*, 1671; une suite parut en 1676.

[405] *Essais de physique*, paru entre 1680 et 1688.

[406] *Recueil de plusieurs machines de nouvelle invention*, 1670. Les phrases qui suivent, jusqu'à la fin du paragraphe, sont les seules de cet éloge qui ne sont tirées ni du *Journal des Savants* ni du *Mercure*.

[407] Jean Fernel (1497-1558), premier médecin de François Ier, ouvrit la voie à la médecine scientifique et publia, entre autres ouvrages, un traité intitulé *Medecina* en 1554. Akakia, nom d'une famille de médecins des XVIe et XVIIe siècles; le premier, Martin, médecin de François Ier, s'appelait *Sans-Malice*, dont *Akakia* est la traduction grecque. Jean Riolan (1539-1605), professeur d'anatomie et de médecine à l'université de Paris, publia des commentaires sur le *Traité de médecine* de Fernel; son fils Jean (1580-1657) devint professeur d'anatomie et de pharmacie à la faculté de médecine de l'université de Paris. François Guenault (1590-1667), médecin du prince de Condé, de Gaston d'Orléans et d'Anne d'Autriche, fut à la tête des antimonieurs et des émétisseurs, et lutta contre les nouvelles théories chimiques; son père, Pierre, fut médecin de Henri IV.

pictius aut elegantius aut verosimilius. Vitruvium gallice reddidit et illustravit. Mathematicarum disciplinarum laude, picturæ, architecturæ, musicæque fuit inter cæteros ævi nostri præstantissimos viros, præstantissimus. Dum cameli putrescentis viscera curiosius indagat scrutaturque scapello, tetra quadam aura afflatus, mox e vivis ereptus est. Sicut tanti viri memoria vivet apud doctos quosque: sic apud nos collegas ipsius perpetua esse debet, pag. 95 tom. 17 commentar. facult. med. paris.

Ce qu'on peut dire en général de monsieur Perrault, c'est que s'il s'est trouvé plusieurs personnes qui ont excellé plus que lui dans quelques-uns des talents qu'il a possédés, il ne s'en est guère rencontré dont le génie et la capacité se soient étendus tout à la fois à tant de choses différentes. Il mourut le 9 octobre 1688 âgé de soixante-quinze ans.

Francois de Malherbe.

FRANÇOIS DE MALHERBE
1555-1628

Ce n'est pas sans raison que la ville de Caen est renommée pour le bel esprit, comme naturel en quelque sorte à ses habitants. Quand elle n'aurait pas donné un nombre presque infini d'hommes de lettres, remarquables particulièrement par la finesse et par la beauté de leur génie, il lui suffirait d'être le berceau de Malherbe pour mériter les louanges que l'on lui donne.[408] Il y naquit en l'année 1555.[409] Il était de l'ancienne maison de Saint-Aignan de Malherbe qui a porté si longtemps les armes en Angleterre, et qui s'y rendit beaucoup plus considérable qu'au lieu de son origine, où elle déchut si fort avec le temps que le père de Malherbe n'était qu'assesseur à Caen.[410] Le jeune Malherbe fit ses études dans cette ville avec Jacques Davy du Perron* depuis cardinal, et Jean Bertaut depuis évêque de Séez.[411] Ils ont été tous trois d'excellents poètes. Le père de Malherbe s'étant fait huguenot sur la fin de sa vie, son fils en eut un si sensible déplaisir qu'il quitta le pays et se mit au service de monsieur d'Angoulême fils naturel de Henri second, le suivit en Provence dont il était gouverneur, et demeura dans sa maison jusqu'au jour que ce prince fut assassiné par Altoviti en 1586.[412] Il épousa la veuve d'un conseiller, fille d'un président de Provence, appelée Madelaine de Carriolis dont il eut plusieurs enfants qui moururent tous avant lui.[413]

La réputation de Malherbe se répandit en peu de temps de tous côtés et alla jusqu'au roi Henri IV par les bons offices du cardinal du Perron.* Le roi ayant demandé un jour à ce cardinal s'il ne faisait plus de vers, il lui répondit qu'il avait quitté cet amusement depuis que Sa Majesté lui avait fait l'honneur de l'employer dans ses affaires, et il ajouta qu'il ne fallait pas que personne s'en mêlât après un certain gentilhomme de Normandie

---

[408] Parmi les hommes illustres de Perrault, Malherbe, Sarasin et Bochart (naquirent à Caen.

[409] A partir de cette phrase, les deux premiers paragraphes de cet éloge s'inspirent de très près de la *Vie de monsieur Malherbe* (1672) par le poète Racan (1589-1670). Pour les deux derniers paragraphes, où Perrault formule un jugement sur les vers de Malherbe, il se fonde sur son goût personnel et celui de son époque.

[410] *Assesseur*: Adjoint d'un magistrat dans l'exercice de ses fonctions.

[411] Jean Bertaut (1552-1611), poète, évêque de Séez en 1600.

[412] Henri, chevalier d'Angoulême (né après 1548, mort en 1586), fils naturel de Henri II et d'une Ecossaise, Mlle Fleming, de la maison de Leviston, fille d'honneur de Marie Stuart. Il fut tué dans un combat avec Philippe de'Altovitis (1550-1586), capitaine des galères du roi.

[413] Malherbe écrivit même un sonnet sur la mort de son fils, *Que mon fils ait perdu sa dépouille mortelle.*

habitué[414] en Provence nommé Malherbe, qui avait porté la poésie française à un si haut point de perfection, qu'il n'était pas possible d'en approcher. Cependant Malherbe ne vint à la cour que deux ou trois ans après, vers l'année 1605, un peu avant que le roi partît pour remettre dans le devoir la province de Limousin. Sa Majesté lui ayant ordonné de faire des vers sur son voyage, il lui présenta à son retour des stances qui lui acquirent beaucoup de réputation, et dont le roi fut si content qu'il commanda à monsieur de Bellegarde de lui donner sa maison jusqu'à ce qu'il l'eût fait mettre sur l'état de ses pensionnaires.[415] Ce seigneur lui donna sa table, un cheval et mille livres d'appointement. M. de Racan qui était alors page de la chambre, fit amitié avec Malherbe qui lui apprit à faire des vers, et cette amitié dura toujours. La reine Marie de Médicis après le décès d'Henri IV donna cinq cents écus de pension à Malherbe.

Son talent principal dans la poésie française, consistait dans le tour qu'il donnait aux vers, que personne n'avait connu avant lui, que tous les poètes qui sont venus ensuite, ont tâché d'imiter, mais où très peu sont parvenus. Il réforma en quelque façon toute la langue, en n'admettant plus les mots écorchés du latin, ni les phrases tournées à la manière des Latins ou des Grecs, ce qui a défiguré la plupart des ouvrages de ceux qui l'ont précédé, et particulièrement ceux de Ronsard, quoique ce poète crût leur donner par là une grande beauté et une majesté admirable.[416] Ce n'est pas que Malherbe n'employât plus volontiers les expressions un peu anciennes, qu'il appelait ses bonnes amies parce qu'il s'en était toujours bien trouvé, que les mots qui étaient encore un peu nouveaux, dont il disait qu'on ne pouvait trop se donner de garde parce que la plupart mourraient dès qu'ils étaient nés, mais il y a bien de la différence entre des mots anciens et des mots barbares tels qu'on peut appeler un grand nombre de ceux dont Ronsard s'est servi, et la plupart des autres poètes de ce temps-là. Le soin qu'a eu Malherbe de s'abstenir de ces sortes d'expressions, que le mauvais goût qui régnait alors faisait trouver nobles et hardies, a fait dire à quelques-uns qu'il n'était pas si grand poète qu'il était bon versificateur; mais si l'on examine bien ses ouvrages et les odes particulièrement, qui presque toutes sont des chef-d'œuvres, on n'y trouvera pas moins de force,

---

[414] *Habituer*: «Etablir sa demeure en un autre pays que le sien» (*Dictionnaire de l'Académie Française*, 1694).

[415] Roger de Saint-Lary, duc de Bellegarde servit sous Henri III, Henri IV et Louis XIII, et mourut sans postérité en 1646 à l'âge de quatre-vingt-trois ans. Le poème dont il est question s'intitule *Prière pour le roi allant en Limousin*, octobre 1605.

[416] Perrault se fait ici l'écho de son ennemi, La Bruyère, défenseur des anciens, qui écrivait dans la cinquième édition de ses *Caractères* (1690), «Ronsard et les auteurs ses contemporains ont plus nui au style qu'ils ne lui ont servi» ('Des ouvrages de l'esprit', 42).

d'élévation et d'enthousiasme que de justesse, de douceur et d'harmonie. Il est vrai qu'il s'en faut beaucoup que tout ce qu'il a fait soit d'une égale bonté et que ce qu'il a composé étant vieux est infiniment meilleur que ce qu'il a fait dans sa jeunesse; mais c'est l'ordinaire des poètes, dont le bon sens est la partie dominante, comme elle l'était en celui dont je parle, à la différence de ceux qui n'ont que de l'imagination, laquelle s'affaiblit presque toujours avec l'âge.

Quoiqu'il en soit, la face de la poésie changea entièrement quand il vint au monde.[417] Il fut reconnu le maître dès qu'il parut, et tous ceux qui se mêlaient de ce bel art n'avaient point de honte d'en recevoir des leçons. La plupart des règles qui s'observent aujourd'hui pour la belle versification, ont été prises dans ses ouvrages, dont les beaux endroits sont encore dans la bouche de tout le monde. Personne n'a jamais reçu plus de louanges de ceux de sa profession, et ne leur en a moins donné, parce qu'il ne trouvait presque rien qui répondît à l'idée qu'il s'était faite de la noble et grande poésie. Il a composé divers ouvrages de prose qui auraient suffi pour le rendre illustre. Il a traduit le *Traité des bienfaits* de Sénèque d'un style qui ne fait point de tort à son original, et le recueil de ses lettres peut servir de modèle en ce genre d'écrire; mais le grand éclat de sa poésie a presque effacé tout le mérite de sa prose.[418] Il mourut en l'année 1628 âgé de soixante-treize ans. Ses ouvrages feront honneur éternellement et à la France et à son siècle.

---

[417] On se souviendra du célèbre vers de Boileau, autre défenseur des anciens, «Enfin Malherbe vint» (*Art poétique*, I.131).

[418] Malherbe publia sa traduction du traité *Des Bienfaits* de Sénèque en 1639. Le poète soutint une importante correspondance, avec Peiresc entre autres; un recueil de ses *Lettres de consolation à Madame la princesse de Conti* vit le jour en 1614.

Jac. Lubin Sculp.

Jean Louis Guez de Balzac
de l'Academie Françoise

JEAN-LOUIS GUEZ SIEUR DE BALZAC
DE L'ACADEMIE FRANÇAISE
[*c*.1597-1654]

On peut dire que l'éloquence doit à monsieur de Balzac la même chose que la poésie doit à monsieur de Malherbe. Je veux dire que ces deux beaux arts ont reçu de ces deux grands hommes un certain nombre et une certaine harmonie que l'on ne connaissait point encore. C'était assez pour de la prose avant monsieur de Balzac de n'être pas barbare, et les orateurs, contents de faire entrer dans l'esprit de ceux qui les écoutaient ou qui lisaient leurs ouvrages des choses où il y eût de la raison et de l'esprit, ne songeaient presque point à contenter les oreilles par où ces mêmes choses devaient passer. Cependant le suffrage de l'entendement et de la volonté dépendent fort de celui des oreilles, et il est malaisé de plaire beaucoup aux uns sans avoir commencé par plaire aux autres. Monsieur de Balzac s'appliqua à donner du son, de la cadence et de la force à ses paroles par leur arrangement et leur situation, et il l'a fait si heureusement qu'il y a plus de distance de sa prose à celle de tous les autres qui l'ont precedé pour la douceur et la force de l'harmonie, qu'il n'y en a de cette même prose aux plus beaux vers des meilleurs poètes.

Quoique peu d'écrivains aient approché de monsieur de Balzac dans cette partie de l'éloquence, qui n'est pas assurément moins considérable que celle de l'action et de la prononciation, en quoi Démosthène faisait presque consister tout ce bel art, il est certain qu'il y en a eu encore moins qui l'aient égalé dans la beauté des pensées et dans le tour noble et majestueux qu'il savait leur donner. Tout devenait or en passant par ses mains. Quelques-uns lui ont reproché d'être trop fort dans l'exagération, mais l'éloquence dans le genre démonstratif ne consiste qu'à élever les choses les plus basses et à abaisser les plus hautes; que s'il a poussé quelque fois l'hyperbole un peu trop loin, ce n'a guère été que dans ses premières années où l'on doit pardonner cet agréable emportement à la jeune vigueur d'un grand génie. Le premier livre qu'il fit imprimer fut un recueil de ses lettres écrites à différentes personnes de toutes qualités.[419] Ce recueil fut reçu avec un applaudissement incroyable. On n'avait encore rien vu d'un style si élevé ni si agréable, et on ne saurait dire combien il s'en fit d'éditions pour satisfaire à l'empressement du public. Elles eurent aussi leurs censeurs en grand nombre; elles étaient trop belles pour en manquer. Celui qui se signala davantage par ses critiques fut le père Goulu,

---

[419] Ce recueil des lettres de Balzac parut en 1624.

général des feuillants.[420] Ce savant homme tout plein de l'amour des anciens auteurs, passion ordinaire aux savants, ne pouvant souffrir qu'un homme qui tâchait de s'élever au-dessus de la noble simplicité des anciens, eût la réputation de bien écrire, et regardant comme un défaut ce que tout le monde regardait comme une grande beauté, fit tous ses efforts pour décrier l'éloquence de monsieur de Balzac. Il entreprit de faire voir que tout ce qu'il y avait de bon dans les lettres de ce nouvel auteur était pris des anciens, et que ce qui était de lui était très vicieux. Il est vrai qu'il vint à bout par son savoir de montrer que quantité de bonnes choses qui étaient dans les lettres de monsieur de Balzac se trouvaient dans les anciens auteurs, mais il ne fit pas voir que monsieur de Balzac n'eût pas pensé de lui-même la plupart de ce qu'il supposait avoir été dérobé, étant comme impossible qu'un homme puisse rien dire qui n'ait été dit par un autre et qu'on ne trouve écrit quelque part quand on a beaucoup de lecture.[421] Il ne montra point non plus que ce qui était du fonds de l'auteur qu'il blâmait ne valût rien, à la réserve de quelques hyperboles un peu trop poussées comme je l'ai déjà remarqué, et une trop grande affectation d'être toujours soutenu dans les endroits mêmes qui ne le demandaient pas, affectation qui assurément est vicieuse, mais qui doit être pardonnée en faveur de tout le reste. Ce recueil de lettres fut suivi de six autres qui furent également bien reçus du public malgré toute la peine qu'on prenait à les décrier.[422]

Il fit plusieurs petits ouvrages qui furent imprimés sous le titre d'*Œuvres diverses*, tous excellents en leur manière.[423] *Le Prince* et le *Socrate chrétien* parurent après, et enfin l'*Aristippe* qui est son chef-d'œuvre.[424] Le style en est plus pur et plus châtié que celui de tous ses

---

[420] Le père Jean Goulu publia en 1627-28 un ouvrage intitulé *Lettres de Phyllarque à Ariste, où il est traité de l'éloquence française*. Il fut à son tour satirisé par Sarasin dans son poème *Le Testament de Goulu. Goulu mourant par faute de manger.*

[421] La même remarque se retrouve sous la plume d'autres auteurs contemporains. Le premier chapitre des *Caractères* de La Bruyère ('Des ouvrages de l'esprit') s'ouvre avec cette plainte: «Tout est dit, et l'on vient trop tard depuis plus de sept mille ans qu'il y a des hommes, et qui pensent»; mais ce même chapitre s'achève sur une affirmation d'indépendance: «Horace ou Despréaux l'a dit avant vous. - Je le crois sur votre parole; mais je l'ai dit comme mien. Ne puis-je pas penser après eux une chose vraie, et que d'autres encore penseront après moi?» La même notion se trouve chez Pascal qui écrit: «Qu'on ne dise pas que je n'ai rien dit de nouveau: la disposition des matières est nouvelle; quand on joue à la paume, c'est une même balle dont joue l'un et l'autre, mais l'un la place mieux» (édition Brunschvicq, 22).

[422] Il y eut au moins dix recueil ou anthologies de des lettres de Balzac entre 1624 et sa mort.

[423] Les *Œuvres diverses* furent publiées en 1644.

[424] *Le Prince* (1631) s'occupe de la situation politique sous Louis XIII et contient un portrait élogieux du roi; le *Socrate chrétien* (1652) est composé de dialogues et de discours sur la religion; *Aristippe* (publication posthume en 1658) est un livre de

autres ouvrages, et il contient une infinité de préceptes de morale et de politique, qui ayant toute la solidité qu'on trouve dans les livres qui n'ont que cela, ont encore un agrément singulier dans la diction et dans l'harmonie des paroles.

Balzac est une petite terre en Angoumois dont il était seigneur, et où il faisait son séjour ordinaire. Il était de l'Académie Française, et quoique ses fréquentes indispositions et son absence presque continuelle de Paris l'aient privé de la satisfaction d'y venir souvent, personne cependant n'a plus fait d'honneur que lui a cette illustre compagnie.[425] Il fonda un prix d'éloquence qui consiste en une médaille d'or de 200 francs où saint Louis est représenté et qui se distribue tous les deux ans le jour de la fête de ce saint dans une séance solennelle que l'Académie tient ce jour-là, où après avoir fait la lecture de la pièce d'éloquence qui a remporté le prix, elle le donne à celui qui en est l'auteur s'il est présent, ou à celui qui se présente de sa part. Il mourut le 8 février 1654. Ses ouvrages ont été imprimés depuis sa mort en deux volumes in-folio avec une préface de monsieur l'abbé de Cassagnes, très belle, très éloquente, et très digne d'être à leur tête.[426] Le cardinal de Richelieu* l'a fort loué par des lettres de sa main propre, ce sont des éloges qui surpasseront toujours tous les autres, quand ce ne serait que par le seul nom de celui qui les a écrits.

---

sagesse et d'administration politique.

[425] Balzac se retira dans ses terres en 1624, après avoir servi le duc d'Epernon et son fils, le cardinal de Valette, archevêque de Toulouse. Il fut élu à l'Académie Française en1634 mais n'assista qu'une seule fois aux séances de cette assemblée. On notera que les précisions biographiques occupent fort peu de place dans cette notice.

[426] Cette édition des *Œuvres* de Balzac parut en 1665, grâce aux bons soins de Conrart, avec une préface de l'abbé Jacques Cassagnes (1635-79).

Vincent Voiture.
de l'Académie Françoise.

VINCENT VOITURE
DE L'ACADEMIE FRANÇAISE
[1598-1648]

Virgile ayant voulu faire trouver un poète dans les champs élysées, il l'a placé au milieu de ses plus grands héros, pour faire entendre que le talent de la poésie, quand il est dans un haut degré de perfection, rend digne celui qui le possède de vivre parmi les princes et les monarques, et même de marcher en quelque sorte de pair avec eux.[427] C'est ce que nous avons vu dans celui dont je fais l'éloge. Quoiqu'il fût d'une naissance assez obscure, n'étant fils que d'un marchand de vin, il a eu néanmoins l'avantage de passer toute sa vie, à la faveur de la beauté de son esprit et de sa poésie, dans le commerce et dans la familiarité de tout ce qu'il y avait de plus grand et de plus élevé à la cour.

Il est vrai que son génie était admirable et que ce génie était le seul de son espèce. Il se trouvait alors un assez grand nombre d'hommes très éloquents: Balzac* avait été secondé de plusieurs autres pour donner à notre langue l'élégance et la majesté qui lui manquaient; Malherbe* et quantité d'autres bons poètes avaient porté la poésie à un degré de perfection bien différent de celui où ils l'avaient trouvée. Mais cette éloquence et cette poésie n'étaient point d'une autre espèce que celles des anciens et elles ne différaient entre elles que du plus ou du moins. Il entrait dans les écrits de Voiture, soit en prose soit en vers, une certaine naïveté et une sorte de plaisanterie d'honnête homme, qui n'avaient pas d'exemple, et dont toute l'antiquité la plus polie ne fournit point de modèle. Ce talent admirable en lui-même, ayant encore les grâces de la nouveauté, lui acquit l'estime et l'amour de tout le monde. Les moindres choses devenaient précieuses en passant par ses mains. Les proverbes mêmes, qui en notre langue avilissent presque toujours le discours, donnaient aux siens du prix et de l'agrément quand il avait occasion de les mettre en œuvre. Ce fut dans l'hôtel de Rambouillet, alors le réduit[428] ordinaire de ce qu'il y avait de plus beaux esprits, que son mérite éclata d'abord.[429] Monsieur, duc d'Orléans, frère unique du roi,[430] le voulut avoir auprès de sa personne, et il y fut en qualité de son introducteur des ambassadeurs, et de maître des cérémonies, charge unique dans la maison de Monsieur, qu'il exerça

---

[427] Il semble que Perrault fait référence à l'*Enéide*, 6. 637-678.

[428] *Réduit*: voir l'éloge de Pagan.

[429] Voiture fréquenta l'hôtel de Rambouillet jusqu'en 1647, y ayant été introduit dès 1625 par son ami Chaudebonne.

[430] Gaston d'Orléans (1608-1660), frère de Louis XIII.

jusqu'à sa mort, et dont il s'acquitta parfaitement, possédant tous les talents et toutes les langues nécessaires pour cet emploi. Monsieur l'envoya en Espagne pour quelques affaires, d'où il passa en Afrique par curiosité seulement, comme on le voit dans ses lettres.[431] Il fut fort estimé à Madrid, où il composa des vers espagnols que tout le monde crut être de Lope de Vega, tant la diction en était pure et naturelle.[432] Le comte-duc d'Olivarès, premier ministre et favori du roi d'Espagne, prenait plaisir à s'entretenir avec lui, et le pria même de lui écrire quand il serait de retour en Flandre.[433] Il fit deux voyages à Rome et fut envoyé à Florence porter la nouvelle de la naissance du roi.[434] Il eut une charge de maître d'hôtel de Sa Majésté, et monsieur le comte d'Avaux, surintendant des finances le fit son commis, seulement pour en toucher les appointements sans en faire la fonction.[435] Il serait mort riche sans la passion qu'il avait pour le jeu, où il perdit 1 500 pistoles en une soirée. Monsieur le Prince,* dès le temps même qu'il n'était encore que duc d'Enghien, l'honora de sa bienveillance.[436] L'approche de ce jeune héros ne servit pas peu à lui élever l'âme, et le désir qu'il eut de plaire à un goût aussi fin et aussi délicat est peut-être une des causes principales de l'excellence de ses ouvrages. On le peut voir dans l'épître en vers qu'il écrit à ce jeune prince au retour de ses conquêtes d'Allemagne.[437] C'est une pièce où l'on ne saurait dire qui domine le plus, ou de l'esprit, ou de l'agrément, ou de la solidité; jamais le grave et le sérieux n'ont été tempérés par une raillerie plus délicate et plus ingénieuse. Bien qu'il n'eût jamais rien fait imprimer,

---

[431] Voiture fut nommé agent auprès de la cour d'Espagne en 1632, et il passa deux années à l'étranger.

[432] Félix Lope de Vega Carpio (1562-1635), poète et auteur dramatique espagnol.

[433] Gaspard de Guzman, comte-duc d'Olivarès (1587-1645), ministre de Philippe IV d'Espagne et adversaire de Richelieu.

[434] En 1638, Voiture parcourut l'Italie pour annoncer la naissance du futur Louis XIV.

[435] Cette phrase est empruntée textuellement à l'*Histoire de Académie Française* de Paul Pellisson. On y lit, dans le chapitre consacré à Voiture: «Il eut aussi plusieurs pensions, et reçut divers bienfaits de M. d'Avaux qui, étant surintendant des finances, le fit son commis, seulement afin qu'il en touchât les appointements, sans en faire la fonction». Claude de Mesmes, comte d'Avaux (1595-1650), fut condisciple et ami de Balzac au collège de Boncour à Paris et il fit une brillante carrière en tant qu'ambassadeur et de haut fonctionnaire. Il fut nommé surintendant des finances à deux reprises, en 1643 avec le président du Bailleul, et en 1649 avec Particelli d'Emery.

[436] Il s'agit du Grand Condé (1621-1686), duc d'Enghien, qui devint prince de Condé en 1646.

[437] *Epître à Monsieur le Prince, sur son retour d'Allemagne, l'an 1645.* «Cette pièce fut récitée par Voiture à Chantilly devant le duc d'Enghien [...]. Elle évoque la grave maladie du duc qui s'empara de lui après la bataille de Nördlingen (1645), et fit craindre pour sa vie» (Vincent Voiture, *Poésies*, éd. Henri Lafay, Vol. II, p. 231).

il était en grande réputation non seulement en France, mais encore dans les pays étrangers, et l'Académie des humoristes de Rome lui envoya des lettres d'académicien.[438] Ses ouvrages ont été publiés après sa mort en un seul volume qui fut reçu avec tant d'approbation, qu'il fallut en faire deux éditions en six mois.[439] Sa prose est ce qu'il y a de plus châtié et de plus exact, elle a un air de galanterie qui ne se trouve point ailleurs, ses vers ont une variété admirable et je ne sais quoi d'original qui plaît à tout le monde, et qui ne paraît jamais plus inimitable que lorsqu'on s'efforce de l'imiter. C'est lui qui a renouvelé l'usage du rondeau, où il a réussi parfaitement. Il était de l'Académie Française et en faisait un des plus grands ornements.[440] Il naquit à Amiens et fut élevé à Paris où il mourut en 1648 âgé de cinquante ans.

S'il eut des admirateurs, il eut aussi des envieux de sa gloire qui tâchèrent de la ternir d'une manière bien particulière, puisque c'était en le louant. Ils ne louaient et n'admiraient que deux ou trois de ses lettres; l'une, par exemple, où une carpe et un brochet font un dialogue;[441] l'autre, où il loue une abbesse de ne pas laisser aller le chat au fromage, voulant insinuer par là qu'il n'avait excellé que dans des bagatelles. Monsieur Costar qui sentit bien la malice de ces louanges, prit plaisir à en faire voir l'artifice: il ramassa ce qu'il y a de plus fort, de plus noble, et de plus pathétique dans toutes ses lettres, et en fit un tissu où l'on voit briller une éloquence qui charme et qui enlève.[442] Quoiqu'on ait lu plusieurs fois ces belles choses dans les endroits où elles sont placées, il n'est pas croyable combien on en est ébloui, quand on les voit toutes ensemble. Il parut après sa mort une pompe funèbre faite par Sarasin,* où ses mœurs et sa vie sont décrites fort ingénieusement.[443] Cette pièce est admirable et peut-être la seule en son genre. Elle ne fait pas seulement honneur à celui pour qui elle est faite, parce qu'elle le loue et qu'elle est excellente, mais parce que c'est de lui et du goût qu'il inspira aux habiles gens de son siècle qu'elle tient principalement la delicatesse et le tour qu'on y admire. Ses ouvrages sont

---

[438] Peiresc était aussi membre de cette académie.

[439] Les *Œuvres* de Voiture furent publiées par son neveu, Pinchesne; 1ère édition 1649, 2e édition 1650, et de nombreuses rééditions avant la fin du siècle.

[440] Voiture appartenait à l'Académie Française depuis sa fondation en 1635.

[441] Le fameux dialogue de la carpe et du brochet se trouve dans la Lettre XCLIII, l. 126 sq. (*Lettres de Voitures*, éd. Octave Uzanne (Paris, Jouaust, 1880), 2 vols.

[442] Pierre Costar (1603-60) fréquenta l'Hôtel de Rambouillet et répondit aux attaques de Girac sur Voiture. Il fut l'auteur de plusieurs ouvrages sur Voiture: *Défense des ouvrages de M. Voiture* (1653), *Entretiens de M. Voiture et de M. Costar* (1654), *Suite de la défense des ouvrages de M. Voiture* (1655).

[443] La *Pompe funèbre* (1649) par Sarasin est un ouvrage burlesque qui ne nous renseigne nullement sur la vie de Voiture.

un tome de lettres avec plusieurs poésies ensuite, et le commencement d'un roman intitulé *Alcidalis*.

JEAN-FRANÇOIS SARASIN
[1614-1654]

Jean-François Sarasin, natif de Caen et fils d'un trésorier de France de la même ville, a été un des plus beaux génies pour les belles lettres, des plus faciles et des plus universels qu'on ait vus il y a longtemps. Personne n'a été plus galant, plus agréable, ni plus enjoué dans la conversation. Il plaisait aux dames, aux gens de lettres, aux gens de cour, aux plus habiles et aux moins éclairés, il était toujours admirable, soit qu'il fallût tenir sa place dans une conversation réglée et sérieuse, soit qu'il fallût parmi des personnes tout à fait amies et familières s'emporter à ces innocentes débauches d'esprit et à ces sages folies, où les discours concertés cèdent quelquefois la place aux caprices et aux boutades de la poésie, et où presque tout est de saison hormis la raison fière et sévère.

Sa manière d'écrire et de composer semble tenir comme le milieu pour la prose entre Balzac et Voiture, et pour les vers entre Voiture et Malherbe.[444] Par là on ne prétend pas le mettre, ni au-dessus ni au-dessous de ceux à qui on le compare, mais marquer seulement le jugement que plusieurs personnes ont fait de sa manière d'écrire, et en prose et en vers. Sa prose n'a pas un tour si élevé que celle de Balzac, et elle ne descend pas aussi tant dans le naïf et le plaisant que celle de Voiture, qui ne dédaigne pas d'employer les proverbes d'une manière à la vérité qui les rend quelquefois plus précieux et plus agréables que les expressions les plus polies et les plus relevées. Il en est de même de sa poésie qui ne le prend pas sur un ton aussi fier et aussi perçant que les odes de Malherbe, et qui en même temps ne se joue pas aussi familièrement de sa matière qu'a fait Voiture, si ce n'est dans quelques poésies qu'il a faites exprès pour se divertir, comme celle des bouts-rimés et quelques autres.[445]

---

[444] Pellisson comparait déjà Sarasin à Balzac et Voiture dans son 'Discours sur les œuvres de M. Sarasin' qui sert de préface aux *Œuvres de M. Sarasin* publiées en 1656 par Ménage. Cet ouvrage, réédité en 1683, ne nous renseigne pas sur la vie de Sarasin, dont Perrault ne dit rien non plus.

[445] Il s'agit d'un poème en quatre chants intitulé 'Du Lot vaincu, ou la défaite des bouts-rimés' (*Œuvres*, pp. 245-272). Ce poème est précédé d'un discours où Sarasin en explique le sujet: «Les bouts-rimés n'ont été connus que depuis quelques années. L'extravagance d'un poète ridicule nommé Dulot, donna lieu à cette invention. Un jour, comme il se plaignait en présence de plusieurs personnes qu'on lui avait dérobé quelques papiers, et particulièrement trois cents sonnets qu'il regrettait plus que tout le reste, quelqu'un s'étonnant qu'il eût fait un si grand nombre, il répliqua que c'étaient des *sonnets en blanc*; c'est-à-dire des bouts-rimés de tous ces sonnets qu'il avait dessein de remplir. Cela sembla plaisant, et depuis on commença à faire une espèce de jeu dans les compagnies, ce que Dulot faisait sérieusement, chacun se piquant à l'envi

Dans ce milieu qu'il a tenu il a fait voir qu'il était né pour tous les genres d'écrire. Ses ouvrages sont presque tous différents les uns des autres, et il semble qu il n'ait eu dessein que de donner des échantillons de toutes sortes de styles pour montrer qu'il excellait en tous également. Sa *Relation du siège de Dunkerque* fait voir à quel point il possédait l'art de bien narrer. Sa *Conspiration de Valstein* montre combien il aurait été capable non seulement d'écrire la vie des grands hommes et d'en faire des images vivantes mais d'écrire un corps d'histoire, ayant fait voir dans cet essai qu'il possède toutes les qualités d'un grand historien.[446] La *Vie de Pomponius Atticus* qu'il a traduite du latin de Cornélius Népos fait voir combien il aurait excellé à écrire des vies.[447] Le dialogue sur la question, *S'il faut qu'un jeune homme soit amoureux* montre qu'il avait beaucoup d'érudition, et qu'il n'ignorait aucune des finesses du dialogue. Ses poésies ne sont pas moins de différente espèce. L'ode qu'il a intitulée *Calliope* est de la plus haute et de la plus noble poésie, le dessein en est ingénieux, ayant trouvé moyen, en célébrant la victoire que monsieur le Prince* remporta à la bataille de Lens, de parler de toutes ses autres conquêtes, qu'il feint avoir été ciselées sur la cuirasse de ce grand prince.[448] Il a laissé les fragments d'un poème héroïque, qui ont toute la beauté des plus excellents poèmes. Pour ce qui est des poésies amoureuses ou galantes, il ne s'est pas contenté d'imiter les anciens dans ce qu'ils ont de meilleur, il y a joint une galanterie qu'ils ont ignorée, et dont lui et Voiture sont en quelque sorte les premiers inventeurs. De ce genre est le poème de la souris, dont l'invention et la delicatesse n'ont point de modèle, et n'ont eu jusqu'ici que fort peu de copies qui approchassent de la beauté de leur original.[449]

Pour être pleinement convaincu de la vaste étendue de son esprit, qui était propre à tout sans qu'on ait pu savoir en quoi il excellait davantage, il ne faut que lire la pompe funèbre qu'il fit pour Voiture: il y a de la satire digne du siècle d'Auguste, du vieux français tellement dans le génie des siècles passés qu'on croit en le lisant être transporté en ces temps-là, et du français le plus poli qui se parle présentement, du latin, de l'espagnol et de l'italien, vers et prose, de la fiction, de la poésie, de la plaisanterie, le tout si excellent, qu'il serait malaisé de trouver rien de meilleur dans tous ces

---

de remplir heureusement et facilement, les rimes bizarres qu'on lui donnait» (p. 247).

[446] *La Conspiration de Valstein* ou *Vallenstein* date d'environ 1645.

[447] Cornélius Népos (1er siècle avant J.C.), historien latin, auteur d'un ouvrage intitulé *De viris illustribus*, dont il ne reste que des fragments.

[448] *Ode de Calliope sur la bataille de Lens*, à M. Arnauld. La bataille de Lens eut lieu en 1648.

[449] *Galanterie à une dame à qui on avait donné en raillant le nom de Souris* («Puisque vous m'avez demandé... »).

genres, et de styles et d'ouvrages.[450]

Je ne saurais m'empêcher de dire ici pour marquer la facilité de son esprit, ce qu'il fit un jour dans un voyage où il accompagnait monsieur le prince de Conti, dont il était secrétaire et fort aimé.[451] Ce prince, en voyageant, recevait des harangues presque partout où il passait. Le maire et les échevins d'une ville l'attendirent sur son passage et lui firent leur harangue à la portière de son carrosse, le harangueur demeura court à la seconde période sans pouvoir retrouver la suite de son discours, quelque effort qu'il fît pour en venir à bout. Sarasin sauta aussitôt de l'autre portière en bas, et ayant fait promptement le tour du carrosse se joignit au harangueur et poursuivit la harangue en la manière à peu près qu'elle devait être conçue, y mêlant des louanges si plaisantes et si ridicules, quoique très sérieuses en apparence, que ce prince ne pouvait s'empêcher d'éclater de rire. Ce qui fut de plus plaisant, c'est que le maire et les échevins remercièrent Sarasin de tout leur cœur de les avoir tirés d'un si mauvais pas, et lui présentèrent le vin de la ville, comme à monsieur le prince de Conti. Il mourut en l'année 1657.[452] On prétend que sa mort fut causée par le chagrin qu'il eut d'être tombé dans la disgrâce de son maître, pour s'être mêlé d'une affaire qui lui avait déplu.[453] Il n'a jamais fait imprimer aucun de ses ouvrages, et nous n'aurions rien de lui, si monsieur Ménage n'eût pris soin de l'édition que nous en avons. Monsieur Pellisson en a fait la préface, pièce des plus élquentes que nous ayons, et très digne de toutes celles dont elle fait l'éloge.[454]

---

[450] La *Pompe funèbre de Voiture* est, en fait, un ouvrage de pure fantaisie; l'éloge qu'en fait Perrault souligne son goût pour le précieux, goût partagé par Pellisson qui appelle cet ouvrage un «chef d'œuvre d'esprit, de galanterie, de délicatesse et d'invention». Sur Voiture voir la notice précédente.

[451] Armand de Bourbon, prince de Conti (1629-1666), frère du Grand Condé.

[452] Perrault se trompe sur la date du décès de Sarasin, qui mourut en 1654.

[453] Perrault gomme la réalité: certains prétendait que Conti l'aurait frappé, d'autres qu'un mari cocu l'aurait fait empoisonner.

[454] *Œuvres choisies de monsieur Sarasin*, 1656. L'ouvrage contient une épître dédicataire, signée Ménage, qui est adressée à Madeleine de Scudéry et où Ménage, en porte-parole de l'auteur défunt, assure son dédicataire que «vous étiez l'objet éternel de ses louanges et de ses respects», autre témoignage du milieu littéraire auquel appartenait Sarasin et ses ouvrages. Cette édition est précédée d'un 'Discours sur les œuvres de Mr. Sarasin' qui ne porte pas le nom de son auteur.

Pierre Corneille
de l'Academie Françoise

Jac. Lubin Sculp.

PIERRE CORNEILLE
DE L'ACADEMIE FRANÇAISE
[1606-1684]

Si sept villes se sont rendues célèbres pour avoir pu prétendre chacune d'être le lieu où était né Homère, quel honneur la ville de Rouen ne doit-elle pas attendre de la postérité, de n'avoir point à partager avec aucune autre l'avantage d'avoir donné la naissance à l'illustre Corneille. Il ne faut point trouver étrange que je mette ce poète moderne en parallèle avec le plus illustre de tous les poètes anciens, puisque plusieurs personnes très sages n'ont pas hésité de le faire avant moi. Tout Paris a vu un cabinet de pierres de rapport[455] fait à Florence, et dont on avait fait présent au cardinal Mazarin, où entre les divers ornements dont il est enrichi on avait mis aux quatre coins les médailles ou portraits des quatre plus grands poètes qui aient jamais paru dans le monde, savoir, Homère, Virgile, le Tasse, et Corneille. On ne peut pas croire qu'il entrât de la flatterie dans ce choix, et qu'il n'ait été fait par la voix publique non seulement de la France, mais de l'Italie même, assez avare de pareils éloges. Cette espèce d'honneur n'est pas ordinaire, et peu de gens en ont joui, comme monsieur Corneille, pendant leur vie.

Il s'appliqua quelque temps à la jurisprudence, et acheta la charge d'avocat général de la table de marbre à Rouen;[456] mais le grand talent qu'il avait pour la poésie ne souffrit pas qu'il en fît longtemps la fonction. Il vint à Paris pour y faire jouer les pièces de théâtre qu'il avait composées.[457] Dans ce temps Mairet, autre poète d'un mérite distingué, avait fait représenter une pastorale qu'on appelait la *Sylvie*, laquelle avait reçu des applaudissements incroyables, quoique la pièce fût assez défectueuse;[458] mais on en était charmé parce qu'elle venait ensuite des tragédies de Garnier et de Hardy, dont le langage ne tenait guère moins du latin que du français, et dont les sujets traités à la manière antique, étaient

---

[455] *Pierres de rapport*: «*Rapport*, se dit aussi des ouvrages faits par la convenance de plusieurs petites pièces assemblées qui font ensemble quelque représentation agréable. Les tableaux faits de pièces de rapport sont très estimés. La mosaïque est un ouvrage de rapport. Ce pavé est fait de plusieurs pièces de rapport. On fait des ouvrages de rapport en bois, en pierre, et en métal» (Furetière, *Dictionnaire universel*).

[456] *Table de marbre*: «On appelle au Palais, *Table de Marbre*, la juridiction supérieure des Eaux et Forêts» (*Dictionnaire de l'Académie*, 1694).

[457] Corneille acquit des charges d'avocat en 1628, et s'installa à Paris en 1629 ou 1630.

[458] Jean Mairet (1604-86), auteur dramatique qui le premier introduisit les unités sur la scène française. *Sylvie* fut représenté pour la première fois en 1626.

d'une langueur insupportable.[459] Autant que la *Sylvie* avait éclaté par la comparaison qu'on en avait faite avec les pièces de théâtre[a] précédentes, autant les premières pièces de Corneille firent-elles de bruit lorsqu'elles parurent, par le degré d'excellence qu'elles avaient au-dessus de cette pastorale. La première fut *Mélite* qui eut un succès extraordinaire, et qui fut suivie de sept autres,[460] après lesquelles il donna *Le Cid, Les Horaces, Cinna, Polyeucte, La Mort de Pompée, Le Menteur, Rodogune, Héraclius, Don Sanche d'Aragon*, et *Nicomède*, pièces qui parurent d'une si grande beauté, qu'on trouva que Corneille s'était élevé par ces dernières pièces autant au-dessus de lui-même, qu'il s'était élevé au-dessus des autres poètes par ses premiers ouvrages.[461]

Personne n'a jamais eu plus de grandeur de génie pour le théâtre, soit pour les caractères extraordinaires et bien marqués qu'il donne à tous ses personnages, soit pour les sentiments qu'il leur fait avoir, et la manière noble dont il les exprime. On a surtout admiré le caractère de la fierté romaine qu'il a mis dans les héros en qui l'histoire marque qu'il a éclaté. Quoiqu'il ait fait revenir ce même caractère beaucoup de fois sur le théâtre, il a toujours plu par quelques charmes de nouveauté qu'il y ajoutait. Il serait malaisé d'exprimer les applaudissements que ses ouvrages reçurent. La moitié du temps qu'on donnait au spectacle s'employait en des exclamations qui se faisaient de temps en temps aux plus beaux endroits, et lorsque par hasard il paraissait lui-même sur le théâtre, la pièce étant finie, les exclamations redoublaient, et ne finissaient point qu'il ne se fût retiré, ne pouvant plus soutenir le poids de tant de gloire. Ce ne fut pas seulement dans Paris et à la Cour que ses ouvrages furent applaudis, ce fut par toute la France et par toute l'Europe; et comme il n'y a point eu de nation qui n'ait désiré prendre part au plaisir qu'ils donnaient, il n'y a point eu aussi de langue dans laquelle ils n'aient été traduits. Si le français est devenu le langage de tous les honnêtes gens de l'Europe, la France n'en est pas seulement redevable à la gloire du prince que le ciel lui a donné, mais au désir qu'ont eu tous les peuples de goûter les beautés des pièces de ce

---

[459] Robert Garnier (1534-90), disciple de la Pléiade, le plus important auteur français de tragédies de la Renaissance. Alexandre Hardy (*c*.1572-1632), auteur d'un très grand nombre de pièces de théâtres, dont trente-quatre tragédies qui furent publiées entre 1623 et 1628.

[460] La date de la première représentation de *Mélite* est incertaine; la pièce fut imprimée en 1630. Les sept pièces qui la suivirent sont: *Clitandre* (1631), *La Veuve* (1631-32), *La Galerie du Palais* (1632-33), *La Place Royale* (1633-34), *Médée* (1634-35), *La Comédie des Tuileries* (1635, pièce composée par les «cinq auteurs» et dont Corneille écrivit le troisième acte), et *L'Illusion comique* (1635-36).

[461] C'est la période de la plus grande gloire de Corneille: *Le Cid* (1637), *Horace* et *Cinna* (1640), *Polyeucte* (1641-42), *Pompée* (1642-43), *Le Menteur* (1643), *Rodogune* (1644-45), *Héraclius* (1646-47), *Don Sanche d'Aragon* (1649) et *Nicomède* (1650-51).

grand poète dans leur langue naturelle. Il laissa reposer le théâtre quelque temps après avoir donné les pièces que j'ai nommées, et il s'appliqua à traduire en vers l'*Imitation de Jésus-Christ*.[462] Cet ouvrage dont les chapitres sont presque tous différents pour la mesure des vers, mais où le même génie se remarque toujours, est une des plus belles choses que nous ayons en ce genre.

Il semblait avoir renoncé aux pièces dramatiques, et selon toutes les apparences, il allait employer le reste de ses jours à des ouvrages de piété, car nul de ceux qui ont travaillé pour le théâtre n'a eu des mœurs plus pures ni plus régulières, si des personnes constituées dans des postes où il est presque impossible de leur rien refuser ne l'avaient engagé à s'y remettre.[463] Il fit *Œdipe*, lequel, quoiqu'inférieur à beaucoup de ses autres ouvrages, eut encore les mêmes applaudissements, et qui peut être regardé, si l'on en croit des juges équitables, comme aussi parfait que l'*Œdipe* de Sophocle, le chef-d'œuvre de ce grand poète.[464] Il composa ensuite plusieurs pièces de théâtre que quelques-uns ont prétendu se ressentir un peu de sa vieillesse; mais d'autres assurent que si elles n'ont pas eu autant de succès que celles qui les ont précédées, cela vient principalement de ce qu'il n'y a pas mêlé beaucoup d'amour, passion qui touche davantage les spectateurs d'aujourd'hui que l'horreur et la pitié.[465] Ils ajoutent que Corneille avait retranché autant qu'il avait pu cette passion de ces derniers ouvrages pour s'être convaincu avec le temps qu'elle était en quelque sorte indigne du cothurne,[466] et qu'elle avilissait presque toujours les pièces où elle dominait, sentiment conforme à celui des meilleurs poètes de l'antiquité qui peu souvent ont mis de l'amour dans leurs grandes tragédies. Il mourut le premier jour d'octobre 1684 âgé de soixante-dix-huit ans.

---

[462] Perrault ne dit rien des raisons qui motivèrent la retraite de Corneille de la scène parisienne. Suite à l'échec de *Pertharite* (1651) il se retira à Rouen et s'occupa de la traduction de l'*Imitation de Jésus-Christ* de Thomas a Kempis. La parution de cette traduction en vers s'échelonna de 1651 à 1656; l'ouvrage connut un très grand succès.

[463] Ce fut Fouquet, qui proposa à Corneille trois sujets, parmi lesquels il choisit celui d'*Œdipe*.

[464] L'*Œdipe* de Corneille fut représenté pour la première fois en 1659.

[465] La comparaison avec Racine est implicite, qui, pendant les années 1660, mettait l'amour au centre de ses tragédies. Les pièces qui appartiennent à cette dernière période de la vie de Corneille sont: *La Toison d'Or* (1660), *Sertorius* (1662), *Sophonisbe* (1663), *Othon* (1664), *Agésilas* (1666), *Attila* (1667), *Tite et Bérénice* (1670), *Psyché* (1671, avec Molière et Quinault), *Pulchérie* (1672), et *Suréna* (1674).

[466] *Cothurne*: la tragédie.

Jean Baptiste Poquelin Moliere

JEAN-BAPTISTE POQUELIN DE MOLIERE
[1622-1673]

Molière naquit avec une telle inclination pour la comédie qu'il ne fut pas possible de l'empêcher de se faire comédien. A peine eut-il achevé ses études, où il réussit parfaitement, qu'il se joignit avec plusieurs jeunes gens de son âge et de son goût, et prit la résolution de former une troupe de comédiens pour aller dans les provinces jouer la comédie.[467] Son père, bon bourgeois de Paris et tapissier du roi, fâché du parti que son fils avait pris, le fit solliciter par tout ce qu'il avait d'amis de quitter cette pensée, promettant s'il voulait revenir chez lui, de lui acheter une charge telle qu'il la souhaiterait, pourvu qu'elle n'excédât pas ses forces. Ni les prières, ni les remontrances de ses amis soutenues de ces promesses ne purent rien sur son esprit. Ce bon père lui envoya ensuite le maître chez qui il l'avait mis en pension pendant les premières années de ses études, espérant que par l'autorité que ce maître avait eue sur lui pendant ces temps-là, il pourrait le ramener à son devoir; mais bien loin que le maître lui persuadât de quitter la profession de comédien, le jeune Molière lui persuada d'embrasser la même profession, et d'être le docteur de leur comédie, lui ayant représenté que le peu de latin qu'il savait le rendrait capable d'en bien faire le personnage, et que la vie qu'ils mèneraient, serait bien plus agréable que celle d'un homme qui tient des pensionnaires.[468]

Sa troupe étant formée, il alla jouer à Rouen, et de là à Lyon, où ayant plu au prince de Conti, qui jeune alors et non encore dans les sentiments de piété qui l'ont porté à écrire si solidement et si chrétiennement contre la comédie, les prit pour ses comédiens et leur donna des appointements.[469] De là ils vinrent à Paris, où ils jouèrent devant le roi et toute la Cour. Il est vrai que la troupe ne réussit pas cette première fois, mais Molière fit un compliment au roi, si spirituel, si délicat et si bien tourné, et joua si bien son rôle dans la petite comédie qu'il donna ensuite de la grande, qu'il

---

[467] Molière créa l'*Illustre Théâtre* en 1643. Il séjourna ensuite en province entre 1645 et 1658. Perrault laisse dans l'ombre les difficultés financières et professionnelles qui le décidèrent à quitter la capitale.

[468] Dans sa *Vie de Molière* (1705), Grimarest affirme que, selon le texte de Perrult, la famille de Molière envoya chez lui un ecclésiastique (et non pas son ancien maître) pour le détourner de son projet; mais, selon lui, «ce fait est absolument inventé par les personnes de qui M. Perrault peut l'avoir pris pour nous le donner».

[469] Molière voyagea à Rouen pour la première fois en 1643. Sa troupe se trouva à Lyon en 1652 et fut pensionnée par le prince de Conti en 1653. Celui-ci se convertit en 1655 et leur retira son patronage en 1657. En 1666 il rédigea un *Traité de la comédie et des spectacles* qui est hostile au théâtre.

emporta tous les suffrages, et obtint la permission de jouer à Paris.[470] Il satisfit fort le public surtout par les pièces de sa composition, qui, étant d'un genre tout nouveau, attirèrent une grande affluence de spectateurs.

Jusque là il y avait eu de l'esprit et de la plaisanterie dans nos comédies, mais il y ajouta une grande naïveté avec des images si vives des mœurs de son siècle, et des caractères si bien marqués, que les représentations semblaient moins être des comédies que la vérité même, chacun s'y reconnaissait et plus encore son voisin, dont on est plus aise de voir les défauts que les siens propres. On y prit un plaisir singulier, et même on peut dire qu'elles furent d'une grande utilité pour bien des gens.

Molière avait remarqué que les Français avaient deux défauts bien considérables: l'un, que presque tous les jeunes gens avaient du dégoût pour la profession de leurs pères, et que ceux qui n'étaient que bourgeois voulaient vivre en gentilshommes et ne rien faire, ce qui ne manque point de les ruiner en peu de temps; et l'autre, que les femmes avaient une violente inclination à devenir, ou du moins à paraître savantes, ce qui ne s'accorde point avec l'esprit du ménage, si nécessaire pour conserver le bien dans les familles. Il s'attacha à jeter du ridicule sur ces deux vices, ce qui a eu un effet beaucoup au-delà de tout ce qu'on pouvait en espérer. Il composa deux pièces contre le premier de ces désordres, dont l'une[a] est intitulée *Le Bourgeois gentilhomme*, et l'autre *Le Marquis de Pourceaugnac*.[471] Il y a apparence que les jeunes gens en profitèrent, du moins s'aperçut-on que les airs outrés de cavalier qu'ils se donnaient diminuèrent à vue d'œil. Contre le défaut qui regarde les femmes il fit aussi deux comédies, l'une intitulée *Les Précieuses ridicules* et l'autre *Les Femmes savantes*.[472] Ces comédies firent tant de honte aux dames qui se piquaient trop de bel esprit que toute la nation des précieuses s'éteignit en moins de quinze jours, ou du moins elles se déguisèrent si bien là-dessus qu'on n'en trouva plus, ni à la Cour, ni à la Ville, et même depuis ce temps-là elles ont été plus en garde contre la réputation de savantes et de précieuses, que contre celle de galantes et de déréglées.

Il fit aussi deux comédies contre les hypocrites et les faux dévots, savoir, *Le Festin de Pierre*, pièce imitée sur celle des Italiens du même nom, et *Le Tartuffe*, de son invention.[473] Cette pièce lui fit des affaires, parce qu'on en faisait des applications à des personnes de grande

---

[470] La petite comédie jouée par Molière pour plaire au roi fut le *Docteur amoureux*.

[471] *Le Bourgeois Gentilhomme*, 1670; *Monsieur de Pourceaugnac*, 1669.

[472] *Les Précieuses ridicules*, 1659; *Les Femmes savantes*, 1672.

[473] *Dom Juan ou le Festin de Pierre*, 1665; la source italienne à laquelle Perrault semble faire référence est *Il Convitato di pietra*, pièce écrite avant 1650 par Cicognini. *Le Tartuffe*, version originale en trois actes 1664, version définitive en cinq actes 1669.

considération, et aussi parce qu'on prétendit que la vertu et le vice en cette matière se prenant aisément l'un pour l'autre, le ridicule tombait presque également sur tous les deux et donnait lieu de se moquer des personnes de piété et de leurs remontrances. Cependant après quelques obstacles qui furent levés aussitôt, il eut permission entière de la jouer publiquement.

Il attaqua encore les mauvais médecins par deux pièces fort comiques dont l'une[a] est *Le Médecin malgré lui*, et l'autre *Le Malade imaginaire*.[474] On peut dire qu'il se méprit un peu dans cette dernière pièce, et qu'il ne se contint pas dans les bornes du pouvoir de la comédie; car, au lieu de se contenter de blâmer les mauvais médecins, il attaqua la médecine en elle-même, la traita de science frivole, et posa pour principe qu'il est ridicule à un homme de vouloir en guérir un autre.[475] La comédie s'est toujours moquée des rodomonts et de leurs rodomontades, mais jamais elle n'a raillé ni les vrais braves, ni la vraie bravoure; elle s'est réjouie des pédants et de la pédanterie, mais elle n'a jamais blâmé ni les savants, ni les sciences. Suivant cette règle il n'a pu trop maltraiter les charlatans et les ignorants médecins, mais il devait en demeurer là et ne pas tourner en ridicule les bons médecins, que l'Ecriture même nous enjoint d'honorer. Quoiqu'il en soit, depuis les anciens poètes grecs et latins qu'il a égalés et peut-être surpassés dans le comique, aucun autre n'a eu tant de talent ni de réputation.

Il mourut le 13 février de l'année 1673 âgé de cinquante-deux ou cinquante-trois ans. Il a ramassé en lui seul tous les talents nécessaires à un comédien. Il a été si excellent acteur pour le comique, quoique très médiocre pour le sérieux, qu'il n'a pu être imité que très imparfaitement par ceux qui ont joué son rôle après sa mort. Il a aussi entendu admirablement les habits des acteurs en leur donnant leur véritable caractère, et il a eu encore le don de leur distribuer si bien les personnages et de les instruire ensuite si parfaitement qu'ils semblaient moins des acteurs de comédie que les vraies personnes qu'ils représentaient.

---

[474] *Le Médecin malgré lui*, 1666; *Le Malade imaginaire*, 1673.
[475] On n'oubliera pas que le frère de Perrault, Claude, fut médecin.

Philippe Quinault
Auditeur des Comptes   de l'Académie francoise

PHILIPPE QUINAULT
DE L'ACADEMIE FRANÇAISE
[1635-88]

Monsieur Quinault était un de ces génies heureux qui réussissent dans tout ce qu'ils entreprennent, et qui, ayant reçu de la nature une idée du beau très vive et très distincte, y conforment avec facilité tout ce qu'ils font, souvent même sans le secours des maîtres et des préceptes. Au sortir de ses études il s'appliqua à la poésie pour laquelle il avait un talent extraordinaire, et composa dès l'âge de quinze ans des comédies très agréables.[476] Dans le même temps il se mit chez un avocat au conseil pour apprendre les affaires, où bientôt il se rendit habile.

Je ne puis m'empêcher de rapporter ici une chose, à la vérité peu importante, mais qui marque bien l'étendue et la facilité de son esprit. Cet avocat au conseil le chargea de mener une de ses parties, gentilhomme d'esprit et de mérite, chez son rapporteur pour l'instruire de son affaire.[477] Le rapporteur ne s'étant pas trouvé chez lui et ne devant revenir que fort tard, monsieur Quinault proposa au gentilhomme de le mener à la comédie en attendant, et de le bien placer sur le théâtre.[478] A peine y furent-ils que tout ce qu'il y avait de gens de la plus haute qualité vinrent embrasser monsieur Quinault et le féliciter sur la beauté de sa pièce qu'ils venaient voir représenter, à ce qu'ils disaient, pour la troisième ou quatrième fois. Le gentilhomme, étonné de ce qu'il entendait, le fut encore davantage quand on joua la comédie, où le parterre et les loges retentissaient sans cesse des applaudissements qu'on y donnait.[479] Quelque grande que fût sa

---

[476] Quinault est absent du *Dictionnaire* de Moréri (1694), et l'on notera le peu de précisions sur sa vie fourni par Perrault. Fils d'un boulanger, Quinault fut placé très jeune comme valet chez le poète Tristan L'Hermite. Ce fut peut-être dans cette maison qu'il acquit le goût des lettres qui l'amena à produire ses premières comédies, *Les Rivales* (1653), *L'Amant indiscret* (1654) et *La Comédie sans comédie* (1655). Perrault, ami fidèle de Quinault, insiste sur les qualités d'esprit de celui-ci, ayant peut-être l'intention de compenser ou de cacher l'inconvénient que constituent les origines modestes du futur librettiste; pour l'abbé d'Olivet, dans son *Histoire de l'Académie Française*, l'idée d'une telle naissance est une calomnie à laquelle il refuse de croire.

[477] *Rapporteur*: «Celui qui rapporte, qui fait le rapport d'un procès» (*Dictionnaire de l'Académie*, 1694).

[478] Depuis le grand succès remporté par *Le Cid* de Corneille, on plaçait des bancs sur la scène même, ceux-ci étant considérés commes les meilleures places au théâtre.

[479] Selon la *Vie* de Quinault publiée dans l'édition de son *Théâtre* (Paris, Pierre Ribou, 1715, 5 tom.), la pièce en question était *L'Amant indiscret* ou *Le Maître étourdi*. L'identité de l'auteur de cette *Vie* est contestée: certains l'attribuent à Boffrant, le neveu de Quinault, d'autres à Boscheron. Voir William S. Brooks, «Boffrand, Boscheron, and Biographies of Quinault», *Nottingham French Studies* 16 (1977), 19-28.

surprise, elle fut encore toute autre, lorsqu'étant chez son rapporteur il entendit monsieur Quinault lui expliquer son affaire, non seulement avec une netteté incroyable, mais avec des raisons qui en faisaient voir la justice avec tant d'évidence, qu'il ne douta plus du gain de sa cause.

Les comédies de monsieur Quinault furent pendant dix ou douze ans les délices de Paris et de toute la France, quoique les connaisseurs de profession prétendissent qu'il n'y en avait aucune où les règles fussent bien observées, imagination toute pure et qui n'avait point d'autre fondement que la fausse prévention où ils étaient, qu'un jeune homme qui n'avait pas étudié à fond la poétique d'Aristote ne pouvait faire de bonnes pièces de théâtre.[480] Les opéras étant venus à la mode en France, monsieur Quinault en fit de très excellents, mais qui n'eurent pas d'abord les applaudissements sans bornes qu'ils ont reçus depuis.[481] On tâcha même d'en dégoûter monsieur de Lulli,* mais cet excellent homme avait trop de goût et trop de sens, pour ne pas voir qu'il était impossible de faire des vers plus beaux, plus doux et plus propres à faire paraître sa musique.[482] Ce qui le charmait encore davantage, c'est que monsieur Quinault avait le talent de faire des paroles sur les airs de danse dont il embellissait ses opéras, qui y convenaient aussi bien et souvent mieux que si elles avaient été composées les premières.

Le roi, ayant voulu donner à la Cour le divertissement des opéras, ne voulut point prendre d'autre auteur que monsieur Quinault, qui continua à faire encore de plus belles choses, animé qu'il était de l'honneur de travailler pour Sa Majesté. Ses pièces commencèrent alors à prendre le dessus, et à se faire estimer de tout le monde. Mais quand il fut mort, et que divers auteurs quoique très habiles eurent fait voir qu'ils ne pouvaient atteindre au même degré de perfection, il n'est pas croyable à quel point sa

---

[480] Cette division de la vie artistique de Quinault, proposée par Perrault, est tout à fait juste: la première partie de sa carrière, pendant laquelle il fut connu surtout comme auteur comique, s'étend approximativement de 1655 à 1671. Parmi les comédies de Quinault, que Perrault ne nomme pas, on distinguera *La Mère coquette* (1665), qui eut un vif succès. Pourtant, il était aussi l'auteur de tragédies, dont *Astrate, roi de Tyr* (1664) qui fut ridiculisée par Boileau dans la *Satire II* et dans le *Dialogue des héros de romans*.

[481] Lulli obtint le privilège de l'Académie de musique en 1672 et se mit tout de suite en collaboration avec Quinault, ouvrant ainsi la deuxième période de la vie du dramaturge. Les principaux opéras de Quinault sont *Cadmus et Hermione* (1673), *Alceste* (1674), *Atys* (1676), *Persée* (1682), *Phaéton* (1683), *Roland* (1685), et *Armide* (1686).

[482] En fait, de 1677 à 1680, l'hostilité de Mme de Montespan fit substituer Thomas Corneille à Quinault comme collaborateur de Lulli. Selon l'auteur de la *Vie de Quinault*, «La vérité est qu'en ce temps-là Perrault était presque le seul à Paris qui osât se déclarer pour Quinault, tant la jalousie de divers auteurs s'était élevée contre lui, et avait corrompu tous les suffrages de la Cour et de la Ville» (t.1, p.40).

réputation s'augmenta. On ne s'est pas contenté de dire qu'il était un poète excellent dans le lyrique du théâtre, et que personne, ni des anciens, ni des modernes ne l'avait égalé dans cette espèce de poésie, on a été jusqu'à dire, et à le dire tout d'une voix, qu'il n'en viendrait peut-être jamais un autre qui l'égalât. Il a fait encore beaucoup d'autres poésies d'un autre genre qui ont été fort estimées, et qui marquent l'abondance et la délicatesse de son esprit. De ce nombre est la description de la maison de Sceaux de monsieur Colbert,* petit poème des plus ingénieux et des plus agréables qui se soient faits de ce temps-ci.[483] La harangue qu'il prononça en entrant dans l'Académie et deux autres qu'il fit au roi sur ses conquêtes à la tête de cette compagnie ont fait voir qu'il n'était pas moins bon orateur que bon poète, surtout lorsqu'ayant appris la nouvelle de la mort de monsieur de Turenne* au moment qu'il allait haranguer le roi, il en parla sur le champ d'une manière si juste et si spirituelle qu'il serait malaisé d'exprimer la surprise qu'en eut toute la Cour.[484] Je ne dois pas oublier que dans la charge d'auditeur des comptes qu'il a exercée pendant quinze ou seize ans, il en a fait toutes les fonctions avec autant d'exactitude que les plus habiles de ses confrères qui n'avaient point d'autre emploi ni d'autre occupation.[485]

Sur la fin de sa vie il eut regret d'avoir donné son temps à faire des opéras, et il prit la résolution de ne plus composer de vers que pour chanter les louanges de Dieu, et les grandes actions de son prince. Il commença par un poème sur la destruction de l'hérésie, dont voici les quatre premiers vers:

> *Je n'ai que trop chanté les jeux et les amours,*
> *Sur un temps plus sublime il faut me faire entendre:*
> *Je vous dis adieu muse tendre,*
> *Je vous dis adieu pour toujours.*[486]

---

[483] Quinault lut ce poème à Sceaux en septembre 1677; le texte se trouve dans les *Œuvres choisies* de Quinault (Crapelet, 1824). Perrault dut apprécier la maison de Sceaux de Colbert, car ce fut son frère Claude, architecte, qui présida à l'agrandissement de l'ancienne maison de campagne.

[484] Quinault fut nommé à l'Académie Française en 1670; Turenne mourut en 1675.

[485] En 1671 Quinault devint auditeur à la chambre des comptes. Ici, de nouveau, Perrault se fait discrètement le défenseur de son ami qui acheta cette charge sans l'approbation de ses futurs confrères qui prétendaient douter de ses capacités professionnelles.

[486] Après *Armide* (1686), saisi de scrupules religieux, Quinault pria Louis XIV de le dispenser désormais de travailler pour le théâtre; il fut aussi frappé par la mort de Lulli, survenue en 1687. Ce poème, sur l'élimination de l'hérésie, rappelle la toute récente révocation de l'édit de Nantes (1685); la *Vie* de Quinault et la *Biographie Universelle* citent le même fragment du texte, sans en donner d'autres indications. Le texte intégral, intitulé 'Tableau de la chute de l'hérésie', fut publié par Frédéric

Il a laissé deux filles dans le monde, l'une mariée à monsieur Le Brun auditeur des comptes, neveu de l'excellent monsieur Le Brun* premier peintre du roi, et l'autre à monsieur Gaillard;, conseiller de la cour des aides. Il mourut le 26 novembre 1688 âgé de cinquante-trois ans.

Lachèvre dans sa *Bibliographie des recueils collectifs de poésie publiés de 1597 a 1700,* (Paris, Henri Leclerc, 1904), vol. 3 (1662-1700), pages 490-94.

Jean de La Fontaine
de l'Academie Françoise

JEAN DE LA FONTAINE
DE L'ACADEMIE FRANÇAISE
[1621-1695]

Monsieur de la Fontaine naquit à Château-Thierry en l'année 1621. Son père, maître des eaux et forêts de ce duché, le revêtit de sa charge dès qu'il fut capable de l'exercer, mais il y trouva si peu de goût, qu'il n'en fit la fonction, pendant plus de vingt années, que par complaisance.[487] Il est vrai que son père eut pleine satisfaction sur une autre chose qu'il exigea de lui, qui fut qu'il s'appliquât à la poésie, car son fils y réussit au-delà de ce qu'il pouvait souhaiter. Quoique ce bon homme n'y connût presque rien, il ne laissait pas de l'aimer passionnément, et il eut une joie incroyable, lorsqu'il vit les premiers vers que son fils composa.

Ces vers se ressentaient comme la plupart de ceux qu'il a faits depuis, de la lecture de Rabelais et de Marot, qu'il aimait et qu'il estimait infiniment. Le talent merveilleux que la nature lui donna, n'a pas été inférieur à celui de ces deux auteurs, et lui a fait produire des ouvrages d'un agrément incomparable. Il s'y rencontre une simplicité ingénieuse, une naïveté spirituelle, et une plaisanterie originale qui, n'ayant jamais rien de froid, cause une surprise toujours nouvelle. Ces qualités si délicates, si faciles à dégénérer en mal et à faire un effet tout contraire à celui que l'auteur en attend, ont plu à tout le monde, aux sérieux, aux enjoués, aux cavaliers, aux dames et aux vieillards, de même qu'aux enfants.

Jamais personne n'a mieux mérité d'être regardé comme original et comme le premier en son espèce. Non seulement il a inventé le genre de poésie où il s'est appliqué, mais il l'a porté à sa dernière perfection; de sorte qu'il est le premier, et pour l'avoir inventé, et pour y avoir tellement excellé que personne ne pourra jamais avoir que la seconde place dans ce genre d'écrire. Les bonnes choses qu'il faisait lui coûtaient peu, parce qu'elles coulaient de source, et qu'il ne faisait presque autre chose que d'exprimer naturellement ses propres pensées et se peindre lui même. S'il y a beaucoup de simplicité et de naïveté dans ses ouvrages, il n'y en a pas eu moins dans sa vie et dans ses manières.[488] Il n'a jamais dit que ce qu'il pensait, et il n'a jamais fait que ce qu'il a voulu faire. Il joignit à cela une

---

[487] Ce fut en 1652 que La Fontaine acheta la charge de maître particulier triennal des eaux et forêts; il hérita en 1658 des charges de son père à la mort de celui-ci, et quitta enfin ces charges en 1671.

[488] La Fontaine se caractérise de la même manière dans son 'Discours à madame de La Sablière', lu le jour de sa réception à l'Académie Française, le 2 mai 1684:
Je suis chose légère, et vole à tout sujet;
Je vais de fleur en fleur, et d'objet en objet (ll. 69-70).

humilité naturelle, dont on n'a guère vu d'exemple; car il était fort humble sans être dévot, ni même régulier dans ses mœurs, si ce n'est à la fin de sa vie qui a été toute chrétienne.[489] Il s'estimait peu, il souffrait aisément la mauvaise humeur de ses amis, il ne leur disait rien que d'obligeant, et ne se fâchait jamais, quoiqu'on lui dît des choses capables d'exciter la colère et l'indignation des plus modérés. Monsieur Fouquet, alors surintendant des finances, lui donna une pension et lui fit beaucoup d'accueil ainsi qu'à ses ouvrages, dont il y en a plusieurs où il l'a loué très ingénieusement, et où les beautés de sa maison de Vaux-le-Vicomte sont dépeintes avec une grâce admirable.[490] Le peu de soin qu'il eut de ses affaires domestiques l'ayant mis en état d'avoir besoin du secours de ses amis, madame de la Sablière, dame d'un mérite singulier et de beaucoup d'esprit, le reçut chez elle, où il a demeuré près de vingt ans.[491] Après la mort de cette dame monsieur d'Hervart, qui aimait beaucoup monsieur de la Fontaine, le pria de venir loger chez lui, ce qu'il fit et il y est mort au bout de quelques années.

Il a composé de petits poèmes épiques, où les beautés de la plus grande poésie se rencontrent et qui auraient pu suffire à le rendre célèbre; mais il doit son principal mérite et sa grande réputation à ses poésies simples et naturelles. Son plus bel ouvrage et qui vivra éternellement, c'est son recueil des *Fables* d'Esope qu'il a traduites ou paraphrasées.[492] Il a joint au bon sens d'Esope des ornements de son invention si convenables, si judicieux et si réjouissants en même temps, qu'il est malaisé de faire une lecture plus utile et plus agréable tout ensemble. Il n'inventait pas les fables, mais il les choisissait bien, et les rendait presque toujours meilleures qu'elles n'étaient. Ses *Contes* qui sont la plupart de petites nouvelles en vers sont de la même force, et l'on ne pourrait en faire trop d'estime s'il n'y entrait point presque partout trop de licence contre la pureté; les images

---

[489] En 1692, suite à une grave maladie, La Fontaine revient à la religion et désavoue ses *Contes* dont les licences lui furent reprochées, comme le note Perrault quelques lignes plus bas.

[490] La Fontaine devint pensionnaire de Fouquet en 1658, et lui resta fidèle même après sa disgrâce. En 1659, il entreprit *Le Songe de Vaux*, et l'ouvrage intitulé *Elégie aux nymphes de Vaux* fut publié anonymement en 1662. On notera que Perrault ne désigne avec précision aucun événement de la vie de La Fontaine avant sa rencontre avec Fouquet, ni son bref séjour à l'oratoire de Paris (1641-1642), ni son mariage avec Marie Héricart en 1647.

[491] Marguerite de la Sablière (1636-93). La Fontaine s'établit chez elle en 1673 et y resta jusqu'à la mort de sa protectrice, survenue en 1693. C'est alors qu'il se retira, comme le dira Perrault, chez son ami Hervart.

[492] Perrault ne rend pas entièrement justice à La Fontaine, dont les *Fables* (trois recueils, 1668, 1678 et 1694) sont loin d'être de simples traductions ou paraphrases des fables d'Esope.

de l'amour y sont si vives qu'il y a peu de lectures plus dangereuses pour la jeunesse, quoique personne n'ait jamais parlé plus honnêtement des choses deshonnêtes.[493] J'aurais voulu pouvoir disimuler cette circonstance, mais cette faute a été trop publique et le repentir qu'il en a fait paraître pendant les deux ou trois dernières années de sa vie a été trop sincère pour n'en rien dire. Il était de l'Académie Française, et lorsqu'il témoigna souhaiter d'en être, il écrivit une lettre à un prélat de la compagnie, où il marquait et le déplaisir de s'être laissé aller à une telle licence, et la résolution où il était de ne plus composer rien de semblable.[494] Il mourut à Paris le 13 avril 1695 âgé de soixante-quinze ans avec une constance admirable et toute chrétienne.

---

[493] Les *Contes* de La Fontaine, en deux parties, parurent en 1665 et 1674.

[494] La Fontaine fut élu à l'Académie Française, succédant à Colbert, en 1683; Louis XIV s'opposa à ce choix et le poète ne fut reçu qu'en 1684.

Jean Baptiste Lully.
Sur-intendant de la Musique du Roy.

JEAN-BAPTISTE LULLI
SURINTENDANT DE LA MUSIQUE DU ROI
[1632-87]

L'excellent homme qui se présente ici ne devait point, étant né en Italie, trouver place dans ce recueil, suivant la loi que nous nous sommes imposée de n'y admettre que des Français; mais il est venu en France dans un si bas âge, et il s'est naturalisé de telle sorte qu'on n'a pu le regarder comme un étranger.[495] D'ailleurs tous ses ouvrages de musique, et le génie même qui les a produits ayant été formés chez nous, il ne faut pas s'étonner si nous avons cru être en droit de nous en faire honneur.

A son arrivée en France il s'attacha auprès de mademoiselle de Montpensier,[496] mais le roi, qui a le goût exquis pour toutes les belles choses, n'eût pas plutôt ouï des airs de sa composition qu'il voulut l'avoir à son service.[497] Il lui ordonna de prendre soin de ses violons, car il jouait de cet instrument d'une manière dont personne n'a jamais approché, et même Sa Majesté en créa une nouvelle bande en sa faveur, qu'on nomma les petits-violons qui, instruits par lui, égalèrent bientôt et surpassèrent même la bande des vingt-quatre, la plus célèbre de toute l'Europe.[498] Il est vrai qu'ils avaient l'avantage de jouer des pièces de la composition de monsieur de Lulli, pièces d'une espèce toute dfférente de celles que jusque là on avait entendues. Avant lui on ne considérait que le chant du dessus dans les pièces de violon; la basse et les parties du milieu n'étaient qu'un simple accompagnement et un gros contrepoint, que ceux qui jouaient ces parties composaient le plus souvent comme ils l'entendaient, rien n'étant plus aisé qu'une semblable composition; mais monsieur Lulli a fait chanter toutes les parties presque aussi agréablement que le dessus; il y a introduit des fugues admirables, et surtout des mouvements tout nouveaux, et jusque là presque inconnus à tous les maîtres; il a fait entrer agréablement dans ses concerts jusqu'aux tambours et aux timbales, instruments qui n'ayant qu'un seul ton semblaient ne pouvoir rien contribuer à la beauté d'une harmonie, mais il a su leur donner des mouvements si convenables aux

---

[495] Lulli avait quatorze ans quand le chevalier de Guise, Roger de Lorraine, l'amena en France et l'installa chez sa cousine, mademoiselle de Montpensier. Sur la nécessité d'être né en France pour figurer dans ce recueil, voir la préface du premier tome.

[496] Louise d'Orléans, duchesse de Montpensier, dite la Grande Mademoiselle (1627-93), fille de Gaston d'Orléans, frère de Louis XIII.

[497] Lulli passa au service de Louis XIV en 1652.

[498] Les vingt-quatre violons furent créés en 1626 par Louis XIII, et les petits violons par Louis XIV en 1648.

chants où ils entraient, qui la plupart étaient des chants de guerre et de triomphe, qu'ils ne touchaient pas moins le cœur que les instruments les plus harmonieux. Il a su parfaitement les règles de son art, mais au lieu que ceux qui l'ont précédé n'ont acquis de la réputation que pour les avoir bien observées dans leurs ouvrages, il s'est particulièrement distingué en ne les suivant pas, et en se mettant au-dessus des règles et des préceptes. Un faux accord, une dissonance était un écueil où échouaient les plus habiles, et ç'a été de ces faux accords et de ces dissonances que monsieur de Lulli a composé les plus beaux endroits de ses compositions par l'art qu'il a eu de les préparer, de les placer et de les sauver.

On ne lui a pas seulement l'obligation d'avoir composé des pièces de musique qui ont fait pendant un très long temps les délices de toute la France, et qui ont passé chez tous les étrangers, mais d'avoir donné une nouvelle face à la musique et de l'avoir rendue commune et familière à tout le monde. Quand il est venu en France il y avait près de la moitié des musiciens qui ne savaient pas chanter à livre ouvert, la plupart de ceux mêmes qui chantaient chez le roi apprenaient leur partie par cœur avant que de la chanter. Aujourd'hui il n'y a presque plus de musiciens, soit de ceux qui chantent, soit de ceux qui touchent des instruments, qui n'exécutent sur-le-champ tout ce qu'on leur présente, avec autant de justesse et de propreté que s'ils l'avaient étudié pendant plusieurs journées. On admirait un maître qui savait accompagner sur la basse-continue; aujourd'hui une jeune fille qui joue du clavecin ou du théorbe aurait de la peine à s'entendre louer de si peu de chose.[499]

On n'a guère vu que ceux qui ont excellé dans les chants profanes aient eu le même avantage à composer des chants d'église; cependant, il a réussi parfaitement dans ces deux genres de musique, et quand il a fait chanter des ténèbres de sa façon, on ne l'a pas moins admiré que dans l'exécution de ses plus beaux opéras, parce qu'il a eu l'art d'entrer également bien dans l'esprit de ces musiques différentes.[500] C'est ce qui porta le roi à le faire surintendant de sa musique, charge qu'il méritait souverainement, et à laquelle il joignit peu de temps après celle de secrétaire du roi.[501] Il mourut à Paris le 22 mars 1687 dans la cinquante-quatrième année de son âge.[502] Il est enterré dans l'église des Petits-Pères augustins déchaussés, où il a fait bâtir une chappelle, et où sa veuve lui a

---

[499] *Théorbe* ou *téorbe*: Grand luth en usage aux XVIème et XVIIème siècles.

[500] *Ténèbres*: Office de la semaine sainte.

[501] Lulli fut nommé à la charge de surintendant de la musique, avec J.-B. Boesset, en 1661. Il devint secrétaire du roi en 1681.

[502] Lulli mourut d'un abcès occasionné par un coup qu'il se donna au pied avec sa canne de chef d'orchestre en dirigeant un Te Deum.

fait élever un très beau mausolée. Il a laissé six enfants, trois garçons et trois filles.[503]

Rien n'est comparable à la beauté de tous les opéras qu'il a faits.[504] Comme dans ces ouvrages il a joint à la force du génie de sa nation, la politesse et les agréments de la nôtre, l'Italie n'a presque rien qu'elle puisse leur opposer. C'est une variété inconcevable de modulations et de mouvements. Ce sont tous airs qui sans se ressembler ont cependant un certain caractère de douceur et de noblesse, qui marque leur commune origine. Il est vrai qu'il a eu le bonheur de trouver un poète dont les vers ont été dignes de la musique, et tels qu'il pouvait les désirer pour bien mettre en leur jour toutes les beautés et toutes les délicatesses de son art; mais ce bonheur lui était dû afin quil ne restât rien à désirer à ses ouvrages.[505]

---

[503] En 1662, Lulli avait épousé la fille de Michel Lambert (1610-96), autre musicien de cour.

[504] Lulli s'acheta le droit en monopole de monter des opéras en langue française; il défendit jalousement ce privilège et devint par la suite fort riche.

[505] Le poète en question est Quinault. Perrault ne dit rien des comédies-ballets composées par Lulli en collaboration avec Molière: *La Princesse d'Elide* (1664), *Le Mariage forcé* (1664), *Le Sicilien* (1667), *Georges Dandin* (1668), *Monsieur de Pourceaugnac* (1669), *Le Bourgeois Gentilhomme* (1670), *Les Amants magnifiques* (1670) et *Psyché* (1671), à laquelle Corneille contribua également.

François Mansart
Architecte du Roi

FRANÇOIS MANSART
ARCHITECTE
[1598-1666]

François Mansard naquit à Paris en l'année 1598. Son père, qui était architecte et qu'il perdit fort jeune, le laissa entre les mains de son beau-frère qui était de la même profession et qui eut soin de lui apprendre les premiers éléments de l'architecture.[506] Ce jeune élève avait apporté en naissant toutes les dispositions nécessaires pour réussir dans ce bel art: un goût exquis et un esprit solide et profond qui cherchait toujours quelque chose de plus beau que ce qu'il voyait faire aux autres. La pratique, qu'il joignit de bonne heure à l'étude et aux réflexions, lui acquit en peu de temps beaucoup d'habileté et beaucoup de réputation. Ses pensées étaient nobles et grandes pour le dessein général d'un édifice, et son choix toujours heureux et délicat pour les profils de tous les membres d'architecture qu'il y employait.

Ses ouvrages, qui ont embelli Paris et ses environs, et mêmes plusieurs provinces, sont en si grand nombre que je ne rapporterai que les principaux.[507] Les premiers ont été le portail de l'église des feuillants de la rue Saint-Honoré, le château de Berny, et le château de Balleroy en Normandie, ensuite celui de Blérancourt, une partie de celui de Choisy-sur-Seine et de celui de Petit-Bourg. Le nouveau château de Blois est tout entier de sa façon, et il a fait une partie des dedans de Richelieu et de Coulommiers. Il a fait tous les dehors du château et des jardins de Gesvres en Brie, et la plus grande partie de celui de Fresne, où il y a une chapelle qui est, en même temps, et le modèle de l'église du Val-de-Grâce à Paris, et un chef d'œuvre d'architecture. Le château de Maisons, dont il a fait faire tous les bâtiments et tous les jardinages, est d'une beauté si singulière, qu'il n'est point d'étrangers curieux qui ne l'aillent voir comme une des plus belles choses que nous ayons en France. L'hôtel de La Vrillière et l'hôtel de Jars qu'il fit construire environ dans le même temps, ne méritent

---

[506] Selon les biographes de Mansart, le père de celui-ci était charpentier. Il fut élevé par son beau-frère, Germain Gaultier, qui avait travaillé avec Salomon de Brosse.

[507] Voici les principaux ouvrages de Mansart dans l'ordre chronologique: le portail de l'église des Feuillants, 1623; le château de Berny, 1623; le château de Balleroy, 1626; l'église des filles de Sainte-Marie, 1632; le château de Blois, 1635; l'hôtel de La Vrillière, 1635; le château de Maisons, 1642; le château de Fresnes, 1645; l'église du Val-de-Grâce, commencée en 1645; l'hôtel de Jars, 1648; le château de Gesvres, années 1650-1660; le portail des minimes de la Place-Royale, 1657; l'hôtel Carnavalet, 1660. Perrault attribue à Mansart plusieurs ouvrages dus à Salomon de Brosse: le château de Blérancourt, 1611-19; l'hôtel de Bouillon, 1612; et le château de Coulommiers, 1613. Il lui attribue également le château de Richelieu (1631-42), dû à Jacques Lemercier.

pas moins d'être considérés pour la beauté et l'élégance de leur architecture. L'église des filles de Sainte-Marie dans la rue Saint-Antoine est de lui, de même qu'une partie de l'hôtel de Conti, l'hôtel de Bouillon, et le portail des minimes de la Place Royale, jusqu'à la première corniche seulement. Il a bâti plusieurs choses à l'hôtel de Carnavalet de très bon goût, surtout le corps de logis sur la rue, où il a conservé l'ancienne porte et des bas-reliefs dont elle est ornée, parce qu'il les trouva très beaux et qu'il n'eut point cette maligne envie de plusieurs architectes qui ne manquent point de faire abattre les morceaux d'architecture dont la comparaison avec les leurs pourrait leur être désavantageuse. L'église du Val-de-Grâce a été bâtie sur son dessein, et conduite par lui jusqu'au-dessus de la grande corniche du dedans. Lorsqu'on en était là, on fit entendre à la reine mère, fondatrice du couvent, que cette église, sur le pied qu'elle était commencée, ne pouvait s'achever qu'avec des sommes immenses, et qui excéderaient beaucoup celles que Sa Majesté y avait destinées. Elle s'en plaignit à monsieur Mansart, et n'ayant pas reçu de ses réponses toute la satisfaction qu'elle en attendait, elle chargea d'autres architectes de ce qui restait à faire. C'est assurément une des plus belles églises qu'il y ait au monde, mais il y a lieu de croire qu'elle aurait été encore plus belle si monsieur Mansart y eût mis la dernière main. Elle n'aurait peut-être pas été chargée de tant d'ornements de sculpture, mais elle n'en aurait pas été moins ornée. Peut-être aussi que le dôme, quelque beau et majestueux qu'il soit, aurait eu quelque chose de plus élégant et de plus dégagé, s'il eût été fait entièrement dans le goût de Mansart. L'on peut en juger ainsi par la beauté du dôme des Invalides fait par monsieur Mansart d'aujourd'hui, premier architecte de Sa Majesté et digne neveu de celui dont je parle, parce qu'il a le même goût que son oncle.[508]

Cet excellent homme, qui contentait tout le monde par ses beaux ouvrages, ne pouvait se contenter lui-même; il lui venait toujours en travaillant de plus belles idées que celles où il s'était arrêté d'abord, et souvent il a fait refaire jusqu'à deux et trois fois les mêmes morceaux pour n'avoir pu en demeurer à quelque chose de beau, lorsque quelque chose de plus beau se présentait à son imagination. Ç'a été cette abondance de belles pensées qui a empêché que la façade principale du Louvre n'ait été bâtie sous sa conduite et sur ses desseins; et parce que la postérité sera étonnée que dans le temps où il était dans sa plus grande réputation, on ait fait venir en France pour cet ouvrage le cavalier Bernin, qui assurément n'avait aucun avantage sur lui du côté de l'architecture, je me crois obligé de dire

---

[508] Jules Hardouin-Mansart (1646-1708), architecte principal du château de Versailles, de la chapelle et du dôme des Invalides.

comment la chose se passa.[509] Monsieur Colbert,* avant que d'envoyer à Rome pour avoir des dessins des meilleurs architectes d'Italie, manda monsieur Mansart et le pria d'apporter ceux qu'il avait faits pour le Louvre. Il lui dit qu'il serait bien aise de lui voir bâtir la façade de ce palais, ne doutant point que, s'agissant de servir le roi dans un ouvrage si important, il ne fît quelque chose d'admirable. Monsieur Mansart ouvrit son portefeuille et fit voir plusieurs dessins, tous très beaux et très magnifiques, mais dont il n'y en avait pas un seul qui fût fini et arrêté. Il y avait partout deux ou trois pensées différentes à choisir, l'une marquée avec du crayon, l'autre avec de l'encre, et l'autre avec de la sanguine. Monsieur Colbert* témoigna être extrêmement satisfait de la beauté et de l'abondance de toutes ces différentes idées, mais il ajouta qu'il fallait se déterminer, prendre les plus belles et les mettre au net, ensuite les présenter au roi pour en choisir une, après quoi il n'y aurait plus qu'à l'exécuter promptement sans y rien changer. Monsieur Mansart répondit qu'il ne pouvait se lier ainsi les mains, et qu'il voulait se conserver toujours le pouvoir de mieux faire, et se rendre par là plus digne de l'honneur que l'on lui faisait. Monsieur Colbert* lui répondit que s'il n'était question que d'un bâtiment pour lui, il n'aurait aucun chagrin de le voir abattre huit et dix fois de suite, pourvu qu'il parvînt à avoir un édifice de sa façon, mais que s'agissant d'un bâtiment pour le roi, et d'un bâtiment tel que le Louvre, il ne pouvait ni ne devait y faire travailler aux conditions que monsieur Mansart demandait. Ils persistèrent l'un et l'autre dans leur résolution, et la chose en demeura là.[510] Il mourut au mois de septembre 1666 âgé de soixante-neuf ans. C'est lui qui a inventé cette sorte de couverture qu'on nomme mansarde, où en brisant les toits on augmente l'espace qu'ils renferment et on trouve moyen d'y pratiquer des logements très commodes et très agréables.

---

[509] Perrault s'attarde sur ces mêmes événements dans ces *Mémoires*. Non seulement notre auteur n'aimait-il pas le Bernin, mais il prétendait que son frère Claude Perrault était l'auteur des dessins choisis pour la façade du Louvre. Perrault y fait discrètement allusion dans les éloges de Colbert et de son frère.

[510] Les biographes s'accordent à dire que Mansart avait un caractère arrogant et susceptible.

Nicolas Poussin
Peintre

NICOLAS POUSSIN
PEINTRE
[1594-1665]

Quand on est né pour exceller dans quelque art ou dans quelque science, les semences que la nature en a jetées dans l'âme germent de si bonne heure qu'on en voit des marques visibles dès la première enfance. Nicolas Poussin, qui venait au monde pour être un des meilleurs peintres de son siècle, fit connaître son talent dès que sa main fut assez forte pour exprimer par des linéaments les images qu'il avait dans l'esprit. Il naquit en 1594 à Andelys en Normandie, où il se trouva un peintre nommé Varin, qui jugeant où pouvaient aller de tels commencements, conseilla à ses parents, qui étaient fâchés de le voir s'amuser à dessiner au lieu de s'appliquer aux études ordinaires, de le laisser suivre son inclination, et il l'aida beaucoup de ses conseils et de ses préceptes.[511] Dès qu'il eut atteint l'âge de dix-huit ans il vint à Paris, où après avoir étudié sous différents maîtres, il fit quelques voyages en province et particulièrement à Blois, où il peignit deux tableaux dans l'église des capucins qu'on va voir avec admiration, quoiqu'ils se ressentent un peu de la faiblesse de son âge. Il fit six tableaux à détrampe[512] pour la cérémonie de la canonisation de saint Ignace et de saint François Xavier, et quoique ces six tableaux eussent été faits en six jours ou peu davantage, ils furent très estimés et lui firent beaucoup d'honneur.[513] Le cavalier Marin, excellent poète italien, s'étant trouvé à Paris dans ce temps-là, ils firent amitié ensemble, et le plaisir que prit le Poussin à représenter les plus belles pensées de son ami, tirées la plupart de son poème de l'*Adonis*, ne servit pas peu à réveiller et à augmenter en lui le génie poétique de l'invention, si nécessaire aux peintres.[514]

Il alla à Rome et y arriva au printemps de l'année 1624. Ses ouvrages n'y furent pas estimés d'abord, quoique très beaux, parce que sa manière de peindre n'était pas du goût qui régnait alors; il arriva même que les copies qu'on en fit se vendirent davantage que ses originaux, et il ne toucha que soixante écus du tableau de *La Peste*, que le duc de Richelieu a

---

[511] Quentin Varin séjourna à Andelys vers 1610.

[512] *Tableau à détrampe*: Peinture faite avec des couleurs broyées à l'eau additionnée de colle de peau.

[513] Saint Ignace de Loyola (1491-1556), fondateur de la Compagnie de Jésus; Saint François-Xavier (1506-1552), apôtre des Indes et du Japon. Ils furent tous deux canonisés le 12 mars 1622.

[514] Giambattista Marini *ou* Marino, *dit* le cavalier Marin (1569-1625). *Adonis*, 1623.

depuis acheté mille écus.[515] Il portait toujours des tablettes sur lesquelles il dessinait en passant dans les rues les attitudes qui lui semblaient belles et dignes d'être remarquées, et les beaux morceaux de paysages lorsqu'il était à la campagne. Il apprit les mathématiques du père Mathé Zaccolini,[a] et l'anatomie du Vasale.[516] Il s'appliqua particulièrement à faire des tableaux de chevalet d'une moyenne grandeur, où les figures fussent assez grandes pour en pouvoir bien remarquer toutes les proportions et y placer tout le détail des expressions les plus fines et les plus délicates. Le nombre des beaux tableaux qu'il a faits est presque innombrable.

Entre les plus célèbres on compte *Les Sept Sacrements* qu'il a peints deux fois, la première pour le cavalier del Pozzo son intime ami, et la seconde pour monsieur de Chantelou maître d'hôtel du roi;[517] plusieurs événements de l'histoire de Moïse, comme son *Exposition sur les eaux du Nil, La Manne qui tombe dans le désert*,[518] et *Le Frappement de la roche, Rébecca, Les Aveugles de Jéricho*, celui du déluge, celui de Pyrrhus[519] et plusieurs autres qui font un des principaux ornements du cabinet du roi.

Monsieur de Noyers, qui l'estimait et l'aimait beaucoup, l'obligea par les lettres pressantes qu'il lui écrivit et par celles qu'il porta le roi à lui écrire, de venir en France pour honorer la surintendance des bâtiments que Sa Majesté venait de lui donner.[520] Les premiers ouvrages qu'on lui fit faire dès qu'il fut arrivé fut le tableau d'autel de la chapelle de Saint-Germain-en-Laye, qui est une cène, où la beauté de l'ordonnance et particulièrement l'entente des lumières ne reconnaissent rien de plus beau en ce genre-là. Il fit, à peu près dans le même temps, le tableau du grand autel du noviciat des jésuites, qui est de la même force. Il fut chargé de faire des dessins pour la grande galerie du Louvre. Il est aisé de s'imaginer

---

[515] Armand-Jean de Vignerot, duc de Richelieu (mort en 1715), petit-neveu du cardinal et général des galères de France.

[516] Matteo Zaccolini (1590-1630), peintre et théatin. Il laissa en manuscrit des traités sur la perspective, dont *Della descrittione dell'ombre prodotte da corpi opachi rettilinei*. André Vésale (1514-1564), médecin belge. Son grand ouvrage d'anatomie, *De corporis humani fabrica, libri VII*, parut en 1543 et fut traduit dans toutes les langues.

[517] Poussin peignit la première série des *Sept Sacrements* entre 1636 et 1640 pour le chevalier Cassien del Pozzo (mort en 1657), célèbre pour sa riche collection d'antiquités romaines. Il créa la deuxième série entre 1644 et 1648.

[518] Tableau peint en 1639 pour Fréart de Chantelou, secrétaire de Sublet de Noyers.

[519] Tableau peint en 1634.

[520] François Sublet de Noyers (1588-1645), secrétaire d'Etat à la guerre en 1636 et surintendant des bâtiments en 1638. Il dirige les travaux des demeures royales, notamment du Louvre, et adressa une première lettre à Poussin en 1639; il incita Louis XIV à écrire au peintre en 1640.

qu'avec le mérite qu'il avait, et qu'ayant été mis à la tête de tous les ouvragres de peinture et en quelque façon d'architecture, parce qu'il y en entrait beaucoup dans le dessein du plafond de cette galerie, il ne manqua pas d'ennemis qui le contredirent, mais il soutint son dessein par de très bonnes raisons, faisant voir que s'il n'était pas aussi orné ni aussi chargé d'ouvrages que l'auraient voulu ses adversaires, il le faisait à cause de la longueur extraordinaire de ce vaisseau, afin que la vue ne fût pas fatiguée d'un trop grand nombre de différents objets, afin que l'ouvrage se pût achever et ne fût pas d'une dépense immense et en quelque façon sans bornes.[521] On lui reprocha que dans plusieurs de ses tableaux il y avait quelque chose de dur, de sec, et d'immobile, défaut qu'on prétendait venir de ce qu'il s'était trop appliqué à étudier et à copier les bas-reliefs antiques.[522] Quelques-uns le blamèrent aussi d'avoir donné à l'air de tête du Christ du tableau de Saint-Germain-en-Laye et de plusieurs autres tableaux, quelque chose qui tenait plus d'un Jupiter tonnant que du Sauveur du monde. Et enfin qu'ayant voulu trop s'éloigner des manières douces et tendres qui étaient fort à la mode, comme celles de l'Albane et du Guide, auquel il préférait beaucoup le Dominiquin comme plus fort dans le dessin et dans les expressions, il avait donné un peu trop dans la manière austère et précise.[523] D'autres prétendent que ces défauts ne sont autre chose que des beautés un peu trop grandes pour les yeux qui n'y sont pas accoutumés. Quoiqu'il en soit, personne n'a été plus loin pour bien marquer le vrai caractère de ses personnages, et surtout pour la beauté, la noblesse et la naïveté des expressions, qui est sans contredit la plus belle et la plus touchante partie de la peinture. Il mourut à Rome le 19 novembre 1665 âgé de soixante et onze ans et cinq mois.[524]

---

[521] Parmi ses «ennemis», Poussin comptait notamment Vouet, Feuquières et l'architecte Lemercier.

[522] Pour la simplicité et la solidité de ses peintures, Poussin est souvent rapproché de François Mansart. Sur celui-ci, voir la notice précédente.

[523] Francesco Albani, *dit* l'Albane (1578-1660), peintre italien élève de Carrache. Guido Reni, *dit* le Guide (1575-1642), peintre italien. Domenico Zampieri, *dit* le Dominiquin (1581-1641), peintre italien, élève des Carrache.

[524] Poussin était retourné à Rome en 1642, fatigué par les cabales qu'on ne cessait de monter contre lui.

Charles Le Brun
1.er Peintre du Roy

CHARLES LE BRUN
PREMIER PEINTRE DU ROI
1619-1690

On a de la peine à remonter assez haut dans la vie de l'excellent homme dont je vais parler, pour trouver un temps où il ne fût pas déjà un peintre très habile. On voit un portrait de son aïeul, sculpteur à Paris, qu'il fit à l'âge de dix ou douze ans, où l'on remarque autant d'art et de force que dans les ouvrages des meilleurs peintres. On peut voir aussi sur une des cheminées du Palais-Royal un Hercule assommant les chevaux de Diomède, qu'il fit à l'âge de quinze ans, et qui fait honte à la plupart des tableaux des meilleurs maîtres.[525]

Il étudia sous Simon Vouet* premier peintre du roi, très habile dans sa profession, qu'il égala et surpassa en peu de temps, ayant toujours eu la force de ne rien prendre de ce qu'il pouvait y avoir de moins bon dans la manière de son maître. Outre le don de peindre qu'il avait dans un très haut degré, il avait l'esprit net et pénétrant, capable de réussir en tout ce qu'il aurait voulu entreprendre. Monsieur le chancelier Séguier,* touché des bonnes qualités de ce jeune peintre, le fit voyager en Italie, où il enleva presque tous les secrets de son art enfermés dans les beaux ouvrages qui s'y trouvent.[526] Il y fit une étude particulière, sur les bas-reliefs antiques, de tous les habillements, de toutes les armes, et de tous les ustenciles dont se servaient les anciens selon les différents pays, et par une continuelle lecture de l'histoire et de la fable, il acquit une connaissance si exacte des différents caractères de tous les héros et de tous les hommes, de leurs usages et de leurs coutumes, que personne n'a jamais représenté toute sorte de sujets avec plus de naïveté et plus de bienséance, et n'a mieux observé ce que les maîtres de l'art appellent «le costume». Pour s'en convaincre il ne faut que voir les cinq grands tableaux qu'il a faits de l'*Histoire d'Alexandre*,[527] et particulièrement celui de la *Famille de Darius*, où les airs de tête ne donnent pas moins à connaître les différents pays des personnes qui y sont représentées, que leurs habillements fidèlement désignés sur l'antique. Ces cinq tableaux sont peut-être en leur genre les plus beaux qu'il y ait au monde, et l'on peut espérer que quels que soient[a] la prévention où l'on est pour tout ce qui vient d'Italie, et le peu d'estime que les Français font des ouvrages de leur siècle, et surtout de leurs

---

[525] Ce tableau, *Hercule livrant Diomède à ses chevaux*, date de 1642.

[526] Le Brun partit en 1642 avec Poussin, qui retounait en Italie; il y resta pendant quatre ans. Le Brun fit, en 1661, un grand tableau représentant le chancelier Séguier.

[527] Le Brun exécuta l'*Histoire d'Alexandre* entre 1661 et 1668.

compatriotes, on leur rendra la justice qui leur est due, lorsque le temps y aura ajouté la beauté, et si cela se peut dire, le vernis qu'il donne toujours aux excellents tableaux.

Son plus grand ouvrage est le plafond de la galerie de Versailles, où l'histoire du roi est représentée d'une manière allégorique et très ingénieuse.[528] Il a peint la voûte du grand escalier de ce même château d'une fresque admirable: on y voit les muses occupées à célébrer les actions et les vertus du même prince.[529] Le plafond de cet escalier a été gravé, de même que les cinq tableaux de l'*Histoire d'Alexandre*; les estampes en sont recherchées et admirées de tout le monde. Le recueil des estampes gravées d'après ses ouvrages est le plus ample et le plus nombreux qui ait jamais été fait d'après les tableaux d'aucun autre peintre.

Comme il avait un génie universel et que le roi, qui l'estimait beaucoup et qui l'avait choisi pour son premier peintre, lui avait aussi donné une direction générale sur toutes les manufactures des Gobelins.[b] On peut dire que tout ce qui s'est fait dans les manufactures de cette maison, tapisseries, cabinets et ouvrages d'orfèvrerie, de marqueterie, tiennent de lui ce qu'ils ont de beau et d'élégant, le tout ayant été travaillé sur ses dessins, sous ses yeux et sous sa conduite, de même que la plupart des ouvrages de peinture et de sculpture qui ont été faits de son temps à Versailles et aux autres maisons royales.[530] C'est sur ses dessins peints en grand par ses meilleurs élèves que les tapisseries de l'*Histoire du roi* ont été faites, de même que celles des *Eléments* et des *Quatre Saisons de l'année*. Cette étendue de génie est une chose qu'on a de la peine à concevoir, et qu'on ne peut trop admirer. Je ne parle point des tableaux de chevalet et de plusieurs autres qu'il a faits pour les églises de Saint-Sulpice, des carmélites et plusieurs autres encore, parce que le nombre en est trop grand, et qu'ils sont exposés à la vue de tout le monde. Il gouvernait la manufacture des Gobelins et tous ceux qui y travaillaient, comme aurait fait un père de famille, presque sans cesse occupé à leur donner de l'ouvrage et à le corriger, ou a solliciter leurs affaires auprès des magistrats, dont il était honoré et toujours bien reçu.

Il a laissé deux traités admirables, l'un de la physionomie, et l'autre

---

528 Le Brun travailla à la galerie d'Apollon à partir de 1661. Perrault ne dit pas, sans doute par prudence politique, que Le Brun travailla au service de Fouquet et qu'il collabora à la décoration de Vaux-le-Vicomte. Il ne dit pas non plus que ce fut d'après un projet élaboré par Le Brun que Louis XIV fonda l'Académie Royale de peinture, dont Le Brun devint le «directeur».

529 L'escalier des ambassadeurs date des années 1674-1678.

530 Le Brun devint directeur des Gobelins en 1663 et premier peintre du roi en 1664.

des différents caractères des passions.[531] Il ne s'est pas contenté d'expliquer par le discours les différents effets que chaque passion exprime sur le visage, il les a désignées en grand de sa main même en plusieurs façons différentes. Le premier crayon ne marque que le premier trait caractéristique de chaque passion sans jours et sans ombres; le second le marque davantage par un amas de petites circonstances qu'il y ajoute; et le troisième ayant tous les jours et toutes les ombres qui lui sont nécessaires, ne laisse rien à désirer pour l'expression parfaite de la passion. Il y a joint des figures de la plupart des animaux qui ont quelque chose de ce qui se trouve dans la physionomie de l'homme; ce qui sert à connaître leur inclination naturelle par rapport à celle de ces mêmes animaux.[532]

Il avait entrepris un grand travail, qui était de peindre toutes les actions principales de la vie de Jésus-Christ en tableaux de chevalet de six à sept pieds de long sur quatre pieds et demi de haut. Il y en a quatre où il a mis la dernière main et qui sont d'une beauté admirable; ce sont le *Portement de croix*, l'*Elévation en croix*, l'*Entrée en Jérusalem* et la *Nativité*. Il travaillait, lorsqu'il fut surpris de la maladie dont il est mort, au tableau de la cène, qui devait être, si l'on en juge par les études qu'il avait faites sur la manière dont les Juifs célèbrent la Pâques, encore plus beau et plus curieux que tous les autres. Il mourut aux Gobelins le 12 février 1690, et fut enterré à Saint-Nicolas-du-Chardonnet, où sa veuve lui a fait élever un tombeau très magnifique; celui de sa mère qui est de son dessin, et un tableau d'autel représentant saint Charles Borromée dans la ferveur de la prière, peint par lui-même, font avec son mausolée une des plus belles chapelles qu'il y ait à Paris.[533]

---

[531] *Méthode pour apprendre à dessiner les passions, proposée dans une conférence sur l'expression générale et particulière* et *Méthode pour apprendre à deviner les passions* (publication posthume, 1698).

[532] Selon Perrault, Condé avait «une physionomie qui tenait de l'aigle».

[533] Saint Charles Borromée (1538-1584), archevêque de Milan. Il joua un rôle important au Concile de Trente et se dévoua pendant la peste de 1576, à la tête de son diocèse.

Eustache le Sueur pinxit   P. Van Schuppen sculp. 1674

Eustache le Sueur
Peint.r de l'Academie   R.r de Peinture et Sculp.

EUSTACHE LE SUEUR
PEINTRE
[1617-1655]

On peut dire de l'excellent peintre dont je vais parler, qu'il ne lui a manqué qu'une chose, qui est de vivre plus longtemps; car, s'il eût continué à se perfectionner dans la peinture à proportion de ce qu'il a fait jusqu'à l'âge de trente-huit ans où il est mort, il aurait surpassé ou du moins égalé tout ce qu'il y a jamais eu de grands peintres. Cette destinée lui est commune avec Raphaël qui mourut environ dans le même âge.[534]

Il fut de l'Académie Royale de peinture et de sculpture dès les premiers jours de son établissement.[535] Il étudia sous Vouet* comme tous les jeunes peintres de son temps, et au lieu que les disciples se font tous estimer à proportion de ce qu'ils imitent bien leur maître, celui-ci, de même que monsieur Le Brun,* et quelques autres encore qui avaient un génie supérieur pour la peinture, s'est fait considérer pour avoir quitté de bonne heure la manière de son maître, parce qu'encore que Vouet* fût très habile homme, Le Sueur avait un goût beaucoup plus exquis et plus délicat.[536] Le premier ouvrage de conséquence qu'il entreprit fut sa *Vie de saint Bruno*, qu'il peignit dans le cloître des chartreux de Paris dans vingt-deux tableaux d'une beauté admirable, et dont quelques-uns par une malice incroyable, et de laquelle on n'a jamais pu découvrir les auteurs, ont été gâtés considérablement dans les endroits où il y avait de plus nobles et de plus vives expressions. Il fit tout cet ouvrage en trois années.[537] On a de la peine à comprendre, quand on considère avec quel soin et avec quelle étude tous les tableaux sont peints, comment il a pu en venir à bout en si peu de temps; cependant, quelque[a] beaux qu'ils soient, il faut convenir que ceux qu'il a faits depuis en divers endroits le sont la plupart encore davantage du côté de la correction et de la force de la couleur. Un des plus beaux est celui qu'il fit pour être mis à Notre-Dame en l'année 1650, suivant la coutume que les orfèvres observent depuis longtemps d'y en présenter un tous les ans au premier jour du mois de mai. Saint Paul y est représenté prêchant dans la ville d'Ephèse et convertissant les gentils qui apportent leurs livres de sciences profanes pour être brûlés. Il a fait un tableau d'un

---

[534] Raphaël (1483-1520), peintre et architecte italien.

[535] Le Sueur devint membre de l'Académie Royale de peinture et de sculputure dès sa fondation en 1648.

[536] Parmi les disciples de Vouet, à part Le Sueur et Le Brun, on peut citer François Mignard et Laurent de la Hyre.

[537] Le Sueur peignit ces tableaux vers 1648.

Christ mourant pour les capucins de la rue Saint-Honoré, un tableau de la Magdelène, et un autre du martyre de saint Laurent pour l'église de Saint-Germain-l'Auxerrois et quelques tableaux de l'histoire de saint Martin pour les religieux de Marmoutier.[538] Il fit sur la fin de sa vie deux tableaux de l'histoire de saint Gervais et de saint Protais pour être copiés comme ils l'ont été dans les tapisseries qu'on voit à Saint-Gervais; ces tableaux sont d'une beauté extraordinaire.[539]

Ce que Le Sueur avait de plus remarquable, c'est qu'il n'y avait rien d'affecté dans sa manière. C'était la belle nature prise d'après l'idée du beau qu'il représentait en autant de façons différentes, que les différents sujets le demandaient, n'ayant aucunes attitudes, aucunes manières de grouper, de disposer, de draper ou de colorier qui lui fussent plus ordinaires que les autres, marque certaine de la force et de la facilité d'un génie qui, ne s'assujetissant à rien de ce qu'il a vu ni même de ce qu'il a fait, se figure les objets selon que le demande la vraisemblance de son histoire, peignant ce qu'il voit dans son idée quand il travaille d'invention, comme il peint ce qu'il voit au-dehors de lui, quand il travaille d'après nature. Son bon goût lui avait fait prendre dans l'étude des figures et des bas-reliefs antiques ce qu'ils ont de grand, de noble et de majestueux, sans en imiter ce qu'ils peuvent avoir de sec, de dur et d'immobile, et lui faisait tirer des ouvrages modernes ce qu'ils ont de gracieux, de naturel et d'aisé, sans tomber dans le faible et le mesquin qu'on leur reproche.

Quelques gens ont trouvé qu'il lui manquait d'avoir été à Rome; mais on ne remarque point dans ses ouvrages ce qui a pu les faire parler de la sorte, ses tableaux ayant tout le bon goût et toute la noblesse que l'on peut prendre en Italie. Il a été vrai longtemps qu'il fallait aller à Rome et y étudier un temps considérable pour réussir dans la peinture et dans la sculpture, mais cette maxime commence à n'être plus vraie depuis qu'on a transporté en France une partie des plus beaux tableaux et des plus belles statues qui faisaient aller en Italie, parce que si on n'a pas les figures en original, on les a du moins fort bien moulées, ce qui suffit pour en prendre le goût et la manière. Il n'y a plus guère que ceux qui se connaissent peu en ces sortes de choses et qui veulent pourtant paraître connaisseurs qui prétendent que cela soit ainsi, parce qu'il est bien plus aisé de savoir si un ouvrier a été à Rome, ou s'il n'y a pas été, que de savoir si son ouvrage est excellent ou médiocre. On ne disconvient pas qu'il ne soit très utile à un peintre de voyager en Italie pour se former le goût sur les beaux ouvrages qu'on y trouve de tous côtés, mais l'exemple de celui dont je parle fait bien voir que cette condition n'est pas absolument nécessaire pour rendre un

---

[538] Le Sueur peignit l'histoire de Saint Martin en 1651.

[539] Gervais et Protais, frères martyrisés sous Néron à Milan.

homme habile dans ce bel art. Il mourut au mois de mai de l'année 1655 âgé de trente-huit ans, et est enterré en l'église de Saint-Etienne-du-Mont.

JACQUES CALLOT
GRAVEUR
[c.1592-1635]

Jacques Callot était lorrain et naquit à Nancy en l'année 1594. Ses parents, qui étaient nobles, le destinaient à toute autre chose qu'à la gravure, mais son inclination se trouva tellement portée à dessiner tout ce qu'il voyait, que pour en avoir la liberté toute entière, et n'en être point détourné par ceux qui avaient autorité sur lui, il se déroba de la maison de son père dès son plus bas âge, et s'en alla à Rome pour se perfectionner dans l'art qu'il avait embrassé. Là, il fut disciple du nommé Jules le parisien peintre habile qui, le voyant trop enclin à dessiner des grotesques où il se plaisait beaucoup, l'obligea à copier les bons ouvrages des plus excellents maîtres pour se former le goût aux bonnes choses.[540] En 1612 il alla à Florence n'ayant encore que 18 ans, où la première estampe qu'il grava fut un *Ecce Homo*, avec des vers au-dessous qu'on croit être de sa façon.[541]

Il grava plusieurs dessins de son maître Jules le parisien, mais qui n'approchent pas de ceux qu'il faisait d'invention, et qu'il donna en l'année 1616. Les mêmes figures qui y sont gravées avec toutes leurs ombres, y sont aussi gravées vis-à-vis avec le simple trait pour mieux en faire voir la justesse du dessin, et aussi afin d'aider les étudiants en démêlant les traits qui font le contour de la figure d'avec ceux qui ne servent que pour l'ombrer et pour lui donner du relief et de la rondeur. Côme second, grand duc de Toscane pour lequel il travaillait et qui l'aimait beaucoup étant mort,[542] il fut invité par le pape à venir à Rome, et par l'empereur à aller à Vienne; mais il aima mieux venir en France, où il fit une infinité de très beaux ouvrages. Il grava à Paris deux vues de cette grande ville: l'une où la ville est regardée de l'endroit à peu près où vient d'être bâti le pont-royal, et d'où se voit le Louvre, le pont-neuf, et toute la ville avec la rivière. Là, sur un grand nombre de toutes sortes de bateaux, on voit une infinité de figures qui semblent être toutes en mouvement; et l'autre où la ville est regardée du pont-neuf et représente le même Louvre, la tour de Nesle, la porte de la Conférence et le paysage au-delà avec tout ce qui se passe sur la rivière.[543] Ce sont deux chef-d'œuvres, soit pour la

---

[540] Jules Parigi (mort en 1635), architecte florentin et graveur à l'eau forte. Perrault confond l'histoire de la jeunesse de Callot. Celui-ci s'enfuit de la maison paternelle à deux reprises, en 1604 et 1606. Ce fut pendant son deuxième voyage en Italie qu'il devint le disciple de Jules Parigi, qui travaillait à Florence et non pas à Rome.

[541] Callot séjourna à Florence de 1611 à 1622.

[542] Côme II mourut en 1621. Callot travaillait pour lui depuis 1614.

[543] Callot arriva à Paris en 1629, où il exécuta les deux gravures auxquelles

perspective qui y est admirablement bien observée, soit pour la vérité des
objets, soit pour la variété et la naïveté des figures.

Il grava aussi, étant en France, trois sièges fort mémorables, celui de
Saint-Martin-de-Ré, celui de Bréda et celui de La Rochelle.[544] Sur le
devant les figures sont d'une grandeur assez considérable, et dans
l'éloignement elles sont d'une petitesse presque imperceptible et cependant
aussi distinguées et aussi reconnaissables que si elles n'étaient qu'à quinze
ou vingt pas. Les *Misères de la guerre*, représentées en dix ou douze
planches, sont un de ses plus beaux ouvrages.[545] Là tout ce qui se peut
imaginer touchant le mal que font souffrir les soldats, ou qu'ils souffrent
eux-mêmes pendant la guerre, est exprimé avec une naïveté admirable. On
est surpris que l'imagination d'un seul homme ait pu se figurer tant de
choses si différentes et toutes sous des images si naturelles. Il a fait des
estampes de tous les saints et de tous les mystères contenus dans le
calendrier. Il en a fait aussi de la plupart des monnaies de l'Europe. Il a
représenté une infinité de grotesques très agréables. Je n'entreprendrai
point de rapporter ici tous ses ouvrages, il vaut mieux que le lecteur se
donne le plaisir d'en voir lui-même le recueil qui, quoique très précieux,
n'est pas difficile à recouvrer à cause du point d'honneur que les curieux se
font d'avoir son œuvre tout entier; ce point d'honneur est si vif et l'on peut
dire si bizarre que celle de ses estampes nommée *L'Espiègle* (qui est la
moindre de toutes et dont il cassa la planche après qu'on en eut tiré
quelques-unes, parce qu'il n'en était pas content) s'achète vingt fois plus
cher que les autres pour se pouvoir vanter que l'on a tout.

Callot a été admirable en bien des parties, mais il l'a été
particulièrement à faire les figures en petit, et à savoir faire trouver dans
deux ou trois traits de burin, l'action, la démarche, l'intention et même
jusqu'à l'humeur et au caractère particulier de chaque figure. Il avait
encore une adresse singulière à ramasser en peu de place une infinité de
choses, et si cela se peut dire, le don de créer de l'espace, car en un pouce
d'étendue il faisait voir distinctement cinq ou six lieues de pays et une
multitude inconcevable de personnages. Il n'y a point eu avant lui de

---

Perrault fait rérérence, *La Seine vue du Pont-Neuf* et *La Tour de Nesle*. La Tour de
Nesle, tour de l'enceinte de Philippe Auguste, fut démolie en 1663.

[544] La chronologie de Perrault n'est pas exacte. Le siège de Bréda s'acheva en
1625, et Callot en fit la gravure pendant un séjour à Bruxelles. Cette gravure attira sur
lui l'attention de Louis XIII qui le fit venir à Paris en 1629. Les sièges de Saint-Martin-
de-Ré (autrement dit, de l'Ile de Ré) et de La Rochelle, eurent lieu respectivement en
1627 et 1628. Au moment où Callot en fit les gravures, il avait regagné Nancy, sa ville
natale.

[545] Il s'agit des *Grandes Misères de la guerre* (1633), inspirées par la Guerre de
Trente ans (1618-48).

graveur d'un semblable talent, et à la réserve de l'excellent monsieur Leclerc qui le suit à ne pas demeurer derrière, il n'en est point venu depuis qui en ait approché.[546] Gaston duc d'Orléans l'aimait beaucoup et prenait un singulier plaisir à le faire travailler en sa présence.[547] Il mourut à Nancy le 23 mars 1635, âgé de quarante et un ans.[548] Sa femme, nommée Marguerite Passinger, lui fit élever un tombeau magnifique.

---

[546] Sébastien Leclerc, le vieux (1637-1714), dessinateur et graveur.

[547] Callot connut Gaston d'Orléans à Nancy, où celui-ci s'était réfugié. La ville se rendit à Louis XIII en 1631.

[548] Selon Moréri, Callot mourut en 1635 âgé de 43 ans, ce qui concorde avec la date de naissance que l'on trouve dans la plupart des ouvrages de référence.

N anteuil se ipsi delineavit.   E delinck sculp. C.P.R.

Robert Nanteuil.
Dessinateur et Graveur ord.` du Roy

ROBERT NANTEUIL
DESSINATEUR ET GRAVEUR
[1623-1678]

Robert Nanteuil naquit à Reims en l'année 1630. Son père, marchand de cette ville, prit, quoique très pauvre, un grand soin de son éducation, et lui fit faire toutes ses études. Il eut une si forte inclination à dessiner dès son enfance, et il s'y appliqua si heureusement, que sur la fin de ses deux années de philosophie, il dessina et grava lui-même la thèse qu'il soutint. Il fit toutes ces choses avec un tel succès, qu'on ne peut s'imaginer l'honneur qu'il en reçut de toute la ville; mais comme ces talents, quoique très beaux, n'étaient pas d'une grande utilité dans son pays natal, et que s'étant marié fort jeune, ils ne lui fournissaient pas de quoi soutenir les dépenses du ménage, il résolut d'aller chercher une meilleure fortune.[549] Il laissa donc sa femme et vint à Paris, où ne sachant comment se faire connaître, il s'avisa de cette invention.

Ayant vu plusieurs jeunes abbés à la porte d'une auberge proche de la Sorbonne, il demanda à la maîtresse de cette auberge si un ecclésiastique de la ville de Reims ne logeait point chez elle, que malheureusement il en avait oublié le nom, mais qu'elle pourrait bien le reconnaître par le portrait qu'il en avait. En disant cela il lui montra un portrait bien dessiné, et qui avait tout l'air d'être fort ressemblant. Les abbés qui l'avaient écouté, et qui jetèrent les yeux sur le portrait, en furent si charmés qu'ils ne pouvaient se lasser de l'admirer et de le louer à l'envi l'un de l'autre. *Si vous voulez Messieurs*, leur dit-il, *je vous ferai vos portraits pour peu de chose aussi bien faits et aussi finis que celui-là*. Le prix qu'il demanda était si modique qu'ils se firent tous peindre l'un après l'autre; et ces abbés ayant encore amené leurs amis, ils vinrent en si grand nombre qu'il n'y pouvait suffire. Cela lui fit augmenter le prix qu'il en prenait; en sorte qu'ayant amassé en peu de temps une somme d'argent considérable dans cette auberge, il s'en retourna à Reims trouver sa femme à qui il conta son avanture, et lui montra l'argent qu'il avait gagné. Ils vendirent aussitôt ce qu'ils avaient à Reims et vinrent s'établir à Paris, où en peu de temps son mérite fut connu de tout le monde. Il s'adonna particulièrement à faire des portraits en pastel, et à les graver ensuite pour servir à des thèses; en quoi il réussit au-delà de tous ceux qui s'en étaient mêlés jusqu'alors. Il ne manquait jamais d'attraper la ressemblance, et il se vantait de s'être fait pour cela des regles très assurées.

---

[549] Nanteuil épousa la sœur de Nicolas Regnesson (1620 ou 1625-1670), dont il était devenu l'élève vers 1645.

Il fit le portrait du roi en pastel, pour lequel Sa Majesté lui fit donner cent louis d'or; ensuite il le grava dans toute sa grandeur, c'est-à-dire aussi grand que nature, ce qui n'avait point encore été tenté avec succès par aucun graveur. Sa Majesté en fut si satisfaite qu'elle créa pour lui une charge de dessinateur et graveur de son cabinet, avec des appointements de mille livres, et lui en fit expédier des lettres patentes très honorables.[550] Jusque-là il avait été presque impossible aux plus habiles graveurs de bien représenter, avec le seul blanc du papier et le seul noir de l'encre, toutes les autres couleurs que demande un portrait lorsqu'il est en grand, car lorsqu'il est en petit, l'imagination de celui qui le regarde les supplée aisément; cependant, on croit voir dans celui dont je parle la couleur naturelle du teint, le vermeil des joues, et le rouge des lèvres; au lieu que dans les portraits de cette même grandeur que la plupart des autres ont fait, le teint paraît plombé, les joues livides, et les lèvres violettes; en sorte qu'on croit plutôt voir des hommes noyés, que des hommes vivants. Ce portrait est peut-être le plus bel ouvrage de cette espèce qui ait jamais été fait. Il grava ensuite de la même manière le portrait de la reine mère, celui du cardinal Mazarin qui le retint aussi pour son dessinateur et graveur, celui de Monsieur duc d'Orléans, de monsieur de Turenne,* et de quelques autres encore qui lui ont acquis une réputation qui ne finira jamais. Voici de quelle sorte Carlo Dati parle des ouvrages de Nanteuil dans la 'Vie de Zeuxis': *Ces paroles d'Apollonius*, dit-il, *m'appellent à contempler avec étonnement l'artifice des estampes de nos graveurs modernes, où toutes choses sont si naïvement représentées; la qualité des étoffes, la couleur de la carnation, la barbe, les cheveux, et cette poudre légère qui se met dessus; et ce qui est de plus important, l'âge, l'air et la vive ressemblance de la personne, bien qu'on n'y emploie autre chose que le noir de l'encre et le blanc du papier, qui ne font pas seulement le clair et l'obscur, mais l'office de toutes les couleurs. Tout cela se voit et s'admire, plus qu'en quelque autre ouvrage, dans les excellents portraits de l'illustre Nanteuil.*[551]

Le grand duc voulut avoir son portrait en pastel fait par lui-même pour le mettre dans sa galerie, où il prenait plaisir d'assembler les portraits des peintres et des graveurs illustres, particulièrement lorsqu'ils étaient de leur main propre.[552] Il serait trop long de rapporter ici tous ses ouvrages, et comme il est aisé d'en trouver le recueil entier chez les curieux qui ne sont

---

[550] Nanteuil devint graveur du roi en 1659.

[551] Carlo Dati (1619-1676), philologue italien, publia sa 'Vie de Zeuxis' (peintre grec, 464-398 av. J.-C.) dans un ouvrage intitulé *Vite di pittori antichi* (1667).

[552] Le portrait de Nanteuil qui accompagne cet éloge est de la main du peintre lui-même. Nanteuil grava également le portrait de Pierre Lallemant, cette gravure étant datée de 1678, année du décès du peintre.

point contents qu'ils ne les aient tous ramassés, je me contenterai de dire qu'il est composé de deux cent quarante estampes et davantage, où presque toutes les personnes les plus qualifiées de l'état sont représentées de la manière la plus noble et la plus naturelle. Ce recueil de portraits surpasse de beaucoup tous les autres, et par le nombre et par la beauté des estampes.

Dès que le gain de son travail l'eut mis un peu à son aise, la première chose à laquelle il pensa fut de faire venir son père, pour le rendre participant du bonheur dont il jouissait. Le bon homme vint, et, tout mal vêtu qu'il était, fut reçu en descendant du coche par son fils, bien mis et habillé comme un homme fort à son aise, avec toute la tendresse et toutes les marques de joie imaginables; ce qui alla jusqu'à tirer des larmes de ceux qui en furent témoins. Depuis ce moment son plus grand plaisir fut de donner à son père toute la satisfaction qu'il pouvait désirer; ce qu'il continua jusqu'au jour que Dieu l'enleva d'entre ses bras. Cette piété ne fut pas seulement récompensée dès ce monde par la satisfaction solide d'avoir comblé de joie celui dont il tenait la vie et par l'estime qu'il en acquit d'un bon et généreux naturel, mais par les grâces singulières que Dieu lui fit sur la fin de ses jours en lui donnant les sentiments les plus chrétiens qu'on puisse avoir. Il était éloquent naturellement, et vif dans ses expressions; mais lorsque Dieu l'eut touché, rien n'était plus pathétique que ce qu'il disait sur l'amour de Dieu, et sur les autres matières de dévotion. Il faisait aussi des vers fort agréables, et les récitait admirablement bien. Il mourut à Paris le 18 décembre 1678, âgé de quarante-huit ans.

Claude Ballin *Orfeure*

CLAUDE BALLIN
ORFEVRE
[1615-1678]

Claude Ballin orfèvre, né à Paris d'un père qui était aussi orfèvre, a porté la beauté de son art à un degré de perfection où personne avant lui n'était peut-être jamais arrivé, du moins nous reste-t-il peu de choses et des anciens et des modernes qu'on puisse comparer à ses ouvrages. Il avait un discernement exquis pour prendre ce qu'il y a de plus beau dans l'antiquité, et un génie admirable pour y ajouter de son invention mille grâces et mille beautés qu'on n'avait point encore vues. Il commença par l'étude du dessin en copiant chez son père les beaux tableaux du Poussin,* et en s'exerçant dans des académies que plusieurs particuliers tenaient alors chez eux, car en ce temps l'Académie Royale de Peinture et de Sculpture, et la manufacture royale des Gobelins n'étaient pas encore établies.[553] Il travaillait en même temps à divers ouvrages d'orfèvrerie où il se rendit si habile qu'à l'âge de dix-neuf ans il fit quatre bassins d'argent de soixante marcs chacun, où les quatre âges du monde étaient représentés.[554] Comme ces sujets fournissent d'eux-mêmes de très belles idées, et qu'il sut les mettre dans leur plus beau jour, on regarda ces quatre bassins comme quatre chefs-d'œuvres, et ils furent trouvés si beaux que quelque temps après on les fit dorer. Le cardinal de Richelieu* les ayant achetés, Ballin fit quatre vases à l'antique du même dessin que les bassins pour les accompagner, et rendre l'assortiment complet. Sarazin,* excellent sculpteur de ce temps-là, étonné de la capacité d'un homme aussi jeune que Ballin l'était alors, lui fit ciseler plusieurs bas-reliefs d'argent, et entre autres les songes de Pharaon qui sont d'une beauté singulière.

Il fit d'or émaillé la première épée et le premier haussecol que le roi a portés, et le chef de saint Rémy que Sa Majesté donna à l'église de Reims à la cérémonie de son sacre.[555] On voit dans plusieurs églises de Paris, de même qu'à Saint-Denis et à Pontoise, des ouvrages de sa main, tous d'une beauté et d'une élégance qui n'auront peut-être jamais d'égale. Il a fait un miroir d'or de quarante marcs pour la reine Anne d'Autriche, que le roi

---

[553] L'Académie Royale de peinture et de sculpture fut fondée en 1648, et la manufacture des Gobelins en 1662.

[554] *Marc*: «Poids de huit onces. *Les ouvrages d'or et d'argent se vendent au marc*» (*Dictionnaire de l'Académie Française*, 1694).

[555] *Haussecou* ou *haussecol*: «Pièce d'armes que les officiers d'infanterie portent au cou»; *chef*: «Tête. Il ne se dit que de l'homme, et il n'a guère d'usage qu'en poésie» (*Dictionnaire de l'Académie Française*, 1694). Saint Rémy (437-533), archevêque de Reims, convertit et baptisa Clovis.

garde encore. Il serait à souhaiter que tant d'autres ouvrages qu'il a faits pour le roi sous les ordres de monsieur Colbert,* surintendant des bâtiments, fussent encore en nature. Il y avait des tables d'une sculpure et d'une ciselure si admirables que la matière, toute d'argent et toute pesante qu'elle était, faisait à peine la dixième partie de leur valeur. C'étaient des torchères ou de grands guéridons de huit à neuf pieds de hauteur, pour porter des flambeaux ou des girandoles, de grands vases pour mettre des orangers, et de grands brancards pour les porter où on aurait voulu, des cuvettes, des chandeliers, des miroirs, tous ouvrages dont la magnificence, l'élégance et le bon goût étaient peut-être une des choses du royaume qui donnaient une plus juste idée de la grandeur du prince qui les avait fait faire. Ils ont été fondus pour fournir aux dépenses de la guerre. Nous avons perdu par là un des grands ornements de notre siècle, et un monument éternel de la gloire de la nation, qu'elle aurait pu opposer et à l'antiquité la plus savante dans les beaux arts, et à tous les siècles qui l'ont suivie; mais le roi a bien voulu sacrifier au bien public ces marques de sa magnificence, et disposer ses sujets par un exemple si singulier à faire de bon cœur la même chose de leurs plus beaux meubles d'argenterie. Heureusement le sieur de Launay, excellent orfèvre et excellent dessinateur qui marche sur les traces du sieur Ballin dont il a épousé la nièce, a dessiné la plupart de ces beaux ouvrages avant qu'on les fondît; et comme on espère qu'il les fera graver, ce sera quelque consolation aux curieux sur une perte si grande pour les beaux arts. Il reste aussi quelques petits ouvrages entre les mains des particuliers, et par lesquels on pourra juger de la beauté de ceux qu'on n'a plus. Sa Majesté lui donna, après la mort du sieur Varin,* la direction du balancier des médailles et des jetons, qu'il a exercée jusqu'à sa mort. Je dois remarquer que celui dont je fais l'éloge n'a presque jamais sorti de Paris;[556] ce qui montre combien est grande l'erreur de ceux qui croient qu'il n'y a que ceux qui ont passé plusieurs années en Italie qui puissent exceller dans les beaux arts.[557] Il mourut le 22 janvier 1678 âgé de soixante-trois ans.

---

[556] *a ... sorti*: «Un certain nombre de verbes instransitifs ou pris intransitivement [dont sortir] se conjuguent tantôt avec avoir, tantôt avec être: en général, ils prennent avoir quand on veut exprimer une action qui s'est passée à l'époque dont on parle, et être quand on veut exprimer l'état présent résultant de l'action antérieurement accomplie» (Grevisse, *Le Bon Usage*, 11e édition, art. 1539).

[557] Déjà, dans les éloges de Le Brun et de Le Sueur Perrault avait fustigé le préjugé selon lequel les artistes devaient voyager en Italie pour former leur goût.

TABLE
DES HOMMES
ILLUSTRES.

Cc

F I N.

LES HOMMES ILLUSTRES

qui ont paru en France pendant ce siècle

Volume II

LES
HOMMES
ILLUSTRES
QUI ONT PARU EN FRANCE
pendant ce Siecle:

Avec leurs Portraits au naturel.

Par M^R P ERRAULT, de l'Academie Françoise.

TOME II.

A PARIS,
Chez ANTOINE DEZALLIER, ruë Saint Jacques, à la
Couronne d'or.

M. DCC.
AVEC PRIVILEGE DU ROY.

AVERTISSEMENT

Quoique j'aie déclaré dans la préface de la première partie des *Hommes illustres qui ont paru en France pendant ce siècle*, que je ne prétendais pas être assez habile dans le choix que j'en allais faire pour ne pas en oublier plusieurs qui peut-être mériteraient mieux d'y avoir place que quelques-uns de ceux que l'on y trouverait, je crois être obligé d'en avertir encore ici; parce que m'étant borné au nombre de cent, dont voici les cinquante derniers, on ne peut pas espérer de voir paraître dans un tome suivant ceux qu'on espérait peut-être de rencontrer en celui-ci. On doit considérer que le mérite des hommes, quelque distingué qu'il soit, n'est pas toujours connu également de tout le monde, et que le bruit de leur réputation ne retentit pas de la même force dans tous les endroits où il se fait entendre. On peut encore faire cette réflexion, que le siècle a été si abondant en hommes d'un mérite singulier, que tant d'occasions et dans la guerre et dans la paix se sont présentées de faire éclater les dons que le Ciel leur avait départis, et qu'enfin les libéralités du prince ont formé tant de grands hommes dans les sciences et dans les beaux-arts, par la louable et noble émulation qu'elles ont mise dans tous les esprits, qu'il n'a pas été possible de les renfermer tous dans un aussi petit nombre que celui d'une centaine.

Je ne désespère pas que quelqu'un, touché du tort que j'ai fait, quoiqu'innocemment, à tant d'excellents hommes que j'ai omis, n'en compose un nouveau recueil, comme un espèce de supplément, pour leur rendre la justice qui leur est due. Il n'est guère de livres plus utiles que ceux qui proposent des modèles dignes d'être imités, et qui conduisent à la vertu par la voie des exemples, surtout quand ces modèles sont pris sur des hommes que nous avons connus. Il semble qu'étant plus proches de nous par le temps où ils ont vécu, il nous est plus facile d'approcher de leur mérite, et de nous rendre semblables à eux en imitant leurs bonnes qualités que nous avons vues.

On me reproche d'avoir mêlé des artisans avec des princes et des cardinaux. Il est vrai que dans le même livre il y a des éloges de princes, de cardinaux et d'artisans, mais il n'est point vrai que je les aie mêlés ensemble, et ils sont dans des classes toutes séparées les unes des autres. Comme mon intention principale a été de faire honneur à notre siècle, j'ai cru que le génie et la capacité extraordinaire des ouvriers qu'il a produits était un avantage que je ne devais point négliger, et que ces excellents hommes ne contribuaient guère moins en leur manière à la gloire du siècle où ils ont vécu, que les grands hommes d'État et les grands capitaines. Il est certain que les noms de Phidias et d'Apelle, mis après celui d'Alexandre même, ne font point de honte ni à Alexandre ni à son siècle;[558] on trouve au contraire qu'ils y ajoutent un nouvel éclat, par le concours des différents dons précieux que le Ciel a répandus sur toutes sortes d'hommes en même temps. Il est vrai que cette objection n'a pas de fondement raisonnable, mais comme elle a été avancée avec un certain air de hauteur qui a pu imposer aux personnes peu instruites de la nature de ces sortes d'ouvrages, j'ai été conseillé d'y répondre, quoique ma préface y eût satisfait abondamment.

---

[558] Phidias (vers 490-430 av. J.-C.), sculpteur grec, aurait dirigé sous Périclès l'ensemble des travaux de l'Acropole. Apelle (IVe siècle av. J.-C.), le plus illustre des peintres grecs, vécut à la cour d'Alexandre le Grand dont il fit plusieurs portraits.

Jacques Daui du Perron
Cardinal

JACQUES-DAVY DU PERRON
CARDINAL
[1556-1618]

Comme le public a vu avec plaisir le cardinal de Richelieu à la tête des hommes illustres de ce siècle dans le premier volume que nous en avons donné, on croit qu'il ne sera pas fâché de voir le cardinal du Perron occuper la même place dans ce second volume. Ce sont deux personnages d'un mérite très éminent, et qui seront toujours distingués pour les services qu'ils ont rendus à leur prince, à leur patrie, et à la religion.

Jacques Davy du Perron, était issu des nobles maisons du Perron Creteville et de Lanquerville, dans la basse Normandie.[559] Il naquit le 25 novembre 1556 de parents calvinistes, qui pour n'être pas troublés dans l'exercice de leur religion se retirèrent à Genève, et s'établirent ensuite dans les états de Berne. Son père, gentilhomme de beaucoup d'esprit et fort savant, lui apprit lui-même la langue latine et les mathématiques jusqu'à l'âge de dix ans. Le jeune du Perron apprit ensuite tout seul et de lui-même la langue grecque et la philosophie, ayant commencé cette double étude en même temps par la *Logique* d'Aristote. De là il passa aux orateurs et aux poètes qu'il se rendit très familiers, et dont la lecture augmenta merveilleusement les talents extraordinaires qu'il avait pour l'éloquence et pour la poésie. Ensuite il s'appliqua à la langue hébraïque, qu'il apprit seul jusqu'à la lire sans points avec facilité.[560] La paix ayant été faite en France il y revint avec ses parents. Son mérite lui gagna d'abord l'amitié de Philippe Desportes abbé de Tiron, excellent poète, qui le fit connaître à la Cour et au roi même.[561] Dans ce temps du Perron ayant lu avec application la *Somme* de saint Thomas, les Pères de l'Eglise, et particulèrement saint Augustin, il reconnut les erreurs de la religion qu'il professait, il en fit aussitôt abjuration, et quelque temps après il embrassa l'état ecclésiastique. Ces deux démarches lui attirèrent de grands reproches de la part des calvinistes; mais dans toutes les conférences qu'il eut avec eux il les

---

[559] Le nom de la mère et le lieu de naissance de Du Perron sont contestés. Selon certains, il naquit à Berne et non pas en Normandie. La première partie de cet éloge (jusqu'à «l'illustre reine d'Ecosse Marie Stuart») est très proche du texte du *Dictionnaire* de Moréri (1694).

[560] *Points*: «Caractères particuliers qui marquent dans les livres hébreux les voyelles, qui ne sont effectivement que des *points*» (Furetière, *Dictionnaire universel*).

[561] Philippe Desportes (1546-1606), poète très apprécié sous Charles IX, Henri III et Henri IV. Du Perron revint en France en 1576. Selon les ouvrages de référence, ce fut le maréchal de Matignon qui le présenta à Henri III.

confondit toujours, et écrivit contre eux plusieurs ouvrages qui lui acquirent une grande réputation. Il avait une supériorité de génie, qui joint à la bonté de la cause qu'il défendait, le rendait toujours victorieux. Le roi le choisit pour faire l'oraison funèbre de l'illustre reine d'Ecosse, Marie Stuart. Il tira des larmes de toute l'assemblée. Son éloquence avait déjà paru dans l'oraison funèbre de Ronsard, qu'il prononça au Collège de Boncourt.[562] La chapelle où l'action[563] se devait faire se trouva si pleine d'auditeurs quand il y arriva, qu'il ne put y entrer. Il prit le parti de parler dans la cour de dessus le perron qui monte à la chapelle. Il parla l'épée au côté, car il n'était pas encore engagé dans les ordres sacrés. Sa voix était si nette et si sonore, que de dessus les toits mêmes où il y avait des auditeurs, on n'en perdait presque pas une seule parole. Cette oraison funèbre est imprimée avec les œuvres de Ronsard, où elle reçoit un nouvel éclat par la comparaison qu'on ne peut s'empêcher d'en faire avec les ouvrages de ce poète. On ne peut comprendre comment un homme du temps de Ronsard a pu parler comme on parle aujourd'hui, et se saisir par avance d'un style qui ne devait être tout à fait en usage que plus de soixante ans après.

Henri III étant mort, il se retira auprès du cardinal de Bourbon où son occupation principale était de convertir ses frères errants, en leur faisant voir comment il avait été trompé lui-même.[564] Henri Sponde,* depuis évêque de Pamiers, fut une de ses conquêtes.[565] Cette conversion fut suivie de plusieurs autres, et couronnée par celle de Henri IV qui lui est presque due toute entière. Le roi l'envoya à Rome pour le réconcilier avec le Saint Siège.[566]

A son retour en France ayant lu le livre de Duplessis-Mornay contre la messe, il y remarqua un très grand nombre d'erreurs, et les cota toutes, s'offrant d'en convaincre ceux qui voudraient soutenir le contraire.[567] Le roi qui ouit parler de cette proposition du cardinal, et qui jugea que la preuve en serait très utile à l'Eglise, ordonna une conférence qui se fit à

---

562 Du Perron prononça l'oraison funèbre de Ronsard en 1586 et celle de Marie Stuart en 1587.

563 *Action*: Action de grâce.

564 Charles, cardinal de Bourbon (1523-1590), l'un des chefs de la Ligue après 1576, fut reconnu pour roi sous le nom de Charles X après la mort de Henri III en 1589. Pourtant, le cardinal reconnut, par une lettre de mars 1590, son neveu Henri IV comme roi de France.

565 *Henri Sponde*: la particule est absente dans les deux premières éditions du volume 2, bien que présente dans l'éloge de Sponde lui-même.

566 Henri IV prononça son abjuration le 25 juillet 1593. Clément VIII accorda l'absolution du roi le 17 septembre 1595.

567 Du Perron revint en France en avril 1596. Philippe de Mornay, sieur du Plessis-Marly, *dit* Du Plessis-Mornay (1549-1623), devint le chef de l'Eglise réformée en France en 1598, année où il fit paraître son livre *De l'institution de l'Eucharistie*.

Fontainebleau l'an 1600 en présence de Sa Majesté, entre le cardinal seul d'une part, et Duplessis-Mornay de l'autre, soutenu de douze ministres les plus habiles de ce temps-là: il ne se trouva pas un seul passage du petit nombre qu'ils choisirent où il n'y eût une hérésie ou une falsification très évidente. Duplessis-Mornay, qui n'avait presque d'autre part dans son livre que d'avoir mis en œuvre et en beau langage ce qui lui avait été fourni par des ministres, ne put soutenir la confusion où on le jetait à tous moments; de sorte qu'il se retira à Saumur sans en donner avis à l'assemblée, sur quoi l'on dit assez plaisamment qu'il avait abandonné tous les passages de l'Ecriture Sainte pour conserver celui de Saumur.

Le cardinal du Perron, qui avait reçu le chapeau de la main de Clément VIII en l'année 1604, retourna à Rome pour assister à la création d'un nouveau pape, qui fut Paul cinquième. Ce pape avait tant de déférence pour les sentiments du cardinal du Perron, et se trouvait toujours si touché des raisons dont il les appuyait, qu'il disait souvent aux cardinaux qui entraient le plus dans sa confidence: *Prions Dieu qu'il inspire le cardinal du Perron, car il nous persuadera tout ce qu'il lui plaira.*

Sur la fin de sa vie il se retira à sa maison de Bagnolet proche Paris. Ce fut là qu'il mit la dernière main à tous ses ouvrages, dont les principaux sont le *Traité de l'eucharistie* contre Duplessis-Mornay, la *Réplique à la réponse du roi de la Grande-Bretagne*, la *Conférence de Fontainebleau*, plusieurs autres traités de controverses, des lettres, des harangues, et plusieurs autres ouvrages tant en prose qu'en vers, tous d'une force et d'une beauté qui ne se trouve guère ailleurs.[568] Il avait une imprimerie dans cette maison de campagne, où il faisait imprimer ce qu'il composait, dans la vue seulement de le mettre au net, et afin, disait-il, de le pouvoir lire à la lumière de l'impression; il appelait ainsi la facilité que l'impression donne à la lecture d'un ouvrage. C'était aussi pour en donner des copies à un petit nombre d'amis dont il souhaitait d'avoir les sentiments. Il mourut le cinquième septembre 1618, âgé de soixante et un ans, neuf mois et onze jours.

---

[568] Les œuvres littéraires de Du Perron furent réunies en 1622 sous le titre, *Les diverses œuvres de l'illustrissime cardinal du Perron* (3 vol.).

Edelinck Sculp. C.P.R.

Le Cardinal d'Ossat

LE CARDINAL D'OSSAT
[1536-1604]

Le cardinal dont je vais parler était véritablement fils de ses œuvres, comme parlent les Espagnols, puisqu'il s'est fait lui-même tout ce qu'il a été.[569] Il naquit à Cassagnabère, petit village du comté d'Armagnac au diocèse d'Auch, et son père, maréchal-ferrant, mourut si pauvre, qu'il ne laissa pas de quoi se faire enterrer.[570] Arnauld d'Ossat son fils, qui n'avait alors que neuf ans, ne sachant où se retirer, trouva heureusement un gentilhomme du même diocèse nommé Antoine de Marca, qui le prit en affection, et le mit auprès du jeune seigneur de Castelnau de Magnoac son neveu et son pupille, pour faire leurs études ensemble.[571] Ces deux orphelins si inégaux en biens, ne le furent pas moins en esprit; le pauvre avança beaucoup plus que le riche, et la différence fut si grande, que trois ou quatre ans après Arnauld fut en état de servir de précepteur à son jeune maître et à ses frères qu'on lui donna encore à conduire.

D'Ossat alla à Bourges étudier le droit civil sous le célèbre Cujas, et revint à Paris se faire recevoir avocat.[572] Il fut admiré dans le barreau, et il aurait apparemment fait une fortune considérable dans cette profession, si la Providence ne l'avait pas appelé à quelque chose de plus utile et de plus grand. Il composa en ce temps-là une *Dissertation sur la méthode*, en faveur de Ramus rofesseur en éloquence, contre Jacques Charpentier docteur en médecine, et professeur en philosophie, qui ne lui répondit que par des injures indignes de son caractère.[573] Paul de Foix, archevêque de

---

[569] «Cada uno es hijo de sus obras.» Voir Gonzalo Correas, *Vocabulario de refranes y frases proverbiales*, 1627.

[570] Le lieu de naissance du cardinal d'Ossat et l'occupation de son père sont contestés. Voir le *Dictionnaire de Biographie Française*.

[571] A partir d'ici, Perrault suit de très près, tout en l'abrégeant, la *Vie* par Amelot de la Houssaye qui se trouve en tête de l'édition des *Lettres du cardinal d'Ossat* (1698). Selon Amelot, ce fut «Tomas de Marcas» qui prit en affection le jeune Arnauld d'Ossat.

[572] La chronologie de Perrault dans ce paragraphe n'est pas claire. La première visite de d'Ossat à Paris se situa en 1559. Pourtant, selon le *Dictionnaire de Biographie Française*, il quitta la capitale pour étudier sous Cujas après sa défense de Ramus, dont il est question dans lignes suivantes. Jacques Cujas (1522-1590) professa à Bourges de 1555 à 1557, de 1559-1566 et depuis 1575 jusqu'à sa mort. Conformément à ses habitudes, Perrault supprime dans cet éloge des dates fournies dans la source dont il se sert.

[573] Pierre de la Ramée, *dit* Ramus (1515-1572) soutint la thèse «que tout ce qu'avait écrit Aristote n'était que fausseté». Il s'opposa à Jacques Charpentier (1521-1574), aristotélicien convaincu. D'Ossat publia son *Expositio Arnaldi Ossati in disputationem Jacobi Carpentarii de methodo* en 1564. Ramus se convertit au protestantisme et fut égorgé au lendemain de la Saint-Barthélemy. De Thou accuse

Toulouse, que le roi Henri III envoyait ambassadeur à Rome, l'engagea à l'accompagner en qualité de secrétaire.[574] Il s'acquitta de cet emploi d'une manière qui lui acquit l'entière bienveillance de son maître, et une très grande réputation à la cour de Rome. Cet ambassadeur étant mort peu de temps après, monsieur de Villeroy, secrétaire d'Etat, fit continuer d'Ossat dans le maniement des affaires, persuadé que c'était lui qui avait écrit et minuté toutes les lettres de son maître;[575] le cardinal d'Este protecteur à Rome de la nation française, qui l'aimait fort pour son grand mérite et parce qu'il était son diocésain (car ce cardinal était archevêque d'Auch), lui offrit sa maison, où il demeura jusqu'à son décès.[576] Ce cardinal lui légua une somme de quatre mille écus, et lui offrit un diamant qui en valait vingt mille, pour le garder jusqu'à ce qu'il fut payé de cette somme par ses exécuteurs testamentaires. Mais il ne voulut jamais accepter ce gage, quelque instance que lui en fit le cardinal; et lorsque cette somme lui fut payée treize ans après, il la reçut comme une grâce très singulière. Et en effet ce paiement lui vint très à propos en la première année de son cardinalat, car sans ce secours il aurait donné du nez en terre, comme il le dit lui-même en propres termes.[577]

Le roi envoya lui offrir à Rome une charge de secrétaire d'Etat, mais il la refusa la croyant incompatible avec le sacerdoce dans lequel il était engagé, et aimant mieux vivre avec un peu plus de repos que n'en permet l'exercice d'une telle charge. Ce refus fut la cause de sa fortune; car s'il fût venu en France le malheur des affaires l'aurait perdu, ou du moins l'aurait empêché de rendre à la France les grands services qu'il lui a rendus.

Le roi Henri IV étant parvenu à la couronne, il fut chargé d'obtenir du pape l'absolution de ce prince. Cette affaire avait des difficultés qui paraissaient insurmontables, soit de la part des Espagnols, soit de la part des princes de la maison de Lorraine, soit de la part des Huguenots, qui à la vérité étaient fort affectionnés à la personne de Henri IV mais qui ne voulaient point le voir s'affermir dans le sein de l'Eglise romaine. Il sut si bien démêler toutes ces intrigues et satisfaire de telle sorte aux scrupules

---

Charpentier d'avoir été l'instigateur de sa mort.

[574] Paul de Foix (*c.*1524-1584) arriva à Rome en novembre 1579, mais Grégoire XIII n'accueillit avec faveur sa nomination comme ambassadeur qu'en mai 1581. Il fut nommé archevêque de Toulouse en 1582, mais il mourut avant de prendre possession de son siège.

[575] Nicolas de Neu(f)ville, seigneur de Villeroy (1542-1617), devint secrétaire d'Etat en 1594.

[576] Le cardinal d'Este (1538-1586) entra au Sacré Collège en 1561 et devint archevêque d'Auch en 1563.

[577] D'Ossat dit qu'il aurait «donné du nez en terre» dans une lettre à Villeroy du 17 novembre 1599.

du pape, quoique très défiant, que l'affaire était déjà toute résolue et sur le point de son exécution, lorsque monsieur du Perron* arriva à Rome, où il ne fit presque autre chose que de la signer et lui donner du relief par la grande dépense qu'il fit en cette cour. Le roi en reconnaissance d'un si grand service lui donna l'évêché de Rennes dont les bulles lui furent accordées gratuitement par le pape.[578]

Au mois de septembre 1597 il fut honoré d'une place de conseiller d'Etat, et le chancelier de Chiverny, à qui il appartenait de recevoir le serment pour cette charge, trouva bon qu'il le prêtât entre les mains du duc de Luxembourg, alors ambassadeur à Rome.[579]

En l'année 1599, le 13 de mars, il fut nommé cardinal, avec l'applaudissement de tout le sacré collège. Il refusa le carosse, les chevaux, et le lit de damas rouge que le cardinal de Joyeuse lui envoya trois semaines après,[580] *car*, dit-il dans une lettre qu'il écrit à monsieur de Villeroy, *quoique je n'aie point tout ce qu'il me faudrait pour soutenir cette dignité, si est-ce que je ne veux point pour cela renoncer à l'abstinence et à la modestie que j'ai toujours gardées, ni m'obliger de tant à autre seigneur ou prince qu'au roi.*[581] Il reçut les visites du sacré collège dans l'appartement même du cardinal de Joyeuse. Au mois d'avril de l'année suivante ce cardinal étant retourné en France, il fut fait vice-protecteur de la nation française, et en cette qualité il rendit toute sorte de bons offices à ceux qui eurent besoin de son entremise. Le roi lui donna l'évêché de Bayeux, qu'il résigna trois ans après parce qu'il ne vit aucun moyen d'y pouvoir résider.[582] La dernière affaire importante qu'il traita avec le pape, et qu'il crut la plus difficile de toutes celles qu'il avait maniées, fut la dispense du mariage du duc de Bar, fils du duc de Lorraine, avec la sœur du roi, qui était encore engagée dans l'hérésie.[583]

---

[578] Selon Amelot, le roi lui donna l'évêché de Rennes en janvier 1596; d'Ossat fut sacré le 29 octobre 1597.

[579] François, duc de Luxembourg (mort en 1613), fut ambassadeur à Rome à plusieurs reprises sous Henri III et Henri IV à partir de 1586.

[580] Le cardinal de Joyeuse (1562-1615) fut envoyé par Henri IV à Rome en 1594 où il remplaça le cardinal d'Este comme protecteur de l'Eglise de France. Il obtint de Clément VIII l'absolution du souverain en 1595 et en 1599 le pape le nomma un des commissaires chargés de prononcer la nullité du mariage du roi avec Marguerite de Valois.

[581] Perrault cite la lettre du 30 mars 1599 à Villeroy.

[582] D'Ossat fut nommé à l'évêché de Bayeux en 1600.

[583] Henri le Bon (1563-1624), duc de Lorraine et de Bar à la mort de son père en 1608, marié d'abord (1599) à Catherine de Bourbon, sœur de Henri IV, sans postérité, et puis (1606) à Marguerite, fille de Vincent de Gonzague, duc de Mantoue. Sur le mariage du duc de Bar avec Catherine de Bourbon, voir aussi l'éloge de Maximilien de Béthune.

Il y travailla néanmoins avec tant d'adresse et tant de succès qu'il en vint à bout, et donna au roi et à la princesse sa sœur une des plus grandes satisfactions qu'ils eurent jamais reçues. Il mourut à Rome le 13 jour de mars 1604 âgé de soixante-sept ans, et fut enterré dans l'église de Saint-Louis, où l'on voit son tombeau.[584] Le père Tarquinio Gallucci fit son oraison funèbre.[585] Le cardinal d'Ossat a fait plusieurs ouvrages, dont il ne nous reste que le volume de ses lettres; elles sont si belles, si sensées, et si pleines d'excellentes maximes, qu'on ne peut s'en former une trop grande idée.[586] C'était un homme d'une pénétration incroyable, d'une application si attentive à toutes les choses qu'il conduisait, et surtout d'un sens si droit à prendre son parti dans les affaires, qu'il est presque impossible de remarquer une fausse démarche dans le nombre presque infini de ses négociations. Ces lettres ont fait la principale étude des politiques qui sont venus depuis.

---

[584] La fin de cet éloge (à partir des mots «fut enterré...») est absente du texte d'Amelot.

[585] Tarquinio Galluzzi (1573-1649), jésuite et enseignant au Collège Romain, dont il devint le recteur en 1630. Gulluzzi fit aussi l'oraison funèbre du cardinal Robert Bellarmin.

[586] *Lettres de l'illustrissime et révérendissime Cardinal d'Ossat au roi Henri le Grand, et à Monsieur de Villeroy depuis l'année 1594 jusques à l'année 1604* (1624). Une nouvelle édition, augmentée de notes, parut en 1697 par les soins d'Amelot de la Houssaye.

Nicolas Coeffeteau Euesque de Dardanie
et nommé a l'éuéché de Marseille.

NICOLAS COEFFETEAU
EVEQUE DE DARDANIE ET NOMME A L'EVECHE DE MARSEILLE
[1574-1623]

Le lieu de la naissance de celui dont je vais parler n'est pas certain. Les uns estiment qu'il est né au Château-du-Loir, et les autres assurent qu'il a reçu le jour à Saint-Calais, situé sur la même rivière.[587] Cette circonstance est commune à beaucoup d'autres grands personnages, parce qu'on ne manque point, dès le moindre jour que l'on en a, d'attirer à soi l'honneur qu'ils font au pays où ils naissent. Il vint au monde en l'année 1574 et en 1588 il prit l'habit de religieux dans l'ordre de saint Dominique, où son mérite l'éleva en[a] peu de temps aux premières charges; il était docteur de Sorbonne, on le fit professeur en théologie, prieur et vicaire général;[588] et dans un chapitre tenu à Rome en 1608 il fut élu définiteur général de France.[589] La reine Marguerite, qui avait un goût et un discernement admirable pour les hommes d'esprit, le choisit pour son prédicateur, et dans cette fonction il donna d'illustres marques du bon sens, de l'éloquence, et de la pureté du langage qui brillent dans tous les excellents livres qu'il nous a laissés.[590]

Le roi Henri le Grand le chargea, à la sollicitation du cardinal du Perron, de répondre au livre du roi de la Grande-Bretagne sur l'eucharistie; ce qu'il fit avec beaucoup de force, de même qu'à celui de Duplessis-Mornay sur la même matière.[591] Le pape Grégoire XV se servit de sa plume pour écrire contre Marc de Dominis, qu'il terrassa par deux traités très excellents, l'un intitulé *De sacra monarchia*, et l'autre *Adversus rempublicam Marci Antonii de Dominis*.[592] Dans tout ce qu'il écrivit

---

[587] Selon les ouvrages de référence modernes, Coëffeteau naquit, effectivement, à Château-du-Loir (Sarthe).

[588] Docteur de Sorbonne en 1600, Coëffeteau enseigna au couvent Saint-Jacques. Il fut prieur et vicaire général de 1606 à 1609.

[589] *Définiteur*: «Dans certains ordres, celui qui est délégué aux chapitres de son ordre pour assister le général ou le provincial dans l'administration de l'ordre» (Robert, *Dictionnaire alphabétique et analogique de la langue française*).

[590] Coëffeteau devint aumônier de Marguerite de Valois en 1602 et prédicateur ordinaire d'Henri IV en 1608.

[591] Coëffeteau riposta à Jacques Ier dans sa *Réponse à l'Avertissement adressé par le Sérénissime Roi de la Grande-Bretagne, Jacques Ier à tous les princes* (1609). Il rédigea plusieurs ouvrages sur l'eucharistie, dont les *Merveilles de la sainte eucharistie* (1606) et la *Défense de la Sainte Eucharistie et présence réelle du corps de Jésus-Christ* (1607), dirigés tous les deux contre Pierre du Moulin. Sur Duplessis-Mornay, voir la notice consacrée à Du Perron.

[592] Marco Antonio de Dominis (1566-1624), jésuite et archevêque de Spalatro en 1602. Il abandona l'Eglise catholique, se rendit en Angleterra, adhéra à l'Eglise anglicaine et publia *De Republica christiana contra Primatum Papæ* (1617-22). En

contre les hérétiques, il usa toujours d'une telle modération, qu'il n'avança jamais rien qui les blessât en leur personne, n'ayant en vue que de combattre leur erreur, en quoi il ne suivait pas seulement les règles d'une exacte morale, mais les plus fins préceptes de l'éloquence qui ne permet jamais les injures, dont l'effet naturel est de soulever l'auditeur contre celui qui les dit, et de le rendre favorable à celui à qui elles sont dites.

Il fit l'oraison funèbre d'Henri IV avec une élégance digne de son sujet. Nous avons de lui le *Tableau de la pénitence de la Madeleine*, et le *Tableau des passions*, l'*Hydre abbatue par l'Hercule chrétien*, la *Marguerite chrétienne*, qu'il dédia à la reine Marguerite, dont il était le prédicateur.[593] Il a laissé aussi plusieurs belles paraphrases, et plusieurs poésies très ingénieuses.

Il fut le plus excellent traducteur de son temps; l'élégance et la pureté de son style sont incomparables; c'est le témoignage qu'en rend monsieur de Vaugelas, le meilleur juge que nous ayons sur cette matière.[594] Il propose ses traductions comme les vrais modèles du beau langage. Un mot ou une phrase, quelque hardie qu'elle soit, est bonne selon lui, dès qu'elle se rencontre dans les écrits de monsieur Coëffeteau; et il n'y en a guère qui ne lui soient suspectes, quand il remarque que monsieur Coëffeteau ne s'en est jamais servi dans ses ouvrages. Il a traduit Florus et toute la suite de l'histoire romaine, avec une telle exactitude et une telle majesté, que bien loin que l'éloquence de ces grands historiens souffre quelque déchet dans sa traduction, elle semble y recevoir une nouvelle grâce, ou du moins est-on persuadé que ces hommes originaux auraient parlé comme lui, s'ils avaient écrit leur histoire en notre langue, et dans le temps où nous sommes.[595] Il est malaisé de donner de meilleures marques de la force et de la grandeur de son génie, que d'aller de pair avec ces hommes que l'on a toujours cru inimitables dans une chose où il semble que l'infériorité soit de l'essence des traductions à l'égard de leurs originaux.

Le cardinal de Richelieu* comparait quatre des meilleurs écrivains de son temnps aux quatre éléments, le cardinal de Bérulle* au feu pour son élévation, le cardinal du Perron* à la mer pour son étendue, monsieur de

---

1623 il réintégra l'Eglise catholique. Les deux ouvrages que Coëffeteau écrivit contre lui datent de 1623.

[593] Coëffeteau publia ces ouvrages respectivement en 1609, 1620, 1603 et 1602.

[594] Aux yeux de la postérité, Vaugelas est surtout connu pour ses *Remarques sur la langue française*, mais, à l'époque, sa traduction (inachevée) de l'*Alexandre le Grand* de Quinte-Curce fut considérée comme le premier livre écrit en prose française correcte. Les traductions de Coëffeteau de parties importantes du Nouveau Testament sont restées manuscrites.

[595] Florus (Annaeus Julius), historien latin. La traduction que fit Coëffeteau de son *Abrégé de l'histoire romaine* parut en 1621.

Coëffeteau à l'air pour sa vaste capacité, et monsieur le président du Vair*
à la terre, pour l'abondance et la variété de ses productions.

Le roi Louis XIII voulant récompenser le mérite de monsieur
Coëffeteau, le nomma à l'évêché de Lombez et de Saintes, qu'il refusa. Il
fut administrateur et suffragant de l'évêché de Metz, sous le titre d'évêque
de Dardanie. Il fut enfin nommé à celui de Marseille, dont il ne put prendre
possession, ayant été prévenu de la mort le 21 d'avril 1623.[596] Il était âgé
de 49 ans. Il est enterré dans l'église des Jacobins-du-Grand-Convent, dans
la chapelle royale de saint Thomas.[597]

---

[596] Coëffeteau devint évêque de Dardanie en 1617 et il fut nommé à l'évêché de
Marseille en 1621.

[597] C'est-à-dire au couvent Saint-Jacques, où il avait été professeur.

Vincent de Paul
Fondateur de la mission de S.t Lazare.

VINCENT DE PAUL
Instituteur et premier supérieur général de la congrégation de la Mission
[1581-1660]

Il n'est pas étonnant que des hommes soient devenus célèbres pour avoir formé des compagnies de sujets d'un mérite singulier dans les sciences et dans les lettres. Cet assemblage de lumières produit un éclat qui rejaillit nécessairement sur celui qui les a mises ensemble; mais il n'était peut-être point encore arrivé qu'un particuler se fût fait un grand nom pour avoir ramassé des hommes qui ne veulent point paraître, et qui s'étudient à cacher les talents qu'ils ont reçus de la nature. C'est ce qu'a fait néanmoins celui dont j'entreprends l'éloge. Comme son but a toujours été l'instruction familière des ignorants, l'insinuation du véritable esprit de l'Evangile dans toutes les âmes, et l'esprit de pénitence dans tous les pécheurs, il crut que la douceur et la simplicité dénuées des fastueux dehors de la science humaine, qui souvent éclaire bien moins qu'elle ne brille, ferait plus de fruit, et que le Seigneur bénirait d'autant plus leur travail qu'ils n'y emploieraient que la seule et simple exposition de l'Evangile.

Cela est si vrai que, deux hommes doués de talents extraordinaires et fort éclatants s'étant présentés à lui pour entrer dans sa congrégation, il les refusa par cette raison seule: *Vous êtes trop habiles pour nous*, leur dit-il, *nous voulons que ceux d'entre nous qui portent la parole de Dieu touchent et convertissent par la seule vertu de cette parole, et non point par leur éloquence, afin que toute la gloire en demeure au Seigneur. Ce n'est pas*, ajouta-t-il, *que je n'estime et ne révère les belles qualités qu'il a plu à Dieu de vous donner; je suis persuadé même que ces talents peuvent être très utiles ailleurs. Vous avez la compagnie des pères de l'oratoire, où il y a de très grands personnages qui font beaucoup de fruit dans l'Eglise: mettez vous parmi eux; comme vous serez là dans votre place, Dieu bénira votre travail, et vous y réussirez.* La chose arriva comme il le prédit, tant il est vrai qu'il est bon de s'examiner soi-même, quand on se choisit une profession et un genre de vie.

Vincent de Paul naquit dans le village de Pouy, près Dax, en l'année mille cinq cent soixante-seize, de parents très pauvres mais très vertueux; la bassesse de sa naissance, qui aurait laissé tout autre homme dans l'obscurité, n'a servi qu'à lui donner de l'éclat davantage.[598] On ne peut considérer le lieu de son origine, et jeter en même temps les yeux sur l'autorité qu'il a eue, qu'on ne s'étonne de la distance qu'il y a de l'une à l'autre. Sans le secours d'aucun avantage des biens de la fortune, et sans

---

[598] Pouy, hameau de Ranquines, aujourd'hui Saint-Vincent-de-Paul (Landes).

faire paraître aucun des talents que le monde estime, il s'est acquis par son seul mérite un assez grand crédit sur les personnes de piété de Paris, pour leur faire envoyer durant les guerres de Lorraine jusqu'à quinze ou seize cent mille livres d'aumônes.[599] Il a eu assez de prudence et de zèle pour engager plusieurs dames de qualité à s'assembler toutes les semaines pour fournir une somme presque semblable dans les provinces où la guerre et la stérilité le demandaient,[600] ce qui continue encore jusqu'à ce jour par la forte impression qu'il a donnée à ces sages et pieux établissements. C'est lui qui a institué cette communauté de filles charitables répandues en une infinité d'endroits, qui se dévouent à passer leur vie au service des pauvres malades.[601]

Il a établi des secours spirituels et temporels pour les galériens, non seulement à Paris, où il leur a procuré des lieux de retraite, dans lesquels ils sont instruits et consolés, mais aussi à Marseille, où il leur a fait bâtir un hôpital, dans lequel ils sont reçus pour peu qu'ils soient malades;[602] et enfin son zèle s'est étendu jusque sur les esclaves de Barbarie.[603] Quelques uns de ses missionnaires sont encore à Alger, pour prendre soin du salut de ces misérables, et plusieurs d'entre eux y ont fini leur vie dans le martyre.

La reine mère ayant connu son mérite et sa piété, le mit dans son conseil de Conscience, où il a demeuré dix ans, toujours avec la même humilité, et sans se servir de son crédit, qu'à faire obtenir des grâces à ceux qu'il en jugeait dignes, n'ayant jamais rien demandé ni pour lui ni pour ses parents, ni même pour sa congrégation, qu'il a laissée pauvre et endettée.[604]

Il a institué une congrégation de prêtres, qui ont la direction de plusieurs séminaires en France, en Italie, et même dans la Pologne; il a engagé cette congrégation à faire des missions continuelles à la campagne pour l'instruction des peuples, et il a introduit cette coutume dans les plus grandes villes.[605]

Quel bien l'Eglise n'a-t-elle point reçu, et ne reçoit-elle point tous les jours, des retraites qui se font dans les séminaires qu'il a établis, et dans les

---

[599] Le conflit entre Charles IV, duc de Lorraine, et la France éclata aux environs de 1631 et se prolongea jusqu'au milieu du siècle.

[600] Surtout dans l'île de France, la Picardie et la Champagne.

[601] La compagnie des filles de la Charité, fondée en 1633.

[602] Aumônier général des galères depuis 1619, Vincent de Paul partit à Marseille en 1622.

[603] Deux lettres de Saint Vincent de Paul donnent à croire qu'il fut lui-même esclave en Barbarie entre 1605 et 1606, bien que certains commentateurs traitent cette histoire de légende.

[604] Vincent de Paul entra au conseil de Conscience d'Anne d'Autriche en 1643.

[605] La congrégation de la Mission (les lazaristes), fondée en 1625.

autres maisons de sa congrégation, soit pour se renouveler dans la piété, soit pour recevoir dignement les ordres sacrés et se perfectionner dans l'état ecclésiastique, et combien lui est-on redevable d'avoir introduit, avec l'approbation de tous les prélats, des conférences si utiles pour l'instruction de ceux qui se donnent à l'Eglise, et qui se chargent du soin des âmes?

Le roi qui se connaît si bien au vrai mérite et au choix des hommes pour le ministère où il les applique, a voulu avoir des prêtres de cette congrégation pour la cure de Fontainebleau, pour celle de Versailles, pour la direction de l'Hôtel royal des Invalides et pour la Maison royale de Saint-Cyr. Il les a établis à Rochefort, et leur a donné la conduite du séminaire des aumôniers de ses vaisseaux. Cette prédilection est fondée sur le fruit qu'ils font dans tous les lieux où ils ont quelque direction, mais particulièrement sur l'estime qu'il fait de leur institut,[606] et sur ce qu'il les regarde comme de dignes enfants d'un si excellent père.

Il mourut à Paris le 27 de septembre 1660 âgé de quatre-vingt-quatre ans, et il est enterré dans l'église de Saint-Lazare.

---

[606] *Institut*: «Règle qui prescrit un certain genre de vie; une fondation» (Furetière, *Dictionnaire universel*).

Jaob. Lubin Sculp.

Jean de Launoi docteur de la Maison de Navarre.

JEAN DE LAUNOY
DOCTEUR EN THEOLOGIE DE LA MAISON DE NAVARRE
[1603-1678]

Il y a eu des siècles où l'ignorance était si grande parmi le peuple, et même parmi la plupart de ceux qui passaient alors pour savants, qu'on ne faisait aucun scrupule de forger des histoires entièrement fausses, pourvu que ce fût dans l'intention d'exciter ou d'augmenter la piété des fidèles. Dans ce même temps on se faisait partout un si grand honneur d'avoir pour patron de sa province ou de son église un saint du temps des apôtres, ou du moins des premiers disciples, qu'il n'y a point de fables qu'on n'inventât pour s'en donner un de cette qualité. De ces deux sources est venu ce mélange affreux de vérité et de mensonge qui se trouve dans la vie d'un grand nombre de saints, abus qu'on ne saurait trop déplorer par l'occasion qu'il donne aux libertins de douter des choses les plus certaines et les plus vraies, et aux hérétiques de nous insulter sur la foi de nos traditions. On ne peut donner trop de louanges aux savants hommes qui se sont appliqués à démêler dans ces histoires le faux d'avec le vrai, et à retrancher des pieuses créances celles dont les fondements ne peuvent subsister avec une exacte connaissance de l'histoire ecclésiastique. Entre ceux qui se sont dévoués à ce travail, et qui ont rendu à l'Eglise un service si considérable, on n'en trouvera point qui s'y soit porté avec plus de zèle et avec plus de succès, que celui dont je vais parler.

Jean de Launoy docteur en théologie de la maison de Navarre,[607] naquit dans le diocèse de Coutance le 21 décembre 1603 et fut élevé aux études à Coutance même par Guillaume de Launoy son oncle, promoteur dans l'officialité de l'église de cette ville.[608] Il vint ensuite à Paris, où il se rendit très habile, et particulièrement en théologie, dont il fut fait docteur en l'année 1634.[609] Il était extrêmement laborieux, et surtout d'une sagacité inconcevable pour démêler la vérité d'avec le mensonge, de quelques voiles de vraisemblance qu'on s'efforçât de le cacher. Il avait une

---

[607] Le collège de Navarre, ainsi que le collège de Sorbonne, était l'une des parties constituantes de la faculté de théologie de l'université de Paris.

[608] *Promoteur*: «Celui qui est la partie publique dans une cour ecclésiastique, en une assemblée du clergé, en un concile, en une chambre des décimes, en une officialité. Il requiert pour l'intérêt public, comme le procureur du roi dans les cours laïques»; *Officialité*: «Cour, ou justice d'Eglise dont le chef est l'officiel. [...] Les actions en promesse, en dissolution de mariage, sont des causes d'officialité» (Furetière, *Dictionnaire universel*).

[609] Selon les ouvrages de référence tant anciens que modernes, Launoy fut fait docteur en 1636.

droiture d'esprit admirable, qui ne pardonnait aucune fausse démarche à ceux qui disputaient contre lui; et lorsqu'ils étaient tombés, il les relevait avec une grâce et une adresse qui lui était toute particulière. Il n'y a point eu de secte de philosophes dont il n'ait su parfaitement les dogmes et les principes, et tout ce qui se peut dire pour soutenir ou pour combattre leurs opinions. Son désintéressement à été sans égal, et il a abandonné tout son patrimoine à ses frères et à ses neveux. Il refusa des cures considérables, parce qu'il n'avait pas assez de voix pour fournir au chant de l'église, ni le talent de prêcher au peuple, ce qu'il croyait absolument nécessaire pour remplir dignement les fonctions de ce ministère. *Je me trouverais fort bien de l'Eglise*, disait-il, *mais l'Eglise ne se trouverait pas bien de moi*. Quoique l'étude de la théologie soit d'une étendue prodigieuse, il n'en négligea pas une seule partie; il lut tous les Pères et tous les auteurs tant anciens que modernes qui traitent de matières théologiques, sans même en excepter quelques-uns qui peuvent passer pour ridicules, parce qu'il n'y en avait point, selon lui, où il n'y eût quelque chose à apprendre, soit pour la doctrine, soit pour la discipline et les coutumes de l'Eglise, et aussi parce qu'il était persuadé qu'il est bon de voir jusqu'où peut aller la licence et la bizarrerie des hommes. Il eut soin de se faire des amis d'une profonde littérature, où il put assouvir cette soif démesurée qu'il avait pour toutes les belles connaissances, et particulièrement pour la recherche de la vérité. Le père Sirmond* et le père Petau,* monsieur de Montmort maître des requêtes, monsieur Boulliau* grand mathématicien, messieurs Dupuy* gardes de la bibliothèque du roi, et plusieurs autres savants hommes de ce temps-là furent ses maîtres ou ses compagnons dans ses études. Le père Sirmond,* le plus intime de ses amis, disait que lorsqu'il s'élevait entre eux quelque difficulté sur un point de doctrine, monsieur de Launoy en savait ordinairement moins que lui, mais que lorsqu'il revenait après l'avoir étudiée, il la possédait mieux que lui et plus à fond.

Il a composé plus de soixante-dix volumes, la plupart sur les matières dont j'ai parlé dans cet éloge; il serait trop long de dire ce qu'ils contiennent, et je me contenterai de rapporter le titre des principaux ouvrages, persuadé que cela seul donnera une juste idée de son génie:[610] *La*

---

[610] Niceron (t. xxxii, pp 90-139) répertorie 86 ouvrages de la plume de Jean de Launoy, dont la plupart sont rédigés en latin. Voici les titres de ceux auxquels Perrault fait allusion: (1) Ouvrages visant à détruire différentes légendes - *De commentitio Lazari, Magdalenæ, Marthæ ac Maximini in provinciam appulsu*, 1641; *De vera causa secessu S. Brunonis in desertum*, 1646; *Renati Episcopi Andegavensis Historia*, 1649, et *De Victorino Episcopo et Martyre*, 1653; *De dubous Dionysiis*, 1641; *Dissertatio duplex, una de origine et confirmatione privilegiati Scapulario Carmelitarum. Altera de visione Simonis Stockii, Prioris ac Magistri Generalis Carmelitarum*, 1642; *Inquisitio in privilegia præmonstratensis ordinis*, 1658; *Inquisitio in chartam*

Fabuleuse arrivée en Provence de la Magdelaine, du Lazare, et de Maximin; *La vraie cause de la retraite de saint Bruno dans le désert*; *L'histoire de René évêque d'Angers et de Victorin*; *Dissertation, sur les deux saints Denis*; *De la vision de saint Simon Stock*; *Du privilège de la bulle sabatine, et de la confrairie du scapulaire des Carmes*; *Des privilèges de l'ordre de Prémontré*; *Des privilèges de Saint-Germain-des-Prés*; *Des privilèges de Saint-Médard*. Il a fait aussi plusieurs traités sur d'autres matières, telles que sont ceux qui suivent: *De la diverse destinée des ouvrages d'Aristote dans l'Université de Paris*; *De la véritable intelligence du sixième canon du concile de Nicée*; *L'esprit du concile de Trente, touchant la satisfaction dans le sacrement de pénitence*; *Jugement de l'auteur de l'Imitation de J-C*; *Du culte des saints et des reliques*; *De l'histoire du collège de Navarre*; *Traité du pouvoir des princes séculiers, sur les empêchements du mariage*, etc.

Il est aisé de juger que monsieur de Launoy n'a pu traiter de toutes ces matières ni d'une infinité d'autres, que la brièveté de cet éloge ne me permet pas de rapporter, ni mouvoir tant de questions si délicates sans s'attirer beaucoup de contradictions, et sans se faire un grand nombre d'ennemis; car il a combattu les plus anciennes traditions de l'Eglise de France.[611] Mais si de savants hommes ont fait voir qu'il s'est trompé en quelques endroits, en suivant les époques de Sulpice Sévère ou de Grégoire de Tours,[612] il est vrai aussi que le grand nombre des mauvaises réponses

---

immunitatis, quam B. Germanus Episcopus Parisiensis, suburbano monasterio dedisse fertur, 1658; *Inquisitio in privilegium Gregorius I Monasterio S. Medardi Suesditio dedisse dicitur*, 1657; (2) Ouvrages sur d'autres sujets - *De varia Aristotelis in Acad. Paris. Fortuna*, 1653; *De recta Nicæni Canonis VI et prout a Rufino explicatur, intelligentia*, 1640; *De mente Concilii Tridentini, circa satisfactionem in sacramento pœnitentiæ*, 1653; *Judicium de auctore librorum de imitatione Christi*, 1649; *Regii Navarræ gymnasii Parisiensis historia*, 1677; et *Regia in matrimonium potestas*, 1674 (cet ouvrage fut condamné par Rome en 1688).

[611] Launoy fut soupçonné à tort de jansénisme et exclu du collège de Navarre en 1648. Il avait sur la grâce des sentiments opposés à ceux d'Antoine Arnauld, mais il refusa de souscrire à la condamnation d'Arnauld par la faculté en 1656. Il rédigea deux ouvrages sur cette controverse: *Notationes in censuram duarum Antoinii Arnaldi propositionum, quarum una facti, altera juris, appellantur* (écrit en 1656, imprimé en 1685); et la *Lettre de M. de Launoy contre la censure des deux propositions de M. Arnauld* (publié en 1697). Autre sujet de contestation, Launoy recevait, le lundi, des amis qui disputaient librement de la doctrine et de la discipline ecclésiastiques. Le roi interdit ces réunions en 1676.

[612] Allusion à un autre ouvrage de Launoy intitulé *Dissertationes tres, quarum una Gregorii Turonensis de Septem Episcoporum adventus in Galliam; altera Sulpitii Severi de primis Galliæ Martyribus locus defenditur; et in utraque diversarum Galliæ Ecclesiarum origines tractantur: tertia quid de primi Cenomannorum Anstititis epocha sentiendum explicatur*, 1651. Sulpice Sévère (c.363-410 ou 429) rédigea une *Historia sacra*, qui va de la création du monde jusqu'à l'an 410; saint Grégoire (538-594),

qu'on lui a faites ont beaucoup servi à confirmer la vérité de ce qu'il a écrit pour l'instruction des peuples, et pour les venger de l'abus qu'on faisait de leur crédulité.[613] Quoiqu'il en soit monsieur de Launoy a passé et passera toujours pour un critique très excellent, et à qui l'on a de très grandes obligations. Il est redevable de tant de beaux ouvrages à la sagacité de son esprit, et surtout au bonheur qu'il a eu d'être intrépide et désintéressé tout ensemble. Il mourut à Paris le dixième mars 1678 âgé de soixante-quatorze ans et quelques mois. Il est enterré dans l'église des minimes de la Place Royale.

évêque de Tours écrit une *Historia Francorum* qui va de l'époque de l'établissement des Francs dans les Gaules jusqu'à l'an 591.

[613] La critique moderne juge Launoy plus sévèrement que Perrault, estimant qu'il avait la plume trop facile et le jugement peu sûr. Pourtant Perrault, contempteur des anciens et partisan des janénistes, put apprécier à la foi l'indépendance d'esprit de Launoy et son apparente sympathie pour Antoine Arnauld.

Le R.P. Pierre Lalemant   Chancelier de
    L'Université   de Paris

PIERRE LALEMANT
PRIEUR DE STE GENEVIEVE ET CHANCELIER DE L'UNIVERSITE
[1622-1673]

Pierre Lalemant naquit à Reims d'une famille honnête, en l'année 1622.[614]
Il y fit toutes ses études et vint ensuite à Paris, où la beauté et la douceur de
son esprit lui acquirent beaucoup d'amis, car il ne lui manquait aucune des
qualités qui concilient la bienveillance. Il se donna tout entier à l'étude de
la théologie, où il prit le degré de bachelier; ensuite il professa la
rhétorique au collège du cardinal le Moine, non point tant pour enseigner
ce bel art aux autres, que pour se perfectionner lui-même dans la
connaissance qu'il en avait. Sa méthode était d'exercer ses écoliers, et de
s'exercer aussi lui-même à parler sur le champ, et à écrire sur toutes sortes
de sujets, ce qu'il préférait à l'exacte et scrupuleuse étude des préceptes,
persuadé qu'il est bien plus facile de parler des règles de l'éloquence, que
de parler conformément aux règles de l'éloquence. Il fit d'excellents
écoliers, et se rendit en même-temps un très grand maître dans l'art de la
parole. Les sermons, les panégyriques des saints, les oraisons funèbres, et
les harangues qu'il fit en diverses rencontres eurent tant de succès, que
l'université voulut l'avoir pour son recteur, et le continua dans cette charge
pendant trois années, par dix élections consécutives.[615]

Comme il était d'un esprit civil, doux et honnête, il ne lui échappa
jamais aucune parole fâcheuse, non pas même contre les ennemis de
l'université, quoiqu'avant lui les invectives eussent été fort en usage dans
les mêmes rencontres où il était obligé de parler. Il plaida plusieurs fois
pour l'université au parlement et au conseil, où son éloquence fut presque
toujours couronnée du gain entier de sa cause. Toutes les fois qu'il eut
occasion de haranguer à la cour, il fut toujours écouté et loué avec des
marques d'une distinction très singulière. Sa réputation s'accrut de telle
sorte, qu'il n'y avait guère de dignités dans l'Eglise que la voix publique
ne lui donnât. Dans une situation si avantageuse et au milieu de tant
d'espérances toutes si douces et si raisonnables, il prit la résolution de
quitter entièrement le monde; il se démit du rectorat où l'on voulait le
continuer encore, et le lendemain il se retira à Saint-Vincent-de-Senlis,
l'une des maisons des chanoines réguliers de Sainte-Geneviève. Il écrivit à
ses amis qu'une des choses qui avait le plus contribué à sa retraite, c'était
la pensée qui lui était venue plusieurs fois en prêchant, qu'il n'observait
pas lui-même ce qu'il prêchait aux autres. Il ajouta qu'en expliquant un

---

[614] On écrit Lalemant, *ou* Lallement *ou* Lallemand.

[615] Le recteur de l'université était élu de trois mois en trois mois.

jour dans son sermon ce que c'était que la plénitude de foi dont parle saint Paul, cette même réflexion l'avait tellement ému, qu'il ne put ni manger ni dormir cette journée-là ni la journée suivante toute entière; de sorte que, vaincu et comme abattu par la force et le poids de cette réflexion, il s'était jetté entre les bras de Dieu, pour ne songer plus qu'au seul nécessaire.[616] Il ajoute qu'il avait choisi la maison de Sainte-Geneviève à cause de sa grande conformité à l'ordre hiérarchique de l'Eglise, et par la facilité qu'il y avait de vaquer également et à la méditation, et aux œuvres de charité.[617] Après quelques années qu'il passa dans l'exercice continuel de toutes les vertus de son état, Dieu qui ne l'avait pas comblé de tant de talents pour les laisser inutiles, le mit dans l'heureuse nécessité de s'en servir; car le père Fronteau, chancelier de l'université, et chanoine régulier de Sainte-Geneviève comme lui, étant mort, le père Lalemant fut nommé à sa place.[618] La première chose à quoi il s'appliqua fut l'éloge de son prédécesseur, qu'il fit avec toute l'éloquence que méritait un si grand personnage, et joignant à cet éloge tous les ouvrages d'une infinité de savants hommes sur le même sujet, il en composa un recueil très agréable qu'il prit aussi soin de donner au public.[619] Cette charge très difficile par elle-même, l'était encore davantage par l'obligation qui semblait lui être imposée de répondre au mérite de son prédécesseur; mais on peut dire qu'il l'égala, et le surpassa même en bien des choses. Tous ses discours étaient si pleins de bon sens et composés avec tant de justesse qu'il n'eût pas été possible d'en rien ôter, ni d'y rien ajouter. Une exacte pureté de langage régnait également partout, et la noblesse des pensées l'emportait encore sur l'élégance des paroles; mais ce qui le faisait particulièrement admirer dans ces discours publics qu'on nomme paranymphes,[620] c'était l'heureux choix des louanges toujours si propres à celui qu'il louait, qu'elles n'eussent pu

---

[616] On parlant du «seul nécessaire» Perrault retrouve une formule déjà employée dans l'éloge de Pascal.

[617] D'ailleurs des relations d'intimité et proximité liaient, à l'époque, l'université à la maison de Sainte-Geneniève: la collation des grades de l'université se faisait par le chancelier de Notre-Dame et le chancelier de Sainte-Genièv; l'actuel lycée Henri IV, qui voisine la Sorbonne moderne, occupe les bâtiments de l'ancienne abbaye de Sainte-Geneviève.

[618] Jean Fronteau (1614-1662) devint chancelier de l'université de Paris en 1648. Lalemant lui succéda en 1662

[619] P. Lalemant, *Religiosissimi...viri Joannis Frontonis*, 1663.

[620] *Paranymphes*: «C'était autrefois celui qui conduisait par honneur l'épousée, qui assistait à ses noces. Maintenant il n'est en usage qu'en l'université, et se dit de la cérémonie qui se fait en théologie en faveur des licenciés, quand on les reçoit docteurs. On y invite les compagnies souveraines, le châtelet et le bureau de la ville par des harangues latines et différentes qui se font en chaque chambre, auxquelles le président répond en la même langue» (Furetière, *Dictionnaire universel*).

convenir à un autre; il semblait qu'il vît le fond de son âme, tant l'image qu'il en faisait était naïve et ressemblante. Comme son habileté n'était point bornée au seul talent de l'éloquence et que son sens exquis le rendait capable de manier les affaires les plus difficiles, le parlement lui renvoya plusieurs contestations à decider; le roi et le pape même lui firent souvent le même honneur, particulièrement lorsqu'il s'agissait de mettre la paix entre des maisons religieuses, ou d'y rétablir l'ancienne discipline. Il s'y conduisait avec tant de prudence et avec tant de douceur, qu'il se faisait aimer de ceux mêmes qu'il avait rangés à un genre de vie plus austère qu'ils n'auraient souhaité.

Quelque honneur qu'il lui revint de tous ses emplois, il s'en plaignait néanmoins toujours, parce qu'ils l'arrachaient de sa cellule où la méditation des vérités éternelles faisait ses plus chères delices. La faiblesse de son tempérament et ses indispositions fréquentes ne diminuaient rien de l'assiduité de son travail, mais elles ne laissaient pas de l'avertir que sa fin approchait, et cela fut cause qu il commença à se soustraire autant qu il le put aux affaires et aux visites de ses amis, pour se donner plus que jamais à la méditation. Ce fut dans ce temps-là qu'ayant fait nommer le père Têtelète pour son successeur, il ne pensa plus qu'à se préparer à la mort. Dans cette disposition il composa les trois admirables traités qu'il nous a laissés, le *Testatment spirituel*, la *Mort des justes*, et les *Saints désirs de la mort*.[621] Ces ouvrages ont reçu trop de louanges du public, pour vouloir y ajouter les miennes. J'aime mieux remarquer une chose plus louable encore, qui est d'avoir pratiqué lui-même exactement jusqu'aux moindres conseils qu'il y donne. Il mourut le 18 février 1673, âgé de cinquante et un ans. Le père Têtelète, son successeur, voulut conserver à la postérité la mémoire de ce grand homme par le recueil qu'il donna au public des éloges et des différents petits ouvrages composés à sa louange par ses amis, et par les plus célèbres écrivains de son temps.[622]

---

[621] Ouvrages parus successivement in 1670, 1672 et1673.

[622] Le père Philibert Têtelète, génovéfain comme son prédécesseur, publia en 1679 un recueil d'éloges intitulé *Religiosissimi doctrinaque et eloquentia clarissimi viri Petri Lalemantii...memoria.*

Sebastien Lenain de Tillemont

SEBASTIEN LENAIN DE TILLEMONT
[1637-1698]

Si la vertu n'était estimable que par la peine qu'il y a toujours à l'acquérir, celui dont je vais parler ne mériterait pas beaucoup de louanges d'avoir été un des plus vertueux hommes de son siècle. Il naquit avec un naturel si heureux, de parents remplis de bonnes qualités, et il en reçut une si sainte éducation, qu'il lui aurait été plus difficile de contracter des défauts que d'acquérir des vertus héréditaires dans sa famille.

Monsieur Lenain de Tillemont, fils de monsieur Lenain, maître des requêtes, et de dame Marie le Ragois, naquit à Paris le 30 mai 1637.[623] Dieu lui donna le meilleur naturel et les plus belles inclinations qu'on pouvait désirer en un jeune homme. Dès son enfance il eut pour partage la docilité, la sagesse, et la modestie. Son esprit n'avait point cet enjouement qui ne s'acquiert que dans le commerce du monde, dont il eut soin de s'éloigner toujours; mais il était vif, juste, et pénétrant.

L'éducation vraiment chrétienne qu'il reçut des plus habiles maîtres dans les belles lettres, disposa parfaitement son esprit pour la théologie, où avec le temps il se rendit très habile par son travail et par ses études.[624] Il n'eut pas d'attrait pour la scolastique, et il aima mieux chercher les fondements de sa foi dans les sources mêmes, c'est-à-dire dans l'Ecriture Sainte et dans les Pères. Cette lecture, qu'il commença à l'âge de dix-huit ans, lui donna la pensée de recueillir ce qu'il trouverait sur les apôtres. Et comme la méthode d'Usserius dans ses *Annales sacrées* lui avait beaucoup plu, il prit là-dessus le plan de son travail, et enchérit encore sur l'exactitude de cet auteur.[625] Il montra son essai aux personnes qui le conduisaient dans ses études, et qui, surpris de ce nouveau genre d'écrire, lui conseillèrent de continuer le même travail sur l'histoire des premiers siècles de l'Eglise. La connexion qu'a l'histoire de l'Empire avec celle de l'Eglise l'obligea de s'appliquer également à la recherche de l'une et de l'autre.[626] La solidité d'une critique judicieuse, qui lui était comme

---

[623] Jean Lenain, maître des requêtes au parlement de Paris, fut un fervent ami de Port-Royal.

[624] Tillemont fut élevé aux Petites Ecoles entre 1647 et l'expulsion des hôtes en 1650.

[625] *Jocobus Usserius*: Jacques Usher (1581-1656), évêque d'Armagh et grand érudit dont l'ouvrage principal s'intitule *Annales Veteris et Novi Testamenti* (1650-54).

[626] A l'origine Lenain de Tillemont avait pensé écrire un seul ouvrage sur les premiers siècles de l'Eglise, qui traiterait à la fois l'histoire de l'Empire et l'histoire de l'Eglise; mais une première ébauche ayant soulevé l'hostilité de la censure ecclésiastique, il se résolut à séparer les deux parties. Ses deux grands ouvrages sont

naturelle, la justesse d'un discernement très fin, une exactitude à laquelle rien n'échappait, et par-dessus tout, un ardent amour de la vérité le rendirent très habile en peu de temps. Il fut bientôt parmi les savants comme l'oracle qu'il fallait consulter sur l'histoire de ces premiers temps, et le public lui est particulièrement redevable des ouvrages de plusieurs grands hommes qui en ont traité différentes parties; car c'est sur ses mémoires qu'ont été composées les *Vies* de Tertullien et d'Origène, de saint Athanase, de saint Basile, de saint Grégoire de Nazianze, et de saint Ambroise. Ceux qui ont travaillé à la traduction des ouvrages de saint Cyprien, et aux dernières éditions de saint Hilaire, de saint Augustin, et de saint Paulin, ont tiré aussi de grands secours des histoires de ces saints qu'il leur communiqua; et il leur a surtout beaucoup servi pour la critique et le discernement des vrais ouvrages de ces Pères d'avec ceux qui leur sont supposés, et pour leur arrangement selon l'ordre chronologique.[627] Il interrompit durant quelque temps son travail sur les premiers siècles de l'Empire pour s'appliquer à étudier l'histoire de saint Louis, dont il a fait d'amples mémoires à la considération d'une personne pour qui il avait toute sorte de déférence et qui avait dessein d'écrire la vie de ce grand roi. Cette vie n'a pas encore été donnée au public, mais l'histoire que monsieur de la Chaise en a faite a été tirée de ces mémoires.[628] Enfin il n'est pas concevable combien de personnes ont profité de son travail, et avec quelle bonté il le leur communiquait. S'ils ne lui ont pas rendu ce témoignage, c'est que la seule reconnaissance qu'il exigeait d'eux, était de ne le point faire connaître.

Quelque profonde que fut son érudition, il ne la faisait paraître que lorsqu'il ne la pouvait cacher. et il excellait tellement en humilité, que cette vertu parut toujours comme son caractère particulier. Elle se fit remarquer

---

l'*Histoire des Empereurs et des autres princes qui ont régné durant les six premiers siècles de l'Eglise* (6 volumes à partir de 1690), et les *Mémoires pour servir à l'histoire ecclésiastique des six premiers siècles* (7 volumes, 1693-1712). Ces ouvrages constituent, comme le dit Perrault, un «nouveau genre d'écrire» parce que ce ne sont pas proprement des livres d'histoire, mais des mémoires destinés à faciliter le travail des historiens. Tillemont recueillit soigneusement des textes authentiques et les commenta avec érudition et exactitude.

[627] Tillemont collabora à des *Vies* de saint Jean Chrysostome, de saint Athanase, et de saint Ambroise entre autres, écrites par ses amis Godefroy Hermant, Lambert et Thomas du Fossé. Ce dernier devint l'un des premiers biographes de Lenain; voir ses *Mémoires pour servir à l'histoire de Port-Royal* (1739).

[628] La personne pour qui Tillemont avait «toute sorte de déférence» est très probablement Le Maistre de Saci, à qui le duc de Montausier avait demandé une *Vie de saint Louis*, au moment de la Paix de l'Eglise (1672), pour l'instruction du grand dauphin. Pourtant les mémoires faites par Lenain furent mises à contribution par Jean Filleau de la Chaise qui donna sa *Vie de Saint Louis* en 1688.

dans ses ouvrages, où l'on voit un homme savant, éclairé et de grande réputation, réservé à décider, et toujours prêt d'avouer que ses lumières ne pénètrent pas toutes les difficultés. Bien loin qu'il cherchât à se faire honneur de ses découvertes, il était bien aise, quand un autre avait eu la même pensée que lui, de la citer de cet auteur, quoiqu'il ne lui en eût pas l'obligation. Son exactitude à ne faire rien dire à ceux qu'il cite que ce qu'ils disent précisément, va jusqu'au scrupule. Ce n'est pas qu'il s'attache à rendre mot pour mot ce qu'il rapporte, il se contente souvent de n'en prendre que le sens, et quelquefois même il met en une ligne ce qui dans l'auteur contient des pages entières; on ne peut pas disconvenir que son style ne soit un peu sec, mais au milieu de la sécheresse des discussions auxquelles son travail l'a engagé, on sent toujours beaucoup d'onction dans les réflexions courtes et vives qu'il fait quelquefois sur les principaux événements. Il a même trouvé le secret en traitant l'histoire des empereurs idolâtres, de répandre les lumières de la foi sur les ténèbres du paganisme. C'était un innocent pénitent, un humble savant, un homme infatigable au travail, et assidu dans la prière. Sa vie n'est pas remarquable par des événements singuliers et éclatants; l'uniformité d'une conduite vraiement ecclésiastique et digne d'un solitaire chrétien est ce qui en fait tout le mérite devant Dieu, et ce qui le fera admirer de tous ceux qui lui rendront justice.[629]

Il avait une candeur et une affabilité qui le faisait aimer de tout le monde; il n'était dur et sévère qu'à lui-même, car l'innocence de sa vie ne l'a pas empêché d'affliger son corps par une continuelle et rigoureuse pénitence. Sa vie ordinaire était plutôt un jeûne continuel qu'une vie frugale. Ses jeûnes imitaient la rigueur de ceux des premiers fidèles. Ses austérités jointes aux grandes fatigues de son travail ruinèrent enfin toutes les forces de son corps, et il tomba dans une langueur qui dura près de trois mois, pendant lesquels il ne témoigna pas moins de vertu que dans sa santé. Il continua tous les exercices avec la même ferveur, jusqu'à ce qu'il fût dans une entière impuissance de les suivre. Plus son corps s'abattait, plus son esprit s'élevait vers Dieu, tout occupé de la prière et de la bienheureuse éternité. Il y entra le 10 janvier 1698, âgé de soixante ans, un mois et quelques jours, avec la confiance des enfants de Dieu et l'humilité d'un homme qui dans sa vie, la plus dévouée au service de Dieu et de l'Eglise, se regarda toujours comme un serviteur inutile. Il mourut à Paris, et son

---

[629] Tillemont mena une vie réglée, très peu marquée par des événements extérieurs. Il fut ordonné prêtre en 1676 et résida à Port-Royal des Champs de 1672 à 1679 avant de se retirer à Tillemont, une terre qui appartenait à sa famille, près de Vincennes.

corps fut porté à Port-Royal des Champs, où il avait choisi sa sépulture.[630]

---

[630] C'est ainsi que Perrault suggère, très discètement, la fidélité du Nain de Tillemont pour la cause des jansénistes, qui pourtant se tenait à l'écart des polémiques où se trouvaient engagés ses amis de Port-Royal.

Jean Baptiste Santeul
Chanoine Regulier de l'Abbaye Royal de S.t Victor

JEAN-BAPTISTE SANTEUL
CHANOINE REGULIER DE ST VICTOR
[1630-1697]

Les poètes parlent souvent de leur enthousiasme et d'une certaine fureur qui les élève au-dessus d'eux-mêmes, en sorte qu'ils doutent quelquefois si ce qu'ils produisent en cet état sort de leur propre fonds, ou s'il ne leur est point donné d'ailleurs par voie d'inspiration.[631] Il n'y a point de poète qui ne prétende être saisi de cet heureux enthousiasme quand il compose, et qui ne se croie échauffé de cette chaleur féconde, quelque froids que soient ses ouvrages. Mais s'il y en eut jamais un agité de cet emportement, c'est celui dont je parle. On voyait dans son regard la chaleur qui le travaillait au-dedans: le feu de son imagination se répandait sur toute sa personne, ses pieds, ses mains, ses yeux, tout exprimait; et comme s'il n'eût pu contenir les idées dont il était plein, tout parlait en lui et faisait croire qu'un second et double esprit se joignait au premier, telle était l'abondance et la force de ses pensées.

La plupart des gens du monde, peu instruits de ce qui se passe dans les forts et vigoureux génies, qui n'ont d'âme que ce qu'il en faut pour s'acquitter faiblement des simples devoirs de la vie civile, prenaient quelquefois pour égarement ce qui n'était qu'un transport ordinaire de sa vivacité et de la noble hardiesse de son tempérament, tout de feu et tout de lumière.[632]

Né d'une bonne et ancienne famille de Paris, il fit ses études aux jésuites où le père Cossart, homme d'un mérite très singulier qu'il eut pour maître dans la rhétorique, augmenta beaucoup par ses préceptes et par son exemple l'inclination avec laquelle il était né pour la poésie latine, et qu'il a cultivée tout le temps de sa vie.[633] Ses ouvrages ont été aimés de toutes

---

[631] Parmi beaucoup d'autres traitements de ce lieu commun de la poétique, Perrault pensait peut-être à un ouvrage récent de Pierre Petit intitulé 'Dissertation sur la fureur poétique, ou l'enthousiasme', que le poète avait publié dans un recueil de ses vers intitulé *Selectorum poematum libri duo; accessit dissertatio de furore poetico* (1683). Sur Pierre Petit, voir deux paragraphes plus loin.

[632] Dans ces lignes Perrault défend peut-être son ami Santeul des attaques de certaines personnes qui s'étonnait du mélange de bouffonerie et de bonté dans le caractère du poète. La Bruyère le ridiculise sous le nom de Théodas ('Des Jugements', 56). *Egarement*: «se dit...au figuré, de l'éloignement de la raison et de la saine doctrine» (Furetière, *Dictionnaire universel*); «Il signifie fig. Erreur» (*Dictionnaire de l'Académie*, 1694). On notera que Perrault donne à ce terme le sens de «transport» qu'il aura au dix-huitième siècle et qui n'est pas encore attesté par les dictionnaires de la fin du dix-septième.

[633] Gabriel Cossart (1615-1674) professeur de rhétorique au collège de Clermont à

sortes de personnes; ses vers, quoique très sublimes, sont tournés d'une manière si naturelle qu'il n'y a personne qui ne les entende, contre la coutume de la plupart des poètes latins modernes, qui se font un mérite d'une profonde et malheureuse obscurité.[634]

Comme il n'était pas moins poli dans les choses agréables que soutenu et élevé dans les grands sujets, il fit des inscriptions pour toutes les fontaines de Paris où il a mis tout l'agrément, tout le sel, et toute l'élégance qu'on y peut souhaiter. Ce sont la plupart des distiques si justes pour chaque endroit où ils sont posés, et qui disent tant de choses en peu de paroles, qu'il n'est pas possible de ne les pas lire toutes les fois qu'on les rencontre. Je ne puis m'empêcher de mettre ici celle qui est gravée sur la porte du château d'eau du pont Notre-Dame.

> Sequana cum primum reginæ allabitur urbi,
> Tardat præcipites ambitiosus aquas.
> Captus amore loci,[a] cursum obliviscitur anceps
> Quo fluat, et dulces noctit in urbe moras.
> Hinc varios implens fluctu subeunte canales,
> Fons fieri gaudet qui modo flumen erat.

Il se mit enfin a composer des hymnes pour l'Eglise, et c'est où il a excellé admirablement.[635] On sait qu'à la réserve de quelques-unes qui ont été composées par Prudence,[636] par saint Augustin, par saint Ambroise, par saint Thomas, et par quelques autres grands personnages, les hymnes sont la partie du service divin la moins belle et la moins châtiée. Quand celles de Santeul ont paru, il n'est pas croyable combien elles se sont fait admirer de tout le monde; il en a fait un très grand nombre: le bréviaire de Cluny en est tout rempli;[637] les églises dont les patrons n'en avaient point, et qui

---

Paris.

[634] En évoquant les «poètes latins modernes» Perrault pensait peut-être à la Pléiade de Paris composée de sept poètes qui pratiquaient la poésie latine: Santeul, Jean Commire (1625-1702), Charles Duperier (mort en 1692), Charles de la Rue (1643-1725), Gilles Ménage (1613-1692), Pierre Petit (1617-1687) et René Rapin (1621-1687). L'opinion de Perrault sur la supériorité de Santeul était partagée par Saint-Simon, qui estimait que «c'était le plus grand poète latin qui eût paru depuis plusieurs siècles» (cité d'après la *Biographie universelle*).

[635] Ces hymnes ont été publiés du vivant de Santeul: *Hymini Sacri*, 1685. Des recueils de ses poésies et autres ouvrages ont vu le jour après sa mort: *Opera poetica*, 1698; *Œuvres, avec les traductions par différents auteurs*, 1698; *Opera omnia*, 1729.

[636] Prudence (Aurelius Prudentius Clemes) (348?-410?), poète latin chrétien, né à Calahorra en Espagne.

[637] Dom Paul Rabusson et Dom Claude de Vert (éds.), *Breviarum monasticum ad usum sacri ordinis cluniacensis* (1686). Ce bréviaire contient plus d'une centaine des

jusque là n'avaient chanté à leurs fêtes que celles du commun des martyrs et des confesseurs, ont souhaité d'en avoir de particulières, et de les avoir de la composition de monsieur Santeul. On a voulu leur reprocher que le style n'en était pas assez ecclésiastique ni assez composé de termes consacrés par l'usage de toute l'Eglise; mais ce n'est autre chose que se plaindre qu'elles sont trop belles et trop élégantes, et on ne voit pas pourquoi de mauvais latin serait plus propre à inspirer la piété que cette même langue dans sa pureté naturelle; on ne les aura pas chantées cinq ou six fois aux grandes fêtes, pour la solennité desquelles elles sont faites, qu'elles ne respireront plus que la sainteté des mystères ou des saintes actions qu'elles célèbrent. Personne de sa profession n'a jamais été plus connu ni plus estimé par ses ouvrages. Mais il n'était pas seulement aimé du peuple et de ses amis, les plus grands seigneurs de la Cour se faisaient un extrême plaisir de l'avoir, et de jouir de sa conversation toujours vive et animée; car son feu était toujours beau, toujours serein, et ne jettait aucune étincelle qui fût à craindre.[638]

Le grand prince de Condé* l'aimait beaucoup; monsieur le prince son fils l'aimait encore davantage, et le menait souvent à sa maison de Chantilly, où il faisait les délices de la conversation et de l'honnête liberté que donne l'agréable séjour de la campagne. Il a célébré les beautés de cette maison, et leur a plus assuré l'immortalité dans la mémoire des hommes que tout l'art des ouvriers qui les ont faites.[639]

Il mourut à Dijon le cinquième d'août 1697 dans un voyage qu'il fit avec monsieur le duc aux états de Bourgogne,[640] d'une colique qui le prit tout à coup, et l'emporta après quatorze heures de tranchées et de douleurs insupportables.[641] Malgré la violence de son mal, il ne laissa pas de s'acquitter de ses devoirs de chrétien avec une très grande ferveur, et de recevoir ses sacrements d'une manière si touchante et si vive qu'il fit couler des larmes à tous ceux qui l'assistèrent et qui furent témoins des derniers moments de sa vie. Les états de Bourgogne ne voulant pas priver l'abbaye de Saint-Victor de l'honneur de sa sépulture, firent déterrer son

---

hymnes de Santeul.

[638] Perrault note avec raison que Santeul était très apprécié par des personnes très haut placées dans la société; il était aussi l'ami d'Arnauld et de Nicole, ce qui jeta sur lui un soupçon de jansénisme.

[639] Santeul célébra les beautés de Chantilly dans son poème *Salpetria nympha cantilliaca.*

[640] *Monsieur le duc*: Louis III de Bourbon, duc de Bourgogne, fils d'Henri-Jules de Bourbon (M. le prince), et petit-fils de Condé (le grand prince).

[641] *Tranchée*: «En termes de médecine, se dit d'une colique, ou d'une douleur de ventre qui est causé par des vents enfermés dans les boyaux» (Furetière, *Dictionnaire universel*).

corps et l'envoyèrent à Paris dans un cercueil de plomb, et monsieur le prince paya la dépense de ce transport. On lui fit un service fort solennel, et il fut enterré dans le cloître de cette abbaye le 17 octobre 1697. On lui a dressé un épitaphe contre le mur de ce cloître, où il y a ces vers:

Quem superi præconem, habuit quem sancta poetam
Religio, latet hoc marmore Santolius.
Ille etiam heroas, fontesque et flumina et hortos[b]
Dixerat: at cineres quid juvat iste labor?
Fama hominum, merces sit versibus æqua profanis
Mercedem poscunt carmina sacra Deum.[642]

Et sur la tombe au-dessous il y a ces mots:

Hic jacet F. Joan. Baptista de Santeüil, huius abbatiæ canonicus regularis et subdiaconus, qui sacros hymnos, piis æque ac politis versibus, ad usum ecclesiæ concinnavit.
Obiit die 5 Augusti, anno R.S. 1697 aet. 66».[643]

---

[642] Cet épitaphe est de Charles Rollin. Nous en donnons la ponctuation d'après le texte qui figure dans les *Œuvres* de Santeul (1698).

[643] L'édition des *Œuvres* de Santeul (1698) attribue cette inscription à monsieur de Bourges, ancien prieur de Saint-Victor et docteur de Sorbonne. Les mots «regularis et subdiaconus» sont absents du texte imprimé dans l'édition des *Œuvres*.

Jac. Lubin Sculp.

Hierome Vignier
Prestre de l'Oratoire

JEROME VIGNIER
PRETRE DE L'ORATOIRE
[1606-1661]

Jérôme Vignier naquit à Blois en l'année 1606 de Nicolas Vignier sieur de la Motte, et d'Olympe le Blond. Il avait beaucoup de vivacité, de sorte qu'ayant étudié aux lois en sortant de philosophie, il prit ses licences dès l'âge de seize ans, avec l'étonnement de ses professeurs, qui furent charmés de ses réponses. Son père s'était laissé entraîner à l'hérésie de Calvin, répandue alors par toute la France. Dieu lui fit la grâce de l'en tirer; mais sa femme demeurant opiniâtre dans son erreur elle y éleva ses enfants, dont l'aîné, Nicolas Vignier, se maria à Blois, et y fit profession de la religion prétendue réformée. Pour Jérôme Vignier dont je parle, la fréquente lecture de l'Ecriture Sainte et des Pères firent une telle impression sur son esprit, que les larmes de son père et de sa mère, qui appréhendaient sa conversion longtemps même avant qu'il l'eût déclarée, ne purent éteindre l'ardeur qu'il sentit pour la vérité. Néanmoins pour ne pas s'exposer en même temps au ressentiment d'un père irrité, aux tendreses d'une mère affligée et aux artifices des ministres qui, le soupçonnant de n'être pas trop bon calviniste empêchaient que son père ne traitât pour lui de la charge de bailli de Beaugency, il fut obligé de feindre pendant quelque temps une maladie, jusque là qu'il prenait des remèdes pour s'exempter d'aller aux prêches aux jours d'obligation. Cet artifice lui réussit, et son père lui acheta la charge qu'il demandait.

Aussitôt qu'il en fut pourvu il s'étudia à amortir tous les procès des habitants de Beaugency, établit l'ordre dans les officiers subalternes, et les obligea par son exemple à rendre bonne et brève justice.[644] Son père voulut le marier à une demoiselle de la religion prétendue réformée. Il prit ce temps pour déclarer non seulement sa conversion, mais le dessein qu'il avait de se rendre chartreux, ce qu'il fit aussitôt avec une ferveur extraordinaire. Cependant comme son naturel fort délicat ne put s'accommoder des austérités de ce saint ordre, il se retira chez les pères de l'oratoire à la faveur du cardinal de Bérulle*, qui l'honora d'une estime toute particulière.[645] Il ne travailla pas moins dans cette communauté pour le prochain, par ses pieuses conférences et par ses doctes écrits, que pour lui-même; de sorte que les preuves qu'il y donna de son mérite, l'élevèrent à la dignité de supérieur des maisons de Tours, de La Rochelle, et de Lyon

---

[644] Vignier prit possession de cette charge en 1627.
[645] Vignier entra à l'oratoire en 1630.

succesivement, et enfin à celle de supérieur de Saint-Magloire à Paris,[646] où il fut continué après que le temps fut expiré.[a]

Il avait un grand désir de voir sa famille suivre son exemple, en retournant comme lui au sein de l'Eglise; mais Dieu ne lui accorda qu'une seule de ces âmes, pour lesquelles il faisait tant de vœux.

Il était très savant dans les langues grecque, chaldaïque, hébraïque et syriaque, et plus encore dans la connaissance de l'origine de toutes les maisons souveraines de l'Europe, qui le consultaient sur leurs doutes. Il fit un voyage en Lorraine, où il découvrit par ses soins et par le secours de monsieur Vignier intendant de justice en ce pays-là, des antiquités si curieuses sur l'origine de la maison de Lorraine, et sur celles de la maison d'Autriche, de Luxembourg, de Bade, d'Alsace, et de quelques autres encore, qu'il en fit un ouvrage admirable que le docte Chifflet traduisit en latin, avouant de bonne foi qu'il fallait supprimer ce qui avait paru jusque là touchant l'origine de la maison d'Autriche, et qu'on devait s'en tenir aux lumières du père Vignier.[647] Il était si habile et si curieux dans la connaissance et dans la recherche des médailles, que ce qu'il en a amassé a beaucoup enrichi le curieux cabinet de feu monsieur le duc d'Orléans, dont les raretés ont passé dans celui du roi. Etant à Venise il y découvrit un traité manuscrit de saint Fulgence qu'il transcrivit avec beaucoup de peine, et qu'il aurait donné au public si la mort ne l'eût prévenu.[648] Il trouva aussi à Clairvaux deux volumes des œuvres de saint Augustin, qui n'avaient pas encore été imprimés, et qu'il a donnés avec une concordance des évangélistes.[649] Il a composé deux volumes de l'_Histoire ecclésiastique gallicane_, qu'il était près de mettre sous la presse quand il mourut. Son application à ces sortes de travaux si sérieux ne l'empêcha pas de donner des marques de la beauté de son esprit, par la composition de plusieurs pièces de poésies, et particulièrement de quelques paraphrases des psaumes en beau latin qui lui firent beaucoup d'honneur, et que le cardinal de

---

[646] Il arriva à Saint-Magloire en 1648.

[647] L'ouvrage de Vignier, _La Véritable origine des Maisons d'Alsace, de Lorraine, d'Autriche_, parut en 1649. La traduction en latin, due à Jean-Jacques Chifflet (1588-1660), parut l'année suivante sous le titre _Stemma austriacum_.

[648] Saint Fulgence (467-535), évêque de Ruspe (Numidie) et auteur d'un traité contre les ariens.

[649] Il s'agit des six livres de l'_Ouvrage imparfait contre Julien_, dont Claude Ménard n'avait donné que les deux premiers. Vignier le fit publier en 1654, sous le titre de _Sancti Augustini operum supplementum_. On crut découvrir des rapports entre la doctrine de l'_Ouvrage imparfait_ et celle de l'_Augustinus_, et l'édition fut arrêtée pendant quelques temps. L'autorisation fut enfin obtenu pour la diffusion du livre, mais Vignier dut préalablement supprimer l'_Epître dédicatoire_ au cardinal de Retz, alors en disgrâce. La solidarité de Vignier pour la cause du cardinal l'obligea à se retirer chez l'évêque de Châlons-sur-Marne, jusqu'à ce que Retz eût fait sa paix avec la Cour.

Richelieu* préférait à toutes celles qui furent faites en ce temps-là.

Dieu qui voulait éprouver sa patience, lui fit sentir les piquantes douleurs de la pierre, qui l'obligèrent de venir à Paris. Le prince Ferdinand de Lorraine avait été taillé quelque temps avant par le sieur Colot,* et la suite de cette opération n'ayant pas été heureuse, les amis du père Vignier lui conseillèrent de prendre un autre opérateur; mais la connaissance qu'il avait de sa capacité le porta à le choisir, disant d'ailleurs qu'il voulait rétablir la réputation d'un si excellent homme. L'opération se fit dans la maison de Saint-Magloire le jour du vendredi saint. La pierre pesait sept onces, et l'opérateur qui tâchait ou de la tirer ou de la casser, fut un gros quart d'heure à tenter toutes sortes de voies pour venir à bout ou de l'un ou de l'autre. Ce furent des douleurs inconcevables; enfin il l'emporta par un bonheur inespéré, et le sieur Colot* avoua qu'après Dieu, le père Vignier n'avait obligation de sa vie qu'à sa patience, parce que le moindre mouvement qu'il eût fait aurait causé sa mort. Dès qu'il fut guéri il retourna à Châlons, où il se remit à composer divers ouvrages qu'il vint achever à Paris en l'année 1661 pour les donner au public. Il n'y fut pas plus tôt arrivé qu'il fut attaqué d'une manière d'hydropisie et d'une fièvre quarte[650] qui, s'étant changée en fièvre continue, le fit mourir le 14 novembre 1661 âgé de 55 ans.

---

[650] *Fièvre quarte*: Fièvre «qui ne vient que le quatrième jour, et qui laisse deux jours de repos» (Furetière, *Dictionnaire universel*); «fièvre erratique, périodique» (Robert, *Dictionnaire alphabétique et analogique de la langue française*).

Jac. Lubin Sculp.

François   Combefis.
de L'ordre de   St Dominique.

LE PERE FRANÇOIS DE COMBEFIS
[1605-1679]

Ceux qui aiment l'érudition et la pureté de la doctrine des premiers siècles de l'Eglise, auront de la joie de voir ici l'éloge du père de Combefis, puisqu'on peut dire que personne n'a jamais pénétré plus avant que lui dans la connaissnce des auteurs qui ont écrit dans ces temps-là, et particulièrement des Pères grecs qu'il a presque tous traduits de nouveau, ou illustrés de notes très curieuses et très instructives.

Il naquit à Marmande, ville sur la Garonne proche de Bordeaux, en l'annee 1605 de parents qui tenaient un rang assez considérable dans le barreau. Il fit ses études d'humanités et de philosophie avec bien du succès, l'éducation chrétienne qu'il avait reçue dans sa famille lui ayant donné beaucoup de piété. Le commerce qu'il eut dès ses jeunes ans avec les religieux de saint Dominique le porta à prendre l'habit dans leur ordre en l'an 1624, où il a mené jusqu'à sa mort une vie très sainte et très exemplaire.[651]

Charmé qu'il était de la doctrine de saint Thomas, il recommença tout son cours de philosophie pour prendre les principes de ce grand docteur, et en faire les fondements de la théologie qu'il étudia ensuite. Il se perfectionna tellement dans l'étude de ces deux sciences, qu'il fut établi à Bordeaux lecteur de philosophie, et quelque temps après on lui ordonna d'enseigner la théologie au couvent de Saint-Maximin.[652] Dans la fin de ces deux pénibles emplois il refusa les dispenses qu'on accorde ordinairement aux professeurs qui enseignent, pour avoir plus de temps de vaquer à l'étude. Il assistait à tout l'office divin la nuit et le jour, et à tous les devoirs de la communauté.

Quand la maison de l'étroite observance fut bâtie à Paris on l'envoya enseigner la théologie;[653] mais la facilité qu'il eut d'entrer dans les plus fameuses bibliothèques où son mérite lui donnait accès, le fit résoudre d'exécuter le dessein qu'il avait conçu depuis longtemps de purger les ouvrages des Pères de l'église grecque d'une infinité de fautes qui s'y étaient glissées. Comme il avait une parfaite intelligence de la langue grecque, et qu'il trouva un grand nombre de précieux manuscrits dans la bibliothèque du roi, dans celle de monsieur le chancelier,[654] et dans quelques autres, il commença par traduire plusieurs excellents traités de

---

[651] Selon Moréri, Combefis entra aux dominicains en 1623; en 1625 selon Niceron.

[652] Combefis commença son enseignement à Saint-Maximin en 1637.

[653] Combefis s'établit à Paris en 1640.

[654] *Monsieur le chancelier*: Pierre Séguier.

très bons auteurs qui n'avaient jamais été connus, et les fit imprimer ensuite. Pour rendre ce service à l'Eglise il quitta l'école où il avait enseigné deux cours de théologie, et il prit un tel goût à ce glorieux et utile travail, qu'il le continua pendant près de cinquante années avec une application infatigable, et avec un tel succès que l'assemblée du clergé, après l'avoir félicité sur la beauté de son travail, lui accorda en l'année 1644 une grâce qu'elle n'avait jamais faite à pas un religieux: elle lui donna une pension de mille livres, qui a continué jusqu'à sa mort, et dont il se servait pour payer les écrivains qu'il employait à Rome, à Paris et ailleurs, pour transcrire les manuscrits grecs de la bibliothèque du vatican, et des autres endroits éloignés.[655]

On s'étonnera toujours en voyant le dénombrement des livres qu'il a traduits et enrichis de notes, et de ceux qu'il a composés, qu'un homme d'une complexion si faible et si atténuée par les travaux de la pénitence, ait pu suffire à tant d'ouvrages. Il a augmenté la bibliothèque des Pères grecs de plusieurs volumes; il a composé l'*Histoire des Monothélites*; il a traduit Amphiloque, Astérius, André de Crète, saint Maxime confesseur, Manuel Calecas, Théodote d'Ancyre,[a] et un très grand nombre de petits traités de plusieurs autres Pères; mais avec des notes d'une profonde érudition.[656] Il a rétabli dans leur première pureté les ouvrages de saint Denys, de Methodius, de saint Chrysostome, des deux saints Basile, des trois saints Grégoire (celui de Nysse, le Thaumaturge, et le Théologien).[657] Il a composé pour les prédicateurs huit volumes de sermons et d'homélies des Pères grecs et latins, rapportant sur chaque évangile de l'année ce qu'ils ont écrit pour l'éclaircissement des mystères, et l'instruction des peuples.[658]

---

[655] Selon Niceron, l'assemblée du clergé vota cette pension «en 1656 (et non pas en 1644 comme le dit monsieur Perrault)». Les ouvrages de référence modernes suivent l'opinion de Niceron. L'ouvrage auquel le père Combefis était employé parut en 1662 sous le titre de *Bibliotheca patrum concionatoria*.

[656] Saint Amphiloque (*c.*340-95); saint Astérius *ou* Astère (fin 4e siècle commencement 5e siècle), métropolitain d'Amasée dans le Pont; saint André de Crète (660-740); saint Maxime confesseur (580-662); Manuel Calecas (XIIIe ou XIVe siècle), religieux grec de l'ordre de saint Dominique; Théodote (mort en 445), évêque d'Ancyre et adversaire acharné de Nestorius.

[657] Saint Denys (vivait sous le règne de Marc-Aurèle), évêque de Corinthe; saint Methodius, surnommé *Eubulius* (florissait au commencement du 4e siècle), évêque d'Olympe, ou de Patare; saint Jean Chrysostome (347-407), patriarche de Constantinople; saint Basile (329-79), évêque de Césarée, fonda vers 357 l'ordre qui porte son nom; saint Basile, évêque d'Ancyre en 358 et de Séleucie en 359, son martyre eut lieu probablement en 362; saint Grégoire (332-400), évêque de Nysse; saint Grégoire (210?-270), *dit* le Thaumaturge, évêque de Néo-Césarée; saint Grégoire de Nazianze (329-389) *dit* le Théologien, patriarche de Constantinople.

[658] Les ouvrages les plus importants de Combefis, auxquels Perrault fait allusion

Monsieur Colbert* qui a pris soin de faire traduire et imprimer au Louvre avec une magnificence toyale, tous les auteurs grecs qui ont parlé de l'histoire byzantine, tant pour ce qui regarde la religion que l'état politique, étant informé de la profonde érudition du père de Combefis sur cette matière, l'engagea de travailler incessament sur Théophane, et sur quelques autres auteurs grecs qui manquaient à la perfection de cette histoire.[659] Il entreprit et acheva ce grand travail; mais la mort, qui l'enleva le 23 jour de juin 1679 âgé de soixante-quatorze ans, le priva de la satisfaction d'en voir l'impression entièrement achevée.

Si j'entreprenais de rapporter ici toutes les actions, ou pour mieux dire tous les prodiges de sa piété sans égale, il me faudrait avoir plus de place pour les déduire que je n'en ai employé jusqu'ici, et dans la vérité cet excellent homme mériterait encore mieux d'être mis dans le catalogue des saints que parmi les illustres dont on fait ici les éloges.

---

dans ce paragraphe sont les suivants: *Graeco-Latinæ Patrum bibliothecae novum auctuarium* (1648), 2 vols (le premier volume contient les œuvres de saint Astère et de plusieurs autres saints, le volume deux contient l'histoire des monothélites et fut désapprouvée à Rome parce que, dit-on, elle ne témoignait pas assez de respect pour le cardinal Baronius; *SS. Patrum Amphilocii Iconiensis, Methodii Paterensis et Andreæ Cretensis Opera omnia* (1644); *S. Maximi confessoris...opera* (1675); *Theodoti Ancyrani adversus Nestorium liber* (1675); un ouvrage sur les trois saint Grégoire, achevé au moment de la mort de Combefis, mais qui ne vit pas le jour; *Ecclesiastes græcus, id est, Illustrium græcorum Patrum ac oratorum digesti sermones ac tractatus* (1674); et la *Bibliotheca patrum concionatoria*.

[659] Théophane de Sygriana (*c*.A.D. 758-817), moine et adversaire de l'iconoclasme. L'ouvrage de Combefis parut sous le titre de *Byzantinæ scriptores post Theophanem usque ad Necephorum Phocam, græce et latine* (1685). Ce volume, qui constitue le 19ème de l'*Histoire byzantine* (entreprit sur l'ordre de Colbert), contient les cinq historiens grecs qui ont écrit depuis Théophane. Il fut achevé par Charles du Cange, dont on lira l'éloge en l'appendice. Le père Combefis est aussi l'auteur des notes sur Théophane, insérée au tome VI de la même collection (1655).

Marin Mersenne
de L'ordre des peres Minimes

MARIN MERSENNE
MATHEMATICIEN, DE L'ORDRE DES PERES MINIMES
[1588-1648]

Celui dont je vais parler ne mérite pas seulement la place que je lui donne ici par son mérite particulier, mais aussi par le mérite de la plupart des grands mathématiciens de ce siècle, puisqu'il est vrai qu'il les a excités au travail, et que sans son entremise ils seraient demeurés dans le silence sur une infinité de belles choses qu'ils nous ont découvertes.

Marin Mersenne naquit dans le bourg d'Oizé au pays du Maine le 8 septembre 1588. Il fit ses études au collège de la Flèche, où la bonté de son naturel et la finesse de son esprit le firent aimer de tous les pères de la Société, et particulièrement des pères Chastelier, de la Tour et Phélypeaux.[660] Il fit ensuite son cours de théologie à Paris sous messieurs Duval, Isambert et Gamaches, les plus célèbres professeurs qu'il y ait peut-être jamais eu en Sorbonne.[661] Dès ce temps-là il vivait dans une très grande piété, de sorte que, passant dans le monastère du Plessis-les-Tours, il fut tellement touché de la vie exemplaire des bons pères minimes de ce couvent,[a] qu'il résolut d'embrasser le même genre de vie, ce qu'il fit dans la maison de la Place-Royale à Paris, où il prit l'habit le 17 juillet 1611 et fit profession en 1612.[662] Il apprit le hébreu du R.P. Jean Bruno, célestin, docteur dans les universités d'Alcalá et d'Avignon, ce qui lui donna de grandes ouvertures dans ses études de théologie, où il réussit extraordinairement, comme on le peut voir dans ses commentaires sur la Genèse et dans deux tomes qu'il a composés, l'un de l'*Analyse spirituelle*, et l'autre de l'*Usage de la raison*, et particulièrement dans celui qu'il composa contre l'impiété des déistes et des athées.[663]

Il avait un grand amour pour les mathématiques, dont il a cultivé presque toutes les parties avec un grand succès. Ce qu'il a écrit de l'*Harmonie* en douze livres, est très excellent. Il composa d'abord cet

---

[660] Mersenne fit ses études au collège de la Flèche de 1604 à 1609.

[661] Mersenne étudia à la Sorbonne de 1610 à 1611. Nicolas Isambert (mort en 1642) et Philippe de Gamaches (mort en 1625), professeurs de théologie très estimés au commencement du XVIIème siècle. Pour André Duval, voir l'éloge de Bérulle.

[662] En 1611 Mersenne entra chez les minimes du couvent de Nigeon près de Paris. En 1613 il fut ordonné prêtre au couvent de la Place-Royale.

[663] I. *Quaestiones celeberrimæ in Genesim* (1623); II. *Analyse de la vie spirituelle* (1623) et *Usage de la raison* (1623), ouvrages perdus; III. *L'Impiété des déistes et des plus subtils libertins découverte et réfutée par raisons de théologie et philosophie* (1624).

ouvrage en latin, et ensuite il le mit en français.[664] Dans le premier tome, il traite des sons et des mouvements, des consonances, des dissonances, des genres, des modes, de la composition, de la voix, des chants, et de toutes les sortes d'instruments harmonieux, en expliquant la manière dont ils sont construits. Il rapporte des exemples de toutes sortes de pièces de musique; il montre en quoi elles diffèrent les unes des autres, et ce qui en compose le véritable caractère. Le second tome contient la pratique des consonances et des dissonances dans le contrepoint figuré, la musique accentuelle, la rythmique, la prosodie et la musique française, la manière de chanter les *Odes* de Pindare et d'Horace. Il n'y eut jamais une recherche plus curieuse sur tout ce qui regarde la musique, à l'égard de laquelle il semble n'avoir presque rien oublié de ce qui peut en donner une parfaite connaissance. Il a fallu joindre à une lecture prodigieuse de tous les auteurs qui en ont parlé, de très profondes méditations, pour en tirer toutes les particularités qu'il rapporte. Il a écrit encore des mesures, des poids et des monnaies des Hébreux, des Grecs et des Romains, réduites à la valeur de la monnaie de France. Il a fait un traité de l'élément de l'air, un autre *Des moyens de naviguer et de cheminer dessus et dessous les eaux*,[665] un autre, *De la pierre d'aimant*,[666] et un autre où il explique les jets des boulets, des flèches et des javelots. Peu d'auteurs se sont élevés à autant de connaissances sublimes, et en même temps sont descendus dans un aussi grand détail de tout ce qui regarde les mathématiques. Il apporte dans toutes ses recherches une sagacité et une pénétration qui lui sont toutes particulières. Il mourut le premier de septembre 1648 d'un abcès. On le croyait au commencement malade d'une fausse pleurésie. Il était d'un naturel doux, gai et complaisant. Deux hommes écrivirent contre lui: Sixtinus Amama professeur en grammaire à Franeker en Frise; mais ce professeur ayant enfin connu le père Mersenne, il fit amitié avec lui, et ensuite lui écrivit plusieurs lettres très obligeantes.[667] Le second fut Robert Fludd médecin anglais.[668] Deux pères minimes répondirent pour le père

---

[664] *L'Harmonie universelle*, en deux parties (1636-1637). La traduction latine abrégée s'intitule *M. Mersenni, harmonicorum libri XII* (1636).

[665] Dans la *Cogitata physico-mathematica* (1644).

[666] *Lettre à Naudé sur l'aimant* (1639).

[667] Sixtinus Amama (1593-1629), théologien protestant, natif de la Frise, enseigna à l'université de Franeker. Amama avait publié en 1620 une critique de la version du Pentateuque, dite la Vulgate. Mersenne entreprit une défense de la Vulgate et en 1627 Amama publia une lettre qu'il lui avait adressé et en 1628 un ouvrage sous le titre d'*Antibarbarus Biblicus*.

[668] Robert Fludd (1574-1637) développa des théories sur l'harmonie du monde. Mersenne le critiqua dans ses *Quæstiones in Genesim* (1623) et Fludd riposta en 1629 avec son *Sophiæ cum moria certamen*. Gassendi réfuta la doctrine fluddienne dans une *Epistolica exercitatio* (1630), à laquelle Fludd répondit dans sa *Clavis philosophiæ et*

Mersenne, et surtout monsieur Gassendi,* qui réfuta pleinement les rêveries et les fausses opinions de ce médecin anglais.

Ses amis ont été messieurs de Sainte-Marthe,* Hevelius,[669] les Elzevier,[670] monsieur Descartes,* monsieur Gassendi,* Scheinerus[671] monsieur Naudé,[672] monsieur Petit,[673] Leo Allatius, Seldenus,[674] Guillaume Colletet,[675] La Mothe le Vayer,* monsieur Peiresc,* et plusieurs autres grands hommes de ce siècle.

---

alchymiæ Fluddanæ.

[669] Johannes Hevelius (1611-1687), astronome polonais qui publia une carte de la lune (*Selenographia*, 1647)

[670] Elzevier: famille de célèbres éditeurs.

[671] Christophe Scheiner (1575-1650), astronome allemand et jésuite qui découvrit des taches solaires.

[672] Gabriel Naudé (1600-1653), érudit, garde des bibliothèques de Richelieu et Mazarin.

[673] Samuel Petit (1594-1643), savant qui enseigna à Nîmes la théologie et les langues grecque et hébraïque.

[674] Jean Selden (1584-1654), juriste anglais et orientaliste estimé.

[675] Guillaume Colletet (1598-1659), poète et dramaturge, l'un des «cinq auteurs» qui collaboraient sous la direction de Richelieu.

Le Comte d'harcour

HENRI DE LORRAINE
COMTE D'HARCOURT, ETC., GRAND ECUYER DE FRANCE
[1601-1666]

La généalogie de celui dont je vais parler, remplirait tout son éloge, si j'entreprenais de la déduire[676] dans toute son étendue. Mais comme l'ancienneté et la grandeur de la maison de Lorraine sont connues de tout le monde, je passerai d'abord aux actions de sa vie, plus glorieuses encore pour lui que tous les avantages de sa naissance.

Henri de Lorraine comte d'Harcourt, d'Armagnac et de Brionne, vicomte de Marsan, chevalier des ordres du roi, grand écuyer de France, sénéchal de Bourgogne, et gouverneur d'Anjou, était second fils de Charles de Lorraine premier du nom, duc d'Elbeuf, et de Marguerite Chabot.[677] Il commença à donner des preuves de son courage à la bataille de Prague, qui se donna le 8 novembre de l'année 1618.[678] Il y alla avec Charles IV, duc de Lorraine, chef de sa maison.[679] A son retour en France il servit en qualité de volontaire dans les guerres contre les Huguenots, et se trouva aux fameux sièges de Saint-Jean-d'Angély, de Montauban et de La Rochelle, où il se distingua par une infinité d'actions d'une bravoure extraordinaire.[680] Il en donna une marque bien éclatante dans la hardiesse, ou plutôt, si cela se peut dire, dans l'audace qu'il eut d'entrer en combat singulier à l'âge de dix-huit ans avec monsieur de Bouteville, estimé le plus brave et le plus adroit qu'il y eût dans ces sortes de combats. Les sages défenses qui ont aboli les duels et guéri la France d'une si affreuse maladie, n'étaient pas encore faites. Monsieur de Bouteville avait fait appeler monsieur d'Elbeuf, qui aussitôt fut arrêté par les ordres du roi. Le jeune comte d'Harcourt prit la querelle de son frère.[681] Le combat fut âpre et vigoureux de part et d'autre. Ils se joignirent corps à corps, et furent

---

[676] *Déduire*: «Narrer, raconter au long et par le menu» (*Dictionnaire de l'Académie Française*, 1694).

[677] Charles Ier de Lorraine (1556-1605) et Marguerite Chabot, comtesse de Charni.

[678] Le siège de Prague, ville de Bohême, eut lieu en 1620 au cours de la guerre de trente ans.

[679] Charles IV (1604-1675), duc de Lorraine et de Bar, succéda en 1632 à son père, François II. Sur Charles IV, voir aussi l'éloge de saint Vincent de Paul.

[680] Sièges de Saint-Jean-d'Angély et de Montauban, 1621-22, siège de La Rochelle 1627-28.

[681] Le frère aîné du comte d'Harcourt, Charles II de Lorraine (1596-1657), se battit avec François de Montmorency-Bouteville (1600-1627), père du maréchal de Luxembourg. Richelieu réussit à faire imposer l'interdiction des duels en 1626, mais Montmorency-Bouteville fut exécuté en 1627 pour avoir enfreint cette loi sous les fenêtres mêmes de Richelieu.

enfin séparés par le second du comte d'Harcourt, qui avait désarmé son homme.

En l'annee 1629 il se signala à l'attaque du Pas-de-Suse, et en l'année 1633 le roi, pour témoigner la satisfaction qu'il avait de ses services, le fit chevalier de ses ordres. En l637 il commanda l'armée navale, et prit sur les Espagnols les îles de Saint-Honorat et de Sainte-Marguerite.[682] En 1639 il gagna une bataille auprès de la ville de Quiers en Piémont, où il mit en fuite l'armée espagnole.[683] En 1640 il prit Coni et assiégea Turin, où il se fit tant d'actions mémorables, et particulièrement de la part de celui qui commandait, que divers auteurs en ont composé de gros volumes.[684] Les assiégeants, ayant affamé ceux de la ville, furent ensuite affamés eux-mêmes dans leurs retranchements; mais quelque pressante que fût l'extrême faim qu'ils souffraient, le comte d'Harcourt ne se rebuta point du siège, et répondit aux ennemis qui lui proposaient une trêve, que quand ses chevaux auraient mangé toute l'herbe qui était autour de Turin, et que ses soldats auraient mangé tous les chevaux de son armée, il lèverait le siège. Les assiégés firent jusqu'à vingt-neuf sorties, et furent enfin contraints de capituler. Le roi voulant récompenser des services si importants et si considérables, donna au comte d'Harcourt le gouvernement de Guyenne en 1642 et la charge de grand écuyer en 1643.

Cette même année il alla ambassadeur extraordinaire en Angleterre, pour pacifier les troubles qui commençaient à s'élever. En 1645 il fut fait vice-roi de Catalogne, où il défit à la bataille de Llorens les Espagnols commandés par le marquis de Mortare.[685] Peu après il prit Balaguer, où le reste de l'armée ennemie s'était réfugiée, et remporta plusieurs autres avantages. Mais comme il est impossible que la valeur, à quelque degré d'excellence qu'elle soit parvenue, soit toujours heureuse, il ne réussit pas au siège de Lérida; ce revers de fortune ne servit néanmoins qu'à faire éclater sa vertu par la manière dont il le soutint, et dont il sut retirer toute son armée d'un si mauvais pas.[686] En l'année 1649 il fut envoyé dans les

[682] Aujourd'hui, les îles de Lérins.

[683] Il s'agit de la bataille de la Route, qui se livra près de Quiers en 1639. Le maréchal de Fabert était également engagé dans cette bataille.

[684] Le comte d'Harcourt prit Coni en 1641, après le siège de Turin. Les actions du comte à Turin sont commémorées dans la *Bibliothèque historique de la France*, tome III, nos 32346-49.

[685] Franciso de Orozco, marquis de Mortare (mort en 1668), célèbre général espagnol.

[686] Le siège de Lérida eut lieu en 1647. La retraite du comte fut peut-être moins glorieuse que Perrault veut nous faire croire. Selon la *Biographie universelle* «sa retraite s'effectua dans un tel désordre, qu'il perdit ses bagages et ses canons».

Pays-Bas, où il prit Condé, Maubeuge, le château de L'Esclère,[687] et plusieurs autres places avec une rapidité incroyable, quoiqu'elle lui fût ordinaire. Après avoir rendu encore de très grands services dans la Guyenne pendant les troubles des années 1651 et 1652, le roi lui donna le gouvernement d'Alsace, où il se retira, et dont il se démit ensuite pour celui d'Anjou.[688] Il mourut subitement dans l'abbaye de Royaumont, le 25 juillet 1666 à l'âge de soixante-dix ans.

Il avait épousé en 1639 Marguerite de Cambout, fille de Charles baron de Pontchâteau, dont il eut Louis de Lorraine comte d'Armagnac et de Brionne, grand écuyer de France; Philippe, connu sous le nom de chevalier de Lorraine; Alphonse-Louis, connu sous celui de chevalier d'Harcourt, général des galères de Malte; Raymond-Bérenger, abbé de Saint-Faron-de-Meaux; Charles, comte de Marran; et Armande-Henriette, abbesse de Notre-Dame-de-Soissons.

Le comte d'Harcourt a été un des plus braves et des plus heureux capitaines qu'il y ait jamais eu; la victoire le suivait partout; et hors le siège de Lérida où il n'eut pas de l'avantage, il sortit toujours supérieur de tous les combats où il se trouva. Il était brave, généreux, intrépide, et aussi bon à ses soldats que terrible à ses ennemis.[689]

---

[687] *L'Esclère*: aujourd'hui L'Escaillère, petite ville sur la frontière belge.

[688] En 1651 Harcourt fit lever le siège de Cognac au prince de Condé. Mais Perrault ne dit pas que le comte, s'étant brouillé avec Mazarin, avait un temps été à la tête de troupes étrangères en Alsace, avant d'être battu par le maréchal de la Ferté. Revenu de son erreur, il se vit confier le gouvernement d'Anjou.

[689] On comparera ce portrait du comte d'Harcourt à celui que brossa La Rochefoucauld, qui ne l'aimait guère, mais qui notait également combien la fortune lui avait souri.

Maximilien de Bethune
Duc de Sully

MAXIMILIEN DE BETHUNE
Duc de Sully, pair, maréchal et grand maître de l'artillerie de France,
surintendant des finances, et ministre d'Etat
[1560-1641]

Maximilien de Béthune est sorti d'une des plus grandes et des plus anciennes maisons de France, qui tire son origine des anciens comtes d'Artois. Il descend en ligne masculine de Robert premier du nom, surnommé Faisseus, seigneur de la ville de Béthune, et avoué de l'abbaye de Saint-Vaast d'Arras sous le règne de Hugues Capet.[690] Il perdit son père et sa mère fort jeune, et se trouva malheureusement engagé dans les erreurs du calvinisme par François de Béthune son père, qui s'était laissé entraîner au torrent de l'hérésie. Il s'attacha à la personne d'Henri roi de Navarre, devenu par la mort du duc d'Alençon, présomptif héritier de la couronne,[691] et il le suivit à la bataille de Coutras sous le nom de baron de Rosny.[692]

Après la mort d'Henri III qui fut tué au siège de Paris, il suivit Henri IV son maître, devenu roi de France, aux batailles d'Arques et d'Ivry,[693] et aux rencontres d'Aumale, de Pontarsy, et d'Yvetot. Il remit ensuite la Normandie et le Havre-de-Grâce sous l'obéissance du roi, par sa négociation avec l'amiral de Villars.[694] Il raccommoda aussi le comte de Soissons avec le roi, et avec le duc de Montpensier.[695] Le roi pour reconnaître ses services lui donna entrée dans tous ses conseils, et la charge de grand voyer de France.[696] Ensuite Sa Majesté le créa surintendant de ses finances, qu'il rétablit dans un excellent ordre par sa capacité et par sa vigilance. Il retira les domaines du roi qui étaient engagés, soulagea le

---

[690] *Avoué*: «C'était autrefois un patron, un défenseur des droits d'une église... Il y avait aussi des avoués pour les églises cathédrales, et pour les abbayes, mêmes pour celles des filles» (Furetière, *Dictionnaire universel*).

[691] François de France, duc d'Anjou (1554-1584), frère des rois François II, Charles IX et Henri III.

[692] Bataille de Coutras, 1587.

[693] Bataille d'Arques, 1589; bataille d'Ivry, 1590.

[694] *Le Havre de Grâce*: Le Havre. Sully réussit en 1594, par sa négociation avec l'amiral Villars-Brancas, gouverneur ligueur de Rouen, à détacher la Normandie de la Ligue.

[695] Charles de Bourbon, comte de Soissons (1566-1612). Pendant les guerres de religion il s'était détaché du parti d'Henri IV, lorsqu'il était roi de Navarre, pour se rallier à Henri III. Sur le duc de Montpensier, voir l'éloge de Scévole de Sainte-Marthe.

[696] *Voyer*: «Officier préposé pour avoir soin de raccommoder les chemins à la campagne et faire garder les alignements dans les villes» (*Dictionnaire de l'Académie Française*, 1694).

peuple, et paya régulièrement toutes les dépenses de l'état. Le roi pour marquer combien il était content de sa conduite, le pourvut, par la démission de monsieur d'Estrées,[697] de la charge de grand maître de l'artillerie de France, qu'il érigea en sa faveur, en office de la couronne; et après avoir aussi érigé Rosny en marquisat, il lui donna encore le gouvernement de la Bastille, et la surintendance des bâtiments et fortifications de France.[698]

Ce sage et vigilant ministre répara, par ses soins, toutes les maisons royales. Il rétablit les grands chemins et les chaussées. Il fit fortifier les places frontières du royaume. Il fut employé à toutes les plus grandes affaires de l'Etat. Ce fut par son entremise que se fit le mariage de Madame sœur du roi avec le duc de Bar et qu'on parvint à la dissolution du mariage du roi avec la reine Marguerite, qui souhaita que l'affaire fût conduite par le seul marquis de Rosny.[699] Il termina lui seul le traité du roi avec le duc de Savoie, et fut envoyé par Sa Majesté ambassadeur extraordinaire à Jacques VI roi d'Ecosse, parvenu à la couronne d'Angleterre.[700] Il reçut de ce prince beaucoup de marques d'estime et d'amitié, et renouvella tous les traités qu'on avait faits et toutes les alliances qu'on avait contractées avec cette couronne. Il a été honoré de trois brefs de deux papes pour l'exhorter à se convertir à la véritable religion, deux de Paul V et un d'Urbain VIII.

Henri le Grand l'a plus considéré, plus aimé, et plus estimé que pas un de tous ses ministres. Il a toujours mis en lui sa principale confiance, et d'ordinaire en lui parlant, ou en lui écrivant de sa propre main, il l'honorait du titre glorieux de *son ami*. En 1606 il érigea la terre de Sully en duché et pairie de France. Il est vrai que personne n'a jamais été plus attaché que lui à la personne de son maître, et ne lui a rendu de plus grands services ni en plus grand nombre, sans que rien ait pu ni retarder ni refroidir son zèle; mais il est vrai en même temps que jamais prince n'a mieux soutenu, en toutes rencontres, son serviteur fidèle que Henri le Grand, qui a préféré à tous les plaisirs les plus tendres, la solide satisfaction de lui rendre justice.

Le roi l'exhorta aussi plusieurs fois à changer de religion, et lui

---

[697] Antoine d'Estrées, grand maître de l'artillerie de 1597 à 1599, et père de Gabrielle d'Estrées qui devint la maîtresse d'Henri IV.

[698] Sully entra dans les conseils du roi à partir de 1596 et reçut la charge de voyer en 1599, ainsi que celle de grand maître de l'artillerie. Il devint le surintendant des finances la même année et se défit de cette charge huit mois après la mort de Henri IV. Sully obtint le gouvernement de la Bastille, et la surintendance des bâtiments et fortifications de France en 1602.

[699] Sur le mariage du duc de Bar avec Catherine de Bourbon, voir aussi l'éloge du cardinal d'Ossat.

[700] Jacques VI d'Ecosse devint Jacques Ier d'Angleterre en 1603. Sully séjourna en Angleterre de juin à juillet 1604.

promit, en cas qu'il se fît catholique, la charge de connétable de France après la mort de monsieur le duc de Montmorency, et le gouvernement de Normandie après celle de monsieur le duc de Montpensier. Le roi Henri IV ayant été tué en allant le voir pour conférer avec lui de ses affaires les plus importantes, il se retira de la Cour, et remit entre les mains de la reine régente, Marie de Médicis, 17 millions de livres qu'il gardait dans la Bastille pour le service de son maître. Le roi Louis XIII le manda souvent pendant son règne pour le consulter sur des affaires d'état très importantes, et désirant avoir sa charge de grand maître de l'artillerie qui était alors sur la tête de Maximilien de Béthune marquis de Rosny, son fils aîné, il lui envoya le bâton de maréchal de France.[701] Il mourut à Villebon dans l'une de ses maisons le[a] 21 décembre 1641 âgé de quatre-vingt-deux ans. Il a été marié deux fois. Il épousa en premières noces Anne de Courtenay dont il eut un fils aîné, Maximilien II du nom, marquis de Rosny, grand maître de l'artillerie de France; et en secondes noces il épousa Rachel de Cochefilet, fille du seigneur de Vaucelas, dont il eut plusieurs enfants mâles morts en bas âge, et ensuite François de Béthune, duc d'Orval, chevalier des ordres du roi et premier écuyer de la reine; Marguerite de Béthune mariée à Henri duc de Rohan, pair de France; et Louise de Béthune, mariée avec Alexandre de Lévis marquis de Mirepoix.[702]

Nous avons des mémoires de tout ce qu'il a fait pendant son ministère qui dura pendant toute la vie de Henri IV. On prétend que ce sont ses secrétaires qui les ont dressées. Quoiqu'il en soit, il ne se peut rien de plus utile pour ceux qui veulent s'instruire dans le maniement des affaires, ni de plus agréable pour ceux qui cherchent à satisfaire leur curiosité dans la connaissance des affaires de ce temps-là.[703]

---

[701] Sully devint maréchal en 1634.

[702] Marguerite de Béthune, née en 1595, épousa le duc de Rohan en 1605. Louise de Béthune, née en 1602, épousa en 1620 Alexandre de Lévis, marquis de Mirepoix; ce mariage ne dura que quatre ans.

[703] *Mémoires* ou *Economies royales*: tomes 1 et 2, 1634; tomes 3 et 4, 1662.

LE MARECHAL DE LA MEILLERAYE
[1602-1664]

Charles de la Porte duc de la Meilleraye, pair, maréchal, et grand maître de l'artillerie de France, était fils de Charles de la Porte sieur de la Meilleraye, et de Claude de Champlais.[704] Il naquit en l'année 1602 avec de grands avantages du côté de la nature, beaucoup d'esprit et de courage. Il s'avança en peu de temps dans les plus belles charges par la voie des armes. Il se distingua d'abord à l'attaque du Pas-de-Suse en l'année 1629 et au combat du Pont de Carignan en l'année 1630. Il fit encore des actions de valeur extraordinaires au siège de Lamothe en Lorraine en l'année 1634. Le cardinal de Richelieu* qui se connaissait si bien en grands personnages, touché de son mérite qui avait éclaté en ces différentes occasions, fut bien aise de lui donner en toutes rencontres des marques de son estime.[705] Il lui avait déjà fait obtenir le gouvernement du château de Nantes en 1632. Il l'avait fait recevoir chevalier des ordres du roi en 1633 et il lui fit donner la charge de grand maître de l'artillerie en 1634.[706]

Monsieur de la Meilleraye, revêtu de ces hautes dignités, servit à la bataille d'Avein,[a] au siège de Dole, de Louvain et de plusieurs autres places, où sa conduite et sa valeur firent toujours pencher la victoire du côté des armes de Sa Majesté.[707] Après la prise de Hesdin sur les Espagnols, il reçut des mains du roi, et au milieu de toute l'armée, le bâton de maréchal de France sur la brèche de cette place, le 30 juin 1639. Il défit les troupes du marquis de Fuentès le 4 août suivant, et contribua beaucoup à la prise d'Arras, commandant alors l'armée avec les maréchaux de Chaulnes et de Châtillon.[708] Les années suivantes il prit avec une rapidité

---

[704] Le texte de cet éloge est très proche de la notice sur la Meilleraye que l'on trouve dans le *Dictionnaire* de Moréri (1694), à l'exception du dernier paragraphe où Perrault met à jour les renseignements concernant les enfants du maréchal.

[705] La Meilleraye était le cousin-germain de Richelieu, et dut au cardinal la rapidité de son avancement.

[706] Selon le *Dictionnaire du Grand Siècle*, la Meilleraye reçut cette charge le 11 août 1632, et selon le *Dictionnaire de Biographie Française* en 1633.

[707] Parmi les autres sièges auxquels la Meilleraye assista, on peut citer ceux de Landrecies, Maubeuge et La Capelle (1637). Tallemant des Réaux écrivit à propos de lui: «C'est un grand assiégeur de villes; mais il n'entend rien à la guerre de campagne. Il est brave, mais fanfaron, violent à un point étrange».

[708] Le comte de Fuentès (1560-1643) fut le chef de l'infanterie espagnole pendant la guerre contre la France, il mourut à la bataille de Rocroi. Honoré d'Albert, duc de Chaulnes (mort en 1649) reçut le bâton de maréchal en 1619. Gaspard III, comte de Coligny (1584-1646) devint le maréchal de Châtillon en 1622. La prise d'Arras eut lieu en juillet-août 1640.

incroyable Aire, La Bassée et Bapaume en Flandre, Collioure, Perpignan et Salses dans le Roussillon.[709] En 1644 il fut fait lieutenant général sous monsieur le duc d'Orléans, et en 1646 il commanda l'armée en Italie, où il prit Piombino et Porto Longone.[710] La prise de ces deux places porta[b] la terreur dans toute l'Italie, et donnèrent une réputation fort considérable aux armes de Sa Majesté. Le roi pour reconnaître des services si continuels et si importants, érigea la Meilleraye en duché et pairie, et l'érection en fut verifiée au parlement le 15 décembre 1663. Il mourut à Paris dans l'Arsenal le 8 février 1664 âgé de soixante-deux ans.[711] C'était un homme d'une vigueur et d'une fermeté presque sans égale, rigide observateur de la discipline militaire, tant à son égard qu'à l'égard de ceux qui lui obéissaient; intrépide dans les combats, et presque toujours heureux dans le succès de ses entreprises, comme on le peut voir par le grand nombre des villes qu'il a prises, et des victoires qu'il a remportées.

Il épousa en premières noces en l'annee 1630 Marie Ruzé, fille d'Antoine Ruzé, marquis d'Effiat et maréchal de France.[712] Il fit depuis une seconde alliance avec Marie de Cossé, fille de François duc de Brissac.[713] Il eut du premier lit Armand-Charles de la Porte duc de Mazarin, de la Meilleraye de Mayenne, qui a épousé Hortense Mancini nièce du cardinal Mazarin, dont il porte et le nom et les armes.[714] De ce mariage sont issus les enfants qui suivent: Marie-Charlotte, née le 18 mars 1662, qui a été mariée au marquis de Richelieu, gouverneur de La Fère;[715] Marie-Anne, née en 1663, religieuse à l'abbaye du Lys; Marie-Olympe, née en l665, qui a épousé le 30 septembre 1681 Christophe-Louis de Gigault marquis de Bellefonds, qui fut tué à la bataille de Steinkerque en

---

[709] Prises d'Aire-sur-la-Lys, de La Bassée et de Bapaume en 1641. En 1642 la Meilleraye fut nommé commandant de l'armée qui devait entrer dans le Roussillon.

[710] En 1644 la Meilleraye servit sous Gaston d'Orléans dans les Pays-Bas.

[711] *Arsenal*: «Maison royale ou publique, où on fabrique les armes et les munitions de guerre, [...] l'arsenal de Paris, où l'on fond des canons» (Furetière, *Dictionnaire universel*).

[712] Antoine Ier Coeffier-Ruzé, marquis d'Effiat (1581-1632), surintendant des finances de 1626 à 1632, et maréchal en 1631. Il s'enrichit prodigieusement pendant sa carrière. Marie Ruzé fut d'abord unie à Gaspard d'Alègre, mais ce mariage fut aussitôt rompu. Elle était la sœur du marquis de Cinq-Mars, décapité en 1642 pour conspiration contre l'état. Elle mourut en 1633.

[713] François de Cossé, duc de Brissac (1585-1644). En 1611 il fut nommé gouverneur de la ville et du fort de Blavet, comme le sera son arrière-petit-fils, voir ci-après. Le mariage de Marie de Cossé avec le duc de la Meilleraye eut lieu en 1637.

[714] Armand-Charles de la Porte (1632-1713) épousa en 1661 Hortense Mancini (1646-1699). Ce mariage ne fut pas heureux. Hortense fuit son mari en 1668 et s'établit à Londres à partir de 1675.

[715] Louis-Armand, marquis de Richelieu, arrière-petit-fils de Françoise, sœur du cardinal. La Fère (Aisne), ancienne forteresse sur l'Oise.

l'année 1692; Paul-Jules Mazarin duc de la Meilleraye, grand bailli et landvogt de Hagueneau,[716] gouverneur du Port Louis de Blavet,[717] né le 25 janvier 1666. Il épousa au mois de décembre 1685 la fille du maréchal de Duras,[718] chevalier des ordres du roi, et capitaine des gardes du corps.[719]

---

[716] *Landvogt*: Administrateur nommé par le roi dans un territoire qui relevait de la juridiction royale.

[717] Port-Louis, près de Lorient, ville située à l'embouchure du Blavet, fut ainsi nommée par Richelieu en l'honneur du roi.

[718] Jacques-Henri de Durfort, duc de Duras (mort en 1704), nommé capitaine des gardes du corps en 1672 et maréchal en 1675.

[719] Cette notice est parmi les plus courtes des *Hommes illustres*, et une partie considérable en est consacrée à la généalogie du maréchal de la Meilleraye. On verra peut-être dans cette particularité un autre moyen, de la part de Perrault, de louer Richelieu, à qui le maréchal était étroitement lié. Sur les la Porte, voir les notices de Richelieu et de Benserade.

Le Marechal de Gramont
Duc et Pair de France

Edelinck Sculp. C.P.R.

LE MARECHAL DE GRAMONT
DUC ET PAIR DE FRANCE
[1604-1678]

Antoine de Gramont, duc de Gramont, pair et maréchal de France, naquit à Hagetmeau en l'année 1614.[a] Après avoir reçu une éducation digne de sa naissance qui, se joignant à un esprit très vif et très solide, en forma un jeune gentilhomme des plus accomplis du royaume, il entra dans le service, qu'il n'était presque pas encore sorti de l'enfance.[720] Il se signala à la défense de Mantoue, où il fut blessé.[721] Il passa ensuite dans l'Allemagne, et se trouva en l'année 1635 aux combats d'Hautremant, de Vaudrevange et de Leffons, et l'année suivante au secours[722] de Colmar, de Sélestat et de Haguenau.[723] Il assista au siège de Landrecies et au combat du Pont-de-Vaux en l'année 1637. L'année d'après étant allé en Piémont, il secourut Verceil, et ensuite il se trouva au siège de Chivas. En ce temps il fut fait mestre de camp du régiment des gardes, et en cette qualité il servit au siège d'Arras.[724] Le roi le nomma lieutenant général de l'armée, qui prit en 1641 Aire, La Bassée et Bapaume.[725]

Tant de services considérables portèrent Sa Majesté à l'honorer du bâton de maréchal de France le 22 septembre de cette même année. Il est vrai que l'année suivante il fut défait au combat d'Honnecourt; mais cette disgrâce lui est commune avec tous les plus grands capitaines, dont la valeur ne peut pas empêcher les armes d'être journalières. Il se distingua extrêmement au combat de Fribourg et à la prise de Philippsbourg en l'année 1644,[726] et particulièrement au siège de Saverne, où quatre braves gentilhommes nommés Sercane, Bidault, Camin et Seronet furent tués auprès de lui, en combattant. Il fut pris à la bataille de Nördlingen en 1645 et servit très utilement au siège de Lérida,[727] et à la bataille de Lens en l'année 1648. Pendant tout le temps que durèrent nos troubles domestiques,

---

[720] *Service*: «Se dit...de l'emploi, de la fonction de ceux qui servent le roi dans les armées, dans la magistrature, dans les finances, etc. Il s'entend plus particulièrement du service des gens de guerre» (*Dictionnaire de l'Académie Française*, 1694).

[721] Gramont fut blessé à Mantoue en 1630.

[722] *Secours*: «Il se prend plus particulièrement pour les troupes dont on assiste quelqu'un en guerre contre ses ennemis» (*Dictionnaire de l'Académie Française*, 1694).

[723] Gramont quitta l'Italie pour l'Allemagne au moment de la véritable intervention de Richelieu dans la guerre de Trente Ans.

[724] Gramont fut nommé mestre de camp du régiment des gardes le 18 avril 1639.

[725] Sur ces sièges, voir la notice précédente.

[726] Philisbourg: place forte et ville de l'Etat de Bade, cédée à la France en 1648.

[727] Siège de Lérida 1647.

il témoigna une exacte fidélité, et rendit de très grands services à l'état. Le roi Louis XIV, roi de France l'envoya en 1657 ambassadeur extraordinaire à la diète tenue à Francfort pour l'élection de l'Empereur, et deux ans après il l'envoya en Espagne pour le mariage de Sa Majesté avec Marie-Thérèse, infante d'Espagne, dont il fit la demande. Il n'est pas croyable quel honneur il fit à la France dans ces deux ambassades, par ses manières nobles et généreuses: son esprit, sa bonne mine, et un certain air supérieur lui gagna d'abord le cœur et les suffrages de tous ceux avec qui il avait affaire.[728] En 1662 le roi le fit chevalier de ses ordres, et duc et pair l'année d'après. Il était colonel du régiment des gardes, et en cette qualité il suivit le roi dans la campagne de Flandre de l'année 1667, où il eut le plaisir de voir son maître conduire lui-même son armée, et faire le métier de la guerre avec plus d'art et de capacité que jamais n'en avaient fait paraître tous ses capitaines et tous ses généraux. Il mourut à Bayonne le 12 juillet 1678 âgé de soixante-quatorze ans. C'était un seigneur d'un mérite extraordinaire, honnête, généreux, bon ami, bien fait de sa personne autant qu'on le peut être, parlant agréablement, raillant de bonne grâce, et pourvu de toutes les qualités qui forment un véritable grand seigneur. C'était un de ces hommes qui font presque toujours plus d'honneur où ils sont qu'il n'est possible de leur en faire. Comme il savait presque toutes les langues de l'Europe, il donnait aux étrangers une impression merveilleuse de notre nation, et l'on peut dire qu'il parait lui seul toute la cour. Il était magnifique dans son train, et dans son équipage toujours propre et en bon ordre. Il donnait des pensions à plusieurs gentilshommes, et faisait toutes choses en grand seigneur, qualités qui ont été connues de tout le monde et d'autant plus admirées qu'il n'est presque point venu de grand seigneur après lui qui en ait usé de la sorte.

Il épousa en l'année 1634 Françoise-Marguerite de Chivré nièce du cardinal de Richelieu*, fille d'Hector, seigneur du Plessis, de Frusé et de Rabestan, et de Marie de Cevau, dont il a eu Armand, comte de Guiche, lieutenant général des armées du roi, l'un des seigneurs de la Cour qui avait le plus d'esprit, de savoir, de courage et de mérite, et qui, après s'être signalé en plusieurs actions, et particulièrement au passage du Rhin au mois de juin 1672, mourut au mois de décembre de la même année.[729] Il

---

[728] Le séjour de Gramont en Espagne se prolongea de 1659 à 1660. Les contemporains notèrent la splendeur avec laquelle Gramont se produisit à la Cour d'Espagne.

[729] Guy-Armand de Gramont (1637-1673), comte de Guiche, épousa en 1658 Marguerite-Louise de Béthune, fille du duc de Sully. Il fut exilé en 1664 pour avoir voulu éloigner Louis XIV de Mlle de la Vallière, et ne reparut à la cour qu'en 1671. Madame de Sévigné parle de son héroïsme au passage du Rhin dans une lettre du 13 juillet 1672.

eut ensuite Antoine-Charles de Gramont duc de Louvigny, présentement duc de Gramont.[730]

---

[730] Antoine-Charles de Gramont (1641-1720) épousa en 1668 Marie-Charlotte de Castelnau, et en 1688 devint chevalier des ordres du roi.

François Henry de Montmorency
Duc de Piney-Luxembourg.

LE MARECHAL DE LUXEMBOURG
[1628-1695]

François-Henri de Montmorency, comte de Bouteville, naquit le 4 jour de janvier 1628. Je ne m'arrêterai point à faire ici sa généalogie, elle est assez connue de tout le monde, et d'ailleurs elle occuperait une place que je dois réserver pour les grandes actions de sa vie.[731] Il fit en l'année 1647 sa première campagne en Catalogne sous feu monsieur le Prince, et sa seconde en Flandre sous le même Prince en 1648. Il fut au siège d'Ypres, et de là à la fameuse bataille de Lens, qui donna un si grand lustre au commencement du règne où nous vivons.[732] L'attachement qu'il avait à la personne de monsieur le Prince auquel il avait l'honneur d'appartenir de fort près, le fit demeurer à Paris durant les barricades.[733] Il se trouva à l'action de Charenton, qui fut une des plus vives et des plus dangereuses de ce temps-là. Monsieur le Prince ayant été arrêté, et mis prisonnier au bois de Vincennes, il leva à ses dépens une compagnie de cent maîtres,[734] avec laquelle il alla joindre à Nancy monsieur de Longueville et monsieur de Turenne,* et servit cette campagne sous ce dernier, contre le maréchal d'Hocquincourt.[735] Il fut blessé et fait prisonnier à la bataille de Rethel.[736] Après l'élargissement des princes de Condé* et de Conti,[737] monsieur le Prince* s'étant rebrouillé à la Cour, monsieur de Luxembourg alors comte de Bouteville, qui n'avait avec lui que cinq cents hommes tant soldats que

---

[731] Perrault se livre peut-être à un trait d'ironie ou de politique judicieuse: issu d'un rameau de la branche aînée de l'illustre maison de Montmorency, le futur maréchal de Luxembourg est à la fois fils posthume du comte de Bouteville, le célèbre bretteur exécuté en 1627, et cousin du duc de Montmorency, gouverneur de Languedoc, décapité à Toulouse en 1632. Sur l'interdiction des duels, voir l'éloge d'Henri de Lorraine, comte d'Harcourt.

[732] Pour ces événements, voir l'éloge de Condé («feu monsieur le Prince»).

[733] Le jeune comte de Bouteville et le futur grand Condé étaient cousins, la mère de celui-ci étant Charlotte de Montmorency. Le maréchal de Luxembourg fut élevé chez le prince de Condé et se lia d'une étroite amitié avec le jeune duc d'Enghien, de sept ans son aîné. Le blocus de Paris eut lieu entre janvier et mars 1649.

[734] *Maîtres*: «Se dit d'un cavalier enrôlé. *Une compagnie de cinquante maîtres.*» (*Dictionnaire de l'Académie Française*, 1694).

[735] Henri d'Orléans-Longueville, duc de Longueville (1595-1663) qui épousa en secondes noces Anne-Geneviève de Bourbon-Condé (1619-1679), sœur du prince de Conti et maîtresse de La Rochefoucauld. Charles de Monchy, marquis d'Hocquincourt (1599-1658) nommé maréchal en 1651. Saint-Evremond le ridiculise dans sa *Conversation de M. le maréchal d'Hocquincourt avec le père Canaye* (1669).

[736] Bataille de Rethel, décembre 1650.

[737] Condé, emprisonné depuis le 18 janvier 1650, fut libéré avec Conti en février 1651.

paysans, tint dans Bellegarde contre quinze mille hommes de troupes réglées, que monsieur d'Epernon, alors gouverneur de Bourgogne, employa à ce siège, avec vingt-cinq pièces[a] de canon et deux mortiers.[738] Il n'en sortit qu'avec une louable capitulation après trente-deux jours de siège, et vingt-huit de tranchée ouverte.[739]

Il se maria en l'année 1660 à Magdeleine-Charlotte-Bonne-Thérèse de Clermont, duchesse de Luxembourg, dont il joignit le nom au sien. En 1668 il entra dans la ville de Salins, le même jour que Besançon ouvrit ses portes à monsieur le Prince*.[740] En l'année 1672[b] il marcha au secours de Woerden, assiégée par monsieur le prince d'Orange,[741] quoique les ennemis furent beaucoup plus forts que lui, et qu'ils n'eussent à défendre que des tranchées par lesquelles il fallait nécessairement aller à eux. Il ne laissa pas de les attaquer dans leur poste, et les obligea de lever le siège, après le plus rude combat qui se soit peut-être jamais donné. Après quelque temps de là, il fit faire à son armée une marche de vingt-six heures sur les glaces, devenues presque impratiquables par le commencement du dégel;[742] ce qui ne l'empêcha pourtant pas d'aller chasser de Bodengrave[743] le comte de Königsmark.

En l'année 1674 il fut à la bataille de Sennef, où il se signala par tant d'actions de valeur, que l'année d'après le roi lui donna le bâton de maréchal de France. En 1677 il investit Valenciennes,[744] et se trouva ensuite à la bataille de Cassel, où sous les ordres de Monsieur frère unique du roi il fit des actions dignes des louanges qu'il en reçut.

---

[738] Bernard de Nogaret de la Valette et de Foix, duc d'Epernon (1592-1661), gouverneur de Bourgogne de 1651 à 1660. Bellegarde, aujourd'hui Seurre, forteresse sur la Saône entre Châlons-sur-Marne et Verdun. Selon le *Dictionnaire du Grand Siècle*, Luxembourg tint la ville pendant deux ans. Il alla ensuite rejoindre Condé, qui s'était réfugié à Bruxelles en 1654.

[739] Suit une période de presque dix ans dont Perrault ne dit rien. Luxembourg accompagna Condé et combattit avec lui à la bataille des Dunes (1658), où il fut fait prisonnier. Les intérêts des deux vaincus seront ménagés par le traité des Pyrénées et ils rentrèrent en France et furent pardonnés par le roi en 1660.

[740] Luxembourg entra dans Salins le 8 février 1668; Besançon se rendit après un siège de 27 jours.

[741] Guillaume III, prince d'Orange, roi d'Angleterre (1688-1697).

[742] «Cependant Luxembourg dut évacuer la Hollande; c'est alors qu'il fit cette belle retraite qui le plaça au rang des premiers capitaines de ce siècle si fécond en guerriers. Avec 16 000 hommes, il sortit d'Utrecht le 15 novembre 1673, traversa une armée de 70 000 hommes, et arriva le 6 décembre à Charleroi, sans avoir à regretter un seul homme, un seul chariot» (*Biographie universelle*).

[743] Dans Moréri et la *Biographie universelle* on lit «Bodegrave».

[744] *Investir*: «Environner une place de guerre, envelopper des troupes, en sorte que tous les passages, pour le secours et pour la retraite, soient fermés» (*Dictionnaire de l'Académie Française*, 1694).

Charleroi ayant été investi par les troupes de monsieur le prince d'Orange, il en fit lever le siège au premier bruit de sa marche, tant son approche imprimait de crainte aux ennemis.

Le roi lui ayant donné le commandement de son armée, il gagna vers la fin de cette campagne la bataille de Saint-Denis, où ayant été engagé au combat dans un terrain difficile, dans la confiance d'un traité de paix, il eut besoin de toute sa valeur et de toute son expérience pour vaincre un ennemi habile qui l'avait attaqué avec tant d'avantage.[745]

En l'année 1690 il commanda l'armée du roi en Flandre, où après avoir mis en déroute une partie de la cavalerie des ennemis, qu'il poursuivit avec beaucoup de perte de leur côté jusqu'à vue de leur armée, il gagna le lendemain la célèbre bataille de Fleurus, qui donna tant de réputation aux armes du roi et qui fut l'heureux présage de tous les succès dont cette guerre a été suivie.[746] Les ennemis perdirent en cette bataille six mille hommes tués sur la place, cinq mille blessés, trois mille neuf cents prisonniers, plus de cent drapeaux ou étendards, et soixante-douze pièces de canon.

En l'année 1691 il donna le combat de Leuze, où les ennemis poussés dans leur marais, étant revenus jusqu'à quatre fois à la charge, avec soixante-douze escadrons contre vingt-cinq furent entièrement mis en déroute, après avoir perdu quinze cents hommes tués sur le champ de bataille, et quarante prisonniers.

L'année suivante il gagna la bataille de Steinkerque, quoique les ennemis eussent vingt mille hommes d'infanterie plus que lui.[747] Le combat fut très opiniâtre,[c] mais monsieur de Luxembourg ayant fait mettre l'épée à la main à une partie de son infanterie, les ennemis furent poussés avec tant de vigueur, que plus de dix mille furent tués sur la place, le reste se sauva dans les bois où ils furent poursuivis une lieue durant, et où l'on fit un grand nombre de prisonniers.

Le succès que monsieur le duc de Luxembourg eut l'année suivante fut encore plus considérable.[748] Les ennemis retranchés dans leur camp

---

[745] La bataille de Cassel, le siège de Charleroi et la bataille de Saint-Denis eurent lieu en 1678. Suit une deuxième période de la vie du maréchal que Perrault passe sous silence. On voulut impliquer le maréchal dans l'affaire des Poisons (1677) et Luxembourg, ennemi de Louvois, se vit embastillé pendant quatre mois en 1680. Ensuite, il subit un bref exil de Paris en 1681, et resta sans emploi pendant presque dix ans.

[746] Guerre de la Ligue d'Augsbourg, 1688-97. Bataille de Fleurus, en Flandre, le 1er juillet 1690.

[747] Bataille de Steinkerque, 1692.

[748] Bataille de Neerwinden, 1693.

comme dans une citadelle,[749] furent forcés avec tant d'opiniâtreté dans leurs retranchements que malgré leur longue résistance ils se virent enfin contraints d'abandonner le champ de bataille, tout couvert de leurs morts et de leurs blessés. La terreur fut si générale, que toutes les troupes ennemies cherchèrent leur salut dans la fuite, mais elles furent poursuivies avec tant de vigueur, qu'une partie des fuyards se noya dans la Gete,[750] et l'autre ne se sauva qu'avec beaucoup de peine.

Enfin monsieur de Luxembourg fit sa dernière campagne en 1694 sous les ordes de monseigneur le dauphin,[751] qui prévint les ennemis au passage de l'Escaut par une si belle et si longue marche, qu'elle ne peut jamais être assez admirée. Il tomba malade vers la fin du mois de décembre de la même année et mourut couvert de gloire le 4 jour de janvier 1695.

Quoique monsieur de Luxembourg ait possédé toutes les qualités d'un grand capitaine en un degré fort éminent, il faut convenir néanmoins que son intrépidité dans les perils, et une pleine tranquillité d'esprit au milieu du plus grand bruit des armes ont excellé en lui. Il semblait qu'il fût alors supérieur à lui-même, qu'il vît mieux toutes choses, soit pour prendre ses avantages, soit pour apporter un prompt remède aux endroits qui en avaient besoin, vertus très rares aux plus grands hommes, et réservées aux héros, très conforme en cela au grand prince de Condé,* qu'il avait pris pour son modèle.

---

[749] *Retrancher*: «On dit retrancher un camp pour dire fortifier un camp en faisant des lignes ou devant, ou alentour» (*Dictionnaire de l'Académie Française*, 1694).

[750] Rivière des Bays-Bas à mi-distance entre Louvain et Maastricht. Elle se jette dans le Demer.

[751] Louis de France (1661-1711), dauphin, fils de Louis XIV et de Marie-Thérèse, appelé monseigneur.

Jean de Gassion
Mareschal de France

JEAN DE GASSION
MARECHAL DE FRANCE
[1609-1647]

Jean de Gassion, quatrième fils de Jacques de Gassion second président au parlement de Pau, naquit le 20 août de l'année 1609.[752] La profession des armes est le partage ordinaire des cadets dans cette province, mais celui dont je parle se porta à l'embrasser beaucoup plus encore par son inclination naturelle, que par l'ordre de sa naissance. Dès l'année 1625 il fut reçu, n'ayant encore que seize ans, dans la compagnie des gendarmes du prince de Piémont.[753] Il servit sous le duc de Rohan, l'année 1627 et les deux suivantes durant les guerres de la religion.[754] La paix ayant été conclue à Alais,[755] il alla encore en Piémont au siège de Pignerol, et au combat de Veillane.[756] Dans ce temps, la réputation du grand Gustave roi de Suède l'appela en Allemagne, où il servit dans ses troupes, et donna tant de marques de valeur aux yeux mêmes de ce monarque, qu'il gagna son estime et celle de tous les grands capitaines de son armée. Il fut fait colonel d'un régiment de cavalerie, et se trouva en cette qualité aux prises de Donawerth, d'Augsbourg, d'Ingolstadt, et à la bataille de Lützen, où le roi de Suède fut tué entre les bras de la victoire.[757] Il perdit beaucoup à la mort de ce prince, qui l'honorait de sa bienveillance, et s'entretenait souvent avec lui. Il l'aurait élevé aux plus grandes charges, pénétré qu'il était de son mérite, et de sa grande capacité dans le métier des armes.

Etant revenu en France au commencement de l'année 1635, il servit

---

[752] La structure un peu bizarre de cet éloge s'éclaire lorsqu'on le compare aux sources dont se sert Perrault. Le texte des deux premiers paragraphes, jusqu'à «Il assiégea Lens en l'année 1647 où», reprend, souvent mot pour mot, le *Dictionnaire* de Moréri (1694). La phrase suivante est extraite textuellement de la *Vie du maréchal de Gassion* par l'abbé Michel de Pure, vol. 4, p. 310. Le dernier paragraphe reproduit fidèlement un passage de la «Extrait du livre premier ch. 12 du Ministère du Cardinal de Mazarin, par M. de Silhon; et contenu dans le portrait du Sieur du Prat'; ce texte figure en appendice au vol. 4 de la *Vie* de Gassion par de Pure; Perrault cite les pages 325-328.

[753] Victor-Amé (1587-1637), prince de Piémont, qui devint duc de Savoie à la mort de son père Charles-Emmanuel (1562-1630).

[754] C'est-à-dire que Gassion se battit pour la cause protestante. Perrault rappelle plus loin qu'«il avait le malheur d'être de la religion prétendue réformée».

[755] La paix d'Alais (1629) mit fin aux guerres contre les Huguenots.

[756] Combat de Veillane, 1630.

[757] Ces sièges, ainsi que la bataille de Lützen, eurent lieu en 1632. Gassion participa également à la bataille de Leipzig (1631) où il fut laissé pour mort sur le champ de bataille.

sous le duc de la Force en Lorraine,[758] où il défit quatorze cents hommes en trois combats différents, enleva le baron de Clinchamp,[759] prit Charmes, Neufchâteau,[760] et plusieurs autres villes. Il se trouva en l'année 1636 au combat de Ravon, et ensuite au siège de Dole. L'année d'après il défit les Espagnols en diverses occasions.[761] Il se signala à la prise d'Hesdin et au combat de Saint-Nicolas en 1639, à la prise d'Aire en 1641, ensuite à la bataille de Rocroi, et au siège de Thionville, où il fut blessé dangereusement.[762] S'il était brave, il n'était pas moins heureux; car la victoire se rangeait presque toujours de son côté. En l'année 1645[a] le roi lui donna le bâton de maréchal de France, avec l'applaudissement et la joie non seulement de tous les gens de guerre, mais de toute la France, qui attendait et souhaitait plus que lui-même cette marque d'honneur si légitimement due à l'importance et au grand nombre de ses services. En l'année 1642 il fut blessé au siège de Gravelines.[763] Ensuite il contribua beaucoup à la prise du fort de Mardyck, des villes de Linck, de Bourbourg, de Béthune, de Saint-Venant, de Courtrai, de Furnes, et de Dunkerque.[764] Il défit deux mille Espagnols au combat dit d'Estaires.[765] Il assiégea Lens en l'année 1647 où, après plusieurs attaques, ayant appris que les ennemis avaient fait proche de son logement une palissade, il commanda aussitôt aux travailleurs d'en arracher les pieux; mais sur ce que tout le monde lui disait que la chose était malaisée à cause du feu continuel que les ennemis faisaient de leur courtine, il voulut y aller en personne; et, pour encourager les travailleurs par son exemple, il s'avança jusqu'à la palissade, où tâchant d'ébranler un des pieux pour l'arracher, il reçut un coup de mousquet à la tête dont il fut abattu. On le transporta à Arras, où il mourut le 2 octobre 1647 quatre jours après cette blessure.

Son corps fut porté à Charenton, car il avait le malheur d'être de la

---

[758] Jacques-Nompar de Caumont (1559-1652), duc de la Force, partisan de la religion réformée et maréchal de camp.

[759] Baron de Clinchamp, personnage dont l'identité reste peu connue. «Le *baron de Clinchamp* est cité comme l'un des plus ardents champions de la Fronde et des plus vaillants chefs de l'armée des Princes. [...] Il s'agit sans doute de Charles, fils de Claude et d'Esther Bréchanon. Il apparaît pour la première fois en 1634, alors que le duc de Lorraine l'envoie en mission auprès de Gaston d'Orléans et de la reine Marie de Médicis, alors à Bruxelles» (*Dictionnaire de Biographie Française*).

[760] Villes prises en 1635.

[761] Par exemple, au siège de Landrecies (1637), d'où il chassa les Espagnols.

[762] Bataille de Rocroi et siège de Thionville, 1643.

[763] Moréri donne 1644, date de la prise de Gravelines.

[764] Villes prises en 1645-1646.

[765] Combat d'Estaires, mai 1646. La ville d'Estaires est située sur la Lys (voir ci-après).

religion prétendue réformée.[766] Les grandes qualités de ce maréchal, et particulièrement son extrême intrépidité ne sont pas moins étonnantes que le nombre prodigieux des grandes actions qu'il a faites. En le voyant sortir toujours heureusement de tant d'actions si hardies et si périlleuses, on avait de la peine à comprendre qu'il ne fût pas quelque chose au-dessus d'un homme, et l'on n'en avait pas moins à croire qu'un seul homme en ait pu faire un si grand nombre.

Une des choses les plus remarquables que la guerre ait fait voir en Flandre, c'est que le maréchal de Gassion n'ait pas perdu une des places de la Lys durant tout un hiver au milieu des ennemis, et environné de toutes leurs forces beaucoup supérieures aux siennes, mais qu'il les ait éloignées de son voisinage, qu'il les ait été chercher jusqu'au-delà de l'Escaut, et ne leur ait pas même laissé de lieu de s'en retourner dans les villes, et au-delà de cette rivière.[767] Ceux qui ont bien connu le génie de ce maréchal et les ressorts de ses mouvements guerriers, ont vu que ce qu'il semblait faire au hasard et contre les lois de la guerre, était entrepris et conduit par une prudence toute singulière, et par un résultat de raisonnement fondé sur une connaissance très exacte qu'il avait de l'état présent des ennemis, de leurs forces et des siennes, de l'étonnement où ils étaient, et de la qualité du chemin par où il devait passer ou retourner en ses quartiers. Ce qui lui fit répondre à un officier qui lui représentait la difficulté, et même l'impossibilité qu'il y avait à faire sa retraite, *Qu'il avait en sa tête et portait à son côté de quoi surmonter cette prétendue impossibilité.*

---

[766] Charenton, centre spirituel du protestantisme parisien. Le bourg comptait à l'époque une importante population protestante, estimée à 15 000 personnes.

[767] Référence à la campagne des années 1645-46. La Lys arrose Aire et Courtrai, et se jette dans l'Escaut à Gand.

Abraham de Fabert
Mareschal de France

ABRAHAM DE FABERT
MARECHAL DE FRANCE
[1599-1662]

Les hommes naissent quelquefois avec de si grands talents et font des choses si extraordinaires, que le peuple, ne pouvant concevoir que ce qu'ils voient n'excède pas les forces de la nature humaine, recourent à des génies et a des esprits familiers qu'ils leur donnent pour leur attribuer ce qui n'est que l'effet d'une singulière industrie, ou d'une prudence consommée. L'antiquité en usa ainsi à l'égard de Socrate, et c'est ce qui est arrivé à celui dont j'entreprends l'éloge.

Abraham de Fabert naquit à Metz, et fut d'abord destiné ou à l'Eglise ou à la robe; mais dès qu'on l'eut mis au collège, il donna toutes les marques d'aversion qu'on peut avoir pour l'étude. De tous les livres il n'y avait que les romans qui lui plaisaient, et sans cette inclination on aurait eu de la peine à lui apprendre à lire.[768] Il fallut que son père consentît au désir qu'il avait de suivre la profession des armes, persuadé qu'un enfant ne réussit jamais mieux que dans l'emploi qu'il se choisit lui-même. Il entra au régiment des gardes à l'âge de treize ans et demi, dans la compagnie de monsieur de Carmagnole.[769] Pendant cinq ans et demi qu'il fut au régiment des gardes, il s'acquitta avec une extrême exactitude de tous les devoirs d'un soldat. Il ne se contentait pas de monter la tranchée les jours qu'il était de garde, il s'offrait les autres jours aux ingénieurs pour porter le cordeau.[770] Il vivait avec tant de frugalité, que sa paie suffisait pour l'entretenir honnêtement. Il ne voulut jamais rien recevoir au-delà, ni de son capitaine ni de son père, à qui il avait résolu de n'être plus à charge.[771]

---

[768] Cet éloge est l'abrégé de la *Vie du maréchal de Fabert* par Courtilz de Sandras, ouvrage de 186 pages que Perrault transcrit parfois textuellement, comme pour les deux premières phrases de ce paragraphe.

[769] Perrault fait ici une erreur de transcription. Dans le texte de Courtilz nous lisons que le duc d'Epernon «recommanda fortement Abraham de Fabert à monsieur de Campagnole, capitaine au régiment des gardes» (p. 4). Fabert entra à ce régiment en 1613.

[770] *Monter la tranchée*: «On dit aussi, monter la tranchée, pour dire, monter la garde dans la tranchée». *Cordeau*: «Corde de moyenne grosseur dont se servent les maçons, les jardiniers et les ingénieurs» (*Dictionnaire de l'Académie Française*, 1694).

[771] Cette phrase et la précédente nous permettent d'observer de près le travail d'élagage et de modification que Perrault opérait sur ses sources. Selon Courtilz, le père du jeune Abraham confia son fils aux soins d'un serviteur, lui disant «que comme la jeunesse est sujette à se débaucher, il ne fallait pas qu'il donnât de l'argent à son fils que dans un besoin pressant». Le jeune soldat entendit ces paroles et «cela le toucha à tel point qu'il forma sur le champ la résolution de ne lui être aucunement à charge».

Au sortir du régiment des gardes, monsieur le duc d'Epernon lui donna le drapeau dans le régiment de Piémont.[772] Dans ce temps la majorité[773] du régiment de Rambures ayant vaqué, monsieur de Rambures qui connaissait son mérite la lui donna, et le fit si bien valoir auprès du roi, que Sa Majesté prit un extrême plaisir à l'entendre parler sur les matières de la guerre, et particulièrement sur l'exercice de l'infanterie.[774] Monsieur de Fabert pour en donner une plus vive représentation, fit faire de petites figures de soldats qu'il faisait mouvoir suivant les ordres et les commandements qu'il donnait.

Le roi ayant choisi dans toute son infanterie quatre majors pour leur donner à chacun une compagnie, monsieur de Fabert fut nommé le premier.[775] Ce qu'il fit à la fameuse retraite de Mayence a été comparé à la retraite des dix mille de Xénophon, car il sauva toute l'armée du roi des attaques de celle de l'empereur, beaucoup supérieure, sans y perdre presque un seul homme.[776] Ayant été blessé à la prise de Turin d'un coup de mousquet dans la cuisse, très dangereux, mais qui ne le mit pas hors de combat parce que l'os n'était pas cassé, il poursuivit l'attaque de la barricade qu'il avait entreprise de forcer, et ne s'en retira qu'après avoir vu tuer autour de lui presque tous ses soldats.[777] Le coup fut trouvé tel, que tous les chirurgiens conclurent qu'il lui fallait couper la cuisse. Le cardinal de la Valette,[778] à qui le roi l'avait donné pour aide de camp, et monsieur de Turenne,* le conjurèrent de souffrir cette opération. *Il ne faut point mourir par pièces*, leur répondit-il, *la mort m'aura tout entier ou elle n'aura rien, et peut-être lui échapperai-je.* Cela dit, il se fit apporter plusieurs terrines de lait et de crême, et y ayant fait tremper de vieux linge qu'il appliqua sur sa plaie, il en guérit en peu de jours. Le cardinal de la

---

[772] Perrault omet ici un épisode de la vie d'Abraham Fabert. Capitaine d'infanterie depuis 1618, Fabert se bat en duel et tue son adversaire (1623). C'est son protecteur, Jean-Louis de Nogaret de la Valette, duc d'Epernon (1554-1642), qui arrange l'affaire. Celui-ci est père de Bernard de Nogaret de la Valette et de Foix qui figure dans l'éloge du maréchal de Luxembourg.

[773] *Majorité*: «Il signifie aussi, la charge de major» (*Dictionnaire de l'Académie Française*, 1694).

[774] *Rambures*: Maison noble en Picardie. Charles de Rambures, chevalier des ordres du roi en 1619, mourut le 13 janvier 1633. C'est en 1627 que Fabert devint major au régiment de Rambures.

[775] D'après la chronologie établie par de Pure, cet événement se situe en 1633 ou 1634.

[776] La retraite de Mayence se fit en 1635. Perrault fait la comparaison avec Xénophon qui, après la mort de Cyrus dans la bataille de Cunaxa (401 av J.-C.), assura la retraite de l'armée de Cyrus. Xénophon raconte cette histoire dans son *Anabase*.

[777] Prise de Turin, 1640.

[778] Louis de Nogaret, cardinal de la Valette (1593-1639), chef de guerre, troisième et dernier fils de Jean-Louis de Nogaret, duc d'Epernon.

Valette étant mort environ ce temps-là, monsieur le cardinal de Richelieu*
le pria de le recevoir pour son ami à la place de celui qu'il venait de perdre,
sachant combien il était agréable au roi, et que tout ce qu'il lui proposait
était mieux reçu que de quelque autre part que ce pût être. Ensuite il lui
confia plusieurs affaires secrètes, où il crut qu'il pouvait lui rendre des
services très importants.[779]

Le roi lui ayant donné le gouvernement de Sedan, il y fit faire des
fortifications d'une solidité sans égale, et avec une telle économie que le
roi n'a jamais eu de place mieux fortifiée, et à si peu de frais.[780] Il fit
creuser à ses dépens le fort de la tête de l'ouvrage à cornes du côté du
Palatinat.[781] Lorsque sa famille lui représentait qu'il dépensait un bien
qu'il était obligé de leur conserver, *si pour empêcher*, leur répondit-il,
*qu'une place que le roi m'a confiée ne tombât au pouvoir des ennemis il
fallait mettre à une brèche ma personne, ma famille et tout mon bien, je ne
balancerais pas un moment à le faire.*

Le roi voulant reconnaître tant de services lui donna le bâton de
maréchal de France, qui, loin de lui inspirer de l'orgueil, le rendit encore
plus honnête, plus doux, et plus accessible.[782] Sa modestie était si grande,
que le roi ayant voulu sur la fin de 1661 l'honorer du collier de son ordre, il
se fit un point d'honneur de ne le pas accepter, persuadé qu'il n'y avait que
les gentilhommes d'une ancienne noblesse qui pussent le porter à juste
titre. Il en écrivit à Sa Majesté pour lui en rendre grâces, quoique sa famille
se plaignît du tort qu'il lui faisait, et lui représentât que son grand-père
avait été ennobli par le duc de Lorraine, et que son père avait toujours porté
la qualité de gentilhomme.[783] Le roi lui envoya la réponse qui suit, écrite
de sa main. *Monsieur, je ne vous saurais dire si c'est avec plus d'estime,
ou bien avec plus de plaisir, que j'ai vu par votre lettre du 7 de ce mois,
l'exclusion que vous vous donnez vous-même du Cordon Bleu dont j'avais
résolu de vous honorer. Ce rare exemple de probité me paraît si
admirable, que je suis contraint de vous avouer que je le regarde comme
un ornement de mon règne. Mais j'ai d'ailleurs un regret très sensible de*

---

[779] En 1640 Fabert s'introduisit dans Arras, déguisé en paysan, pour y reconnaître
les fortifications et dresser un projet de siège.

[780] Fabert devint gouverneur de Sedan en 1641 et conserva cette charge jusqu'à sa
mort.

[781] Le Palatinat, aux frontières de la France et l'Allemagne, fut une des régions les
plus ravagées par la guerre.

[782] Fabert prêta sermon en 1658. On notera que Perrault saute la période des
«guerres civiles» et ne dit rien non plus du désaccord qui existait entre Fabert et
Mazarin.

[783] Dominique Fabert, le grand-père du maréchal, dirigea l'imprimerie ducale, et
fut ennobli par Charles III, duc de Lorraine (1543-1608).

voir qu'un homme, qui par sa valeur et par sa fidélité est parvenu si dignement aux premières charges de ma couronne, se prive lui-même de cette marque d'honneur par un obstacle qui me lie les mains. Ainsi ne pouvant rien faire davantage pour rendre justice à votre valeur, je vous assurerai du moins par ces lignes, que jamais il n'y aura de dispense accordée avec plus de joie que celle que je vous envoyerais de mon propre mouvement, si je le pouvais sans renverser le fondement de mes ordres, et que ceux à qui je vais distribuer le collier ne peuvent jamais en recevoir plus de lustre dans le monde, que le refus que vous en faites par un principe si généreux vous en donne auprès de moi. Je prie Dieu au surplus qu'il vous ait, mon cousin,[784] *en sa sainte et digne garde. A Paris le 29 décembre 1661. Signé, LOUIS.* Il mourut le 17 mai 1662 âgé de 63 ans, et mourut de la manière qu'il l'avait toujours souhaitée, c'est-à-dire sans témoins, et sans donner de spectacle. *Je ne veux point,* disait-il, *voir alors auprès de moi une famille désolée, des amis et des domestiques pleurants, tout cela donne de grandes distractions. On ne peut trop dans ces moments se recueillir pour demander pardon à Dieu de tout son cœur et de toutes ses forces. C'est ainsi que je souhaite sortir de ce monde, sans donner la comédie à personne.* Se sentant fort affaibli, il demanda ses heures,[785] et fit tirer les rideaux de son lit, et peu de temps après on le trouva mort à genoux, et son livre ouvert sur le psaume *Miserere mei Deus.*[786]

---

[784] *Cousin*: «En France le roi dans ses lettres, appelle cousins, non seulement les princes de son sang, mais encore plusieurs princes étrangers, les cardinaux, les ducs et pairs, les maréchaux de France, etc.» (*Dictionnaire de l'Académie Française*, 1694).

[785] «*Heures*, se dit au pluriel d'un livre de prières, qui se récitent ordinairement selon les diverses heures du jour» (*Dictionnaire de l'Académie Française*, 1694).

[786] Psaume 51 (Vulgate, 50).

Abraham du Quesne
Lieutenant Gnál des Armées Naualles du Roy

ABRAHAM DUQUESNE
LIEUTENANT GENERAL DES ARMEES NAVALES DE FRANCE
[1610-1688]

Il serait malaisé de décider qui de la nature ou de l'art a le plus contribué à rendre illustre l'excellent homme dont je vais parler. Il était d'une constitution forte et robuste, à l'épreuve des plus rudes travaux de la mer et de la guerre, d'un esprit vif, qui démêlait sans peine ce qu'il y avait de bon dans chaque chose, et qui savait profiter de tous les bons exemples. Il sut l'art de naviguer et de combattre sur la mer dans toutes ses parties, en sorte qu'il n'y avait aucun officier dans un vaisseau qui ne le reconnût plus entendu que lui-même dans la fonction de sa propre charge. Il naquit en Normandie en l'année 1610 d'une famille noble, habituée depuis longtemps dans cette province. Son père, qui se nommait comme lui Abraham Duquesne, était un capitaine de réputation dans les armées navales, qui ayant été envoyé en Suède par le roi Louis XIII pour quelques affaires de la marine, fut pris à son retour par les Espagnols dans un combat inégal, où il reçut une blessure dont il mourut à Dunkerque en l'année 1635.[787] Ce fut sous lui que son fils commença d'apprendre le métier de la guerre. Car en 1627 dans le temps que le roi projetait d'assiéger La Rochelle, le père, qui était Huguenot, ayant demandé de ne pas servir sur des vaisseaux que l'on destinait pour attaquer cette place, et ayant été envoyé ailleurs, le fils qui n'avait encore que dix-sept ans commanda un de ces vaisseaux, où il combla de joie son père par des actions de valeur et de prudence au-dessus de son âge.

Comme il a servi le roi pendant soixante années sans discontinuation, et qu'il a passé par toutes les charges depuis celle de capitaine jusqu'à celle de lieutenant général, il serait impossible de rapporter ici toutes les occasions où il s'est signalé. Il suffira de remarquer les principales. En l'année 1637 il fut des premiers à l'attaque des îles de Sainte-Marguerite.[788] En 1638 il se trouva au combat qui se donna contre l'armée navale d'Espagne devant Guetaria où il contribua beaucoup à la retraite de cette armée.[789] En 1639 il reçut un coup de mousquet à la prise de Rede, et du port de Saint-Antonis.[790] Il fut encore dangereusement blessé devant

---

[787] D'autres sources situent la mort du père de Duquesne en 1637 ou 1638. Selon le *Dictionnaire de Biographie Française*, «quoiqu'on en ait dit, il ne fut jamais ni capitaine, ni chef d'escadre dans la marine suédoise».

[788] Aujourd'hui les îles de Lérins. Voir l'éloge d'Henri de Lorraine, comte d'Harcourt.

[789] Bataille navale de Saint-Sebastien-Guetaria, 1638.

[790] En 1639 Duquesne fut blessé pendant l'expédition de la Corogne. Prise du port

Tarragone en 1641 et devant Barcelone en 1642 lorsque Perpignan fut pris. Il le fut encore en 1643 à la bataille qui se donna au cap de Gatès contre l'armée d'Espagne.[791] L'année suivante il alla servir en Suède, où son nom était déjà connu à cause des services que son père y avait rendus. Il fut fait d'abord major général de l'armée navale, et ensuite vice-amiral. C'est en cette qualité qu'il servit le jour de la fameuse bataille où les Danois furent défaits entièrement, et ce fut lui deuxième qui aborda et prit leur vaisseau amiral, où dans le choc furieux qui se fit, le général de l'armée danoise fut tué.[792] Le roi de Danemark y aurait été fait prisonnier, si ce prince qui fut blessé à l'œil d'un éclat de bois en pointant un canon la veille de la bataille, n'eût pas été obligé de sortir de ce vaisseau à cause de sa blessure.[793]

Monsieur Duquesne fut rappelé en France en 1647. Cette année et la suivante il commanda une des escadres qui furent envoyées à l'expédition de Naples.[794] La marine de France étant fort déchue de son premier lustre pendant la minorité du roi, il arma plusieurs vaisseaux à ses dépens en l'année 1651 à l'occasion des premiers mouvements de Bordeaux, pour porter du secours à l'armée royale, qui tenait cette ville bloquée. Il fut rencontré en chemin par une escadre anglaise qui voulut lui faire baisser le pavillon. Le combat fut fort opiniâtre, et il fut dangereusement blessé. Cependant quoique fort inférieur en forces, il en sortit très glorieusement. Il fut obligé de faire radouber son vaisseau à Brest, d'où il reprit le chemin de Bordeaux, sans attendre l'entière guérison de ses blessures. L'armée d'Espagne arriva en même temps que lui dans la rivière, mais il y entra malgré toute l'armée. Cette heureuse hardiesse fut une des principales causes de la reddition de la ville. La reine régente lui donna pour témoignage de sa reconnaissance, en attendant le remboursement de l'armement qu'il avait fait, le château de l'île d'Indret en Bretagne, qui était de son domaine.[795] Toutes ces expéditions ont fait beaucoup d'honneur à monsieur Duquesne; mais ce qui l'a comblé de gloire, ce sont les heureux succès des guerres de Sicile.[796] Jusque là on connaissait le courage des Français, mais on n'était pas assez persuadé de leur capacité

---

de Santoña, 1640.

[791] Cap de Gatès *ou* cap Gata.

[792] Bataille de Fehmern, de la Colberger Heide *ou* de Göteborg, 1644 .

[793] Christian IV (1577-1648), roi du Danemark en 1588.

[794] C'est-à-dire, pour soutenir les prétentions du duc de Guise au trône de Naples.

[795] Suit une période de dix ans, entre 1651 et 1661, où Duquesne ne devait plus servir et que Perrault passe sous silence. Colbert succéda à Mazarin en 1661 et rappela Duquesne. Perrault ne dira rien non plus des critiques adressées à Duquesne sur son inaction pendant une bataille devant Solebay en 1672.

[796] Il s'agissait d'enlever Sicile à la domination espagnole.

pour les expéditions navales. On croyait que le grand Ruyter, si redoutable sur l'océan, allait ternir dans la Méditerranée tout l'éclat que la marine s'était acquis sous la conduite de monsieur Duquesne.[797] Cependant les Hollandais furent vaincus en trois combats différents, ayant Ruyter à leur tête, et monsieur Duquesne qui les vainquit, quoiqu'avec moins de force, tua d'un coup de canon ce général, si célèbre et si formidable.[798] On a remarqué que Ruyter avait dit plusieurs fois, *Qu'il ne craignait que monsieur Duquesne*.

Les vaisseaux des Tripolitains alors ennemis de la France s'étaient retirés dans le port de Chio, comme dans un asile assuré sous une des principales forteresses du Grand Seigneur, où ils étaient protégés du capitaine[a] Bacha à la tête de vingt-deux galères, monsieur Duquesne les alla foudroyer avec une escadre de six vaisseaux, et les ayant tenus longtemps bloqués, obligea ces corsaires à conclure une paix glorieuse à la France.[799] Ensuite il réduisit Alger et Gênes à implorer la clémence du roi.[800] L'Asie, l'Afrique et l'Europe ont vu les effets de sa valeur, et un nombre infini de chrétiens, à qui il a donné la liberté dans ses différentes expéditions, sont d'assurés témoignages de la grandeur et de la générosité de son âme. Il était né et est mort Huguenot; on ne doute point que sans cet obstacle à sa fortune, le roi qui honorait son mérite d'une estime particulière, ne l'eût récompensé avec encore plus d'éclat qu'il n'a fait pendant tout le cours de sa vie, quoiqu'il lui ait donné une marque de sa bienveillance bien glorieuse en lui faisant don de trois cent mille livres pour acheter une terre, qui fut celle du Bouchet proche d'Etampes, terre très belle et très agréable que Sa Majesté érigea en marquisat en lui imposant le nom de Duquesne, au lieu de celui du Bouchet, pour rendre son nom immortel, ainsi qu'il mérite de l'être.[801]

---

[797] Michel Adrien van Ruyter (1607-1676), amiral Hollandais, blessé mortellement près de Syracuse.

[798] Les trois batailles sont celles d'Alicudi (janvier 1676), d'Agosta (avril 1676), et de Palerme (juin 1676). Ce fut dans la bataille d'Agosta que Ruyter reçut les blessures dont il mourut quelques jours plus tard.

[799] Ces événements se situent en 1681. *Chio*: île et port dans la mer Egée, près de Smyrne sur la côte de la Turquie. *Grand Seigneur*: le Grand Turc, le souverain de l'empire Ottoman. *Bacha*: Faut-il considérer ce terme comme un nom propre? Selon Moréri c'est un «titre d'honneur qui se donne à toutes les personnes considérables de la cour du Grand Seigneur». Il se trouve au Musée de la Marine à Paris un tableau datant de 1684, huile sur toile par Van Beecq (1638-1722), représentant le «Bombardement de Chio, le 23 juillet 1681, par l'escadre de Duquesne».

[800] Bombardement d'Alger en 1682-1683, et de Gênes en 1684. Voir aussi l'éloge de Seignelay.

[801] Selon Haag et le *Dictionnaire de Biographie Française*, le don de Louis XIV, fait en 1681, monta à 200 000 livres. Le domaine du Bouchet fut érigé en marquisat en

Il mourut le 2 février 1688 après avoir vécu soixante-dix-huit ans avec une vigueur et une santé parfaite. Il avait épousé Gabrielle de Bernières, dont il a laissé quatre fils, tous dignes enfants d'un si noble père.[802]

1682. Tous les historiens s'accordent pour dire que Duquesne n'était pas récompensé comme il le méritait, mais l'obstacle de sa religion était sans doute renforcé par son caractère difficile et inflexible.

[802] Ces quatre fils suivirent tous leur père dans la carrière navale. I) Henri (*c.*1652-1722), quitta la France après la révocation de l'Edit de Nantes et mourut à Genève; II) Abraham, se convertit d'abord, se repentit de sa décision, quitta la France et mourut en 1695, à Londres selon le *Dictionnaire de Biographie Française*, à La Haye selon Haag; III) Isaac, se convertit et mourut à Paris en 1745; (IV) Isaac-Jacob,   dit Jacob, quitta la France à la révocation de l'Edit de Nantes, revint en France et se convertit en 1694.

HONORE D'URFE
CHEVALIER DE MALTE
[1567-1625]

Quoique les romans soient d'une antiquité immémoriale, et que les narrations d'aventures fabuleuses ne soient guère moins anciennes que les histoires véritables, monsieur d'Urfé peut néanmoins être regardé comme original dans l'espèce de roman qu'il nous a laissé.[803] Presque tous les autres, excepté ceux qui ont été faits depuis, ou ne racontent les aventures que d'un seul héros, ou de plusieurs héros d'une même espèce; le sien est un tableau de toutes les conditions de la vie humaine. On y voit des rois, des princes, des courtisans, et de simples bergers dont il dépeint d'une manière si naïve les mœurs et les occupations innocentes, que l'idée qu'il en donne a charmé non seulement toute la France mais toute l'Europe pendant l'espace de plus de cinquante années. Quelque vénération qu'on soit obligé d'avoir pour les admirables poésies d'Homère, qui ont fait les délices de tous les temps, je crois qu'on peut dire néanmoins qu'à les considérer du côté de l'invention, des mœurs et des caractères, l'*Astrée*, quoique prose, ne mérite pas moins le nom de poème, et ne leur est guère moins inférieure. C'est le jugement qu'en ont fait de très savants hommes, quoique très prévenus pour les anciens contre les modernes.[804]

Honoré d'Urfé, cadet de l'illustre maison d'Urfé dans la province de Forez eut deux frères, dont l'aîné épousa l'heritière de la maison de Châteaumorand mais dont le mariage fut dans la suite déclaré nul à cause de son impuissance.[805] Il se fit prêtre, et mourut doyen du chapitre de Saint-Jean de Montbrison, prieur de Montverdun. Le second fut grand écuyer du duc de Savoie, et vécut plus de cent ans.[806] Celui dont je fais

---

[803] Le roman de d'Urfé est l'*Astrée*, dont la première partie parut en 1607, la deuxième en 1610, la troisième en 1619 et la quatrième (posthume) en 1627. L'originalité de ce roman avait été déjà signalé par Huet, qui écrivit dans la *Lettre de l'origine des romans* (1670): «Monsieur d'Urfé fut le premier qui les tira de la barbarie, et les remit dans les règles dans son incomparable *Astrée*, ouvrage le plus ingénieux et le plus poli qui eût jamais paru en ce genre, et qui a terni la gloire que la Grèce, l'Italie et l'Espagne s'étaient acquise».

[804] Boileau, chef des anciens, fait dans le Discours qui précède son *Dialogue des héros de roman*, une distinction entre le roman de d'Urfé, auquel il reconnaît certaines qualités, et ceux de ses imitateurs, Gomberville, la Calprenède, Desmarets et surtout Madeleine de Scudéry, qu'il ridiculise.

[805] Anne d'Urfé (1555-1621) épousa Diane de Châteaumorand entre 1575 et 1577. Le mariage fut annulé en 1599, Anne (qui fut aussi poète) prit les ordres en 1603. Diane mourut en 1626.

[806] Honoré d'Urfé eut un frère, Antoine (1571-94) qui fut tué en guerre. Certains

l'éloge fut chevalier de Malte, et s'acquitta des devoirs de sa profession avec toute la bravoure et toute l'exactitude qu'elle pouvait demander.[807] Cependant ce n'est point tant par cet endroit, quoique très beau et très brillant, qu'il nous oblige à le mettre au nombre de nos illustres, ç'a été principalement par la beauté et la fécondité de son génie, qui paraît avec tant d'éclat dans le roman qu'il nous a laissé, que nous avons été forcé à lui rendre cette justice.

Ce roman n'est pas un pur roman, c'est un tissu énigmatique des principales aventures de son auteur. Avant qu'il partît pour faire son stage à Malte, où il demeura plusieurs années de suite, il avait pris de l'amour pour mademoiselle de Châteaumorand, unique heritière de sa maison, belle, riche et fière, mais de cette fierté noble qu'inspire ordinairement la grande vertu. Pendant son absence on la maria avec le frère aîné de celui dont je parle. Ce mariage se fit par considération. Les maisons d'Urfé et de Châteaumorand, les deux plus grandes maisons de tout le Forez, étaient ennemies entre elles, leurs intérêts avaient divisé toute la noblesse du pays, de sorte que les parents de part et d'autre furent bien aises de tarir par cette alliance la source des querelles et des malheurs qui pouvaient arriver à tous moments. D'Urfé, à son retour de Malte, trouva sa maîtresse mariée avec son frère. Il ne laissa pas de l'aimer toujours, et il y apparence qu'il n'ignorait pas le secret défaut de son frère qui, après dix années d'un mariage apparent, avoua son impuissance. Le chevalier d'Urfé obtint dispense de ses vœux, et après avoir surmonté plusieurs difficultés, épousa mademoiselle de Châteaumorand.[808]

Ces aventures ont donné lieu à celles de Céladon, de Silvandre, d'Astrée, et de Diane, qui en sont des images mystérieuses. Diverses autres aventures des personnes les plus qualifiées de la cour de son temps lui ont encore fourni de matière pour l'ingénieuse construction de son roman.

Quoique cet ouvrage, de même que tous ceux qui lui ressemblent, ne soient pas d'une fort grande solidité, et ne méritent guère d'être lus par

---

ouvrages citent aussi un Jacques d'Urfé, dont on sait peu de choses. La maison de d'Urfé était alliée, de par la mère d'Honoré, à celle de Savoie; il s'agit ici de Charles-Emmanuel Ier, duc de Savoie.

[807] La carrière militaire de d'Urfé fut sans doute moins glorieuse que Perrault ne veut le faire croire. Pourtant il prit part aux opérations militaires de la Ligue dans les années 90 et mourut au cours d'une campagne du duc de Savoie contre la république de Gênes.

[808] Honoré d'Urfé entra à l'ordre de Malte en 1580 ou 1581. Il fut dispensé de ses vœux en 1592 parce qu'il était entré avant l'âge et sous la pression de ses parents. Il y a, sans doute, une part de fiction à l'histoire de ses amours avec Diane de Châteaumorand. Selon la *Biographie Universelle* il l'épousa «non par amour, ainsi qu'il le disait lui-même, mais pour ne pas laisser sortir de sa maison les grands biens qu'elle y avait apporté». D'ailleurs, Perrault ne dit pas que les époux se séparèrent très vite.

ceux qui ne cherchent qu'à s'instruire dans les sciences, ou à remplir leur esprit des préceptes d'une exacte et sévère morale, quoiqu'on ne puisse pas même disconvenir que la lecture n'en soit dangereuse, particulièrement pour les jeunes personnes qui, déjà portées d'elles-mêmes à goûter les charmes de l'amour, y sont encore entraînées par les exemples qu'elles y voient de cette passion, d'autant plus dangereuse qu'elle y est dégagée de toutes sortes d'impuretés;[809] néanmoins comme les anciens se sont fait un très grand honneur d'avoir eu des auteurs excellents dans ces sortes d'ouvrages, et que l'on prétend l'emporter beaucoup sur tous ceux des siècles suivants, j'ai cru pouvoir aussi regarder avec beaucoup d'estime ce que notre siècle a produit de beau dans ce genre d'écrire, étant vrai que les mœurs et les caractères du roman de l'*Astrée* n'ont pas moins d'art et d'agrément que ceux de tous les anciens poètes. Il ne lui manque qu'un certain respect qu'imprime l'antiquité, qui redouble toujours le prix des ouvrages qu'elle consacre.[810]

---

[809] Boileau, dans son Discours sur le *Dialogue des héros de roman*, porte le même jugement sur le roman de d'Urfé. Celui-ci «composa ainsi un roman qui lui acquit beaucoup de réputation et qui fut fort estimé, même des gens du goût le plus exquis, bien que la morale en fut fort vicieuse, ne prêchant que l'amour et la mollesse, et allant quelquefois jusqu'à blesser un peu la pudeur».

[810] On notera le ton malin de ce jugement lancé contre les anciens et qui termine un peu brutalement cet éloge, qui est parmi les plus courts de l'ouvrage.

Claude Berbier du Metz
Lieutenant General des Armées du Roy et de l'Artillerie

CLAUDE BERBIER DU METZ
LIEUTENANT GENERAL DES ARMEES DU ROI
[1638-1690]

Celui dont j'entreprends l'éloge portait sur son visage des marques si visibles de sa valeur, que nous ne pouvons pas lui refuser les témoignages que nous lui en allons rendre. Il fut blessé au visage d'un coup de canon, qui en dérangea tellement tous les traits qu'il n'était pas reconnaissable; mais la difformité que lui causa cette blessure n'avait pas mauvaise grâce dans un homme de guerre, et répandait même sur sa personne un certain éclat de gloire qui le dédommageait abondamment de la bonne mine et de l'agréable physionomie que cette blessure lui avait ôtée.[811]

Il naquit à Rosnay, en Champagne, le premier jour d'avril 1638. Dès ses plus tendres années il donna des marques de l'inclination qu'il avait pour tous les exercices qui conviennent à un gentilhomme et à la profession des armes que son père, trésorier des parties casuelles,[812] avait quittée en l'année 1632 et que ce brave fils reprit dès qu'il eut assez de force pour en soutenir les fatigues.

Il fit sa première campagne dans le régiment de la Meilleraye en l'année 1654 et la seconde dans le même régiment; mais cette route lui ayant paru trop longue pour avoir les occasions de se distinguer, il pria monsieur le marquis de la Meilleraye* de le faire servir dans le corps de l'artillerie dont il était grand maître, où les occasions périlleuses et hardies sont fréquentes. Monsieur de la Meilleraye* le fit commissaire d'artillerie, et ce fut dans l'exercice de cette charge que, l'année 1657, il reçut le coup de canon dont j'ai parlé. Le roi le plaignit, et lui donna dans ce temps-là une pension de cinq cents écus. Cette blessure fut plus de dix-huit mois à guérir, et lui fit manquer la campagne de 1658 qui est la seule où il n'ait pas servi depuis qu'il entra au service jusqu'à sa mort. En l'annee 1663 il fut commandé pour le siège de Marsal, mais cette affaire n'eut pas de suite.[813] En 1664 il le fut aussi pour passer en Italie, mais il n'alla que jusqu'à Grenoble, le pape s'étant résolu de donner au roi toute la satisfaction qu'il pouvait souhaiter.[814]

En 1667 il servit aux sièges de Tournai, de Douai et de Lille. Ce dernier ne dura que neuf ou dix jours, mais il fut remarquable par un grand

---

[811] Du Metz perdit l'œil gauche et une partie du nez.

[812] *Parties casuelles*: «Profit qui arrive au roi casuellement et fortuitement. *Trésorier des parties casuelles*» (*Dictionnaire de l'Académie Française*, 1694).

[813] Marsal, place forte de la Lorraine.

[814] *Le pape*: Alexandre VII, dont le pontificat s'étend de 1655 à 1667.

nombre d'actions vigoureures qui s'y passèrent. Monsieur de la Mothe-Fénelon fit rapport au roi qu'il venait de voir un jeune officier d'artillerie, nommé du Metz, qui avait fait dresser une batterie proche de la contrescarpe,[815] avec quatre-vingts suisses qu'il avait demandés pour faire ce travail, et qu'il n'en avait ramené que dix, tous les autres ayant été tués ou blessés autour de lui, sans qu'il eût donné aucune marque de trouble ni d'étonnement.[816]

Cette action jointe à l'application qu'on lui avait remarquée pour tout ce qui regardait le service de l'artillerie, lui en fit donner en 1668 la lieutenance générale en Flandre, Artois, Hainaut, pays conquis et reconquis, et en 1671 Sa Majesté y ajouta la Picardie, la Lorraine, et le Luxembourg.[817] La guerre qui commença en 1672 contre les Hollandais, lui fournit des occasions de se signaler, ayant commandé l'artillerie dans tous les sièges considérables qui se firent pendant les sept années de cette guerre.

Il se distingua particulièrement au siège de Maastricht en 1673,[a] à la bataille de Sennef où il fut blessé, au siège de Cambrai et à celui de Valenciennes, où il fut le premier officier général qui entra dans cette place, qui fit mettre bas les armes à la garnison, et qui fit prisonnier le comte de Leimbre[b] et sept ou huit personnes de qualité, dont il sauva les chevaux et les équipages. Il commanda l'artillerie aux sièges de Gand et d'Ypres, et enfin à la bataille de Saint-Denis, qui a été la dernière action de cette guerre; il y fut blessé de deux coups de mousquet à la cuisse.

Il fut fait maréchal de camp en 1676 et ayant donné des preuves extraordinaires de sa valeur et de sa capacité dans le service et le commandement de l'artillerie, il la mit dans un état où elle n'avait jamais été, la faisant servir presque avec la même diligence que la mousqueterie. Le roi lui ordonna de rester en Flandre, pour y faire les fonctions de

---

[815] *Contrescarpe*: «Le talus ou la pente qui regarde la place qui lui est opposée. *Attaquer la contrescarpe*» (*Dictionnaire de l'Académie*, 1694).

[816] A qui peut-on identifier ce monsieur de la Mothe-Fénelon? Deux candidats se présentent: I) Le marquis de Fénelon-Magnac (1621-1683), oncle de Fénelon. Malgré la différence de nom, d'autres circonstances concordent: on sait que le marquis s'engagea comme volontaire pour la campagne de 1667 et qu'il fut cité par la *Gazette de France* du 31 août pour sa bravoure au siège de Lille. D'ailleurs, vers la même époque il était en contact avec Louis XIV puisqu'il proposa à celui-ci une expédition française pour secourir la ville de Candie, assiégée par les Turcs depuis vingt-trois ans. II) Le comte François II de Fénelon (1630-1715), aîné des frères consanguins du futur archevêque. A cette époque il fréquentait la cour et faisait partie de l'entourage du prince de Conti. Sur la famille de Fénelon voir J. Orcibal, *Correspondance de Fénelon I: Fénelon, sa famille et ses débuts* (Paris, Klincksieck, 1972).

[817] Selon le *Dictionnaire de Biographie Française* Du Metz reçut la lieutenance générale de l'artillerie en Flandre en 1667.

lieutenant général de l'artillerie dans toutes les provinces de son département, et lui donna pour cet effet le gouvernement de la citadelle de Lille, l'une des plus belles et des plus importantes du royaume.[818] En 1684 le roi lui donna le gouvernement de la ville et du château de Gravelines, et de tous les forts qui en dépendent.

En 1688 le roi le fit lieutenant général de ses armées. Il servit en l'année 1689 dans l'armée commandée par monsieur le maréchal d'Humières,[819] et en l'année 1690 dans celle qui fut commandée par monsieur le maréchal de Luxembourg.* Ce fut dans cette campagne que se donna la fameuse bataille de Fleurus, où celui dont je parle, s'acquittant de son devoir avec peut-être un peu trop de chaleur, et poursuivant les ennemis à toute outrance, fut tué d'un coup de mousquet dans la tête. Il fut pleuré des siens, regretté des soldats, des officiers, et du roi même, qui en parla ainsi à monsieur du Metz son frère, alors garde du trésor royal et présentement président à la chambre des comptes: *Vous perdez beaucoup,* lui dit Sa Majesté, *mais je perds encore davantage, par la difficulté que j'aurai à remplir cette place.*[820]

Un jour madame la dauphine l'ayant aperçu au dîner du roi, elle dit tout bas à Sa Majesté: *Voilà un homme qui est bien laid; et moi,* dit le roi, *je le trouve bien beau; c'est un des plus braves hommes de mon royaume.*[821]

Comme il était bon, humain, honnête, et faisant du bien à tout le monde, particulièrement aux communautés de religieux et de religieuses, et à tous les ecclésiastiques qu'il garantissait et mettait à couvert, autant qu'il lui était possible, des désordres des gens de guerre, et il n'est pas croyable à quel point il était aimé dans toute la Flandre, même dans la Flandre espagnole, dont les gouverneurs avaient pour lui toute l'honnêteté et tous les égards imaginables.

Il était très régulier dans la conduite de sa vie et de ses mœurs, très charitable envers les pauvres, et particulièrement envers les pauvres soldats. On a remarqué que malgré la licence que permet la guerre, il n'a jamais souffert qu'on se soit dispensé chez lui de l'abstinence des viandes aux jours que l'usage en est défendu par l'Eglise.

---

[818] Berbier du Metz assuma ces fonctions en 1680.

[819] Louis de Crevant, duc d'Humières (1628-94), maréchal en 1668, commandant général pour la Flandre pendant la guerre de la ligue d'Augsbourg.

[820] Gédéon Berbier du Metz (1626-1709), garde du trésor royal en 1674 et président à la chambre des comptes de Paris en 1692.

[821] *Madame la dauphine*: Marie-Anne-Christine-Victoire de Wittelsbach (1660-90), sœur de l'électeur de Bavière, Maximilien-Emmanuel, épousa monseigneur le dauphin en 1680.

Sebastien de Pontaut
Seigneur de Beaulieu

SEBASTIEN DE PONTAULT DE BEAULIEU
INGENIEUR ET MARECHAL DE CAMP DES ARMEES DU ROI
c.1612-1674

La forte inclination qu'eut pour la guerre le gentilhomme dont je vais parler, lui fit prendre les armes dès l'âge de quinze ans. Ce fut au fameux siège de La Rochelle qu'il commença de se signaler. Il y donna tant de marques de courage, de conduite et d'intrépidité que le roi, sans autre raison que celle de son mérite, lui donna une charge de commissaire d'artillerie malgré le bas âge où il était. Il continua la fonction de cette charge aux sièges de Privas et de Pignerol, et à la bataille de Veillene, où il fut bléssé d'une mousquetade à l'épaule.[822] Les services qu'il rendit dans l'armée de Lorraine, commandée par monsieur le duc de Longueville, portèrent Sa Majesté à le faire contrôleur général d'artillerie de l'armée et de la Lorraine. Il servit au siège de Hesdin, et l'année suivante à celui d'Arras, où dans le combat qui fut donné contre les troupes du comte de Bucquoi, il reçut un coup d'épée au travers du corps.[823] Cette blessure lui attira encore la charge de contrôleur provincial d'artillerie dans le pays d'Artois, dont Sa Majesté lui fit don avec éloge. Il fut ensuite au siège et à la prise d'Aire, où les actions qu'il y fit engagèrent monsieur de la Meilleraye* à le choisir pour garder cette place, qu'il défendit jusqu'à l'extrémité contre les ennemis, à qui sa vigoureuse résistance la fit acheter bien cher.[824]

Il se distingua de telle sorte au siège de Perpignan que monsieur le Prince, alors duc d'Enghien, qui se connaissait si parfaitement en hommes de mérite, voulut l'avoir auprès de lui, et s'en servir dans les grandes journées de Rocroi, de Thionville, et de Philippsbourg.[825] En conduisant la tranchée dans l'attaque de cette dernière place, il eut le bras droit emporté d'un coup de canon. Ce malheur, capable de décourager tout homme moins vaillant que lui, ne l'empêcha pas de continuer ses services dans les campagnes suivantes, à la bataille de Nördlingen, aux sièges de Courtrai, de Bergues, de Furnes, de Mardyck et de Dunkerque, dont il conduisit seul

---

[822] Ces actions militaires se situent en 1630.

[823] Albert de Longueval, comte de Bucquoi, hérita de son père en 1630 la charge de gouverneur du Hainaut, au service de l'Autriche. Ces actions militaires se situent, respectivement, en 1639 et 1640.

[824] Prise d'Aire, 1641.

[825] Il s'agit du grand Condé, connu sous le nom du duc d'Enghien jusqu'à la mort de son père en 1646. Philisbourg, ancienne place forte de la rive droite du Rhin, au sud de Spire. Ces actions militaires se situent entre 1642 et 1644.

les travaux de la tranchée.[826] De là il suivit ce prince en Catalogne, où il fit fortifier Constantini et Salou.[827] On peut dire qu'il a été présent à tous les combats, à tous les sièges, et à toutes les expéditions militaires qui se sont faites depuis le moment qu'il a été capable de porter les armes, jusqu'au temps où la vieillesse et ses fréquentes blessures l'ont mis hors d'état de rendre les mêmes services.

Mais comme son amour pour la gloire de son prince n'a pu se ralentir par les travaux et les fatigues, il s'imagina un moyen de lui être encore plus utile pour sa gloire. Il entreprit de nous laisser des monuments éternels des victoires et des prodiges du règne de Sa Majesté. Il dessina, et donna ensuite à graver tous les sièges de villes, tous les combats, toutes les batailles, et généralement toutes les expéditions militaires de son règne, qu'il accompagna de discours instructifs, et de tout le détail de ces actions merveilleuses. Il en forma de précieux volumes, qui sont, non seulement comme des dépôts de la gloire du prince et de la nation française, mais qui sont des monuments capables d'allumer le courage des moins zélés pour la gloire et le bonheur de leur patrie. Cette entreprise, où il a consumé plus de 60 000 livres de son bien, et qui aurait demandé des forces plus grandes que les siennes pour y suffire, a été néanmoins conduite en quelque sorte à sa dernière perfection.[828]

Il mourut le 10 août 1674 après avoir été honoré par le roi de son ordre de Saint-Michel, et de la qualité de maréchal général de ses armées. Sa mort n'interrompit point son ouvrage, madame Desroches sa nièce, l'a non seulement fait continuer avec la même exactitude et avec la même dépense, mais a eu l'honneur de le dédier et de le présenter au roi, qui pour lui marquer combien il en était content l'a honorée de ses bienfaits, en la gratifiant d'une pension considérable.

Ceux qui ont un goût particulier pour ces sortes d'ouvrages, demeurent d'accord qu'il en est peu de semblables, soit pour la grandeur de l'entreprise, soit pour l'exacte représentation de chaque événement.

---

[826] Sur ces événements, qui se situent en 1645 et 1646, voir aussi la notice consacrée à Jean de Gassion.

[827] Condé fut nommé vice-roi de Catalogne en 1647. Après l'échec du siège de Lérida, il essaya de neutraliser cette ville et Tarragone, les seules qui restaient aux mains des Espagnols. A cette fin il occupa Constantini et Salou, petites places qui commandent leur accès.

[828] Ces volumes, connus sous le nom de *Glorieuses Conquêtes de Louis le Grand, de 1643 à 1673*, contiennent les plans et profils des principales villes et lieux où s'étaient déroulés les campagnes militaires de Louis XIV à partir de la bataille de Rocroi jusqu'à la prise de Namur. Beaulieu les dessina de sa main gauche, ayant perdu le bras droit à Philisbourg. Le tome 1er parut en 1667 et le tome II (posthume) en 1694.

Edelinck Sculp. C. P. R.

Jacques de Solleysel

Escuyer du Roy

JACQUES DE SOLLEYSEL
ECUYER DU ROI DANS SA GRANDE ECURIE
[1617-1680]

Du temps de nos pères il fallait aller en Italie pour apprendre à monter à cheval, et c'était en ce pays-là seul qu'on pouvait se former parfaitement dans les exercices du manège. Ce bel art a passé en France avec tous les autres, et c'est chez nous présentement qu'on vient de tous les endroits de l'Europe s'instruire dans la science de ce noble exercice. Pluvinel a été le premier qui a porté ce bel art à un très haut degré de perfection, n'ayant rien ignoré de ce qui peut contribuer à mettre un homme bien à cheval, et à lui faire faire exactement et d'une manière noble tous ses exercices.829 Celui dont je vais parler ayant observé qu'il était presque impossible de rien ajouter aux préceptes de cet excellent maître pour bien dresser un homme de cheval, s'est particulièrement appliqué à bien dresser le cheval même, à étudier les propriétés de cet animal, ses perfections, ses défauts ses maladies, et les remèdes qu'il y faut apporter, les différentes manières de le nourrir, de l'emboucher, de le manier, en un mot tout ce qui peut servir à le rendre souple, prompt, et obéissant au moindre désir de celui qui le monte.

Jacques de Solleysel gentilhomme de la province de Forez, fils de Matthieu de Solleysel officier des gendarmes écossais,830 naquit en l'année 1617 en une de ses terres nommée le Clapier, proche de la ville de Saint-Etienne. Après avoir achevé ses études à Lyon chez les jésuites, il suivit l'inclination qu'il avait pour le manège. Il apprit à monter à cheval sous plusieurs écuyers célèbres, particulièrement sous monsieur de Menoua qui le perfectionna beaucoup.831 Ensuite il prit des leçons de monsieur de Buades, écuyer de monsieur de Longueville durant la négociation de Munster, où il avait suivi monsieur le comte d'Avaux pour voir l'Allemagne, et surtout pour y conférer avec les médecins des maladies des chevaux, qui sont là aussi fréquents que le sont en France les médecins des maladies des hommes.832 De là s'étant retiré dans sa province, et ayant

---

829 Antoine Pluvinel de la Baume, écuyer du duc d'Anjou et gouverneur du futur Louis XIII. Il composa en 1623 le *Manège royal* qui devint le bréviaire de l'équitation pendant plus d'un demi-siècle.

830 Le cinquième fils de Colbert appartenait aussi au régiment des gendarmes écossais.

831 Selon la *Biographie universelle*, Solleysel apprit à monter sous René Menou de Charnisay (1578-1651), qui diffusa les idées de Pluvinel dans sa *Pratique du cavalier* (1612).

832 Le comte d'Avaux fut plénipotentiaire à Munster de 1644 à 1648 où ses

reçu chez lui plusieurs jeunes gentilhommes, il s'employa à leur enseigner les exercices du manège, et en fit d'excellents écuyers. Monsieur Bernardi qui s'est fort distingué dans sa profession, et qui connaissait le mérite de monsieur de Solleysel, lui manda qu'il venait d'établir une académie à Paris, et le pria de le venir aider. Il y vint, et l'on sait en quelle réputation il mit cette école d'adresse et de vertu.[833]

Il ne se contenta pas de connaître pour son utilité particulière toutes les maladies des chevaux et tous les remèdes qu'on y peut apporter, il voulut que la connaissance qu'il en avait devint utile au public. Il en composa un livre sous le titre du *Parfait Maréchal*, dont il y a eu cinq éditions, et qui a été parfaitement bien traduit en allemand pendant sa vie.[834] Depuis sa mort il a été traduit presque en toutes les langues. C'est un livre original et qui, comprenant tout ce qui regarde les chevaux, a fait oublier les autres livres qui ont traité de cette matière.[835] Il a aussi composé un petit ouvrage, qui a pour titre le *Maréchal méthodique*, sous le nom supposé de La Bessée,[836] écuyer de monsieur l'électeur de Bavière, et en même temps un *Dictionnaire de tous les termes de la cavalerie*.

L'assemblage de ces deux livres compose une des trois parties du livre des *Arts de l'homme d'épée*.[837] Il a aussi augmenté et perfectionné le livre du *Manège*, de monsieur le duc de Neufchâteau.[838] Il a laissé des

---

négociations préparèrent la paix de Westphalie, 1648.

[833] Selon la page de titre de la *Méthode nouvelle pour dresser les chevaux*, dont il sera question plus loin, Solleysel était «l'un des chefs de l'Académie du roi, près l'hôtel de Condé». *Adresse*: «Dexterité, soit pour les choses du corps, soit pour celles de l'esprit» (*Dictionnaire de l'Académie Française*, 1694).

[834] *Le Parfait maréchal qui enseigne à connaître la beauté, la bonté et les défauts des chevaux, la manière de les conserver dans les fatigues des voyages*. Cinq éditions de 1644 à 1680 chez Clouzier, plus des éditions à Paris et La Haye, et des traductions, notamment en allemand et anglais.

[835] Parmi les livres en français qui traitaient avant 1644 de l'art de l'équitation, on peut citer, à part ceux de Menou de Charnisay et de Pluvinel déjà mentionnés, le *Cavalerice François* de Salomon de la Broue, dédié au duc d'Epernon (1593, réédité en 1602 et 1610, augmenté en 1628), et la *Cavalerie française et italienne* (1627 et 1643).

[836] *Le Maréchal méthodique qui traite des moyens de découvrir les défauts des chevaux et de connaître leurs maladies*, Paris, Clouzier, 1675.

[837] George Guillet de Saint-George (1625-1705), littérateur français, publia en 1670 un ouvrage intitulé *Les arts de l'homme d'épéé, ou le Dictionnaire du gentilhomme, qui traite de l'art de monter à cheval, de l'art militaire et de la navigation*, qui se compose de trois dictionnaires séparés.

[838] *Neufchâteau*: Guillaume Cavendish, duc de Newcastle (1592-1676) défendit la cause de Charles II dans les guerres civiles d'Angleterre. Après la défaite de Marston Moor (1644) Newcastle quitta le pays et résida en France pendant 18 ans. Il publia: I) la *Méthode nouvelle de dresser les chevaux* (1657); et II) la *Méthode nouvelle et invention extraordinaire pour dresser les chevaux* (1667), ouvrage différent du précédent, qui fut traduit en français en 1671. Solleysel retoucha ce dernier ouvrage avec l'autorisation de

mémoires sur l'*Embouchure des chevaux*, dont ce qu'il a dit dans son *Parfait Maréchal* n'est qu'une légère ébauche, et c'est un malheur pour le public que la mort ne lui ait pas permis de mettre la dernière main à cet ouvrage.

Environ vingt ou vingt-cinq ans avant sa mort, il quitta l'ancienne méthode de dresser les chevaux qu'il avait pratiquée jusqu'alors, pour prendre celle du duc de Neufchâteau, l'ayant reconnue plus courte et plus générale parce que, suivant cette méthode, il n'y a point de cheval qui ne soit capable d'être dressé au manège, et que par l'ancienne méthode beaucoup d'excellents chevaux n'y peuvent être dressés.

Il mourut de mort subite dans son académie, le dernier jour de janvier 1680, âgé de soixante-trois ans. Il était d'un caractère sérieux, mêlé d'une gaieté qui rendait son abord et sa conversation très agréables. Il avait l'esprit engageant, et le don de se faire craindre et aimer des gens de qualité qui étaient dans son académie. Ils le regardaient tous comme leur père; et parce qu'il y avait toujours quelque chose à apprendre avec lui, il n'allait presque nulle part qu'il ne fût entouré d'une troupe de jeunes gentilhommes, comme les rois le sont de leurs courtisans. Il était capable d'élever un prince, et l'on a dit de lui qu'*il aurait encore mieux fait le livre du Parfait honnête homme, que le livre du Parfait Maréchal.*[839] Il avait beaucoup de goût pour les sciences et pour les arts; il savait la musique, et peignait agréablement. C'était un homme d'un grand sens et d'un bon conseil, ferme, intrépide, et d'une probité à toute épreuve. Ces vertus morales étaient accompagnées des vertus chrétiennes, qu'il a pratiquées pendant toute sa vie.

---

l'auteur et le publia en 1677.

[839] Ce titre, le *Livre du parfait honnête homme*, fait penser à plusieurs manuels de politesse courants à l'époque, dont *L'honnête homme, ou l'art de plaire à la court* (1630) de Nicolas Faret, ouvrage qui imite le *Courtisan* de Castiglione et qui avait été traduit en français sous le titre du *Parfait courtisan* (1585).

Messire Michel Le Tellier
Chancelier de France

MICHEL LE TELLIER
CHANCELIER DE FRANCE
[1603-1685]

On peut voir ici jusqu'où le bon esprit, la vertu et l'application continuelle à ses devoirs, peuvent conduire un homme dans la route des honneurs et des dignités.[840]

Michel le Tellier naquit à Paris le 19 avril 1603. Son père, conseiller en la cour des aides, fit sa charge avec tant de distinction, qu'il fut choisi par cette compagnie pour faire la fonction de procureur général pendant une longue absence de celui qui en avait le titre.[841] Il eut un tel soin de faire élever son fils dans l'étude des belles lettres et de la jurisprudence, que ce fils mérita à l'âge de vingt et un ans d'être pourvu d'une charge de conseiller au grand conseil avant le temps prescrit par les ordonnances.[842] Il fut ensuite procureur du roi au châtelet où, après avoir exercé cette charge avec une capacité extraordinaire, il fut fait maître des requêtes,[843] et nommé par Louis XIII en l'année 1639, avec monsieur Talon conseiller d'Etat, pour examiner les procédures qui se firent en Normandie contre les coupables des séditions qui s'y étaient élevées pendant le voyage du roi en

---

[840] Il est peut-être possible d'identifier les sources dont Perrault s'est servi pour la rédaction de cet éloge. Après la mort du chancelier, Bossuet et Fléchier firent son oraison funèbre: celle de Fléchier se contente de généralités sur la vie de Le Tellier, tandis que celle de Bossuet entre dans des détails surprenants, surtout sur ses activités politiques pendant la Fronde. Comme le précise Jacques Truchet (Bossuet, *Oraisons funèbres*, Paris, Bordas, 1988), Bossuet avait l'avantage de disposer d'une documentation précieuse, un *Mémoire sur la vie de Michel le Tellier* qui fut rédigé et fourni par Claude le Pelletier (1630-1711), cousin germain du chancelier. L'oraison funèbre de Bossuet fut publié en 1686, et Perrault put s'en inspirer, comme on le verra ci-après. Le mémoire de le Pelletier resta manuscrit, mais parfois Perrault est plus proche de ce document que du texte de Bossuet. Il n'est pas impossible que Perrault en ait eu connaissance: le Pelletier avait succédé à Colbert comme contrôleur général des finances en 1683, et il évoluait dans le même milieu que Perrault.

[841] Le père du futur chancelier, qui s'appelait lui aussi Michel le Tellier, avait, en tant que procureur, la responsabilité de rédiger et présenter les actes de procédure au ministère des juges.

[842] Le Tellier reçut en 1624 la charge de conseiller au grand conseil. Ce conseil était «une importante cour de justice présidée par le chancelier, ayant à connaître de diverses affaires relatives aux dons royaux, brevets, offices, ainsi que de certaines affaires ecclésiastiques; il avait aussi à trancher les conflits de juridiction entre tribunaux» (Truchet).

[843] Il devint procureur du roi au Châtelet en 1631. Le Châtelet était le siège de la justice royale de Paris. La chambre du procureur du roi était spécialisée dans les causes relatives aux corps de métiers. Le Tellier devint maître des requêtes en 1638. Les maîtres des requêtes étaient des magistrats.

Dauphiné.[844]

A son retour de Normandie il fut choisi pour être intendant en Piémont, où monsieur Mazarin, qui n'était pas encore revêtu de la pourpre, ayant connu son mérite dans le maniement des affaires, conçut pour lui beaucoup d'estime et d'amitié.[845] Monsieur Mazarin ayant été fait cardinal en 1641 et monsieur de Noyers secrétaire d'Etat, qui avait le département de la guerre, s'étant retiré volontairement de la cour en l'année 1643, Son Eminence proposa au feu roi de faire exercer par commission cette charge par monsieur le Tellier, ce que Sa Majesté ayant agréé, il vint du Piémont à la Cour pour en faire les fonctions.[846] Monsieur de Noyers étant mort peu de temps après, il fut aussitôt pourvu en titre, de cette charge, dans les premiers mois de la minorité du roi.

Ce fut sur lui que la reine mère et le cardinal Mazarin se reposèrent davantage de toutes choses, pendant les temps difficiles de cette minorité. Il resta seul à Paris auprès de feu monsieur le duc d'Orléans, durant les voyages que leurs Majestés firent en Normandie, en Bourgogne et en Guyenne, avec plein pouvoir de contresigner les ordres de Son Altesse Royale, et même d'en expédier au nom du roi quand il le jugerait nécessaire pour le bien des affaires de Sa Majesté.[847]

Lorsque les troubles arrivés à Paris obligèrent le cardinal Mazarin de se retirer hors du royaume, la reine mère fut sollicitée d'éloigner aussi monsieur le Tellier; elle refusa longtemps cette demande, et il fallut qu'il la pressât lui-même de consentir à son éloignement, préférant par un zèle qui a peu d'exemples le service et les intérêts de l'état à sa propre fortune.[848]

Ayant été rappelé peu de temps après, il fut chargé lui seul du poids de toutes les affaires, alors très importantes et très épineuses. Il les conduisit néanmoins si heureusement, qu'après quelques conférences qu'il

---

[844] Omer Talon, seigneur de l'Estang (1595-1652), avocat général à partir de 1631.

[845] Le Tellier devint intendant en Piémont en 1640.

[846] Perrault embellit la vérité: Sublet de Noyers fut disgracié en 1643. En tant que secrétaire d'Etat, le Tellier avait l'administration du quart du royaume. Le Pelletier avait écrit: «Monsieur Des Noyers...se retira au mois d'avril 1643. Et comme il fallait pourvoir à l'exercice de sa charge qui avait le département de la guerre, M. le cardinal Mazarin proposa au roi monsieur le Tellier pour exercer cette commission». Un secrétaire pouvait se retirer sans se démettre de sa charge, c'est pourquoi le Tellier en reçut les fonctions à cette date, avant d'être pourvu du titre.

[847] Les voyages de «leurs Majestés» se firent dans l'intention de pacifier les troubles de la Fronde. Le voyage en Guyenne eut lieu en 1651 dans le contexte du blocus de Bordeaux, dont il est question dans l'éloge d'Abraham Duquesne.

[848] Le Tellier se retira à Chaville, dont il était seigneur, de juillet à décembre 1651. Autre ressemblance avec le Pelletier qui, selon Truchet, «raconte que c'est le ministre lui-même qui insista pour que la reine ne s'opposât pas à son départ que demandaient ses adversaires».

eut avec monsieur le duc d'Orléans, ce prince signa un traité par lequel il acceptait l'amnistie, et consentait de se retirer dans son appanage et de n'en sortir jamais pour venir à la Cour sans un ordre du roi par écrit.[849] Ensuite de cette négociation, Sa Majesté l'honora de la charge de trésorier de ses ordres, vacante par la mort de monsieur de Chavigny.[850]

Lorsque le cardinal Mazarin alla à Saint-Jean-de-Luz en 1659 pour négocier la paix et le mariage du roi avec Marie-Thérèse, infante d'Espagne, monsieur le Tellier demeura seul auprès du roi pour entretenir correspondance avec ce cardinal, qui lui adressait toutes les relations des conférences qu'il avait avec dom Louis d'Haro, pour en rendre compte au roi et à la reine mère, et lui envoyer ensuite les ordres de leurs Majestés pour finir cette double négociation.[851]

Le roi, ayant résolu en 1661 après la mort du cardinal Mazarin de gouverner son royaume par lui-même, choisit monsieur le Tellier pour être un de ses principaux ministres, et il eut en cette qualité l'honneur d'assister à tous les conseils que Sa Majesté tint jusqu'en 1677 que[852] le roi, voulant récompenser ses longs services, l'éleva le 30 octobre à la charge de chancelier de France, qui venait de vaquer par la mort du chancelier d'Aligre.[853] Quelque grande que soit cette dignité, on peut dire que les marques d'estime dont le roi accompagna son présent furent quelque chose de plus précieux que le présent même.

Il se donna tout entier à l'exercice de cette éminente charge, persuadé, comme il l'a dit plusieurs fois, *que ne pouvant juger partout, il était du moins obligé de répandre partout l'esprit de la justice, et de la faire régner dans tous les tribunaux de la monarchie.* Il serait difficile de rapporter toutes les grandes choses qu'il fit pour le bien de l'état, mais on ne peut oublier la joie qu'il ressentit lorsqu'il scella la révocation de l'édit de Nantes. Il dit, en sortant du sceau, *qu'il consentait de mourir, après avoir*

---

[849] Gaston d'Orléans fut exilé de la Cour le 21 octobre 1652, avec les principaux frondeurs.

[850] Ce fut en 1652 que le Tellier devint trésorier des ordres du roi, c'est-à-dire des ordres de chevalerie: ce sont l'ordre de Saint-Michel, l'ordre du Saint-Esprit et les ordres réunis de Notre-Dame-du-Mont-Carmel et de Saint-Lazare. Les ordres étaient dotés de biens et furent protégés par le roi. Les membres de l'ordre du Saint-Esprit recevaient une pension annuelle. Par ailleurs, le Tellier fut chargé de pleins-pouvoirs en 1654.

[851] Louis d'Haro (mort en 1662), duc de Carpio, neveu du comte-duc Gaspard d'Olivarès, à qui il succéda. Ministre de Philippe IV, de 1656 à 1659 il mena les négociations entre l'Espagne et la France qui aboutirent au traité des Pyrénées et au mariage entre Louis XIV et Marie-Thérèse.

[852] *que*: entendre *quand*.

[853] Etienne d'Aligre (1592-1677) devint garde des sceaux en 1672 à la mort du chancelier Séguier, et obtint l'office de chancelier en 1674.

vu l'exercice public de la religion prétendue réformée bani du royaume.[854]
Il mourut, en effet, peu de jours après.

La mort qui lui fut annoncée par l'archevêque duc de Reims son fils, ne l'ébranla point;[855] il l'envisagea avec beaucoup de fermeté, sans la moindre ostentation, et avec des sentiments de piété et d'humilité très édifiants qui ne furent accompagnés d'aucune faiblesse. Après avoir été muni des sacrements, il mourut à Paris entre les bras de sa famille le 30 octobre 1685 en prononçant ces paroles, *Misericordias domini in æternum cantabo.*[856] Il était âgé de quatre-vingt-deux ans six mois et onze jours.

Parmi le grand nombre de vertus qu'il posséda, celles qui éclatèrent davantage et qui formaient plus particulièrement son caractère, furent la prudence, la vigilance, et l'affabilité. Il fut toujours heureux,[857] surtout en enfants; le marquis de Louvois qui était l'aîné, ministre et secrétaire d'Etat, enchérit encore sur son assiduité au travail et sur sa vigilance.[858] Le second, archevêque duc de Reims, premier pair de France, maître de la chapelle du roi, commandeur de l'ordre du Saint-Esprit, et proviseur de Sorbonne, est très savant et fort recommandable pour le bon ordre et la discipline qu'il a établie et qu'il entretient dans tout son diocèse.[859] Monsieur le chancelier eut aussi une fille qui fut mariée à monsieur de Villequier, présentement duc d'Aumont, pair de France, et premier gentilhomme de la chambre du roi.[860] Elle mourut en l'année 1668. Le marquis de Barbésieux, secrétaire d'Etat, commandeur et chancelier des ordres du roi, petit-fils du chancelier dont nous venons de faire l'éloge, et fils du marquis de Louvois, marche sur les glorieuses traces de son père et de son aïeul.[861]

---

[854] Le Pelletier note, à propos de l'édit de Fontainebleau qui révoquait celui de Nantes, que quand le Tellier «y eut fait mettre le sceau, il dit publiquement qu'après avoir scellé cet édit, il mourrait content». Ces paroles rappellent le cantique de Siméon, Luc 2: 29-32.

[855] Charles-Maurice le Tellier (1642-1710), devint archevêque de Reims en 1671 à la mort d'Antonio Barberini.

[856] Comme le note Truchet, cette précision se trouve chez Bossuet mais elle est absente chez le Pelletier. La référence est au Psaume 89 (Vulgate LXXXVIII), verset 1.

[857] *Heureux*: signifie «Qui rend fortuné, qui est favorable et avantageux» (*Dictionnaire de l'Académie française*, 1694).

[858] Michel le Tellier, marquis de Louvois (1641-91), exerça les fonctions de secrétaire d'Etat pour la guerre conjointement avec son père de 1662 à 1677 et lui succéda après cette date.

[859] Richelieu avait précédemment été proviseur de Sorbonne.

[860] Madeleine le Tellier (mort en 1668) épousa en 1660 Louis-Marie-Victor de Villequier (1632-1704), qui devint duc d'Aumont en 1669.

[861] Louis-François-Marie le Tellier de Louvois, marquis de Barbésieux (1668-1701). En 1685 Louvois lui avait remis la survivance de sa charge de secrétaire d'Etat à la guerre, et en 1691, à la mort de son père, il s'occupa de l'intendance.

Jean Baptiste Colbert Marquis de Seignelay
Ministre et Secretaire d'Estat

JEAN-BAPTISTE COLBERT
MARQUIS DE SEIGNELAY
[1651-1690]

Il était fils aîné de monsieur Jean-Baptiste Colbert,* ministre et secrétaire d'Etat, dont il a été parlé dans le premier volume. Après qu'il eut fait ses études, son père, qui au milieu des plus grandes affaires dont il était chargé, avait une application continuelle à l'éducation de ses enfants, le fit voyager en Italie et en Angleterre, pour commencer à former son esprit qui promettait déjà beaucoup, en attendant qu'il pût achever lui-même de l'instruire autant par ses avis que par son exemple.[862] Quelque temps après son retour, le roi lui accorda la charge de secrétaire d'Etat en survivance de son père, qui commença d'abord à se décharger sur lui d'une partie du détail de la marine.[863] Ayant un esprit supérieur, une grande mémoire, une facilité merveilleuse à concevoir, à parler et à écrire, les instructions d'un tel père le mirent bientôt en état de soutenir lui-même avec une extrême capacité, le poids de toutes les affaires de la mer. Quoique l'application avec laquelle il s'y attacha eût donné lieu à un grand nombre de découvertes importantes pour rendre la marine aussi utile qu'elle l'a été dans la suite, son grand génie parut encore davantage lorsque, succédant à monsieur Colbert,* il eut à maintenir le bon ordre, la discipline, et tant de beaux établissements qu'il trouva commencés.[864]

Le roi ayant résolu de châtier les Génois, et l'entreprise paraissant très difficile à exécuter, monsieur de Seignelay fut chargé de ses ordres, avec un pouvoir le plus ample qu'on puisse donner à un ministre, il exécuta ce qui avait paru impossible,[a] et le doge avec quatre sénateurs furent obligés de venir faire leurs soumissions à Sa Majesté et de recevoir les conditions qu'elle voulut leur accorder.[865]

---

[862] Seignelay fit ses études chez les jésuites sous la direction du père Bouhours (1664) et, dès 1670 fut pris en main par son père qui prépara pendant six ans son fils à devenir ministre. Seignelay visita l'Italie et l'Angleterre in 1671 et fit une deuxième visite en Angleterre en 1672. La même année, son père le fit admettre auprès du roi pour suivre les affaires courantes de la marine et pour signer les dépêches.

[863] En 1669 Colbert avait obtenu pour son fils la succession de ses charges; Seignelay commença à assumer ces responsabilités vers 1676.

[864] Colbert mourut en 1683 et Seignelay lui succéda comme secrétaire d'Etat à la marine, mais il n'eut pas l'intendance des bâtiments.

[865] La *Biographie Universelle* note à propos de ces événements: «En 1684, les Génois, alors alliés de la France, ayant construit quelques frégates pour le service de l'Espagne, le roi leur fit défense de les lancer à la mer. Sur leur refus d'obéir, une flotte, sur laquelle se trouvait Seignelay, sortit de Toulon, parut devant Gênes, et commença le bombardement de cette ville».

Les corsaires[866] de Tripoli et ceux de Tunis avaient, contre la foi des traités, pris quelques vaisseaux français qui négociaient sans précaution, et il était de l'honneur et de l'intérêt de la nation que leur insolence ne demeurât pas impunie. Le roi conçut le dessein de les faire attaquer, et il chargea le marquis de Seignelay de l'exécution.[867] Les ordres de Sa Majesté furent executés avec tant de succès, que ces deux républiques furent obligées à demander la paix, et à l'accepter telle que Sa Majesté la leur imposa, et à restituer l'une cinq cent mille livres, et l'autre deux cent quarante mille livres pour le dédommagement des Français.

Les corsaires d'Alger, dont la ville avait été bombardee en 1683, furent contraints cette même année de demander la paix au roi, pour éviter le nouveau malheur qui les menaçait.[868]

Le conseil d'Espagne avait fait saisir, dans les Indes occidentales, les marchandises achetées des Français. Le roi prévoyant les suites dangereuses de cette violence, commanda au marquis de Seignelay de faire armer quarante vaisseaux pour obliger les Espagnols à rendre justice aux Français. L'affaire fut conduite avec tant de prudence et de vigueur, que sans alarmer les autres puissances de l'Europe, qui était alors dans une profonde paix, les Espagnols rendirent quinze cent mille livres, à quoi montait la saisie des effets des marchands, et elles furent distribuées aux intéressés avec une entière fidélité, le roi s'étant contenté de la gloire d'avoir empêché l'oppression et la vexation de ses sujets.

La réputation de la grandeur du roi ayant été portée aux pays les plus éloignés par les vaisseaux français, engagea le roi de Siam à envoyer, des extrémités de l'Asie, une ambassade solennelle en France.[869] Sa Majesté crut qu'il était à propos de profiter de cette conjoncture, et chargea le marquis de Seignelay de travailler à jeter les fondements d'un traité qui eût pu rendre le commerce des Français fort supérieur à celui des autres nations dans les Indes orientales, si une révolution que toute la prudence humaine ne pouvait prévoir, n'en eût empêché l'exécution.[870]

Les Algériens avaient recommencé leurs hostilités en 1687. Il fut résolu de les humilier de telle manière qu'il n'y eût plus sujet de craindre

---

[866] *Corsaire*: «Pirate, écumeur de mer, qui va en course avec commission d'un état, ou d'un prince souverain» (*Dictionnaire de l'Académie Française*, 1694).

[867] Ces événements se situent vers 1678.

[868] Sur les événements de ce paragraphe et du paragraphe précédent, voir l'éloge d'Abraham Duquesne.

[869] Cette ambassade arriva à Paris en 1684.

[870] Le roi du Siam, Phra Naraï, avait sollicité en 1686 l'envoi vers son pays de troupes françaises. Pourtant, en mai 1688, peu de temps après leur arrivée, le roi fut détrôné et les troupes françaises se virent assiégées et rapatriées vers Pondichery après de durs combats.

qu'ils en vinssent à de nouvelles ruptures. Le succès en fut tel, qu'ils furent obligés en 1688 de se soumettre à toutes les conditions que Sa Majesté leur prescrivit; et ils n'ont osé depuis, même durant que les forces navales du roi étaient occupées ailleurs, violer la paix qu'il plut à Sa Majesté de leur accorder.

La guerre qui s'alluma dans toute l'Europe à la fin de 1688 donna au marquis de Seignelay une nouvelle occasion de faire paraître autant de zèle que de grandeur de génie, en exécutant la résolution que le roi prit d'opposer une puissante flotte à deux nations qui s'étaient jusqu'alors disputées l'empire de la mer, et qui ayant joint toutes leurs forces ne croyaient pas que la France pût penser à autre chose qu'à la défense de ses côtes. Sa Majesté voulut non seulement qu'il allât sur les ports pour faire partir sa flotte, mais qu'il s'embarquât dessus.[871] Un détachement de vaisseaux mena un grand convoi en Irlande, et défit une escadre anglaise fort supérieure dans la baie de Bantrie.[872] La jonction des vaisseaux du levant avec ceux du ponant se fit sans que les ennemis pussent l'empêcher; et ensuite la flotte du roi, tenant la mer, les obligea de s'aller cacher dans leurs ports.[873]

Au retour de cette campagne le roi l'honora de la place de ministre d'Etat, et après le compte qu'il rendit à Sa Majesté de l'état de la marine, il fit, suivant ses ordres, un nouveau projet d'armement pour l'année 1690 qui, ayant été heureusement exécuté, fut suivi de l'heureux succès de la bataille gagnée dans la Manche à la hauteur du cap de Béveziers.[874]

Au retour de ce voyage il tomba dans une maladie de langueur, dont il mourut le 3 novembre 1690 à la fleur de son âge, n'ayant que 39 ans.[875]

Le roi perdit par sa mort un ministre qui ayant été formé presque sous les yeux et sous la main de Sa Majesté avait autant d'attachement pour sa personne que de zèle pour l'honneur et pour le bien public du royaume; d'un génie vif, actif et intrépide, fécond en expédients, et à qui rien ne paraissait impossible quand il s'agissait de la gloire et du service d'un si

---

[871] Il s'agit de la Guerre de la Ligue d'Augsbourg (1688-97) et les deux nations sont la Hollande et l'Angleterre.

[872] Cette action navale se situe en 1689 et faisait partie de l'initiative de remettre Jacques II sur le trône d'Angleterre. La tentative échoua à la bataille du Boyne (1690).

[873] *Ponant*: «Occident. La partie du monde qui est au couchant du soleil. En ce sens il n'est pas fort en usage. Il se dit plus ordinairement en terme de marine, ou souvent pour distinguer l'Océan de la Méditerranée qui est au Levant. On l'appelle, *la mer du Ponant*» (*Dictionnaire de l'Académie Française*, 1694).

[874] Seignelay devint ministre d'Etat en 1689 et la bataille de Béveziers (Beachy Head) eut lieu en 1690.

[875] Selon le *Dictionnaire de Biographie Française*, Seignelay serait mort d'un cancer généralisé; d'après le *Dictionnaire du Grand Siècle*, il mourut d'excès de travail et de plaisirs.

grand maître.

La Cour perdit un de ses plus grands ornements, parce que sa magnificence, la délicatesse de son esprit, l'agrément de sa conversation, l'amour des lettres et des personnes distinguées par leur mérite, la connaissance exquise des beaux arts, et plusieurs autres grandes qualités, attiraient chez lui les personnes les plus considérables, et la compagnie la plus choisie.

Il avait été marié deux fois. La première avec mademoiselle d'Alègre, dont il eut une fille qui mourut en bas âge. Il épousa en secondes noces mademoiselle de Matignon, dont il eut cinq garçons.[876] Il est enterré à Saint-Eustache, dans la chapelle où est la sepulture de sa maison.

---

[876] Seignelay épousa d'abord, en 1675, Marie-Marguerite d'Alègre qui mourut en 1678; en 1679 il épousa en secondes noces Catherine-Thérèse de Matignon-Thorigny (qui était le Tellier par sa mère).

Achilles de Harlay

ACHILLE DE HARLAY
PREMIER PRESIDENT AU PARLEMENT DE PARIS
[1536-1616]

Achille de Harlay, fils aîné de Christophe de Harlay, président au parlement de Paris, naquit le 7 mars 1550 avec tous les avantages que la nature peut donner à ceux qu'elle aime.[877] La maison de Harlay est très noble, et très ancienne, les uns la tiennent originaire d'Angleterre, les autres de la Franche-Comté où ils prétendent qu'elle a pris son nom de la ville de Harlay, première baronnie de ce pays, laquelle a été longtemps dans leur maison, et passa ensuite dans celles de Chabot et de Nassau. François de Harlay, fils de Philbert, fut le premier qui vint s'établir en France. Il vivait sous le règne de Charles Vl et de Charles VII. Il fut conseiller et chambellan du roi, et laissa de Louise de Berbisi son épouse Nicolas, dit Colinet de Harlay sieur de Grandvilliers et de Nogent, et François, religieux de Saint-Bénigne de Dijon. Nicolas fut conseiller du roi Charles VI et l'un des maîtres ordinaires de son hôtel. Il eut Jean de Harlay sieur de Grandvilliers, Nogent et Cézy, qui se signala durant les guerres contre les Anglais et mérita l'ordre de chevalerie qu'il reçut de Jean duc de Bourbon. Le roi Louis XI se servit de lui en plusieurs occasions très importantes. Il épousa Louise Lhuillier, dont il eut plusieurs enfants qui firent plusieurs branches, et entre autres Christophe de Harlay président au parlement de Paris, père d'Achilles de Harlay dont nous faisons l'éloge.[878]

Achilles de Harlay eut un esprit vif, pénétrant, et supérieur à toutes les sciences que l'on voulut lui enseigner, de sorte qu'il fut reçu conseiller au parlement à l'âge de vingt-deux ans. A trente-six ans il fut fait président à la place de son père, qui mourut cette même année, et le premier président Christophe de Thou son beau-père étant décédé quelque temps après, le roi Henri III lui donna sa charge, et le mit à la tête du premier parlement de

---

[877] La date de naissance est évidemment fautive puisque, selon Perrault, Harlay mourra en 1616 à l'âge de 80 ans. L'erreur est maintenue dans la deuxième édition. Pour le deuxième paragraphe de cet éloge Perrault s'inspira peut-être des *Eloges de tous les premiers présidents du parlement de Paris* par Jean-Baptiste de l'Hermite-Souliers et François Blanchard. Selon ces auteurs, Harlay naquit le 7 mars 1536.

[878] Selon Perrault, Christophe (mort en 1572) fut le fils de Jean de Harlay et de Louise Lhuillier; selon Moréri, Chistophe fut le fils de Germaine Cœur, seconde épouse de Jean; selon le *Dictionnaire de Biographie Française*, Christophe, petit-fils de Jean et de Louise Lhuillier, fut le fils de Louis et de Germaine Cœur. De toute manière, Christophe fonda la branche des Harlay de Beaumont, son frère Robert fonda celle de Sancy, et son frère Jean celle de Cézy et de Champvallon. L'arrière-petit-fils de Louis fut François de Harlay, archevêque de Rouen et de Paris, dont Perrault fera mention ci-après.

France.[879] Ce fut là qu'il eut occasion d'exercer toutes les vertus dont le Ciel l'avait pourvu si libéralement. Sa justice exacte et régulière ranima celle de tout le corps, et son zèle incomparable pour le service de son prince et de sa patrie éclata en une infinité de rencontres, que le malheur et la difficulté des temps firent naître. Le jour des barricades où toutes les forces de la révolte s'élevèrent contre lui, ni les menaces des grands, ni les insultes d'un peuple insolent ne purent ébranler sa constance. Il détesta toujours les emportements de ceux qui, sous le voile de la religion, violaient le respect et l'obéissance qu'ils devaient à l'autorité royale, contre le commandement formel de cette même religion. Il déclara courageusement aux chefs principaux de la Ligue, que son âme était à Dieu, son cœur au roi, et que son corps seul était au pouvoir des révoltés.[880] Sous le règne de Henri IV il s'appliqua fortement à rétablir les lois, et à faire refleurir la justice. Lorsqu'il se vit dans un âge qui demandait le repos, il se démit de sa charge de premier président entre les mains de Nicolas de Verdun, et mourut quelque temps après, le 25 octobre 1616, âgé de quatre-vingts ans.[881]

Quelque éclat que la famille de Harlay, très illustre d'un temps presque immémorial, ait tiré des vertus et des belles actions de ce grand homme, elle n'est pas moins redevable de sa splendeur à ceux de la même famille qui lui ont succédé. Nous venons de perdre un archevêque qui par ses grandes qualités s'est fait admirer de tous les ordres du royaume,[882] et

---

[879] Harlay devint conseiller au parlement de Paris en 1558, avec dispense d'âge. Il fallait normalement avoir vingt-cinq ans. Il fut fait président en 1572 et premier président en 1582, à la mort de Christophe de Thou, père de Jacques-Auguste de Thou.

[880] Ces même propos sont évoqués par Jacques de la Vallée dans son *Discours sur la vie et la mort d'Achille de Harlay* (1616). Selon l'auteur, le duc de Guise, chef des ligueurs, entra par la force dans la maison de Harlay, après que le roi eut quitté Paris le lendemain de la journée des barricades, le 13 mai 1588. Harlay lui déclara: «C'est grand'pitié quant le valet chasse le maître! Au reste, mon âme est à Dieu, mon cœur est à mon roi, et mon corps est entre les mains des méchants et à la violence. Que l'on en fasse ce que l'on voudra» (cité dans Cimet et Danjou, *Archives curieuses de l'histoire de France*, 1ère série, xv (Paris, 1834-40), p. 431). En fait, poursuivi par ses ennemis, Harlay passa quelques mois en prison de juin à août 1589, et en sortit quelques jours après l'assassinat d'Henri III. Pourtant, Perrault ne semble pas avoir fait des emprunts textuels de l'ouvrage à la Vallée.

[881] Il se démit de sa charge de premier président en 1611. Ce texte passe donc sous silence presque trente ans de la vie active de Harlay. En fait Harlay lui-même occupe peu de place dans cet éloge, qui doit sans doute être considéré non seulement comme celui d'un grand homme qui vivait à une époque déjà révolue, mais aussi de ses descendants, gens importants et toujours en place au moment où Perrault écrivait.

[882] François de Harlay (1625-1695), archevêque de Paris à partir de 1671, ennemi des jansénistes et promoteur de la révocation de l'Edit de Nantes. *Ordre*: «se dit...des corps qui composent un état. [...] *En France les états sont composés de trois ordres:*

nous avons le bonheur d'avoir à la tête du premier parlement de France le petit-fils et l'héritier du nom et de toutes les vertus de celui dont nous parlons, qui animé du même zèle pour la justice, l'a^a dégagée de toutes les chicanes et de toutes les longueurs qui souvent ne font pas moins de mal que l'injustice même; sa parfaite intégrité se répand par tout le corps, et l'étroite discipline qu'il fait observer jusqu'aux moindres officiers de cette compagnie, écarte des procès ce qu'ils ont de plus incommode et de plus insupportable.[883]

---

l'ordre ecclésiastique, l'ordre de la noblesse, et le tiers état (*Dictionnaire de l'Académie Française*, 1694).

[883] Achille III de Harlay (1639-1712) premier président en 1689, il sera renvoyé en 1712. En fait il est l'arrière-petit-fils d'Achille Ier. Le père d'Achille III, Achille II de Harlay (1606-1671), avait épousé en 1638 Jeanne-Marie de Bellièvre, sœur de Pompone de Bellièvre, dont le portrait suit. Elle mourut en 1657, âgée de 40 ans.

Pompone de Bellieure
Premier President du Parlement de Paris

POMPONE DE BELLIEVRE
PREMIER PRESIDENT
[1606-1657]

La maison de Bellièvre est originaire de Lyon, et a été très féconde en grands personnages.[884] Elle a donné des archevêques à cette même ville, un chancelier à la France, des présidents au mortier et un premier président au parlement de Paris, et deux à celui de Grenoble.[885] Ils ont servi nos rois avec beaucoup de zèle et de fidélité, et ils méritent encore aujourd'hui qu'on regarde chacun d'eux comme le modèle d'un parfait magistrat, et d'un véritable homme de bien. Celui dont j'entreprends l'éloge fut fils de Nicolas de Bellièvre président au parlement de Paris, et vint au monde avec toutes les bonnes qualités qu'on pouvait souhaiter, de l'esprit, de la sagesse, et de la docilité. Son père qui voulait que rien ne manquât à son fils, lui donna une éducation qui augmenta tous ces dons naturels, et qui y ajoûta la politesse, la bonne grâce, et une connaissance universelle de tous les beaux arts. Après ses études, on le mit à l'académie où il apprit à monter à cheval, et tous les exercices du manège.[886] Il fut reçu conseiller au parlement à l'âge de vingt-deux ans, et donna dans la fonction de cette charge des marques singulières de la droiture de son âme, et de la pénétration de son esprit dans les affaires. Le roi qui en eut connaissance, l'appela dans son conseil, et créa pour lui et pour monsieur de Thou deux charges de maîtres des requêtes en considération de leur mérite.[887] Il fut

---

[884] Pour les grandes lignes de cette notice, Perrault semble suivre l'éloge de Pompone de Bellièvre qui se trouve dans les *Plaidoyers et Œuvres diverses* de Patru, bien que ce dernier texte relève du panégyrique plutôt que du récit historique.

[885] Voici quelques membres de la famille de Bellièvre auxquels Perrault fait allusion. *Archevêques*: Albert de Bellièvre (mort en 1621) et Claude II de Bellièvre (mort en 1612), l'un après l'autre archevêque de Lyon; ils sont fils de Pompone Ier. *Chancelier*: Pompone Ier de Bellièvre (1529-1607), chancelier de 1599 à 1607. *Présidents à Paris*: Nicolas de Bellièvre (1583-1650), fils de Pompone Ier et père de Pompone II, président à mortier et premier président; Pompone II devint président à mortier en 1642, à la démission de son père. *Présidents à Grenoble*: Claude Ier de Bellièvre (1487-1577) et Jean de Bellièvre (1524-1584).

[886] *Académie*: «Se dit aussi du lieu où la noblesse apprend à monter à cheval et les autres exercices. *Il a mis son fils à l'Académie*» (*Dictionnaire de l'Académie Française*, 1694). Pluvinel, évoqué dans l'éloge de Jacques de Solleysel, fonda sous Henri III une académie à Paris où on apprit, à part l'équitation, les mathématiques, la littérature, la peinture et la musique. Pourtant, selon Patru, «ce fut dans les agréables solitudes de Grignan que Pompone, presque encore enfant, apprit la musique, l'architecture, la peinture, et tout ce que l'esprit humain a pu inventer soit pour la commodité, soit pour le plaisir de la vie».

[887] Pompone de Bellièvre fut reçu conseiller au parlement en 1629 et obtint la

envoyé en intendance en Languedoc, où le peuple ne fut pas moins charmé de sa justice et de sa douceur, que le roi fut content du bon compte qu'il rendait de toutes les affaires qui passaient par ses mains.

La facilité qu'il eut à démêler ce qu'elles avaient de plus difficile, et à concilier les intérêts des parties les plus opposés, qu'il accommodait plus souvent qu'il ne les jugeait, le fit choisir par le roi pour trois ambassades qui se succédèrent l'une à l'autre. La première en Italie.[a] Il n'avait alors que trente-huit ans, mais il fit bien voir que la sagesse n'est pas toujours le fruit d'un grand âge.[888] Il régna sur ces esprits déliés, qui pensent que hors de leur terre et de leur soleil il n'y a ni politique ni prudence. De là il passa en Angleterre, où sa présence arrêta les cruautés qu'on allait exercer contre les catholiques.[889] Son éloquence appaisa l'orage prêt d'éclater, et mit le calme dans ce royaume. La troisième ambassade fut en Hollande, et ne fut pas moins heureuse que les deux autres.[890] Il s'acquitta de ces trois importantes négociations avec tant d'habileté et avec tant de succès pour la France que le roi, pour reconnaître l'importance des services qu'il lui avait rendus, lui donna la charge de premier président du parlement de Paris.[891] Jamais cette place ne fut remplie avec plus de grandeur ni plus de dignité; mais la France ne jouit pas longtemps de ce bonheur. Il mourut le 13 mars 1657, âgé de cinquante ans six mois et dix jours.

Comme la dignité de premier président a pour annexe la qualité de premier administrateur de l'Hôtel-Dieu de Paris, afin que celui qui préside à la justice préside aussi à la miséricorde, monsieur de Bellièvre avait si bien compris les obligations où il était d'avoir un soin particulier des pauvres, que ne se contentant pas de veiller sur les besoins des malades de cet hôpital, il voulut que sa charité s'étendît aussi sur ceux à qui le bien de la santé restait encore, et prendre soin non seulement de leurs corps, mais de leur âme. Pour cet effet il jeta les fondements de l'Hôpital Général, projet qui avait passé par l'esprit du grand chancelier, Pompone de

---

charge de maître des requêtes en 1631. François-Auguste de Thou (1607-1642), fils de Jacques-Auguste de Thou, magistrat, fut décapité à Lyon pour complicité dans l'affaire Cinq-Mars.

[888] *Trente-huit ans*: Il s'agit probablement d'une erreur d'ordre typographique, mais qui se maintient dans la deuxième édition des *Hommes illustres*. Il fut nommé ambassadeur en Italie en 1635, et selon Patru, «il n'avait alors que vint-huit ans, mais il fit bien voir que la sagesse n'est pas toujours le fruit d'un grand âge».

[889] Pomponne de Bellièvre fut ambassadeur en Angleterre à deux reprises, en 1638 et 1646. Voir *The Diplomatic Correspondence of Jean de Montereul with the brothers de Bellièvre*, Scottish History Society, vols. 29-30 (Edimbourg, 1898-99).

[890] Troisième ambassade, en Hollande, 1651. Perrault qualifie cette ambassade d'«heureuse», pourtant Pomponne de Bellièvre quitta la Hollande aussitôt, suite à une querelle sur la préséance.

[891] Pomponne de Bellièvre devint premier président en 1653.

Bellièvre son grand père, mais dont le Ciel lui réservait l'exécution.[892] Il avait remarqué qu'il y a une nation sur la terre qui ne connaît presque point Dieu, qui ne se soucie ni des princes ni des lois, qui a pour règle de faire tout ce qu'elle peut faire impunément, et qui n'est retenue ni par la pudeur, ni par l'honnêteté.[893] Monsieur de Bellièvre entreprit de civiliser cette nation farouche et brutale, et de lui donner de la religion, des lois, et de la pudeur. Cette entreprise parut d'abord une pure idée,[894] mais l'expérience a fait voir que cet établissement n'était pas impossible. Il en vint à bout par ses soins, et avec le secours de ses charités particulières, qui furent très considérables. Il leur laissa même par son testament le lit où il est mort, avec tout l'emmeublement dont il faisait partie. Plusieurs ont voulu qu'une des principales raisons qui l'ont empêché de se marier a été l'amour des pauvres, et le plaisir de n'avoir qu'eux seuls pour ses enfants.[895] Cette charité est quelque chose de bien estimable, surtout quand elle est jointe avec une infinité d'autres vertus dont la moindre dans le degré où monsieur de Bellièvre les a possédées, aurait suffi pour en faire un très grand personnage.

---

[892] L'Hôpital Général, créé le 27 avril 1656, fut construit à l'emplacement du petit Arsenal, lieu dit de la Salpêtrière. Il fut l'œuvre de la compagnie du Saint-Sacrement, soutenue par Pompone de Bellièvre. Les pavillons Bellièvre et Fouquet portaient alors le nom des bienfaiteurs qui avaient financé leur construction.

[893] Cette nation se compose des pauvres. On lit dans Moréri «Il entreprit en même temps [vers 1653] l'établissement de l'Hôpital Général pour les pauvres, dont la plupart vivaient sans mariage, sans baptême, et sans sacrements, et dans une licence où ils ne connaissaient ni lois divines, ni humaines». Patru dit que les pauvres «ne connaissaient ni mariage, ni baptême, ni sacrements; il ne connaissaient ni lois humaines, ni lois divines».

[894] *Idée*: chimère.

[895] Perrault a tort de croire que Pompone de Bellièvre ne se maria pas. Selon Amelot de la Houssaye, «Il avait épousé une fille du surintendant de Bullion, dont il avait eu 800 mille francs. Il n'en eu point d'enfants. Il passait universellement pour impuissant; mais il n'en fut pas moins aimé de sa femme, qui était très belle et très vertueuse» (*Mémoires historiques, politiques, critiques et littéraires*, II, 61-62). Claude de Bullion (mort en 1640) devint surintendant des finances en 1632. Moréri nous apprend que sa fille s'appelait Marie.

Francois Pithou

FRANÇOIS PITHOU
AVOCAT EN PARLEMENT
[1543-1621]

La famille de messieurs Pithou est originaire de la ville de Vire en Normandie. Dans le dénombrement des gentilshommes qui se croisèrent en l'année 1160 il est fait mention d'un Guillaume Pithou, qui portait les mêmes armes que portent encore aujourd'hui les Pithou de la ville de Troyes.[896] Le père de celui dont je parle, très habile jurisconsulte au rapport de toute la Champagne qui recourait à lui pour être réglée sur tous ses différends et selon le témoignage de Cujas même, eut deux enfants, Pierre et François, non seulement dignes de lui, mais qui le surpassèrent.[897] On trouverait ici le portrait et l'éloge de Pierre Pithou, qui était l'aîné, s'il n'était point mort dans le siècle précédent, et si nous ne nous étions pas imposé la loi de ne point sortir du siècle où nous vivons; car c'était un homme très digne d'occuper une place dans ce recueil. Son mérite extraordinaire le fit choisir par Henri III pour être son procureur général en la chambre de justice qu'il envoya dans la Guyenne en l'année 1582 et il fut un de ceux qui travailla le plus utilement, et avec le plus de zèle, à la reddition de Paris sous l'obéissance du roi Henri IV.[898]

François Pithou son frère, qui est celui dont je fais l'éloge, naquit à Troyes en l'année 1544.[899] Ce fut un des plus savants hommes de son

---

[896] *Se croiser*: «Prendre la croix et s'enrôler pour une guerre sainte» (*Dictionnaire de l'Académie Française*, 1694).

[897] Pierre I Pithou (1496-1554), jurisconsulte, eut dix enfants, dont deux fils jumeaux de sa première femme. Il épousa en secondes noces Bonaventure de Chantaloé; Pierre II et François, dont Perrault parlera ci-après, sont les deux aînés de ce deuxième mariage. Selon Haag, Pierre I sympathisait avec la Réforme et aurait embrassé la foi protestante sur son lit de mort; la mère de Pierre II et François était catholique. Jacques Cujas (1522-90), jurisconsulte français, rénova l'étude du droit romain.

[898] Pierre II Pithou (1539-1596) fut avocat au parlement de Paris à vingt et un ans, après avoir étudié pendant cinq ans sous Cujas. Protestant, il gagna le territoire de Sedan, et rentra en France après la pacificaction de 1570 (édit de Saint-Germain); il échappa à la Saint-Bathélemy (1572) et abjura l'année suivante. Pierre Pithou participa à la *Satire Ménippée* (1593) et contribua à la reddition de Paris (1594) en composant un mémoire où il démontrait aux évêques de France qu'ils pouvaient de leur propre autorité, et en dépit des prétentions pontificales, relever le roi de l'excommunion et se soumettre à son obéissance. Sur les fonctions du procureur général, voir l'éloge de le Tellier.

[899] Selon la plupart des ouvrages de référence, François Pithou naquit en 1543. Perrault passe sous silence la période de sa jeunesse: de religion protestante, il quitta la France pour échapper à la prison, et voyagea en Angleterre, en Italie, en Allemagne et

temps, qui fit de grandes découvertes dans la jurisprudence et dans les belles lettres. Nous lui devons les *Fables* de Phèdre, que l'on n'avait point encore vues, et qui étaient demeurées en manuscrit dans la poussière des bibliothèques depuis le temps d'Auguste. Il envoya ce manuscrit à son frère, et l'ayant relu ensemble ils le mirent aussitôt sous la presse.[900] Ce fut un grand présent qu'ils firent au public, et les belles lettres leur en sont bien redevables, puisqu'il est vrai qu'il n'y a rien dans toute l'antiquité de mieux narré, ni avec une plus grande délicatesse que les fables de cet auteur, ni où on trouve une latinité plus pure.

François Pithou passa presque toute sa vie à faire revivre les anciens auteurs soit en les corrigeant, soit en les illustrant par des notes très savantes et très curieuses.[901] Personne n'a jamais su un auteur grec ou latin, quel qu'il soit, plus parfaitement qu'il les possédait tous ensemble, pour les avoir conférés avec les plus vieux exemplaires, et pour les avoir digérés par une longue et profonde méditation. Personne n'a eu aussi une connaissance plus exacte de l'histoire de France, et de celle de toute l'Europe, de même que des mœurs et des coutumes de tous les différents peuples qui la composent, connaissance qu'il avait acquise avec un travail inconcevable, tant par la lecture des auteurs qui en ont traité, que par la communication des registres des villes, des parlements, des chambres des comptes des églises, et des monastères dont il avait transcrit de sa main tout ce qu'il avait jugé digne d'être remarqué; en sorte qu'il était prêt de répondre non seulement sur tous les différends qui peuvent naître entre les particuliers, en leur faisant voir ce que les lois, les ordonnances et les usages en ont réglé, mais de donner de bons conseils pour le maniement des affaires publiques.[902] Aussi quoiqu'il n'ait possédé aucune charge de magistrature, il n'a pas laissé de contribuer beaucoup au bien de la patrie,

---

se fixa à Bâle; en 1578 il revint en Frence, abjura le protestantisme et fut reçu avocat au parlement de Paris en 1580.

[900] *Fabularum Æsopiarum libri V* (1596). Cette édition est attribuée au seul Pierre Pithou: voir ce que dit Perrault à la fin de cet éloge sur le désir de François Pithou de garder l'anonymat. Sur les *Fables* de Phèdre et la provenance du manuscrit que publia Pierre Pithou, on lit dans la *Biographie Universelle*: «François Pithou les rendit à l'admiration de l'Europe lettrée, en les tirant, non, comme on l'a dit, de la bibliothèque de Saint-Rémy de Reims, mais vraisemblablement des débris de la riche bibliothèque de Saint-Benoît-sur-Loire, pillée en 1562 par les calvinistes, et dont Pierre Daniel, bailli de cette abbaye, avait sauvé ou racheté tout ce qu'il avait pu de manuscrits et de livres rares».

[901] Par exemple, il publia en 1599 *Rhetores latini ex veteribus manuscriptis aucti et restituti*.

[902] François Pithou publia dans ce domaine le *Traité de la grandeur, des droits, prééminences et prérogatives des rois du royaume de France* (1587) et le *Liber legis salicæ glossarium sive interpretatio rerum et verborum obscuriorum quæ in hac lege habentur* (1602).

par les bons avis qu'il donnait à ceux qui alors étaient en place.

Il fonda un collège dans la ville de Troyes où il y a encore exercice, et qui ne fleurit pas moins aujourd'hui qu'aux premiers jours de son institution.[903] Le roi Henri IV le nomma procureur général de la chambre de justice contre les gens d'affaires, où il donna de grandes marques de sa suffisance et de sa fermeté. Il fut aussi choisi par ce même prince pour aller à la conférence qui se fit à Fontainebleau entre le cardinal du Perron,* et le sieur Duplessis-Mornay, sur le livre que ce dernier avait composé contre la messe.[904] Quand il fut question de régler les limites entre la France et les Pays-Bas, et de reconnaître quelles étaient les anciennes bornes de ces états, il fut du nombre de ceux à qui la commission en fut donnée.[905]

Il était occupé à faire imprimer les fragments de l'histoire de saint Hilaire évêque de Poitiers, lorsqu'il tomba malade de la maladie dont il mourut le 7 février 1621.[906] Il était âgé de soixante-dix-sept ans, six mois et dix-sept[a] jours. C'était un homme d'une vertu très exacte, et d'une modestie très exemplaire. Il n'a jamais voulu souffrir qu'on mît son nom à aucun des ouvrages qu'il a donnés au public, quoique ces ouvrages soient excellents, et lui faisaient beaucoup d'honneur.

---

[903] A sa mort, François laissa à la ville de Troyes sa maison et la plus grande partie de sa fortune pour la fondation d'un collège.

[904] Du Plessis-Mornay, *Traité de l'Eucharistie*, 1598.

[905] Les frontières de la France et des Pays-Bas furent fixées aux conférences de Fontainebleau (1600) par le traité de Vervins.

[906] Selon la *Biographie Universelle*, François Pithou mourut le 25 janvier, et selon le *Dictionnaire des lettres françaises*, le 5 février.

Nicolas Le Fèvre

NICOLAS LEFEVRE
PRECEPTEUR DE LOUIS XIII
[1544-1612]

Celui dont j'entreprends ici l'éloge a réuni en sa personne deux qualités qui ne se rencontrent pas ordinairement ensemble, une profonde érudition, et une très grande simplicité.[907] Ce dernier avantage lui venait du bon fond de son naturel, et de l'éducation chrétienne qu'il avait reçue de ses parents; pour l'autre, il le tenait de son application continuelle à l'étude. Il naquit le 4 juillet 1543[908] et commença ses études au collège de la Marche, où il pensa mourir dès les premières années de son enfance par un accident bien singulier et bien cruel. Il taillait une plume, ce qu'il en avait emporté avec le canif lui sauta dans l'œil, où voulant porter la main dans le moment, à cause de la douleur vive qu'il ressentit, il y porta aussi la pointe du canif, qui lui creva l'œil de telle sorte que toute l'humeur qu'il renfermait en sortit, et se répandit sur l'habit de son frère qui était proche. Il en tomba grièvement malade, et lorsqu'il revint en santé, il sembla que la force de l'œil perdu était passée toute entière dans l'autre œil, dont il voyait aussi clair que des deux quand il les avait. Son père étant mort, sa mère eut toute l'attention possible à faire que rien ne manquât à ses études. Quand il eut achevé ses humanités et sa philosophie, elle l'envoya avec son frère à Turin, ensuite à Pavie, et enfin à Boulogne pour y apprendre le droit sous d'excellents maîtres qu'il y avait alors en ces pays-là, pour ne rien omettre de ce qui pouvait contribuer à former son esprit et ses mœurs. Il continua de voyager pendant l'année 1571 par toute l'Italie, où étant presque impossible de mettre le pied en aucun endroit qu'on ne marche sur quelque monument vénérable de l'antiquité, il remarqua une infinité de choses qui dans la suite lui furent d'une grande utilité dans ses études.

A l'âge de dix-huit ans[909] il prit la résolution de vivre dans le célibat, et sur ce qu'un de ses amis le pressait d'entendre à quelque proposition de mariage qu'on lui faisait, *Je voudrais,* répondit-il, *être aussi ferme dans toutes les bonnes résolutions que j'ai prises sur la conduite de ma vie, que*

---

[907] Les contemporains s'accordent sur l'amabilité de Lefèvre. Du Vair, qui en fit un des personnages (Linus) de son *Traité de la consolation*, parle de sa «douce et innocente âme». Pour cet éloge, Perrault s'inspire de très près de la *Vie* par Lebègue qui se trouve en tête des *Opuscula* de Lefèvre (1614).

[908] Selon la plupart des ouvrages de référence, Lefèvre naquit en 1544, d'après la *Biographie universelle* le 2 juin, et selon Niceron le 2 juillet.

[909] Il s'agit probablement d'une erreur de transcription ou d'imprimerie. Selon Le Bègue, Lefèvre avait vingt-huit ans lorsqu'il prit la décision de vivre dans le célibat, âge qui cadre davantage avec le contexte chronologique de ce passage.

je le suis dans celle de ne jamais me marier. Il se donna tout entier à
l'étude; cependant pour contenter sa mère il prit une charge de conseiller
des eaux-et-forêts, dont il s'acquitta avec toute l'exactitude imaginable.[910]
Dans ce temps, la peste faisant beaucoup de ravage dans Paris, sa mère en
fut frappée. Il ne put se séparer un moment d'auprès d'elle, ni s'empêcher
de lui rendre tous les devoirs et toutes les assistances dont on peut consoler
et secourir une personne malade, quoique la plupart de ses domestiques
l'eussent abandonnée. Il l'accompagna jusqu'au tombeau, où dans la suite
il voulut être mis auprès d'elle.[911]

Ayant perdu son père dans le même temps, il quitta sa charge, et prit
le parti de se consoler dans la solitude par son application aux belles
connaissances, et aux devoirs de piété dont il faisait une profession
particulière. Il lia une intime et étroite amitié avec Pierre Pithou, un des
plus savants, des plus sages, et des plus hommes de bien de son siècle.[912]
Ils se logèrent ensemble, et passèrent plusieurs années dans cet agréable et
vertueux commerce. Il s'appliqua particulièrement aux ouvrages de
Sénèque, ou des Sénèque, s'il est vrai que le poète et le déclamateur ne
soient pas le même que le philosophe.[913] Il les rétablit dans leur première
pureté, et les illustra de notes très savantes. Il ne voulut jamais que son
nom fût mis à aucune édition de ses ouvrages, quoique de nature à lui faire
beaucoup d'honneur, et à lui donner une grande estime parmi les savants. Il
se plaisait à aider de ses lumières ceux qui s'occupaient à donner des
ouvrages au public. Baronius qui travaillait alors à son grand ouvrage de
l'histoire en a reçu beaucoup de secours, et a inséré dans son travail de
grands morceaux tout entiers des recherches curieuses qu'il tenait de
monsieur Lefèvre, comme ce qu'il a rapporté sur le vin mêlé avec de la
myrrhe, boisson qu'on donnait ordinairement aux criminels mourants pour
leur ôter le sentiment de la douleur, et que notre Seigneur refusa pour ne
rien retrancher des maux que son amour lui faisait souffrir pour nous.[914]

---

[910] Lefèvre obtint cette charge en 1572.

[911] La mère de Nicolas Lefèvre mourut en 1581. Dans ce paragraphe, comme c'est
souvent le cas dans *Les Hommes illustres*, Perrault supprime des dates qui se trouvent
dans le texte qui lui sert de source.

[912] Haag illustre l'amitié entre Lefèvre et Pierre Pithou, partisan de la Réformé, en
racontant un événement qui se serait passé presque dix ans plus tôt: «Il [Pierre Pithou]
était à Paris lors des massacres de la Saint-Barthélemy. Tous les religionnaires qui
habitaient la même maison furent impitoyablement égorgés. Seul il eut le bonheur de se
sauver en chemise par-dessus les toits. Nicolas Lefèvre, son ami, le recueillit et le garda
chez lui quelques jours». Sur Pierre Pithou, voir la notice consacrée à son frère
François.

[913] Lefèvre publia une édition des œuvres de Sénèque le rhéteur et de Sénèque le
philosophe en 1587.

[914] Les *Annales ecclesiastici* de Baronius parurent entre 1588 et 1607. Le cardinal

Dans ce temps, pour détourner son esprit des chagrins ou le mettaient les terribles troubles de la Ligue, il s'appliqua à l'étude des mathématiques, où il fit un si grand progrès, que Scaliger* ayant cru avoir bien démontré la manière de mesurer le cercle, et Monantheuil assurant que la démonstration de Scaliger en était très claire et très évidente, il fut le premier qui découvrit le paralogisme où Scaliger était tombé, et dont Scaliger lui-même fut obligé de convenir.[915] Henri IV s'étant rendu maître paisible de son état, et voulant donner une excellente éducation au jeune prince Henri de Bourbon son plus proche héritier, choisit monsieur Lefèvre pour être son précepteur; mais sa modestie et son extrême piété, qui craignaient la Cour et l'éclat qui la suit, eurent toute la peine du monde à s'y résoudre; il fallut que monsieur de Harlay* et monsieur de Thou* ses amis travaillassent longtemps à vaincre sa résistance; ce qu'ils ne purent faire qu'en lui représentant quel bien il ferait à sa patrie et à son roi, en formant les mœurs d'un prince du sang, et le présomptif héritier de la couronne.[916] Il s'acquitta parfaitement de cet emploi, et son jeune disciple répondit admirablement aux instructions et aux soins de son maître. Il fut nommé pour aller à la conférence qui se fit à Fontainebleau sur le livre de Duplessis-Mornay, mais sa mauvaise santé l'en empêcha.[917] Il se retira

avoue lui-même sa dette envers Nicolas Lefèvre. Au tome 1er de son grand ouvrage, nous lisons: «Ad hæc insuper ob quæstionem nuper obortam nonnulla addere in hac editione compellimur. Vir enim cum primis eruditis Nicolaus Faber Parisiensis clarissimus Iurisconsultus omni genere litterarum egregie excultus, familiaribus agens litteris, in eam sententiam cum pluribus nos potius abiisse, se optasse, de vino myrrhato declarat, ut soporiferam, quæ mentem abalienaret a sensu, eam potionem Domino propinatam extitisse professi essemus, quam fuisse vinum myrrhinum, quod myrrha conditum in magnis consueuisset esse deliciis» (édition d'Anvers, 1610-1641, I, 172-173). La discussion renvoie au texte biblique, Matt. XXVII: 34, «Ils lui présentèrent à boire du vinaigre mêlé avec du fiel; mais quand il en eut goûté, il n'en voulut pas boire».

[915] Dans sa *Cyclometrica elementa duo; nec non Mesolabium* (1594), Joseph-Juste Scaliger se flattait d'avoir découvert la quadrature du cercle, mais il fut réfuté par Viète, Romain et Clavius. Henri de Monantheuil (1536-1606) occupa la chaire de mathématiques au Collège de France à partir de 1577. Il publia en 1600 *De puncto primo geometriæ principio* et laissa à sa mort un grand nombre de manuscrits dont la quasi-totalité a disparu.

[916] Henri II de Bourbon, prince de Condé (1588-1646), fut l'héritier présomptif jusqu'à la naissance du futur Louis XIII en 1601. Henri IV est le fils d'Antoine de Navarre, fils de Charles de Bourbon (1495-1537); Henri II de Bourbon est le petit-fils de Louis, fils de Charles de Bourbon. Lefèvre devint précepteur de Henri II de Bourbon en 1596. Louis XIII est le fils de Marie de Médicis que Henri IV épousa après avoir divorcé Marguerite de Valois: sur ce divorce, voir les éloges du cardinal d'Ossat et de Maximilien de Béthune.

[917] Sur la conférence de Fontainebleau (1600), voir les éloges de De Thou, de Du Perron et de Pithou.

chez la veuve de monsieur Pithou, où il vaquait encore plus que jamais aux exercices de piété.[918] Il fut choisi pour être précepteur de Louis XIII. Il s'en excusa sur son âge, mais la reine lui ayant promis tout le soulagement que son infirmité demandait, et tous les gens de bien, et principalement monsieur le Prince son pupille et son élève, lui ayant représenté qu'il se devait à son prince et à sa patrie, et qu'il lui était glorieux de mourir sous le faix d'un si beau travail, il fut contraint d'y consentir.[919] Il ne jouit pas longtemps de cet emploi, et mourut le 4 novembre 1612 âgé de soixante-dix-huit ans et quelques mois.[920]

---

[918] Pierre Pithou mourut en 1596.

[919] Ce fut en 1611 que Lefèvre devint précepteur du futur Louis XIII. A cette date le prince de Condé était sorti des mains de son ancien précepteur, qui se rendit aux instances de Marie de Médicis.

[920] Les ouvrages de référence ne s'accordent pas sur la date de la mort de Lefèvre: Niceron donne le 4 novembre, mais selon le *Dictionnaire des lettres françaises* et Moréri ce fut le 8 novembre.

Francois de la Mothe le Vayer

FRANÇOIS DE LA MOTHE LE VAYER
DE L'ACADEMIE FRANÇAISE
[1588-1672]

La science des plus savants hommes se renferme ordinairement dans la connaissance de ce qu'ont fait ou de ce qu'ont dit les Grecs et les Romains; ils regardent le reste du monde comme peu digne d'être considéré, persuadés que la valeur, la sagesse, et toutes les vertus imaginables ne se rencontrent en quelque sorte de perfection que parmi ces deux peuples. Celui dont je parle n'a pu souffir de bornes si étroites à son érudition. Après s'être rempli de tout ce qui s'est fait, et de tout ce qui s'est dit dans l'ancien monde, il n'a connu aucune nation sur la terre dont il n'ait entrepris de savoir le génie, les mœurs, et les coutumes; en un mot, il a voulu connaître tout le monde entier. Il a vu, et ensuite nous l'a fait voir, qu'il n'y a point de pensée, de sentiments, et de coutume si étrange et si absurde qu'elle puisse être, qui ne soit tenue et établie dans quelque pays d'une étendue considérable.[921]

Cette découverte a beaucoup servi à le confirmer dans une espèce de pyrrhonisme où il était fort porté de son naturel, et à se défaire de plusieurs mauvais préjugés que l'on tient de la naissance, de l'éducation, et de la coutume.[922]

Il était fils d'un père très habile dans la connaissance des belles lettres, car après avoir appris les langues savantes, il se donna à la jurisprudence civile et canonique, et aux mathématiques. Il passait pour excellent orateur et pour bon poète, de sorte qu'il n'est pas étonnant qu'il ait donné la naissance à un fils d'un si grand mérite.[923]

---

[921] La Mothe le Vayer fréquenta les milieux savants de son temps. Il connut Marie de Gournay, qui, lorsqu'elle mourut en 1645, lui légua sa bibliothèque; de même, dans les années 1630-1640, il faisait partie de l'académie savante des frères Dupuy et lia une étroite amitié avec Naudé et Gassendi.

[922] Le pyrrhonisme de la Mothe le Vayer s'exprimait déjà dans les *Dialogues faits à l'imitation des anciens* (1630-31), publiés sous le pseudonyme d'Orasius Tubero. Mais Perrault, comme beaucoup de ses contemporains, ne semble pas mettre en doute la sincérité de sa foi chrétienne. D'une part, l'ironie aimable de la Mothe lui permettait d'éviter une vive censure; d'autre part, Perrault lui pardonna peut-être ces hardiesses à la faveur de son soutien pour la cause de Richelieu pendant la décennie qui précéda la mort du cardinal en 1642. Les relations de la Mothe avec Richelieu l'obligèrent à produire des ouvrages religieux d'une orthodoxie irréprochable, par exemple son *Petit discours chrétien de l'immortalité de l'âme* (1637), mais lui-même prétendait enseigner ce qu'il appelait «la sceptique chrétienne».

[923] Félix de la Mothe le Vayer (1547-1625) fut substitut du procureur général du parlement. La Mothe hérita de cette charge à la mort de son père, devint par là conseiller d'Etat ordinaire, et entra au service de Richelieu.

François de la Mothe le Vayer ne fut pas plutôt connu pour ce qu'il était, qu'il fut choisi pour être précepteur de Philippe de France, frère unique du roi, duc d'Anjou alors, et depuis duc d'Orléans. Il fit aussi la même fonction de précepteur auprès du roi pendant une année.[924] Il s'acquit une si grande réputation et à la cour et à la ville, que peu de gens lui étaient comparables soit pour l'esprit, soit pour l'érudition. Il a été un des premiers qui a été reçu à l'Académie Française depuis son établissement.[925] Les ouvrages qu'il a composés, et qui sont d'un nombre prodigieux, sont dans les mains de tout le monde, et ont été recueillis en trois volumes in-folio, et en quinze petits in-douze.[926] Il n'y a presque point de matière de celles qui méritent l'attention et l'examen d'un homme de lettres, et particulièrement de questions de morale dont il n'ait écrit, et sur lesquelles il n'ait rapporté presque tout ce qui a été dit par les anciens et par les modernes; on le regarde comme le Plutarque de notre siècle, soit pour son érudition qui n'a point de bornes, soit pour sa manière de raisonner, et de dire son sentiment, toujours modeste et retenue et toujours fort éloignée de l'air décisif des dogmatiques.[927]

Lorsque monsieur de Vaugelas eut donné ses *Remarques sur la langue française*, il ne put s'empêcher d'écrire concre ces *Remarques*, non seulement plusieurs lettres, mais un volume entier, où il se plaint fortement de la contrainte et des entraves qu'il donne au style de tous les écrivains par ses *Remarques*, qu'il prétend être la plupart ou fausses ou inutiles.[928] Quoique monsieur de Vaugelas ait eu une très grande raison de s'opposer à la corruption du langage et aux vicieuses façons de parler, ou qui n'étaient plus dans le plus bel usage ou que le mauvais usage introduisait, monsieur de la Mothe le Vayer ne put souffrir qu'un nouveau venu lui fît des leçons

---

[924] La Mothe avait adressé à Richelieu en 1640 un essai *De l'instruction de Mgr. le dauphin*. Il devint le précepteur de Philippe d'Orléans en 1649 et demeura dans ses fonctions jusqu'au mariage de celui-ci en 1661. Il assuma les fonctions de précepteur auprès du futur roi en 1652 et, contrairement à ce qu'en dit Perrault, il suivit Louis XIV jusqu'à son mariage avec Marie-Thérèse d'Autriche en 1660.

[925] La Mothe fut élu le 14 février 1639 au 13e fauteuil de l'Académie Française; il y remplaça Bachet de Méziriac.

[926] La première édition des *Œuvres* de la Mothe le Vayer est en 2 volumes et date de 1654. L'édition en trois volumes parut en 1662; l'édition en 15 volumes date de 1669.

[927] Selon la *Biographie Universelle*, c'est Naudé qui nomma la Mothe «le Plutarque de notre siècle».

[928] Dans la Préface de ses *Remarques sur la langue française* (1647) Vaugelas avait critiqué les *Considérations sur l'éloquence française*, publiées par la Mothe en 1638. Celui-ci riposta par quatre lettres écrites à Naudé (Lettres LVII-LX, 'Des nouvelles Remarques sur la langue française', dans *Œuvres* (Dresde, 1756-1759), tome VI, partie II).

et lui donnât des scrupules sur une infinité de dictions et de phrases dont il se servait hardiment, et sur lesquelles il vivait dans le plus grand repos du monde, de même que la plupart des meilleurs écrivains de son temps. Il ressemblait à ces bons religieux, qui accoutumés à leur ancienne discipline un peu relâchée ne peuvent souffrir, quoique d'ailleurs bons religieux, qu'on vienne les réformer et les réduire à un genre de vie plus régulier et plus austère. Aussi est-il arrivé que malgré toutes les plaintes que lui et plusieurs autres ont faites contre les *Remarques* de monsieur de Vaugelas, elles ont été reçues avec un applaudissement universel, et que tous les écrivains qui sont venus depuis les ont soigneusement observées, à la réserve d'un très petit nombre que l'usage a abolies.[929]

Il mourut l'an 1672 âgé de quatre-vingt-seize ans, ayant joui d'une assez bonne santé jusqu'aux derniers jours de sa vie. Il était d'une conversation très agréable, fournissant infiniment sur quelque matière que ce fût, un peu contredisant mais nullement opiniâtre ni entêté, toutes les opinions lui étant presque indifférentes, à la réserve de celles dont la foi ne permet pas que l'on doute.[930]

---

[929] Dans ces lignes, on discerne clairement les préférences de Perrault en matière de goût et de syle. Voir l'Introduction.

[930] On se rappelera l'affirmation d'orthodoxie lancée par Descartes dans la 3e partie de son *Discours de la méthode*: «Après m'être ainsi assuré de ces maximes, et les avoir mises à part avec les vérités de la foi, qui ont toujours été les premières en ma créance, je jugeai que pour tout le reste de mes opinions, je pouvais librement entreprendre de m'en défaire».

Joseph Scaliger

JOSEPH-JUSTE SCALIGER
[1540-1609]

On ne croyait pas qu'un homme pût s'acquérir une plus grande réputation dans la connaissance des lettres humaines que Jules Scaliger, père de celui dont j'entreprends l'éloge.[931] Il est pourtant vrai que Joseph, son fils, l'a surpassé en ce point, et que la célébrité de son nom a été encore plus grande. Ils prétendaient l'un et l'autre être descendus des princes de Vérone, mais ils trouvèrent bien des contradicteurs sur cet article. Supposé que cette généalogie soit une pure fable, comme on n'en doute presque point quand on a lu ce que Scioppius en a écrit, Joseph est en quelque sorte excusable de l'avoir soutenue, son père l'ayant publiée comme véritable, puisqu'il ne pouvait s'en empêcher sans avouer que son père était un imposteur, ce qui aurait eu de très mauvaises suites.[932] Quoiqu'il en soit, ils se sont acquis, et particulièrement celui dont je parle, une principauté parmi les hommes, qui ne vaut guère moins que celle que l'on leur a contestée. Ils ont été reconnus les princes et les premiers de tous les savants de leur siècle, et il s'est trouvé peu de personnes qui leur aient disputé cette glorieuse préséance. Il est vrai que Montaigne lui a préféré Juste Lipse, et que Saumaise mettait Casaubon au-dessus de lui, mais ce n'a pas été le sentiment public des savants hommes de ce temps-là.[933]

Joseph Scaliger fut le dixième enfant de Jules, et naquit à Agen le 4 août 1540. A l'âge de onze ans, son père l'envoya avec deux de ses frères étudier à Bordeaux, d'où la peste, qui fut très grande en ce pays-là, l'obligea de sortir, après y avoir demeuré trois ans. Il retourna chez son père, qui prit lui-même le soin de ses études. Il l'obligeait à lui faire tous les jours une déclamation sur tel sujet qu'il voulait choisir, et c'était ordinairement sur un point d'histoire que lui fournissait l'étude qu'il faisait alors. Cet exercice continuel lui acquit une facilité incroyable de s'exprimer, et particulièrement en latin sur toutes sortes de sujets. Les vers

---

[931] Jules-César Scaliger (1484-1558), philosophe et critique, d'origine italienne.

[932] Dans son *Epistola de vetustate et splendore gentis Scaligeriæ et vita Julii C. Scaligeri* (1594), Joseph Scaliger prétend faire remonter sa maison jusqu'à Alain, restaurateur de Vérone, au temps de la fondation de Venise. Caspar Schopp, *dit* Scioppius (1576-1649), polémiste et philologue allemand, démontra dans son *Scaliger hypobolimæus* (1607) la fausseté de la généalogie de Scaliger.

[933] Dans ses *Essais* (II, 12, 'Apologie de Raimond Sebond'), Montaigne appelle Juste Lipse «le plus savant homme qui nous reste». Pour le catalogue des louanges que les contemporains décernaient à Joseph Scaliger, voir A. Baillet, *Jugements des savants*, t 2, 2ᵉ partie. Claude Saumaise (1588-1653) succéda à Scaliger comme professeur à l'académie de Leyde (1632).

que son père composait, quoique peu élégants, lui donnèrent du goût pour la poésie, et l'excitèrent à se donner à cette occupation. Son père était si étonné de la beauté des vers de son fils, qu'il ne pouvait s'empêcher de lui demander où il prenait les choses qu'il mettait en œuvre, et la manière de les dire. Il composa à dix-sept ans une tragédie d'*Œdipe*, où tous les ornements et toutes les grâces de la poésie étaient si heureusement employées que, dans le jugement qu'il en porte lui-même, il dit qu'il n'aurait pas à se repentir de l'avoir faite dans le plus bel âge de sa vie.[934] Son père étant mort, il vint à Paris étudier le grec sous Adrien Turnèbe.[935] Après l'avoir écouté deux mois entiers, il se fit lui-même une grammaire, n'en trouvant point qui le satisfît, et avec ce secours il parvint en vingt et un jours, non seulement à entendre, mais à posséder tout Homère, et tous les autres poètes grecs en l'espace de quatre mois. Cela est très difficile à croire, quoiqu'il s'en soit vanté lui-même. Ensuite il se mit à l'hébreu et aux autres langues orientales qu'il apprit lui seul et par la seule force de son application. Cette application alla à tel point, qu'il n'eut aucune connaissance du désordre et du bruit effroyable que fit dans Paris la funeste journée de la Saint-Barthélemy de l'année 1572.[936] Cette profonde application ne le cède de guère à celle d'Archimède, que la prise et le saccagement de Syracuse ne put retirer de ses méditations mathématiques.[937] Il alla a Genève étudier la théologie sous Théodore de[a] Bèze.[938] Enfin il poussa si loin ses études, qu'on pouvait dire qu'il n'ignorait presque rien de ce que les hommes peuvent savoir. Les plus doctes, de quelque pays qu'ils fussent, avaient recours à lui dans leurs difficultés, et recevaient ses décisions comme des oracles. Il traduisit en latin plusieurs livres d'Hippocrate, et particulièrement celui des blessures

---

[934] Le texte de cette tragédie d'*Œdipe* n'a pas été conservé.

[935] Scaliger vint à Paris en 1559. Adrien Turnèbe (1512-65) fut professeur de grec au Collège Royal.

[936] Scaliger s'était rallié à la foi réformée en 1562. Selon la *Biographie Universelle*, Scaliger se trouvait à Lausanne quand on y reçut la nouvelle du massacre de la Saint-Barthélemy.

[937] Dans sa *Vie de Marcellus*, Plutarque raconte cet événement qui arriva après le siège de Syracuse: «Il se trouva qu'Archimède était seul chez lui et réfléchissait sur une figure de géométrie; l'esprit et les yeux abosrbés dans cette contemplation, il ne s'était pas aperçu de l'irruption des Romains et de la prise de la ville. Soudain, un soldat se présenta devant lui et lui ordonna de le suivre auprès de Marcellus. Il ne voulut pas partir avant d'avoir résolu son problème et d'être parvenu à la démonstration. Le soldat irrité tira son épée et le tua».

[938] Théodore de Bèze (1519-1605) fut le chef de l'Eglise à Genève après la mort de Calvin, et l'auteur d'une *Histoire ecclésiastique des Eglises Réformées au royaume de France* (1580) et d'une tragédie religieuse *Abraham sacrifiant* (1550). Scaliger revint en France en 1574.

de la tête.[939] Il a fait une infinité d'ouvrages qui ne mourront jamais, comme ses notes sur Varron, sur Festus et sur plusieurs autres auteurs dont il a aplani toutes les difficultés.[940] Mais ce qui ne peut se concevoir pour le travail et pour la sagacité incroyable qu'il a fallu avoir à débrouiller tous les embarras qui s'y trouvent, ce sont ses deux livres de chronologie, l'un intitulé *Thesaurus temporum,* l'autre *Emendatio temporum,* livres qu'on a de la peine à comprendre avoir été faits par un homme seul, si vaste est la matière qu'ils renferment, et tel l'ordre, la méthode et la netteté avec quoi toutes choses y sont placées.[941] Il s'attacha a la maison de la Roche-Posay où il demeura près de neuf années, ayant élevé et instruit Louis Chasteigner seigneur de la Roche-Posay, qu'il accompagna à Rome dans son ambassade.[942] Il fut appelé à Leyde par les états généraux des Provinces-Unies pour y enseigner les belles lettres, à condition qu'il ne serait point professeur mais qu'il irait de pair avec le recteur, dont la dignité est très considérable en ce lieu-là.[943] Il y enseigna pendant l'espace de seize années.

Rien n'aurait été à souhaiter pour son bonheur si, ayant passé toute sa vie parmi les livres, il était mort dans le sein de l'Eglise, comme il l'avait fait espérer à quelques-uns de ses amis, et comme il semblait l'avoir

---

[939] *Hippocritis Coi de Capitis vulneribus liber* (1578).

[940] Sur Varron, *Notæ in libros M. Terentii Varronis de re rustica* (plusieurs éditions); sur Festus, *Castigationes et Notæ in Marcum Verrium Flaccum et Pompeium Festum, de Verborum Significatione* (1575); sur d'autres auteurs, *Notæ in Lucani Eclogam ad Calpurniam Pisonem* (1584).

[941] *Thesaurus temporum* (1606) et *De emendatione temporum* (1583). En publiant ces deux ouvrages, Scaliger devint, selon la *Biographie Universelle,* «le véritable créateur de la chronologie, perfectionnée par le père Petau».

[942] Bien que Perrault ait déplacé chronologiquement cet événement de la vie de Scaliger (qui doit se situer vers 1563), il semble qu'il en ait bien saisi les grandes lignes, si l'on accepte les précisions fournies par Moréri. D'après le *Grand Dictionnaire Historique,* Louis Chasteigner fut le septième fils de Jean Chasteigner III. Il apprit les sciences et les langues sous la direction de Joseph Scaliger et fit de grands progrès. Henri III le nomma ambassadeur à Rome, Henri IV le fit gouverneur de la haute et basse Marche, et il mourut le 29 septembre 1595. Il avait épousé en 1567 Claude du Puy, dont il eut, entre autres enfants, Henri-Louis Chasteigner de la Roche-Posay, né à Rome en 1577 alors qu'il y était ambassadeur. Ce fils devint évêque de Poitiers en 1611 et mourut en 1651, âgé de soixante-quatorze ans. Les autres biographes donnent des versions de ces événements qui sont difficilement conciliables: selon Niceron, «En 1563, Joseph Juste Scaliger s'attacha à Louis Châteigner de la Roche-Posay, qui fut depuis évêque de Poitiers, et qu'il accompagna en ses différents voyages»; selon la *Biographie Universelle,* «Louis de la Roche-Posay, depuis ambassadeur de France près de la cour de Rome, le choisit, en 1563, pour instituer ses enfants, et lui assigna un traitement honorable».

[943] Scaliger se rendit à Leyde en 1593, où il occupa la chaire laissée vacante par Juste Lipse lorsqu'il prit sa retraite.

souhaité avec ardeur. Car il est rapporté, dans la vie de monsieur de Peiresc* écrite par monsieur Gassendi,* que lorsque monsieur de Peiresc passa en Hollande pour y voir les savants hommes de ce temps-là, il rendit visite à Joseph Scaliger qui était son ami, et qui, dans la conversation qu'ils eurent ensemble, lui déclara qu'il avait intention de venir mourir en France, pour être enterré dans le tombeau de son père, et cette confidence ayant donné occasion à monsieur de Peiresc* de lui demander, s'il n'avait pas aussi dessein de finir ses jours dans la même religion, il ne lui répondit que par une très grande abondance de larmes, qui témoignaient assez les bons sentiments de son cœur.[944]

C'était un esprit d'une étendue immense, d'une profonde pénétration, et surtout d'une application prodigieuse, qualités qui ne manquent jamais à faire un grand personnage, lorsqu'elles sont jointes ensemble, ce qui arrive rarement. Il eut peut-être une trop grande opinion de sa suffisance, car il était persuadé que pour l'intelligence des langues savantes, et particulièrement pour la critique des auteurs, nul homme de son âge ne lui était comparable. On fit pour lui cette devise, *Aquila in nubibus*.[945] Il mourut à Leyde le 31 janvier 1609 âgé de soixante-dix-neuf ans.[946]

---

[944] La visite de Peiresc en Hollande eut lieu en 1606. L'ouvrage de Gassendi, intitulé *Viri illustris Nicolai Claudii Fabricii de Peiresc...vita*, parut en 1641.

[945] *Aquila in nubibus*: l'aigle dans les nues.

[946] Selon Niceron, Scaliger mourut le 21 janvier 1609. De toute manière, puisque, de l'aveu même de Perrault, Scaliger naquit le 4 août 1540, celui-ci mourut à l'âge de soixante-dix-huit ans, et non pas soixante-dix-neuf, comme il est dit dans le texte.

Nicolaus Rigaltius
in Suprema curia Historia Dicanus

NICOLAS RIGAULT
GARDE DE LA BIBLIOTHEQUE DU ROI
[1577-1654]

Monsieur de Thou* faisait une si grande estime de celui dont je vais parler, qu'il le pria dans son testament de prendre soin de l'éducation de ses enfants, de les conduire dans l'étude des belles lettres, et de veiller sur eux et sur les précepteurs qui leur seraient donneés; il le chargea aussi de l'édition de son histoire et de ses autres ouvrages.[947] Cette confiance suppose tant de bonnes qualités en la personne de monsieur Rigault, qu'elle pourrait seule lui servir d'éloge.

Il naquit à Paris l'an 1577 et fit ses études aux jésuites qui, charmeés de la délicatesse et de la beauté de son esprit, n'omirent rien de ce qu'ils crurent pouvoir l'engager à se mettre dans leur compagnie. Il composa un écrit en latin sous le titre de *Satyra Menippæa, somnium, L. Biberii Curculionis parasiti mortualia apta ad ritum prisci funeris*, où il paraissait tant d'esprit et tant d'érudition que les savants de ce temps-là eurent peine à croire que ce fut l'ouvrage d'un homme de dix-neuf ans.[948] Monsieur de Thou* en fut si charmé qu'il lui envoya un de ses carosses à Poitiers pour l'emmener chez lui et le faire le compagnon de ses études.[949] Il fut choisi avec monsieur Casaubon pour remettre en ordre la bibliothèque du roi, qui lui en donna la garde en même temps.[950] S'il rendit un service considérable au public en arrangeant un si grand nombre de livres, il en reçut de son côté un très grand avantage par les lumières qu'il y puisa en les examinant, lumières qui ont éclaté dans les différents ouvrages que nous avons de lui. C'est à monsieur Pithou* que nous devons le *Phèdre* qui jusqu'à lui était demeuré dans la poussière des bibliothèques, mais monsieur Rigault n'a pas peu travaillé à le faire connaître au public.[951] On sait quelle est la

---

[947] De Thou mourut en 1617.

[948] *Satyra Menippæa, somnium, L. Biberii Curculionis parasiti mortualia*, ouvrage composé en 1596 mais dont la première édition connue date de 1601.

[949] Rigault s'était rendu à Poitiers pour faire son droit.

[950] Isaac de Casaubon fut nommé par Henri IV à une chaire de grec et de belles lettres à Paris en 1598 et devint bibliothécaire du roi à la même époque. Il se retira en Angleterre après l'assassinat du roi (1610) et mourut à Londres en 1614. Rigault s'était associé à Casaubon dans son travail de bibliothécaire, mais ne devint officiellement garde qu'après lui. Rigault fut à son tour bibliothécaire du roi pendant vingt ans, avant de remettre la charge entre les mains des frères Dupuy au moment où il fut nommé conseiller au parlement de Metz (1633).

[951] Selon Baillet, Rigault «se trouva trop jeune pour avoir la connaissance de M. Pithou l'aîné qui mourut en 1596, mais on peut dire qu'il fut le bien-aimé de M. Pithou le puîné. Ce fut lui qui le produisit parmi les illustres savants dont la ville de Paris était

beauté, la naïveté et l'élégance de cet auteur si utile à la jeunesse dans la plupart de ses fables, soit pour les mœurs, soit pour la belle et pure latinité du temps d'Auguste. Il s'appliqua ensuite à rétablir Tertullien, et à expliquer par ses notes les dures expressions de cet auteur.[952]

Il fit aussi des remarques sur saint Cyprien,[953] sur Minutius Felix,[954] sur Artémidore,[955] sur Julien[956] et sur les écrivains *De re agraria*;[957] ces remarques sont pleines d'une très profonde érudition, et furent estimées de tout ce qu'il y avait de savants hommes. Il avait quelquefois des sentiments particuliers. C'est lui qui a renouvelé et soutenu un paradoxe fort extraordinaire touchant la figure de la personne et du visage de Jésus-Christ.[958] Car bien loin d'être de l'opinion commune, qui veut que Notre Seigneur ait été très beau et très bien fait, suivant ce passage que l'on allègue, *speciosus forma præ filiis hominum*,[959] il soutient qu'il était dépourvu de tous les avantages de la nature, et que n'ayant voulu ni des honneurs ni des richesses, il avait renoncé de même à la beauté et à la bonne mine, ce qu'il appuie par une infinité de passages de l'Ecriture Sainte et des Pères, qui donnent quelque vraisemblance à son sentiment, persuadé que le visage du Seigneur devait porter toutes les marques de la faiblesse et de l'infirmité de la nature humaine, à la réserve du péché seul, dont elles sont la suite. Quoiqu'il en soit, il est étonnant qu'on ait disputé sur cet article dès le temps même de Tertullien, qui était de l'avis de

---

remplie au commencement du siècle. Il le mena chez M. le président de Thou, qui le reçut dès lors au nombre de ses amis les plus particuliers». Rigault publia une édition des fables de Phèdre (*Phaedri Fabulae cum notis*) en 1599. Voir l'éloge de François Pithou.

[952] *Observationes ad Tertulliani libros IX*, 1628.

[953] Saint Cyprien (*c*.200-*c*.258), évêque de Carthage, mort martyr, un des Pères de l'Eglise d'Afrique. Rigault publia une édition de ses œuvres en 1649.

[954] Marcus Minutius Felix (IIIe siècle), apologiste latin du christianisme. Rigault publia une édition de son *De Idolorum vanitate* en 1643 et des annotations en 1645.

[955] Artémidore, natif d'Ephèse, vivait sous le règne d'Antonin le Pieux, qui vint à l'empire en 138. Rigault publia en 1603 *Artemodori Daldiani et Archmetis Sereimi F. Oneirocritica*, ouvrage qui traite de l'interprétation des songes.

[956] Julien *dit* l'Apostat (331-363), empereur romain en 361. Perrault renvoie à l'ouvrage suivant: *Funus Parasiticum, sive L. Biberii Curculionis Parasiti mortualia ad ritum prisci funeris, cum Appendice de Parasitis et Assentatoribus, et Juliani Imperatoris Epistola ad Alexandrinos* (Paris, 1601). Il s'agit d'une édition ultérieure du premier ouvrage de Rigault cité par Perrault ci-dessus. Selon Niceron: «Par la manière dont Baillet, et quelques autres auteurs parlent du travail de Rigault sur Julien, on s'imaginerait qu'il aurait traduit une bonne partie des ses œuvres. Cependant il n'a donné que la traduction de l'épître qu'il a mise à la fin de ce volume».

[957] *Corpus agrimensorum romanorum*, 1674.

[958] Cette question est soulevée par Rigault dans son commentaire sur Tertullien.

[959] Perrault cite la Vulgate, Psaume 45, 3: «Tu es le plus beau des fils de l'homme».

monsieur Rigault. La raison qu'on peut rendre de cette incertitude où on est d'une chose qui semblait ne devoir pas être douteuse, c'est que Notre Seigneur ayant passé toute sa vie parmi les Juifs à qui la loi de Dieu défendait expressément de faire aucune image ni aucune ressemblance de ce qui est, soit au Ciel, soit sur la terre, soit dans les eaux, il n'y a eu aucun peintre ni aucun sculpteur qui ait osé en faire le portrait, dont la seule vue aurait empêché toutes ces disputes. Le père Vavasseur jésuite a pris un milieu entre ces deux opinions si opposées; sa pensée est que Notre Seigneur n'était ni beau ni laid, et que s'il est vraisemblable qu'il a renoncé au frivole avantage d'une beauté extraordinaire, il n'est pas moins selon la raison qu'il n'ait pas voulu aussi paraître sous une forme disgraciée et rebutante qui ne lui convenait point du tout, et qui n'aurait de rien servi aux fonctions divines de son ministère.[960]

Après la mort de monsieur de Thou,* Sa Majesté honora monsieur Rigault de la commission de procureur général de la chambre souveraine de Nancy, dont il prit possession. Il se fit recevoir conseiller au parlement de Metz dès les premiers jours de sa création, et il en a été le doyen jusqu'à sa mort qui arriva en l'année 1654. Pendant cet intervalle les affaires de Lorraine ayant obligé le roi à transférer ce parlement de la ville de Metz dans celle de Toul, Sa Majesté lui donna l'intendance de la province, avec pouvoir de juger souverainement les affaires où les soldats de la garnison de Metz pouvaient avoir intérêt.[961] Les peuples se trouvèrent si bien de l'équité de ses jugements, qu'ils n'omirent rien pour donner à leurs affaires le tour qu'il fallait pour les faire tomber sous sa jurisdiction, jusque-là même que les bourgeois se faisaient enrôler pour devenir ses justiciables.[962]

---

[960] François Vavasseur (1605-1681), professeur de belles-lettres, puis d'Ecriture sainte au collège Louis-le-Grand. Il publia *De forma Christi dissertatio* en 1649.

[961] La *Biographie Universelle* donne dans un ordre différent la succession des offices publics occupés par Rigault: «Nommé conseiller au parlement de Metz, lors de sa création, en 1633, il fut ensuite pourvu de la charge de procureur général près de la chambre souveraine de Nancy, et enfin de celle d'intendant de Toul.»

[962] *Justiciable*: «Habitant sujet à la justice ordinaire du lieu. *Le bailli compte dans son village qu'il a tant de justiciables*» (Furetière, *Dictionnaire universel*).

Olivier Patru
de l'Academie Françoise.

OLIVIER PATRU
AVOCAT EN PARLEMENT ET DOYEN DE L'ACADEMIE FRANÇAISE
[1604-1681]

Olivier Patru, avocat au parlement et doyen de l'Académie Française, était l'homme du royaume qui savait mieux notre langue.[963] Dès ses premières années il en connut parfaitement le génie, et dans le voyage qu'il fit à Rome en sa jeunesse, ayant rencontré à Turin monsieur d'Urfé* qui venait de donner l'*Astrée* au public, il lui parla des beautés de son ouvrage avec tant d'esprit et de bon sens que ce seigneur, qui passait alors pour l'auteur français le plus spirituel et le plus poli, étonné de la capacité du jeune homme, l'engagea à passer au retour par sa maison de Forez pour l'entretenir à fond de son *Astrée* et lui en expliquer le mystère. Mais le jeune voyageur apprit la mort de monsieur d'Urfé en repassant par Lyon.[964]

Etant revenu à Paris il fréquenta le barreau, où il apporta une éloquence formée sur celle des anciens qui n'y avait encore guère paru que dans les harangues et les plaidoyers de monsieur Le Maître.* Cependant quoiqu'il ait passé pour un des plus éloquents hommes de son siècle, on ne lui a pas donné le même rang parmi les avocats, parce qu'il n'était pas véhément orateur.[965] Il n'avait ni la voix, ni les poumons, ni la hardiesse que demande la profession d'avocat, et l'éloquence de son discours n'était pas soutenue de l'éloquence du corps, si nécessaire pour émouvoir la multitude, et pour en emporter les suffrages.[966]

---

[963] *Doyen*:«Le plus ancien en réception dans un corps, dans une compagnie» (*Dictionnaire de l'Académie Française*, 1694). Dans la 1ère et la 2e édition on lit «savait mieux notre langue». Pour cette notice, Perrault suit presque textuellement l'éloge par Bouhours qui se trouve en tête des *Plaidoyers et Œuvres diverses* (1681) de Patru, précédemment publiée dans le *Journal des Savants* du 17 février 1681; Bouhours avait écrit «savait le mieux».

[964] L'abbé d'Olivet précise que Patru entreprit ce voyage en Italie en 1623. D'Urfé mourut en 1625, ayant publié les trois premières parties de l'*Astrée* en 1607, 1610 et 1619.

[965] Patru se présenta au barreau en 1625.

[966] La comparaison entre l'éloquence de Patru et celle des anciens est absente du texte de Bouhours, ainsi que l'indication de son insuffisance à l'égard de l'art oratoire. Les lignes suivantes se trouvent pourtant dans les *Mélanges d'histoire et de littérature, recueillis par Vigneul-Marville*: «Il a été, dit-on, un des premiers qui a introduit dans le barreau la pureté de la langue, jointe à une manière d'éloquence copiée sur celles anciens. [...] Le geste, la voix et quelques autres grâces extérieures lui manquant, le reste avait peu de lustre. Il se tuait de parler, on se tuait de l'écouter, et après tout on ne l'entendait point» (cité par Niceron et d'Olivet). Pourtant Boileau, pour donner une idée de l'éloquence de Patru, dit qu'il était «le Quintilien de notre siècle» (Lettre à Brossette

La réputation qu'il s'acquit d'abord par le précieux talent de la parole, le rendit digne d'avoir place dans l'Académie Française.[967] Il y fut reçu en l'année 1640 et le remerciement qu'il fit à sa réception plut si fort aux académiciens, que la compagnie ordonna que tous ceux qui y seraient admis dans la suite feraient un discours pour la remercier, ce qui s'est toujours pratiqué depuis constamment, et d'une manière glorieuse pour ceux qu'on y reçoit, et pour ceux qui remercient. On a imprimé un recueil de tous ces remerciements et de tous les autres discours qui ont été prononcés par messieurs de l'Académie en diverses rencontres, dont le public a profité et dont il est redevable en quelque sorte à monsieur Patru, qui a commencé à mettre en usage une si louable coutume.[968]

Quand la reine de Suède vint en France et qu'elle souhaita d'être présenté à une séance de l'Académie, ce fut lui que cet illustre corps choisit pour lui marquer sa reconnaissance. Il s'en acquitta d'une manière digne de la personne qu'il haranguait et de la compagnie même de laquelle il portait la parole.[969]

Monsieur de Vaugelas tira de lui de très grands secours pour son livre de *Remarques sur la langue française*, et cet excellent grammairien à qui notre langue est si obligé, confessait devoir à monsieur Patru les principaux secrets de son art.[970] Tous ceux qui depuis ont le mieux écrit en français

---

du 3 juillet, 1703).

[967] Ce fut Richelieu qui chercha à faire élire Patru à l'Académie Française, frappé par l'épître liminaire que celui-ci lui adressait, sous le nom des Elzeviers, dans l'*Histoire du Nouveau-Monde, ou description des Indes occidentales* (1640), traduction française du *Novus orbis, seu descriptionis Indiae occidentalis* (1633) de Jean de Laet.

[968] Au moment de la rédaction des *Hommes illustres*, seul Colbert avait été dispensé de l'obligation de faire un discours de réception avant d'occuper son fauteuil à l'Académie Française en 1637. D'Olivet, citant Huet, prétend que La Rochefoucauld refusa la nomination, par crainte d'avoir à remplir cette obligation. Un recueil de ces remerciements et d'autres discours parut en 1698 sous le titre de *Recueil des harangues prononcées par Messieurs de l'Académie...dans leurs réceptions et en d'autres occasions différentes, depuis l'établissement de l'Académie jusqu'à présent*. Cette observation sur les usages de l'Académie permet aussi peut-être à Perrault d'exprimer une petite satisfaction personnelle car, devant le succès qu'avait eu son propre remerciement, l'Académie décida que des invités pourraient désormais assister à l'accueil des nouveaux élus.

[969] Ce paragraphe est absent du texte de Bouhours. Après avoir renoncé au trône en 1656, Christine de Suède voyagea en Europe. Elle vint en France en 1656 et se fit présenter tous les savants du royaume par Ménage. Elle fit un deuxième séjour en France de juillet 1657 à mars 1658.

[970] A la fin de la préface à ses *Remarques sur la langue française* (1647), Vaugelas fait allusion à une personne qu'il ne nomme pas, qui aurait pu écrire un ouvrage beaucoup plus approfondi sur la langue française, et il ajoute: «La gloire en est réservée toute [sic] entière à une personne qui médite depuis quelque temps notre rhétorique, et à qui rien ne manque pour exécuter un si grand dessein. Car on peut dire qu'il a été nourri

l'ont consulté comme leur oracle, et ses plaidoyers servent encore aujourd'hui de modèle pour écrire correctement en notre langue.[971]

Il jugeait sainement de tout, et rien n'était plus raisonnable que la critique qu'il faisait des ouvrages en prose et en vers que l'on soumettait à sa censure.[972] Mais les qualités de son âme ne cédaient pas à celles de son esprit. Il avait dans le cœur une droiture qui se sentait de l'innocence des premiers siècles, et qui était à l'épreuve de la corruption du monde. Il n'y eut jamais un homme de meilleur commerce, ni un ami plus tendre, plus fidèle, plus officieux, plus commode, et plus agréable. La mauvaise fortune qu'il a éprouvée, selon la destinée de la plupart des gens de lettres qui ont un mérite extraordinaire, ne put altérer la gaieté de son humeur, ni troubler la sérénité de son visage.[973] Les malheurs d'autrui le touchaient plus que les siens propres, et sa charité envers les pauvres, qu'il ne pouvait voir sans les soulager lors même qu'il n'était pas trop en état de le faire, lui a peut-être obtenu du Ciel la grâce d'une longue maladie, pendant laquelle il s'est tourné tout à fait à Dieu. Car après avoir vécu en honnête homme, et un peu en philosophe, il est mort en bon chrétien, dans la participation des sacrements de l'Eglise, et avec les sentiments d'une sincère pénitence.[974]

et élevé dans Athènes et dans Rome, comme dans Paris; et que tout ce qu'il y a eu d'excellents hommes dans ces trois fameuses villes, a formé son éloquence. C'est celui que j'ai voulu désigner ailleurs, quand je l'ai nommé l'un des grands ornements du barreau, aussi bien que de l'Académie, et que j'ai dit que sa langue et sa plume sont également éloquentes». Selon Pellisson, dans sa notice sur Patru, «c'est de lui que M. de Vaugelas dans la préface de ses *Remarques*, a fait espérer une *Rhétorique française*». Cette rhétorique n'a jamais vu le jour, et n'est pas regrettée par Baillet qui a peu de sympathie pour Patru. Celui-ci, pourtant, fit paraître des *Remarques sur les Remarques de Vaugelas* en 1681. Sur les *Remarques* de Vaugelas, voir aussi la notice consacrée à la Mothe le Vayer.

[971] Selon Richelet, «Les Messieurs de ma connaissance qui ont consulté M. Patru, ce sont: Perrot d'Ablancourt, Boileau-Despréaux, des Réaux [Tellemant], Frémont d'Ablancourt, Maucroix, le père Bouhours et Richelet» (*Les plus belles lettres*, cité par d'Olivet).

[972] Malgré la finesse de son jugement, Patru déconseilla La Fontaine de choisir l'apologue comme forme d'expression poétique, et il voulut que Boileau renonçât à exécuter l'*Art poétique* d'après le plan que celui-ci avait conçu.

[973] Son éloignement du barreau le mit dans la pauvreté, d'où la nécessité de vendre sa bibliothèque qu'acheta Boileau à cette condition qu'il en garderait la jouissance.

[974] Par cette remarque il semble que Perrault essaie discrètement de faire taire les rumeurs qui couraient sur l'orthodoxie des croyances religieuses de Patru. Bouhours avait déjà affirmé que, dans sa dernière maladie, Patru s'était «tourné tout à fait vers Dieu». La *Biographie Universelle* est plus explicite: «Patru passait pour sceptique. [...] On dit que Bossuet, l'ayant visité dans sa dernière maladie, lui représenta la nécessité de détruire, par des discours religieux et sincères, les soupçons que le public avait élevés sur sa croyance. Il fut écouté; et Bouhours assure que son ami mourut dans des sentiments de soumission à l'Eglise». On verra la même technique de «blanchissement» à l'œuvre chez Perrault dans l'éloge de Pellisson.

Pendant sa maladie monsieur Colbert* lui envoya une gratification du roi, comme une marque de l'estime que Sa Majesté avait pour un homme qui faisait honneur à la France, et il a été regretté après sa mort de tous les honnêtes gens du royaume.[975]

Il mourut le 18 janvier 1681 âgé de soixante-dix-sept ans. Sa mémoire ne mourra jamais et le nom de Patru sera célèbre tandis qu'on parlera français dans le monde.[976] Monsieur des Réaux, qui a réussi parfaitement dans les épigrammes et qui était un de ses meilleurs amis, lui a fait cet épitaphe.

> Le célèbre Patru sous ce marbre repose.
> Toujours comme un oracle il s'est vu consulter,
> Soit sur les vers, soit sur la prose,
> Il sut jeunes et vieux au travail exciter:
> C'est à lui qu'ils doivent la gloire
> De voir leurs noms gravés au temple de mémoire.
> Tel esprit qui brille aujourd'hui
> N'eût eu sans ses avis que lumières confuses;
> Et l'on n'aurait besoin d'Apollon ni de muses,
> Si l'on avait toujours des hommes comme lui.[977]

---

[975] Bouhours dit seulement «un grand ministre» et ne nomme pas Colbert. Celui-ci envoya à Patru une gratification de 500 écus, qui n'arriva que quelques jours avant sa mort.

[976] Au moment où Perrault écrit, deux éditions françaises des plaidoyers de Patru avaient vu le jour, en 1670 et 1681, plus une édition hollandaise en 1692. La meilleure édition, celle de 1681, contient, en tête de l'ouvrage, la *Vie* de Patru par Bouhours, empruntée par Perrault. Les écrits de Patru sont beaucoup moins estimés qu'ils ne l'étaient au moment de sa mort; ainsi, leur auteur nous paraît comme l'un des rares 'hommes illustres' sur la valeur desquels Perrault se soit mépris.

[977] L'édition de 1681 des *Plaidoyers et Œuvres diverses* de Patru précise, comme Perrault, que cette épitaphe est due à Tallemant des Réaux (1619-92), banquier, homme de lettres et auteur des *Historiettes*. Elle est citée aussi par Moréri, avec cette seule différence que le mot «doivent» (ligne 5) devient, plus logiquement, «devront».

Gilles Menage

GILLES MENAGE
[1613-1692]

Celui dont je vais parler a été, sans doute, un des plus excellents grammairiens de son temps. Cependant on lui a ouï dire plusieurs fois, *qu'il avait appris la langue latine jusqu'à l'entendre et la parler facilement, sans presque aucun secours des règles de la grammaire.*[978] Il se contenta de savoir décliner et conjuguer, et la lecture des auteurs, avec l'aide des traductions et des dictionnaires, lui en donna une parfaite intélligence. De là il passa à la philosophie, ensuite il s'attacha à l'étude de la jurisprudence. Son père qui était avocat du roi au présidial d'Angers,[979] ayant impatience de le rendre capable d'exercer sa charge, qu'il voulait lui donner; la pénétration de son esprit, et la fidélité de sa mémoire qui ne perdit jamais rien de ce qu'il lui avait confié, le rendirent en peu de temps très habile dans cette science.[a] Mais sa grande inclination à l'étude des belles lettres ne s'accommodant pas avec les soins et le travail pénible que demande l'exercice des charges de judicature, il ne prit du droit romain que ce qu'il a de curieux et d'agréable, dont il fit un recueil qu'il donna au public sous le titre de *Amœnitates juris.*[980] Dans cette situation il ne put se résoudre à exercer la charge de son père, dont il lui renvoya les provisions;[981] et parce que cela les brouilla ensemble, il disait assez plaisamment *qu'il était mal avec son père, parce qu'il lui avait rendu un mauvais office.*[982]

Il aimait avec passion la poésie, et il y a excellé dans les langues grecque, latine, française, et italienne.[983] C'est ordinairement l'imagination qui fait les poètes; en lui ce fut la mémoire, accompagnée d'un goût exquis pour les bonnes choses. Car ses poésies ne sont presque, à le bien prendre, qu'un tissu de ce qu'il y a de meilleur dans tous les autres poètes, mis en

---

[978] Perrault, qui connaissait Ménage, put l'entendre faire cette remarque lui-même.

[979] Le père de Ménage, qui s'appelait Guillaume, mourut en 1648. *Présidial*: «Compagnie de juges établie dans les villes considérables pour y juger les appellations des juges subalternes et des villages dans des matières médiocrement importantes;...se dit aussi du lieu où s'exerce cette justice» (Furetière, *Dictionnaire universel*).

[980] Ménage se fit avocat en 1632, d'abord à Angers, ensuite à Paris. Son *Juris civilis amœnitates* parut en 1664.

[981] *Provisions*: «En pluriel signifie les lettres par lesquelles un bénéfice ou un office est conféré à quelqu'un» (*Dictionnaire de l'Académie Française*, 1694).

[982] Ce bon mot est rapporté dans le *Menagiana*(1693, p. 205). *Provisions*: «Ce que l'on adjuge par avance à une partie, en attendant le jugement définitif» (*Dictionnaire de l'Académie Française*, 1694).

[983] Ménage publia plusieurs ouvrages en italien, par exemple *Osservazioni sopra l'Aminta del Tasso* (1653), et *Origini della lingua italiana* (1669).

œuvre avec tout l'art et toute la politesse imaginable. Elles ont été imprimées plusieurs fois, et elles ont toujours été bien reçues du public.[984] Sa grande érudition, et la beauté de ses ouvrages, lui acquirent l'estime et l'amitié de tous les gens de lettres, non seulement de la France, mais de toute l'Europe, où il a été presque partout également connu. La reine de Suède lui a donné beaucoup de marques de son estime; et sur ce qu'elle témoigna qu'elle souhaiterait fort qu'il vînt s'établir en Suède, il composa une églogue admirable, où sans sortir de son sujet il fait entrer presque partout ce qui n'a jamais été dit[b] dans ce genre de poésie. Il tenait chez lui une assemblée de gens de lettres, une fois toutes les semaines.[985] Sur la fin de sa vie étant à genoux à Notre-Dame un vendredi saint, il se démit la cuisse en voulant se relever, et depuis, étant à Vitry, il fit une chute qui lui démit l'épaule, ce qui le mit hors d'état de sortir de sa maison, où il tenait tous les jours une espèce d'académie qui était une des plus agréables réduits qu'il y eût à Paris pour les gens de lettres.[986] Tout ce qui se passait de nouveau, particulièrement dans la république des lettres, y était rapporté; et à l'occasion de quelque nouveauté que ce fût, monsieur Ménage ne manquait point de citer quelque chose, soit des anciens, soit des modernes sur le même sujet, qui y convenait parfaitement. On ne sortait point de ces conférences sans en remporter une infinité de choses utiles, curieuses et agréables. L'excellence de ses poésies italiennes obligea les académiciens de la Crusca à lui envoyer des lettres d'académicien, se faisant beaucoup d'honneur de le mettre dans leur compagnie.[987] On s'étonnera toujours qu'il n'ait point été de l'Académie Française. Le public en a été indigné, et l'Académie en a eu du regret. Ce qui empêcha d'abord d'y penser de part et d'autre, ce fut qu'il attaqua l'Académie dès sa naissance par une satire qu'il fit contre elle et qui, pour être très spirituelle

---

[984] Le recueil des *Pœmata* de Ménage connut huit éditions entre 1656 et 1687. Pourtant, comme le note Niceron, rapportant une remarque de Bonardi, «la multiplication des éditions des poésies de Ménage ne prouve pas qu'elles eussent beaucoup de cours; parce que l'auteur qui les faisait imprimer à ses propres dépens, en faisait tirer fort peu d'exemplaires, qu'il distribuait à ses amis; en sorte que plusieurs croient que les huit éditions ne contenaient pas plus d'exemplaires qu'une édition ordinaire». Les louanges décernées par Perrault aux poésies de Ménage, marquées par la restriction *ne...que*, paraissent plus formelles qu'enthousiastes.

[985] Ménage tenait ces assemblées depuis 1652 et les avait baptisées ses Mercuriales (réceptions du mercredi).

[986] *Réduit*: voir l'éloge de Pagan. Ménage donna aux assemblées qu'il tenait tous les jours chez lui le nom de *Cathémirines*, du grec, signifiant «journalier». Vitry-sur-Seine est située sur la rive gauche de la Seine, à 3 km au Sud-Sud-Est de Paris.

[987] L'Académie de la Crusca, fondée à Florence en 1582, publia un *Dictionnaire* (1612) de la langue italienne. Ce jugement sur les vers italiens de Ménage est loin d'être unanime: selon Niceron, «M. le Clerc a avancé dans son *Parrhasiana* que les vers italiens de M. Ménage étaient pitoyables, et qu'ils avaient été sifflés en Italie».

et très ingénieuse, n'en déplut pas moins à cette compagnie.[988] C'était une requête que tous les dictionnaires présentaient à l'Académie, pour se plaindre que le dictionnaire qu'elle faisait les ruinait entièrement. Le but de cette pièce paraissait obligeant, mais elle était semée d'une infinité de traits satiriques, qui ne permettaient pas qu'on songeât à le recevoir dans une compagnie qu'il ménageait si peu. Lorsque le temps eut en quelque sorte effacé le souvenir de cet ouvrage, l'Académie et lui témoignèrent avoir un désir réciproque de se voir ensemble; mais s'étant enfin présenté pour remplir une place vacante, une brigue emporta les suffrages d'un autre côté. Après quoi il déclara qu'il n'y penserait plus, et pria ses amis avec plus de chaleur de ne le plus proposer qu'il ne les avait priés auparavant de lui donner leur voix.[989] Outre ses poésies dont le recueil est entre les mains de tout le monde, et qui lui ont fait honneur partout où il y a quelque connaissance des belles lettres, et les *Aménités du droit* dont j'ai parlé,[990] il a composé une *Histoire de la maison et de la terre de Sablé*, où il y a une infinité de choses très curieuses touchant la province d'Anjou, son pays natal.[991] Il achevait quand il est mort, un *Dictionnaire d'étymologies de la langue française*. Cet ouvrage avait été précédé d'un autre de même nature, mais beaucoup moins ample, où l'on ne voit pas moins son grand savoir dans l'art de la grammaire, de même que dans le livre qu'il a aussi composé sous le titre de *Remarques sur la langue française*.[992] J'ai déjà dit qu'il a été un des meilleurs grammairiens que l'on ait vus en France, et que

---

[988] Cette satire, la *Requête des dictionnaires à l'Académie*, écrite avant 1646, fut publiée sans nom d'auteur sous le titre de *Parnasse alarmé* en 1649, et sous le titre original dans les *Miscellanea* en 1652.

[989] Ménage se laissa présenter à une chaire vacante de l'Académie Française en 1684. Racine, entre autres, s'opposa à sa candidature, et Bergeret fut préféré à une faible majorité. A part cette allusion, Perrault se tait sur l'irritabilité bien connue du caractère de Ménage qui fut la cause de plusieurs querelles qu'il eut avec Boileau, Cotin, Bouhours et Baillet, entre autres. D'ailleurs, bien que Ménage affirme dans son *Menagiana* que Perrault «est trop de mes amis» et que «c'est un des meilleurs poètes que nous ayons», les deux hommes avaient eu des démêlés: des vers d'un poème de Ménage passèrent pour une critique du *Siècle de Louis le Grand* de Parrault; Perrault répondit par une lettre imprimée en 1692 à la fin du 3e tome de ses *Parallèles*. Les éditions ultérieures du *Menagiana* contiennent des remarques moins flatteuses pour Perrault, par exemple celle-ci: «M. de Furetière disait de M. Perrault, qu'à l'érudition près, c'était un bon académicien».

[990] Voir plus haut: *Amœnitates juris*.

[991] *Histoire de Sablé*, première partie, 1683; seconde partie, 1844.

[992] Les ouvrages auxquels Perrault fait allusion sont les suivants: *Origines de la langue française* (1650), dont l'édition complète, sous le titre de *Dictionnaire étymologique*, vit le jour en 1694, après la mort de Ménage; et *Observations sur la langue française* (1672-76), qui consistent surtout en commentaires sur les *Remarques* de Vaugelas.

cependent il ne s'était presque point servi de la grammaire dans son enfance pour apprendre la langue latine, et je le répète ici pour remarquer que peut-être n'a-t-on pas beaucoup de raison de fatiguer les enfants, comme on fait ordinairement dans les collèges par de longues méthodes raisonnées, où ces enfants ne comprennent presque rien; parce que ce sont plutôt des leçons d'une fine métaphysique que des règles d'une simple grammaire. Comme on ne peut trop faire travailler la mémoire des enfants, qui est alors dans sa force, et qui ne demande qu'à se remplir, on ne peut trop choyer leur raison naissante, qu'il faut laisser croître en repos; parce qu'elle se brouille, s'obscurcit et s'éteint même quelquefois, lorsqu'on en veut tirer trop de service avant l'âge qui lui est destiné pour agir.

Il mourut à Paris le 23 juillet 1692. Il laissa sa bibliothèque aux pères jésuites de la maison professe;[993] le père Ayrault, son parent, qui l'assista à la mort, ne contribua pas peu à lui faire faire ce legs à leur société.[994]

---

[993] *Maison professe*: «On nomme *Maison* une compagnie, une communauté d'ecclésiastiques, de religieux. *La maison professe des Jésuites*» (*Dictionnaire de l'Académie Française*, 1694).

[994] La mère de Ménage s'appelait Guione Ayrault. On notera que, dans cet éloge, Perrault dit peu de choses des circonstances matérielles de la vie de Ménage, bien qu'il l'ait connu personnellement. Des éloges de Ménage avaient paru dans le *Journal des savants* et le *Mercure galange* en 1692.

Adrien de Valois
Historigaraphe Ordinaire de France

ADRIEN DE VALOIS
HISTORIOGRAPHE DU ROI
[1607-1692]

On s'étonnera sans doute de voir ici le portrait d'Adrien de Valois,[a] et de n'y pas voir celui d'Henri Valois[b] son frère aîné qui ne le cédait en rien à son cadet, et qui même, selon le jugement de plusieurs savants hommes, ne tenait pas moins le premier rang du côté du mérite que du côté de l'âge; mais on n'a point de portrait de cet aîné qui n'a jamais voulu se laisser peindre. Nous parlerons ici de tous les deux, et cet éloge leur sera commun comme presque toutes choses leur ont été communes pendant leur vie.

Tous deux naquirent à Paris, l'un au mois de septembre 1603 l'autre au mois de juin 1604.[995] Leur père Charles de Valois, content du bien que ses parents lui laissèrent, préféra la possession d'un loisir honnête à l'acquisition des biens d'une vie laborieuse et inquiète.[996] Il était originaire de Lisieux, où il y a encore beaucoup de gentilshommes du même nom; mais la noblesse de la naissance est un avantage qui mérite peu d'être relevé dans des hommes qui ont eu tant de vertu et tant de doctrine. Henri, l'aîné, fut envoyé à Verdun y faire ses études sous les pères jésuites de cette ville.[997] Il n'est pas croyable avec quelle rapidité et avec quel fruit il les fit toutes. Il fut toujours des premiers de ses classes, toujours aimé de ses maîtres, et admiré de ses compagnons. En 1618 les jésuites ayant été rétablis à Paris,[998] il y vint faire une année de rhétorique sous le père Petau,* et sa philosophie sous le père Bruan.[999] En 1622, âgé de dix-neuf

---

[995] Perrault se trompe. Adrien de Valois naquit le 14 janvier 1607.

[996] Pour la rédaction de l'éloge d'Henri de Valois, Perrault semble s'être servi de la *Vita Henrici Valesii* (1677) écrite par son frère Adrien. Sur le père d'Henri de Valois, nous lisons: «Patrem habuit Carolum Valesium, qui patrimonio suo contentus, honestum otium negotiosæ vitæ præposuit».

[997] Il passa cinq ans à Verdun.

[998] Les jésuites avaient été expulsés de Paris et d'autres villes en 1594, soupçonnés d'avoir sympathisés avec la Ligue et, plus tard, d'avoir incité le régicide d'Henri IV.

[999] Autre indication de la source dont Perrault s'inspira: seule la *Vita Henrici Valesii* fait mention du père Bruan. On y lit: «Eodem in ludo sub Bruano Lothariensi, doctissimo professore, in philosophiæ studia triennium impendit». Ni les éditions contemporaines du *Grand Dictionnaire Historique* de Moréri, ni les biographes postérieurs, tels que Nicéron et la *Biographie universelle*, ne parlent de lui. A Paris, Henri de Valois fit ses études au collège de Clermont, et à cette époque il connut non seulement le père Petau mais aussi le père Sirmond. Il conserva dans la suite le contacte avec ces deux jésuites et il fit plus tard leur oraison funèbre: voir 'Henrici Valesii Oratio in Obitum Dion Petavii' et 'Henrici Valesii Oratio in Obitum Jac. Sirmondi' dans l'ouvrage de Guillaume Bates, *Vitæ selectorum aliquot virorum qui doctrina, dignitate, aut pietate inclaruere* (1681).

ans, il alla apprendre le droit à Bourges où il demeura deux années, et au retour il se fit recevoir avocat, plus pour donner cette satisfaction à son père que par inclination qu'il eût à cette profession. Il porta la robe pendant plus de sept ans, mais il se lassa enfin de la porter inutilement, ne plaidant et ne faisant aucune fonction d'avocat. Il eut pour amis tout ce que la France avait d'hommes savants et d'un mérite singulier dans la connaissance des belles lettres, les Dupuy,* les Bignon,* les Marca,* les Gaulmin, les Nublé, les Launoy,* les Ogier, les Ménage,* et il usait si sagement de leur amitié que sans la blesser il reprenait dans leurs écrits tout ce qu'il y trouvait à redire.[1000] Il a fait une infinité d'ouvrages très excellents, mais le plus mémorable est la traduction de l'*Histoire ecclésiastique*[c] d'Eusèbe, de Socrate, de Sozomène, de Philostorge, et de plusieurs autres encore jusqu'à l'année 594, la quatorzième du règne de l'empereur Maurice. Cette histoire est accompagnée de notes d'une très savante et très profonde érudition.[1001]

Après la traduction de ces auteurs grecs, il travailla à donner les auteurs latins qui suivent: Sulpice-Sévère, Rufin, Cassiodore, et quelques autres encore qu'il avait collationnés sur plusieurs anciens manuscrits qu'il aurait accompagnés de notes très curieuses, s'il eût vécu plus longtemps. Il avait aussi composé un traité des lois attiques qui n'a pas vu le jour, parce que dans ce temps-là monsieur Petit donna un ouvrage très ample sur cette matière.[1002] Une chaise de professeur en langue grecque étant venue à vaquer dans le Collège Royal,[1003] et ayant été résolu de la donner à celui

---

[1000] Cette liste des amis d'Henri de Valois reprend celle qui se trouve dans la *Vita Henrici Valesii*. Gilbert Gaulmin (1585-665), homme de lettres et conseiller d'Etat. Il avait une profonde connaissance du grec et des langues orientales; il publia des traductions, fut l'auteur d'une tragédie intitulée *Iphigénie* et du *Livre des lumières en la conduite des rois composé par le sage Pilpay* (1644). Selon la *Vita Henri Valesii*, Louis Nublé fut «Advocatum in Curia Parisiaca». François Ogier, homme d'église érudit. Il publia une préface à la tragi-comédie de Jean de Schelandre, intitulée *Tyr et Sidon* (1628), où il condamne l'imitation des anciens.

[1001] Dans son *Histoire ecclésiastique*, Eusèbe (*c.* 260-*c.* 340) traite de l'histoire de l'Eglise depuis les apôtres jusqu'à ses jours. Socrate Scholasticus (5e siècle), auteur d'une *Histoire ecclésiastique* qui prolonge celle d'Eusèbe, traite de la période 305 à 439. Sozomène (5e siècle) rédigea une histoire de l'Eglise, à la suite d'Eusèbe, qui couvre la période de 323 à 425. Philostorge, historien arien (*c.* 368-*c.* 469), auteur d'une *Histoire ecclésiastique* qui traite de la période d'environ 300 à 430, et dont il ne reste que des fragments. La traduction de Valois fut publiée en trois tomes: t. 1, Eusèbe (1659); t. 2, Socrate et Sozomène (1668); t. 3, Théodoret et d'Evagre, avec les fragments de l'histoire ecclésiastique de Philostorge (1673).

[1002] Samuel Petit (1594-1643), hommes de lettres et savant, publia ses *Leges atticæ* en 1635.

[1003] *Chaise*: Ni le *Dictionnaire universel* de Furetière, ni celui de l'Académie Française ne recensent le mot *chaise* avec le sens du mot *chaire*, c'est-à-dire «la charge

qui en paraîtrait le plus digne dans une dispute qui se ferait entre tous ceux qui voudraient se présenter, il fut choisi par monsieur Colbert* pour un des examinateurs qui devaient juger du mérite des prétendants. Lorsqu'on souhaita établir une conférence de gens doctes sur les matières ecclésiastiques, où les difficultés qui se rencontreraient dans l'intelligence des livres saints seraient examinées et résolues, monsieur Colbert voulut aussi qu'il fût du nombre de ces excellents hommes, quoique laïque, et presque le seul parmi cette assemblée qui ne fût pas dans le sacerdoce.[1004] Il mourut au mois de mars de l'année 1676 âgé de soixante-douze ans, après avoir satisfait à tous les devoirs d'un vrai chrétien, dont il s'est acquitté très exactement dans tout le cours de sa vie.

Ce que je viens de dire des mœurs et de la doctrine de Henri de Valois, peut servir à l'éloge d'Adrien son frère, étant difficile de trouver deux frères qui aient eu plus de ressemblance et de conformité l'un avec l'autre.[1005] Comme Henri de Valois s'était appliqué particulièrement à la connaissance de l'histoire byzantine, Adrien de Valois avait pris pour sa tâche l'étude de l'histoire de France.[1006] Il en donna le premier tome en l'année 1646 où il éclaircit la partie la plus obscure de notre histoire. Il y découvre l'origine des anciens français, et raconte ce qu'ils ont fait depuis l'empire de Valentinien jusqu'à la mort du roi Clotaire.[1007] En l'année 1658 il en publia le second et le troisième tome, avec un traité des basiliques, qui est très curieux.[1008] Il fut honoré, de même que son frère, de

---

et fonction d'un professeur». On le retrouve dans l'éloge de David Blondel.

[1004] Ces deux événements de la vie d'Henri de Valois, qui le mirent en contact avec Colbert, figurent dans le texte de la *Vita Henrici Valesii*, mais ne sont pas mentionnés par Moréri et les biographes postérieurs.

[1005] On pensera ici à la notion du frère jumeau perdu qui serait, selon Marc Soriano, partout présent dans l'œuvre de Perrault.

[1006] A partir d'ici, Perrault suit de près l'*Eloge de Monsieur de Valois*, attribué à Louis Cousin, qui parut dans le *Journal des Savants* du 28 juillet 1692. Ce texte fut repris en tête du livre mentionné tout à la fin de son éloge, le *Valesiana ou Pensées critiques et historiques d'Adrien de Valois* (1694), recueillies par son fils Charles de Valois.

[1007] L'ouvrage d'Adrien de Valois s'intitule *Gesta Francorum*: tome 1, *Rerum francicarum usque ad Chlotarii senioris mortem*, 1646. Clotaire Ier (497-561), quatrième fils de Clovis, roi de Soissons en 511, resta seul maître de tous les Etats francs en 558.

[1008] *Gesta Francorum*: tome 2, *Rerum francicarum a Clotharii senioris morte ad Chlotharii junioris monarchiam*; tome 3, *Rerum francicarum a Clotharii junioris monarchia ad Childerici destitutionem* (1658). L'adjonction d'un traité des basilisques peut étonner: pourtant, dans son *Gesta Francorum*, Adrien de Valois avait donné le titre de monastère à l'église ou basilique de Saint-Vincent de Paris; cette opinion ayant surpris quelques savants, l'auteur la défendit dans deux ouvrages, la *Disceptatio de basilicis quas primi Francorum reges condiderunt, an ab origine monachos habuerint* (1657), et la *Disceptationis de basilicis defensio adversus F. Launoii de ea judicium*

la qualité d'historiographe du roi, avec une pension de douze cents livres.[1009] Il parut en l'année 1666 un prétendu fragment de Pétrone, trouvé, à ce que l'on disait, à Trau en Dalmatie. Il en montra la fausseté et la supposition[1010] par une infinité de preuves incontestables et en faisant voir combien le style de ce fragment était différent de celui de l'original. Il assure, et en cela il est de l'avis de son frère, que Pétrone était gaulois et qu'il avait vécu sous le règne d'Antonin, et non point sous celui de Néron, suivant l'opinion commune.[1011]

En 1675 il donna au public son livre intitulé *Notitia galliarum*,[d] qui doit être regardé comme un des plus précieux fruits de ses veilles. Là il s'étonne que Ptolémée n'ait pas décrit les Gaules avec le même soin que les autres provinces de l'Empire, et assurément l'exactitude qu'il y a apportée dans ses notes le met en droit de reprocher à Ptolémée sa négligence.[1012] Il mourut le 2 jour de juillet 1692. Après sa mort, son fils fit imprimer un recueil de plusieurs choses qu'il lui avait ouï dire, sous le nom de *Valesiana*, où il a joint un recueil de ses poésies latines qui sont d'un style très pur et très élégant.[1013]

(1660). C'est le premier de ces deux ouvrages auquel Perrault fait allusion.

[1009] Henri et Adrien de Valois devinrent historiographes du roi en 1660.

[1010] *Supposition*: «Chose fausse et controuvée, et alléguée à dessein de nuire» (*Dictionnaire de l'Académie Française*, 1694).

[1011] Ce fragment fut trouvé par M. Statilée. Adrien de Valois en réfuta l'attribution à Pétrone dans un traité adressé à M. Vagensel, intitulé *Hadriani Valesii, et Joannis Christophori Wagenselii de Coena Trimalcionis nuper sub Petronii nomine vulgata dissertationes* (1666).

[1012] Dans la deuxième partie de cette phrase (à partir de «et assurément... »), Perrault s'éloigne du texte de Cousin pour formuler un jugement personnel. On peut se demander s'il ne connaissait pas le livre d'Adrien de Valois qui est en question, car, non seulement en donne-t-il le titre en latin, tandis que Cousin le cite en français, mais il corrige dans la deuxième édition des *Hommes illustres* une erreur d'orthographe qui s'était glissée dans la première (voir les variantes). L'ouvrage d'Adrien de Valois, intitulé *Notitia galliarum ordine litteratum digesta*, parut en 1675.

[1013] *Valesiana ou Pensées critiques et historiques d'Adrien de Valois* (1694), recueillies par son fils Charles de Valois (1671-1747).

Barthelemi d'herbelot
Interprete des Langues Orientales

BARTHELEMY D'HERBELOT
INTERPRETE DES LANGUES ORIENTALES
[1625-1695]

Beaucoup de science jointe avec encore plus de bon sens et de probité, font le caractère de celui dont j'entreprends l'éloge.[1014]

Barthélemy d'Herbelot naquit à Paris le 4 décembre 1625 d'une famille considérable, et par elle-même, et par ses alliances. Dès qu'il eut achevé ses études d'humanités et de philosophie sous les plus excellents professeurs de l'université, il s'appliqua à l'étude des langues orientales, et particulièrement de la langue hébraïque, dans la vue de mieux entrer dans le sens du texte original des livres de l'Ancien Testament.

Après un travail assidu de plusieurs années, il fit un voyage en Italie, persuadé que la conversation des Arméniens et des autres orientaux qui souvent y abordent, le perfectionnerait beaucoup dans la connaissance de leurs langues.[1015] A Rome il fut particulièrement estimé des cardinaux Barberin et Grimaldi, et il contracta une étroite amitié avec Lucas Holstenius, et Leo Allatius bibliothécaire du Vatican, deux des plus savants hommes de ce siècle.[1016] En l'année 1656 le cardinal Grimaldi, archevêque d'Aix, l'envoya à Marseille au-devant de la reine de Suède, qui fut ravie du choix qu'on avait fait d'un homme si universellement savant, et par conséquent si capable de l'entretenir selon son goût et son génie.[1017] Au retour de ce voyage qui ne dura qu'un an et demi, monsieur Fouquet procureur général du parlement de Paris, et surintendant des finances, l'attira dans sa maison et lui donna une pension de quinze cents livres. Il semblait que la disgrâce de monsieur Fouquet, qui arriva peu de temps après, devait entraîner monsieur d'Herbelot par l'attachement qu'il avait à

[1014] Dans tout cet éloge, il n'y a que six syntagmes ou phrases (dont la phrase d'ouverture) qui soient entièrement de la main de Perrault: tout le reste est une copie ou une reformulation de l'éloge de d'Herbelot par Louis Cousin qui parut dans le *Journal des Savants* du 3 janvier 1696 et qui se trouve aussi en tête de la *Bibliothèque Orientale* de d'Herbelot.

[1015] *Arméniens*: habitants de l'Arménie, région d'Asie partagée politiquement de nos jours entre l'Iran, la Turquie et l'ancienne République Soviétique d'Arménie. Ce premier voyage en Italie eut lieu en 1655-56; on lira plus loin qu'il dura un an et demi.

[1016] Les frères Barberini, Francesco (1597-1679) et Antonio (1607-1671). Jéronimo Grimaldi Cavalleroni (1597-1685), cardinal, nommé archevêque d'Aix par Louis XIV, nomination que le pape, Innocent X, refusa de reconnaître. Il fut enfin reconnu sept ans plus tard par le pape Alexandre VII. Lucas Holstenius, *ou* Luc Holste (1596-1661), bibliothécaire du vatican. Sur Leo Allatius, consulter l'index.

[1017] Sur la visite de Christine de Suède en France, voir aussi les éloges de Patru et Ménage.

la fortune de ce ministre, mais cela n'empêcha point que son mérite ne lui fît obtenir la charge d'interprète des langues orientales, avec des lettres vérifiées en la chambre des comptes.[1018] Il est vrai que peu d'autres personnes étaient aussi capables que lui de cet emploi.

Quelques années s'étant écoulées, il fit encore un voyage en Italie, où il s'acquit une si grande réputation, que les personnes les plus distinguées, soit par leur science ou par leur dignité, s'empressèrent à l'envi de le connaître. Le grand-duc de Toscane, Ferdinand II, lui donna des marques extraordinaires de son estime. Ce fut à Livourne que monsieur d'Herbelot eut l'honneur de voir ce prince pour la première fois; il eut avec lui et avec le prince son fils, qui est le grand-duc d'aujourd'hui, de fréquentes conversations dont ils furent si satisfaits qu'ils lui firent promettre de les venir trouver à Florence.[1019] Il y arriva le 2 juillet 1666, et y fut reçu par le secrétaire d'Etat, qui le conduisit dans une maison préparée pour son logement, où il y avait six pièces de plein pied magnifiquement meublées, et où on lui entretint une table de quatre couverts, servie avec toute sorte de délicatesse, et un carrosse aux livrées de son Altesse Sérénissime. On trouvera peu d'exemples d'honneurs aussi grands rendus par un souverain au seul mérite d'un particulier. Ces honneurs furent couronnés par un présent dont le choix et la manière ingénieuse de le donner n'ont pas semblé moins estimables que le présent même, quelque magnifique et précieux qu'il fût.[1020] Une grande bibliothèque ayant été en ce temps-là exposée en vente dans Florence, le grand-duc pria monsieur d'Herbelot de la voir, d'examiner les manuscrits en langues orientales qui y étaient et de mettre à part les meilleurs et d'en marquer le prix. Dès que cela eut été fait, ce généreux prince les acheta, et en fit présent à monsieur d'Herbelot, comme de la chose qui était le plus selon son goût.

Un traitement aussi honorable que celui-là, pouvait paraître un sujet de reproche à la France, de se priver si longtemps d'un si excellent homme. Mais monsieur Colbert,* naturellement porté à faire du bien aux gens de lettres, et surtout à ne rien négliger de tout ce qui pouvait faire honneur à la France, le fit inviter de revenir à Paris, avec assurance qu'il y recevrait des preuves solides de l'estime qu'il s'était acquise.[1021] Le grand-duc qui règne à présent eut de la peine à le laisser partir, et n'y consentit qu'après avoir

---

[1018] La disgrâce de Fouquet eut lieu en 1661.

[1019] Livourne, ville et port de Toscane, dont Florence est la capitale. Ferdinand II de Médicis, grand-duc de 1620 à 1670 eut pour successeur son fils, Cosme III de Médicis (1663-1711), 6e grand-duc de Toscane.

[1020] Cette phrase est absente du texte de Cousin.

[1021] Cet éloge de Colbert, «naturellement porté à faire du bien aux gens de lettres, et surtout à ne rien négliger de tout ce qui pouvait faire honneur à la France», est absent du texte de Cousin.

vu les ordres de ce ministre qui le rappelait.

A son retour en France, le roi lui fit l'honneur de l'entretenir plusieurs fois sur ses voyages, et lui donna une pension de quinze cents livres. Pendant son séjour en Italie, il avait commencé son grand ouvrage de la *Bibliothèque orientale*, et il employa avec joie le loisir dont il vint jouir en France, à continuer un travail si curieux et si utile.[1022] D'abord il composa ce livre en arabe, et monsieur Colbert* avait résolu de le faire imprimer au Louvre avec des caractères que l'on devait fondre exprès; mais après la mort de ce ministre on changea de résolution, et monsieur d'Herbelot fit tout son ouvrage en français pour le rendre d'un plus grand usage. A l'égard du commun des gens de lettres, ce livre est une espèce de nouveau monde: nouvelles histoires, nouvelle politique, nouvelles mœurs, nouvelle poésie; en un mot, un nouveau ciel, une nouvelle terre.[1023] Ce qui n'a pu entrer dans cette bibliothèque a été rédigé par monsieur d'Herbelot sous le titre d'*Anthologie*, et contient ce qu'il y a de plus curieux dans l'histoire des Turcs et dans celle des Arabes et des Perses. Il a aussi composé un dictionnaire turc, persan, arabe et latin, que monsieur son frère doit donner au public incessamment, de même que plusieurs traités très curieux et très dignes d'être mis au jour.[1024]

Ce fut en considération de ces talents extraordinaires, que monsieur de Pontchartrain lui fit obtenir, il y a quelques années, la charge de professeur royal en langue syriaque, vacante par la mort de monsieur d'Auvergne.[1025] Il mourut le 8 jour de décembre 1695 âgé de soixante-dix ans.

Monsieur d'Herbelot n'était pas moins versé dans les lettres grecques et latines, que dans les langues et les histoires orientales, c'était un homme véritablement universel en toute sorte de littérature; mais ce qui était encore de plus estimable en lui, c'est qu'il avait un esprit supérieur à toutes ses connaissances dont il ne parlait jamais qu'il n'y fût invité par ses amis.[1026] Il ne décidait point avec hauteur, il ne préférait point son

---

[1022] Perrault parle ici d'un ouvrage fraîchement publié. La *Bibliothèque orientale, ou Dictionnaire universel contenant généralement tout ce qui regarde la connaissance des peuples de l'orient*, avait été achevée, après la mort de d'Herbelot, par A. Galland, et publiée en 1697.

[1023] Cette phrase ne se trouve pas dans le texte de Cousin. L'expression dont Perrault se sert, «un nouveau ciel, une nouvelle terre», est utilisée dans la notice sur Lemaître.

[1024] Les autres ouvrages de Barthélemy d'Herbelot ne virent jamais le jour, mais on trouve dans l'édition de la *Bibliothèque Orientale* deux pièces, une épître à Louis XIV et un épitaphe en latin, signées par Edmond d'Herbelot, le frère de l'auteur.

[1025] D'Herbelot devint professeur de syriaque au Collège de France en 1692. La précision, que «monsieur de Pontchartrain lui fit obtenir» cette charge de professeur, est absente du texte de Cousin.

[1026] Cette phrase de transition, qui prépare la conclusion de l'éloge, est absente du

sentiment à celui des autres. Il écoutait leurs raisons avec patience, et leur répondait avec douceur. Son savoir était accompagné d'une probité parfaite et d'une piété très solide.

---

texte de Cousin.

Ismael Bouillaud
Astronome

ISMAEL BOULLIAU
ASTRONOME
[1605-1694]

Ismaël Boulliau naquit à Loudun le 28 septembre 1605.[1027] Ses parents calvinistes le mirent aux études, où il profita beaucoup en peu de temps.[1028] Son esprit pénétrant lui ayant fait voir une partie des erreurs où il était, il se fit instruire, et abjura l'hérésie à 1'âge de vingt et un ans; il reçut ensuite les ordres sacrés, et il fut promu à celui de la prêtrise à l'âge de 25 ans.

Il apprit les humanités dans le lieu de sa naissance, la philosophie à Paris, et le droit à Poitiers. Au sortir des écoles, devenu capable d'entrer dans le secret des sciences, il s'appliqua fortement à la théologie, à la connaissance de l'histoire profane et sacrée, aux mathématiques, et particulièrement à l'astronomie, où il fit un si grand progrès que dans la préface du catalogue de la bibliothèque de Saint-Victor qu'il avait pris soin de dresser, on lui donne la qualité d'astronome.[1029]

En 1638 il fit imprimer un traité de la nature de la lumière.[1030] Monsieur de la Chambre et monsieur Petit, tous deux médecins, écrivirent longtemps après l'un contre l'autre sur le même sujet, et monsieur Boulliau s'étonnait que ces deux excellents hommes osassent se mêler de parler de la lumière, n'ayant aucune connaissance de l'optique.[1031] Il y a lieu d'être surpris de l'étonnement de monsieur Boulliau, car, quoiqu'il y ait de la liaison entre ces deux choses, et que l'optique ne se puisse bien comprendre sans connaître la nature de la lumière, cela ne conclut point que pour parler pertinemment de la nature de la lumière, il faille être très

---

[1027] Le texte de cette notice reprend en grande partie l'éloge de Boulliau par Louis Cousin paru dans le *Journal des Savants* du lundi 14 février 1695.

[1028] Le père de Boulliau était astronome et procureur de Loudun, ville située entre Angers et Poitiers, et haut lieu de la religion réformée.

[1029] La bibliothèque de Saint-Victor fut l'une des premières à ouvrir ses collections au public. La congrégation de Saint-Victor, dont les origines remontent au 12e siècle, fut officiellement dissoute en 1633. L'abbaye connut un lent déclin, avant d'être supprimée à la Révolution française. Parmi les abbayes de Paris, la vedette passa, dès le XVIIe siècle, à celle de Sainte-Geneviève, représentée dans le recueil de Perrault par Pierre Lalemant. La gloire des victorins fut pourtant soutenue par Jean-Baptiste Santeul.

[1030] *De natura lucis*, 1638.

[1031] Marin Cureau de la Chambre (1596-1669), *Nouvelles pensées sur les causes de la lumière* (1634 et 1654). Pierre Petit (1594-1677), *De Ignis et Lucis Natura Exercitationes* (1663); *Defensio Exercitationum de Ignis et Lucis Natura* (1664).

savant dans l'optique.[1032]

L'année suivante il publia à Amsterdam son *Philolaus*, ou ses dissertations du véritable système du monde.[1033] En 1640 il composa une dissertation sur saint Bénigne, où il fait voir les contradictions qui se trouvent dans la chronique qui dit qu'en l'année 195 dans la troisième indiction,[1034] sous le règne de l'empereur Sévère, saint Bénigne serviteur de Dieu fut envoyé avec ses compagnons dans les Gaules pour y prêcher l'Evangile; que cette mission se fit par saint Polycarpe métropolitain d'Asie, suivant le conseil de saint Irénée qui lui était apparu peu de jours après son martyre.[1035] Monsieur Boulliau fait voir qu'au temps de l'empereur Sévère on ne parlait point encore d'indictions, qui ne furent instituées que par Constantin en l'année 312; que le titre de métropolitain donné à saint Polycarpe était alors inconnu; et enfin que saint Irénée, qui mourut trente-six ans après saint Polycarpe, n'a pu lui apparaître.[1036] En 1644 il traduisit en latin Théon de Smyrne, philosophe platonicien, et l'illustra de ses notes.[1037] L'année suivante il mit au jour un grand ouvrage intitulé *Astrologia philolaica*, où il prétend démontrer les mouvements des planètes par une nouvelle et véritable hypothèse, avec des tables très faciles.[1038] Quatre ans après il composa un traité en faveur des églises de Portugal qui, depuis que ce royaume avait secoué le joug de la domination espagnole, demeuraient dépourvues d'évêques par le refus que faisait le pape de donner des bulles à ceux que le roi Jean IV avait nommés.[1039] Avant que de rien décider, il rapporte avec soin les différentes manières

---

[1032] La critique formulée dans cette phrase est une addition faite par Perrault au texte de Cousin.

[1033] *Philolaus, sive dissertationis de vero systemate mundi, libri IV*, 1639.

[1034] *Indiction*: «Convocation d'une grande assemblée à certain jour. Il ne se dit que d'un Concile, *Depuis l'indiction du Concile de Nice, du Concile de Trente*» (*Dictionnaire de l'Académie Française*, 1694).

[1035] *Diatriba de sancto Benigno*, ouvrage écrit en 1640 et publié en 1657, précision fournie par Cousin mais que Perrault supprime. Saint Bénigne (IIᵉ siècle), martyr et apôtre de la Bourgogne. Sévère (146-211), empereur romain en 193. Saint Polycarpe (c.69-c.155), disciple de saint Jean l'Evangéliste, évêque de Smyrne, martyr. Saint Irénée (c.130-c.200), originaire de Smyrne et évêque de Lyon à partir de c.178.

[1036] Perrault abrège considérablement, dans ce paragraphe, l'argumentation de Boulliau reproduite dans le texte de Cousin. Son but est sans doute de ne pas donner à son texte le ton d'un ouvrage d'érudition; il n'y réussit pas tout à fait.

[1037] *Theonis Smyrnæi mathematica*, 1644.

[1038] *Astronomia philolaica*, 1645.

[1039] Cet ouvrage, intitulé *Pro ecclesiis Lusitancis*, parut en 1656, et non pas quatre ans après l'*Astrologia philolaica*, comme le dit Perrault, d'après Cousin. En 1640, grâce à Richelieu, les Espagnols furent chassés du Portugal et Jean IV (1604-1656) inaugura la dynastie de Bragance. Le Portugal retrouva son indépendance en 1668 (traité de Lisbonne).

dont l'Eglise catholique, suivant les temps, s'était pourvue de pasteurs, et particulièrement comment l'Espagne changea, dans le sixième canon du concile de Tolède, l'usage qui avait été observé jusqu'alors, en décidant qu'il serait permis à l'avenir à l'archevêque de Tolède d'instituer évêques, en la place de leurs prédécesseurs, ceux que le roi aurait élus.[1040] Il ne doute point que les rois d'Espagne et de Portugal ne soient légitimes possesseurs du droit qu'ils ont dans l'institution des évêques, l'ayant acquis tacitement du clergé. Il donne ses avis à peu près de cette sorte: «Après que le roi Jean IV a supplié depuis huit ans Urbain VIII et Innocent X de donner des bulles aux évêques nommés, il peut les faire sacrer par les métropolitains; et comme les papes ont autrefois prétendu que le pouvoir d'établir des évêques dans les sièges vacants leur était dévolu, par la négligence des princes qui avaient manqué d'y pourvoir, il rentrera légitimement dans son droit par une pareille négligence de la part des papes. En cela il ne blessera en rien le respect qu'il porte au saint siège, et il sera toujours disposé aussi bien que les évêques sacrés par les métropolitains, à lui demander sa confirmation, et à recevoir des bulles». En la même année qu'il composa cet écrit pour les églises de Portugal, il fit imprimer au Louvre un volume de l'histoire byzantine écrite en grec par Ducas, qui commence à Jean Paléologue premier empereur de Constantinople, et finit à Mahomet II, empereur des Turcs. Monsieur Boulliau tira cette histoire d'un manuscrit grec de la bibliothèque du roi, et y joignit la version latine avec des notes.[1041] En 1657 il donna au public un traité des lignes spirales, n'ayant (à ce qu'il dit) jamais bien compris ce qu'en dit Archimède, ce qui est assez remarquable.[1042] En 1663 il publia en un volume un traité pris de Ptolémée, avec une version latine, intitulé, *De judicandi facultate et animi principatu*. Quelque temps après il mit au jour un grand ouvrage in-folio avec ce titre, *Opus novum ad arithmeticam infinitorum, libris sex comprehensum, in quo plura a nonnulis hactenus edita demonstrantur*.[1043]

Outre ces ouvrages il en a composé plusieurs autres qui sont demeurés dans son cabinet; cependant la grande réputation qu'ils lui donnèrent ne diminua rien de sa modestie, et un de ses amis lui ayant témoigné par une

[1040] Cousin précise qu'il s'agissait du 12e concile de Tolède, tenu en 656.

[1041] Michel Ducas, *Historia byzantina*. L'édition de Boulliau date de 1649.

[1042] *De lineis spiralibus*, 1657. C'est la deuxième fois que Perrault exprime des réserves à l'égard des compétences de Boulliau. On notera avec intérêt ce que rapporte le *Dictionnaire de biographie française* à ce propos: «Bien qu'il [Boulliau] ait joui de son vivant d'une célébrité universelle, ses théories astronomiques ont été très discutées. Il était fort opposé à Kepler, et Delambre l'accuse d'avoir plutôt fait rétrograder que progresser la science».

[1043] Cet ouvrage fut publié en 1682.

lettre la haute opinion qu'il en avait, monsieur Boulliau lui fit cette réponse: *Il n'y a rien au monde que j'appréhende tant que les louanges; si ce que je fais est approuvé par les honnêtes gens intelligents dans les matières que j'ai traitées, cette approbation pure et simple sans éloges, vaut mieux que tous les panégyriques.* Il demeura plusieurs années chez monsieur Dupuy, garde de la bibliothèque du roi, où s'assemblaient tous les jours messieurs Grotius, Blondel,* de Launoy,* Guyet, Ménage,* Bigot, Toinard, etc., ses amis les plus intimes.[1044]

Après la mort de monsieur Dupuy, monsieur de Thou, président à la première des enquêtes, voulut l'avoir chez lui, et le mena en Hollande lorsqu'il y alla en qualité d'ambassadeur.[1045] Il fit plusieurs autres voyages en Italie, en Allemagne, en Pologne et au Levant. La reine Louise de Gonzague l'attira à sa cour, le reçut honorablement, et lui fit un présent considérable.[1046] Le roi Jean-Casimir le nomma pour son agent auprès des états des Provinces Unies pendant la guerre de Suède et de Pologne.[1047] En l'année 1689 il se retira dans l'abbaye de Saint-Victor; il y fit son testament le 20 août 1691 et y mourut le 25 novembre 1694.

[1044] Il s'agit de Jacques Dupuy, mentionné dans l'éloge consacré à son frère Pierre. François Guyet, *ou* Guiet (1575-1655), philologue et poète en latin et en français. Louis-Emery Bigot (1626-1689), helléniste qui jouit d'une vaste réputation auprès de ses contemporains. Nicolas Toinard (1629-1706) s'intéressa particulièrement à l'études des langues anciennes et à celle des médailles.

[1045] Boulliau fit le catalogue de la bibliothèque de monsieur de Thou. En 1666 il se brouilla avec les de Thou et dut vivre d'une très modeste pension avant de se retirer à l'abbaye de Saint-Victor de Paris.

[1046] Louise de Gonzague (1612-1667), née à Paris, épousa successivement les rois de Pologne, Ladislas VII et Jean-Casimir.

[1047] La paix d'Oliwa (1660) mit fin à la guerre entre la Suède et la Pologne, guerre dont la cause était une lutte entre ces deux puissances pour la domination de la Baltique qui remontait au règne de Gustave Vasa (roi de Suède 1523-1560).

DAVID BLONDEL
PROFESSEUR EN HISTOIRE
[1590-1655]

Il est étonnant qu'un homme qui a autant aimé la vérité que celui dont
j'entreprends l'éloge, ne l'ait pas connue dans la matière de toutes la plus
grave et la plus importante, car il a vécu et est mort dans la profession de la
religion prétendue réformée, dont il était un des ministres. Il avait une
sagacité merveilleuse à bien discuter et à bien démêler un point d'histoire,
et peu de personnes ont été aussi loin que lui pour en bien développer
toutes les circonstances. Son fort était l'exactitude, et monsieur Dupuy,*
garde de la bibliothèque du roi, l'appelait le Grand Dataire. Il prit à tâche
d'examiner à fond l'histoire fabuleuse de la papesse Jeanne; et quoique les
ennemis de la religion catholique l'aient revêtue de toute la vraisemblance
dont elle est capable, il en démêla si bien toutes les absurdités, qu'elle ne
passa plus parmi ceux qui avaient quelque connaissance exacte de
l'histoire que pour une fable grossière et mal inventée.[1048] Entre les
preuves de la fausseté de cette histoire, la profession de monsieur Blondel
qui la réfute est très considérable; c'est un ministre que l'intérêt de sa
religion engageait à soutenir cette supposition, et qui n'a pu être porté à la
combattre que par la seule force de la vérité. Saumaise s'était vanté que si
on lui donnait l'écrit de monsieur Blondel, il le dissiperait en soufflant
dessus; mais le livre lui ayant été donné, il vécut six ans depuis sans y
répondre, et sans qu'on ait trouvé après sa mort dans ses papiers un seul
mot sur cette matière.[1049] Rivet, plus sincère, a écrit qu'il doutait qu'on pût
réfuter le livre de Blondel au contentement d'un lecteur judicieux et
éclairé.[1050]

David Blondel, né a Châlons en Champagne,[1051] réussit parfaitement
dès son jeune âge dans l'étude des belles lettres. Après avoir appris les
langues savantes et la théologie, il s'appliqua à l'histoire ecclésiastique, et

---

[1048] *Familier Eclaircissement de la question si une femme a été assise au siège
papal de Rome entre Léon IV et Benoît III*, Amsterdam, 1647; traduction latine faite par
l'auteur et publiée par les soins de Courcelles, *De Joanna papissa*, Amsterdam, 1657.

[1049] Claude Saumaise (1588-1658) mourut, effectivement, environ six ans après la
publication du livre de Blondel. Perrault put trouver cette anecdote dans le *Dictionnaire
historique et critique* de Bayle, ainsi que tous les autres éléments qui constituent ce
texte. Le texte de Bayle est pourtant bien plus touffu que celui de Perrault, et si cet
article du dictionnaire est bien la source de cet éloge, Perrault dut opérer une refonte
considérable.

[1050] André Rivet (1572-1651), théologien protestant. Il obtint en 1620 la chaire de
théologie à Leyde, et en 1622 devint directeur du collège d'Orange à Bréda.

[1051] Châlons-sur-Marne.

particulièrement à celle du bas empire. Il fut reçu ministre dans un synode de l'Ile de France en l'année 1614 et exerça son ministère à Houdan près de Paris en 1619. Il fit en cette année un ouvrage intitulé *Modeste déclaration de la sincérité et vérité des Eglises réformées de France*. C'était une réponse aux écrits de deux ou trois auteurs catholiques, et particulièrement du cardinal de Richelieu* qui n'était alors qu'évêque de Luçon.[1052] Ce livre lui fit beaucoup d'honneur. Il eut toujours des emplois considérables dans les synodes. Il fut plus de vingt fois secrétaire dans ceux de l'Ile de France. On le députa quatre fois aux synodes nationaux, où il ne manquait jamais d'être choisi pour dresser et recueillir les actes. Ce fut lui que le synode national de Castres députa au roi en l'année 1626 pour remercier Sa Majesté au nom de la compagnie.[1053] En l'année 1650 les administrateurs du collège d'Amsterdam lui firent proposer d'y venir être professeur en l'histoire, ce qu'il accepta, et y remplit la chaise de Vossius.[1054] Comme il était fort laborieux, l'extrême application qu'il eut au travail de ses études et de ses leçons, jointe à l'air humide d'Amsterdam, lui causa une si grande fluxion sur les yeux, qu'il en demeura aveugle fort longtemps.[1055] Cette fluxion tomba ensuite sur la poitrine, et il en mourut le 17 avril 1655 âgé de soixante-quatre ans. C'était un homme d'honneur, d'une prodigieuse lecture, et capable de grandes choses. Quoiqu'il n'ait pas écrit avec beaucoup d'élégance ni en latin, ni en français, et que son style soit obscur, particulièrement à cause des fréquentes parenthèses dont il l'embarassait, néanmoins ses ouvrages sont fort recherchés à cause de leur profonde érudition et de l'exactitude de ses recherches. Nous avons de lui, outre les ouvrages dont j'ai parlé, une très belle réponse aux emportements de Chifflet contre la généalogie de la maison de France, sous le titre d'*Assertio genealogiæ franciciæ*;[1056] un

---

[1052] Le livre de Richelieu, paru en 1618, s'intitule *Les Principaux points de la foi de l'Eglise catholique défendus contre l'écrit adressé au roi par les quatre ministres de Charenton*.

[1053] *Harangue des sieurs Blondel et de Bauterne, députés par le synode national tenu à Castres, vers le roi pour lui présenter la nomination, faite au dit synode, des députés généraux, prononcée devant Sa Majesté, à S.-Germain-en-Laye, le 22 novembre 1626. Avec la réponse du roi*, 1626.

[1054] *Chaise*: voir l'éloge d'Adrien de Valois. Gerardus Johannis Vossius (1577-1649), humaniste hollandais, auteur d'une *Histoire du pélagianisme* (1618). Il occupa la chaire d'histoire à Amsterdam à partir de 1633.

[1055] Perrault suggère mais cache la réalité d'une période difficile que Blondel traversait. En Hollande «il fut suspecté d'Arminianisme et, ayant pris parti dans la lutte entre Cromwell et les Hollandais, eut des difficultés avec les Etats de Hollande» (*Dictionnaire de Biographie Française*).

[1056] Blondel publia son *Genealogiæ francicæ plenior assertio* en 1654. Il répondait à Jean-Jacques Chifflet (1588-1660) qui, dans son *Vindiciæ hispanicæ* (1645), avait

traité des sibylles; un autre intitulé *De formula regnante Christo*; et un autre intitulé *Pseudo-Isidorus et Turrianus vapulantes*, qui est une pièce contre les épîtres décrétales. Nous avons encore de lui un traité qui a pour titre *Eclaircissement sur l'Eucharistie*, et un traité *De la primauté dans l'Eglise*.[1057]

Il avait entrepris de réfuter Baronius dans la plupart des endroits de ses *Annales*; mais on n'a trouvé de tout ce travail que quelques notes qu'il avait écrites sur les marges de son Baronius.[1058] Un ministre béarnois réfugié à Amsterdam les ayant insérées dans un livre qu'il fit contre ce savant cardinal, elles n'ont pas été trouvées fort importantes, non plus que tout ce que le ministre béarnais y avait ajouté.[1059] Il avait deux frères, tous deux ministres, l'un nommé Moïse et l'autre Aaron, qui ont été gens de mérite et d'une érudition au-dessus du commun.[1060]

---

prétendu montrer que la maison d'Autriche est la plus ancienne et supérieure à celle d'Hugues Capet.

[1057] Les ouvrages de Blondel évoqués par Perrault sont: *Des Sibylles célébrées tant par l'antiquité païenne que par les saints Pères* (Charenton, 1649); *De Formulae «regnante Christo»*, Amsterdam, 1646; *Pseudo Isidorus et Turrianus vapulantes* (Genève, 1628), contre les jésuites; *Eclaircissements familiers de la controverse de l'Eucharistie* (Quevilly, 1641); et *De la primauté dans l'Eglise* (Genève, 1641).

[1058] Sur Baronius et ses *Annales*, consulter l'index.

[1059] Il s'agit d'un ouvrage d'André Magendie, *Anti-Baronius Magenelis, seu Animadversiones in Annales Baronii...Quibus accesserunt quædam ad Baronium animadversiones Davidis Blondelli*, 1675.

[1060] Moïse Blondel (*c*.1580-*c*.1660), ministre protestant qui exerça son ministère, selon Bayle, à Meaux, puis à Londres. Aaron Blondel fut, selon Haag, pasteur à Etaples et à Imécourt.

Samuel Bochart

SAMUEL BOCHART
[1599-1667]

La profonde érudition de celui dont je vais parler ne permet pas qu'on lui refuse une place dans ce volume, et elle lui donne un droit incontestable d'être mis au nombre des hommes illustres de son siècle.[1061] Il naquit à Rouen de René Bochart ministre de cette ville, et d'Esther du Moulin, fille de Pierre du Moulin, fameux ministre de Charenton.[1062] Il était de l'illustre famille de Bochart-Champigny, de la branche de Menillet.[1063]

On peut juger du progrès qu'il fit dans l'étude des belles lettres, par les quarante vers grecs qu'il composa, n'ayant encore que treize ans, à la louange de Numa Dempster qui les publia à la tête de ses *Antiquités romaines*.[1064] Il fit sa philosophie à Saumur, où il soutint des thèses avec tout l'applaudissement imaginable.[1065] A son retour d'Angleterre, où il demeura quelque temps avec Cameron son maître en théologie qu'il y avait suivi, il s'attacha sous Thomas Erpenius à l'étude de l'arabe qu'il apprit à fond, de même que l'hébreu et la plupart des autres langues orientales.[1066] Ensuite il fut reçu ministre à Caen, où la première chose d'éclat qu'il fit fut une dispute contre le père Véron,[1067] dans laquelle par son esprit, et avec le

---

[1061] Pour cet éloge Perrault s'inspire de très près de la vie de Bochart (en Latin) par Etienne Morin qui figure en tête du premier tome des *Opera omnia* (1675). Parfois Perrault nous propose une traduction littérale du texte de Morin, parfois il l'abrège, parfois il renverse l'ordre du texte qui lui sert de source.

[1062] *Ministre*: pasteur. Pierre du Moulin (1568-1658), théologien et polémiste, auteur de nombreux ouvrages.

[1063] Bochard de Champigny, famille originaire de Vézelay, devenue parisienne au XVe siècle.

[1064] Thomas Dempster (1579-1625), homme de lettres écossais: *Antiquitatum Romanorum Corpus Absolutissimus*, Paris, 1613.

[1065] La ville de Saumur occupa une place importante au sein du protestantisme français. L'académie (faculté réformée de théologie) de Saumur fut établie en 1599 et Duplessis-Mornay en fut le bienfaiteur jusqu'en 1621. Le renom des professeurs attira de nombreux étudiants français et étrangers à Saumur, jusqu'à la fermeture de l'académie en 1685.

[1066] Jean Cameron (*c*.1579-*c*.1625), théologien protestant écossais. Il obtint une chaire à Saumur en 1618, qu'il quitta pour se rendre en Angleterre auprès de Jacques Ier, et s'en retourna en France en 1624. Pendant son séjour en Angleterre, Bochart travailla à Oxford. Thomas van Erpen *ou* Erpenius (1584-1624), orientaliste hollandais. Il occupa la chaire d'arabe et de langues orientales à Leyde à partir de 1619. Il y obtint, également en 1619, la chaire d'hébreu. Morin précise que Bochart s'attacha à Erpenius en Angleterre en 1621.

[1067] Bochart fut reçu ministre vers 1625. François Véron (1575-1625), jésuite qui prêcha beaucoup en public, même à Charenton où il fut prêtre de 1638 à 1648. Il publia en 1615 *La méthode nouvelle, facile et solide de convaincre la nullité de la religion*

secours de son érudition, il remporta tout l'avantage qu'il pouvait espérer en défendant une mauvaise cause.[1068] Sa réputation s'augmenta beaucoup par la publication *Du Phaleg* et *Du Chanann*, qui contiennent une géographie sacrée de tous les pays où les peuples furent dispersés après la confusion des langues à la tour de Babel.[1069] Rien n'est égal aux recherches curieuses qu'il y a dans ce livre, et à la profondeur de l'érudition qui s'y trouve partout. Il donna ensuite un livre intitulé *De animalibus sacræ scripturæ*, où il décrit et explique la nature de tous les animaux dont il est parlé dans le Vieil et dans le Nouveau Testament.[1070] Il fit encore plusieurs traités *Des minéraux*, *Des plantes*, et *Des pierres précieuses* dont il est fait mention dans l'Ecriture sainte, comme aussi un traité *Du paradis terrestre*.[1071] Il s'appliqua à ces sortes d'ouvrages, parce qu'il avait entrepris de prêcher sur la Genèse.[1072] Il ne crut pas d'abord qu'il pousserait si loin cette sorte de travail, mais il s'y engagea insensiblement par la connexité que ces matières ont les unes avec les autres. Le traité des animaux a été imprimé à Londres en 1663 sous le titre de *Hierzoicon*. Il a été réimprimé à Francfort en 1675, et à Leyde en 1692. La reine de Suède prévenue par la grande réputation de monsieur Bochart, l'attira à sa cour, et lui fit un accueil et un traitement très honorable.[1073] De jeunes fous qui approchaient la reine ont fait cent mauvais contes sur le voyage qu'il fit en Suède; mais rien n'y a donné lieu que sa haute réputation et la gravité que lui donnait son grand mérite.

Il publia une lettre en 1650 sur l'autorité des rois et sur l'institution des évêques et des prêtres,[1074] une autre en 1651[a] contre le jésuite la Barre, touchant la tolérance du luthéranisme donnée dans le synode national de

---

prétendue réformée, ouvrage souvent réédité et traduit en anglais, hollandais et allemand. La dispute entre Bochart et Véron eut lieu du 22 septembre au 3 octobre 1628.

[1068] La fin de cette phrase (à partir des mots «dans laquelle») est une addition de Perrault, et révèle d'une manière très claire son opinion de la Religion Prétendue Réformée.

[1069] *Geographiæ sacræ pars prior Phaleg, seu dispersione gentium et terrarum divisione facta in ædificatione turris Babel; pars altera Chanaan, seu de coloniis et sermone Phœnicum*, Caen, 1646 et 1651. A l'époque, cet ouvrage fit sensation.

[1070] *Hierozoicon seu bipartitum opus de Animalibus sacræ scripturæ*, Londres, 1663. Voir quelques lignes plus loin dans le texte de Perrault.

[1071] Ce dernier ouvrage figure dans les *Opera omnia* de Bochart, publiées à Leyde en 1675 et 1692.

[1072] Plusieurs des sermons de Bochart figurent dans les *Serments sur la Genèse*, 1705-1711, 3 vols.

[1073] Bochart partit pour la Suède en 1652 et y passa un an.

[1074] *Samuelis Bocharti epistola, qua repondetur ad tres quæstiones: I. de presbyteratu et episcopatu; II. de provocatione a judiciis ecclesiasticis; III. de jure ac potestate regum* (Paris, 1650).

Charenton,[1075] et enfin une troisième où il montre par plusieurs savantes raisons qu'il n'y a point d'apparence qu'Enée soit jamais venu en Italie.[1076] Il était de l'Académie de Caen, composée alors de plusieurs excellents hommes.[1077] Il mourut subitement dans cette académie le lundi seizième mai de l'année 1667.[1078] On a cru que le déplaisir d'y entendre lire une réponse à quelques propositions qu'il avait avancées, laquelle le convainquait de s'être trompé considérablement, avait causé sa mort; mais il n'est guere croyable qu'un homme aussi modéré, d'aussi bon sens, se soit laissé mourir pour une chose aussi naturelle et aussi ordinaire aux plus grands personnages. Ce bruit ne s'est répandu que par la mauvaise coutume que l'on a[b] d'attribuer presque toujours à des causes morales la mort de la plupart des hommes, qui n'est ordinairement que l'effet d'une cause purement physique.[1079] C'était un véritable homme d'honneur et d'une droiture tout à fait singulière, aimant ses amis avec chaleur, et en étant aimé de même. Son érudition était extrêmement profonde, et le fort de cette érudition consistait particulièrement dans un grand usage des lettres profanes, jointe à une très grande connaissance des langues orientales, et à une longue étude de la lettre de l'Ecriture Sainte.

[1075] Jean-Baptiste la Barre (1609-1680) fut mêlé à une tentative de rapprochement entre calvinistes «modérés» et luthériens lors du synode de Charenton (1650). Il adressa à ce sujet une «déclaration» à tous les ministres protestants, qui lui attira une réponse de Bochart intitulée *Réponse de Monsieur Bochart, ministre à Caen, à la lettre de monsieur de la Barre, jésuite*. La date de publication donnée dans le texte de Perrault (1651) est erronée, et sans doute est-ce une erreur d'imprimerie; Morin précise que la *Réponse* de Bochart parut en 1661.

[1076] *Samuelis Bocharti de quæstione num Æneas unquam fuerit in Italia dissertatio seu epistola ad Dn. de Segrais*, Hambourg, 1672. Cet ouvrage fut égalemment traduit en français. Perrault supprime à cet endroit toute mention des dernières années de Bochart rapportées par Morin, années où il se trouvait fortement impliqué dans les controverses religieuses du temps.

[1077] Bochart appartenait à l'Académie de Caen depuis son retour de Suède.

[1078] Cette phrase et celles qui suivent jusqu'à la fin du paragraphe sont absentes du texte de Morin. Pourtant la plupart des renseignements fournis par ces lignes se trouvent dans le *Dictionnaire historique et critique* de Pierre Bayle.

[1079] Cette phrase est absente de Bayle. Selon Niceron, Bochart avait été profondément affecté par la longue maladie dont souffrait sa fille. Cette maladie «lui glaça» le sang, de sorte qu'«il fut emporté tout d'un coup par un accès violent de ce funeste mal, causé par un dépit imprévu et véhément». La *Biographie Universelle* précise qu'il mourut «au fort d'une dispute avect Huet». Bochart et Huet, comme le précise Morin ailleurs dans son texte, se connaissaient depuis longtemps et ils avaient fait ensemble le voyage en Suède en 1652; Pierre-Daniel Huet (1630-1721) naquit à Caen de parents Huguenots, mais il abjura lorsqu'il était encore jeune.

Isaac de Bensserade
de L'Academie Francoise.

ISAAC DE BENSERADE
DE L'ACADEMIE FRANÇAISE[1080]
[1612-1691]

Personne n'a peut-être jamais eu plus de vivacité d'esprit que celui dont je vais parler; et cette vivacité, qui éclata dès les premières années de son enfance, a duré sans déchoir jusqu'à la fin de sa vie.[1081]

Isaac de Benserade naquit à Lyons, ville de Normandie, proche Rouen.[1082] Son père était grand maître des eaux et forêts, et l'on assure qu'un de ses ancêtres a été chambellan d'un de nos rois, et châtelain du château de Milan.[1083] Du côté de sa mère il était allié à la maison de Vignerot et de la Porte.[1084] Cette naissance, jointe à la beauté de son esprit, lui donnait une honnête hardiesse qui le rendit familier avec les plus grands seigneurs de la Cour, dont il était aimé tendrement, et qui ne s'empressaient pas moins à l'avoir pour ami que lui à leur faire sa cour.

Lorsqu'il fallut lui faire recevoir le sacrement de la confirmation, on le mena la veille saluer l'évêque qui devait confirmer. Cet évêque le voyant fort vif pour son âge (car il n'avait encore que six ou sept ans) et sachant qu'il s'appelait Isaac, nom alors fort commun parmi les Huguenots, du nombre desquels son père avait été longtemps, il lui demanda s'il ne voulait pas changer de nom. *Que me donnerez-vous de retour*, répondit le petit Benserade. *On ne donne point de retour pour changer de nom*, lui répondit l'évêque. *Je garderai donc le mien*, répondit-il. *Vous avez raison, mon fils*, lui dit l'évêque en souriant, *car quelque nom que vous ayez, vous saurez bien le faire valoir*.[1085]

Au sortir du collège il composa trois ou quatre pièces de théâtre qui

---

[1080] Perrault ne dit plus rien de l'élection de Benserade à l'Académie Française, où il entra en 1674, succédant à Chapelain.

[1081] Pour l'éloge de Benserade, Perrault suit de très près le *Discours* ou *Vie*, par l'abbé Tallement, qui parut en tête du 1er tome des *Œuvres diverses* de Benserade (Paris, 1697).

[1082] *Lyons*: Lyons-la-Forêt.

[1083] Benserade se réclama d'une ascendance illustre dont les détails restent vagues; l'identité de son père, en particulier, est mal connue.

[1084] Comme on le verra, cette naissance contribua à faire admettre Benserade auprès de Richelieu. 1° La Porte était le nom de famille des sieurs de la Meilleraye: Suzanne de la Porte épousa François du Plessis de Richelieu, père du cardinal. 2° Françoise, sœur du cardinal, épousa en secondes noces René de Vignerot; Armand-Jean de Vignerot, petit-neveu du cardinal, hérita du titre de duc de Richelieu à la mort de son grand-oncle en 1642. Sur les la Porte, voir les éloges de Richelieu et Benserade. Sur les Vignerot, voir aussi l'éloge de Blanchard.

[1085] Selon Tallement, l'évêque en question fut Puget, évêque de Dardanie.

réussirent, entre autres *Iphis et Iante*, et *Marc-Antoine*.[1086] Le cardinal de Richelieu* qui l'estimait beaucoup lui fit du bien, et la reine mère lui donna une pension de trois mille livres.[1087] Il s'attacha à l'amiral de Brézé, qu'il suivit dans toutes ses expéditions; et après sa mort il retourna à la Cour, où il brilla plus que jamais.[1088]

Quoiqu'il vécut très familièrement avec les plus grands seigneurs du royaume, comme je l'ai déjà remarqué, il y vivait néanmoins avec une très grande circonspection. *Vous vous étonnez*, disait-il quelquefois à ses amis, *de voir la manière dont je parle aux plus grands seigneurs; sachez que je suis toujours sur mes gardes avec eux, et que personne n'observe mieux que moi les longues et les brèves*[1089] *en leur parlant. Ce sont des lions,* ajoutait-il, *qui par leurs caresses affectées me tendent des pièges à tous moments. Ils seraient ravis que je m'échappasse à quelque chose de trop familier, pour avoir le plaisir de me donner un coup de patte; mais, Dieu merci, je ne leur ai point encore donné cette sorte de divertissement.*[1090]

Il était bien fait de sa personne, et d'une taille fort aisée, fort propre, et fort galant, qualité qu'il a conservée jusque dans sa vieillesse, sans qu'elle lui ait jamais donné du ridicule, ce qui demande dans un âge avancé bien de l'esprit et du bon sens. Ses poésies ont fait pendant plus de quarante ans les délices de la Cour et de toute la France, particulièrement pendant la jeunesse du roi, par les vers admirables qu'il faisait pour les ballets que Sa

---

[1086] *Iphis et Iante*, comédie, 1637. On verra dans la mention de *Marc-Antoine* une preuve de la fidélité de Perrault au texte de Tallemant qui lui sert de source et qui en parle aussi. Pourtant, cette pièce est absente des catalogues des ouvrages de Benserade dressés par Niceron et d'Olivet; il s'agit peut-être de *Cléopâtre*, tragédie qui date de 1636.

[1087] Richelieu lui accorda une pension de 600 livres, que Benserade perdit à la mort du cardinal. Selon Tallement, Benserade «aurait trouvé peut-être la même protection auprès de madame la duchesse d'Aiguilon, si ces quatre vers qu'il fit après la mort du cardinal ne l'eussent extrêmement offensée:

Ci-gît, oui gît par la mort bleu
Le cardinal de Richelieu
Et ce qui cause mon ennui,
Ma pension avecque lui.

Perrault supprime cette anecdote, ainsi que d'autres, peu flatteuses, rapportées par Tallement.

[1088] Jean-Armand de Maillé-Brézé (1619-1646) remporta les victoires navales de Cadix (1640), Barcelone (1642), Carthagène (1643) et Rosas (1643). Il fut tué à Orbitello. L'alliance entre Benserade et Brézé dut faciliter encore davantage les relations qu'il entretenait avec Richelieu: Nicole, sœur cadette du cardinal, épousa Urbain de Maillé, marquis de Brézé.

[1089] *Les longues et les brèves*: Unités de durée dans la musique médiévale. Une longue vaut deux brèves.

[1090] Ce paragraphe, et les deux premières phrases du paragraphe suivant, sont absents de Tallement.

Majesté dansait ou faisait danser tous les hivers.[1091] Ces vers sont d'une espèce toute nouvelle, et dont il a été le premier inventeur. Avant lui les vers d'un ballet ne parlaient que des personnages que l'on y faisait entrer, et point du tout des personnes qui les représentaient. Monsieur de Benserade tournait ses vers d'une manière qu'ils s'entendaient également et des uns et des autres; et comme le roi représentait tantôt Jupiter et tantôt Neptune, quelquefois le dieu Mars, d'autres fois le Soleil, rien n'était plus agréable ni plus admirable tout ensemble, que la finesse des louanges qu'il lui donnait sans s'adresser à lui.[1092] Le coup portait sur le personnage, et le contre-coup sur la personne, ce qui donnait un double plaisir en donnant à entendre deux choses à la fois qui, belles separément, devenaient encore plus belles étant jointes ensemble. Il en était de même de tous les seigneurs, et de toutes les dames de la Cour qui dansaient avec le roi dans ces mêmes ballets; leurs qualités, leurs talents, et quelquefois même leurs intrigues y étaient touchées si délicatement, qu'ils étaient obligés d'en rire les premiers.

Ses autres poésies n'étaient pas moins originales. Il n'a jamais imité personne; la galanterie dont elles sont animées est toute neuve, et n'a point de modèle dans l'antiquité la plus polie, soit grecque, soit romaine. Les anciens ne songeaient qu'à mettre de la passion dans leurs vers amoureux; monsieur de Benserade y a mêlé une plaisanterie galante qui plaît à tout le monde. Le cardinal Mazarin estimait fort ses poésies, et se faisait honneur de dire qu'en sa jeunesse il avait fait des vers qui ressemblaient à ceux de Benserade. Il lui fit donner une pension de deux mille livres, et une autre de mille écus sur l'abbaye de Saint-Eloi.[1093]

En envoyant à une dame de qualité une *Paraphrase sur le livre de Job*, il l'accompagna d'un sonnet qui fit beaucoup de bruit, et qui finit par ces vers en parlant de Job:

> S'il souffrit des maux incroyables;
> Il s'en pleignit, il en parla;

[1091] Benserade coopéra à l'organisation des ballets de Cour et des plaisirs du roi de 1651 à 1669. Ses poésies sont comprises dans l'édition de ses *Œuvres* publiée en 1697.

[1092] Perrault put trouver ce commentaire dans la récente édition des *Œuvres* de Benserade. Louis XIV, par une marque d'estime singulière, avait écrit dans le privilège de ce volume: «La manière dont il confondait, dans les vers qu'il faisait pour les ballets, au commencement de notre règne, le caractère des personnages qui dansaient avec le caractère des personnages qu'ils représentaient, était une espèce de secret personnel qu'il n'avait imité de personne, et que personne n'imitera peut-être jamais de lui».

[1093] Une abbaye de Saint-Eloi, dont les vestiges sont encore visibles de nos jours, se trouvait à Mont-Saint-Eloi, village dans l'Artois, à l'ouest d'Arras. L'argent ne faisait pas défaut chez Benserade; selon le *Dictionnaire de Biographie Française*, «vers 1650, il jouissait d'un revenu de 12 000 livres et roulait carrosse».

J'en connais de plus misérables.[1094]

Comme ce sonnet plut extrêmement, ceux qui n'aimaient pas qu'on lui donnât tant de louanges prétendaient qu'il n'approchait pas d'un sonnet de Voiture qu'ils lui opposaient, et que Voiture avait fait pour une dame sous le nom d'Uranie.[1095] Tout Paris fut partagé sur cette dispute; il se

---

[1094] Voici le texte intégral de ce sonnet, qui donna lieu à la célèbre querelle que Perrault va évoquer:

Job de mille tourments atteint,
Vous rendra sa douleur connue,
Et raisonnablement il craint
Que vous n'en soyez point émue.

Vous verrez sa misère nue;
Il s'est lui-même ici dépeint:
Accoutumez-vous à la vue
D'un homme qui souffre et se plaint.

Bien qu'il eût d'extrêmes souffrances,
On voit aller des patiences
Plus loin que la sienne n'alla.

Il souffrit des maux incroyables;
Il s'en plaignit, il en parla;
J'en connais de plus misérables.

Ce sonnet parut dans la *Paraphrase sur les neuf leçons de Job*, Paris, 1638.

[1095] Voici le texte du *Sonnet d'Uranie* de Voiture:

Il faut finir mes jours en l'amour d'Uranie!
L'absence ni le temps ne m'en sauraient guérir,
Et je ne vois plus rien qui me pût secourir,
Ni qui sût rappeler ma liberté bannie.

Dès longtemps je connais sa rigueur infinie!
Mais, pensant aux beautés pour qui je dois périr,
Je bénis mon martyre et, content de mourir,
Je n'ose murmurer contre sa tyrannie.

Quelquefois ma raison, par de faibles discours,
M'invite à la révolte et me promet secours.
Mais, lorsqu'à mon besoin je me veux servir d'elle,

Après beaucoup de peine et d'efforts impuissants,
Elle dit qu'Uranie est seule aimable et belle,
Et m'y rengage plus que ne font tous mes sens.

forma comme deux partis, dont celui de Benserade s'appelait le parti des jobelins, et celui de Voiture le parti des uranins.[1096] La question demeura indécise; et l'on convint seulement que si celui de Voiture était le plus beau au gré de quelques-uns, celui de Benserade était le plus galant au gré de tout le monde.

Il a fait toutes les *Métamorphoses* d'Ovide en rondeaux, dont il y en a plusieurs qui sont d'une très grande beauté.[1097] Chaque rondeau rapporte ce qu'il y a d'essentiel dans chaque fable, avec des moralités très ingénieuses et très agréables. Le roi voulut bien faire la dépense de toutes les estampes de ce livre, qui sont belles et en très grand nombre. La richesse et le choix des rimes de ces rondeaux, et de tous ses ouvrages, ont quelque chose d'étonnant. Aussi est-il vrai que personne n'a jamais mieux rimé que lui.

Il a fait plusieurs ouvrages de dévotion, entre autres l'office de la Vierge, avec plusieurs prières, et tous les Psaumes de David.[1098]

Il mourut à Paris le 15 octobre 1691 âgé de soixante-dix-huit ans, avec tous les sentiments d'un vrai chrétien, et après avoir souffert de très grandes douleurs causées par une rétention d'urine et par la pierre, dont il avait résolu de se faire tailler.[1099]

[1096] Le prince de Conti se déclara chef des jobelins, la duchesse de Longueville fit campagne pour les uranistes.

[1097] *Les Métamorphoses d'Ovide en rondeaux*, 1676. En réalité, cet ouvrage fut un grand échec. Selon d'Olivet, Perrault déclara que «ces rondeaux sur les *Métamorphoses* d'Ovide sont bien loin de valoir les vingt-quatre mille livres dont Louis XIV gratifia l'auteur». D'Olivet ne précise pas sa source. Benserade récidiva deux ans plus tard en publiant les *Fables d'Esope en quatrains* dont on se moqua. Pourtant trente-neuf de ces fables ont été gravées dans le *Labyrinthe de Versailles,* auquel collaborèrent Perrault et Le Brun.

[1098] Baillet parle aussi de l'office de la Vierge que Benserade préparait au moment de sa mort; pourtant, ni cet ouvrage ni celui des Psaumes de David n'ont vu le jour.

[1099] Tallement de donne pas la cause des douleurs ressenties par Benserade avant sa mort. Selon le *Dictionnaire de Biographie Française*: «Il mourut en 1691, victime de l'étourderie d'un chirurgien qui, en le saignant, avait pris l'artère pour la veine». Niceron précise que, selon d'Olivet, Benserade mourut le 19, que d'autres le font mourir le 20 et d'autres encore au mois de novembre.

JEAN RACINE
DE L'ACADEMIE FRANÇAISE
[1639-1699]

Le génie est un don de la nature qui ne se peut cacher, et qui se manifeste dans les enfants presque aussitôt que la raison. Celui dont je parle avait été élevé à Port-Royal des Champs,[1100] où ayant lu, en y faisant ses études, les excellentes poésies de monsieur d'Andilly,* la traduction du poème de saint Prosper par monsieur de Sacy,[1101] et surtout les traductions admirables des hymnes de l'église du même auteur, il s'appliqua à faire des traductions en vers de quelques hymnes qui n'avaient pas encore été traduites, lesquelles furent trouvées si belles et si dignes d'être imprimées, qu'elles l'ont été depuis lorsque dans un âge plus avancé il leur eut donné leur dernière perfection.[1102] Etant venu à Paris à l'âge de dix-sept ou dix-huit ans,[1103] il composa une très belle ode sur le mariage du roi, où il introduit la nymphe de la Seine qui fait une espèce d'épithalame très fin et très ingénieux.[1104] Le succès qu'eut cet ouvrage le porta à travailler pour le théâtre, et à composer la tragédie d'*Andromaque* qui fit le même bruit à peu près que *Le Cid*, lorsqu'il fut représenté la première fois.[1105] D'autres pièces de théâtre qu'il donna ensuite, comme *Titus*,[1106] *Bajazet*, *Iphigénie*, et *Phèdre*,[1107] eurent une si grande réputation que plusieurs personnes ne doutèrent point de le comparer au grand Corneille et de le mettre en parallèle avec cet homme incomparable.[1108] Il est vrai que si Corneille le

---

[1100] Racine passa quatre ans à Port-Royal des Champs, de 1655 à 1658, avant de s'inscrire au collège d'Harcourt à Paris. Perrault ne dira rien des désaccords qui éloignèrent Racine de ses anciens maîtres de Port-Royal de 1666 à 1677.

[1101] Sur le Maître de Sacy et saint Prosper, voir la notice consacrée à Antoine le Maître.

[1102] Ces hymnes furent publiées en 1687 dans le bréviaire de le Tourneux et furent condamnées pour jansénisme par l'archevêque de Paris, François de Harlay de Champvallon.

[1103] En réalité, à 19 ans.

[1104] *Ode à la nymphe de la Seine*, 1660.

[1105] Perrault n'évoque ni l'exil de Racine à Uzès, qui dura de 1661 à 1663, ni ses premières pièces de théâtre, *La Thébaïde* (1664) et *Alexandre* (1665). *Andromaque* fut représenté pour la première fois en 1667. Sur *Le Cid*, voir l'éloge de Corneille.

[1106] Il s'agit de *Bérénice*, représenté en 1670.

[1107] Pièces représentées en 1672, 1674 et 1677. Perrault omet *Mithridate* (1673), et la seule comédie de Racine, *Les Plaideurs* (1668).

[1108] La première édition des *Caractères* de La Bruyère (1688) esquissait déjà un parallèle entre Corneille et Racine. La Bruyère provoqua un scandale en proposant, dans son discours de réception à l'Académie Française, le 15 juin 1593, que Racine égalait son prédécesseur dans le genre tragique. La Bruyère (1645-96), dont nulle

surpasse du côté des sentiments héroïques et de la grandeur des caractères qu'il donne à ses personnages, le même Corneille lui est inférieur dans les mouvements de tendresse et dans la pureté du langage. Quoiqu'il en soit, monsieur Racine a eu ses partisans, et la contestation est demeurée en quelque sorte indécise. La seule chose dont tout le monde est demeuré d'accord, c'est qu'ils ont fait l'un et l'autre un très grand honneur à notre langue et à notre nation.

On souhaita de donner pour récréation aux jeunes demoiselles qui s'élèvent dans la maison royale de Saint-Cyr, quelques spectacles qui eussent pour elles les mêmes agréments que ces admirables comédies.[1109] Monsieur Racine eut ordre d'y travailler et de choisir un sujet saint pour la matière de son poème. Il choisit l'histoire d'Esther, qu'il accommoda si bien au théâtre que rien n'a jamais été plus touchant, ni plus agréable.[1110] Il y inséra quantité de chœurs pour donner lieu à la musique, et ces chœurs n'étaient presque autre chose qu'un tissu des sentiments les plus tendres et les plus pathétiques des Psaumes, des Prophètes, et de divers autres endroits de l'Ecriture Sainte.

Esther fut suivie, l'année d'après, de la tragédie d'*Athalie*, qui ne lui céda en rien pour la beauté de la composition, ni pour tous les ornements qu'il y fit entrer pour la perfection du spectacle.[1111]

Son mérite avait déjà porté le roi à le choisir, conjointement avec monsieur Despréaux son ami intime, pour écrire l'histoire de son règne.[1112] C'est un malheur que la mort ait enlevé monsieur Racine à cet ouvrage, qui ne pouvait être que très excellent pour peu qu'il répondît à la dignité de la matière et à la capacité des ouvriers. Monsieur de Valincour secrétaire de monsieur le comte de Toulouse, et un des quarante de l'Académie Française, très digne de succéder à monsieur Racine, a été

---

mention n'est faite dans *Les Hommes illustres*, fut, avec Boileau, le grand adversaire littéraire de Perrault. L'ouvrage de la Bruyère brosse le portrait peu flatteur de *Cydias* (*Les Caractères*, 'De la Société', 75), «bel esprit» et «contempteur d'Homère» que la clef, fournie à cette époque par Cochin, identifie à Perrault. Baillet propose, dans ces *Jugements des savants* (1685-86), un long parallèle entre Corneille et Racine qu'il attribue à Longepierre. Fontenelle était aussi l'auteur d'un *Parallèle de Corneille et de Racine* (1693).

[1109] *Comédie*: pièce de théâtre; c'est-à-dire, les tragédies de Racine. C'est Madame de Maintenon qui s'occupait des demoiselles de Saint-Cyr.

[1110] *Esther*, drame sacré représenté pour la première fois en 1689 et publié la même année.

[1111] Un intervalle de deux an sépare ces deux pièces: *Athalie* fut jouée le 5 janvier 1691.

[1112] Le poète Nicolas Boileau-Despréaux (1636-1711), partisan des anciens dans la célèbre querelle des anciens et des modernes (1687). Perrault s'était brouillé avec lui, et les deux hommes ne se rapprochèrent qu'en 1701. Racine et Boileau devinrent historiographes du roi en 1677.

nommé pour continuer ce travail avec monsieur Despréaux.[1113] Monsieur Racine était aussi de l'Académie Française, et y fut reçu avec un grand applaudissement en l'année 1673.[1114]

Il acquit une charge de trésorier de France, ensuite une charge de secrétaire du roi, et Sa Majesté l'honora de celle de gentilhomme ordinaire de sa maison, avec la survivance pour son fils.[1115]

Il mourut âgé de cinquante-neuf ans le 22 avril 1699 à cinq heures du matin, avec des sentiments de piété très vifs et très édifiants. Il a été enterré à Port-Royal des champs, où il fut porté le lendemain, suivant la disposition de son testament qui ne contient que cet article, et qui est conçu en ces termes: *Je désire qu'après ma mort mon corps soit porté à Port-Royal des Champs, et qu'il soit inhumé dans le cimetière aux pieds de monsieur Hamon.*[1116] *Je supplie très humblement la mère abbesse, et les religieuses de vouloir bien m'accorder cet honneur, quoique je m'en reconnaisse très indigne, et par les scandales de ma vie passée, et par le peu d'usage que j'ai fait de l'excellente éducation que j'ai reçue autrefois dans cette maison et des grands exemples de piété et de pénitence que j'y ai vus, et dont je n'ai été qu'un stérile admirateur. Mais plus j'ai offensé Dieu, plus j'ai besoin des prières d'une si sainte communauté, pour attirer sa miséricorde sur moi.*[1117]

Le roi a donné une pension de deux mille livres à sa famille.[1118] Sa Majesté envoya très souvent savoir de ses nouvelles pendant sa maladie, et témoigna du déplaisir de sa mort, qui fut regrettée de toute la Cour, et de toute la ville.[1119]

[1113] Jean-Henri du Trousset, sieur de Valincour (1653-1730), secrétaire de Louis-Alexandre de Bourbon, comte de Toulouse (1678-1737), amiral de France, troisième fils de Louis XIV et de Madame de Montespan (légitimé en 1681). L'histoire du règne de Louis XIV ne vit pas le jour, ayant été détruite dans l'incendie de la maison de Valincour en 1726.

[1114] Racine fut élu à la place de la Mothe le Vayer.

[1115] Racine acquit la charge de trésorier de France en 1674 et celle de conseiller-secrétaire du roi en 1695. Il devint gentilhomme ordinaire de la chambre du roi en 1690, la survivance de cette charge étant assurée à son fils en 1693.

[1116] Jean Hamon (1618-87), médecin et solitaire à Port-Royal à partir de 1650; auteur de *La Pratique de la prière continuelle.*

[1117] Ce fut apparemment Perrault qui publia le testament de Racine pour la première fois. La version que Perrault en donne ici est légèrement différente de celle qui se trouve au tome VIII des *Œuvres de Racine* dans la série des Grands Ecrivains de la France.

[1118] Racine jouissait depuis 1680 d'une pension de deux mille livres, la pension royale la plus élevée.

[1119] Le lecteur ne peut s'empêcher de s'interroger sur les raisons qui expliqueraient la brièveté relative de l'éloge de Racine. Voit-on ici le reflet des antagonismes qui séparèrent ces deux auteurs pendant la querelle des anciens et des modernes, ou ne serait-ce que la conséquence de la mort récente de Racine, nécessitant la rédaction très rapide de cette notice?

Jean de la Quintinye
Directeur de tous les Jardins Fruitiers et Potagers du Roy

JEAN DE LA QUINTINIE
DIRECTEUR DE TOUS LES JARDINS FRUITIERS ET POTAGERS DU ROI
[1626-1688]

C'est assurément un très grand avantage pour réussir dans une profession, que d'être né de parents qui l'ont exercée, ou qui l'exercent avec succès. Les préceptes alors se pratiquent presque sans peine, et pour peu qu'on joigne de nouvelles connaissances à celles dont on hérite, il est comme impossible de ne pas exceller au-dessus des autres. Il arrive souvent néanmoins que lorsque des hommes d'un génie extraordinaire, et que leur naissance destinait à quelque chose de plus élevé, se trouvent comme entraînés par leur inclination naturelle à des professions au-dessous d'eux, ils y font un progrès bien plus considérable, tant il est vrai que la vocation de la nature, si cela se peut dire, vaut encore mieux que celle de la naissance et de la destination des parents.

Jean de la Quintinie naquit près de Poitiers en l'année 1626 et fit ses études au collège des jésuites de cette ville.[1120] Aussitôt qu'il eut achevé son cours de philosophie et pris quelques leçons de droit, il vint à Paris se faire recevoir avocat. Il était naturellement éloquent; l'art qu'il joignit à cet heureux don de la naissance lui acquit en peu de temps beaucoup de réputation dans le barreau, et une estime singulière dans l'esprit des premiers magistrats.

Monsieur Tambonneau président en la chambre des comptes, informé de son mérite souhaita de le voir, et crut ne pouvoir procurer à son fils, qu'il aimait tendrement, un plus grand avantage que de le mettre sous la conduite d'un aussi habile homme; ce qu'il fit, en lui donnant des appointements considérables.[1121] Quoique cet emploi lui laissât peu de temps dont il pût disposer, il en trouva néanmoins pour satisfaire à la passion qu'il avait pour l'agriculture. Il se mit donc à lire Columelle, Varron, Virgile, et tous les autres anciens auteurs qui ont traité de cette matière, et tout ce qu'en ont écrit les modernes; en sorte qu'il s'acquit toute la théorie qu'alors on pouvait avoir de ce bel art.[1122]

[1120] Selon la *Biographie universelle*, c'est à tort que l'on fait La Quintinie natif de Saint-Loup, près de Poitiers. Il naquit à Chabanais, petite ville de l'Angoumois. Le doute plane également sur sa date de naissance: selon certains, il vit le jour en 1624. En fait, les dates correspondant aux étapes de la vie de La Quintinie restent assez mal connues.

[1121] En 1654, La Quintinie devint le précepteur de Michel Tambonneau, fils du riche et puissant Jean Tambonneau.

[1122] Columelle (1er siècle après Jésus-Christ), *De re rustica*, traité d'agriculture; Varron (1er siècle avant Jésus-Christ), *De l'agriculture*; les *Géorgiques* de Virgile

Il fit dans ce temps-là un voyage en Italie avec monsieur Tambonneau son disciple, où la vue de ce qui s'y pratique dans le jardinage lui fit faire encore une infinité de réflexions très curieuses et très utiles.[1123] Il ne lui manquait plus que de joindre à cette théorie l'expérience et la pratique, ce qu'il fit dès qu'il fut de retour à Paris. Monsieur Tambonneau lui abandonna entièrement le jardin de sa maison, où il planta tout ce qu'il voulut.[1124] Il fit un grand nombre d'expériences avant que de se déterminer. Pour bien connaître comment la nature opère dans la production des racines, il planta en un même jour plusieurs arbres de la même espèce, et ensuite il les arracha tous l'un après l'autre de huit jours en huit jours, pour voir le commencement, le progrès, et l'accomplissement de la production des racines. Il apprit ce qu'on ne savait pas encore, qu'un arbre transplanté ne prend de nourriture que par les racines qu'il a poussées depuis qu'il est replanté, et qui sont comme autant de bouches par où il attire l'humeur nourricière de la terre, et nullement par les petites racines qu'on lui a laissées, qu'on appelle ordinairement le chevelu. De là il nous a enseigné que, loin de conserver ces anciennes petites racines quand on transporte l'arbre, comme on le faisait autrefois avec grand soin, il est meilleur de les couper, parce qu'ordinairement elles se sèchent et se moisissent, ce qui nuit à l'arbre, au lieu de lui aider. Il a découvert encore, par ses expériences, la méthode certaine et infaillible de bien tailler les arbres. Avant lui on ne songeait presque à autre chose, en taillant un arbre, qu'à lui donner une belle forme, et à le dégager des branches qui l'offusqaient. Il a su, et ensuite il a enseigné ce qu'il fallait faire pour contraindre un arbre à donner du fruit, et à en donner aux endroits où l'on veut qu'il en vienne, même à le répandre également sur toutes ses branches; ce qui n'avait jamais été, ni pensé, ni même cru possible. Il prétendait, et l'expérience le confirme tous les jours, qu'un arbre fruitier qui a trop de vigueur, et qu'on abandonne entièrement à lui-même, ne pousse ordinairement que des branches et des feuilles; qu'il faut réprimer avec adresse la forte pente qu'il a à ne travailler que pour sa propre utilité; qu'il faut lui couper de certaines grosses branches où il porte presque toute sa sève, et l'obliger par là à nourrir les autres branches faibles et comme délaissées, parce que ce sont les seules qui apportent du fruit en abondance. Il faudrait transcrire ici presque tout l'excellent livre qu'il nous a laissé, sous le titre d'*Instructions pour les jardins fruitiers et potagers*, si on voulait rapporter toutes les découvertes dont nous lui sommes

---

traitent de l'art de l'agriculture.

[1123] Le voyage en Italie eut lieu en 1656.

[1124] M. Tambonneau céda à La Quintinie le jardin de son hôtel de la rue de l'Université, construit par Le Vau en 1641.

redevables.[1125] Ce livre, qui a eu l'approbation de toute l'Europe, a été traduit en anglais, et il y a lieu de croire qu'il le sera dans toutes les autres langues.

Monsieur le Prince* qui, comme plusieurs autres grands personnages, joignit l'amour paisible de l'agriculture à la passion tumultueuse de la guerre, prenait un extrême plaisir à l'entendre parler de son art.[1126] Le feu roi d'Angleterre qui lui donna beaucoup de marques de son estime dans deux voyages qu'il fit en Angleterre, lui fit proposer une pension très considérable pour l'attacher à la culture de ses jardins; mais l'amour de la patrie, et le pressentiment qu'il avait peut-être des services qu'il rendrait un jour à son roi, l'empêchèrent d'accepter ces offres avantageuses.[1127] Il s'acquit dans ces deux voyages l'amitié de plusieurs milords, avec lesquels il a entretenu jusqu'à sa mort un commerce de lettres. Ces lettres, qui de sa part contenaient toujours quelques instructions pour le jardinage, ont été la plupart imprimées à Londres, pour rendre ces instructions utiles à tout le monde.[1128]

Le roi augmenta en sa faveur le nombre des officiers de sa maison, en créant la charge de directeur général des jardins fruitiers et potagers de toutes ses maisons royales, dont monsieur Colbert* expédia les provisions,[1129] et les lui envoya.[1130]

[1125] *Instructions pour les jardins fruitiers et potagers avec un traité des orangers, suivi de quelques réflexions sur l'agriculture* (1690), ouvrage posthume publié par les soins de son fils. Dans le volume de la première édition, on trouve le poème de Santeul intitulé *Pomona*, et une *Idylle à M. de la Quintinie* de Perrault.

[1126] La Quintinie créa pour Condé (monsieur le Prince) les jardins fruitiers du château de Chantilly. Il comptait d'autres personnages importants parmi sa clientèle, y compris la grande Mademoiselle, le duc de Montausier, Fouquet et Colbert.

[1127] Selon Moréri, il s'agit de Charles II, roi d'Angleterre, décédé en 1685; selon le *Dictionnaire de Biographie Française*, il s'agit de Jacques II, déchu du trône en 1688, qui ne mourra qu'en 1701.

[1128] Perrault semble s'être trompé. Il est vrai que La Quintinie entretint pendant plus de trente ans une correspondance avec tous ceux qui s'étaient rendus célèbres dans l'art de l'agronomie, tant en France que dans les pays étrangers. Mais on ne trouve aucune trace d'une édition d'époque de ses lettres, à l'exception d'une seule lettre, insérée (par extrait et traduite en anglais) dans les *Transactions philosophiques*, n°s 45 et 46, concernant la culture des melons. Datée de 1668, elle est adressée à Oldenburg, secrétaire de la société royale de Londres. La lettre fut publiée, vraisemblablement au 19e siècle, sous le titre de *Lettres de La Quintinie sur la culture des melons*, traduites de l'anglais par M. A. Landrin (Versailles, s.d.).

[1129] *Expédier*: «En termes de pratique, c'est dresser, écrire un acte, des lettres, des provisions, etc.» (*Dictionnaire de l'Académie Française*, 1694). *Provisions*: voir l'éloge de Ménage.

[1130] La Quintinie devint directeur général des jardins fruitiers et potagers en 1687; il était déjà directeur du premier potager du roi depuis 1661, et intendant des jardins à fruits de Louis XIV depuis 1673.

Dès qu'il fut pourvu de cet emploi il fit augmenter de beaucoup l'ancien potager de Versailles, où la beauté des fruits et l'excellence des légumes et des herbages qu'il lui fit produire, porta Sa Majesté à faire celui que l'on voit aujourd'hui, qui est et qui sera encore longtemps l'admiration de ceux qui le voient, et particulièrement des étrangers, qui n'ont rien chez eux qui en approche.[1131]

Il eut trois fils de damoiselle Marguerite Joubert son épouse. L'aîné, qui promettait beaucoup, et le plus jeune moururent avant lui; et le second qui était abbé ne lui survécut[a] qu'autant de temps qu'il en fallut pour faire imprimer l'excellent livre dont nous avons parlé. Le roi eut la bonté de dire à sa veuve, quelques jours après sa mort, qu'il perdait beaucoup aussi bien qu'elle, et qu'il n'espérait pas que personne pût jamais réparer cette perte.

[1131] Le potager de Versailles fut créé sur le terrain marécageux de l'«étang puant».

Jean Varin

Tailleur general des Monnoyes de France

JEAN VARIN
CONDUCTEUR ET GRAVEUR GENERAL DES MONNAIES DE FRANCE
[1604-1672]

Quand la nature entreprend de rendre un homme habile dans les arts, elle y réussit mieux que les arts mêmes avec tous leurs préceptes, et avec l'instruction de tous les maîtres. Jean Varin natif de Liège, fils de Pierre Varin sieur de Blanchard et gentilhomme du comte de Rochefort, prince souverain de l'empire, en est une preuve bien convaincante.[1132] Il fut donné à ce prince à l'âge de onze à douze ans pour être son page, et s'étant appliqué tout jeune par sa seule inclination à dessiner dans les moments que les exercices de monter à cheval, de faire des armes, de danser et de voltiger lui laissaient libres, il y réussit admirablement. Comme le dessin est un chemin à la peinture, à la sculpture et à la gravure, il se rendit également habile dans ces trois arts, et étant fort industrieux de son naturel, il imagina plusieurs machines très ingénieuses pour monnayer les médailles qu'il avait gravées. Le roi Louis XIII, informé de sa capacité, le fit venir à Paris, lui donna des lettres de naturalité, et le retint pour travailler et aux monnaies et aux médailles.[1133] Peu de temps après, la charge de garde et conducteur général des monnaies de France ayant vaqué par la mort de René Olivier, il fut reçu à cette charge.[1134]

Il fit dans ce même temps-là le sceau de l'Académie Française, qui n'est autre chose que le portrait du cardinal de Richelieu,* mais si ressemblant et travaillé avec tant d'art, que cet ouvrage passe sans contredit pour un des plus beaux qui ait jamais été fait en cette espèce.[1135] On le fit voir au cardinal de Richelieu, qui en fut charmé, et qui dit publiquement que l'homme qui avait fait un si bel ouvrage méritait de ne mourir jamais. Le roi Louis XIII ayant résolu de faire faire la conversion générale de toutes les espèces légères d'or et d'argent dans toute l'étendue de son royaume, le sieur Varin fut choisi pour avoir la conduite entière de

---

[1132] Varin (ou Warin) était originaire de la Flandre, province que se disputaient la France et l'Espagne.

[1133] *Naturalité*: «Etat de celui qui est né dans un pays. On appelle droit de naturalité, le droit dont jouissent les habitants d'un pays à l'exclusion des étrangers, etc. Lettres de naturalité, les lettres par lesquelles le prince accorde le droit de naturalité aux étrangers» (*Dictionnaire de l'Académie Française*, 1694). Naturalisé en 1650, Varin était maître orfèvre à Paris depuis 1625.

[1134] Varin reçut la charge de garde et conducteur général des monnaies en 1629. *Conducteur/Conduire*: «Avoir inspection sur un ouvrage, en avoir la direction» (*Dictionnaire de l'Académie Française*, 1694).

[1135] Varin fit le sceau de l'Académie Française en 1635.

cette réforme, qui fut établie dans la basse galerie du Louvre, et surtout pour faire les poinçons et les carrés de toutes les monnaies.[1136] A l'occasion de ces deux emplois le roi créa pour lui deux charges, l'une de conducteur général des monnaies de France, et l'autre de graveur général des poinçons de ces mêmes monnaies.[1137] Toutes celles qu'il a faites ont été d'une beauté si grande, que beaucoup de curieux les conservent et les gardent comme des médailles qui ne le cèdent en rien aux médailles antiques les plus estimées. Partout où elles se répandirent, on les regardait avec admiration, et les Turcs mêmes, qui ne sont pas fort sensibles aux beautés des arts, furent si charmés des plus petites de toutes ces espèces, qu'ils en faisaient le plus bel ornement de leurs habits, et les y attachaient de tous côtés. Il se fit dans le même temps des pieds-forts de huit et dix pistoles, qu'on peut encore mettre au rang des plus beaux médaillons.[1138] Toute la monnaie qui a été fabriquée pendant la minorité du roi, et qui est de la même beauté que celle qui porte l'empreinte de Louis XIII, est encore l'ouvrage du sieur Varin, tant pour la conduite que pour les poinçons et les carrés qu'il a tous gravés de sa main.

C'est lui qui a fait toutes les médailles de Louis XIII celle de la reine mère Anne d'Autriche, celle du roi après la minorité, celle de son sacre, et plusieurs autres à l'occasion des divers grands événements de son règne. Il a fait les médailles qui ont été mises sous les fondements du frontispice du Louvre, de l'observatoire, de l'église du Val-de-Grâce, celle de Monsieur frère unique du roi, du prince de Condé,* du cardinal Mazarin, de la reine de Suède, de monsieur Colbert,* et de plusieurs autres personnes de distinction, toutes pièces admirables et qui font le principal ornement des cabinets des curieux. Depuis qu'il n'a plus travaillé, il ne s'est rien fait de si beau, quoique ceux qui l'ont suivi aient eu l'avantage de profiter de ses lumières, en voyant son travail. Il a fait un buste du roi qui dispute en

---

[1136] La «conversion» des espèces se fit en 1642-43. *Espèces légères*: «on appelle un écu d'or léger, de la monnaie légère, quand elle n'est pas du poids requis par les règlements du pays» (Furetière, *Dictionnaire universel*). *Carré*: «Autrefois, en termes de monnaie, petit morceau d'acier en forme de dé, dans lequel était gravé ce qui devait être en relief dans une médaille» (Littré, *Dictionnaire de la langue française*).

[1137] Varin devint tailleur général des monnaies de France en 1646 et contrôleur général des poinçons et effigies, graveur des sceaux du roi en 1647. L'éloge de Varin montre l'intérêt de Perrault pour les médailles. On se souviendra que, dès 1663, il avait été nommé secrétaire de la Petite Académie, la future Académie des Inscriptions et Belles-Lettres.

[1138] *Pied-fort*: «Terme de monnaie. On appelle ainsi une pièce d'or, d'argent, etc. qui est beaucoup plus épaisse que les pièces de monnaie commune, et que l'on frappe ordinairement pour servir d'essai». *Pistole*: «Ordinairement quand on dit Pistole, sans ajouter d'or, on n'entend que la valeur de dix francs» (*Dictionnaire de l'Académie Française*, 1694).

beauté avec les plus excellents morceaux de l'antiquité, quoique ce soit son coup d'essai en marbre. Il fit ensuite une figure de Sa Majesté, aussi en marbre, de sept à huit pieds de haut, qui est d'une beauté extraordinaire. Il a fait en bronze un buste de Sa Majesté, très digne de tous ses autres ouvrages. Monsieur de Menars, président au mortier, a un buste d'or du cardinal de Richelieu,* du poids de cinquante-cinq louis d'or, qui est de la main du même Varin, et qu'on regarde comme une des plus belles pièces en ce genre qui ait jamais été faite. Outre les trois charges qu'il eut touchant les monnaies, comme je l'ai remarqué, il fut encore secrétaire du roi, conseiller d'Etat, et intendant des bâtiments de Sa Majesté. Il mourut à Paris le 26 août 1672, âgé de soixante-huit ans. Il était d'une constitution à vivre encore plusieurs années, et on croit qu'il a été empoisonné par des scélérats, à qui il avait refusé des poinçons de monnaie.

Philippes Collot

Operateur pour L'extraction de la Pierre

PHILIPPE COLOT
OPERATEUR POUR LES MALADIES DE LA PIERRE
[1593-1656]

Si ceux qui excellent dans l'exercice des beaux arts méritent le nom d'illustres et doivent être élevés par des éloges au-dessus du commun des hommes, quoique souvent ces beaux arts, tels que la musique et la peinture, n'aient pour but qu'une legère satisfaction des sens dont il serait facile de se passer, combien ces sortes de récompenses sont-elles plus légitimement dues à ceux qui ont excellé dans des arts infiniment utiles, et qui vont à délivrer les hommes des douleurs les plus violentes, et même de la mort qui serait inévitable sans leur secours? Autrefois des éloges n'auraient pas suffi, et il aurait fallu leur élever des statues.[1139]

Tel était celui dont je vais parler, et tels étaient son père, son aïeul, et son bisaïeul, et depuis lui son fils et ses petits-fils, qui tous ont eu le don de tailler les malades de la pierre avec une adresse singulière, et un succès presque toujours heureux.[1140]

L'on n'a point de certitude du temps où la maladie de la pierre a commencé d'être connue; l'on croit que les hommes en ont toujours été affligés, et que si l'on n'en a point[a] parlé, c'est qu'elle passait pour lèpre dans les premiers siècles et que l'on s'en cachait comme d'une maladie honteuse. Hippocrate en a écrit, et même a protesté de n'en faire jamais l'opération parce qu'il la trouvait trop périlleuse. C'est l'aveu qu'il en fait dans son serment, où il charge de cette opération ceux qui en font une profession particulière.[1141] Aussi ne voit-on point qu'aucun chirurgien faisant les autres opérations de chirurgie se soit rendu habile en celle-ci, tant à l'égard du petit appareil, qui est fort ancien, que du grand appareil qui n'a été inventé qu'en l'année 1525 par un nommé Jean des Romains, natif de Crémone, qui communiqua son secret à Marianus Sanctus des Barlettes, docteur en médecine à Padoue.[1142] Ce Marianus l'enseigna à un

---

[1139] Reflet discret de l'hommage que Perrault portait à son frère Claude, qui était médecin.

[1140] L'art de tailler la pierre passa de père en fils pendant six générations de la famille Colot: Laurent Ier (c.1520-1590); Laurent II; Laurent III; Philippe, de qui Perrault fait ici l'éloge; Philippe II; et François, qui mourut le 25 juin 1706.

[1141] Selon le serment d'Hippocrate, le futur médecin doit promettre de ne jamais se servir d'un couteau, même pas pour soulager ceux qui souffrent de la pierre.

[1142] La méthode du *petit appareil* consiste à enlever la pierre par l'ouverture du périnée, le *grand appareil* consiste à l'extraire par l'ouverture de l'abdomen. Mariano Sancto publia, vers 1535, *De lapide renum curiosum opusculum nuperrime in lucem œditum. Ejusdem de lapide vesicæ per incisionem extrahendo sequitur aureus libellus.* Trois mois avant la date de l'achevé d'imprimer du deuxième volume des *Hommes*

nommé Octavius[1143] de Ville, qui fut le maître du bisaïeul de celui dont je parle, appelé Laurent Colot. Celui-là exerça la médecine en la ville de Tresnel en Champagne, où il fit un grand nombre d'opérations, qui le rendirent très célèbre. En l'année 1556 Henri II lui ordonna de venir à Paris, et de s'y établir. Il le gratifia d'un présent considérable, le fit chirugien de sa maison, et créa pour lui une charge d'opérateur pour la pierre, qui a été possédée par ses descendants jusqu'au sieur Colot d'aujourd'hui, qui la posséderait encore, s'il avait voulu en donner l'argent qu'on lui en a demandé.[1144] C'était alors le seul qui, par la mort d'Octavien de Ville, fût instruit du secret du grand appareil.[1145] Il l'apprit à son fils, qui ne se rendit pas moins habile ni moins célèbre que son père. C'est d'eux que parle Ambroise Paré, dans son traité des monstres où, après avoir rapporté plusieurs exemples des belles opérations qu'ils avaient faites, il assure qu'il ne croit pas que ni le père ni le fils aient jamais de pareils dans leur profession.[1146] Ce fils fut père d'un troisième Laurent Colot, qui hérita de leur habileté, et qui donna la vie à Philippe Colot, celui dont j'entreprends l'éloge.

Philippe Colot naquit en l'année 1593 et dès qu'il fut en âge de mettre en pratique les préceptes de l'art de ses pères, non seulement il y apporta toute la dextérité qu'il tenait d'eux, mais il purifia leur manière d'opérer de tout ce qu'elle avait de rude et de difficile; en sorte que de son temps, et depuis lui, peu de gens sont morts dans le travail et dans la suite de cette opération. Il était tellement occupé par le grand nombre de malades qu'il avait à Paris, que le cardinal Chigi, qui depuis a été pape sous le nom d'Alexandre VII, ayant voulu l'obliger de venir à Cologne où il était malade de la pierre, monsieur Colot ne put lui donner cette satisfaction;[1147] il lui envoya le sieur Girault son neveu qu'il avait instruit, et avec lequel il

---

illustres, Perrault pouvait lire dans le *Journal des Savants* (du 1er février 1700) le compte rendu d'un livre intitulé *Observations sur la manière de tailler, dans les deux sexes, pour l'extraction de la pierre*, par Frère Jacques. Cet ouvrage contient des remarques élogieuses sur Collot et une petite histoire de cette intervention.

[1143] Perrault se corrigera quelques lignes plus loin lorsqu'il écrira «Octavien de Ville».

[1144] Philippe Colot était le dernier de sa famille à posséder la charge d'«opérateur pour la pierre».

[1145] Le secret fut enfin divulgué par François Colot qui laissa parmi ses papiers un manuscrit publié sous le titre de *Traité de l'opération de la taille* (1727).

[1146] Ambroise Paré (1510-1590), chirurgien des rois de France de Henri II à Henri III et véritable prédécesseur de la chirurgie moderne. *Des monstres tant terrestres que marins* (Paris, 1573). Les *Œuvres complètes* d'Ambroise Paré connurent un succès qui ne se démentit pas tout au long du dix-septième siècle: 1ère édition, 1575; 13e édition, 1685.

[1147] Fabio Chigi (1599-1667), cardinal en 1652, pape Alexandre VII en 1655.

était associé.[1148] Il est vrai que dans la suite plusieurs chirurgiens se sont rendus habiles dans le même art; mais comme c'est de lui et de ses ancêtres qu'ils ont puisé tout ce qu'ils savent, ou qu'ils ont su, plus le nombre en est grand, et plus grande est l'obligation qu'on lui a d'avoir rendu commun un remède si utile et d'un si grand secours pour les malades.

Il est vrai encore que quelque excellent qu'ait été dans ses opérations celui dont je parle, on a encore enchéri sur ses connaissances. Son petit-fils qui vit présentement, et qui est le sixième de père en fils qui possède ce précieux talent, a trouvé un moyen d'ôter presque tout le péril et une grande partie de la douleur, en faisant l'opération à deux fois différentes, en ne faisant que la plaie le premier jour, et remettant à tirer la pierre huit jours après, lorsque la plaie n'est plus douloureuse. Mais comme la nature de toutes choses est de se perfectionner avec le temps, et que de plus cette invention vient de son fils, on ne peut pas dire qu'elle lui soit tout à fait étrangère. Ce fils s'est vu obligé de tailler son père, malade de la pierre. Le bruit a couru que ne pouvant s'y résoudre il y avait été contraint par un arrêt du parlement. Mais cette circonstance n'est pas vraie; rien ne l'a engagé à cette opération qu'une louable et vigoureuse résolution, et de la part de son père, et de la sienne. Ce serait ici le lieu de rapporter toutes les cures que cette suite d'habiles gens ont faites dans leur temps, de même que nous rapportons les ouvrages des savants personnages. Et comme de sauver la vie à un homme, ou du moins de le délivrer d'une douleur si grande ne vaut pas moins que de composer un livre tel qu'il soit, nous devrions leur rendre le même honneur. Mais le nombre en est trop grand. Et d'ailleurs, il n'y a personne qui n'ait connu beaucoup de ces sortes de malades, remis en parfaite santé. Il mourut à Luçon, âgé de 63 ans. Il y était allé traiter un malade de la pierre au commencement du mois de mars de l'année 1656.

On pourrait le blâmer d'une chose qui lui a été commune avec ses ancêtres, et avec ses descendants; c'est d'avoir tenu caché le secret qu'ils avaient et de ne l'avoir communiqué à aucun homme de leur profession. Ils auraient pu faire ce présent au public sans se faire aucun tort, puisqu'on aurait eu toujours recours à eux préférablement à tous les autres. Des secrets peuvent se garder dans des familles quand ils ne vont qu'à la simple curiosité; mais lorsqu'ils sont assez utiles pour conserver la vie, il semble qu'on doive les mettre, autant qu'il se peut, dans les mains de tout le monde, quand même cela ne se pourrait faire sans souffrir quelque préjudice.

[1148] Restitut Girault, qui avait épousé la fille aînée de Colot, et à qui fut confiée la responsabilité d'enseigner au fils de Philippe Colot l'art de tailler la pierre.

SIMON VOUET
PREMIER PEINTRE DU ROI
[1590-1649]

Ceux qui naissent pour réussir dans quelque art ou dans quelque science, n'attendent pas longtemps pour l'ordinaire à donner des marques de l'habileté où ils doivent arriver.[1149] A peine Simon Vouet, fils d'un peintre médiocre à Paris,[1150] eut-il atteint l'âge de quatorze ans, qu'il fut choisi pour aller en Angleterre faire le portrait d'une dame de grande qualité qui était sortie de France pour se retirer à Londres. Peu de temps après, monsieur de Harlay, baron de Sancy, qui avait été envoyé ambassadeur à Constantinople, le mena avec lui pour lui faire peindre le grand seigneur.[1151] Quoique la chose fût très malaisée, à cause de la difficulté qu'il y a de le voir, et qu'il n'ait pu y parvenir qu'une seule fois qui fut lorsque l'ambassadeur eut audience, cependent il l'observa si bien qu'étant de retour il en fit un portrait très ressemblant, et dont tous ceux qui avaient vu le grand seigneur furent très satisfaits. De Constantinople, où il fit plusieurs autres portraits, il alla à Venise et de là à Rome, et en l'une et l'autre de ces deux grandes villes il acquit beaucoup de réputation.[1152] Le bruit qu'il y fit ayant passé en France, le roi Louis XIII lui fit une pension de 400 livres pour lui aider dans ses études, et cette pension augmenta d'année en année, ainsi que sa capacité et son mérite. Il fit un voyage à Gênes en 1620 où il travailla pendant un an pour le seigneur Doria, et quelques autres personnes de grande qualité.[1153] De retour à Rome il fut élu prince de l'Académie de Saint-Luc,[1154] et y fit plusieurs beaux

---

[1149] A part cette première phrase, l'éloge de Vouet suit presque intégralement et mot pour mot les pages qui lui sont consacrées par Félibien dans ses *Entretiens sur les vies et sur les ouvrages des plus excellents peintres anciens et modernes*. Perrault se permet, toutefois, d'abréger le texte originel en plusieurs endroits. Les cinq parties des *Entretiens* parurent successivement en 1666, 1672, 1679, 1685 et 1688; une seconde édition en deux tomes vit le jour en 1685-88.

[1150] Laurent Vouet, peintre d'écussons et de bannières, mort à Paris en 1638.

[1151] Achille de Harlay, baron de Sancy (1581-1646), nommé ambassadeur à Constantinople par Marie de Médicis en 1611. *Le grand seigneur*: Ahmet Ier depuis 1604, auquel succède Osman II en 1617. La *Nouvelle Biographie Générale* précise que les «mœurs musulmanes» avaient contraint Vouet à peindre le sultan sans modèle.

[1152] Vouet quitta Constantinople en 1612 et arriva à Rome en 1613.

[1153] *Doria*: famille puissante et ancienne de Gênes. Il serait difficile d'identifier un seul membre de cette famille nombreuse pour laquelle Vouet travaillait; d'ailleurs ce singulier est peut-être une erreur de transcription de la part de Perrault puisque, dans le texte de Félibien, on lit «les seigneurs Doria».

[1154] L'Académie de Saint-Luc à Rome reçut ses statuts en 1578 et s'occupait de peinture, de sculpture et d'architecture. Vouet fut «prince», c'est-à-dire président, de

tableaux, entre autres celui qui est dans l'église de Saint-Pierre au grand autel de la chapelle, où les chanoines font tous les jours l'office,[1155] et celui qu'il a peint à Saint-Laurent *in-Lucina*.[1156a]

Le roi ayant jeté les yeux sur lui pour en faire son premier peintre, et pour le préposer à tous les ouvrages de peinture qui se faisaient pour l'ornement de ses maisons royales, et à la conduite de ses tapisseries, monsieur de Béthune,[1157] alors ambassadeur à Rome, eut ordre au commencement de l'année 1627 de le faire venir en France.[1158] Le roi le reçut avec beaucoup d'accueil, et comme Sa Majesté prenait un singulier plaisir à la peinture, il lui fit faire en pastel les portraits de la plupart des seigneurs de la Cour et de ses officiers. Il voulut encore que Vouet lui apprît à dessiner et à peindre en pastel pour se divertir, et pour faire les portraits de ses plus familiers courtisans. Sa Majesté y réussit, et on voit aujourd'hui plusieurs portraits de sa main, qui sont très ressemblants.

En l'année 1632 il peignit la galerie et la chapelle du Palais-Royal, et la chapelle de la maison que le cardinal de Richelieu* avait à Rueil. Il avait déjà travaillé à Chilly pour le maréchal d'Effiat surintendant des finances, et pour le président de Fourcy surintendant des bâtiments du roi, en sa maison de Chessy.[1159] C'est lui qui a peint la galerie et plusieurs autres endroits de la maison de monsieur de Bullion, surintendant des finances, et presque tout ce qu'il y a dans l'hôtel de Séguier.[1160] Le nombre des tableaux qu'il a faits pour des particuliers est trop grand pour les pouvoir rapporter ici. Il n'y a guère d'église ni de palais à Paris qui ne soient ornés de ses ouvrages. Il a fait un grand nombre de vierges, et il avait un talent particulier pour les représenter.[1161]

---

l'Académie de Saint-Luc de 1624 à 1627. Sur l'Académie de Saint-Luc à Paris, voir l'éloge de Mignard.

[1155] *Saint Jean Chrysostome, saint François d'Assise et saint Antoine de Padoue, entourés d'un chœur d'anges*, peinture faite sur la commande du protecteur de Vouet, le cardinal Barberini, devenu le pape Urbain VIII. Cette peinture n'existe plus.

[1156] Vouet fit deux peintures à San-Lorenzo di Lucina à Rome: *La vêture* et *La tentation de saint François*.

[1157] Philippe de Béthune (1561-1649), diplomate, et nommé, en 1624, ambassadeur extraordinaire auprès du pape Urbain VIII.

[1158] Vouet séjourna donc en Italie de 1612 à 1627.

[1159] Antoine Ier Coeffier-Ruzé, marquis d'Effiat (1581-1632), surintendant des finances de 1626 à 1632. Vouet peignit à Chilly un plafond représentant l'*Assemblée des dieux*. Jean de Fourcy, sieur de Chessy, surintendant des bâtiments du roi jusqu'à sa mort en 1638, date à laquelle son fils, Henri Ier de Fourcy, lui succéda.

[1160] Vouet travailla chez M. de Bullion en 1634 et en 1635, et il décora l'hôtel du chancelier Séguier en 1638 et en 1639. La plupart des décorations de Vouet ont disparu de nos jours.

[1161] Ces vierges représentent souvent les traits de sa première femme, Virginia da Vezzo, qui mourut en 1638.

Quelque habile qu'il ait été dans son art, on peut dire cependant que son plus grand mérite consiste dans le grand nombre d'excellents élèves qu'il a faits, et d'avoir été en quelque sorte le restaurateur de la peinture. C'est de son école que sont sortis Le Brun,* Mignard,* Le Sueur,* Poerson Corneille, Tortebat, Dufresne, et plusieurs autres;[1162] mais non seulement il a fait des peintres, il a fait aussi des hommes singuliers dans toutes les parties qui dépendent du dessin. Monsieur le Nôtre a appris sous lui à dessiner, et lui est redevable d'une partie de cette grande habileté qu'il s'est acquise dans la belle ordonnance des parterres, et des autres ornements du jardinage.[1163] Sa première manière tenait de celle du Valentin,[1164] et il a fait de ce goût-là plusieurs tableaux qui ont beaucoup de force; ensuite il en prit une qui lui a été particulière, et qui n'a guère été imitée et conservée jusqu'à la fin que par Dorigny, son gendre et l'un de ses disciples.[1165] Ce qu'il avait de plus recommandable était la liberté et la fraîcheur du pinceau, qui charmait la vue par la vive opposition des ombres et des lumières, quoique pour l'ordinaire elles fussent un peu trop fortes et trop marquées. Il mourut le 5 de juin 1641, âgé de cinquante-neuf ans et six mois.[1166] Il est enterré dans l'église de Saint-Jean-en-Grève.

[1162] Charles Poerson (1609-1667), peintre ordinaire du roi, reçu à l'Académie royale de peinture et sculpture en 1651. Michel Corneille (1646-1695) devint l'élève de Vouet en 1627. François Tortebat (1616-1690), peintre et graveur à l'eau forte, élève et gendre de Simon Vouet. C'est Tortebat qui a fait le portrait de Charles Perrault qui figure au tome premier des *Hommes illustres*, et de Du Metz au tome II. Charles-Alphonse du Fresnoy (1611-1668), peintre et théoricien, qui travailla avec Vouet avant de se rendre à Rome en 1633 ou 1634.

[1163] André le Nôtre (1613-1700), créateur du jardin à la française. Parcs de Vaux, de Versailles, de Sceaux, de Fontainebleau. Cette remarque est absente du texte de Félibien.

[1164] Valentin de Boullongue, *dit* le Moïse (1591-1634), peintre français. Selon la *Biographie Universelle*, «Quelques biographes ont avancé qu'il [Vouet] s'était proposé le Valentin pour modèle, mais c'est une assertion des plus hasardées».

[1165] Michel Dorigny (1617-1665), peintre d'histoire et de portraits et graveur, élève et gendre de Vouet. Cette remarque, sur la seconde manière de Vouet et sur Dorigny, est absente du texte de Félibien. A propos de la nouvelle manière de peindre adoptée par Vouet, la *Biographie Universelle* précise: «Il se livra à une pratique expéditive qui altéra sensiblement la beauté de son coloris».

[1166] En suivant le texte de Félibien, Perrault se trompe sur la date de décès de Vouet, qui arriva le 30 juin 1649. Pourtant, l'âge qu'il lui accorde au moment de sa mort est correct.

Pierre Mignard
Premier Peintre du Roy

PIERRE MIGNARD
PREMIER PEINTRE DU ROI
[1612-1695]

Pierre Mignard naquit à Troyes en Champagne au mois de novembre 1610.[1167] Son père passa la plus grande partie de sa vie à la guerre, où il reçut plusieurs blessures qui l'obligèrent enfin à quitter le service. Il eut deux fils; l'aîné ayant pris le parti de la peinture, il destina à la médecine le cadet, qui est celui dont je parle.[1168] Ce jeune fils avait une si forte inclination pour la professson de son frère et tant de génie pour ce bel art, que lorsqu'il accompagnait le médecin qu'on avait choisi pour l'instruire, il ne s'occupait qu'à dessiner les attitudes des malades et de ceux qui les servaient. Il peignit dès lors dans un même tableau, la femme du médecin, ses enfants, et un domestique avec tant de ressemblance et un si bon goût, quoiqu'il n'eût pas encore douze ans, que les plus habiles auraient pu l'avouer.

Ce premier essai, qui marquait ce qu'il devait être un jour, détermina son père à lui laisser suivre une profession pour laquelle la nature lui avait donné de si heureuses dispositions.[1169] Le progrès qu'il y fit en très peu de temps fut tel que le maréchal de Vitry ayant vu les ouvrages de ce jeune peintre, qui n'avait que quinze ans, le demanda à son père pour peindre la chapelle de Coubert, où tous ceux qui la virent furent frappés de la beauté de son imagination.[1170] Le maréchal, charmé de sa vivacité, l'emmena à Paris, et le mit sous la conduite de monsieur Vouet,* premier peintre du roi, homme alors d'une grande réputation.[1171] Il s'attacha d'abord à imiter son maître, et le fit si parfaitement qu'on ne pouvait distinguer leurs ouvrages. Mais l'excellence de son génie lui fit bientôt reconnaître ce qu'il y avait de faible dans Vouet, et dès qu'il eut vu les tableaux que le maréchal de Créqui rapporta d'Italie, il forma le dessein d'aller à Rome, où il arriva sous le pontificat d'Urbain VIII.[1172]

Sa première application fut de quitter la manière de Vouet; il chercha de meilleurs modèles dans les antiques, et dans les tableaux de Raphaël et

---

[1167] Selon la plupart des ouvrages de référence modernes, Mignard naquit en 1612.

[1168] Nicolas Mignard (1606-1668) fut reçu à l'Académie de Peinture en 1663.

[1169] Son père le confia alors à J. Boucher, peintre qui exerçait sa profession à Bourges.

[1170] Nicolas de l'Hospital, marquis puis duc de Vitry (1581-1644), maréchal en 1617. Le château de Coubert était en Brie.

[1171] Mignard passa cinq ans dans l'atelier de Vouet.

[1172] Charles de Blanchefort de Créqui (*c*.1578-1638), ambassadeur extraordinaire à Rome (1633), puis à Venise (1634). Mignard partit pour Rome au mois de mars 1635.

du Titien. Le bon goût qu'il prit dans cette étude mit ses tableaux en si grande réputation, qu'ils se répandirent bientôt dans la Sicile, dans la Catalogne, et dans l'Espagne. Les Italiens mêmes, naturellement jaloux des étrangers et remplis du mérite de leurs peintres, ne purent s'empêcher de lui rendre justice.

Il alla de Rome à Venise, et fut comblé d'honneurs et de présents par tous les princes dans les états desquels il passa.[1173] A Venise il s'attacha particulièrement à l'étude du coloris, où il acheva de se perfectionner. Il demeura depuis à Rome vingt-deux ans de suite, pendant lesquels il peignit les papes Urbain VIII, Innocent X, et Alexandre VII.[1174] Les cardinaux et les grands seigneurs souhaitèrent tous d'avoir leurs portraits de sa main. Il continuait à travailler avec un grand succès, lorsque le cardinal Mazarin lui envoya les ordres du roi et de la reine mère pour revenir en France, où il a peint le roi dix fois, et plusieurs fois toute la famille royale.[1175]

Les principaux ouvrages qu'il fit depuis son retour en France sont la coupe du Val-de-Grâce, qui est le plus grand morceau de peinture à fresque qui soit dans l'Europe.[1176] Il a peint aussi à fresque la chapelle des fonts de Saint-Eustache, un plafond dans l'Arsenal, et un autre à l'hôtel de Longueville qui représente une aurore.[1177] Il a peint à Versailles la petite galerie du roi, et un grand cabinet de l'appartement de Monseigneur.[1178] Mais son chef-d'œuvre est la galerie et le grand salon de Saint-Cloud, qu'il acheva en moins de quatre ans. Il paraît dans ces ouvrages une si belle ordonnance, tant de force et tant de grâce, que les connaisseurs qui viennent d'Italie y trouvent, comme le remarqua d'abord le cardinal Ranucci, toute la beauté des peintures des Carrache, du Guide, et du Dominiquin.[a][1179]

[1173] Mignard se rendit à Venise en 1653, où il resta pendant huit mois.

[1174] Mignard demeura à Rome de 1636 à 1657, sous les pontificats d'Urbain VIII (1623-44), Innocent X (1644-55) et Alexandre VII (1655-67).

[1175] Les gravures qui accompagnent, dans ce volume, les éloges du comte d'Harcourt et du marquis de Seignely, sont faites d'après des peintures de Mignard.

[1176] Mignard peignit en 1663 la coupe du Val-de-Grâce sur la commande d'Anne d'Autriche. Molière, l'ami de Mignard, célébra cet ouvrage dans un poème intitulé la *Gloire du Val-de-Grâce*.

[1177] Les fresques faites à Saint-Eustache en 1669 furent détruites lors de la reconstruction de la façade de cette église. Mignard entreprit la décoration de l'hôtel de Longueville sur la commande du duc d'Epernon.

[1178] Mignard peignit la petite galerie de Versailles en 1685, et l'appartement de monseigneur en 1683; ces peintures ont également disparues. *Monseigneur*: Louis de France (1661-1711), le grand dauphin, fils de Louis XIV et de Marie-Thérèse.

[1179] Angelus Maria Ranuzzi, cardinal en 1686, mort en 1689. *Carrache* (Carraci): nom de quatre peintres italiens de l'école de Bologne: Louis (1555-1619); Augustin (1557-1602), son cousin; Annibal (1560-1609), frère du précédent; Antoine (1583-1618), fils naturel d'Augustin. Sur le Guide et le Dominiquin, voir l'éloge de Poussin.

Le roi pour honorer son mérite, lui donna des lettres de noblesse en 1687 et monsieur Le Brun,* premier peintre du roi, étant mort en 1690, Sa Majesté lui donna les charges de son premier peintre, de directeur et chancelier de son Académie Royale de peinture et sculpture, et de directeur des manufactures des Gobelins.[1180]

Dans le temps qu'il tomba malade de la maladie dont il est mort, il finissait un tableau de saint Luc où il s'est peint lui-même, tenant une palette et des pinceaux.[1181] Il y a même un petit bout de tapis qu'il laissa imparfait. Quatre mois auparavant il avait achevé un saint Mathieu. On voit dans ces deux derniers tableaux faits pour le roi, que l'âge n'avait rien diminué de la correction de son dessin, de la force et de la légèreté de son pinceau, quoiqu'il fût alors dans une extrême vieillesse. Il mourut le 30 mai 1695 âgé de quatre-vingt-cinq ans.

Il était extrêmement gracieux dans ses dessins, dans les attitudes nobles et aisées qu'il donnait à ses figures, et dans la fraîcheur agréable de son coloris. Il peignait également en grand et en petit, ce qui se rencontre rarement dans les plus grands maîtres. Il a donné aux sculpteurs plusieurs dessins de figures, et particulièrement de plusieurs Termes qu'on voit à Versailles, et qui ont été travaillés sous sa conduite.[1182]

Il était fort laborieux, et disait souvent qu'*il regardait les paresseux comme des hommes morts.* Cependant il ne pouvait suffire à l'empressement des personnes de qualité qui désiraient d'avoir leurs portraits de sa main.

Ses bonnes qualités ne se bornaient pas au talent de sa profession; son esprit, la douceur, et l'agrément de son commerce lui firent un grand nombre d'amis qui lui furent toujours fort attachés.[1183] Son amitié était sûre, regulière, tendre et solide. La probité et la droiture lui furent naturelles; enfin les honnêtes gens trouvaient dans sa conversation autant de charmes que les connaisseurs en remarquent dans ses ouvrages. Comme il a travaillé pendant soixante-treize ans, il est mort avec des biens considérables. Il a laissé quatre enfants, trois garçons, et une fille pour

---

[1180] Perrault évoque à peine la grande rivalité qui existait entre Mignard et Le Brun (l'ami de Perrault). Mignard avait refusé, du vivant de son rival, d'apartenir à l'Académie Royale de peinture et de sculpture, préférant s'associer à l'Académie de Saint-Luc qui rivalisait avec elle. L'Académie de Saint-Luc s'institua en 1649, sur le modèle de la compagnie romaine du même nom (voir l'éloge de Simon Vouet. Vers 1664, Mignard prit le rôle de «prince» de cette académie par opposition à Le Brun. L'Académie de Saint-Luc fut supprimée en 1777, par déclaration royale.

[1181] Cet *Autoportrait en saint Luc* se trouve actuellement au musée de Troyes.

[1182] *Terme*: Divinité romaine protectrice des limites des champs, représentée par un bloc de pierre surmonté d'une tête.

[1183] Mignard comptait parmi ses amis Molière, La Fontaine, Racine et Boileau.

laquelle il eut une tendresse singulière, qui a toujours été réciproque.[1184] Elle a épousé le comte de Feuquières.[1185]

On a remarqué que lorsqu'il avait à représenter ou des vertus ou des déesses, il les peignait souvent sous le visage et sous la taille de sa fille; mais comme c'est une personne d'une rare beauté, on ne doit pas trouver étrange qu'il s'en soit servi pour embellir ses ouvrages.

[1184] Mignard avait épousé à Rome Anguilla Aularda *ou* Avolara, fille d'un architecte, dont il eut quatre enfants: Charles, né à Rome en 1646, qui devint gentilhomme de la chambre de Monsieur, frère de Louis XIV, et qui mourut sans postérité; Catherine-Marguerite, née également à Rome, en 1652, qui mourut sans enfants le 2 février 1742; François-Pierre, né en janvier 1664, qui fut religieux mathurin; et Rodolphe, qui vivait encore en 1743.

[1185] Catherine-Marguerite Mignard épousa, le 16 mars 1696, Jules de Pas, comte de Feuquières. Selon Saint-Simon, elle avait eu, avant son mariage, un enfant de M. Blouin, premier valet de chambre du roi et gouverneur de Versailles.

Jacques Blanchard
Peintre ordinaire du Roy

JACQUES BLANCHARD
PEINTRE
[1600-1638]

Il n'y a jamais eu de peintre si également fort dans toutes les parties de la
peinture qu'il n'ait excellé dans quelqu'une beaucoup plus que dans les
autres. Celui dont je parle s'est particulièrement signalé dans le coloris,
qu'il a eu si beau, si frais, et si naturel, qu'on l'appelait communément le
Giorgione[1186] ou le Titien de la France. Le dessin suivait de près ce
précieux talent de la couleur, et c'est ce qui lui a fait faire tant de beaux
tableaux, si aimés des curieux, quoiqu'il n'ait pas vécu beaucoup d'années.

Jacques Blanchard naquit à Paris le premier jour d'octobre 1600. Il
était fils de Gabriel Blanchard natif de Coindrieu, lequel ayant été député à
Paris pour les affires de sa ville, et s'étant logé par hasard chez Jérôme
Bollery le mellieur peintre de son temps, épousa sa fille dont il eut trois
enfants, Jacques, Pierre, et Jean; l'aîné est celui dont je parle.[1187]

Dès qu'il eut commencé à faire quelque progrès dans l'art de la
peinture chez son maître Jérôme Bollery, il prit la résolution de voyager en
Italie.[1188] En passant à Lyon il y fut arrêté par Henri le Blanc peintre d'une
grande réputation,[1189] qui lui trouvant un pinceau naturel et agréable lui fit
achever plusieurs ouvrages qu'il avait commencés pour divers particuliers
avant que d'aller à Paris, où il était appelé par monsieur d'Angoulême pour
peindre la galerie du château de Gros-Bois.

Il avait fort souhaité que Blanchard eût voulu venir à Paris pour lui
aider dans le travail de cette galerie; mais le désir qu'avait Blanchard de se
perfectionner dans la profession qu'il avait embrassée ne lui permettant pas
d'accepter ce parti, il prit le chemin de Rome, où il ne fut pas plutôt arrivé
que Jean Blanchard son frère, qui s'était engagé dans la même profession,
l'y vint trouver, et lui aida dans son travail.[1190] Au bout d'un an les affaires

---

[1186] Giorgione (1476-1510), peintre italien que Vasari considérait comme le
fondateur de la peinture moderne. Sur le Titien voir la préface.

[1187] Jérôme Bollery, le grand-père maternel de Blanchard, fut peintre à Paris vers
1530.

[1188] En réalité, le maître de Jacques Blanchard était son oncle maternel, Nicolas
Bollery, fils de Jérôme; Nicolas naquit au XVIe siècle, devint peintre du roi, et mourut
en 1630. Ce détail, comme plusieurs autres, montre que Perrault n'a pas suivi pour cet
éloge le texte de Félibien, qui désigne Nicolas Bollery comme maître de Blanchard.

[1189] Comme le précise Perrault lui-même deux paragraphes plus loin, il s'agit
d'Horace le Blanc (c.1580-1637), peintre de portraits et de compositions religieuses. On
notera que Félibien ne commet pas la même erreur. Le séjour de Blanchard à Lyon dura
de 1620 à 1624.

[1190] Blanchard arriva à Rome en 1624. Son frère, Jean-Baptiste Blanchard (1595-

tournèrent d'une telle sorte à Rome, que les Français n'y étaient pas en sûreté. Il prit le parti d'aller à Venise,[1191] où il s'appliqua uniquement à étudier et à imiter les ouvrages du Titien, du Tintoret, et de Paul Véronèse.[1192] Le progrès qu'il fit dans ce travail lui fit mériter le surnom du Titien moderne.[1193] Il fit plusieurs tableaux pour les nobles vénitiens, où il prit pour sujet divers endroits des *Métamorphoses*; mais un de ces messieurs l'ayant mal payé de son travail après l'avoir occupé fort longtemps à peindre son palais à la campagne, l'envie lui prit de revenir en France. En passant par Turin, il y fut arrêté par le duc de Savoie, qui lui fit faire sept à huit tableaux des amours de Vénus et d'Adonis. Ces tableaux sont à Paris présentement, ayant été enlevés dans le débris du palais des Favorites.[1194]

De Turin il vint à Lyon, où Horace le Blanc le reçut encore avec beaucoup de joie et d'amitié. Là il peignit pour lui, et pour plusieurs curieux de cette ville divers tableaux, la plupart de femmes nues, et de sujets tirés de la *Métamorphose*;[1195] la fraîcheur de son pinceau était merveilleuse pour les carnations et pour en exprimer vivement la teinte naturelle. Enfin après cinq ans de voyage et de séjour à Rome, il revint à Paris; mais avant que de se séparer de son ami il fallut qu'il en fît le portrait pour le lui laisser, et que cet ami fît le sien réciproquement, afin qu'il emportât avec lui cette marque de son estime et de son amitié.

Il peignit à Paris un salon pour monsieur Morin, fameux fleuriste, où il fit quatre grands tableaux qui représentent des Bacchanales.[1196] Ces tableaux peuvent être mis au rang de ses plus beaux ouvrages. Il en fit deux pour monsieur Goulas, un de Jupiter venant voir Sémélé, l'autre d'une Vénus qui se chausse, pendant que Cérès et Bacchus s'éloignent d'elle.[1197]

1665), fut reçu à l'Académie de peinture en 1663. Comme les dates le montrent, et contrairement à ce que dit Perrault à la fin du deuxième paragraphe, Jacques n'est pas l'aîné des trois frères Blanchard. Cette référence à Jean-Baptiste Blanchard ne se trouve pas chez Félibien.

[1191] Blanchard séjourna à Venise entre 1626 et 1628.

[1192] Jacopo Robusti, *dit* le Tintoret (1518-1594) et Paolo Caliari Véronèse (1528-1588), peintres italiens.

[1193] Selon le *Dictionnaire du Grand Siècle*, ce fut Claude Perrault qui surnomma Blanchard «le Titien de la France».

[1194] La Favorite, château d'Italie du nord (Lombardie).

[1195] C'est Perrault lui-même qui, à cette occasion, emploie le singulier. Cette référence aux *Métamorphoses* est absente de Félibien.

[1196] Selon Tallemant, «Morin le fleuriste (c'est le jeune), est une espèce de philosophe; une fois qu'il était bien malade, son curé lui disait: 'Ramassez toutes vos peines et les offrez à Dieu.' - 'Je lui ferais là, dit-il, un beau présent!'»

[1197] Nicolas de la Mothe, seigneur de Goulas (1603-1683), se trouva à Rome en 1625; il fut, de 1626 à 1660, gentilhomme ordinaire de la chambre du duc d'Orléans. Son cousin, Lucien Goulas, était à la même époque secrétaire des commandements du

Il peignit pour monsieur de Montauron sa chapelle de la Chevrette, où il a représenté l'histoire de la Vierge en plusieurs tableaux tout autour de la chapelle.[1198] Il a aussi peint la galerie du logis de monsieur de Bullion, où il a représenté les douze mois de l'année. Ce travail lui valut une pension de 1 200 livres, dont il a été payé jusqu'à sa mort. La galerie de la maison du président Perrault sur le quai Malaquais est aussi de sa main.[1199]

Ensuite de tous ces ouvrages il fit le beau tableau de la *Descente du Saint-Esprit* qui est à Notre-Dame.[1200] L'ordonnance en est d'une beauté singulière; mais surtout la lumière y est si vive et si bien répandue de tous côtés, que rien n'approche davantage de l'idée de ce divin mystère. Madame la duchesse d'Aiguillon en a fait offrir 10 000 livres à messieurs de Notre-Dame, s'engageant de leur en fournir une copie faite par tel peintre qu'ils voudraient choisir.[1201] Il fit pour un de ses amis plusieurs tableaux, dont on lui a voulu donner la même somme; mais cet ami n'a point voulu s'en désaisir, soit qu'il crût qu'ils valaient davantage, soit que par là il ait voulu marquer l'estime qu'il faisait des ouvrages et des libéralités de son ami.

Il mourut âgé de trente-huit ans, et laissa un fils et deux filles. Les filles sont mortes peu de temps après avoir été mariées; et le fils, qui est peintre de l'Académie Royale, suit de fort près les traces de son père.[1202] L'estampe qui est au-devant de cet éloge est gravée sur son portrait, fait par lui même, cinq ou six ans avant sa mort.

---

duc. Tallemant écrit que Mme de Coislin logeait «dans la rue Barbette, dans la maison de Goulas, à cette heure l'hôtel d'Estrée». Pourtant, selon Tallemant, ce fut Nicolas Goulas qui fut secrétaire des commandements du duc d'Orléans. Sémélé, fille de Cadmos, roi de Thèbes, fut séduite par Zeus: fécondée par une pluie d'or, elle conçut Dionysos.

[1198] Pierre du Puget, sieur de Montauron, de Carles et Caussidière, de la Marche et de la Chevrette, premier président au bureau des finances, mourut à Paris le 23 juin 1664. Il avait acheté le domaine de la Chevrette le 14 août 1636 et le vendit au surintendant d'Esmery le 19 mars 1645.

[1199] Selon Félibien, Blanchard «peignit pour le sieur Barbier une petite galerie dans la maison qui appartient aujourd'hui au président Perrault». Il s'agit de Jean Perrault, président de la chambre des comptes (1647-79) et intendant d'Henri de Bourbon. (Voir aussi l'éloge de Jacques Sarazin. Un grand nombre des ouvrages de Blanchard ont disparu; selon Bénézit, on ne connaît actuellement plus que vingt-trois peintures et trois dessins dont on est sûr qu'il est l'auteur.

[1200] *La Descente du Saint-Esprit*, peinte en 1634.

[1201] Marie-Madeleine de Vignerot, marquise de Combalet, duchesse d'Aiguillon (1604-1675), fille de Françoise du Plessis, sœur aînée du cardinal de Richelieu. Femme très belle et d'une piété exemplaire. Sur les Vignerot, voir l'éloge de Benserade.

[1202] Gabriel Blanchard (1630-1704), fils de Jacques, admis en 1663 à l'Académie royale de peinture, dont il devint le trésorier.

Jacques Sarrazin

Recteur de l'Academie Royale de Peinture et Sculpture.

JACQUES SARAZIN
SCULPTEUR
[1592-1660]

S'il est vrai qu'on n'ait guère moins d'obligation à ceux qui ont fait revivre quelque bel art qu'à celui qui en a été le premier inventeur, nous devons regarder l'homme dont j'entreprends l'éloge avec les mêmes yeux que nous le regarderions s'il était l'auteur du bel art de la sculpture. Car il est vrai que par ses études, et particulièrement par la force de son génie, il lui a rendu toutes les beautés que la longue durée des guerres civiles lui avait ôtées. Il a fait dans ce bel art ce que Vouet,* dont je viens de parler, a fait dans la peinture;[1203] et (ce qui ne leur est pas moins honorable) ils ont formé l'un et l'autre des élèves qui ont porté ces deux arts à une très grande perfection; car de même que Vouet a fait les Blanchard,* les Le Sueur* et les Le Brun,* celui-ci a formé les Anguier, les Marsy, les Desjardins et les Girardons; de sorte qu'ils se sont rendus illustres et par leur propre gloire, et par celle de leurs disciples.[1204]

Jacques Sarazin naquit à Noyon, d'une bonne et honnête famille.[1205] Il vint à Paris dès sa plus tendre enfance, où il apprit à dessiner et à modeler;[1206] mais comme la France sortait encore d'une espèce de barbarie pour les beaux arts que la guerre y avait amenée, et que les ouvrages de sculpture manquaient de gens qui en connussent la beauté, il alla à Rome où il demeura pendant l'espace de dix-huit années.[1207] Là il travailla à Frescati par les ordres du cardinal Aldobrandin neveu du pape Clément VIII où il fit un *Atlas* et un *Polyphème* qui jettent une prodigieuse quantité d'eau en forme de girandole.[1208] La beauté de ces figures se soutient

---

[1203] Sarazin fut d'ailleurs l'ami de Vouet, qu'il connut d'abord à Rome avant de le retrouver à Paris lorsqu'ils travaillaient ensemble à Chilly (voir ci-après). Sarazin épousa la nièce de Vouet en 1631.

[1204] François Anguier (1604-1669), sculpteur, auteur du tombeau de Jacques de Thou; Michel (1614-1686), son frère, auteur des sculptures de la porte Saint-Denis. Gaspard (1624-1681) et Balthazard (1628-1674) Marsy, auteurs de nombreuses sculptures à Versailles. Martin van den Bogaert, *dit* Desjardins (1640-1694), sculpteur ordinaire de Louis XIV. François Girardon (1628-1715), sculpteur, auteur du bassin de Neptune (Versailles) et du tombeau de Richelieu (Sorbonne).

[1205] Le nom de cette famille s'écrit indifféremment Sarrasin, Sarrazin *ou* Sarazin. Même confusion concernant la date de sa naissance, que les biographes situent diversement en 1588, 1590, 1592 et 1598. Nous avons adopté l'orthographe et la date que l'on trouve dans les ouvrages de référence les plus récents.

[1206] Sarazin reçut ses premières leçons chez Guillain père.

[1207] Sarazin séjourna à Rome de 1610 à 1627, avant de retrouver Paris en 1628.

[1208] Le cardinal Pietro Aldobrandini (1571-1621), protecteur des lettres et des arts,

parfaitement, quoiqu'exposées à la comparaison qu'on ne peut s'empêcher d'en faire avec les plus beaux ouvrages de l'antiquité qui les environnent. En revenant de Rome il passa à Lyon, où il fit un *Saint Jean-Baptiste* et un *Saint Bruno* dans la chartreuse de cette ville, qui en font un des plus singuliers ornements. De retour à Paris il fit des *Anges* de stuc, pour le principal autel de Saint-Nicolas-des-Champs, une figure de *Sainte Anne*, et une de *Saint Louis* pour l'église de Notre-Dame de Paris. Monsieur le marquis d'Effiat, surintendant des finances, l'employa à sa maison de Chilly, où il orna d'un très grand nombre de beaux ouvrages et la chapelle et la galerie de ce château. Monsieur de Noyers, alors surintendant des bâtiments, lui fit faire ces grandes figures qui ornent un des dômes du Louvre du côté de la cour. Ce sont des *Cariatides* qui, quoique colossales, sont néanmoins très sveltes et semblent très légères.[1209] Le roi Louis XIII en fut si satisfait, qu'il lui fit une pension très considérable, et lui donna un logement dans les galeries du Louvre. La reine Anne d'Autriche dans le temps qu'elle était enceinte de son premier enfant, qui règne aujourd'hui, lui ordonna de faire jeter en fonte sur ses modèles un ange d'argent de trois pieds et demi de haut, tenant un enfant aussi fondu d'or, représentant le dauphin qu'elle attendait, pour s'acquitter d'un vœu qu'elle fit pendant sa grossesse.[1210] Ce groupe de figures a été porté à Notre-Dame-de-Lorette où elle l'avait destiné. Il a fait deux morceaux d'ouvrage très beaux et très considérables dans l'église des jésuites à Paris; le premier, deux grands anges d'argent volant en l'air, et tenant chacun d'une main un cœur d'argent doré, dans lequel est enfermé le cœur de Louis XIII.[1211] Je dis que ces anges sont en l'air, parce qu'ils ne sont attachés à l'arcade sous laquelle ils semblent voler effectivement, que par quelques barres de fer qu'on ne voit point. Le second est le *Tombeau d'Henri de Bourbon prince de Condé*, aïeul de monsieur le Prince d'aujourd'hui.[1212] Ce mausolée est orné de quatre grandes figures de bronze qui représentent la diligence, la justice, la piété, et ce qui est assz bizarre une Minerve, pour marquer l'amour qu'il avait pour la guerre et pour les beaux arts.[1213] Ce mélange du sacré avec le

---

commença la construction de la belle villa Aldobrandini (villa du Belvédère) à Frescati en 1603.

[1209] *Cariatide*: statue de femme ou d'homme soutenant un balcon ou une corniche. Celles du Louvre se trouvent au pavillon de l'Horloge dans la cour Carrée.

[1210] Ouvrage intitulé l'*Enfant d'or*.

[1211] La statue des *Anges portant au ciel le cœur de Louis XIII* date de 1643; elle fut détruite en 1793.

[1212] Henri de Bourbon mourut en 1646. Le mausolée se trouve aujourd'hui dans la chapelle du château de Chantilly. *Monsieur le prince d'aujourd'hui*: Henri-Jules de Bourbon (1643-1709), son petit-fils.

[1213] Minerve, protectrice des arts et des sciences.

profane, de la piété avec Minerve, est un reste de la licence mal entendue que nos ancêtres se sont donnée dans leurs poésies, qui de là a passé dans les ouvrages de peinture et de sculpture. Dans les bas-reliefs des piédestaux de la balustrade de l'autel sont des batailles représentées avec la même licence; car on y voit des dieux de fleuve appuyés sur leurs urnes. C'est un des plus beaux ouvrages de sculpture qu'il y ait a Paris. Monsieur Perrault, président en la chambre des comptes, et intendant de la maison de ce prince, lui a fait élever ce monument pour une marque éternelle de sa reconnaissance.[1214]

Il fit pour la chapelle de Saint-Germain-en-Laye deux *Crucifix*, l'un d'or et l'autre d'argent, et deux anges de stuc qui portent les armes du roi. On voit de lui dans l'église des carmélites du faubourg Saint-Jacques, le *Tombeau du cardinal de Bérulle*;[1215] dans l'église du noviciat des jésuites, et dans celle de Saint-Jacques-de-la-Boucherie deux *Crucifix* de sa main, l'un et l'autre d'une beauté singulière. Parmi les beaux morceaux de sculpture qui sont à Versailles, on admire un groupe d'une *Chèvre et de deux enfants*, qui est encore de sa façon.[1216] Il ne serait pas possible de rapporter tous ses ouvrages. Cependant le génie qu'il avait ne s'est pas renfermé dans ce talent seul, il a aussi éclaté dans la peinture, et il a laissé plusieurs tableaux qui se font distinguer parmi ceux des plus excellents maîtres.[a] Il a fait aux minimes de la Place-Royale un tableau de la *Sainte famille*. Dans une des chambres des enquêtes au palais un *Crucifix, accompagné de la Vierge, de saint Jean, et de la Madeleine*, et plusieurs autres encore;[b] ce qui lui fait avoir une grande conformité avec Michel-Ange, qui par le ciseau et par le pinceau s'est rendu célèbre par toute la terre.

[1214] Sur Jean Perrault, voir aussi l'éloge de Blanchard.
[1215] Le *Tombeau du cardinal de Bérulle* est actuellement au Louvre.
[1216] Sarazin fit la sculpture des *Enfants à la chèvre* pour le roi en 1640.

Claude Melan
Graveur Ordinaire du Roy.

CLAUDE MELLAN
GRAVEUR EN TAILLE-DOUCE
[1598-1688]

Celui dont je vais parler avait deux grands avantages sur la plupart de ceux de sa profession, quoique très habiles. Le premier, c'est qu'il n'avait pas seulement le don de graver avec beaucoup de grâce et d'élegance les plus beaux tableaux des plus excellents maîtres, mais qu'il était aussi l'auteur et l'ouvrier de la plupart des dessins qu'il gravait; de sorte qu'on le doit regarder comme un habile graveur, et comme un grand dessinateur tout ensemble; on pourrait ajouter, et comme peintre encore, car il a peint plusieurs tableaux d'un très bon goût, et d'une très belle ordonnance.[1217] Le second avantage, plus grand encore que le premier, c'est qu'il a inventé lui même la manière admirable de graver, dont il s'est servi dans la plupart de ses ouvrages. Les graveurs ordinaires ont presque autant de tailles différentes qu'ils ont de différents objets à représenter. Autre est celle dont ils se servent pour la chair, soit du visage, soit des mains, ou des autres parties du corps; autre celle qu'ils emploient pour les vêtements; autre celle dont ils représentent la terre, l'eau, l'air, et le feu; et même dans chacun de ces objets ils varient leur taille et le maniement de leur burin en plusieurs façons différentes. Mellan imitait toutes choses avec de simples traits mis les uns auprès des autres, sans jamais les croiser en quelque manière que ce soit, se contentant de les faire ou plus forts ou plus faibles, selon que le demandaient les parties, les couleurs, les jours et les ombres de ce qu'il représentait.

Il a porté cette gravure à une telle perfection qu'il n'est pas possible d'y rien ajouter, et pas un de ceux qui l'ont suivi n'a entrepris d'aller plus loin dans cette sorte de travail. Ce n'est pas qu'il ne sût pratiquer à la manière ordinaire des autres graveurs; il a fait beaucoup d'estampes à double taille qui sont très belles et très estimées; mais il s'est plus adonné à celle qui est simple, et c'est par celle-là qu'il s'est plus distingué.[1218] Parmi ses ouvrages dont le nombre est très grand, il y en a un qui me semble mériter plus encore d'être admiré que tous les autres. C'est une tête de Christ dessinée et ombrée avec sa couronne d'épines, et le sang qui ruisselle de tous côtés, d'un seul et unique trait, qui commençant par le bout du nez, et allant toujours en tournant, forme très exactement tout ce

---

[1217] Selon le *Dictionnaire du Grand Siècle*, son œuvre peinte est sujette à controverse, aucun tableau ne pouvant aujourd'hui lui être attribué avec certitude.

[1218] La taille simple, par opposition à la taille double ou la gravure à plusieurs tailles, se fait sans entrecroisements des lignes.

qui est représenté dans cette estampe, par la seule différente épaisseur de ce trait, qui selon qu'il est plus ou moins gros, fait des yeux, un nez, une bouche, des joues, des cheveux, du sang, et des épines; le tout si bien représenté et avec une telle marque de douleur et d'affliction, que rien n'est plus triste ni plus touchant.[1219] Son œuvre, ou le recueil de ses ouvrages, contient une infinité de pièces très curieuses. Il fut choisi pour représenter les figures antiques et les bustes du cabinet de Sa Majesté.[1220] Son burin réussit parfaitement dans ces sortes d'ouvrages qui, étant tout d'une couleur, s'accommodent bien de l'uniformité de sa gravure, laquelle n'étant point croisée, conserve une blancheur très convenable au marbre qu'elle représente.

Il avait encore ceci de particulier, que les choses qu'il avait gravées avaient plus de feu, plus de vie et plus de liberté que le dessin même qu'il imitait, contre ce qui arrive à tous les autres graveurs, dont les ouvrages sont toujours moins vifs et moins animés que le dessin ou le tableau qu'ils copient, ce qui ne peut venir que du goût qu'il prenait à son travail, et de l'extrême facilité qu'il avait à conduire son burin en la manière qu'il lui plaisait. Il avait son logement aux galeries du Louvre, que son mérite seul lui avait fait donner.[1221]

Il y est mort le 9 jour de septembre de l'année 1688, âgé de quatre-vingt-quatorze ans.[1222] Il est enterré dans l'église de Saint-Germain-l'Auxerrois.

[1219] *Sainte Face sur le linge de sainte Véronique* (1649), exécutée en une seule spirale de burin.

[1220] Mellan fut nommé graveur du cabinet des statues et bustes antiques.

[1221] On remarquera l'absence de précisions biographiques dans cet éloge. Selon Bénézit, Mellan, fils d'un chaudronnier, fut remarqué par Peiresc et envoyé par lui, en 1624, terminer ses études à Rome où il fut l'élève de Vouet. Mellan rentra en France en 1636, et grava Gassendi chez Peiresc à Aix, avant de regagner Paris l'année suivante. Là, Peiresc le chargea d'exécuter les célèbres *Editions du Louvre* (1640-1642). Louis XIV, pour le récompenser de ce travail, le nomma graveur ordinaire du roi et lui accorda, selon Bénézit, un logement au Louvre et une pension. D'après la *Biographie Universelle*, «le roi lui accorda un logement au Louvre en récompense du refus qu'il avait fait d'aller s'établir en Angleterre, où il était appelé par Charles II».

[1222] Claude Mellan étant né en 1598, Perrault se trompe sur son âge au moment de son décès.

François Chauueau
Graueur ordinaire du Roy

FRANÇOIS CHAUVEAU
DESSINATEUR ET GRAVEUR
[1613-1676]

Comme c'est une chose très fatigante, et néanmoins très ordinaire, de rencontrer des hommes qui avec un mérite fort médiocre ont une grande opinion d'eux-mêmes, il est aussi très agréable et très rare tout ensemble d'en trouver qui joignent beaucoup d'humilité avec bien du mérite. Celui dont je fais l'éloge était du nombre de ces derniers. Et il n'est pas croyable combien ces deux bonnes qualités se donnaient de relief l'une à l'autre. Personne n'a peut-être jamais eu une imagination plus féconde pour trouver et disposer des sujets de tableaux; tout y était heureux pour la beauté du spectacle, tout y était ingénieux pour la satisfaction de l'esprit, et il entrait dans ses dessins encore plus de poésie que de peinture. Cela se peut vérifier dans le nombre presque infini d'ouvrages qu'il nous a laissé, et particulièrement dans les estampes qui représentent ce qui est contenu dans les livres où elles sont.[1223] Il n'y en a point qui n'explique admirablement la pensée de l'auteur, et qui souvent ne l'enrichisse agréablement et judicieusement par de certaines circonstances poétiques qu'il y ajoute. Non seulement il était l'inventeur de la plupart des choses qu'il gravait, mais quantité de peintres s'adressaient à lui secrètement pour en tirer des dessins de tableaux, dont ensuite ils se faisaient honneur. Quand on lui proposait quelque ouvrage il prenait une ardoise, sur laquelle il dessinait la pensée qu'on lui avait proposée, en autant de façons différentes qu'on le souhaitait, jusqu'a ce que l'on fût content, ou qu'il le fût lui même; car on l'était souvent, qu'il ne l'était pas encore.

Il commença à graver au burin sous la conduite de Laurent de la Hire, habile peintre dont il gravait les ouvrages, et où il prit une manière fine et agréable;[1224] mais la vivacité de son imagination ne s'accommodant pas de la lenteur du burin, il se mit à graver à l'eau-forte, et à ne graver plus que ses pures pensées, ce qui lui a fait produire une infinité d'ouvrages de toutes sortes de caractères. Quelques-uns ont répondu qu'il manquait quelque chose à la beauté de ses dessins, faute d'avoir été en Italie, où il

---

[1223] Comme Félibien, dans les *Entretiens sur les vies des peintres*, Perrault apprécie l'ordonnance des sujets traités par Chauveau; Perrault notera aussi, comme son prédécesseur, le talent de Chauveau à saisir l'idée qu'on lui proposait pour en faire une gravure.

[1224] Laurent de la Hire (1606-1656), peintre et graveur, fut de l'Académie royale de Paris dès sa fondation en 1648. M. de Montauron lui confia, avec Blanchard, la décoration de son hôtel.

aurait pris un certain goût qu'ils disent qu'on ne trouve pas ailleurs.[1225] Mais cette pensée n'est autre chose qu'une pure prévention de curieux, qui ne connaissent guère que les noms et le pays des peintres, et qui ne jugent que par là de la beauté de leurs ouvrages. L'homme dont nous parlons en est une des plus grandes preuves. Peu de gens ont possédé plus que lui ce même goût dont ils parlent, et qu'ils croient ne point voir en lui parce qu'ils savent qu'il n'a pas été à Rome. Il est vrai que sa gravure n'a pas la douceur ni l'agrément de plusieurs autres graveurs qui ont porté cette délicatesse jusqu'au dernier point de perfection. Mais pour le feu, la force des expressions, la variété, et pour l'esprit qui s'y rencontre, je ne sais s'il y a eu quelqu'un qui l'ait surpassé dans cette partie. Peu de temps avant sa mort il commença à graver l'*Histoire de saint Bruno*, peinte aux chartreux par le Sueur.* Il en a fait les dessins, mais il n'en a gravé qu'une partie; il eût été à souhaiter qu'il les eût gravés tous.[1226]

Il avait commencé une suite de sujets de l'histoire grecque et romaine, qui devait composer un ouvrage considérable. Il peignait aussi fort agréablement, de sorte qu'on pouvait le regarder comme ayant les talents de trois professions différentes, celui de peintre, celui de graveur, et celui de dessinateur. Il a eu beaucoup de peintres au-dessus de lui, il a eu des graveurs à l'eau-forte qui lui ont été égaux; mais peu de gens l'ont surpassé dans l'abondance, la variété, et le tour ingénieux du dessin; et c'est particulièrement par cet endroit que nous l'avons considéré lorsque nous lui avons donné place dans ce volume.[1227] Il mourut en l'année 1674.[1228]

Un de ses fils, très excellent sculpteur a passé en Suède, où non seulement il fait de sa main de très beaux ouvrages, mais où il fournit des[a][1229] dessins à plusieurs autres sculpteurs fort habiles. Il a hérité de son père cette heureuse fécondité, qu'on ne peut trop louer, et qui élève si glorieusement certains hommes au-dessus des autres.[1230]

[1225] Perrault semble s'en prendre à Félibien, qui avait écrit: «Il y avait quelque chose de contraint et de sec dans les membres de ses figures, et l'on voyait bien qu'il n'avait jamais été en Italie pour y prendre un meilleur goût».

[1226] Chauveau grava l'*Histoire de saint Bruno* en 22 planches in-folio.

[1227] L'abondance de la production artistique de Chauveau est remarquable: il illustra, parmi d'autres ouvrages, *Le Grand Cyrus* de Madeleine de Scudéry, des œuvres de Corneille, Scarron, Molière, Boileau, Racine, les *Fables* de La Fontaine et les *Métamorphoses* de Benserade.

[1228] Perrault ne donne pas la date de naissance de Chauveau et se trompe sur la date de son décès.

[1229] *Des*: «de» dans le texte de Perrault.

[1230] René Chauveau (1663-1722) partit pour la Suède en 1693 et y resta sept ans comme sculpteur du roi Charles XI, puis de son successeur Charles XII. Chauveau eut deux autres fils qui furent tous les deux peintres: Edvard (1660-1739), qui accompagna son frère René en Suède, et Louis (né en 1656) qui travailla surtout en Angleterre.

101

TABLE
DES HOMMES
ILLUSTRES

CONTENUS DANS LE SECOND TOME.

Cc

TABLE.

F I N.

Appendice

Louis Thomassin
Prestre de L'oratoire

LOUIS THOMASSIN
PRETRE DE L'ORATOIRE
[1619-1695]

Toute la vie du père Thomassin a été si uniforme, qu'il semble d'abord que son éloge se puisse faire en peu de mots; car ayant été mis en pension dès son bas âge chez les pères de l'oratoire où il est mort, il ne s'y est occupé à autre chose qu'à la prière et à l'étude;[1232] mais l'abondance incroyable des connaissances qu'il s'est acquises par l'étude est si grande, que si j'entreprenais d'en faire le détail, comme il serait en quelque sorte nécessaire pour donner une juste idée de cet excellent homme, j'excéderais de beaucoup les bornes que je me suis prescrites dans ces éloges.[1233]

Dès qu'il se fut rendu familières les premières sciènces que l'on enseigne, les humanités, l'éloquence et la philosophie, il s'appliqua à les enseigner aux autres, en quoi il ne réussit pas seulement à faire d'excellents écoliers, mais à se perfectionner lui-même dans ces sciences, son esprit vif et profond ne pouvant traiter une matière qu'il n'y fit quelques nouvelles découvertes. Mais comme son inclination et sa piété le portaient uniquement à l'étude de la théologie, il s'y donna bientôt tout entier, particulièrement à celle qu'on nomme positive, et qui a pour son principal objet l'Ecriture, les Pères et les conciles. Lorsque le père Petau* eut publié son livre *Des dogmes*, il se fortifia dans le dessein, non pas d'aller sur les brisées de ce savant homme qui en a fait l'histoire avec toute l'exactitude et toute la connaissance de l'antiquité que demande une si belle et si vaste entreprise, mais d'entrer par ses réflexions dans la connaissance des mystères renfermés dans ces mêmes dogmes.[1234] Le premier a eu la gloire d'avoir traité cette matière importante en excellent historien, et le second d'avoir pénétré heureusement dans ce que les mystères ont de plus caché et de plus sublime, surtout à l'égard de l'Incarnation où l'on ne peut voir, sans être ébloui, les rapports, les convenances, les desseins, les vues, et les autres merveilles qu'il y découvre. Vers l'année 1654 il enseigna la

---

[1231] Cette notice remplaçait celle d'Arnauld. Pour l'histoire des états du texte voir l'Introduction.

[1232] Thomassin naquit à Aix, fit ses études au collège de Marseille et fut reçu à l'oratoire en septembre 1632, lorsqu'il avait quatorze ans.

[1233] A part ce paragraphe d'ouverture et la toute dernière phrase de la notice, Perrault suit intégralement et presque mot pour mot l'éloge de Thomassin paru dans le *Journal des Savants* du 12 mars 1696 et qui, selon le supplément au *Grand Dictionnaire historique* de Moréri (1724), est dû au père Brun de l'oratoire.

[1234] L'ouvrage de Petau s'intitule *Theologicorum dogmatum* (1644-1650), celui de Thomassin *Dogmatum theologicorum* (1684-1689).

théologie au séminaire de Saint-Magloire, et y commença des conférences sur les Pères, sur l'histoire et sur les conciles qu'il continua jusqu'en l'année 1668.[1235] A cette occupation succéda quelque loisir, mais un loisir toujours laborieux et jamais vide, car il fut engagé par de grands prélats, qui avaient beaucoup d'estime pour son mérite, et par les supérieurs de l'oratoire à donner au public les ouvrages qu'il avait composés.[1236] Ses *Mémoires sur la grâce*, et les *Dissertations sur les conciles* avaient déjà paru;[1237] ils furent suivis des *Dogmes théologiques* dont nous avons parlé, des mêmes *Mémoires sur la grâce*, mais beaucoup augmentés, des *Livres de la discipline*, et de divers traités, *Sur le jeûne*, *Sur les fêtes*, *Sur l'office divin*, *Sur l'unité de l'Eglise*, *Sur la vérité et sur le mensonge*, *Sur l'aumône et le bon usage des biens temporels*.[1238] On remarque dans tous ces ouvrages un assemblage heureux et étonnant de l'érudition sacrée et de l'érudition profane; et quand le sujet le permet, on voit l'auteur remonter avec une force et une pénétration incroyable dans tout ce que la philosophie des platoniciens a eu de plus sublime.

Peu satisfait des remarques qu'il avait faites autrefois sur les auteurs profanes, il les relut de nouveau, et donna ensuite la *Méthode de lire et d'étudier chrétiennement les philosophes, les historiens et les poètes*.[1239] Il a démêlé admirablement bien ce que la superstition et l'erreur ont répandu dans leurs ouvrages, d'avec les sentiments de religion et les vérités que la lumière naturelle, la tradition de tous les peuples, la communication des

---

[1235] Thomassin enseigna pendant douze ans au séminaire de Saint-Magloire à Paris. Avant de s'y installer, il avait enseigné pendant six ans à Saumur.

[1236] Ce loisir était imposé à Thomassin, car, suite aux rumeurs suscitées par ses *Mémoires sur la grâce* et par ses dissertations sur les conciles, dont il sera question plus loin, il fut engagé par le père de Sainte-Marthe, général de l'Oratoire, à se retirer dans la maison de l'Institution. Thomassin passera seize ans dans cette retraite.

[1237] Les *Mémoires sur la grâce* (1668) représentent une tentative de réconciliation sur ce point controversé, mais Séguier, craignant la discorde, voulut en empêcher la publication. Le *Dissertationum in concilia generalia et particularia* (1667) cherchait à réconcilier jansénistes et jésuites, mais, là encore, l'ouvrage fut interdit. On voit qu'il y avait quelque justice à faire remplacer Arnauld par Thomassin dans les *Hommes illustres*.

[1238] La deuxième édition des *Mémoires sur la grâce*, autorisée et augmentée, ne parut qu'en 1682. *Ancienne et nouvelle discipline de l'Eglise touchant les bénéfices et les bénéficiers*, 1678-1682. *Traité des jeûnes de l'Eglise*, 1680; *Traité des fêtes de l'Eglise*, 1683; *Traité de l'office divin*, 1686; *Traité de l'unité de l'Eglise*, 1686-1688; *Traité de la vérité et du mensonge*, 1691; *Traité de l'aumône, ou du bon usage des biens temporels*, 1695.

[1239] *La Méthode d'étudier et d'enseigner chrétiennement et solidement les lettres humaines par rapport aux lettres divines et aux Ecritures, divisée en six parties, dont les trois premières regardent l'étude des poètes, et les trois suivantes celle des historiens, des philosophes et des grammairiens*, 1681-1682.

Ecritures, et la conversation des Hébreux leur avait fournis. La sagesse, la modération et la piété solide qui règnent dans tous ces ouvrages les ont fait admirer de toutes les nations de l'Europe, et les nonces ont donné plusieurs fois des marques de l'estime qu'on en faisait à Rome par les visites dont ils ont honoré leur auteur. Le pape Innocent XI témoigna vouloir se servir de son *Livre de la discipline* pour le gouvernement de l'Eglise, et tâcha de l'attirer à Rome; mais sur la proposition qui en fut faite au roi de la part du cardinal Cibo, la réponse fut qu'un tel sujet ne devait pas sortir du royaume.[1240] Cette réponse donna au père Thomassin une des plus grandes joies qu'il ait eues dans sa vie, et assurément si le pape l'eût fait cardinal, comme on assure qu'il a témoigné plusieurs fois en avoir le dessein, il eût beaucoup souffert, car la vie privée et retirée faisait toutes ses délices; cependant pour marquer sa gratitude au Saint Père, il traduisit en latin les trois tomes de *La discipline*, comme on le souhaitait dans tous les pays étrangers.[1241]

Ensuite de cette traduction, il reprit l'étude de la langue hébraïque, où il a donné plusieurs années, persuadé que cette langue est la mère de toutes les autres. Il composa, pour le faire voir, un glossaire universel, où il les fait toutes sortir de l'hébreu, comme de leur commune source. On achève d'imprimer ce glossaire au Louvre, et c'est le dernier de ses ouvrages.[1242] Peu de temps après, ses forces diminuèrent sensiblement, et il se vit obligé de renoncer à toute sorte d'étude un peu pénible. Il fit à Dieu un sacrifice de cet état qui édifia encore plus le séminaire de Saint-Magloire où il était, que tous ses travaux et toutes ses veilles. Son épuisement alla toujours en augmentant pendant près de trois années, jusqu'à ce que, les forces et la parole lui ayant manqué, il cessa de vivre le 24 jour de décembre 1695. Le curé de Saint-Jacques-du-haut-pas, proche de Saint-Magloire, fit son éloge au prône le lendemain, jour de Noël, où il déclara ce qu'il avait été obligé jusque là de tenir caché, que le père Thomassin lui avait donné tous les ans pour les pauvres, la moitié de la pension de mille livres qu'il recevait du clergé. Quoiqu'il fût naturellement propre, il aimait la pauvreté dans ses habits, dans ses meubles, et dans tout ce qui regardait sa personne, et il aurait voulu n'être jamais témoin des distinctions que les dignités de quelques-uns de ses parents leur donnaient dans le monde; car il était d'une famille remarquable, soit dans l'épée, soit dans la robe; on compte jusqu'à

[1240] Alderano Cibo (1613-1700), cardinal en 1645 et secrétaire d'Etat durant le pontifat d'Innocent XI (1676-1689). Perrault abrège ici le texte du *Journal des Savants*.

[1241] *Vetus et nova Ecclesiæ disciplina circa beneficia et beneficiarios*, 1688.

[1242] *Glossarium universale hebraicum*, publié après la mort de l'auteur en 1697, précédé d'une *Vie* du père Thomassin par son secrétaire, le père C. Bordes.

vingt présidents ou conseillers de ce nom dans le parlement d'Aix.[1243]

Sa vie fut toujours extrêmement réglée. Qui le voyait un jour, pouvait savoir de quelle sorte il passait tous les autres. Après l'oraison et la messe il employait quatre heures à l'étude le matin, et trois heures l'après-dîner. Il faisait ses prières toujours aux mêmes heures, et nulle visite, sans un pressant besoin, ne dérangeait ses exercices.

L'innocence de sa vie ne lui laissait voir que le bien dans tout ce qu'il regardait, dans les livres, dans les auteurs, dans les personnes, dans les communautés, et dans les ordres. Sa conversation était douce, agréable, instruisante. Pénétré de la religion qu'il aimait souverainement, il la trouvait, et la faisait trouver partout. Les pensées les plus chrétiennes naissaient naturellement dans ses entretiens ainsi que sous la[a] plume. Ce qu'il y a de plus profane dans les auteurs prenait un sens édifiant en passant ou par sa bouche, ou par ses mains. Tout marquait qu'il portait Jésus-Christ dans le cœur, et qu'il ne cherchait que la gloire de son Eglise. Ce tour d'esprit si élevé et si chrétien, joint à une profondeur de science presque sans limites, faisait le caractère particulier de cet excellent homme.

[1243] Perrault déplace cette dernière remarque, qui figure au début de l'éloge du *Journal des Savants*.

Charles Sieur du ... *du Fresne* Cange

CHARLES DU FRESNE
SIEUR DU CANGE
[1610-1688]

Charles du Fresne naquit à Amiens le 18 décembre 1610 d'une famille noble et ancienne, et alliée à tout ce qu'il y a de plus considérable dans cette ville; mais quelque avantage qu'il ait eu du côté de la naissance, il a fait encore plus d'honneur à ses ancêtres qu'il n'en a reçu d'eux. Son père, seigneur de Froideval et prévôt royal de Beauquesne, était homme de lettres, et eut de son premier mariage trois enfants, qui tous trois sont morts en réputation d'hommes savants. Il eut aussi trois enfants de son second mariage, dont l'aîné et le cadet ont été jésuites distingués pour leur savoir, et le second est celui dont je parle.[1245]

Il fit ses etudes au collège des jésuites d'Amiens, où son application et la vivacité de son esprit le distinguèrent bientôt de tous ses compagnons. De là il passa à Orléans où il apprit le droit, et ensuite à Paris où il se fit recevoir avocat.[1246] Le désir ardent et insatiable de savoir, et particulièrement de pénétrer dans toutes les connaissances curieuses de la plus obscure antiquité, ne lui permirent pas de se borner dans la fonction d'aucun emploi. Son père eut beaucoup de joie de voir le progrès que faisait son fils dans ses recherches, et de la réputation qu'il s'acquérait d'un des plus savants hommes du royaume.

Il reçut de lui peu de temps après une autre satisfaction encore plus touchante, quoique fort triste, qui fut l'assiduité tendre et continuelle que ce fils eut auprès de lui, pendant une année entière que dura la maladie dont il mourut. Tant que Dieu lui conserva un si bon père, il ne songea point à se procurer la douceur d'une autre compagnie; mais la solitude où il se trouva après cette perte, et le conseil de ses amis l'engagèrent à se

---

[1244] Cette notice remplaçait celle de Pascal. Pour l'histoire des états du texte voir l'introduction.

[1245] Selon l'éloge qui parut dans le *Journal des Savants* du 15 novembre 1688, le père de M. du Cange, Louis du Fresne, était seigneur de «Fredeval»; sa mère s'appelait Hélène de Rély. Le *Journal des Savants*, comme Perrault, affirme que Du Cange avait cinq frères mais n'en nomme que quatre: les fils du premier lit, Adrien qui hérita du titre de son père et devint seigneur de Beauquesne, et Jean, qui devint avocat au parlement de Paris; du second lit, Michel, frère aîné de Charles, qui devint principal de La Flèche, et François, le frère cadet, qui fut recteur d'Arras. Sauf pour quelques phrases que l'on notera, Perrault ne semble pas avoir suivi de près l'éloge du *Journal des Savants*.

[1246] Du Cange se fit recevoir avocat le 11 août 1631, mais il retourna bientôt après dans sa ville natale.

marier.[1247] Bien des gens croient que le lien conjugal et le soin des affaires que donne une famille, sont incompatibles avec l'application que demande l'étude, mais celui dont je parle à fait voir que cette règle n'est point si générale, qu'elle n'ait ses exceptions.[1248] La femme qu'il épousa, issue d'une famille des plus considérables de la province, sage, vertueuse, et de mœurs douces et faciles qui convenaient aux siennes, n'apporta aucun retardement au cours de ses études. Ils ont vécu ensemble pendant cinquante années et davantage dans une entière et parfaite concorde, et elle l'a survécu six ans pour le secours et la consolation des enfants qu'il lui a laissés.[1249] Elle mourut le 19 juillet 1694.

En l'année 1645 il fut pourvu de la charge de trésorier de France à Amiens qu'il exerça jusqu'en l'année 1668 où la peste, qui ravagea cette ville et tous les environs, l'obligea de venir à Paris. Cette désolation fut un bonheur pour lui et pour tous les gens de lettres. Car il trouva dans cette grande ville ce qui ne se trouve point au reste de la France, cette abondance de livres, soit imprimés, soit manuscrits, sans laquelle on ne peut porter aucune recherche ni aucun travail considérable à sa dernière perfection, et en même temps son profond savoir, et la manière honnête dont il en faisait part à ceux qui conversaient avec lui et qui le consultaient, furent d'un grand secours à tous les gens de lettres.[1250] Une de ses principales occupations a été d'éclaircir ce qu'il y a de plus obscur dans l'histoire, en donnant la véritable explication de tous les termes difficiles à entendre, soit pour être barbares, soit pour être les noms de choses dont on a peu de connaissance. Il a composé à cet effet des glossaires de la moyenne et basse latinité, et du grec aussi du moyen et dernier âge.[1251] Avec ce secours

---

[1247] Le 19 juillet 1638, Du Cange épousa Catherine du Bos, fille du trésorier de France en résidence à Amiens, qui lui apportait 12 000 livres de dot. En 1645, comme le dira Perrault plus loin, il acheta la charge de son beau-père. Du Cange ne fut, pourtant, jamais financier que de nom.

[1248] Selon le *Journal des Savants*, «Assidu aux fonctions de sa charge [de trésorier de la France dans la généralité d'Amiens] et attentif aux affaires de sa famille, il ne laissa pas de demeurer fort attaché à l'étude».

[1249] Selon le *Journal des Savants*, Du Cange vécut avec sa femme pendant plus de cinquante ans «dans une parfaite intelligence».

[1250] A partir de 1668, Du Cange se consacra uniquement à l'histoire, fréquentant la bibliothèque du roi, celle de Colbert, et les chartriers privés.

[1251] *Glossarium ad scriptores mediæ et infimæ latinitatis*, 1678. Le *Journal des Savants* du 15 août et celui du 5 septembre 1678 consacrent au *Glossarium* des comptes rendus d'une longueur exceptionnelle et le qualifient de «grand ouvrage». Pourtant, Adrien de Valois rédigea des *Remarques sur quelques endroits du premier tome du glossaire latin de M. du Cange*, publiées dans le *Valesiana* par son fils en 1695, où il prétend corriger les fautes qu'il croyait voir dans le texte de Du Cange. Selon l'Avertissement en tête du *Valesiana*, Adrien de Valois ne voulut pas achever ses *Remarques* de peur d'avoir à écrire un ouvrage aussi volumineux que le glossaire lui-

on ne trouve plus de difficulté dans les livres où jusqu'alors on pénétrait le moins; ce qu'il y avait de plus obscur est devenu le plus intelligible, et on peut dire que monsieur du Cange a créé en quelque sorte la lumière où étaient les ténèbres. Personne n'a jamais donné plus d'application à chercher un éclaircissement, et n'a eu plus de sagacité pour le trouver. Nous lui devons l'édition de l'*Histoire* de Cinnamus,[1252] et celle des *Annales* de Zonare,[1253] la description de Constantinople, et des familles byzantines.[1254] Nous lui devons encore des *Commentaires* admirables qu'il a faits sur l'*Histoire de saint Louis* écrite par le sieur de Joinville.[1255] La postérité aura de la peine à croire qu'un seul homme ait eu tant de connaissance de ce qu'il y avait de plus caché à tous les savants, et que sa vie ait pu suffire à tous les travaux qu'il a laissés. Il travaillait à un grand ouvrage qu'il avait intitulé *Chronicon paschale, sive Alexandrinum,* lorsqu'il fut attaqué de la maladie dont il est mort.[1256] Il souffrit de longues et cruelles douleurs dans le cours de cette maladie, sans donner aucune marque d'impatience, et il reçut l'avis qu'on lui donna de l'extrême péril où il était avec une constance incroyable. Il mourut le 23 octobre 1688 âgé de soixante-dix-huit ans. Il avait joui d'une santé si heureuse pendant toute sa vie, qu'il en passa les cinquante-cinq dernières années sans aucune atteinte de maladie.[1257] De dix enfants qu'il a eus, il n'en reste que trois, un garçon, et deux filles.[1258] Le garçon est trésorier de France à Poitiers. Ses

---

même. Le *Glossarium ad scriptores mediæ et infimæ græcitatis* parut en 1688.

[1252] Jean Cinname, historien byzantin de la seconde moitié du XIIe siècle, qui composa une histoire de la période 1118-1176. L'édition de Du Cange, *Historiarum libri sex,* parut en 1670.

[1253] Jean Zonare, historien byzantin, première moitié du XIIe siècle. Ses *Annales* constituent une histoire du monde jusqu'en 1118. L'édition de du Cange parut en 1686-1687.

[1254] *Histoire de l'empire de Constantinople sous les empereurs français,* 1657; *Historia byzantina,* 1680.

[1255] Jean, sire de Joinville (1224-1317), acheva la rédaction de l'*Histoire de saint Louis* en 1309. L'ouvrage de du Cange parut en 1668.

[1256] *Chronicon paschale a mundo condito ad Heraclii imperatoris annum vicesimum* (1688), ouvrage posthume dont l'impression fut achevée par Baluze, qui mit en tête un éloge de l'auteur intitulé *Epistola de vita et de morte C. du Cange ad Eus. Renaudotem.* Du Cange mourut de strangurie.

[1257] *Journal des Savants*: «Jusqu'alors, il avait joui d'une santé qui, depuis plus de cinquante-cinq ans, n'avait pas été troublée par la moindre indisposition».

[1258] Selon l'éloge dans le *Journal des Savants,* publié moins d'un mois après la mort de Du Cange, «Il laissa quatre enfants, deux fils dont l'aîné est trésorier en la généralité de Poitiers, et deux filles». Pourtant, le fils aîné, Philippe du Fresne, né en 1645, mourut quatre ans après son père, en 1692; Perrault avait donc raison de dire qu'au moment où il rédigeait son texte, seuls trois enfants de du Cange étaient toujours en vie: mais les deux textes sont en désaccord sur l'identité du fils trépassé. Les enfants survivants en 1700 sont François du Fresne (1662-1736) et ses deux sœurs.

mœurs étaient fort douces, et son humeur était toujours égale, aimant cordialement ses amis, et en étant aimé de même. Monsieur Colbert* avait pour lui beaucoup d'estime et prenait un extrême plaisir à l'entretenir dans sa bibliothèque. Il avait résolu de l'employer à faire un corps d'histoire de France, ce qui allait à revoir ce que le savant monsieur Duchesne en a déjà fait imprimer, et à continuer le même travail suivant le dessein de monsieur Duchesne. Les mesures étaient toutes prises pour ce travail, lorsque la mort de ce ministre, qui aimait tant les lettres et ceux qui les cultivent, en arrêta l'exécution.[1259]

[1259] Selon la *Nouvelle Biographie Générale* (éd. Hoefer), il faut situer les origines de ce projet aux alentours de 1676; Colbert mourut en 1682. Pourtant le *Journal des Savants* explique différemment la discontinuation de cette histoire:

«Quelque temps après qu'il se fut établi à Paris, on proposa à un ministre dont le vaste esprit embrassait toutes sortes de desseins, d'assembler les écrivains qui avaient travaillé divers temps sur l'histoire de France, et d'en former un corps. Le ministre agréa la proposition, et jugeant M. du Cange plus capable que nul autre de l'exécuter, il lui fit mettre pour cet effet entre les mains un grand nombre de mémoires et de pièces manuscrites.

Il y travailla sans relâche, et composa une préface de plus d'une main de papier, qui contenait le nom des auteurs, le caractère de leur esprit et de leurs ouvrages, le temps où ils avaient fleuri, et l'ordre selon lequel ils devaient être placés.

Quand celui qui lui parlait de la part du ministre eut vu son projet, il lui rapporta qu'il n'avait pas été approuvé, et qu'il en fallait faire un autre. Alors M. du Cange, persuadé que s'il avait suivi les ordres qu'on lui donnait, il aurait gâté tout l'ouvrage, répondit franchement que puisque son travail n'était pas assez heureux pour plaire à ceux qui avaient l'autorité, il leur conseillait de trouver les plus habiles du royaume pour les employer, et que quand ils les auraient trouvés, il s'en reposassent tout à fait sur eux. A l'heure même il renvoya les mémoires, il prévit bien que sa liberté nuirait à ses intérêts. Mais il aima mieux les sacrifier, que de travailler par une complaisance servile sur un plan qui aurait fait tort à sa réputation, et n'aurait point fait honneur à la France. On comprend que Perrault, ancien intendant de Colbert, ait voulu supprimer cette anecdote. Le projet auquel Du Cange refusa de participer avait pour objectif de donner suite aux travaux d'André Duchesne (1584-1640), historiographe du roi, qui avait publié un ouvrage intitulé *Historiæ Francorum Scriptores* (1636-1649); la mort de Colbert retarda l'exécution de cet ouvrage, qui fut repris au XVIIIe siècle par le bénédictin dom Martin Bouquet; celui-ci commença en 1738 la publication du *Recueil des historiens des Gaules et de la France - Rerum Gallicarum et francicarum scriptores.*»

VARIANTES ET NOTES SUR LE TEXTE

VOLUME I
Extrait du privilège du roi
  a *1ère édition*: «le 28 septembre 1696».
I/3 Henri de Sponde
  a *1ère édition*: «Ee»
I/11 Jean Morin
  a *1ère et 2ème éditions*: «de sortir des ténèbres». On préférerait peut-être «de le sortir des ténèbres».
I/16 Guillaume du Vair
  a *1ère et 2ème éditions*: «celle».
I/20 Guillaume de Lamoignon
  a *1ère édition*: «par».
  b *1ère et 2ème éditions*: «1673». Nous corrigeons le texte de Perrault. Pourtant, Charles de Lamoignon, né en 1514, mourut en 1572.
I/26 Paul Pellisson Fontanier
  a *1ère et 2ème éditions*: «l'édit de Languedoc. Son grand-père».
  b *1ère et 2ème éditions*: «qu'ont».
I/27 Pierre Dupuy
  a *1ère édition*: «chartres».
  b *1ère et 2ème éditions*: «succinte».
I/29 Antoine Rossignol
  a *1ère édition*: «à».
I/30 René Descartes
  a *1ère et 2ème éditions*: «Charlot». Nous corrigeons d'après la *Vie de Monsieur Descartes* (1691) de Baillet.
I/32 Pierre Gassendi
  a *1ère édition*: «1628. Il».
I/34 Claude Perrault
  a *1ère édition*: «aucun»
I/39 Pierre Corneille
  a *1ère et 2ème éditions*: «théâtres».
I/40 Molière
  a *1ère et 2ème éditions*: «l'un».
I/45 Nicolas Poussin
  a *1ère et 2ème éditions*: «Zoccolini».
  b *1ère et 2ème éditions*: «auquel». Faut-il comprendre «auxquels»?
I/46 Charles Le Brun
  a *1ère et 2ème éditions*: «quelque soit».

ᵇ Nous conservons la ponctuation des deux premières éditions.

I/47 Eustache le Sueur

ᵃ *1ère édition*: «quelques».

VOULUME II

II/3 Nicolas Coëffeteau

ᵃ *1ère édition*: «un».

II/8 Jean Baptiste Santeul

ᵃ *1ère édition*: «Captus amore, loci».

ᵇ *1ère édition*: «hortes».

II/9 Jérôme Vignier

ᵃ *1ère édition*: «après que le fut temps expiré».

II/10 François de Combefis

ᵃ *1ère et 2ème éditions*: «Manuel, Calecas, Théodore d'Ancyre».

II/11 Marin Mersenne

ᵃ *Couvent*: dans le texte des deux premières éditions on lit «convent», orthographe attestée par Furetière dans son *Dictionnaire universel*.

II/13 Maximilien de Béthune

ᵃ *1ère édition*: «les».

II/14 Le maréchal de la Meilleraye

ᵃ *1ère et 2ème éditions*: «Avieu».

ᵇ *1ère et 2ème éditions*: «portèrent».

II/15 Le maréchal de Gramont

ᵃ *1ère et 2ème éditions*: «1614». Il s'agit peut-être d'une erreur typographique: Gramont naquit à Hagetmeau (Landes) en 1604.

II/16 Le maréchal de Luxembourg

ᵃ *1ère édition*: «pièce»

ᵇ *1ère et 2ème éditions*: «1677». Cette date erronée est très probabl-ment une erreur typographique, puisqu'elle rompt la chronologie suivie par Perrault.

ᶜ *1ère et 2ème éditions*: «opiniâtré».

II/17 Jean de Gassion

ᵃ *1645*: Cette date, maintenue dans les deux premières éditions, est erronée: Gassion devint maréchal en 1643, ainsi que le dit Moréri. Il s'agit peut-être d'une erreur typographique, puisqu'elle rompt la chronologie suivie par Perrault.

II/19 Abraham Duquesne

ᵃ *1ère et 2ème éditions*: «capiton».

II/21 Claude Berbier du Metz

ᵃ *1ère édition*: «1678».

ᵇ *1ère et 2ème éditions*: «Lumbre»; c'est le *Dictionnaire de Biographie*

Française qui parle du comte de Leimbre.

II/23 Jacques de Solleysel
  a *1ère* et *2ème* *éditions*: «Memon».

II/25 Jean-Baptiste Colbert, marquis de Seignelay
  a La syntaxe de cette phrase est celle des deux premières éditions.

II/26 Achille de Harlay
  a *1ère* *édition*: «la».

II/27 Pompone de Bellièvre
  a Nous conservons la ponctuation des deux premières éditions.

II/28 François Pithou
  a *1ère* *édition*: «dixs-ept».

II/31 Joseph Juste Scaliger
  a *1ère* *édition*: «Théodore Bèze».

II/34 Gilles Ménage
  a La syntaxe de cette phrase est celle des deux premières éditions.
  b *1ère* et *2e* *éditions*: «ce qui a jamais été dit».

II/35 Adrien de Valois
  a *1ère* *édition*: «Adrien Valois» [partout dans cet éloge].
  b *1ère* *édition*: «Henri Valois» [partout dans cet éloge].
  c *1ère* *édition*: «de *Histoire ecclésiastique*».
  d *1ère* *édition*: «*Notiæ galliarum*».

II/39 Samuel Bochart
  a *1ère* et *2ème* *éditions*: «1651». Il faudrait lire «1661».
  b *1ère* *édtion*: «l'on, a».

II/42 Jean de la Quintinie
  a *1ère* et *2ème* *éditions*: «survéquit».

II/44 Philippe Colot
  a *1ère* *édition*: «on en a point».

II/45 Simon Vouet
  a *1ère* *édition*: «*in Lucina*».

II/46 Pierre Mignard
  a *1ère* *édition*: «Dminicain».

II/48 Jacques Sarazin
  a *1ère* *édition*: «maîtres Il».
  b *1ère* et *2ème* *éditions*: le verbe manque dans le texte.

II/50 François Chauveau
  a *1ère* et *2ème* *éditions*: «de»

APPENDICE

I/8bis Louis Thomassin
  a *1ère* *édition*: «la». Dans le texte du *Journal des Savants* on lit «sa».

LES SOURCES DES *HOMMES ILLUSTRES*

I/34 Claude Perrault
'Eloge de M. Perrault de l'Académie Royale des Sciences', *Journal des Savants* du 28 février 1689.
I/35 Malherbe
Racan, *Vie de Monsieur de Malherbe*.

VOLUME II
II/1 Du Perron
Moréri, *Le Grand Dictionnaire historique*, 7ᵉ édition (1694).
II/2 Arnauld d'Ossat
La *Vie* du cardinal en tête de l'édition de ses *Lettres* (1697), par Amelot de la Houssaye.
II/14 La Meilleraye
Moréri, *Le Grand Dictionnaire historique*, 7ᵉ édition (1694).
II/17 Gassion
Moréri, *Le Grand Dictionnaire historique*, 7ᵉ édition (1694). Michel de Pure, *Vie du maréchal de Gassion* (1673); et, dans le même ouvrage, 'Extrait du livre premier ch. 12 du Ministère du Cardinal de Mazarin, par M. de Silhon; et contenu dans le portrait du Sieur du Prat'.
II/18 Fabert
Gatien de Coutilz de Sandras, *Vie du maréchal de Fabert* (1697).
II/24 Le Tellier
Claude le Pelletier *Mémoire sur la vie de Michel le Tellier*; Bossuet, *Oraison funèbre de Michel le Tellier*.
II/26 Harlay
Jean-Baptiste de l'Hermite-Souliers et François Blanchard, *Eloges de tous les premiers présidents du parlement de Paris* (1645).
II/27 Pompone de Bellièvre
Olivier Patru, *Eloge de Messire Pompone de Bellièvre*, dans les *Œuvres diverses de Mr. Patru, contenant ses plaidoyers, harangues, lettres, et vies de quelques-uns de ses amis* (1681).
II/29 Lefèvre
La *Vie* de Lefèvre par Le Bègue dans les *Opuscules* de Nicolas Lefèvre (Paris, 1614).
II/33 Patru
'Eloge de Patru' par le P. Bouhours, dans le *Journal des Savants*, 1681, et à la tête des *Œuvres* de Patru (1681).
II/35 Adrien de Valois
'Eloge de Monsieur de Valois', par Cousin, dans le *Journal des Savants* du lundi 28 juillet 1692, reproduit dans le *Valesiana* (1695); pour Henri de Valois, la *Vita Henrici Valesi* (1677) par son frère

Adrien.

II/36 Barthélemy d'Herbelot

'Eloge de Monsieur d'Herbelot', par Cousin, dans le *Journal des Savants* du lundi 3 janvier 1696, reproduit en tête de la *Bibliothèque Orientale*.

II/37 Ismaël Boulliau

'Eloge de M. Boulliau', par Louis Cousin, dans le *Journal des Savants* du lundi 14 février 1695.

II/38 Blondel

Pierre Bayle, *Dictionnaire historique et critique* (1697).

II/39 Samuel Bochart.

La *Vie* (en Latin) par Etienne Morin dans les *Opera omnia* (1675); Pierre Bayle, *Dictionnaire historique et critique* (1697).

II/40 Benserade

Abbé Tallemant, *Discours* en tête du 1er vol. des *Œuvres diverses* de Benserade (Paris, 1697).

II/42 La Quintinie

La *Nouvelle Biographie Générale* renvoie au *Journal des Savants* de 1691, vraisemblablement à un éloge ou article nécrologique que nous n'avons pu retrouver; les explications techniques fournies par Perrault laissent supposer une source dont il s'inspire.

II/45 Simon Vouet

André Félibien, *Entretiens sur les vies et sur les ouvrages des plus excellents peintres anciens et modernes* (1685-1688).

II/50 François Chauveau

Perrault reprend les détails que l'on trouve dans Félibien et répond aux critiques que celui-ci avait lancées contre Chauveau.

APPENDICE

I/8bis Thomassin

'Eloge du père Thomassin prêtre de l'Oratoire', par le père Brun (selon le supplément au *Dictionnaire* de Moréri) dans le *Journal des Savants* du 12 mars 1696.

I/33bis Du Fresne

Quelques ressemblances avec l'Eloge de M. du Fresne, Seigneur du Cange', paru dans le *Journal des Savants* du 15 novembre 1688.

BIBLIOGRAPHIE

Alembert, Jean le Rond d', 'Éloge de Charles Perrault' dans *Histoire des membres de l'Académie Française, morts depuis 1700 jusqu'en 1771* (Amsterdam, 1787), tome 2 pp. 165-220.

Anselme, le père, et M. du Fournay, *Histoire généalogique et chronologique de la maison royale de France*, 3e édition, revue et corrigée par le père Ange et le père Simplicien (Paris, Compagnie des Libraires, 1726-1733), 9 vols.

[Arnauld, Antoine], *Joannis Launoii Elogio* (Londini, 1685).

Auvigny, Jean du Castre d', *Les Vies des hommes illustres de la France depuis le commencement de la monarchie jusqu'à présent, continuées par monsieur l'abbé Pérau* (Amsterdam - Paris, 1739-1760), 23 vols.

Baillet, Adrien, *Jugements des savants sur les principaux ouvrages des auteurs. Revus, corrigés, et augmentés par Mr. de la Monnoye. Nouvelle édition augmentée* (Amsterdam, 1725), 8 tom. en 17 vols.

– *La vie de monsieur Descartes* (1691).

– *La Vie de monsieur Descartes, réduite en abrégé* (1693).

Baluze, Etienne, *Stephani Balusii Miscellaneorum* (1678-1715).

Barbier, Antoine-Alexandre, *Dictionnaire des ouvrages anonymes et pseudonymes* (Paris, Imprimerie Bibliographique, 1806-8), 4 vols.

Bates, Guillaume, *Vitæ selectorum aliquot virorum qui doctrina, dignitate, aut pietate inclaruere* (Londini, 1681).

Bayle, Pierre, *Dictionnaire historique et critique*, 3ème édition (Rotterdam, 1720), 4 vols.

Bégon, Michel, *Lettres de Michel Bégon à Villermont*, éd. Delavaud et Dangibaud (Paris - Saintes, Picard et Delavaud, 1925), 2 vol en 1 tom.

Bély, Lucien, *Dictionnaire de l'Ancien Régime* (Paris, PUF, 1996).

Bénézit, E. *Dictionnaire critique et documentaire des peintres, sculpteurs, dessinateurs et graveurs de tous les lemps et de tous les pays par un groupe d'écrivains spécialistes français et étrangers*, nouvelle édition (Paris, Librairie Gründ, 1976), 10 vols.

Benserade, Isaac de, et Charles Perrault, *Le Labyrinthe de Versailles* (Paris, Imprimerie Royale, [1679]).

– *Œuvres*. Avec un «Discours sommaire de Monsieur L.T. [Tallement] touchant la vie de monsieur de Benserade» (Paris, 1698).

Bérulle, cardinal Pierre de, *Œuvres*. Avec une vie de l'auteur par le R.P. François Bourgoing (1644).

Bezard, Yvonne, 'Autour d'un éloge de Pascal. Une affaire de censure tranchée par Louis XIV en 1696', *Revue d'Histoire Littéraire de la*

France XXXIII (1926), 215-224.

Biographie universelle, ancienne et moderne (Paris, L.G. Michaud, 1811-55), 83 vols.

Blanchard, François et Jean-Baptiste de l'Hermite-Souliers, *Les Eloges de tous les premiers présidents du parlement de Paris* (Paris, 1645).

Blanchard, François, *Les Présidents au mortier du parlement de Paris* (1647).

Bluche, F. (éd.), *Dictionnaire du Grand Siècle* (Paris, Fayard, 1990)

Bochart, Samuel, *Opera omnia*. Avec une *Vie* par Etienne Morin. (Leyde, 1710-12), 2 vols.

Bruneau, le père, 'Lettre écrite de la Martinique à M. B[égon] Intendant à Rochefort. Par M. B[runeau] prêtre du dioc. de Chartres, sur quelques phénomènes observés dans cette île', *Journal des savants* du lundi 18 avril et du lundi 25 avril, 1701.

Calabré-Pérau, Gabriel-Louis, Voir Auvigny, Jean du Castre d'.

Catach, Nina, et Jean-Christophe Pellat,'Mercure ou le messager des dieux: Perrault et l'orthographe', *Europe*, nov./déc. 1990, pp. 82-94.

Chevin, abbé, *Dictionnaire Latin-Français des noms propres de lieux* (Paris, Retaux, 1897).

Concordantiæ Bibliorum (Francfort-sur-le-Main, héritiers d'André Wechel, 1600).

Correas, Gonzalo, *Vocabulario de refranes y frases proverbiales* [1627] (Bordeaux, Féret et Fils, 1967).

Courtilz de Sandras, Gatien de, *Vie du maréchal de Fabert* (Amsterdam, 1697).

Culpin, D.J., 'Perrault as Moralist: *Les Hommes illustres*', *French Studies*, LII (1998), 142-151.

Dagincourt, Jean, 'Une nouvelle légende pour un nouveau saint Nicolas: Nicolas Boileau', *Europe*, nov./déc. 1990, pp. 23-39.

Dandrey, Patrick (éd.), *Dictionnaire des lettres françaises: le XVIIe siècle* (Paris, Fayard, 1996).

Dictionnaire de Biographie Française, sous la direction de J. Balteau ... [et al.] (Paris, Letouzey et Ané, 1933-).

Dictionnaire de théologie catholique. Tom. 1- (Paris, 1909-).

Dictionnaire d'histoire et de géographie ecclésiastiques (Paris, Letouzey et Ané, 1912-), 24 vols.

Dizionario biografico degli italiani (Istituto dell'enciclopedia italiana, Rome, 1960-)

Duchesne, François, *Histoire de tous les cardinaux français de naissance française* (Paris, 1640).

– *Histoire des chanceliers et gardes des sceaux de France...depuis*

Clovis jusqu'à Louis XIV (1699).

Dupleix, Scipion, *Histoire générale de France* (Paris, L. Sonnius, 1621-1628).

Dupleix, Scipion, *Histoire de Louis le Juste, XIII du nom* (Paris, L. Sonnius, 1635).

Enciclopedia italiana di scienze, lettere ed arti (Milano, Istituto Giovanni Treccani, 1929-1939), 36 vols.

Encyclopædia Universalis (Paris, 1990, 30 vols.)

Enciclopedia universal ilustrada (Madrid, Espasa-Calpe, 1921), 70 vols.

Félibien, André, *Entretiens sur les vies et sur les ouvrages des plus excellents peintres anciens et modernes*, 2e édition (Paris, 1685-88), 2 tom.

Furetière, Antoine, *Dictionnaire universel* (Paris, SNL - Le Robert, 1978), 3 vols.

Gassendi, Pierre, *Viri illustris Nicolai Claudii Fabricii de Peiresc...vita*, (1641).

Graesse, Benedict, Plechl, *Orbis latinus: Lexicon lateinischer geographischer Namen des Mittelalters und der Neuzeit* (Klinkhardt & Biermann, Braunschweig, 1972), 3 vols.

Grente, Georges (éd.), *Dictionnaire des lettres françaises. Vol. 2: le XVIe siècle. Vol. 3: le XVIIe siècle* (Paris, Fayard, 1951 et 1954)

Grillon, Pierre, *Les Papiers de Richelieu* (Paris, Pedone, 1975-1985), 7 vols.

Grove, Laurence, '*Discours Sur l'Art des Devises*: An Edition of A Previously Unidentified and Unpublished Text by Charles Perrault', *Emblematica*, 7 (1993), 99-144.

Guigard, Joannis, *Indicateur du 'Mercure de France' 1672-1789* (Paris, Bachelin -Deflorenne, 1869).

Haag, Eugène, *La France protestante, ou vies des protestants fraçais qui se sont fait un nom dans l'histoire depuis les premiers temps de la Réformation jusqu'à la reconnaissance du principe de la liberté des cultes par l'Assemblée Nationale; ouvrage précédé d'une notice historique sur le protestantisme en France et suivi de pièces justificatives* (Genève, Slatkine, 1966. Réimpression de l'édition de 1846-59), 10 tom.

Haase, A., *Syntaxe française du XVIIe siècle*, nouvelle édition traduite et remaniée par M. Obert, 4e édition (Paris, Delagrave, 1964).

Hierarchia Catholica medii et recentioris ævi. Vol. III: 1503-1592. Vol. IV: 1592-1667. Vol. V: 1667-1730 (Regensburg et Patavia, 1923-1952).

Hoefer, J.C.F. (éd.), *Nouvelle biographie générale* (Paris, Firmin Didot,

1853-66), 46 tomes en 23.

Journal des savants, 1667-1703 (Amsterdam, 1668-1704).

Lefèvre, Nicolas, *Opuscula. Cum eiusdem Fabri Vita* [par F. Lebègue] (1614).

Le Mercure galant, mai, 1703.

Le Moyne, Pierre, *La Gallerie des femmes fortes,* 4ᵉ édition, revue et corrigée (Paris 1663).

L'Hermite-Souliers, Jean-Baptiste de. Voir François Blanchard *Les Eloges de tous les premiers présidents du parlement de Paris* (Paris, 1645).

Mabillon, Jean, *Traité des études monastiques,* (Paris, 1691).

Marca, Pierre de, *Dissertationes posthumæ,* avec une *Vie* de l'auteur par Paul de Faget (1659).

Moréri, Louis, *Le Grand Dictionnaire historique,* 3e édition corrigée (Lyon, 1683).

– *Le Grand Dictionnaire historique,* 7ᵉ édition (1694).

– *Le Grand Dictionnaire historique,* éd. J. Le Clerc (Amsterdam, 1724), 4 vols. en 2.

Niceron, Jean-Pierre, *Mémoires pour servir à l'histoire des hommes illustres dans la république des lettres* (Paris, 1729-45), 43 vols. en 44.

Ossat, Arnauld, cardinal d', *Lettres du cardinal d'Ossat. Avec les notes de M. Amelot de la Houssaye et une Vie du cardinal par le même auteur* (Jean Boudot, 1698).

Para, Jean-Baptiste, 'Perrault entre Colbert et les peintres', *Europe,* nov./déc. 1990, pp. 62-81.

Patru, Olivier, *Plaidoyers et Œuvres diverses, avec un Eloge de feu Monsieur Patru* [par Bouhours] (1681).

Pellisson, Paul et d'Olivet, *Histoire de l'Académie Française,* avec une introduction, des éclaircissements et notes par M. Ch.-L. Livet (Paris, Didier, 1858), 2 vol.

Perrault, Charles, *Discours sur l'art des devises.* Voir Laurence Grove.

– *Le Labyrinthe de Versailles,* avec Isaac de Benserade (Paris, Imprimerie Royale, [1679]).

– *Mémoires de ma vie.* Précédé d'un essai d'Antoine Picon, 'Un moderne paradoxal' (Paris, Macula, 1993).

– *Parallèle des anciens et des modernes,* Genève, Slatkine, 1971.

– *Pensées chrétiennes de Charles Perrault,* éditées par Jacques Barchilon et Catherine Velay-Vallantin, Biblio 17-34 (Paris, Seattle, Tübingen, Papers on French Seventeenth-Century Literature, 1987).

Picon, Antoine, 'Un moderne paradoxal', dans Charles Perrault, *Mémoires de ma vie* (Paris, Macula, 1993), pp. 1-101.

Piles, Roger de, *Abrégé de la vie des peintres, avec des réflexions sur leurs ouvrages* (1699).

Placzek, Adolf K. (éd.), *Macmillan Encyclopedia of Architects* (New York, The Free Press; London, Collier Macmillan, 1982), 4 vols.

Préaud, Maxime, *Inventaire du fonds français. Graveurs du XVIIe siècle. Tomes 8-9: Sébastien Leclerc I/II* (Paris, Bibliothèque Nationale, 1980).

Pure, abbé Michel de, *Vie du maréchal de Gassion* (Paris, G. de Luynes, 1673), 3 tomes en 4 vols.

Quinault, Philippe, *Théâtre. Contenant ses tragédies, comédies et opéras. Nouvelle édition, augmentée de sa vie, d'une dissertation sur ses ouvrages, et de l'origine de l'opéra* [par Boffrand] (Paris, 1778), 5 tom.

Racan, Honorat de Bueil, seigneur de, *Vie de monsieur Malherbe* (1672).

Renouard, Philippe, *Répertoire des imprimeurs parisiens, libraires et fondeurs de caractères au XVIIe siècle* (Nogent Le Roi, Laget, 1995).

Richelieu, cardinal, *Testament politique* (Amsterdam, 1688), 5e édition 1696.

– voir Pierre Grillon, *Les Papiers de Richelieu.*

Sainte-Marthe, Denis de, *Gallia Christiana in provincias ecclesiasticas distributa qua series et historia archiepiscoporum episcoporum et abbatum Franciæ vicinarumque ditionum...deducitur et probatur ex authenticis instrumentis...Editio altera, labore et curis P. Piolin* (Parisiis, 1856-65, 1870-99), 16 tom.

Sarasin, Jean-François, *Les Œuvres de M. Sarasin*, édition de G. Ménage avec une préface par Paul Pellisson-Fontanier (Paris, 1683).

Scudéry, Madeleine de, *Les Femmes illustres, ou les harangues de Monsieur de Scudéry* (Pars, Côté-femmes, 1991)

Sponde, Henri de, *Annalium ecclesiasticorum.* Avec une *Vie* de l'auteur par Pierre Frizon (1647).

Tchémerzine, Avenir, *Bibliographe d'éditions originales et rares d'auteurs français des XVe, XVIe, XVIIe et XVIIIe siècles* (Paris, Hermann, 1977), 5 vols.

Thou, Jacques-Auguste de, *Historiarum sui temporis opera* (Francofurti, apud P. Kopffium, 1610), 2 vol. in 1.

Teissier, Antoine, *Les Eloges des hommes savants*, 2e édition (Utrecht, François Halma, 1696).

Voiture, Vincent, *Poésies*, éd. Henri Lafay, STFM (Paris, Marcel Didier, 1971), 2 vols.

Vynckt, Randall J. Van (éd.), *International Dictionary of Architects and Architecture* (Detroit, London, Washington D.C., St James Press, 1993), 2 vols.

TABLE ALPHABETIQUE DES *HOMMES ILLUSTRES*

[1260] L'éloge de Du Cange remplaçait celui de Pascal dans le deuxième état de la première édition des *Hommes illustres*. Voir l'Introduction.

RICHELIEU, Armand-Jean du Plessis, cardinal de	[I/1]	[1]
RIGAULT, Nicolas	[II/32]	[82]
ROSSIGNOL, Antoine	[I/29]	[29]
SAINTE-MARTHE, Scévole de	[I/25]	[25]
SANTEUL, Jean-Baptiste	[II/8]	[58]
SARASIN, Jean-François	[I/38]	[38]
SARAZIN, Jacques	[II/48]	[98]
SCALIGER, Joseph-Juste	[II/31]	[81]
SEGUIER, Pierre	[I/15]	[15]
SEIGNELAY, Jean-Baptiste Colbert, marquis de	[II/25]	[75]
SENAULT, Jean-François	[I/7]	[7]
SIRMOND, Jacques	[I/9]	[9]
SOLLEYSEL, Jacques de	[II/23]	[73]
SPONDE, Henri de	[I/3]	[3]
SULLY, Maximilien de Béthune, duc de	[II/13]	[63]
THOMASSIN, Louis[1261]	[I/8]	
THOU, Jacques-Auguste de	[I/21]	[21]
TURENNE, Henri de la Tour d'Auvergne, vicomte de	[I/13]	[13]
URFE, Honoré d'	[II/20]	[70]
VALOIS, Adrien de	[II/35]	[85]
VARIN, Jean	[II/43]	[93]
VIGNIER, Jérôme	[II/9]	[59]
VINCENT DE PAUL, saint	[II/4]	[54]
VOITURE, Vincent	[I/37]	[37]
VOUET, Simon	[II/45]	[95]

[1261] L'éloge de Thomassin remplaçait celui d'Arnauld dans le deuxième état de la première édition des *Hommes illustres*. Voir l'Introduction.

INDEX

Biblio 17 – Suppléments aux Papers on French Seventeenth Century Literature

Giovanni Dotoli (éd.)

Les Méditerranées du XVIIe siècle

Actes du VIe colloque du *Centre International de Rencontres sur le XVIIe siècle*, Monopoli (Bari), 13-15 avril 2000

Biblio 17, Bd. 137, 2002, 347 Seiten, € 48,–/SFr 79,30
ISBN 3-8233-5549-X

Les manuels de l'histoire et de la littérature aiment passer la Méditerranée sous silence. La France du XVIIe siècle y apparaît comme un monde qui ne regarde que vers l'Europe proche: l'Italie, l'Espagne, le Rhin, parfois vers l'Angleterre, la Hollande et les pays scandinaves. La Méditerranée ne semble exister que comme réservoir de mythes pour le roman, le théâtre et la poésie.
Oublie-t-on que la France est un pays méditerranéen?

Ce volume des actes du 6e colloque du "Centre International de Rencontres sur le XVIIe siècle" veut a contrario contribuer à rouvrir des pistes afin de mieux saisir la vérité de l'histoire de la Méditerranée du XVIIe siècle, ses contrastes, ses liens avec l'Europe, et nous mettre en présence d'une certaine vision du passé et de l'avenir.

 Gunter Narr Verlag Tübingen
Postfach 2567 · D-72015 Tübingen · Fax (07071) 7 52 88
Internet: http://www.narr.de · E-Mail: info@narr.de

Biblio 17 – Suppléments aux *Papers on French Seventeenth Century Literature*

La femme au XVIIe siècle

Actes du colloque de Vancouver, University of British
Columbia, 5-7 octobre 2000

Edités par Richard G. Hodgson

Biblio 17, Bd. 138, 2002, 430 Seiten, geb. € 48,–/SFr 79,30
ISBN 3-8233-5550-3

Ce colloque a réuni de nombreux dix-septiémistes, qui
ont abordé, dans une perspective pluridisciplinaire, la
représentation de la femme dans une grande variété de
textes littéraires, philosophiques et religieux, ainsi que
l'œuvre de Marie de Gournay, de Madeleine de Scudéry
et de Mme de La Fayette. En plus de sujets tels que la
dévotion et le mariage, les trois conférences magistrales
et les vingt-quatre communications qui paraissent dans
les actes ont traité des sujets très divers, dont certains,
tels que le suicide et l'homosexualité féminine, ont été
relativement peu étudiés jusqu'ici. Les six sessions ont
porté sur les thèmes suivants: "Images de la femme dans
l'imaginaire masculin", "Quand les femmes s'écri-
vent...", "L'intériorité féminine: mélancolie, démence,
dégénération", "Tabous et transgression: amazones,
sexualité et corps de femme", "Dévotion, foi et mysti-
cismes féminins", et "Pour le meilleur ou pour le pire?
Mariage et sacrifice".

 Gunter Narr Verlag Tübingen
Postf. 2567 · D-72015 Tübingen · Fax (0 70 71) 7 52 88
Internet: http://www.narr.de · E-Mail: info@narr.de

Biblio 17 – Suppléments aux Papers on French Seventeenth Century Literature

David Wetsel / Frédéric Canovas (éds.)

Pascal /
New Trends in Port-Royal Studies

Tome I des Actes du 33ᵉ congrès annuel de la
North American
Society for Seventeenth-Century French Literature,
Arizona State University (Tempe), May 2001

Biblio 17, Bd. 143, 2002, 276 Seiten, € 39,–/SFr 64,50
ISBN 3-8233-5555-4

Du contenu:
J. Mesnard, Histoire secrète de la recherche pascalienne au XXᵉ siècle – *A. Régent,* La figure du juge dans les *Provinciales* et dans les *Pensées*: rupture ou continuité? – *R.G. Hodgson,* Littérature morale, philosophie politique et théologie à Port-Royal: le contrat social chez Pierre Nicole – *Th. Harrington,* Ambiguïté et bivalence dans les *Pensées* de Pascal – *L.M. MacKenzie,* Evidence, regard, preuve: le poids de la vision chez Pascal – *Th.R. Parker,* Intensionality and *non causa pro causa* in Pascal – *F. Mariner,* Family Perspectives in Gilberte Périer's *Vie de Monsieur Pascal* – *K. Almquist,* Individual Will and Contract Law in Pascal's *Lettres provinciales* – *E.R. Koch,* Individuum: the Specular Self in Nicole's *De la Connoissance de soi-même* – *N. Hammond,* Mémoire et éducation chez Pascal.

 Gunter Narr Verlag Tübingen
Postfach 2567 · D-72015 Tübingen · Fax (07071) 7 52 88
Internet: http://www.narr.de · E-Mail: info@narr.de

Biblio 17 – Suppléments aux Papers on French Seventeenth Century Literature

David Wetsel / Frédéric Canovas (éds.)

Les femmes au Grand Siècle/ Le Baroque: musique et littérature/Musique et liturgie

Tome II des Actes du 33e congrès annuel de la *North American Society for Seventeenth-Century French Literature*, Arizona State University (Tempe), May 2001

Biblio 17, Bd. 144, 2003, 269 Seiten, € 48,-/SFR 79,30
ISBN 3-8233-5555-4

Du contenu:
Ch. McCall Probes, Preface: Women in the Classical Age – *D. Denis*, Préciosité et galanterie: vers une nouvelle cartographie – *M.-O. Sweetser*, Voix féminines dans la littérature classique – *M. Rowan*, Angélique Arnauld's Web of Feminine Friendships: Letters to Jeanne de Chantal and the Queen of Poland – *M. Maître, La Précieuse* de Michel de Pure: de l'impossible *corps* des femmes à la *personne* de la lectrice – *Ph. Bousquet*, L'héroïsme féminin au XVIIe siècle entre admiration païenne et représentations chrétiennes – *M.M. Randall*, Mystic Edge or Mystic on the Edge? Madame Guyon Revisited – *R. Böhm*, La participation des *fées modernes* à la création d'une mémoire féminine – *G. Summerfield, Contes de fées* by Women of the Seventeenth-Century: New Discourses of Sexuality and Gender – *J. Carson*, Women in Scarron's Theatre: the Good, the Bad and the Independent – *K. Waterson*, L'univers féminin des comédies de Molière – *P. Gethner*, Mad About Lully: Three Scenarios for Opera Mania – *P.M. Ranum*, The Gilles Requiem: Rhetoric in the Service of Liturgy – *J.F. Boitano*, Paris of the *Ancien Régime*: An Interdisciplinary Course on Cities and Civilizations.

 Gunter Narr Verlag Tübingen
Postfach 2567 · D-72015 Tübingen · Fax (07071) 7 52 88
Internet: http://www.narr.de · E-Mail: info@narr.de

Biblio 17 – Suppléments aux *Papers on French Seventeenth Century Literature*

Classical Unities: Place, Time, Action

Actes du 32e congrès annuel de la *North American Society for Seventeenth Century French Literature*, Tulane University, Avril 13-15, 2000

Edités par Erec R. Koch

Biblio 17, Bd. 131, 2002, 456 Seiten, € 48,–/SFr 79,30
ISBN 3-8233-5543-0

Les actes du 32e colloque annuel de la *North American Society for Seventeenth-Century French Literature* sont ancrés dans l'idée des trois unités théâtrales, qui regroupent thématiquement les essais de ce volume. En posant comme cadre de l'ouvrage le plus canonique des „topoï" esthétiques classiques, ces essais ne se proposent pas simplement de réviser ledit canon, mais ils visent plutôt à examiner dans des perspectives pluridisciplinaires les frontières et les marges de ce canon ainsi que les relations entre l'accepté et le rejeté, le permis et le défendu, l'inclus et l'exclu.

 Gunter Narr Verlag Tübingen
Postf. 2567 · D-72015 Tübingen · Fax (0 70 71) 7 52 88
Internet: http://www.narr.de · E-Mail: info@narr.de

Biblio 17 – Suppléments aux *Papers on French Seventeenth Century Literature*

John F. Boitano

The Polemics of Libertine Conversion in Pascal's *Pensées*

A Dialectics of Rational and Occult Libertine Beliefs

Biblio 17, Bd. 139, 2002, 231 Seiten, € 34,–/SFr 56,30
ISBN 3-8233-5551-1

Literary and historical scholars have traditionally interpreted 17th century French Libertinism as a precursor to 18th century Enlightenment thought. Yet in Pascal's time, even the most erudite and rational libertine philosophers also held a vast and seemingly contradictory array of occult beliefs. From the mystical power of the Philosopher's stone to the numerology of the Christian Cabala, Pascal scrutinizes the entire heterogeneous spectrum of libertine thought in his Pensées. His apology for the Christian faith is a radical departure from the established apologetic tradition which ridiculed the libertine adversary. He strives to engage his libertine interlocutors on their own terms in an unprecedented, open and sincere debate over the validity of the Christian religion. Boitano's study casts new light upon the occult aspects of 17th century *libertinage* and Pascal's polemical examination of them in his *Pensées*.

 Gunter Narr Verlag Tübingen
Postf. 2567 · D-72015 Tübingen · Fax (0 70 71) 7 52 88
Internet: http://www.narr.de · E-Mail: info@narr.de

Biblio 17 – Suppléments aux Papers on French Seventeenth Century Literature

Sophie Raynard

La seconde préciosité

Floraison des conteuses de 1690 à 1756

Biblio 17, Bd. 130,2003 , 512 Seiten, € 64,-/SFr 105,80
ISBN 3-8233-5542-2

Cette étude s'est donnée pour objectif de redécouvrir les contes de fées féminins. En effet, si la renommée de Charles Perrault est universelle aujourd'hui, ce n'est pas le cas de la longue liste de conteuses de sa génération: Mme d'Aulnoy, Mlle L'Héritier, Mlle Bernard, Mlle de la Force, Mme de Murat, Mme Durand et Mme d'Auneuil; ni de celles qui ont pris leur relève au XVIIIe siècle: Mme L'Evêque, Mlle de Lubert, Mme de Lintot, Mme de Villeneuve et Mme Leprince de Beaumont. Le genre du conte de fées réutilisé pour illustrer la thèse des Modernes fut récupéré par les femmes auteurs, et traité de manière précieuse. Leurs contes dérivent directement des romans précieux. On y retrouve d'une part la "langue précieuse" correspondant à la poétique de la conversation et d'autre part les thèmes les plus chers aux précieuses, comme l'amour, le mariage et l'éducation. De même, ces conteuses ont adopté une perspective "féminocentrique", qui se révèle même féministe par le fait qu'elles ont utilisé le merveilleux pour accentuer l'héroïsme féminin.

 Gunter Narr Verlag Tübingen

Postfach 2567 · D-72015 Tübingen · Fax (07071) 7 52 88
Internet: http://www.narr.de · E-Mail: info@narr.de